Digital Connection

EBOOK INSIDE

Die Zugangsinformationen zum eBook inside finden Sie
am Ende des Buchs.

Tanja Kruse Brandão · Gerd Wolfram

Digital Connection

Die bessere Customer Journey mit smarten Technologien – Strategie und Praxisbeispiele

Tanja Kruse Brandão
Digital Connection
Hamburg
Deutschland

Gerd Wolfram
Digital Connection
Köln
Deutschland

Elektronisches Zusatzmaterial
Die Online-Version für das Buch enthält Zusatzmaterial, welches berechtigten Benutzern zur Verfügung steht oder laden Sie sich zum Streamen der Videos die „Springer Multimedia App" aus dem iOS- oder Android-App-Store und scannen Sie die Abbildung, die den „play button" enthält.

ISBN 978-3-658-18758-3   ISBN 978-3-658-18759-0 (eBook)
https://doi.org/10.1007/978-3-658-18759-0

Die Deutsche Nationalbibliothek verzeichnet diese Publikation in der Deutschen Nationalbibliografie; detaillierte bibliografische Daten sind im Internet über http://dnb.d-nb.de abrufbar.

Springer Gabler
© Springer Fachmedien Wiesbaden GmbH, ein Teil von Springer Nature 2018
Das Werk einschließlich aller seiner Teile ist urheberrechtlich geschützt. Jede Verwertung, die nicht ausdrücklich vom Urheberrechtsgesetz zugelassen ist, bedarf der vorherigen Zustimmung des Verlags. Das gilt insbesondere für Vervielfältigungen, Bearbeitungen, Übersetzungen, Mikroverfilmungen und die Einspeicherung und Verarbeitung in elektronischen Systemen.
Die Wiedergabe von Gebrauchsnamen, Handelsnamen, Warenbezeichnungen usw. in diesem Werk berechtigt auch ohne besondere Kennzeichnung nicht zu der Annahme, dass solche Namen im Sinne der Warenzeichen- und Markenschutz-Gesetzgebung als frei zu betrachten wären und daher von jedermann benutzt werden dürften.
Der Verlag, die Autoren und die Herausgeber gehen davon aus, dass die Angaben und Informationen in diesem Werk zum Zeitpunkt der Veröffentlichung vollständig und korrekt sind. Weder der Verlag, noch die Autoren oder die Herausgeber übernehmen, ausdrücklich oder implizit, Gewähr für den Inhalt des Werkes, etwaige Fehler oder Äußerungen. Der Verlag bleibt im Hinblick auf geografische Zuordnungen und Gebietsbezeichnungen in veröffentlichten Karten und Institutionsadressen neutral.

Grafiken: Bureau Christian Ruess, www.christianruess.com
Lektorat: Rolf-Günther Hobbeling

Gedruckt auf säurefreiem und chlorfrei gebleichtem Papier

Springer Gabler ist ein Imprint der eingetragenen Gesellschaft Springer Fachmedien Wiesbaden GmbH und ist ein Teil von Springer Nature.
Die Anschrift der Gesellschaft ist: Abraham-Lincoln-Str. 46, 65189 Wiesbaden, Germany

Geleitwort von Prof. Dr. Manfred Krafft

Das vorliegende Buch beschäftigt sich mit einem für die Praxis sehr aktuellen und höchst relevanten Thema – der sogenannten Consumer Journey und dem Kundenerlebnis, der Consumer Experience. Die systematische und für Kunden nützliche Gestaltung dieser Reise stellt aus meiner Beobachtung eine gewaltige Herausforderung für fast alle Unternehmen dar. Als ich diese Themen für das diesjährige Münsteraner Marketingsymposium dem Vorstand und Beirat vorschlug, der sich aus sehr erfahrenen Führungskräften und Wissenschaftlern zusammensetzt, musste ich erst einmal weit ausholen, was sich denn hinter Customer Experience verbirgt. Ein abschließendes und breit akzeptiertes Verständnis dieses Begriffs gibt es nicht – gleichzeitig spricht alle Welt davon, dass die Consumer Journey und das Kundenerlebnis als aktuellste und relevanteste Herausforderungen für marktorientierte Unternehmen anzusehen sind. Oft wird angeführt, es ginge um ein holistisches Verständnis von Kundenbeziehungen und um überlegene Erkenntnisse der Wahrnehmung von Kunden, die Gestaltung von (begleitenden) Dienstleistungen oder das Qualitätsmanagement.

Wie gelingt es nun im sogenannten Digitalen Zeitalter, Konsumenten in ihrem komplexen Informations- und Kaufverhalten entlang ihrer Reise optimal zu begleiten? Die Begegnungen von Kunden und Unternehmen auf diesem Weg oder dieser Reise stellen Kontaktpunkte dar, die analoger oder digitaler Natur sind, sich laufend verändern, von Stochastik und Unschärfe geprägt und in einzelnen oder mehreren Kommunikations- und Distributionskanälen angesiedelt sind. In einer traditionellen Marketing-Denkwelt würden Führungskräfte wohl überlegen, wie man dieses komplexe Zusammenspiel verstehen und besser orchestrieren kann. Aber ist dieser Ansatz überhaupt noch zeitgemäß und zielführend?

Die beiden Autoren des Buches *Digital Connection* stellen sich der Herausforderung, mit Fallbeispielen und Konzepten erstes Licht in das Dunkel dieser und weiterer Fragen zu bringen. Die Beiträge verdeutlichen, dass sich Unternehmen davon verabschieden müssen, dass Kundenbeziehungen „steuerbar" wären, was durch Begriffe wie Customer Experience MANAGEMENT aber impliziert wird. Zudem erwarten Kunden heutzutage, dass ausschließlich relevante Informationen zum geeigneten Zeitpunkt und über präferierte Kanäle kommuniziert werden. Allgemeine Produktinformationen für jedermann sollten also vermieden werden. Dienstleistungen sind ebenfalls maßzuschneidern – dies gestaltet sich aber als große Herausforderung, da man Kunden zufriedenstellen muss, die in ihrer Einstellung und ihrem Verhalten unberechenbar sind. Die beschriebenen Rahmenbedingungen lassen erahnen, dass traditionell aufgestellte Unternehmen, die mit aggregierter Marktforschung und standardisierten oder segmentierten Marketingaktivitäten arbeiten, auf dem Holzweg sind und sich in Windeseile selbst überflüssig machen. Aus eigenen Studien des Instituts für Marketing der Universität Münster und dem Eindruck der konzeptionellen Beiträge und Erfahrungsberichte des vorliegenden Buchs lassen sich zu zentralen Aspekten folgende Einsichten für die nahe Zukunft generieren:

- Komplexität: Die vielschichtigen Kommunikations- und Distributionswege sind zumeist nicht alle in der Hand des anbietenden Unternehmens, sondern werden auch von Dritten betrieben – vom Handel, den Medien, Agenturen usw. Erschwerend kommt hinzu, dass analoge und digitale Kanäle sowie der Faktor Mensch und die nicht immer eindeutigen Kommunikationsinhalte eine Analyse derartiger Daten fast unmöglich erscheinen lassen. Eine weitere Herausforderung stellt die Geschwindigkeit und das Volumen dar, die mit diesen Big Data verbunden sind. Um eine Analyse, Bewertung und Übersetzung in individuelle Maßnahmen – und alles in Echtzeit! – sicherzustellen, ist der Einsatz von Soft Computing („fuzzy logic") und leistungsfähigen Machine-Learning-Methoden alternativlos. Ich kenne kaum ein Unternehmen, das diese Komplexität bereits in den Griff bekommen hat und über die nötige Infrastruktur, Kompetenzen, Systeme oder weitere benötigten Ressourcen verfügt.
- Granularität: Neben der Komplexität stellt der hohe Detaillierungsgrad der Informationen bzw. der individualisierten Kommunikation und Bereitstellung perfekt passender Leistungen eine Herausforderung dar. In die Kundenansprache und die Präsentation von maßgeschneiderten Angeboten sollten bspw. die Position und Laufwege sowie Verweildauern am Point of Sale ebenso einfließen wie persönliche Kaufmuster in Abhängigkeit von Tageszeiten, Transaktionskontexten usw. Hier gibt es zwar erste Tests von Proximity-Technologien, aber weit sind Unternehmen hier noch nicht gekommen.
- Kundennutzen: Aus meiner Beobachtung besteht immer noch der kaum auszuräumende Irrtum, dass „mehr" für alle zugleich „besser" sei – Unternehmen sind aktuell sehr bemüht, das Kundenerlebnis noch aufregender, intensiver und verzückender zu gestalten als zuvor. Dem stehen aber seitens der Kunden nicht selten Privatsphäre-Bedenken, der Wunsch nach Anonymität, ein Streben nach Einfachheit oder gar Minimalismus entgegen. Daher gilt es, das kundenindividuell richtige Maß zu finden!

Die Quintessenz dieser Chancen und Risiken von Konsumentenerlebnissen entlang sogenannter Consumer Journeys ist, dass wir keine holistischen, sondern vielmehr atomistische Ansätze benötigen, granulare Messkonzepte für alle Kontaktpunkte und insbesondere Proximity-Technologien, die derartige atomistische Konzepte mit Input beliefern. Zugleich ist sicherzustellen, dass nur solche Echtzeit-Erlebnisse individuell bereitgestellt werden, die vom Kunden auch als sehr nützlich wahrgenommen werden.

Die beschriebenen Herausforderungen könnten von Führungskräften als bedrohlich empfunden werden. Wer aber diese Veränderungen und das technisch Mögliche als Chance begreift, kann auf dieser Basis Wettbewerbsvorteile erlangen, die nicht einfach und schon gar nicht schnell von Mitbewerbern aufgeholt werden können.

Dem vorliegenden Buch wünsche ich die Beachtung, die es verdient: Entscheider mit Marketing- und Vertriebsverantwortung sollten sich intensiv mit den im vorliegenden Werk berührten Themen beschäftigen. Anderenfalls droht Führungskräften, dass sie morgen schon von gestern sind. Im Sinne dieses Buchs verbleibe ich in digitaler Verbundenheit.

Münster, im November 2017

Prof. Dr. Manfred Krafft
Westfälische Wilhelms-Universität
Münster

Geleitwort von Prof. Dr.-Ing. Christof Breckenfelder

Der Megatrend Digitalisierung verändert unsere Alltagsprodukte in einem umfassenden Sinne. Ausgestattet mit Sensoren und über Kommunikationsschnittstellen zum Internet der Dinge verknüpft begleiten neue Produkte unser Leben. Sei es das Schlafmonitoring mithilfe eines Fitness-Armbandes oder die Umleitungsempfehlung bei Stau: In aktiver Assistenz und vorausschauender Information äußert sich diese neue Intelligenz der Produkte. Die Entwicklung macht auch vor dem Textilbereich nicht halt. Bekleidung ist ein ideales Umfeld für die Erfassung von Daten, Vernetzung und damit intelligente Funktionen. Reife und Miniaturisierung der Technologien nehmen dramatisch zu. Das sehen wir in der Mikrosystemtechnik bei Aktorik, Sensorik oder auch Energy-Harvesting-Ansätzen, die Textilien in Smart Textiles und Smart Clothes verwandeln.

Doch was bedeuten diese technologischen Revolutionen für die beteiligten Marken, den Handel und die Kunden? Bereits heute werden Produkte, Verpackungen oder Verkaufsregale mit zusätzlichen Touchpoint-Technologien wie beispielsweise Near-Field-Communication (NFC) versehen und zeit-, mengen- und ortsaufgelöst digitalisiert. Verkaufshandlungen und Warenlogistik können in Echtzeit nachverfolgt werden.

Fakt ist, dass durch die Integration von NFC in Textilien diese ebenfalls ein Kontaktpunkt entlang der Consumer Journey werden. Vieles verändert sich dadurch. Die Möglichkeiten für das Marketing sind gewaltig: Kunden können mit der Marke, mit dem Produkt kommunizieren. Kundenbeziehungen können ganz neu gedacht und individueller aufgebaut werden. Menschen können anders für Produkte oder Marken begeistert werden, wenn sie wissen, dass beispielsweise der aktuelle Ironman-Sieger mit diesem Produkt unterwegs ist.

Das vorliegende Buch gibt erste Einblicke in diese hochspannende Thematik und beschreibt Technologien, Content, Konzepte und Strategien für ein neues Brand Management. Damit wird ein neuer übergreifender Zusammenhang hergestellt, der zu neuen Strategien und Konzepte führt. Nicht zuletzt durch die vielen aktuellen Praxisbeispiele sind neue Denkanstöße und rege interdisziplinäre Diskussionen mit Sicherheit vorprogrammiert!

Aachen, im Oktober 2017   Prof. Dr.-Ing. Christof Breckenfelder
                                                                                              Hochschule Niederrhein

Geleitwort von Karin Wunderlich

Der Shopper hat sich in den letzten Jahrzehnten grundlegend verändert. Insbesondere mit der Digitalisierung ist die Welt des Handels im Umbruch: Der Shopper ist mit verschiedensten Endgeräten stets online, hat Preisvergleiche und Produktverfügbarkeiten immer im Auge, die differenzierenden Faktoren haben sich geändert. Für den allwissenden Shopper müssen Marken und Händler ihre Kommunikations- und Vermarktungskonzepte am Point of Sale überarbeiten. Das Einkaufen im stationären Handel hat sich von einer reinen Bedarfsabdeckung zu einem Bestandteil der Freizeitgestaltung entwickelt und damit wird das Erzeugen einer Shopper Experience zum Differenzierungsmerkmal für Erfolg.

Ein Blick auf die Customer Journeys zeigt: Der Shopper denkt und kauft nicht in Kanälen. Bei der Wahl der Einkaufsstätte gibt es nur selten eine definitive Vorabentscheidung für stationären oder Online-Kauf, sondern es kommt immer auf die Situation und die aktuelle Bedürfnislage an und der Kunde erwartet ein vernetztes Einkaufserlebnis.

In anderen Worten: Um mit dem Kunden Schritt zu halten und relevante Angebote machen zu können, müssen Marken und Handel sich digitalisieren – so viel ist allen Marktakteuren bewusst. Aber: Es reicht eben nicht aus, das ein oder andere digitale Instrument zu nutzen. Ein wirklich nahtloses Einkaufserlebnis kann nur erreicht werden, wenn alle Prozesse digitalisiert, synchronisiert und verknüpft sind. Nur dann können die verschiedenen Touchpoints in der Customer Journey für den Kunden intelligent bespielt und synchronisiert für Markenkommunikation und Kaufaktivierung genutzt werden.

Damit gewinnt das Verstehen und Lenken der Customer Journey immer mehr an Bedeutung. Da die Wege der Shopper durch das Geflecht der einzelnen Touchpoints online und offline immer diverser werden, rücken intelligente Technologien, die Produkte on- und offline verknüpfen können und eine individuelle Kundenansprache ermöglichen, gerade am Point of Sale immer stärker in den Fokus und genau dieses können smarte Technologien leisten.

Für den Shopper bleibende Experiences zu schaffen ist der Schlüssel für den Erfolg am Point of Sale. Wenn der Händler und die Marke es schaffen, personalisierte Kundenansprache oder auf den einzelnen Kunden zugeschnittene Vermarktungsstrategien über digitale Instrumente wie zum Beispiel Beacons im Zusammenspiel mit Loyalty-Programmen einzusetzen, ist dies ein Weg. Ein weiterer kann über Augmented-Reality-Produktwelten führen oder Anwendungsfälle für den Kunden lebendig werden lassen. Aber auch Lösungen am Regal, auf Stoppern, Displays oder Zweitplatzierungspaletten erhöhen die lokalen Touchpoints im stationären Handel.

Positive Shopper Experience ist aber nicht nur Sache der Marketing-Abteilungen. Gerade für die Supply Side dürfen die Potenziale von smarten Technologien nicht außer Acht gelassen werden, denn das reibungslose Funktionieren der Warenverfügbarkeit und -zustellung und Produktnachverfolgung ist für die Schaffung positiver Kundenerfahrungen bei dem von E-Commerce verwöhnten Shopper von eminenter Bedeutung. Zum Beispiel können Technologielösungen, die direkt am Produkt oder Display angebracht sind, nicht nur die Nachverfolgung der Produktwege ermöglichen, sondern auch die Sicherstellung ausreichender Warenversorgung im Front Store unterstützen.

Moderne Technologien sind bereits seit einigen Jahren zum unverzichtbaren Enabler von Marketing- und Geschäftsprozessen geworden. Neue innovative Lösungen kommen auf den Markt. Wie diese eingesetzt werden können, um die Shopper Experience noch individueller und kontextbezogener zu gestalten, zeigt das vorliegende Buch. Dabei kommt es allerdings darauf an, die richtigen Inhalte zum richtigen Zeitpunkt umgebungsgerecht in der Customer Journey zu platzieren. Welche Technologien eingesetzt werden können, welche Content-Arten und welche Systeme dazu notwendig sind, zeigt das Buch eindrucksvoll auf. Als Leitfaden und Lehrbuch präsentiert es sowohl Hintergrund- und Grundlageninformationen als auch praktische Beispiele und Anwendungsfälle.

Die Vielfalt der verfügbaren Lösungen im Markt ist sehr groß. Das vorliegende Buch schafft Übersicht und Handlungsempfehlungen für den praktischen Einsatz. Die Shopper Experience ist der Schlüssel zum Erfolg am Point of Sale.

Krefeld, im Oktober 2017

Karin Wunderlich
POPAI – Global Association for
Marketing at Retail D-A-CH

Geleitwort von Ruediger Hagedorn

„Daten sind die neue Währung in der Digitalisierung."

Digitalisierung ist ein Kind des Informationszeitalters, in dem wir leben. Und Daten sind die neue Währung in dieser neuen Zeit. Auf der einen Seite entstehen immer mehr Quellen, um Daten zu erheben, digital zu speichern und auszutauschen. Auf der anderen Seite steht die Herausforderung, diese Daten zu analysieren und im richtigen Kontext wiedereinzusetzen.

Drei Entwicklungen laufen dabei derzeit unabhängig voneinander ab:

- Die Leistungsfähigkeit der Mikroprozessoren und die Speicherkapazität auf Datenträgern steigt kontinuierlich an. Dies geht Hand in Hand mit kleineren und schnelleren Technologien zum Datenaustausch über Spannungs-, Funk- und Lichtwellen. Quantum-Rechner und Durchbrüche in der Nanotechnologie beschleunigen diesen Trend.
- Die Basistechnologie Internet und Innovationen in der Sensorik vermehren die Anzahl der Datenquellen, die sich nach Bedarf vernetzen lassen.
- Parallel dazu steigt die Nachfrage nach Daten zur Prozessoptimierung, Prozesskontrolle und Verkaufsmaximierung. Gleichermaßen steigen die Anforderungen an Unternehmen, diese Daten wirtschaftlich und effizient zu nutzen, um sich im Wettbewerb behaupten zu können.

Für Unternehmen liegt die Kernfrage in der optimalen Bündelung und Synchronisierung dieser drei Entwicklungen. Doch wo beginnen, um Fehler zu vermeiden und den gewünschten Return-on-Investment zu erreichen?

Genau hier setzt das vorliegende Buch an: Es stellt den Lesern eine Momentaufnahme dieser aktuellen Trends vor, kompakt und zentral, eingeteilt in Hintergrund, Stand der Dinge und Ausblick in die nähere Zukunft. Es legt eine Landkarte vor, die dem Leser hilft, Informationen zum Thema einzuordnen, seinen eigenen Standort als Unternehmen zu bestimmen und die Umsetzbarkeit und Einsatzmöglichkeiten anhand von Fallbeispielen besser einzuschätzen.

Den Autoren ist es gelungen, die Entwicklungen aufzunehmen, zu vertiefen und anschaulich zu beschreiben. Dabei bieten sie einen guten Einstieg in das Thema smarte

Technologien, ihre Funktionen und Einsatzmöglichkeiten. Die Auswahl ebenso wie die Einordnung erfolgt sehr praxisorientiert.

Digitalisierung wird so fassbar, begreiflich und pragmatisch, ein wichtiger erster Schritt in unsere datenorientierte Zukunft.

Paris, im November 2017
Ruediger Hagedorn
The Consumer Goods Forum

Vorwort

Wandel und Veränderung finden schon immer statt: Die Welt und unser Leben verändern sich zunehmend. Allerdings geht dies heutzutage viel schneller und disruptiver vor sich. Grund dafür sind neue innovative Technologien, die zu einer steigenden und breiten Digitalisierung in unserer Gesellschaft führen. Das bewirkt auch, dass sich die Erwartungen von Kunden ändern und die Customer wie auch die Consumer Journey, als entscheidende Prozesse bis zum Kauf eines Produktes oder einer Dienstleistung und darüber hinaus auch der Konsum oder Gebrauch derselben, sich anders darstellen als früher. Während diese Journey vor Jahren noch linear ablief, chronologisch gesteuert werden konnte und letztendlich in ein Geschäft oder einen Webshop führten, finden Kaufentscheidungen heute in völlig unterschiedlichen und andersartigen Situationen statt.

Der digital vernetzte Kunde
Darüber hinaus sind die Kommunikationskanäle vielfältiger geworden, in denen der Kunde mit dem Unternehmen oder den Marken in Kontakt tritt.

- Die Digitalisierung schreitet in schwindelerregender Geschwindigkeit voran: Innerhalb von knapp zwei Jahrzehnten hat sie unsere Art zu leben komplett geändert. Mobiltelefone, Suchmaschinen und soziale Medien sind in kürzester Zeit zum nicht mehr wegzudenkenden Bestandteil des Alltags geworden. Ein Tag ohne Computer, Notebook, Tablet und Handy ist für viele Menschen mittlerweile völlig undenkbar.
- Der digitale Kunde hat heute mehr Macht als jemals zuvor: Er trifft Kaufentscheidungen intelligent, informiert und schnell. Viele der Menschen sind permanent und nur noch online. Dank digitaler Technologien sind sie in der Lage, sich jederzeit zu informieren, sich mit Freunden, Bekannten oder anderen Gleichgesinnten zu vernetzen und sich mit ihnen über Produkte und Dienstleistungen auszutauschen. Der passende Kommunikationskanal wird dabei situationsbedingt ausgewählt.
- Die Kunden von heute sind längst in der digitalen Realität angekommen und handeln entsprechend. Sie sind:
  - optimal und bestens vernetzt: Facebook, Twitter, XING und andere soziale Medien ermöglichen jedem Nutzer, eine enorme Reichweite zu erzielen. Was früher per Mundpropaganda einer Handvoll Personen im Bekanntenkreis erzählt wurde, erreicht heute mit nur einem Klick Tausende Menschen.

- hoch dynamisch und wechselhaft: So schnelllebig wie die Welt um uns herum ist auch das Kundenverhalten. Die Präferenzen von heute können morgen unter Umständen nicht mehr aktuell sein – auf diese Veränderungen sollten Unternehmen vorbereitet sein und schnell reagieren können.
- extrem flexibel und entscheidungsstark: Wenn Kunden ein negatives Kundenerlebnis erfahren, zögern sie nicht, sich sofort dem Wettbewerb zuzuwenden. Daher ist eine starke emotionale Kundenbindung essenziell.
- unterwegs auf verschiedenen Kanälen: Die Kunden kommunizieren heute über verschiedene Kanäle wie WhatsApp, Twitter, Facebook, Kurznachrichten, Blogs, E-Mail, oder direkte verbale Kommunikation und darüber hinaus mittels unterschiedlicher Geräten, wie PC, Mobiltelefon oder auch digitale Sprachassistenten. Für Unternehmen ist es deshalb unerlässlich, diese unterschiedlichen Kanäle passgenau zu nutzen.
- treu: Und hat man die Kunden jedoch mit seiner Leistung überzeugt, wozu auch ein direkter Austausch mit den Kunden gehört, so entwickelt sich eine stärkere Markenbindung als früher.

Ein Beispiel veranschaulicht das deutlich: Nehmen wir einen Kunden, der in einem stationären Geschäft sein Mobiltelefon nutzt. Ein interessantes Geschäft ist dafür der Nike Flagship Store in Berlin, der die Erwartungen und Anforderungen des Kunden beim Einkauf unterstützt. Der Kunde kann sich in dem Geschäft mithilfe sozialer Medien über die angebotenen Nike-Produkte mit anderen austauschen, personalisierte Produkte auf seinem Smartphone ansehen und auch mit seinem Smartphone bezahlen. Das Markenerlebnis wird konsistent angeboten, ganz gleich, welchen Kanal – stationär, E-Commerce, Omnichannel – der Kunde in seiner aktuellen Situation nutzt.

Zunahme der Touchpoints in der Customer und Consumer Journey
Neben der wachsenden Anzahl der digitalen Kommunikationskanäle und -medien, wie zum Beispiel Suchmaschinen, Social Media, Mixed Reality und Apps, nimmt auch die Anzahl der Touchpoints zu. Die Zahl der intelligenten und mobilen Endgeräte wächst ständig: Mobiltelefone, Laptops, Notebooks, Tablets, Pads oder Wearables bieten den Kunden heute ungeahnte Möglichkeiten, sich mit dem Internet zu verbinden und dort Services zu nutzen.

Neben bestehenden Möglichkeiten, die durch smarte Technologien jetzt digitalisiert werden, entstehen auch völlig neue, an die bis vor einigen Jahren niemand gedacht hat: Verpackungen werden interaktiv, Regale erhalten digitale Preis- und Infoschilder, Beacons und Geofences messen die Besucherfrequenz (Footfall) in stationären Geschäften und Freizeiteinrichtungen und bieten bei Bedarf auch die passenden Informationen für die Besucher.

Der Weg zum Kunden vom ersten Kontakt mit der Marke bis zur konkreten Kaufentscheidung galt lange Zeit als linear, chronologisch und immer genauer steuerbar. Das traditionell zugrunde gelegte Trichtermodell hat allerdings ausgedient und wird durch die veränderte Kundenerwartung und die jederzeit vernetzten mobilen Endgeräte endgültig verdrängt. Die Customer Journey ist nicht mehr linear, sondern multi-optional und unterscheidet sich darüber hinaus von Kunde zu Kunde sowie aktueller Situation. Und vor allem endet sie nicht mehr an der Kasse, sondern verlängert sich weit in die Nutzungsphase hinein. Diese Entwicklung ist positiv zu sehen, denn bestehende und potenzielle Kunden können heute dezentral und auf vielen Kanälen erreicht werden.

Digitale Transformation auch in den Unternehmen
So wie unser Alltag sich in der digitalen Welt verändert, findet auch in der Unternehmenswelt eine Transformation statt. Vor allem die Bedeutung des Customer Experience Management tritt dabei weiter in den Vordergrund. Denn wenn es immer mehr und immer einfachere digitale Berührungspunkte mit dem Kunden gibt, können mehr positive Erlebnisse und Erfahrungen erzeugt und im Bedarfsfall auch Probleme direkt kommuniziert und gelöst werden. Diese Erkenntnis ist im Bewusstsein der meisten Unternehmen bereits angekommen. Sie erkennen die Customer Experience als wettbewerbsentscheidend an. Doch wie genau erzeugt man effektive Customer Experiences?

Kunden erwarten ein einzigartiges, zu ihrem jeweiligen Kontext passendes Erlebnis und möchten hierzu ihre persönlichen Plattformen wie das Smartphone, soziale Medien und vernetze Gegenstände (Stichwort: Internet der Dinge bzw. IoT) nutzen, ganz gleich, wo sie sich gerade in der Customer Journey befinden.

Händler und Marken müssen gerade in diesem Punkt umdenken und sich umstellen. Um auf die Kundenbedürfnisse einzugehen und die neuen Anforderungen erfüllen zu können, müssen Produkte und Services vernetzt werden. Unternehmen stoßen mit Push-Marketing nun schnell an Grenzen. Wer wahrgenommen werden will, benötigt Botschaften, die auf den Empfänger zugeschnitten sind: die richtige Botschaft im richtigen Moment an die richtige Person.

Vier wichtige Aspekte in zukünftigen Experience-Strategien
Um in puncto Customer Experience mithalten zu können, sollten in Rahmen zukünftiger Experience-Strategien folgende vier Aspekte unbedingt berücksichtigt werden:

- **Mobile only**: Das Mobiletelefon hat heute schon den Desktop-Computer bei der Online-Nutzung überholt. Die Kunden erwarten speziell auf kleine Bildschirme zugeschnittene Inhalte und Benutzeroberflächen. Darüber hinaus liefert das mobile Surfverhalten eine Vielzahl an Daten – vom Standort über mobile Bezahlsysteme bis hin zu bestimmten Aktivitäten des Kunden. All diese Informationen ermöglichen es Marken und Händlern, ein individuelles, ganzheitliches Nutzererlebnis zu gestalten.
- **Intelligentes Social Media Management**: Das sogenannte Enterprise Listening ist ein wichtiger Kundenbindungsfaktor – Kunden erwarten eine schnelle Reaktion auf Beschwerden in sozialen Netzwerken. Hier findet auch der Erfahrungsaustausch über Produkte statt. Ein kleiner aktiver Kundenkreis hat häufig eine große Reichweite. Mit einem intelligenten Beziehungsmanagement lässt sich der Einfluss dieser Gruppe bis zu einem gewissen Grad steuern.

- **Big Data-Analyse**: Daten sind das neue Gold. Daten, die über Kunden an verschiedensten Stellen in mannigfaltigen Situationen in der Customer und Consumer Journey gesammelt und analysiert werden, eröffnen neue Möglichkeiten für die Gestaltung der Customer und Consumer Experience. Das beginnt bei kleinen Services wie Erinnerungen oder individuellen Empfehlungen und reicht bis hin zu *Predictive Analytics*, die Vorhersagen des Kundenverhaltens zulassen und Kunden damit positiv überraschen, indem diese einen Service im richtigen Moment erhalten, ohne ihn explizit angefordert zu haben.
- **Internet der Dinge**: Smarte Geräte, die mit dem Internet verbunden sind, erobern unseren Alltag – von Wearables über die intelligente Heizung bis hin zu autonomen Fahrzeugen. Unternehmen, die auf diesem Gebiet Innovationskraft beweisen, bleiben zukunftsfähig.

Zusammengefasst bedeutet das:

- Der Kunde wandelt sich zum anspruchsvollen Connected Consumer.
- Produkte und Services werden durch IoT-Technologien vernetzt und smart.
- Content wird kontextspezifischer und gewinnt damit an Relevanz.
- Es entstehen digitale Verbindungen; physische Objekte stellen mit digitalen Inhalten eine Verbindung zwischen dem Konsumenten und der Marke her, die Digital Connection.

Um dies alles in einer zielgruppen- und kontextorientierten Customer und Consumer Journey umzusetzen, bedarf es aber einer genauen Strategie, Planung und Konzeption. Die einzelnen Bausteine sind vorhanden und müssen jeweils zielorientiert eingesetzt werden.

Idee für das Buch über Digital Connection
Die Idee, ein Buch über Digital Connection, die neue Consumer Journey und Touchpoint Management zu schreiben, kam uns, als wir über die Zukunft des personalisierten Marketings diskutierten, das die Experience – das Erlebnis – in den Vordergrund stellt. Mit unserem Hintergrund in Technologie und Marketing beobachteten wir in den von uns unterstützten Projekten ebenso wie bei anderen Praxisbeispielen voller Begeisterung, wie intelligente und smarte Technologien das Markenerlebnis an bestehenden Kontaktpunkten deutlich verbessern können und auch völlig neue Kontaktpunkte entstehen, die es Marken und Händlern ermöglichen, ihre Kunden auch während der Verwendung von Produkten zu begleiten.

Unternehmen, die ihre Marktposition sichern und ausbauen möchten, müssen umdenken und ihre Perspektive wechseln. Das Buch stellt heraus, wie Unternehmen unterschiedlicher Branchen in der Consumer Journey erfolgreich agieren können, mit welchen neuen und smarten Technologien das erfolgen kann, welche Lehren gezogen und welche Fehler vermieden werden können. Wir geben konkrete Handlungsanleitungen und Empfehlungen zum Einsatz von neuen Technologien, Software, Content und dem Zusammenspiel weiterer Komponenten.

An unsere Leser richten wir den ausdrücklichen Wunsch, uns Ergänzungen, Anregungen und Kritik zukommen zu lassen. Sie erreichen uns über tanja@digitalconnection.de und gerd@digitalconnection.de. So fördern Sie die inhaltliche Auseinandersetzung auf einem Gebiet, das nicht an Aktualität verlieren wird und auch nie abschließend beschrieben und erklärt werden kann.

Aktuelle Inhalte, wie Case Studies, Technologien und Marktzahlen, finden Sie online unter www.digitalconnection.de.

Danksagung

Beim Schreiben eines Buches stehen immer die Autoren im Vordergrund, denn sie haben die Texte geschrieben, die Grafiken entworfen, sich Gedanken gemacht, ihre Erfahrung eingebracht und in eine Publikation gegossen.

Aber dieses Buch wäre nicht möglich gewesen, wenn wir nicht die Hilfe und Unterstützung vieler Menschen gehabt hätten, die uns in vielfältiger Weise unterstützt haben. Daher sollen sie auch hier besondere Erwähnung finden.

Zunächst einmal Dank an den Verlag, der uns die Gelegenheit zur Veröffentlichung dieses Buches gegeben hat. Hier gilt unser Dank insbesondere Herrn Rolf-Günther Hobbeling, Executive Editor des Springer Gabler-Verlages, der den Anstoß gab, sich auf den herausfordernden Weg zu machen, dieses Buch zu schreiben. Während der vielen Monate hatte er immer ein offenes Ohr und hilfreiche Worte, wenn es um die Gestaltung und Strukturierung ging. Seine kritischen Hinweise waren immer sehr willkommen, seine anerkennenden Worte eine große Motivation.

Karin Wunderlich, Prof. Dr. Manfred Krafft, Rüdiger Hagedorn, und Prof. Dr.-Ing. Christof Breckenfelder danken wir für die motivierenden, gelungenen Geleitworte und die damit verbundene inhaltliche Auseinandersetzung mit unserem Thema.

Unser Dank gilt auch besonders unserem lieben Kollegen Christian Ruess, Creative Director aus Berlin. Mit seiner Hilfe, seiner Inspiration und seiner konstruktiven Energie sind die vielen Grafiken und Übersichten im Buch entstanden. Danke für die tolle Zusammenarbeit und das wiederholte kritische und kluge Hinterfragen.

Keinen geringen Anteil an der Fertigstellung des Buches haben auch Freunde und Kollegen, denen wir ebenfalls nicht genug danken können. Sie haben immer wieder Inspiration gegeben, uns in unserem Vorhaben bestärkt und mit, zum Teil auch kontroversen, Diskussionen über die zukünftigen Herausforderungen in Handel, Konsumgüterindustrie und Marketing wertvolle inhaltliche Beiträge geliefert. Zu nennen sind hier Christina Del Din, Rudy Hagedorn und Erik Schumann. Darüber hinaus danken wir unseren Partnern und Kunden, die mit ihrem Input das umfangreiche Kap. 9 bereichert haben, in dem wir anhand von Praxisbeispielen die Funktionalitäten der einzelnen Technologien anschaulich darstellen können.

Unser ganz besonderer Dank gilt abschließend unseren Familien, insbesondere der Frau des Autors Sabine und ihren Kindern. Danke für die Geduld und die Unterstützung, ohne die ein weiteres Buch nicht möglich gewesen wäre. Herzlicher Dank gilt auch dem Mann der Autorin und ihrem Sohn, denen sie dieses Buch widmet. Jacques, weil vieles in diesem Buch auch das Ergebnis der 15-jährigen Zusammenarbeit ist, die unter dem Titel „Mobile Business – Mega-Business oder Mickey Mouse?" begann, und Julian, weil das Buch den Anfang der vernetzten Welt beschreibt, in der er ganz selbstverständlich leben wird.

Sie alle haben, wie auch unsere Freunde, in der letzten Zeit weitgehend auf ein ruhiges und erfülltes Privatleben verzichten müssen, uns immer die Kraft und die Zeit gegeben, uns diesem Buchprojekt zu widmen. Durch ihr Verständnis und ihren Optimismus haben sie einen erheblichen Anteil am Gelingen des Buches. Ohne sie hätten wir das niemals geschafft. Vielen lieben Dank.

Hamburg und Köln, im Januar 2018   Tanja Kruse Brandão und
                                                     Gerd Wolfram

Inhaltsverzeichnis

1	Einführung			1
	1.1	Digitalisierung und das Internet der Dinge		2
	1.2	Connected Customer		3
		1.2.1	Multi-optionaler Kunde	3
		1.2.2	Vernetzter Kunde	4
	1.3	Digitales Marketing		7
	1.4	Digital Connection		8
		1.4.1	Digitale Identität von Objekten und smarten Produkten	9
		1.4.2	Customer Experience Management	10
		1.4.3	Digital Connection und mobile Moments	11
	1.5	Übersicht über das Buch		12
		1.5.1	Zielsetzung	12
		1.5.2	Wichtige Begriffe	13
		1.5.3	Struktur des Buches	15
	1.6	Zielgruppen des Buches		18
	Literatur			20
2	Digitalisierung			21
	2.1	Was ist Digitalisierung?		22
		2.1.1	Digitale Revolution	22
		2.1.2	Begriff der Digitalisierung	24
		2.1.3	Phasen der Digitalisierung	25
		2.1.4	Internet der Dinge	26
		2.1.5	Technologien im Internet der Dinge	33
		2.1.6	Nutzen des Internets der Dinge	34
	2.2	Digitalisierung in der Gesellschaft		38
		2.2.1	Digitalisierung in Industrie und Produktion	38
		2.2.2	Digitalisierung in der Logistik	42
		2.2.3	Digitalisierung in der urbanen Infrastruktur	44
		2.2.4	Digitalisierung im Gesundheitswesen	47
		2.2.5	Digitalisierung im Freizeitbereich	49

2.3		Digitalisierung im Handel	50
	2.3.1	Innovative Technologien im Handel	50
	2.3.2	Digitalisierung im Online-Handel	53
	2.3.3	Digitalisierung im Offline-Handel	55
2.4		Handel im Jahr 2030	60
	2.4.1	Der Handel bietet Communities	61
	2.4.2	Der Handel bietet Erlebniswelten	65
	2.4.3	Der Handel bietet Sharing	70
	2.4.4	Der Handel bietet effizientes Einkaufen	72
	2.4.5	Der Handel bietet eine bessere Welt	75
2.5		Digitalisierung im Marketing	75
	2.5.1	Entwicklung des modernen Marketings	77
	2.5.2	Digitalisierung im Instore-Marketing	78
	2.5.3	Kundengenerationen und Marketingerwartungen	84
Literatur			87

3 Digital Connection 91
- 3.1 Customer Journey 92
  - 3.1.1 Moments of Truth 92
  - 3.1.2 Mobile Moments 93
  - 3.1.3 Customer-Journey-Modelle 95
  - 3.1.4 Multi-optionaler Kunde 96
  - 3.1.5 Multi-Channel im Prozess der Kaufentscheidung 98
- 3.2 Consumer Experience 99
  - 3.2.1 Consumer Experience – Schlüssel für den Erfolg 100
  - 3.2.2 Consumer Experience und User Experience (UX) 101
- 3.3 Digital Connection: Neue Consumer Touchpoint Journey 101
  - 3.3.1 4P im Marketing 102
  - 3.3.2 SAVE im B2B-Marketing 102
  - 3.3.3 4E im digitalen Marketing 103
  - 3.3.4 Von Touchpoints zu Points of Experience 104
  - 3.3.5 Die 6C der Digital Connection 105
- Literatur 107

4 Digital-Connection-Architektur 109
- 4.1 Schichten der Digital-Connection-Architektur 110
- 4.2 IoT-Plattformen 111
  - 4.2.1 Bausteine einer IoT-Plattform 111
  - 4.2.2 Device-Management – die Geräteverwaltung 113
  - 4.2.3 Messaging und Schnittstellen – die Kommunikationsschicht 114
  - 4.2.4 Informationsmanagement und -speicherung – die Informationsschicht 115
  - 4.2.5 Analytics und Algorithmen – die Analyseschicht 115

	4.3	Personal Mobile Devices	116
	4.4	Smarte Technologien	119
		4.4.1 Location-Based- und Proximity-Based-Technologien	119
		4.4.2 Near-Response-Technologien	120
		4.4.3 Conversational-Technologien	121
		4.4.4 Mixed-Commerce-Technologien und Augmented Reality	122
		4.4.5 Push- versus Pull-Technologien	122
	4.5	Smarte Technologien und Personal Mobile Devices	123
	4.6	Content und Services	124
	4.7	Experience im Rahmen der Costumer Journey	126
	Literatur		128
5	**Personal Mobile Devices**		129
	5.1	Personal Mobile Devices im Marketing	130
	5.2	Mobiltelefone und Smartphones	131
		5.2.1 Entwicklung des Mobilfunks	131
		5.2.2 Aufbau und Funktionsweise	132
		5.2.3 Mobilfunk-Infrastruktur	134
	5.3	Tablets und Pads	134
		5.3.1 Entwicklung von Tablets und Pads	134
		5.3.2 Aufbau und Funktionsweise	136
	5.4	Wearables	137
		5.4.1 Aufbau und Funktionsweise von Wearables	137
		5.4.2 Ausprägungen und Anwendungen	139
	5.5	Betriebssysteme	142
		5.5.1 Google Android und Apple iOS	142
		5.5.2 Andere Betriebssysteme	144
	5.6	Anwendungen und Apps	145
	5.7	Connectivity-Schnittstellen	146
		5.7.1 Antenne – Funken und Orten	148
		5.7.2 Mikrofon – Sprechen und Telefonieren	149
		5.7.3 Kamera – Filmen und Fotografieren	150
		5.7.4 Touchscreen – Eingeben und Ausgeben	151
		5.7.5 Beschleunigungssensor – Spielen und Navigieren	152
		5.7.6 Zusätzliche intelligente Sensoren	153
	Literatur		155
6	**Smarte Technologien**		157
	6.1	Überblick smarte Technologien	159
	6.2	Barcode – maschinenlesbarer 1D-Strichcode	161
		6.2.1 Scannen des Barcodes	161
		6.2.2 Entwicklung des Barcodes	163
		6.2.3 Barcode-Aufbau und Barcode-Typen	166

	6.2.4	Erstellen von Barcodes	168
	6.2.5	Vor- und Nachteile	169
6.3	QR-Code – maschinenlesbarer 2D-Code	170
	6.3.1	Mobiles Tagging mit QR-Code	170
	6.3.2	Entwicklung des QR-Codes	172
	6.3.3	Aufbau und Funktionsweise des QR-Codes	173
	6.3.4	Typen von QR-Codes	174
	6.3.5	Erstellen und Lesen von QR-Codes	177
	6.3.6	Anwendungsmöglichkeiten und Inhalte	179
	6.3.7	Nutzung und Akzeptanz	182
	6.3.8	Vor- und Nachteile von QR-Codes	183
6.4	Radio Frequency Identification (RFID)	184
	6.4.1	Identifizieren mit elektromagnetischen Wellen	184
	6.4.2	Funktionsweise von RFID	185
	6.4.3	Entwicklung von RFID	186
	6.4.4	Komponenten eines RFID-Systems	188
	6.4.5	Standardisierung der RFID-Technologie	198
	6.4.6	Anwendungs- und Einsatzbeispiele	200
	6.4.7	Vor- und Nachteile von RFID	204
6.5	Near Field Communication (NFC)	205
	6.5.1	Datentransfer über kurze Distanzen	205
	6.5.2	Komponenten eines NFC-Systems	206
	6.5.3	NFC-Standardisierungsbereiche	209
	6.5.4	NFC-Standardisierungsgremien und -organisationen	210
	6.5.5	Anwendungs- und Einsatzbeispiele	212
	6.5.6	Vorteile und Nachteile von NFC	215
6.6	Global Positioning System (GPS) und Geofencing	216
	6.6.1	Satelliten-gestützte Positionsbestimmung	216
	6.6.2	Entwicklung von GPS	217
	6.6.3	Technische Grundlagen	218
	6.6.4	Anwendungs- und Einsatzbeispiele	219
	6.6.5	Vor- und Nachteile von GPS	221
6.7	Wireless Local Area Network (WLAN)	222
	6.7.1	Funkgestützte Datenübertragung über drahtlose Netzwerke	222
	6.7.2	Entwicklung von WLAN	222
	6.7.3	Standardisierungsgremien und -organisationen	224
	6.7.4	Funktionsweise von WLAN	224
	6.7.5	Anwendungs- und Einsatzbeispiele	229
	6.7.6	Vor- und Nachteile von WLAN	231
6.8	Bluetooth Low Energy Beacons (BLE)	231
	6.8.1	Datenübertragung über kurze Distanz	232
	6.8.2	Entwicklung der Beacons	233

	6.8.3	Funktionsweise von Beacons	234
	6.8.4	Bluetooth-Versionen	234
	6.8.5	Datenkanäle und Datenformate	235
	6.8.6	Anwendungs- und Einsatzbeispiele	237
	6.8.7	Beacons im Handel	239
	6.8.8	Vor- und Nachteile von Beacons	241
6.9	Augmented Reality (AR) und Virtual Reality (VR)	242
	6.9.1	Computergestützte Erweiterung der wahrgenommenen Realität	242
	6.9.2	Technische Grundlagen	244
	6.9.3	Einsatz- und Anwendungsbereiche	245
	6.9.4	Vor- und Nachteile	258
6.10	Human Computer Interaction (HCI)	259
	6.10.1	Conversational Commerce über sprachgesteuerte Assistenten	260
	6.10.2	Entwicklung von sprachgesteuerten Assistenten	262
	6.10.3	Technische Grundlagen	264
	6.10.4	Plattformen für sprachgesteuerte Assistenten	266
	6.10.5	Anwendungs- und Einsatzbeispiele	271
	6.10.6	Leistungsvergleich sprachgesteuerter Assistenten	275
	6.10.7	Vor- und Nachteile	277
6.11	Chatbots und Messenger (Bots)	278
	6.11.1	Regelbasierte elektronische Echtzeitkommunikation	278
	6.11.2	Historische Entwicklung	279
	6.11.3	Technische Grundlagen	281
	6.11.4	Chatbot- und Messenger-Arten	282
	6.11.5	Chatbot-Plattformen	287
	6.11.6	Einsatz- und Anwendungsbereiche	296
	6.11.7	Weiterentwicklungen von Chatbots und Messengern	300
	6.11.8	Vor- und Nachteile	301
6.12	Ultraschallbasiertes Lokalisierungssystem (US)	303
	6.12.1	Indoor-Positionierung über Ultraschall	303
	6.12.2	Technische Grundlagen	303
	6.12.3	Einsatz- und Anwendungsbereiche	305
	6.12.4	Vor- und Nachteile	307
6.13	Visible Light Communication (VLC)	307
	6.13.1	Datenübertragung mithilfe von Licht	308
	6.13.2	Technische Grundlagen	308
	6.13.3	Historische Entwicklung	309
	6.13.4	Einsatz- und Anwendungsbereiche	310
	6.13.5	Vor- und Nachteile	312
6.14	Weitere smarte Technologien	312
	6.14.1	Indoor-Lokalisierung mit dem natürlichen Magnetfeld	313
	6.14.2	Indoor-Positionierung mit künstlichen Magnetfeldern	315

	6.14.3	Datenübertragung und Steuerung über Infrarot	315
	6.14.4	Identifizierung über elektromagnetische Wellen	316
6.15	Zusammenfassender Vergleich der smarten Technologien		318
Literatur.			322

7 Customer Journey Touchpoints und Content-Arten ... 327

7.1	Customer Touchpoints	328
	7.1.1 Was sind Customer Touchpoints?	328
	7.1.2 Customer Touchpoints und Moments of Truth	329
	7.1.3 Klassifizierung von Customer Touchpoints	332
	7.1.4 Customer-Touchpoint-Matrix	338
	7.1.5 Customer Touchpoint Management	339
7.2	Aktuelle Consumer Touchpoints	340
	7.2.1 Touchpoints Out-of-Home (OoH)	341
	7.2.2 Touchpoints in der Gastronomie	343
	7.2.3 Touchpoints im Tourismus	343
	7.2.4 Touchpoints im Personenverkehr	344
	7.2.5 Touchpoints auf Veranstaltungen	345
	7.2.6 Touchpoints bei Großveranstaltungen	345
	7.2.7 Touchpoints am Point of Sale (POS)	347
	7.2.8 Touchpoints auf Produkten und Verpackungen	351
	7.2.9 Touchpoints in Print-Medien und Büchern	354
	7.2.10 Touchpoints in der Spieleindustrie	356
7.3	Content-Arten und Content Marketing	357
	7.3.1 Content-Klassifizierung und -Einteilung	357
	7.3.2 Übersicht Content-Arten	358
	7.3.3 Content-Nutzen	358
	7.3.4 Content-Zielgruppen	359
	7.3.5 Content-Formate	361
	7.3.6 Content zur Befriedigung der Konsumentenbedürfnisse	372
	7.3.7 Content-Herkunft	373
	7.3.8 Content-Kontextrelevanz	374
Literatur.		379

8 IoT-Plattformen ... 381

8.1	Umfangreiche Funktionalitäten der IoT-Plattformen	382
8.2	Marktüberblick	382
8.3	adsquare – Mobile Data Exchange	383
8.4	Tamoco Proximity Network and Analytics Platform	385
8.5	wingu Proximity-Plattform	386
8.6	Proximity DMP® von Beaconinside	388
8.7	BlueBite Experiences Platform	391
8.8	Proximi.io-Plattform	394

8.9	iAdvize Conversational-Commerce-Platform	395
8.10	Smart Product Service Platform von GoodsTag	397
Literatur.		400

9 Praxisbeispiele entlang der Customer und Consumer Journey ... 401
9.1 Übersicht und Beschreibungskriterien . . . 403
9.2 Out of Home . . . 405
9.2.1 WallDecaux City Light Poster . . . 405
9.2.2 Strappy in der U-Bahn Tokio . . . 407
9.2.3 Subway-Mobile-Kampagne . . . 408
9.2.4 Mobiles Prämienprogramm MoovOn . . . 409
9.2.5 Magnum Pop-up-Stores . . . 411
9.2.6 Virtual-Reality-Kaufhaus Myers . . . 413
9.2.7 Chatbot-Kommunikation bei Électricité de France . . . 414
9.3 In-Store . . . 416
9.3.1 EDEKA Paschmann mit lichtbasierter Indoor-Navigation . . . 416
9.3.2 RFID und Robotik bei Adler-Modemärkten . . . 417
9.3.3 Timberland Connected Store . . . 419
9.3.4 Dialogmarketing bei Ikea . . . 421
9.3.5 True Religion Digital Sales Floor . . . 423
9.3.6 Smart Tray bei Chow Tai Fook . . . 425
9.3.7 HIT Sütterlin und Amazon Alexa . . . 427
9.4 Konsumgüter-Produkte . . . 429
9.4.1 Connected Bottles . . . 429
9.4.2 Indola Haarpflegeserie . . . 430
9.4.3 Rügenwalder Mühle . . . 432
9.5 Textilien . . . 432
9.5.1 Smarter Rucksack IT-BAG . . . 433
9.5.2 Spyder Ski-Jacken-Experience . . . 437
9.5.3 Googles und Levi`s smarte Jeansjacke . . . 438
9.5.4 Rimowa Electronic Tag und Carry-On von Bluesmart . . . 440
9.5.5 Victorinox Travel Gear . . . 441
9.5.6 Adidas Sportschuhe . . . 442
9.6 Haushaltsgeräte . . . 444
9.6.1 OTTO-Produkt-Assistent . . . 444
9.6.2 Multifunktionsgerät von Cucina Barilla . . . 446
9.6.3 Unibond Aero 360° Moisture Absorber E-Connect . . . 447
9.6.4 BSH Home Connect mit Alexa . . . 449
9.7 Sport . . . 450
9.7.1 Fan-Experience im Hamburger Volkspark-Stadion . . . 450
9.7.2 Mexico City Marathon . . . 453
9.7.3 American Football Real-Time Analytics . . . 453

	9.7.4 Konzeptstudie Air Runner	455
	9.7.5 Telstar 18: Fußball zur Weltmeisterschaft 2018	457
9.8	Industrie und Gastronomie	458
	9.8.1 EVOS™ DCi der Linde Group	458
	9.8.2 UBER Bierdeckel-Kampagne	459
	9.8.3 Rastal Smart-Glass® und die digitale Theke der Telekom	461
	9.8.4 Carlsberg Crowdit	462
	9.8.5 Bottoms-Up-Becher mit Bezahlfunktion	463
9.9	Freizeit und Reisen	465
	9.9.1 Beatie Wolfes NFC-Musikalbum	465
	9.9.2 Veranstaltungen besuchen mit Wristbandiz	466
	9.9.3 Reisen mit Princess Cruises	467
	9.9.4 Nintendos interaktive Spielfiguren	469
	9.9.5 Digitales Audiosystem Toniebox	470
	9.9.6 Service-on-Demand beim Robinson Club	471
9.10	Kulturelle Einrichtungen	473
	9.10.1 Digitale Erlebnisse in Museen und Galerien	473
	9.10.2 Intelligente Suche in Bibliotheken	476
	9.10.3 Virtual-Reality-Theater	477
9.11	Print-Medien	477
	Literatur	479
10	**Handlungsempfehlungen und Ausblick**	**483**
10.1	Digital-Connection-Strategie	484
10.2	Entwicklungsbausteine einer Digital Connection	486
10.3	Erfolgskriterien für Digital-Connection-Initiativen	487
10.4	Herausforderungen für eine Digital-Connection-Initiative	488
	10.4.1 Mindset – Kunden und Daten im Blick	488
	10.4.2 Smarte Technologien und Datenschutz	488
	10.4.3 Smarte Technologien und Vertrauen	491
10.5	Fazit und Ausblick	495
	Literatur	497

Stichwortverzeichnis ... 499

SPRINGER NATURE springernature.com

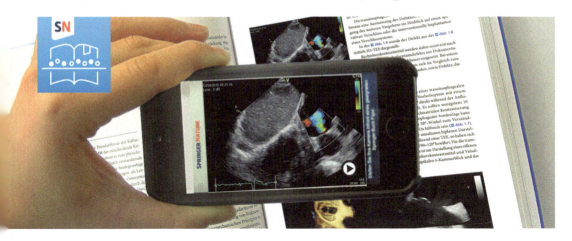

Springer Nature ExploreBooks App

Videos und mehr mit einem „Klick" kostenlos aufs Smartphone und Tablet

Kostenlos downloaden

- Dieses Buch enthält zusätzliches Onlinematerial, auf welches Sie mit der Springer Nature ExploreBooks App zugreifen können.*

- Achten Sie dafür im Buch auf Abbildungen, die mit dem Play Button ⏵ markiert sind.

- Springer Nature ExploreBook App aus einem der App Stores (Apple oder Google) laden und öffnen.

- Mit dem Smartphone die Abbildungen mit dem Play Button ⏵ scannen und los geht's.

*Bei den über die App angebotenen Zusatzmaterialien handelt es sich um digitales Anschauungsmaterial und sonstige Informationen, die die Inhalte dieses Buches ergänzen. Zum Zeitpunkt der Veröffentlichung des Buches waren sämtliche Zusatzmaterialien über die App abrufbar. Da die Zusatzmaterialien jedoch nicht ausschließlich über verlagseigene Server bereitgestellt werden, sondern zum Teil auch Verweise auf von Dritten bereitgestellte Inhalte aufgenommen wurden, kann nicht ausgeschlossen werden, dass einzelne Zusatzmaterialien zu einem späteren Zeitpunkt nicht mehr oder nicht mehr in der ursprünglichen Form abrufbar sind.

A57459

Über die Autoren

Tanja Kruse Brandão
Digital Business Enabler
Partner der Digital Connection
Leiterin des BVDW-Labs „Proximity Solutions"

Tanja Kruse Brandão kommt klassisch aus der Werbung und zählt zu den Pionieren im Online- und Mobile Marketing. Diese Bereiche baute sie für die Hamburger Agentur *fluxx.com* auf und leitete in dieser Funktion auch das UMTS-Kompetenzteam von France Telecom und Mobilcom, in dem zahlreiche mobile Anwendungen konzipiert wurden, die sich heute als Standards etabliert haben.

Für *Parship* schloss sie Kooperationen mit führenden Medien, unterstützte als Head of European Marketing den Markenaufbau und Roll-Out in zwölf europäischen Länder und baute zuletzt als Deutschland-Chefin das Geschäft weiter aus.

Als Entrepreneur immer begeistert von innovativen Geschäftsideen, gehört sie zu den Gründerteams von Unternehmen wie *CultCars*, einem mobilen OoH-Medium, das sowohl Fahrzeug als auch Fahrer mit einbezog und *Matrix Solutions*, das mit *PicTicket* bei vielen tausend Veranstaltungen europaweit erstmals Mobile Ticketing mit einem elektronischen Einlass realisierte.

Tanja Kruse Brandão steht heute wie keine andere für die Themen Digital Consumer Experience und Proximity Solutions, wie NFC, Beacons, QR-Code oder GPS/Geofencing. 2014 bereitete sie den Weg für die Gründung der *Smart Media Alliance* (www.smart-media-alliance) – eine Initiative der NFC-Industrie.

Die zunehmende Digitalisierung und die veränderten Kundenansprüche an Marken und Produkte erfordern neue Decision und Experience Journeys. Mit der *Digital Connection* unterstützt sie Marken, Agenturen und Unternehmen bei der Entwicklung von neuen Geschäftsmodellen, Consumer Journeys und der Realisierung von digitalen Touchpoints.

Als Keynote Speaker und in Panels inspiriert sie Teilnehmer für smarte Technologien und unterstützt in Workshops bei anstehenden Innovationsprojekten.

Nach 25 Jahren Erfahrung im Marketing und Media-Business verfügt Tanja Kruse Brandão über ein exzellentes Netzwerk im Bereich Medien und Marken. Sie lebt in Hamburg.

Dr. Gerd Wolfram
Pionier, Visionär und Digital Innovator
Partner der Digital Connection
CEO von IoT Innovation & Consult

Gerd Wolfram kommt aus IT und Handel und zählt zu den Pionieren des Einsatzes neuer, innovativer Technologien im Einzel- und Großhandel. Die Zukunft des Einkaufens, das Internet der Dinge (IoT) und neue Technologien trieb er als Executive Project Manager in der METRO Group Future Store Initiative in realen Märkten und in der Logistik voran.

Nach 25 Jahren in der operativen IT im internationalen Handel, u. a. auch als Geschäftsführer des Metro-internen IT-Systemhauses, gründete er 2016 die *IoT Innovation & Consult* (www.iot-icon.com). Heute entwickelt er als Berater Digitalstrategien und -konzepte und unterstützt Unternehmen bei der konkreten Umsetzung. Darüber hinaus begleitet er die Erarbeitung von zukunftsorientierten IT-Lösungen und Services sowie die Einführung innovativer Technologien. Dabei kommen ihm seine langjährige praktische Erfahrung im internationalen Handel ebenso wie die Begeisterung für Trends, Inspiration von neuen Ideen und die Umsetzung von Veränderungen zugute.

Durch sein Engagement als Mitglied internationaler *Standardisierungs- und Innovationsgremien* wie EPC Global Board of Governors, Global Commerce Initiative, Consumer Goods Forum, IKT Committee bei EuroCommerce, nationalen wie auch internationalen GS1-Gremien und DIN, bekam er tiefe Einblicke in smarte Technologien wie RFID, NFC und Bluetooth und förderte die weltweite IoT-Branche.

Diese Erfahrung als internationaler *IT-* und *Innovations-Manager* verbunden mit einer steten Neugier und einer großen Portion „Mut zu Neuem" ist er auf der Suche nach visionären Best Practices und deren Umsetzung zum Thema „Zukunft des Handels und des Einkaufens".

Die zunehmende Digitalisierung und die veränderten Erwartungen an das Einkaufen, Marken und Produkte bedingen und ermöglichen neuartige Experiences im Rahmen der Shopper Journey. Mit der *Digital Connection* unterstützt er Marken, Agenturen und den Handel bei der Entwicklung neuer Geschäftsmodelle, Journeys und digitalen Touchpoints.

Als Impulsgeber, Redner, Moderator oder in einer Expertenrunde führt er immer wieder durch die spannende Welt der Technologie, Innovation und des Handelsbusiness. Über seine Tätigkeiten als Lehrbeauftragter und Dozent gibt er sein Wissen und seine Erfahrung über das Internet der Dinge, die Digitalisierung, neue innovative Technologien und digitales Marketing an Studierende weiter. Er verfügt über ein umfangreiches und ausgezeichnetes Netzwerk im Bereich Technologien und Handel. Gerd Wolfram lebt in Köln.

Einführung

Inhaltsverzeichnis

1.1	Digitalisierung und das Internet der Dinge	2
1.2	Connected Customer	3
	1.2.1 Multi-optionaler Kunde	3
	1.2.2 Vernetzter Kunde	4
1.3	Digitales Marketing	7
1.4	Digital Connection	8
	1.4.1 Digitale Identität von Objekten und smarten Produkten	9
	1.4.2 Customer Experience Management	10
	1.4.3 Digital Connection und mobile Moments	11
1.5	Übersicht über das Buch	12
	1.5.1 Zielsetzung	12
	1.5.2 Wichtige Begriffe	13
	1.5.3 Struktur des Buches	15
1.6	Zielgruppen des Buches	18
Literatur		20

Zusammenfassung

Marken begegnen uns heute fast schon überall – in Museen, Arztpraxen, Fußballstadien, Bahnhöfen, Haltestellen, Talkshows, Spielfilmen, Nachrichtenportalen, Schulen und Universitäten, Büchern und an vielen anderen Orten. Sie lassen keine Gelegenheit aus, um auf sich aufmerksam zu machen. Die Marke folgt dem Konsumenten auf Schritt und Tritt und versucht, eine langfristige Kunden- und Markenbindung aufzubauen.

Immer mehr Unternehmen zielen darauf ab, ihren Kunden ein umfängliches Markenerlebnis entlang der Informations-, Entscheidungs-, Einkaufs- (Customer Journey) und Nutzungsprozesse (Consumer Journey) zu bieten. Das strategische und systematische Management aller Touchpoints zwischen Marke und Mensch wird damit erfolgsentscheidend und stellt alle daran Beteiligten vor große Herausforderungen.

Die Digital Connection umfasst alle Bereiche, die zur Entwicklung einer digitalen Strategie und der Realisierung der dazugehörigen Touchpoints notwendig sind.

1.1 Digitalisierung und das Internet der Dinge

Das Internet der Dinge oder Internet of Things (IoT) ermöglicht heute einen unüberschaubaren Zuwachs an neuen Anwendungen und Geschäftsmodellen. Es besitzt auch einen maßgeblichen Einfluss auf den Menschen und sein berufliches und persönliches Umfeld. Im Herbst des Jahres 2017 ermittelte das amerikanische IoT-Institut in einer Studie die Anwendungsszenarien des Internets der Dinge. Mit über siebzig Fachleuten wurden Anwendungsgebiete und Use Cases diskutiert und in einem Bericht zusammengefasst (Schreier 2017):

Anwendungsfälle im Internet der Dinge
- *Asset-Tracking* ist die meist genannte und wichtigste Anwendung im Internet der Dinge. Dabei werden eindeutig identifizierbare physische Objekte – in diesem Fall Güter und Transporthilfsmittel – mit dem Internet der Dinge verbunden. So entsteht ein virtuelles System, über das ihr Standort und ihre Bewegung verfolgt werden kann.
- *Prozessautomatisierung,* insbesondere die Automatisierung von bisher manuell durchgeführten Prozessen durch das Internet der Dinge und Sensoren, die in der Lage sind, mit dahinterliegenden Steuerungssystemen zu fühlen, zu planen und zu steuern.
- *Predictive Maintenance* oder auch vorausschauende Wartung und Instandhaltung. Diese Prozesse sind heute die Grundlagen der intelligenten Fertigung und der smarten Fabrik.
- *Sicherheitstechnologien und -verfahren*, die über eine Video- oder Fernüberwachung die Sicherheit im öffentlichen Raum oder von Fabrikanlagen verbessern.
- *Gebäudeenergieeffizienz und -automatisierung*, besser bekannt unter dem Begriff Smart Building, und Steuerung von Einrichtungen des Facility-Management.
- Verbesserte Kundenbindung und Kundenzufriedenheit: Eines der zentralen Inhalte des Internets der Dinge ist der Wandel und die Veränderung der Kundenerfahrung, der *Consumer Experience.*
- *Smarte Daten* können einfacher über das Internet der Dinge generiert werden. Sie liefern wertvolle Erkenntnisse für die zukünftige Planung in Form von Big Data.
- Wandel von produktbasierten zu *dienstleistungsbasierten Geschäftsmodellen*: Durch das Internet der Dinge wird eine wachsende Zahl traditioneller Produktangebote in Dienstleistungen transformiert.
- Flexiblerer und effizienterer *Produktentwicklungsprozess*, das heißt Daten von vernetzten Geräten können zur Verbesserung der Produktentwicklung genutzt werden.Ganz deutlich verändert das Internet der Dinge unsere Industrien und nahezu alle Gesellschaftsbereiche.

Einfluss auf den Menschen
Die zunehmende Digitalisierung hat aber auch Einflüsse auf den Menschen selbst. Zum einen ist er derjenige, der in seiner Arbeitswelt zunehmend mit digitalisierten Prozessen

und Systemen umgehen muss, neue Kollegen können auch durchaus mal Roboter sein. Zum anderen ist er auch derjenige, der in seiner Freizeit zunehmend digitale Anwendungen nutzt, um sein Leben zu vereinfachen und interessanter zu gestalten, sein Haus abzusichern und Kaufentscheidungen für neue Marken und Dienstleistungen zu treffen.

1.2 Connected Customer

Wie lässt sich der moderne Kunde oder Konsument beschreiben und charakterisieren? Er wird vielfach charakterisiert als individuell, heterogen, mobil, souverän, selbstbestimmt, von Informationen überflutet und von Angeboten übersättigt, zeitknapp und darauf bedacht, sein Leben einfach und abwechslungsreich zu gestalten. Mal verhalten sich Kunden passiv und gleichgültig, dann engagieren sie sich wieder stark, zum Beispiel in Erlebnisbereichen. Der moderne Kunde scheint von einem Entweder-Oder-Verhalten in einen Sowohl-Als-Auch-Modus zu wechseln.

1.2.1 Multi-optionaler Kunde

Auch bei den Kommunikations- und Distributionskanälen ist von einem multi-optionalen Kunden auszugehen, der Kunde nutzt mehrere und unterschiedliche Absatzkanäle, Einkaufsstätten und Informationsquellen.

Einen großen Einfluss auf das neue Verhalten der Kunden hat aber auch der geänderte Lebensstil. Die heutige moderne Gesellschaft basiert auf drei Umwälzungen aus den siebziger und achtziger Jahren. Zu nennen sind hier der dauernde Wertewandel in der Gesellschaft, der auch zu einer Individualisierung jedes Einzelnen und damit auch der individuellen Lebensführung führt. Daneben verzeichnen wir eine Pluralisierung der Lebensformen, wie die Veränderung der Haushaltsgröße, gewollt kinderlose Ehen, gleichgeschlechtliche Partnerschaften oder Fernbeziehungen.

Diese Bewegungen verlaufen nicht hintereinander und auch nicht parallel, sondern haben zu unterschiedlichen Zeiten begonnen und dauern auch zum Teil noch an. Sie bedingen und beeinflussen sich zudem gegenseitig.

Veränderungen bei Kaufentscheidungen
Die Veränderung der Lebensformen und die Individualisierung führen zu Veränderungen darin, wie Kunden Produkte wahrnehmen, wertschätzen und auch nachfragen sowie kaufen.

In der Zeit wenige Jahre nach dem Zweiten Weltkrieg herrschte noch große Armut und man fand in den Haushalten in der Regel keine Waschmaschine, geschweige denn ein Auto. In der darauffolgenden Zeit des Wirtschaftswunders allerdings wurden diese Güter verstärkt angeschafft und sind heute aus keinem Haushalt mehr wegzudenken. Im Gegenteil: heute finden wir weitere Statussymbole wie Fernseher, Stereoanlagen, elektronische Trockner und viele weitere Geräte.

Mit der Zeit und durch die weite Verbreitung in allen Haushalten und gesellschaftlichen Schichten werden diese Geräte zur Allgemeinheit und verlieren ihre besondere Stellung. Sie werden gewöhnlich. Daneben ändern sich auch im Zeitablauf die Entscheidungen zum Kauf von Produkten beziehungsweise die Nachfrage. Zu der Frage, ob ein Gebrauchsprodukt gekauft werden soll, kommt heute die zusätzlich die Frage, in welcher Ausstattung und Güte dies erfolgen soll. Früher stellte der Besitz eines Produktes eine Unterscheidung dar, heute verschiebt sich dies eher zu der Ausstattung und zur Nutzungsweise des früheren Statusobjektes (Hölscher 1998, S. 102).

Veränderung der Wirkungsrichtung des Konsums
Parallel dazu änderte sich auch in der gleichen Zeit der Demonstrationseffekt beziehungsweise die Demonstrationsrichtung des Konsums. In den sechziger Jahren kauften die Menschen Produkte, um diese auch zu zeigen und sich innerhalb einer Bildungsschicht oder auch gesellschaftlichen Schicht zugehörig zu fühlen, entweder der, der man angehörte, oder der, der man angehören wollte. Man spricht in diesem Fall von nach außen gerichtetem Konsum, der die Zugehörigkeit und Identität ausdrückt.

Heute hat sich das gewandelt, die Richtung der Konsumwirkung verläuft nach innen. Der demonstrative, nach außen gerichtete Konsum wird durch den nach innen gerichteten Konsum abgelöst. Hölscher begründet das folgendermaßen: In der Gesellschaft nehmen die Wünsche nach einer Alltags-Ästhetisierung und Erlebnis- und Spaß-Orientierung immer mehr zu (Hölscher 1998). Beim Erzielen dieser Wünsche wird immer weniger auf gesellschaftliche Spielregeln geachtet. Mann kauft etwas unter Umgehung der gesellschaftlichen Rahmenbedingungen, einfach „weil es mir gefällt" (Schulze 2000, S. 427 ff.).

Suche nach Erlebnisorientierung
Parallel zur geänderten Wirkungsrichtung des Konsums erkennt Stihler eine Zunahme des Strebens nach Erlebnisorientierung und Hedonismus, wobei Letzterer in diesem Kontext als Konsum von besonders erlebnisreichen Produkten verstanden wird. Gerade beim Verbrauch dieser Güter, die Freude, Lust, Vergnügen und Genuss bieten, ist zu beobachten, dass der Konsum nahezu keinen abnehmenden Grenznutzen für die Konsumenten aufweist. Sie haben nach Stihler diesbezüglich einen „endlosen Hang" zum Konsum (Stihler 2000, S. 172).

1.2.2 Vernetzter Kunde

Der vernetzte Kunde wird in unserer von Innovation, Mobilität und Wandel dominierten Welt die treibende Kraft. Dank neuer Technologien sitzt der Kunde heute am Steuer. Er übt Einfluss auf das Marketing, den Handel und auch die Produktentwicklung aus. Kunden entscheiden darüber, welche Marken im digitalen Zeitalter überleben werden und welche untergehen. Nur Unternehmen und Marken, die mit ihren Kunden aufmerksam und intelligent interagieren und bei ihren Geschäftsstrategien die Kundenerfahrung in den Mittelpunkt stellen, werden sich in der vernetzten Welt behaupten können.

State of the Connected Customer

Was macht den vernetzten Kunden aus und wie können Unternehmen mit seinen steigenden Erwartungen mithalten? Salesforce Research hat in seiner Studie „State of the Connected Customer" den vernetzen Kunden und seine Erwartungen untersucht. Hier eine Übersicht der wichtigsten Erkenntnisse (Salesforce Research 2017, S. 5 ff.):

- **Gut informierte Kunden**: Die jüngsten technologischen Fortschritte haben eine Welt erschaffen, in der Kunden die Möglichkeit haben, unabhängig von Zeit und Ort zu kommunizieren, zu suchen, zu browsen und zu kaufen. Kunden erwarten heute von Unternehmen, dass diese sich diesen veränderten Erwartungen durch Innovation schnellstmöglich anpassen, andernfalls wechseln sie einfach die Marke. Siebzig Prozent der Verbraucher sind sich darin einig, dass sie so leicht wie noch nie die Marke oder den Dienstleister wechseln können.
- **Sofortkultur** bestimmt den Kunden: Für den modernen Kunden sind Mobiltelefone allgegenwärtig, insbesondere für Millennials, die in einer Mobile-First-Welt groß geworden sind. Dieser permanent vernetzte Lifestyle bringt eine Sofortkultur, in der die Kunden unter zeitnaher Kommunikation sofortige Interaktion verstehen. Vierundsechzig Prozent der Verbraucher erwarten, dass Unternehmen ihnen bei Anfragen in Echtzeit antworten.
- **Menschliche Begegnungen** ist noch gefragt: Trotz der Neigung zu immer schnelleren und intelligenteren Technologien will der vernetzte Kunde wie ein Mensch mit individuellen Vorlieben und Abneigungen behandelt werden – und nicht wie eine Adresse in einer E-Mail-Verteilerliste. Im Austausch für ihre Loyalität erwarten Kunden, von den Unternehmen gehört, verstanden und wertgeschätzt zu werden, genauso als würden sie in einem Geschäft vor Ort einkaufen. Zwei Drittel aller Verbraucher bestätigen, dass sie die Marke wahrscheinlich wechseln würden, wenn sie statt wie ein Mensch wie eine Nummer behandelt werden.
- Bereitschaft zur **Datenabgabe** und zum Datenaustausch: Kunden erwarten von Marken eine intelligentere Kommunikation. Massenkommunikation im Stil von Batch-and-Blast funktioniert bei diesen Kunden nicht. Sie haben sich an maßgeschneiderte Empfehlungen und Angebote gewöhnt und stellen vertrauenswürdigen Marken ihre Daten für personalisierte Interaktionen gerne zur Verfügung. Dreiundsechzig Prozent der Millennials befürworten einen Datenaustausch mit Unternehmen, wenn sie dafür personalisierte Angebote und Rabatte erhalten.
- Kunden erwarten schnellen und personalisierten **Service**: Der vernetzte Kunde möchte eine intelligentere Kundenerfahrung im Service, eine, die sowohl schnell als auch personalisiert ist. Die Zeiten, in denen sich Kunden mit langen Telefongesprächen und mit Lösungen, die mehrere Tage in Anspruch nehmen, zufriedengaben, sind vorbei. Einundsiebzig Prozent der Verbraucher bestätigen, dass ein jederzeit verfügbarer Kundenservice einen positiven Einfluss auf ihre Kundenloyalität habe und fast genauso viele sagen dasselbe über personalisierten Kundenservice.

Mobile Only

Das Konzept „Mobile First" beziehungsweise sogar „Mobile Only" gilt nicht mehr nur für technologieorientierte Unternehmen und Verbraucher, heute beschreibt es das Verhalten einer wachsenden Anzahl von Internetnutzern, die den größten Teil ihrer Online-Nutzungszeit auf Smartphones und Tablets verbringen. Die mobile Nutzung überwiegt, aber Nutzerschaften und Nutzungszeit auf mobilen Geräten verteilen sich nicht gleichmäßig über demografische Zielgruppen und Regionen. Die digitale Evolution verläuft in den Märkten weltweit unter dem Einfluss lokaler und globaler Bedingungen.

Immer mehr Menschen nutzen ihr Smartphone, um auch unterwegs online zu sein. Umso häufiger nutzen sie auch die verschiedenen Möglichkeiten, um sich den Alltag zu vereinfachen, nicht zuletzt auch beim Einkaufen. Im Jahr 2014 betrug der Anteil des Mobile Commerce am gesamten E-CommerceUmsatz noch 9,6 %, bis Ende 2016 hat sich dieser auf 19,1 % fast verdoppelt. Diese Entwicklung zeigt, dass das Smartphone nicht mehr nur täglicher Begleiter vieler Kunden, sondern zu einem festen Bestandteil der Consumer Journey geworden ist. Das Smartphone bietet jederzeit und überall Zugriff auf Produktinformationen, Preise sowie Hersteller und Händlerbewertungen. So sucht mittlerweile fast jeder Zweite (46 %) der Kunden Produkte über das Smartphone. Vor einem Jahr war es gerade einmal ein Drittel. 39 % der befragten Konsumenten nutzen das Smartphone für Preisvergleiche (PWC 2017).

Vernetzung der Endgeräte

Möglich wird das Ganze durch die zunehmende Vernetzung der Endgeräte. 2018 wird es weltweit über zwanzig Milliarden Endgeräte geben, die vernetzt sind (Cisco 2017). Ihre Nutzung erfolgt zu über 50 % mobil, wodurch der mobile Datenverkehr bis 2020 im Vergleich zu heute um 800 % ansteigen wird. Bis 2020 wird sich das weltweite Bruttoinlandsprodukt zu 25 % aus digitalen Aktivitäten zusammensetzen. Zu diesem Anstieg vernetzter Endgeräte und der damit einhergehenden Daten wird bis 2018 zudem ein Anstieg von verfügbaren Applikationen von 400 % vorausgesagt.

> **Aktuelle Entwicklungen im Bereich der Digitalisierung und Endgerätevernetzung (Bitkom 2017):**
>
> - Spracheingabe ersetzt das Eingeben von Text bei Online-Abfragen. 20 % der mobilen Abfragen wurden im Jahr 2016 mithilfe von Sprache vorgenommen – mit einer Genauigkeit von 95 %.
> - Innerhalb von zehn Jahren erreichte Netflix in den USA 30 % des Umsatzes im privaten Unterhaltungsmarkt bei gleichzeitiger Reduzierung des Fernsehkonsums.
> - Weltweit ist das interaktive Spielen mittlerweile eine anerkannte Freizeitbeschäftigung geworden. Im Jahr 2017 erhöhte sich die Anzahl der Gamer auf 2,6 Milliarden, während sie 1995 noch 100 Millionen betrug. Professionelles

> Spielen von E-Sports ist bereits als Sportart anerkannt. 2018 werden diese Sportler bei den Asienspielen gegeneinander antreten und ab 2022 wird der virtuelle Wettkampf in Südkorea erstmals olympisch.
> - Das Internetwachstum stagniert weltweit, während es in einigen Regionen und Ländern noch eine der am schnellsten wachsenden Industrien ist. Die Anzahl der Internetnutzer in Indien wuchs 2016 um 28 %.
> - Die mobile Internetnutzung wächst demgegenüber dramatisch, da die Kosten für mobile Datennutzung fallen.
> - Wearables werden immer mehr angenommen und nachgefragt. Über 25 % der Amerikaner besitzen heute Wearables, im Jahr 2016 waren es nur 12 %.
> - 2017 wird der deutsche Smartphone-Markt mit prognostizierten 9,77 Milliarden Euro einen höheren Umsatz erzielen als die Unterhaltungselektronik mit voraussichtlich 9,44 Milliarden Euro, zu der Fernseher, Digitalkameras, Audio-Anlagen und Spielekonsolen gehören.

Gläserner Kunde
Durch die Digitalisierung der Produkte und des mobilen Marketings können heute aber auch viel mehr Daten über den Kunden und seine Einkaufsgewohnheiten gesammelt werden und das sogar in Echtzeit. Die Datenspuren, die Nutzer im Netz hinterlassen, bieten dem Marketing die Möglichkeit, umfassende Insights zu gewinnen und die Customer Journey zu tracken. Daraus lassen sich Kennzahlen ableiten und messen. Die technologische Infrastruktur bietet viele Anknüpfungspunkte für Wettbewerbsdifferenzierungen und zur individuellen Gestaltung von Kommunikation und Services. Gleichzeitig wächst durch die neuen Möglichkeiten auch der unternehmensinterne Druck auf die Marketingabteilung, diese Daten zielführend zu analysieren, aufzubereiten und anderen Abteilungen zur Verfügung zu stellen.

1.3 Digitales Marketing

Das Internet der Dinge hat nicht nur Einfluss auf die primäre Wertschöpfungskette in den Unternehmen. Auch auf die sekundären Wertschöpfungsprozesse wie Marketing, Vertrieb und den Servicebereich hat es entscheidenden Einfluss. Die Unternehmen sowie Konsumgüter- und Markenartikelhersteller können das Internet der Dinge aber auch gezielt nutzen, um im Wettbewerb zu bestehen und ihre Wettbewerbsfähigkeit zu steigern.

Datengewinnung durch das Internet der Dinge
Eine der Vorteile des Internets der Dinge sind die vielfältigen Möglichkeiten, Daten zu gewinnen und diese gezielt auszuwerten: Daten zum Produkt selbst, zu seiner Verwendung und zum Kunden und teilweise auch zu weiteren Aspekten wie dem Kundenverhalten. Auf der anderen Seite lassen sich Kunden individueller und differenzierter als bisher

ansprechen und im Gegenzug verändern smarte Internet-of-Things-Technologien das Marketing grundlegend. Die heutige Customer Journey wird in Bereichen beeinflusst, die bislang für digitale Ansätze noch unzugänglich schienen.

Services statt Produkte
Eine große Aufwertung in der Wertschöpfungskette erfahren auch die Servicefunktionen. So können beispielsweise Kaffeemaschinenhersteller mithilfe ihrer vernetzten Produkte ihren Kunden die automatische Wartung oder auch die Nachlieferung von Kaffee oder Kaffeekapseln anbieten. Viele Hersteller wandeln sich so von reinen Produktanbieter zum Serviceanbieter, der mithilfe von digitalen Plattformen und Anwendungs-Software neue Dienstleistungen anbietet und den Kunden so stärker an sich bindet. Das Internet der Dinge verzahnt Produkte und Services so miteinander, dass sie den gesamten Produktlebenszyklus abdecken.

Neben dem Einfluss auf die primären Unternehmensaktivitäten hat das Internet der Dinge eine große Auswirkung auf sekundäre Aktivitäten. Das betrifft zum Beispiel intelligente Jalousien, Lampen und Heizungen in Bürogebäuden. Der Einfluss des Internets der Dinge auf die Wertschöpfungskette ist tief greifend und umfassend. Die aktuelle Praxis zeigt, dass sich neue Potenziale in allen Funktionsbereichen erschließen lassen. Diese Potenziale frühzeitig zu heben, bringt signifikante Wettbewerbsvorteile für Unternehmen mit sich und macht sich langfristig bezahlt.

Gestalten und Managen von Customer Touchpoints
Das ganzheitliche Erleben und Managen aller Touchpoints zwischen Marke, Produkt oder Service, Unternehmen und den Konsumenten steht im Mittelpunkt, um Menschen für Marken zu begeistern. Damit beschäftigen sich seit Jahrzehnten Unternehmen in Marketing, Werbung und Kommunikation.

Konsumenten werden anspruchsvoller, kritischer und erwarten auch neue Strategien und Konzepte. Dazu wird die Zusammenarbeit aller Unternehmensbereiche und Disziplinen benötigt: User-Experience-Designer, Service-Designer, Mediaplaner, Strategieberater, CRM-Manager, Vertriebs- und Marketingfachleute, Datenanalysten und Informationsarchitekten, Szenografen und Interaktionsgestalter müssen verstärkt zusammenarbeiten. Denn in Zukunft zählt nur eins: Exzellenz an jedem Consumer Touchpoint, um Menschen für Marken und Produkte zu begeistern.

Vor welchen Herausforderungen und Chancen stehen die Marken und Unternehmen also in der sich verändernden digitalen Welt?

1.4 Digital Connection

Das Internet der Dinge ist eine der größten Herausforderungen für Unternehmen, Markenhersteller und ihre Produkte. Während die Menschen Marken in der jüngeren Vergangenheit immer mehr über den Bildschirm am PC, Tablet oder Smartphone erleben, geht die

Entwicklung bereits weiter. Die Digitalisierung und die damit einhergehende Vernetzung machen es möglich, Produkte smarter und intelligenter zu machen und damit die Beziehung zu den Nutzern neu zu definieren.

1.4.1 Digitale Identität von Objekten und smarten Produkten

Neben der physischen Identität erhalten Produkte zunehmend auch eine virtuelle, digitale Identität. „Let's make your product talk", „talking things", „Now that your products can talk, what will they tell you?" und ähnliche Aussagen sind die Überschriften, unter denen die Digitalisierung der Produkte diskutiert wird (Gandi und Gervert 2016). Produkte, die bisher „dumm" waren, enthalten nun für den Konsumenten unsichtbare Technologien, die eine Verbindung des Produktes mit dem Internet und damit letztlich auch mit dem Kunden erlauben. Produkte werden damit interaktiv, intelligent und „smart".

Kommunikation des Produktes mit dem Kunden
Dies bringt neue Möglichkeiten für die Kommunikation des Produktes mit dem Konsumenten mit sich und revolutioniert Marketing und Service. Als ein Meilenstein in der Entwicklung gilt das Aufkommen von Wearables und Geräten, die Menschen tragen und die Informationen über körperliche Aktivitäten sammeln. Sie sind mit dem Internet verbunden und zeigen so dem Benutzer die gesammelten Daten in verschiedenen Kategorien aufbereitet an. Viele Sportartikelhersteller begannen dann Sensoren in Sportprodukte, wie zum Beispiel Sportschuhe, einzubauen, die Daten erheben und mit einer App auf dem Mobiltelefon austauschen. Die Dinge, in dem Fall der Sportschuh, wurden intelligent.

Durch die Verbindung der Dinge mit dem Internet erhalten Produkte ganz neue Funktionen. Das Markenerlebnis ist dabei wesentlich von der Technologie bestimmt. Die richtige Wahl zu treffen, welche Technologien in diesem Zusammenhang sinnvoll einsetzbar sind und wie sie angewendet werden, ist heute wichtiger denn je. Denn heute sind die Menschen fortwährend mit Technologien umgeben, welche auch untereinander vernetzt sein können, und nutzen diese. Jeder Ausfall einer einzelnen Komponente bringt es mit sich, dass die gesamte Verbindung zwischen dem Konsumenten und der Marke beeinträchtigt wird.

Neue Content-Arten und deren Verbreitung
Immer wichtiger wird ein personalisierter und passgenauer Content. Dieser sollte auf die verschiedenen Verhaltensweisen der Kunden, ihre Vorlieben und den aktuellen Kontext, in dem sich der Kunde gerade befindet, ausgerichtet sein. Weiterhin muss er auf verschiedenen Endgeräten und Plattformen ausgebbar sein. Neue Content-Arten werden entstehen und die Möglichkeiten zur Verbreitung von Inhalten sich immer wieder aufs Neue verändern. Auf der anderen Seite werden sich am Ende des Tages alle wirkungsvollen und zukunftsweisenden Trends auf die personalisierte und individuelle Content-Produktion konzentrieren. Ziel dabei ist es, die Beziehungen zwischen Kunden und Unternehmen zu

festigen; auch über hilfreiche Tools, die die neuesten Trends effektiv nutzen und umsetzen können.

Über Kundenprofile können außerdem potenzielle Käufergruppen identifiziert und der jeweils passende Content produziert werden. Marketer können sicherstellen, dass sie die richtige Botschaft an den richtigen Kontakt zur richtigen Zeit verschicken und im nächsten Schritt werden die erstellten Kundenprofile mithilfe von Scoring- und Analysemethoden, aber auch auf Basis der gewonnenen Insights weiter verfeinert.

1.4.2 Customer Experience Management

Im klassischen Marketingmix gelten seit langem die „4 P", das sind *Produkt, Place, Price* und *Promotion*. Ab Mitte der neunziger Jahre entstand das digitale Marketing im Rahmen von E-Commerce. Es wurde weiterhin mit dem vier P gearbeitet, hatte sich doch nur eines der vier P (Place) geändert. Es war ein weiterer Vertriebskanal hinzugekommen.

Weiterentwicklung der „4 P" im Marketing
Als dann das Mobiltelefon stärker akzeptiert und genutzt wurde, reifte die Erkenntnis, dass das digitale Marketing nun auch das Produkt, den Preis und die Promotion mit einbeziehen sollte und die vier klassischen Marketing-P auf digitaler Ebene weiterentwickelt werden mussten.

Neben einem neuen Place-Begriff, der von hoher Mobilität, Dynamik und permanenter Erreichbarkeit gekennzeichnet war, änderte sich auch das Verständnis von Preis und Promotion. Preise werden für den Kunden durch die Nutzung der neuen Medien immer transparenter. Die Promotion verändert sich hin zur digitalen Werbung und zum digitalen Marketing. Übrig bleibt das Produkt selbst.

Dieses wird zum neuen, zentralen Fokus des Marketings, das nicht mehr alle vier klassischen P gleichermaßen gewichtet. Das Produkt muss mit seinem Branding, seinen Fähigkeiten, seiner Philosophie und seinem Mehrwert den Kunden und Konsumenten grundsätzlich überzeugen und für sich begeistern. Ist dies nicht der Fall, dann werden auch die anderen drei hart umkämpften P keinen Erfolg haben. Aber auch das Produkt selbst verändert sich.

Vermehrung der Touchpoints in der Customer Journey
Hinzu kommt eine Vermehrung der Touchpoints, an denen der Konsument potenziell erreichbar ist. Dies sind zum einen neue Medienkanäle. Weiterhin erlauben es neue digitale und smarte Technologien, die Touchpoints an jeden Ort zu verlegen, an denen sich der Konsument aufhält. Die zukünftige Herausforderung besteht darin, diese sehr flexiblen Touchpoints konsistent zu steuern und ihnen alle Funktionen für eine Interaktion zu geben. Hinzu kommt die Chance, einzelne Touchpoints entsprechend den Wünschen und Bedürfnissen des Konsumenten zu personalisieren, um die Relevanz und Attraktivität des Contents und damit der Marke zu steigern.

Die optimale Kundenerfahrung muss heute nahtlos und beständig sein – wenn sie effektiv sein soll. Ganz gleich, ob der Kunde seine Journey in einer Filiale beginnt oder über seinen persönlichen Computer auf ein bestimmtes Produkt oder eine Marke aufmerksam wird und schließlich den Kauf auf einem Smartphone abschließt – eine nahtlose Brand Experience ist immer Trumpf. In Kap. 3 ist dies im Detail ausgearbeitet.

1.4.3 Digital Connection und mobile Moments

Eine nahtlose Brand Experience begünstig gleichzeitig eine Vertrautheit und ein besseres Verhältnis zwischen Kunden und Marke. Dieses Vertrauen kann sich im Idealfall positiv auf Retention Rates und Brand Loyalty auswirken. Es sind neue Management-Konzepte gefordert, die auf eine konsistente und passende Brand Experience abzielen. Es braucht ein ganzheitliches Management, das die komplexen Handlungen, Entscheidungen und auch Insights des Konsumenten durch Analyseverfahren und -tools individuell und kontextspezifisch antizipiert und für jeden Touchpoint den richtigen Content einspielt.

Omnichannel-Management

> „Omnichannel-Management (im Sinne von: dem Kunden ein reibungsloses Einkaufserlebnis zu bieten, unabhängig davon, ob er online, mobile, telefonisch oder im stationären Handel einkauft) und die Ausgestaltung einer individuellen Customer Journey kristallisieren sich als die größten Herausforderungen bis ins Jahr 2020 heraus" (Deutscher Marketingverband 2017)

Erlebnisinszenierung in der Erlebnisökonomie
Die Veränderungen in der Gesellschaft bewirken auch, dass nicht mehr die reinen Funktionalitäten eines Produktes für den Kauf ausschlaggebend sind. Wir steuern in eine Erlebnisökonomie (Pine und Gilmore 1999, S. 100), in der die Erlebnisinszenierung eine zentrale Rolle einnimmt. Der Erlebnisnutzen von Produkten und Dienstleistungen steht im Mittelpunkt und wird höher als das Produkt selbst bewertet. Produkt- und Service-Erleben rücken in den Mittelpunkt der Markenführung.

Mobile Moments
Darüber hinaus beeinflusst Digital Connection Produkt-, Marken- und Kundenerlebnisse und sogenannte Mobile Moments, also die kurze Nutzung eines mobilen Endgerätes, um eine Information abzurufen.

- Mobile Moments sind die neue Medienrealität – die Konsumenten erwarten personalisierte und an ihren aktuellen Kontext angepasste Ansprachen und Inhalte.
- Mobile Moments sind in ihrem Kontext zu berücksichtigen – die Motivation des Konsumenten, die zur Verfügung stehende Zeit, der Aufenthaltsort und der Gemütszustand spielen in dieser Kombination eine Rolle und haben Einfluss auf das Erlebnis.

- Die Berücksichtigung der Mobile Moments erlaubt ein relevanteres Marketing – der Konsument bekommt im richtigen Moment und in passender Nutzungsumgebung ein für ihn relevantes Produkt oder einen Service angezeigt.
- Mobile Moments sind schon bei der Zielgruppendefinition, der inhaltlichen Gestaltung des Contents und der Medienplanung zu berücksichtigen – dem Konsumenten sind im entscheidenden Moment die richtigen Inhalte zugänglich zu machen und eine individuelle Experience zu bieten.
- Die Verfügbarkeit von Daten sowie der Einsatz der richtigen Technologie sind essenziell für den Erfolg – Daten über den Konsumenten und seinen Kontext wie Lokation, Wetter, Tageszeit und andere äußere Umstände gewährleisten, dass der mobile Moment nicht zu einer negativen Erfahrung wird.

Eine ausführliche Beschreibung der Mobile Moments findet sich in Abschn. 3.1.2.

Aus der veränderten Mediennutzung des Connected Consumer ergibt sich die Notwendigkeit, die spezifischen Momente der Konsumenten zu verstehen und zu wissen, in welchem Moment Marketing einen Mehrwert liefert.

Mit Digital Connection erhöht sich die Reichweite und den Marken erschließt sich eine Vielzahl neuer Touchpoints. Dies zu nutzen erfordert eine neue Perspektive auf den Konsumenten, eine darauf abgestimmte Strategie sowie Hard- und Software, um die Touchpoints zu realisieren und steuern zu können.

1.5 Übersicht über das Buch

1.5.1 Zielsetzung

Nutzerzentrierung, Interaktion, Dialog, multimediale Darstellungsformen und die Verknüpfung von physischen Objekten mit digitalen Services stellen aktuelle Trends dar.

Neue Services rund um Marken und Produkte
Mit der intelligenten Erfassung und Auswertung von Daten entstehen völlig neue Services rund um Marken und Produkte, die zunehmend auch die Weiterentwicklung der Produkte selbst bestimmen oder gar zum eigentlichen Hauptprodukt einer Marke werden. Diese neuen Services werden sich nicht mehr nur auf den bekannten Plattformen abspielen, sondern ganz neue Formen und Schnittstellen benötigen. Im Fokus steht allein der Nutzer in seinem individuellen Kontext.

Ansprache des Kunden und Konsumenten mithilfe smarter Technologien
Um den Nutzer gezielt ansprechen zu können, bedarf es eines neuen Verständnisses von Content, Media, Schnittstellen und smarten Technologien. Kreation und Technologie lassen sich nicht mehr trennen. Neue Funktionen und Technologien bestimmen die Digitalisierung. Vernetzung, übergreifende Plattformen und digitale Services verändern Marken

maßgeblich und schaffen neue Zugänge zu Produkten und Dienstleistungen. Auch die klassischen Vertriebswege werden mehr und mehr abgelöst. Man bezieht direkt beim Produzenten – als Teil der Brand Experience – oder nutzt ganz neue Systeme.

Auch das bislang geltende Sender-Empfänger-Modell im Marketing funktioniert nicht mehr. Kunden erwarten heute weit mehr als nur ein funktionierendes Produkt. Sie fordern für sie relevante, individuelle Services, einen Dialogkanal zur Marke und sie bestimmen den Einstiegspunkt in die Customer Journey ebenso wie die Verweildauer.

Orchestrierung aller Touchpoints in der Customer Journey
Der passende Content, Information, Unterhaltung oder Service wird der erfolgsentscheidende Unterschied und die Chance sein, wenn die digitale und die physische Welt zusammenkommen. Die große Herausforderung für die Marken ist die Orchestrierung aller Touchpoints im Rahmen der Consumer Journey:

Der passende Content am aktuellen Ort zum richtigen Zeitpunkt im Kontext und der Stimmung des Konsumenten angeboten über das richtige Medium und die Technologie sind der Schlüssel zum Erfolg und ermöglichen dem Kunden ein überzeugendes, individuelles, exklusives und langanhaltendes Markenerlebnis – so entsteht eine Digital Connection: Consumer, Contact, Consumption, Channel, Context, Content, Conversion. Diese Digital Connection revolutioniert die heutige Consumer Journey dramatisch und eröffnet andere Möglichkeiten für das Marketing und die Markenbindung.

Digital Connection: Chance für das Marketing
Um die Chancen für das Marketing und die eigene Arbeit gewinnbringend zu nutzen, ist eine intensive Beschäftigung mit den Möglichkeiten der Digital Connection notwendig. In dem vorliegenden Buch werden die Hintergründe, Bausteine und Komponenten beschreiben, die sinnvoll und adäquat eingesetzt zu einer erfolgreichen digitalen Verbindung von Produkten und digitalen Inhalten und von Marke zum Konsumenten führen.

1.5.2 Wichtige Begriffe

Folgende Begriffe werden im Buch immer wieder verwendet. Daher werden sie in diesem Abschnitt einmal grundlegend definiert und beschrieben.

Digitalisierung
Die Digitalisierung verändert grundlegend die Art zu lernen, zu arbeiten, zu kommunizieren, zu reisen, uns zu verabreden, schlicht: zu leben. Einerseits bedeutet *Digitalisierung* das Umwandeln analoger in digitale Daten. Andererseits beschreibt sie die *Automatisierung* von Prozessen und Geschäftsmodellen durch das Vernetzen von Informationen und Menschen mittels digitaler Technik.

Die Digitalisierung und der Einsatz von smarten Technologien macht auch vor dem Marketing nicht halt, sondern beeinflusst die Art und Weise, wie in Zukunft die Customer

Journey mit ihren Touchpoints ablaufen wird. Die Consumer Journey von Morgen wird sich von der Customer Journey heute wesentlich unterscheiden und anders ablaufen.

Möglich wird die zunehmende Digitalisierung durch neue Technologien. Es entsteht das *Internet der Dinge*. Es ist die Kombination immer leistungsfähigerer Techniken aus den Bereichen Kommunikation, Mikroelektronik und Informationstechnologie. Daraus entsteht ein Netzwerk aus verbundenen Dingen mit Beziehungen zwischen Menschen, zwischen Menschen und Dingen sowie zwischen Dingen untereinander.

Kunde, Käufer, Konsument
Die Begriffe „*Customer*", oder im Deutschen „Kunde", und „**Consumer**", „Verbraucher" oder „Käufer", werden oft austauschbar verwendet, aber ein Kunde und ein Käufer/Verbraucher sind nicht immer dieselbe Entität. Im Wesentlichen verwenden Verbraucher Produkte, während Kunden sie kaufen. Ein Kunde kann auch ein Käufer sein, ebenso wie ein Kunde auch ein Verbraucher sein kann. Aber es kommt zu Konstellationen, in denen dies nicht der Fall ist.

Customer Journey
Die *Customer Journey* ist der typische Interaktionsprozess, den ein Mensch mit einer Marke in einem bestimmten Abschnitt eines Interessens-, Entscheidungs-, Kaufprozesses durchläuft. Nach dem Kaufprozess spricht man von der *Consumer Journey* und auch von Consumer Touchpoints. Consumer Touchpoints und Customer Touchpoints sind die einzelnen Kontakt- und Interaktionspunkte zwischen dem Kunden und der Marke bzw. dem Unternehmen, die in Summe das Kundenerlebnis, die Experience ausmachen.

Customer Experience
Die *Customer Experience* ist kein isoliertes Ereignis, das an einem bestimmten Ort und zu einer bestimmten Zeit stattfindet, sondern eine Art „All-Inclusive-Reise": Sie umfasst sämtliche Berührungspunkte – unabhängig davon, ob dies dem Kunden bewusst ist oder nicht. Und sie beginnt lange vor dem ersten Kontakt und setzt sich auch nach dem Ende der Kundenbeziehung fort.

Folgende Punkte beeinflussen die Customer Experience maßgeblich – ohne wissentliche Interaktion des Unternehmens:

- **Markenimage**: Das Bild des Kunden von der Marke wird zwar durch Marketing und Kommunikation beeinflusst – wie ein Kunde eine Marke aber tatsächlich wahrnimmt, bestimmt die Summe seiner Erlebnisse.
- **Relevant Set**: Ein Kunde entschließt sich aufgrund von Vergleichen und Markenimage zum Kauf. Dieser Prozess kann beschleunigt werden, wenn er so mühelos wie möglich gestaltet ist, das Markenimage durch Marketing gestärkt und der Kunde auf dem von ihm bevorzugten Kanal kontaktiert wird. Die entscheidenden Fragen lauten: Wie bewertet der Kunde das Produkt im Vergleich zu anderen Produkten? Wie wertvoll ist die Leistung oder das Produkt für den Kunden? Und: Was sagen andere Nutzer über das Produkt?

1.5 Übersicht über das Buch

- **User Experience**: Nach dem Kauf entscheidet sich, ob ein Kunde mit dem Produkt zufrieden ist oder nicht. Und ob er bereit ist, sich an die Marke zu binden oder nicht. Erfüllt das Produkt seine Erwartungen? Ist die Nutzung kinderleicht und selbsterklärend? Erhält er den Support, den er braucht? Könnten ihm weitere Leistungen und Produkte angeboten werden? Die Antworten darauf entscheiden, wie stark sich die Kunden letztlich binden.

Smarte Technologien
In diesem Kontext stellt die Digital Connection mithilfe *smarter Technologien* wie beispielsweise NFC, RFID oder QR-Code eine digitale Verbindung zwischen dem Kunden oder Konsumenten und dem Produkt her mit dem Ziel, an unterschiedlichsten Touchpoints in der Customer oder Consumer Journey ein positives Kunden- oder Konsumentenerlebnis zu erzeugen.

Customer Touchpoints
Touchpoints sind „Orte" bzw. Momente, in denen Personen mit Produkten, Unternehmen oder Marken in Berührung kommen.

Webrooming und Showrooming
Webrooming beschreibt das Verhalten von Konsumenten, wenn sie sich über Produkte oder Dienstleistungen online informieren und diese anschließend im stationären Handel kaufen.

Showrooming beschreibt das Käuferverhalten in einem physischen Laden, wobei der Käufer mit dem eigenen Smartphone Informationen und Preisvergleiche über das Produkt abruft, das vor ihm liegt, und dieses anschließend online kauft.

1.5.3 Struktur des Buches

Die neun Kapitel des Buches sind zwar zum Teil auch getrennt lesbar, folgen jedoch der Logik „Welcher neue Marketingansatz wird verfolgt?", „Welche Komponenten werden benötigt?", „Wie sehen Best-Practice-Beispiele aus?" und „Was sollte wie gemacht werden" (Abb. 1.1).

Das Buch gliedert sich in zehn Kapitel:

Kapitel 2
Kapitel zwei befasst sich mit der Digitalisierung und deren Einflüssen auf die Gesellschaft sowie dem Internet der Dinge und seinem Einfluss auf verschiedene Industrien, wie beispielsweise produzierendes Gewerbe und Logistik. Weiterhin ruft die Digitalisierung Veränderungen in der Umgebung hervor, in der wir leben, das heißt die urbane Infrastruktur, den Freizeitbereich, die Arbeitswelt, Schulen und Universitäten und die Medizin.

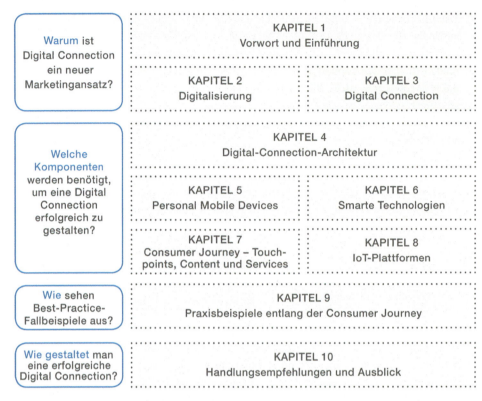

Abb. 1.1 Struktur des Buches

Einen besonderen Einfluss hat die Digitalisierung auf den Handel: E-Commerce, neue Technologien im stationären Handel, Sensoren, um das Kaufverhalten besser analysieren zu können, oder auch völlig neue Point of Sales. Das alles sind Entwicklungen, die im Rahmen der Digital Connection zu beachten sind.

Letztlich hält die Digitalisierung auch nicht vor dem Marketing an. Das traditionelle Marketing entwickelt sich – analog zur Industrie 4.0 – zum Marketing 4.0.

Kapitel 3
Darauf aufbauend zeigt das Kapitel drei, wie sich die Consumer Journey im digitalen Zeitalter verändert. Die verschiedenen Entwicklungen, wie die Consumer Journey in der Literatur gesehen und systematisiert wird, wie sie sich weiterentwickelt und letztlich in eine neue Consumer Touchpoint Journey mündet, zeigt dieser Abschnitt. Die neue Consumer Touchpoint Journey und die Beschreibung ihrer aktuellen Ausprägungen dient dazu, die vielfältigen Möglichkeiten zu erkennen und diese für das eigene Unternehmen und sich selbst gewinnbringend zu nutzen und einzusetzen.

1.5 Übersicht über das Buch

Kapitel 4
Das Verständnis von Digital Connection kann nur über die Durchdringung der gesamtheitlichen Struktur und Digital-Connection-Architektur erfolgen: Die grundsätzliche Kenntnis der Möglichkeiten mobiler Kundenendgeräte (mobile first), der smarten Technologien, der originären und der neuen Touchpoints, der Content-Möglichkeiten und der zugrunde liegenden Internet-of-Things-Plattformen zur Begleitung und zum Management der Consumer Journeys und der Touchpoints zeigt dem Gestalter und Marketingfachmann den Raum auf, in dem er in Zukunft agieren kann. Das Kapitel vier diskutiert in diesen Zusammenhang zunächst einmal die grundsätzlichen Elemente der Digital-Connection-Architektur und deren Zusammenspiel. In den nachfolgenden Kapiteln werden diese jeweils vertieft und detailliert.

Kapitel 5
Eine wesentliche Grundlage von Digital Connection sind die mobilen Endgeräte, die die Kunden heute schon und noch vermehrt in der Zukunft nutzen werden, um mit den Produzenten und Marken in Verbindung zu treten. In Kapitel fünf werden die verschiedenen mobilen Endgeräte (Smartphones, Tablets und Wearables) vorgestellt und insbesondere bezüglich ihrer Fähigkeiten im Zusammenhang und Zusammenspiel mit der Digital Connection diskutiert.

Kapitel 6
Neben den mobilen Endgeräten spielen die neuen und aufkommenden smarten Technologien eine bedeutende Rolle. Durch sie werden Produkte vernetzt und Services intelligent. Dazu stellt Kapitel sechs verschiedene Technologien wie Barcode, QR-Code, RFID/NFC, Beacons, Geofencing/GPS, WLAN, Bluetooth und BLE, Augmented Reality/Virtual Reality, Human Computer Interaction (HCI), Chatbots und Messenger, Visible Light Communication (VLC), ultraschallbasierte Lokalisierungssysteme und weitere vor und schafft mit konkreten Praxisbeispielen einen umfassenden Einstieg in das Thema Digital Connection: ihrer Funktionsweise, ihrer Entwicklung, ihren Möglichkeiten, Einsatzvoraussetzungen und auch gleichermaßen ihren Grenzen. Nur die Kenntnis der Technologie einerseits und der Vor- und Nachteile andererseits bildet die Grundlage für eine differenzierte Einsatzentscheidung.

Kapitel 7
Wie die neuen Technologien die Consumer Journey verändern, welche neuen Touchpoints möglich werden und welche Content-Arten in Zukunft auf der Grundlage der smarten Technologien verwendet werden können, zeigt Kapitel sieben auf. Im Mittelpunkt stehen die Systematisierung und Erweiterung der Consumer Touchpoints auf der einen und ein Aufzeigen möglicher Content-Arten im Sinne des Content-Marketing auf der anderen Seite.

Kapitel 8
Zur Steuerung von Kampagnen, Consumer Experiences, Touchpoints und den kontextrelevanten Inhalten werden Hilfsmittel in Form von IoT-Plattformen benötigt, die die entsprechenden Experiences auf den verschiedenen Endgeräten mithilfe der smarten Technologien und den richtigen Inhalten zu richtigen Zeit und am richtigen Ort bereitstellen. Eine ausgewählte Übersicht mit entsprechenden Funktionalitäten, Grenzen und Möglichkeiten von IoT-Plattformen und entsprechenden Unterscheidungskriterien zeigt Kapitel acht auf.

Kapitel 9
Im Anschluss daran stellt Kapitel neun aktuelle und spannende Praxisbeispiele anhand der folgenden Einteilung vor: Digital Connection in der Außenwerbung, im Geschäft, integriert in Konsumgüterprodukte, in Kleidung und Textilien, in Haushaltsgeräten, im Bereich des Sports, des Gesundheitswesens, in der Freizeit und kulturellen Einrichtungen und in Print-Medien. Die gezeigten Beispiele werden anhand einer vorgegebenen Struktur – Zielsetzung, verwendete Technologie, Anwendungsbeschreibung und erzielter Nutzen – beschrieben und geben einen variantenreichen und zukunftsweisenden Einblick. Anhand dieser Praxisbeispiele sind die Funktionalitäten der einzelnen smarten Technologien am einfachsten zu erkennen. Sie dienen auch der Inspiration, zum Nachahmen und zur eigenen Umsetzung.

Kapitel 10
Das abschließende Kapitel zehn zeigt im Rahmen von Handlungsanweisungen auf, wie Digital-Connection-Strategien erarbeitet und umgesetzt werden können: Es wird zum einen auf einen konkreten Umsetzungsablauf und ein Gestaltungsprojekt Bezug genommen wie auch zum anderen zu beachtende Herausforderungen und rechtliche Rahmenbedingungen diskutiert.

1.6 Zielgruppen des Buches

Alle Unternehmen, ob große Konzerne oder kleine und mittelständische Unternehmen, müssen sich mit den neuen Anforderungen der digitalen Transformation und der digitalen Veränderung befassen und sich frühzeitig darauf vorbereiten.

Ratgeber für Praktiker
Dieses Buch ist keine wissenschaftliche Abhandlung, sondern ein Ratgeber, den Praktiker in konkreten Situationen im Marketing zur Hand nehmen können. Es ist eine praktische Einführung und ein Wegweiser in die digitale Transformation des Marketings unter dem Titel „Digital Connection". Es beschäftigt sich mit:

- Der Beschreibung und Erläuterung der wesentlichen smarten Technologien, die physische Objekte, Medien und den Handel oder die Markenprodukte mit digitalen Inhalten verbinden. Um diese digitalisierten Touchpoints realisieren zu können, sind die smarten Technologien die richtigen Werkzeuge.

1.6 Zielgruppen des Buches

- Den veränderten Erwartungen von Kunden und Konsumenten und den Einfluss auf Entscheidungsprozesse.
- Konkreten Anwendungshilfen und Hilfestellungen beim Einsatz von aktuellen smarten Technologien und die Realisierung digitaler Touchpoints. Es beschreibt, wie die digitale Transformation schon heute in der Praxis umgesetzt wird.
- Es zeigt auf, wie smarte Technologie aus einer Customer Journey eine Markenbindung bis weit in die Verwendungsphase hinein verlängert.

Technologiebeschreibungen und Anwendungs-Cases
Neben Portraits der einzelnen Technologien und konkreten Anwendungsszenarien enthält das Buch praktische Tipps zum Einsatz, hält aktuelle Zahlen zum Vertrauen in smarte Technologien ebenso bereit wie das Thema Datenschutz beim Einsatz der Technologien und der Verwendung der so gewonnenen Daten. Damit soll es anregen, sich das Potenzial der Lösungen für die eigenen kommerziellen Umgebungen vorzustellen und ihre Nutzung gezielt anzustoßen.

Das Buch wurde mit besonderem Fokus für die technisch interessierten Entscheider und Gestalter in den Unternehmen erstellt, die sich mit der rasant fortschreitenden Digitalisierung ihrer Branchen und der sich dadurch verändernden „Touchpoint-Landschaft" auseinandersetzen wollen.

Informationsquelle für eine Vielzahl von Fachleuten
Das Buch soll sowohl für Marketingverantwortliche aus Unternehmen, Agenturen und dem Medienbereich als auch für IT-Fachleute und -Führungskräfte eine interessante Informationsquelle sein. Es setzt sich sowohl mit technischen, konzeptionellen, organisatorischen als auch strategischen Aspekten der Digital Connection auseinander, zeigt verschiedenste Best Practices auf und liefert Handlungsanweisungen und Empfehlungen. Darüber hinaus kann es aber auch ein nutzbringender Ausgangspunkt für Geschäftsführer, Digitalisierungsexperten Innovationsmanager sein, die mit sich mit dem Thema der Digitalisierung im Marketing beschäftigen möchten.

> **Fazit**
>
> Das Internet der Dinge und smarte Technologien verändern unsere Lebens- und Berufswelt dramatisch und vielfältig. Der Mensch und Kunde ist dauernd vernetzt und nutzt mobile Medien in allen Lebenssituationen.
>
> Daneben beeinflussen die technologischen Veränderungen die Kundenerwartungen, die Herstellung und Nutzung von Produkten und auch die Bindung und Interaktion von Marken mit dem Konsumenten. Produkte, Waren und auch Objekte werden vernetzt und intelligenter.
>
> Das hat Einfluss auf die zukünftige Markenkommunikation und das digitale Marketing. Der passende Content am richtigen Ort zum richtigen Zeitpunkt im passenden Kontext und der aktuellen Stimmung des Konsumenten angepasst, angeboten über das richtige Medium und die Technologie sind der Schlüssel zum Erfolg und ermöglicht

dem Kunden ein überzeugendes, individuelles, exklusives und langanhaltendes Markenerlebnis – so entsteht eine „Digital Connection": Consumer, Contact, Consumption, Channel, Context, Content, Conversion.

Diese Digital Connection revolutioniert die heutige Consumer Journey grundlegend und eröffnet neuartige Möglichkeiten für das Marketing und die Kundenbeziehung.

Literatur

Bitkom. 2017. Umsatzanstieg im Markt der Unterhaltungselektronik. https://www.bitkom.org/Presse/Presseinformation/Umsatzanstieg-im-Markt-der-Unterhaltungselektronik.html. Zugegriffen: 01. Sept. 2017.

Cisco. 2017. Cisco Visual Networking Index 2017, Forecast and Methodology, 2016–2021. https://www.cisco.com/c/en/us/solutions/collateral/service-provider/visual-networking-index-vni/complete-white-paper-c11-481360.html. Zugegriffen: 17. Nov. 2017

Deutscher Marketingverband. 2017. *European Marketing 2020 – Eine Studie der führenden europäischen Marketingverbände*. Düsseldorf: Deutschen Marketing Verband e.V. (DMV) und Swiss Marketing.

Gandi, S., und E. Gervert. 2016. Now That Your Products Can Talk, What Will They Tell You? *MITSloan Management Review* 57 (3): 49–50.

Hölscher, B. 1998. *Lebensstile durch Werbung? Zur Soziologie der Life-Style-Werbung*, 102. Opladen/Wiesbaden: Westdeutscher Verlag.

Pine, B. II, und J. Gilmorev. 1999. *The Experience Economy*. Boston/Massachussets: Harvard Business Review Press.

PWC. 2017. *Total Retail 2017. Sechs Trends, die den Handel nachhaltig verändern*. Düsseldorf: PriceWaterhouseCooper.

Salesforce Research. 2017. *State of the Connected Customer*. München: salesforce, salesforce.com/research.

Schreier, J. 2017. Die neun beliebtesten IIoT-Use-Cases. https://www.industry-of-things.de/die-neun-beliebtesten-iiot-use-cases-a-658485/?cmp=nl-345&uuid=3E325BC9-765D-488A-9986-B746CDD7C795. Zugegriffen: 07. Nov. 2017.

Schulze, G. 2000. *Die Erlebnisgesellschaft: Kultursoziologie der Gegenwart*. Frankfurt-New York: Campus.

Stihler, A. 2000. Ausgewählte Konzepte der Sozialpsychologie zur Erklärung des modernen Konsumverhaltens. In *Konsum. Soziologische, ökonomische und psychologische Perspektiven*, Hrsg. Doris Rosenkranz und Norbert F. Schneider, 169–186. Wiesbaden: Springer VS.

Digitalisierung

2

Inhaltsverzeichnis

2.1	Was ist Digitalisierung?........	22
	2.1.1 Digitale Revolution	22
	2.1.2 Begriff der Digitalisierung........	24
	2.1.3 Phasen der Digitalisierung........	25
	2.1.4 Internet der Dinge	26
	2.1.5 Technologien im Internet der Dinge	33
	2.1.6 Nutzen des Internets der Dinge	34
2.2	Digitalisierung in der Gesellschaft........	38
	2.2.1 Digitalisierung in Industrie und Produktion	38
	2.2.2 Digitalisierung in der Logistik........	42
	2.2.3 Digitalisierung in der urbanen Infrastruktur	44
	2.2.4 Digitalisierung im Gesundheitswesen	47
	2.2.5 Digitalisierung im Freizeitbereich........	49
2.3	Digitalisierung im Handel	50
	2.3.1 Innovative Technologien im Handel	50
	2.3.2 Digitalisierung im Online-Handel	53
	2.3.3 Digitalisierung im Offline-Handel........	55
2.4	Handel im Jahr 2030	60
	2.4.1 Der Handel bietet Communities........	61
	2.4.2 Der Handel bietet Erlebniswelten	65
	2.4.3 Der Handel bietet Sharing	70

Elektronisches Zusatzmaterial Die Online-Version für das Kapitel (https://doi.org/10.1007/978-3-658-18759-0_2) enthält Zusatzmaterial, das berechtigten Benutzern zur Verfügung steht. Oder laden Sie sich zum Streamen der Videos die „Springer Multimedia App" aus dem iOS- oder Android-App-Store und scannen Sie die Abbildung, die den „Playbutton" enthält.

© Springer Fachmedien Wiesbaden GmbH, ein Teil von Springer Nature 2018
T. Kruse Brandão, G. Wolfram, *Digital Connection*,
https://doi.org/10.1007/978-3-658-18759-0_2

2.4.4 Der Handel bietet effizientes Einkaufen 72
2.4.5 Der Handel bietet eine bessere Welt 75
2.5 Digitalisierung im Marketing. 75
2.5.1 Entwicklung des modernen Marketings. 77
2.5.2 Digitalisierung im Instore-Marketing 78
2.5.3 Kundengenerationen und Marketingerwartungen 84
Literatur. 87

Zusammenfassung

Nach McKinsey wird die voranschreitende Digitalisierung und Vernetzung von Geräten und Maschinen über das Internet weltweit einen wirtschaftlichen Mehrwert von bis zu elf Billionen Dollar im Jahr 2025 erzeugen (McKinsey 2015). Mithilfe verschiedenster Informationstechnologien schreitet die digitale Transformation voran. Die aktuelle Agenda in Politik, Wirtschaft, Industrie und in Unternehmen wird von Schlagworten wie Industrie 4.0, Handel 4.0, Marketing 4.0 oder Kunde 4.0 geprägt.

Großen Einfluss hat die Digitalisierung auf die Industrie durch höhere Produktivität und auf die urbane Infrastruktur. Auch der Handel verändert sich, ebenso die Kommunikation zwischen Kunde und Marke. Klassische Ansätze im Marketing wandeln sich. Durch die Digitalisierung eröffnen sich neue Kommunikationskanäle, Kontexte und Datenquellen. Das mobile Marketing erhält neue Impulse und bezieht zukünftig den Nutzungskontext und Location Based Services mit ein. Traditionelle Beziehungen zwischen Kunde und Unternehmen werden komplexer und müssen differenzierter verstanden werden.

2.1 Was ist Digitalisierung?

2.1.1 Digitale Revolution

Die aktuelle Agenda in Wirtschaft und Politik, in den verschiedenen Industriezweigen und in den Unternehmen wird von Schlagworten wie Digitalisierung, digitale Transformation, digitale Innovation, Robotics, Big Data, Industrie 4.0, künstliche Intelligenz und ähnlichen Begriffen geprägt. Über Digitalisierung wird viel gesprochen – Digitalisierungsstrategien, Digitalprogramme, Digital Readiness sind in aller Munde. Der Begriff Digitalisierung wird auch gerne zusammen mit Wörtern wie Transformation, Disruption oder auch Revolution verwendet.

Tief greifende digitale Wende
Überall ist die digitale Wende zu beobachten, die von vielen als tief greifend erlebt wird. Mit Newslettern, Tweets, Mails, Posts, Chats hat diese Wende begonnen und mittlerweile gehören

diese Kanäle zum Alltag unserer Kommunikation – alles Dinge, die vor der Digitalisierung nicht genutzt wurden. Die Digitalisierung ruft Veränderungen hervor, die in viele, wenn nicht in alle Gesellschaftsbereiche eindringt.

Der Phase der Industrialisierung in der zweiten Hälfte des letzten Jahrhunderts, der Ära der Mechanik, und der darauffolgenden Epoche der Informatisierung folgt nun die Digitalisierung als nächste tief greifende Revolution. Sie hält Einzug in der Produktion, in nahezu allen Geschäftsprozessen, sie verändert die Gestaltung und Organisation der Arbeit und das Empfinden von Zeit und vor allem den Umgang mit Informationen.

Hinzu kommt die immer weiter fortschreitende Mensch-Maschine-Interaktion. Die Technologie nähert sich zunehmend dem Körper des Menschen: Vom Laptop und Smartphone, das wir kaum noch aus der Hand legen, fast so, als wäre es angewachsen, über Wearables als separates Device oder integriert in unsere Kleidung bis hin zu implantierten Chips und ersetzten Körperteilen: eine Handprothese, deren Sensoren bereits mental gesteuert werden können, oder winzige Nano-Roboter, die in unserer Blutbahn nach Anomalitäten, nach erhöhtem Blutzucker oder Gerinnsel suchen.

Digital ist überall
Wir sprechen von der „digitalen Wirtschaft", über eine „digitale Revolution", die wiederum „digitale Strategien" erfordert und von den Beteiligten „digitale Kompetenzen" und „digitale Kreativität" abverlangt, was dann letztlich zu einer „digitalen Identität" führt. Kurz gesagt, geht es um Vernetzung von Maschinen, Sensoren, Geräten und Menschen, um Assistenzsysteme, um dezentrale Entscheidungen und um Informationstransparenz.

Es scheint so, dass heute ohne das Etikett „Digitalisierung" oder „4.0" gar nichts mehr geht: Industrie 4.0, Arbeit 4.0, Wirtschaft 4.0, Handel 4.0, Marketing 4.0, der Konsument 4.0 – alles schmückt sich mit dem Suffix 4.0, um eine Vision oder ein Ziel mit den Werten „innovativ" und „zukunftsfähig" zu versehen.

Ist die Digitalisierung alter Wein in neuen Schläuchen?
Grundsätzlich ist das Thema allerdings nicht neu, denn Digitalisierung wird von der Informationstechnologie schon die letzten 40 Jahre betrieben. Seit Jahren werden Geschäftsprozesse schrittweise digitalisiert, inklusive der Logistik und Service-Management-Funktionen, wie zum Beispiel die Online-Verfolgung von Paketen bei Paketdienstleistern. Produkte und Dienstleistungen werden komplett digitalisiert und ganze Branchen verschwinden.

Ein Beispiel ist der Rückgang von vielen Zeitungen, Zeitschriften oder auch europäischen Herstellern von Elektronik, Computern und Telekommunikationsanlagen. Kein Auto fährt mehr ohne digitale Steuerung mittels Car Area Network. Bestehende Geschäftsmodelle werden abgelöst von neuen Marktteilnehmern, zum Beispiel Amazon, Facebook, Google, YouTube, Ebay, Uber, HRS oder Airbnb und myTaxi.

Also was ist heute neu? Bei der aktuellen Digitalisierungswelle sind drei Aspekte herauszustellen:

Cyber Physical Systems
Mit der breiten Einführung von Systemen mit eingebetteter Software und Elektronik, die über Sensoren und sogenannte Aktoren oder Antriebselemente mit der Außenwelt verbunden sind (sogenannte *Cyber Physical Systems (CPS)*), dank durchgängigen digitalen Prozessen in der Produktion und einer Vervielfachung von Prozessoren in Haushalten und unserer Umwelt erreicht die Digitalisierung jeden von uns in Form von Smart Grid, Smart Home, Smart Health und Smart Mobility, ohne dass man aktiv werden muss.

Neue digitale Geschäftsmodelle
Die konsequente Fortentwicklung innovativer und digitaler Geschäftsmodelle, die existierende Produkte oder Dienstleistungen verdrängen und ablösen, wird mit der fortschreitenden Digitalisierung möglich.

Im Gegensatz zu *evolutionären/inkrementellen Innovationen*, bei denen ein bestehendes Produkt oder eine Technologie neue Features erhält, effizienter und günstiger wird (Beispiele: Internet, LED, Smartphone, 3D-Drucker, autonome Fahrzeuge), verändern *disruptive Geschäftsmodelle* nachhaltig Nutzungsverhalten und Marktgefüge. Beispiele hierfür sind Amazon/Buchhandel, Uber/Personenbeförderung oder auch Airbnb für Übernachtungen.

Digitale Agenda des Staates
Der Staat gibt in Form der „Digitalen Agenda" einen breiten Rahmen vor, um Digitalisierung zum Wachstumsmotor der Industrie und für alle Branchen zu machen, insbesondere für den produzierenden Mittelstand, sowie um Forschung, Entwicklung und Innovationen zu fördern.

2.1.2 Begriff der Digitalisierung

Was sagt aber nun der Begriff Digitalisierung im Kern aus? Digitalisierung ist so eindeutig wie mehrdeutig:

Digitalisierung und Digitalization
Digital (gestuft und diskret) ist der Gegensatz zu analog (stetig und kontinuierlich) und beschreibt Computersysteme, die digital arbeiten und Daten verarbeiten, die in ihnen nicht in physikalischen Größen, sondern in Kombinationen von Bits und Bytes dargestellt sind. Damit bezeichnet Digitalisierung den Vorgang der Aufbereitung von nahezu jeder Form von Information zum Zweck der Speicherung und Verarbeitung in digitaler Form, wie Texte, Bilder, Audio- und Videodaten. Diese technische Aufbereitung von Information von einer analogen Existenz in ein digitales Abbild auf unterschiedlichen Speichermedien eines Computers ist nur eine Seite der Medaille.

„*Digitalization*" meint im Englischen dagegen die verstärkte Nutzung und den Einsatz von Informations- und Kommunikationssystemen in einer Volkswirtschaft, einem Wirtschaftszweig oder einer Organisation. Damit beschreibt Digitalization auch die Automation von Prozessen und Geschäftsmodellen durch das Vernetzen digitaler Technik, Informationen und Menschen.

Im Deutschen wird dagegen nicht so fein unterschieden und dementsprechend beschreibt „*Digitalisierung*" hier entweder den primär technischen Vorgang der Aufbereitung von Information in digitale Daten oder den Prozess des sozioökonomischen Wandels, der durch Einführung digitaler Technologien, darauf aufbauende Anwendungssysteme und ihre Vernetzung angestoßen wird. Diese Form der Digitalisierung findet allerdings nicht gleichzeitig und gleichmäßig in allen Wirtschaftsbereichen statt.

Digitale Transformation schreitet voran
Mit Informations- und weiteren Technologien schreitet die digitale Transformation voran. „Digitale Transformation" steht für Umgestaltung und Wandel, sie verändert viele unterschiedliche Prozesse und auch klassische Geschäftsmodelle. Ein anschauliches Beispiel dafür ist die Fotografie, bei der sich durch die Digitalisierung das Kundenverhalten komplett verändert hat.

Jedes Unternehmen, gleich aus welcher Branche, ist heute aufgefordert, sich darüber Gedanken zu machen, wie sich durch die Digitalisierung das eigene Geschäftsmodell verändert. Ist es überhaupt langfristig noch überlebensfähig? Die digitale Transformation bezeichnet so alle mit den Möglichkeiten der Digitalisierung zusammenhängenden Veränderungen in einem Unternehmen oder einem Wirtschaftszweig.

Digitalisierung dringt in alle Gesellschaftsbereiche vor
Die Digitalisierung beschreibt also das zunehmende Eindringen von Informations- und Kommunikationstechnologien und Internet-of-Things-Technik und -Anwendungen in unser Leben und in unsere Gesellschaft – sowohl ins private Umfeld als auch ins Berufsleben, ins urbane Leben, in die Freizeit, in die Medizin, in den Transport und in nahezu alle Bereiche der Wirtschaft. Der Einsatz und die Nutzung von Computern im Rahmen der beruflichen und privaten Aktivitäten des Menschen und die Durchdringung der gesellschaftlichen und wirtschaftlichen Infrastruktur mit Informationstechnologien nimmt stetig zu.

2.1.3 Phasen der Digitalisierung

Es gibt mehrere Erklärungsversuche und Phasenmodelle zur Digitalisierung (Brynjolfsson und McAfee 2011, 2014; Capgemini 2011). Sie unterscheiden sich hinsichtlich ihrer Betrachtungsperspektive. Während Brynjolfsson und McAfee sich auf die Beschäftigungseffekte neuer Technologien richten und einen Vergleich von digitaler Transformation und industrieller Transformation vornehmen, fokussiert sich Capgemini auf Beispiele und Argumente für die Digitale Transformation. Eine einfachere Beschreibung findet sich in dem folgenden Modell von Hirsch-Kreinsen und ten Hompel (Hirsch-Kreinsen und ten Hompel 2016), das die Digitalisierung zeitlich in zwei Phasen einteilt.

Zwei Phasen der Veränderung

- Die *erste Phase* seit Ende der 1990er Jahre umfasst den Bereich, in dem Produktion, Konsum und Kommunikation unmittelbar auf immateriellen Transaktionen und der Nutzung von Daten und Informationen basieren: Musikproduktion und -distribution, Verlage oder Finanzdienstleistungen.
- In der aktuell *zweiten Phase* der Digitalisierung eröffnen sich neue Nutzenpotenziale in so unterschiedlichen Bereichen wie industrieller Produktion, Medizin, Infrastruktur und Wohnen: Digitalisierung richtet sich auf Kernbereiche ökonomischen Handelns aus.

Unser gesamtes Leben verändert sich durch digitale Technologien, wird neu gemessen und vermessen, was nicht nur auf die Prozesse in einem Bereich Einfluss hat, sondern auch auf die Subjekte, die darin agieren: die Personen. Darüber hinaus wandeln sich politische, kulturelle und wirtschaftliche Organisations- und Umgangsformen ebenso wie die Wertesysteme der Konsumenten.

Der Mensch und die Digitalisierung
Wie steht es um den Menschen in der Digitalisierung? Die digitale Erfahrung beim Menschen kommt an als individualisierte Form von Massenkommunikation, Personalisierung, Individualisierung und gleichzeitig stetige Verfügbarkeit von Wissen und Information (Athique 2013).

Was sich darüber hinaus verändert, ist auch das Empfinden für Zeit, konkreter: das Zeitgefühl. Grund hierfür ist die Gleichzeitigkeit der ablaufenden Kommunikationsprozesse: Der Mensch ist immer für andere Menschen erreichbar und verfügbar, offen für Kontakt- und Kommunikationsanfragen. Wir leben heute abwartend und konsumierend in einem Raum voller Nachrichten, Informationen und Kommentare, die plötzlich auftauchen und nach einer umgehenden Antwort verlangen. Im Gegensatz zur früheren Massenkommunikation, die eine gewisse Distanz mit sich brachte und ein breites und großes Publikum adressierte, wirkt die heutige digitale und individualisierte Form der Kommunikation eher intim.

Die digitalen Technologien, und hier insbesondere die Internet-der-Dinge-Technologien, bringen eine zunehmende Hybridisierung der Verknüpfung von Menschen mit den Technologien mit sich. Der Mensch existiert in einer Welt umgeben von Dingen. Diese Dinge sind zudem noch selbst aktiv, kommunizieren ständig mit Menschen und besitzen eine kontinuierliche Verbindung und erfordern Interaktion. Sie haben die Qualität von autonomen Aktanten, bewusstseinslose, nichtmenschliche Akteure, die aber einen Einfluss auf die sozialen Prozesse ausüben.

2.1.4 Internet der Dinge

Das Internet der Dinge oder im Englischen „Internet of Things (IoT)" ist mehr als nur der Einsatz von Informations- und Kommunikationstechnologien.

Netz aus verbundenen Dingen
Es ist die Kombination immer leistungsfähigerer Techniken aus den Bereichen Kommunikation, Mikroelektronik und Informationstechnologie. Daraus entsteht ein Netzwerk aus verbundenen Dingen mit Beziehungen zwischen verschiedenen Menschen, zwischen Menschen und Dingen sowie zwischen Dingen untereinander.

Das Internet der Dinge besteht aus Sensoren, Geräten und Sendern/Empfängern, die mit den Menschen und untereinander kommunizieren können. Dieses gesamte Netz funktioniert nur aufgrund von Konnektivität, also der Herstellung von Verbindungen. Ein Gerät ist üblicherweise mit einem anderen Gerät oder Netzwerk verbunden und nutzt zu diesem Zweck ein drahtloses Protokoll, wie beispielsweise Bluetooth, NFC, WLAN oder 3G (Morgan 2014).

Technologie-Pionier Kevin Ashton, der als Erfinder des Begriffs „Internet der Dinge" gilt, teilt in einem Interview mit der Frankfurter Allgemeinen Zeitung im Oktober 2017 seine Sicht auf IoT und Künstliche Intelligenz (Kloepfer 2017). Darin stellt er folgende Thesen auf:

> „2050 werden wir nicht mehr selbst Auto fahren dürfen"
>
> Interview mit Tech-Pionier Kevin Ashton, von Inge Kloepfer, Redakteurin in der Wirtschaft der Frankfurter Allgemeinen Sonntagszeitung in Berlin vom 08.20.2017. Hier spricht er über selbstfahrende Autos und über eine große Furcht der Menschen: Werden intelligente Maschinen zu unbeherrschbaren Monstern?
>
> *Herr Ashton, Sie haben schon Ende der 90er Jahre den Begriff „Internet der Dinge" erfunden. Was ist das?*
>
> Es ist jedenfalls nicht nur der Kühlschrank, der mir auf meinem Handy mitteilt, dass die Milch aus ist, sondern viel mehr als das.
>
> *Nämlich?*
>
> Das „Internet der Dinge" ist die Weiterentwicklung des Internets, bei der alltägliche Gegenstände in die Lage versetzt werden, Daten zu senden und zu empfangen. Das funktioniert mithilfe von Sensoren, also mit Mikros, Kameras, GPS, mit Chips wie auf den Kreditkarten oder mit Body-Tags. Die Sensoren werden mit dem Internet verbunden. Denn die Daten, die sie sammeln, müssen analysiert werden, um zu wissen, was um uns herum passiert, und um Vorhersagen darüber zu treffen, was noch passieren wird.
>
> *Das ist logisch, aber nicht wirklich revolutionär.*
>
> O doch. Das merken Sie schon daran, dass Menschen meiner Generation noch immer nicht richtig verstehen, worum es sich beim „Internet der Dinge" handelt. Wir sind mit den Computern des 20. Jahrhunderts aufgewachsen. Diese Computer hatten Tastaturen, über die wir sie mit allerlei Informationen manuell gefüttert haben. Die Computer halfen uns dabei, Excel-Tabellen zu erstellen, aus denen wir etwas herauslasen. Heute verarbeitet der Computer die Daten selbst. Also: Er

besorgt sich die Informationen, verarbeitet sie und lernt daraus. Darin liegt der Paradigmenwechsel. Solche Computer sind viel mächtiger als die, die von Menschen und Tastaturen abhängen.

Warum ist das so nützlich?

Der Beitrag der Sensoren und Computer ist, dass wir Dinge sehr viel effizienter produzieren, transportieren und verteilen können. Um es konkret zu machen: 1997 arbeitete ich als Produktmanager für Procter & Gamble. Wir hatten in einer neuen Farbserie einen Lippenstift, der unglaublich beliebt, aber vielfach ausverkauft war. Die hohen Umsätze, die wir uns erhofft hatten, blieben aus, weil er oft gar nicht zu bekommen war. Ich beschloss, eine ganze Armee von Mitarbeitern mit Stift und Klemmbrettern durch alle englischen Kaufhäuser zu schicken, um dem nachzugehen. Mit Stiften trugen sie in Listen ein, wo der Lippenstift gerade zu bekommen war und wo nicht. Anschließend gaben wir die Daten in den Computer ein und mussten feststellen, dass im Durchschnitt vier von zehn Läden diesen so beliebten Lippenstift nicht anboten. Mir wurde schlagartig klar, dass wir ein veritables Informationsproblem hatten. Unsere Computer hatten zwar ein Gehirn, konnten aber nichts wahrnehmen. Absurderweise dachten wir damals aber schon alle, dass wir im Informationszeitalter angekommen seien. Dabei waren wir weit davon entfernt.

Und dann?

Ich kam auf die Idee, winzige Funkchips in die Lippenstifte einzusetzen. Die Chips stellten eine Verbindung zum Internet her. Und fortan wussten wir, welches Kaufhaus über wie viele unserer Lippenstifte verfügte. Das Informationsproblem war gelöst. Heute kann man sich gar nicht mehr vorstellen, dass es mal anders war.

Wie kam der Begriff schließlich in die Welt?

Mir war schnell klar, dass diese Informationen auf jeder Stufe der Lieferkette für jedes Unternehmen relevant waren. Die Wirtschaft würde Kosten in Milliardenhöhe sparen. Viele Unternehmen hatten Interesse. Ich arbeitete damals mit dem MIT zusammen, gründete zwei Jahre später dort sogar ein eigenes Institut. Um Gelder einzuwerben, hielt ich viele Vorträge. Immer hatten sie den gleichen Titel: das Internet der Dinge …

… mit dem Sie eine Revolution entfachten.

Keine Revolution. Die Veränderungen vollziehen sich graduell und über Jahre. Immer mehr und immer bessere Sensoren sammeln immer präzisere Daten, die mithilfe von Algorithmen immer besser verstanden werden. Erst im Rückblick wird einem bewusst, welches Ausmaß die Transformation tatsächlich hat. Die Landwirtschaft ist ein gutes Beispiel. Die Bewässerung ist mithilfe der Daten von Sensoren inzwischen viel besser zu steuern. Wenn man die Sensoren auch noch mit der Wettervorhersage verbindet, dann bekommen die Pflanzen genau die richtige Menge an Feuchtigkeit. Das spart nicht nur Ressourcen, sondern erhöht auch den Output. Es gibt auch Sensoren, die den Reifegrad der Früchte bestimmen. Dann kann genauer entschieden werden, welche Frucht wohin verschickt werden muss. Die reiferen halten sich nicht so lange. Sie brauchen kürzere Wege, die weniger reifen gehen auf die lange Strecke.

Wenn immer mehr Sensoren zum Einsatz kommen, muss irgendjemand der Daten Herr werden.

Dafür brauchen wir lernende Maschinen. Sie müssen die Daten für uns interpretieren. Das schafft kein Mensch mehr. Hier liegt die eigentliche Herausforderung der nächsten Jahre. Die Sensoren sind schon ganz gut, die Maschinen müssen besser werden. Manche bezeichnen das als Künstliche Intelligenz. Ich meide den Begriff.

Wieso?

Weil das Auswerten von Daten nicht viel mehr ist als das Erkennen von Mustern mit etwas höherer Mathematik im Hintergrund. Menschen programmieren Software, die eigentlich nur nach Regelmäßigkeiten, Unregelmäßigkeiten und Korrelationen sucht. Aber die Algorithmen selbst müssen immer noch von Menschen entwickelt werden. Denken Sie an die Suchmaschinen fürs Internet: Bevor Google groß wurde, verließen sich die Internetnutzer auf andere Suchmaschinen. Dort saßen Menschen, die Websites kategorisierten, damit man sie finden konnte. Google hat früh erkannt, dass das wegen der Datenmenge auf Dauer nicht funktionieren würde, und programmierte dafür eine Software. Als intelligent würde ich die Software allerdings nicht bezeichnen.

Maschinen sammeln Daten und interpretieren sie. Am Ende werden sie für uns Entscheidungen treffen. Wir verlieren die Oberhand. Tesla-Chef Elon Musk hört nicht auf, davor zu warnen.

Elon ist ein großartiger Unternehmer, aber er ist kein Computerwissenschaftler. Ähnlich verhält es sich mit Stephen Hawking. Er ist ein phantastischer Physiker, aber kein Informatiker. Ich denke, beide liegen falsch. Sie deuten die Zukunft in die falsche Richtung, und dann kommen diese beängstigenden Vorhersagen heraus. Aber hinter der Software-Entwicklung stehen immer noch Menschen. In Szenarien, dass uns die Maschinen beherrschen, wird mit der Urangst der Menschen vor dem Kontrollverlust gespielt. Schon vor Jahrhunderten haben sich Menschen immer vor Monstern gefürchtet, die sie nicht mehr kontrollieren können. Ich glaube, die Gefahr ist eher, dass wir uns zu sehr auf Algorithmen verlassen und vergessen, dass diese nichts weiter als Werkzeuge für Ziele sind, die wir festlegen.

Auf welchem Feld werden Sensoren und lernende Computer in den nächsten Jahren die größten Veränderungen mit sich bringen?

Aus Sicht des Konsumenten wird es die Art der Fortbewegung sein. Computer werden die Mobilität revolutionieren. Mit dem selbstfahrenden Auto zum Beispiel. 2030 werden alle neuen Autos selbstfahrende Autos sein. Ziemlich bald schon wird es sicherer sein, dem Bordcomputer die Steuerung zu überlassen, als das Auto selbst zu fahren.

Ich glaube nicht, dass sich im Autoland Deutschland irgendjemand das Steuer aus der Hand nehmen lassen wird.

Das sagen Sie heute. Erinnern Sie sich daran, als vor gut 20 Jahren die ersten Handys auf den Markt kamen? Es waren mobile Telefone – noch lange keine Smartphones. Viele Menschen haben damals gesagt, dass sie auf diese Art der Erreichbarkeit lieber verzichten würden. Fragen Sie diese Leute heute, dann hat jeder von ihnen ein Smartphone. Die Smartphones haben unsere Kommunikation revolutioniert. Im Jahr 2000 hatten gerade einmal 25 Prozent der Menschen auf dem Globus ein Handy. Heute gibt es mehr Smartphones als Menschen. 2050 wird es uns gar nicht mehr erlaubt sein, unser Auto selbst zu steuern. Das wird für uns so selbstverständlich wie das mobile Telefonieren oder Surfen.

Welches Land ist führend in der Technologie des Internets der Dinge?

China. Definitiv. Das Land ist ganz weit vorne. Gefolgt von Deutschland. Amerika liegt mit Südkorea auf dem dritten Platz. Noch – die Vereinigten Staaten fallen derzeit stark zurück.

Was läuft falsch in den Vereinigten Staaten?

Stellen Sie sich zwei Athleten vor. Der eine ist besessen von dem Gedanken, dass er besser werden muss, weil er sonst den Anschluss verliert. Der andere wird immer fauler, weil er denkt, er sei so oder so nicht mehr zu schlagen. Was meinen Sie, wer den nächsten Lauf gewinnt? Die Deutschen sind von der Sorge getrieben, in Sachen Internet ein zweites Mal zurückzufallen. Diese Sorge hegt in Amerika fast niemand. Wenn man über Hightech in Amerika redet, dann denken die Menschen immer sofort an Facebook. Aber Facebook erfindet neue Technologien nicht selbst, sondern bedient sich ihrer lediglich. Bei Google sieht es ähnlich aus. Allerdings versucht man dort, innovativ zu bleiben und Produkte zu entwickeln, die sich exportieren lassen. Apple ist stark im Design. Viele technische Komponenten werden dagegen im Ausland hergestellt. In den Daten der Weltbank zu Hightech-Exporten manifestiert sich überdeutlich, wie stark die Vereinigten Staaten zurückfallen.

> *Sollen wir alle diese Veränderungen wirklich wollen?*
>
> Warum nicht? Das Leben wird besser. Die neuen Technologien werden dazu führen, dass unsere Urenkel älter als 100 Jahre werden. Das ist phantastisch. 2050 wird die durchschnittliche Lebenserwartung die 100 überschreiten. 1800 lag sie noch bei 36 Jahren. Das sind doch die besten Nachrichten, die man kriegen kann.

Internet of Things

Der Begriff „Internet of Things" ist nicht neu. Schon 1999 prägte ihn Kevin Ashton und erläuterte seinen Begriff in einem anderen Artikel folgendermaßen (Ashton 2009):

„Hätten wir Computer, die alles über Dinge wüssten, die es zu wissen gibt – unter Verwendung von Daten, die sie ohne jegliche Hilfe von uns gesammelt haben –, könnten wir alles darüber erfahren und so Abfall verringern und Verluste und Kosten massiv reduzieren. Dann wüssten wir, welche Dinge ersetzt, repariert, zurückgerufen werden müssten und ob sie neu sind oder ihre besten Zeiten schon hinter sich haben. Wir müssen Computer dazu befähigen, selbst Informationen zu sammeln, damit sie unsere wunderbar unvorhersehbare Welt eigenständig sehen, hören und riechen können. RFID und Sensortechnik lassen unsere Computer die Welt observieren, identifizieren und verstehen – ohne die Unzulänglichkeiten menschlicher Dateneingabe."

Später, im Jahr 2012 definierte RAND Europe das Internet der Dinge in einem Forschungsbericht an die Europäische Kommission im Detail (RAND 2013):

„Das Internet der Dinge baut das heutige Internet zu einem allgegenwärtigen, selbstorganisierenden Netzwerk verbundener, identifizierbarer und ansprechbarer physischer Objekte aus. Es erlaubt die Anwendungsentwicklung quer durch alle wichtigen vertikalen Branchensegmente unter Verwendung eingebauter Chips, Sensoren, Ansteuerungen und Low-Cost-Miniaturisierung".

Gegenstände und Objekte als Teil des Internet der Dinge

Die Erklärungen von Kevin Ashton und RAND sind gleichermaßen gelungen. Allerdings erweitert RAND das Konzept auch auf physische Objekte. Das Internet der Dinge basiert demnach nicht nur auf Computern, sondern jeder Gegenstand, selbst der menschliche Körper, kann Teil des Internets der Dinge werden, wenn er mit den richtigen elektronischen Teilen oder Sensoren ausgestattet wird.

Diese Sensoren können variieren je nach Funktion, die sie ausführen, aber sie fallen in zwei große Kategorien. Erstens: Das Objekt muss fähig sein, Daten zu erfassen, und zweitens muss es fähig sein, Daten über das Internet an variable Orte u übertragen. Wichtigste Bestandteile eines Internet-der-Dinge-Objektes sind demnach ein Sensor und eine Verbindung.

Ermöglicht durch die zunehmende Miniaturisierung der Komponenten, deren sinkende Preise und den geringer werdenden Energiebedarf, können Informationsverarbeitung und Kommunikationsfähigkeit selbst in Gegenstände vordringen, die auf den ersten Blick keine elektronischen Geräte darstellen. Diese Gegenstände (Dinge) werden dadurch mit technischer Intelligenz ausgestattet, können Umgebungsinformationen und andere Informationen aufnehmen und teilweise autonom auf deren Basis handeln. Durch die zunehmende Vernetzung und den Austausch von Informationen untereinander entsteht ein Internet der Dinge, in dem neben Menschen auch Gegenstände bzw. Systeme die eigentlichen Akteure sind.

Vor beinahe 20 Jahren wurde der Begriff durch Kevin Ashton geprägt und seitdem nimmt das IoT rasant an Fahrt auf. Die Geschichte des Internet of Things zeigt Abb. 2.1 im zeitlichen Verlauf.

Gründe für die zunehmende Verbreitung
Obwohl diese Technologien seit mehreren Jahrzehnten existieren, waren zwei Entwicklungen in den letzten zwanzig Jahren die wichtigsten Antriebe für das Internet der Dinge. Zum einen das explosive Wachstum mobiler Geräte und Applikationen und zum anderen die breite Verfügbarkeit von drahtlosem Internetzugang. Die Voraussetzungen für eine weitere Verbreitung der Digitalisierung und gesellschaftliche Nutzbarmachung liegen in folgenden Bereichen:

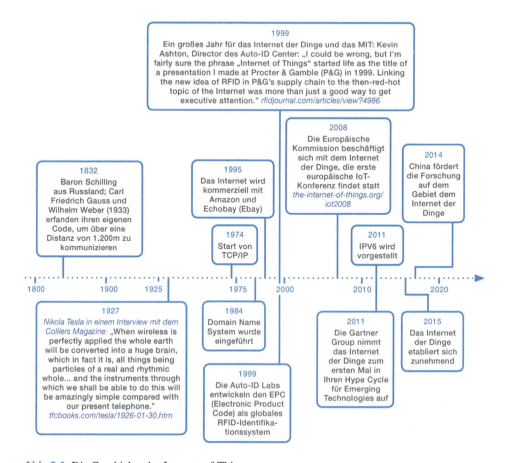

Abb. 2.1 Die Geschichte des Internet-of-Things

2.1 Was ist Digitalisierung?

- Miniaturisierung, Preisverfall und Standardisierung der notwendigen Digitalisierungskomponenten führen zu einem umfangreichen Einsatz von Informationstechnologien, Sensoren, Hardware und Software.
- Die Verknüpfung der physischen mit der virtuellen Welt führt dazu, dass Informationen zunehmend zu einem eigenständigen Produktionsfaktor werden. Produkte werden zum Träger von Produkt- und Produktionsinformationen.

2.1.5 Technologien im Internet der Dinge

Welche technischen Entwicklungen im Internet der Dinge haben unsere Gesellschaft und unser Leben verändert und welche Technologien werden in Zukunft unsere Gesellschaft und unser Leben beeinflussen? Welche Technologien werden wir im privaten und beruflichen Alltag einsetzen? Wie werden sich die einzelnen Industrien und Wirtschaftszweige unter dem Einfluss neuer technologischer Veränderungen entwickeln?

Einen Blick in die Zukunft wagte das IT-Marktforschungs- und Beratungsunternehmen Gartner Group mit seiner aktuellen Trendanalyse, ausgedrückt in seinem sogenannten Hype Cycle: „Hype Cycle for Emerging Technologies 2017" (Abb. 2.2).

In der branchenübergreifenden Betrachtung von Innovationsfeldern und neuen, intelligenten Technologien sieht die Gartner Group drei Megatrends, die den Unternehmen in den kommenden Jahren vollkommen neue digitale Geschäftsmodelle eröffnen:

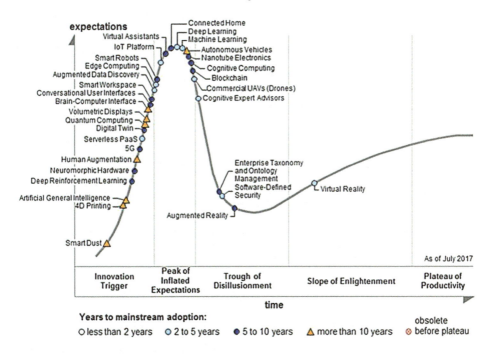

Abb. 2.2 Hype Cycle for Emerging Technologies. (Panetta 2017)

> **Drei Megatrends für neue digitale Geschäftsmodelle (Gartner Group 2017)**
>
> **1. Künstliche Intelligenz:** Mit ihrer Hilfe sollen zum Beispiel intelligente Assistenten dem Menschen in allen Bereichen des alltäglichen Lebens helfend zur Seite stehen – allerdings nicht nur passiv, sondern selbstdenkend und aktiv unterstützend. In diesem Zusammenhang sind folgende Technologien zu berücksichtigen und zu beobachten: Deep Learning, Deep Reinforcement Learning, künstliche allgemeine Intelligenz, autonome Fahrzeuge, Cognitive Computing, kommerzielle UAVs (unmanned oder unpiloted aerial vehicle oder unbemannte Luftfahrzeuge oder Drohnen), Conversational User Interfaces, Enterprise Taxonomy und Ontology Management, Machine Learning, Smart Dust, Smart Robots und Smart Workspace.
>
> **2. Verschmelzung von Mensch und Maschine:** Die Technologie wird zunehmend menschlicher, sie wird anpassungsfähiger, kontextueller und Teil unseres Lebens – sei es am Arbeitsplatz, zu Hause oder auch in der Interaktion mit Unternehmen, Marken und anderen Menschen. Zu den beachtenswerten technischen Entwicklungen gehören hier: 4D Printing, Augmented Reality (AR), Computer-Brain Interface, Connected Home, Human Augmentation, Nanotube Electronics, Virtual Reality (VR) und Volumen-Displays.
>
> **3. Internet der Dinge und Blockchain:** In einem ganzheitlichen Ökosystem werden alle Personen und Dinge intelligent vernetzt und können orts- und zeitunabhängig miteinander kommunizieren. Es entstehen neue digitale Plattformen und Architekturen, die dann neuen Geschäftsmodellen und -strategien Räume geben. Zu den wichtigsten Plattformtechnologien gehören: 5G, Digital Twin, Edge Computing, Blockchain, IoT Platform, Neuromorphic Hardware, Quantum Computing, Serverless PaaS und Software-Defined Security.

2.1.6 Nutzen des Internets der Dinge

Eines ist sicher: In den kommenden Jahren wird es keine Branche geben, auf die das Internet der Dinge keinen direkten Einfluss hat. Die Einführungsgeschwindigkeit, gepaart mit Kundenerwartungen, wird schnell jede Branche ohne Internet der Dinge sowie jedes einzelne Unternehmen in ein Relikt aus der Vergangenheit verwandeln. Allerdings haben viele Branchen Zeit, das Internet der Dinge zu verstehen und zu erkennen, wie es ihren langfristigen strategischen Zielen dienen sein kann.

Veränderungen durch das Internet der Dinge
Was sind die mittel- bis langfristigen Veränderungen, die das Internet der Dinge mit sich bringt? Was sind die Chancen? Diese Fragen führen zu den „3 C" des Internets der Dinge (Lopez Research 2013):

- Communication – Kommunikation von Daten und Informationen zu Systemen oder Personen, wie beispielsweise der Status von Maschinen, Temperaturmessdaten, Bewegungsdaten von Fahrzeugen
- Control – Kontrolle und Steuerung von Geräten von einer entfernten Stelle
- Cost Savings – Kosteneinsparungen in und Vereinfachungen von Arbeitsprozessen, zum Beispiel wenn über die Ferndiagnose festgestellt wird, dass ein Aggregat gewartet werden muss

Die Transparenz über Produkte und Prozesse eröffnet neue Einblicke, sogar in Echtzeit, die eine neue Art der Steuerung von Prozessen ermöglicht. Im Bereich des Konsums und der Freizeit bringt die Digitalisierung neue Produkte auf den Markt. Produkte und Dienstleistungen werden immer personalisierter und individualisierter angeboten.

Kennzeichen des Internets der Dinge
Petra Grimm von der Bundeszentrale für politische Bildung fasst die wesentlichen Kennzeichen des Internets der Dinge folgendermaßen zusammen (Grimm 2016):

- Ubiquität oder auch Allgegenwart: Die Ubiquität weist darauf hin, dass wir überall smarte und intelligente Objekte finden.
- Vernetzung: Das heißt, die Objekte lassen sich über Schnittstellen mit dem Internet verbinden.
- Informationsspeicherung: Informationen werden gespeichert, verarbeitet und lassen sich als Massendaten auswerten.
- Kommunikation: Die Dinge kommunizieren entweder direkt miteinander oder über Schnittstellen.
- Selbststeuerung: Die Objekte können selbständig Informationen austauschen, sich wechselseitig steuern und Aktionen auslösen.
- Optimierung und Lernfähigkeit: Die Dinge, wie zum Beispiel Thermostate, erkennen Muster, zum Beispiel wann die Heizung hochgeschaltet wird, und optimieren daraufhin ihre Aktivität (Abb. 2.3).

Das Internet der Dinge als ein Netzwerk von Geräten, in dem Elektronik, Software und Sensoren den Austausch und die Analyse von Daten ermöglichen, hat innerhalb von zwei Jahrzehnten unser Leben stark verändert und den Weg für reaktionsschnelle Lösungen, innovative Produkte, effiziente Fertigungsprozesse und letztendlich für ganz neue Geschäftsmodelle bereitet. Die Eingangs- und Ausgangslogistik, Produktion, Marketing und Vertrieb, Support und Service bilden die klassische Wertschöpfungskette eines Industrieunternehmens. Diese Prozesse profitieren zukünftig von einer optimierten Koordination, Überwachung und Auswertung gesammelter Daten.

Smarte Objekte und Geräte
Einige Bereiche haben sich heute schon durch das Internet der Dinge signifikant verändert. Die Auswirkungen können mit den Veränderungen resultierend aus der Erfindung

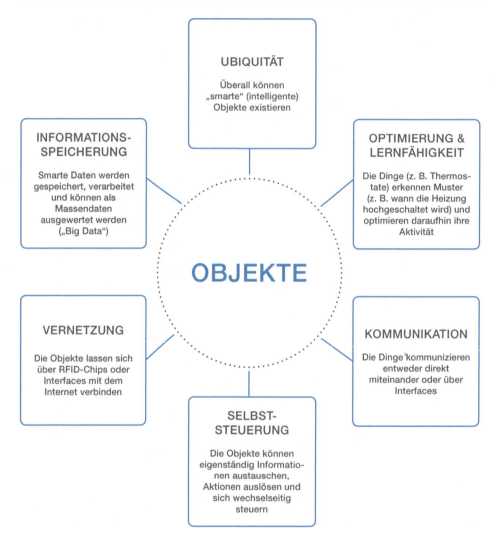

Abb. 2.3 Kennzeichen des Internet der Dinge. (Grimm 2016)

des Buchdrucks im 16. Jahrhunderts oder der Industrialisierung im 19. Jahrhundert verglichen werden. Das Internet der Dinge bringt eine weitere Digitalisierungsstufe in unserer Lebenswirklichkeit mit sich. Die Informations- und Kommunikationstechnologien werden integriert und eingebettet in die uns vertrauten Dinge des alltäglichen Lebens („embedded computing"). Sie machen unsere Umgebung beziehungsweise unser Zuhause „smart" (intelligent). Mit anderen Worten: Der Computer am Arbeitsplatz ist ein Relikt der Vergangenheit. Er verlässt den Arbeitsplatz und geht über in Geräte, Kleidung, Gegenstände und unser Zuhause.

2.1 Was ist Digitalisierung?

Alltagsgegenstände werden selbst informativ oder agieren als physische Zugänge zu Services und Internetdiensten. Das Internet dringt unsichtbar in unsere vertraute Umgebung, unsere Wohnungen, und es umgibt auch den menschlichen Körper – beispielsweise in Form einer smarten Uhr, eines Fitnessarmbandes oder als smarte Kleidung. Diese Dinge werden zu Übertragungsmedien, das heißt Kommunikationskanäle, die Daten und Informationen übermitteln.

Mit dem Einzug von digitalen Geräten in die Gesellschaftsbereiche eröffnet sich eine Vielzahl an neuen Möglichkeiten, Daten zu generieren und auszuwerten. Schon heute erleben wir das jeden Tag: Daten über Personen oder Aktivitäten werden in der Öffentlichkeit durch Videoüberwachung oder die Nutzung von Chipkarten gesammelt. Im Internet wird die Nutzung von Internetangeboten oder die Nutzung von sozialen Medien aufgezeichnet und anschließend ausgewertet. Durch das Internet der Dinge und den Einzug in die privaten Lebensbereiche wird die Datengenerierung und -auswertung weiter ansteigen.

Anwendungen des Internets der Dinge bieten einerseits eine Vielzahl an Möglichkeiten, das alltägliche Leben komfortabler, effizienter und sicherer zu machen. Auf der anderen Seite ergeben sich aber zunehmende Herausforderungen für den Schutz der Privatsphäre, die Selbstbestimmung und die Sicherheit.

Nutzenbereiche des Internet der Dinge
Objekte, die sowohl ihre Umwelt analysieren als auch miteinander kommunizieren, bringen im Wesentlichen drei große Nutzenbereiche und Wertbeiträge im Rahmen des Internets der Dinge mit sich (Chui et al. 2015):

- Prozessoptimierung: Das Internet der Dinge ermöglicht eine neue Stufe der Organisation und Steuerung des Lebenszyklus von Produkten, von der Planung über die Produktion bis hin zur Konsumption. Im Mittelpunkt stehen aber insbesondere die Potenziale zur Erhöhung der Effektivität und Produktivität bei den produzierenden Prozessen.
- Neue intelligente Produkte und Services: Produkte werden mit Sensoren ausgestattet und internetfähig. Dadurch können sie Daten sammeln, Daten analysieren, Daten versenden und Daten empfangen, sie werden so intelligent. Die selbstständige Ausführung von Aufgaben, die eigenständige Kommunikation mit Menschen und anderen Objekten, das selbstständige Anpassen an veränderte Situationen bringt Produktivitäts- und Effizienzverbesserungen mit sich. Darüber hinaus wird es auch möglich, dass Objekte proaktiv agieren und Unfallgefahren oder Ausfälle antizipieren und proaktiv darauf reagieren. Das mündet letztlich in die Möglichkeit, dass Unternehmen ihren Kunden Mehrwerte über den eigentlichen Produktnutzen hinaus anbieten können: So können smarte Services entstehen. Neue und bisher unbekannte Geschäftsmodelle werden entwickelt und zwar, indem bestehende Produkte mit Zusatzservices versehen, neue Produkte mit IoT-Funktionen entwickelt und produktlose Smart Services gestaltet werden.

- **Verbesserung des Kundenerlebnisses**: Kunden haben heute eine Vielzahl von Touchpoints, um mit Unternehmen in Kontakt zu treten und deren Waren und Dienstleistungen zu kaufen bzw. in Anspruch zu nehmen. Sie wandern hierbei die „Customer Journey" entlang. Mittlerweile existieren die vielen Kanäle nicht mehr nur parallel, sondern sind vielmehr nutzeroptimiert verknüpft, was als „Omni-Channel" bezeichnet wird. Durch das Internet der Dinge und die eingesetzten Technologien kann im Omni-Channel-Vertrieb in Echtzeit und in allen Phasen der Customer Journey eine einzigartige, personalisierte Experience entwickelt werden.

Hinshaw und Kasanoff verdeutlichen dies in ihrem Buch „Smart Customers, Stupid Companies":

Kunden sind mithilfe der heutigen Technologien „smart" und allzeit informiert. Dies bedeutet nicht nur, dass sie jederzeit Informationen über das Unternehmen, seine Produkte und Dienstleistungen einholen können, sondern auch eine nahtlose Customer Experience zwischen den Kanälen erwarten. Mithilfe der gesammelten Daten können Unternehmen zudem proaktiv reagieren und den Kunden gezielter ansprechen (Hinshaw und Kasanoff 2012).

Die aufgezeigten Nutzenbereiche erfahren in den unterschiedlichen Branchenzweigen wie Industrie, Produktion, Logistik und Gesellschaftsbereichen wie Gesundheitswesen, Bildung, Leben und Wohnen und im Handel und Marketing eine unterschiedliche Ausgestaltung.

2.2 Digitalisierung in der Gesellschaft

2.2.1 Digitalisierung in Industrie und Produktion

In der Produktion kommt es zu einer zunehmenden Informatisierung und Digitalisierung. Maschinen, Produktionsstraßen und Roboter werden mit Sensoren ausgestattet, die Informationen über ihre Umgebung, den Arbeitsfortschritt und den internen Zustand erfassen und austauschen.

Industrie 4.0
Diese Entwicklung wird heute mit dem Begriff Industrie 4.0 bezeichnet. Er umschreibt die vierte industrielle Revolution und charakterisiert die neue Entwicklungsstufe der Steuerung und Organisation der gesamten Wertschöpfungskette über den Lebenszyklus von Produkten, im anglo-amerikanischen auch „Industrial Internet" genannt. Die Verbindung von den verschiedenen Objekten in einem Produktionssystem nach dem Prinzip der Industrie 4.0 erfolgt dabei einerseits zwischen Maschine und Maschine (Machine-to-Machine, M2M) sowie andererseits zwischen Mensch und Maschine (Machine-to-Person, M2P). In der sogenannten Smart Factory tauschen intelligente Maschinen eigenständig Informationen aus und steuern sich selbstständig.

2.2 Digitalisierung in der Gesellschaft

Condition Monitoring und Predictive Maintenance
In diesen Bereich fällt auch die Erfassung und Auswertung von Sensordaten einzelner Maschinen und Geräte, beispielsweise im Condition Monitoring (regelmäßige Erfassung physikalischer Daten zum Zustand der Maschine oder Anlage) oder Predictive Maintenance, die vorausschauende Wartung von Maschinen und Geräten auf Basis laufend erfasster Daten.

Vernetzung von Produktionsanlagen
Deutlich komplexer wird es bei der gesamten Vernetzung ganzer Produktionsanlagen, die dann vollautomatisiert laufen und sich permanent ohne menschliches Zutun steuern und optimieren. Damit einher geht auch die zunehmende Dezentralisierung der Produktionssteuerung, bei der die einzelnen Maschinen direkt miteinander kommunizieren und damit zentrale Strukturen überflüssig machen. So kann die Produktion kundenindividueller Güter auch bei komplexeren Produkten effizienter realisiert werden (Mass Customization). Um dieses Ziel zu erreichen, bedarf es noch einheitlicherer Daten- und Kommunikationsstandards im Bereich des Maschinen- und Anlagenbaus.

Individuelle Produktgestaltung
Auch das Produkt selbst kennt in Zukunft seine eigenen Auftrags- und Produktionsdaten und beeinflusst seine eigene Produktion durch Interaktion mit der vernetzten Produktionsmaschine. Es kann auf Rohstoffengpässe in Echtzeit reagiert werden und Lieferzeiten lassen sich prozessoptimiert bestimmen. Geschäftsprozesse werden dynamisch gestaltet, wodurch sich die Produktion verändert und flexibel auf Störungen und Ausfälle reagiert werden kann.

Daneben ergeben sich weitere Potenziale: So kann ein Produkthersteller auf Wünsche des Kunden im Hinblick auf Design, Konfiguration, Bestellung, Planung, Produktion eingehen. Selbst Einzelstücke lassen sich rentabel produzieren.

> **Beispiel**
>
> **Adidas Speedfactory – Individuelle Laufschuhe aus dem 3D-Drucker**: Im Sommer 2017 startete Adidas die Produktion individueller Laufschuhe in seiner Speedfactory in Ansbach. Eingesetzt werden dort unter anderem 3D-Drucker und Roboter. Kunden können sich aus vorgegebenen Musterelementen individuelle Designs zusammenstellen, die im Computer in einem virtuellen Modell erstellt und anschließend im typischen Industrie-4.0-Verfahren produziert werden. Damit wird die Zeit vom Design zum Verkauf auf weniger als eine Woche verringert. Adidas plant auf diese Weise bis zu 500.000 Schuhe jährlich herzustellen. Mit dem Konzept der automatisierten Fertigung wird es möglich, die Produktion dort anzusiedeln, wo sich die Kunden für die Produkte befinden. In der Speedfactory kommen intelligente Robotertechnologien zum Einsatz, mit der hochfunktionale Qualitätsprodukte gefertigt werden können und die individuelle Schuhdesigns ermöglichen (Adidas 2015).

Mögliche Auswirkungen der neuen Produktionsmethode sind innovativ. Lager für Turnschuhe werden überflüssig, weil vor Ort genau die Menge an Turnschuhe hergestellt werden kann, die auch tatsächlich verkauft wird. Auch Produktionsanlagen, direkt angeschlossen an das Verkaufsgeschäft, sind denkbar. Durch die kurzen Wege sind auch personalisierte Modelle möglich, auf die man bislang wochen- oder monatelang hätte warten müssen: Schuhe können an den eigenen Fuß angepasst, in den Wunschfarben oder mit eigenen Fotos bedruckt werden – alles innerhalb weniger Stunden oder maximal Tage.

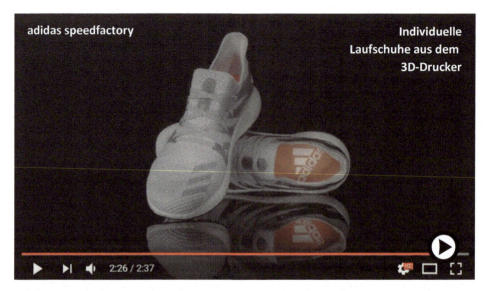

Wie die Speedfactory von Adidas funktioniert (Video mit Springer Nature ExploreBook App ansehen)

Industrie 4.0 in kleinen und mittleren Betrieben (KMU)

Während Industrie 4.0 in einigen Branchen über kurz oder lang zur fast vollständigen Automatisierung der Produktion führen wird, trifft dies längst nicht auf alle Branchen zu. Dort jedoch werden wir verstärkt hybride Systeme bestehend aus Menschen und Maschinen vorfinden. In kleineren Produktionsbetrieben, die eine Vielzahl unterschiedlicher Produkte fertigen, setzen sich kleine autonome Produktionszellen durch, die zwar auf der Grundlage von Fertigungsdaten eigenständig und flexibel die Produktion und Logistik organisieren, aber auch noch von Menschen gesteuert werden. Ein Beispiel aus der Möbelindustrie zeigt das Proto-Lab aus Rosenheim (proto_lab 2017).

Insgesamt bleibt Folgendes festzuhalten. An der gesamten Wertschöpfung in den meisten Industriebranchen wird der Anteil der Produktion sinken. Dienstleistungen rund

2.2 Digitalisierung in der Gesellschaft

um ein Kernprodukt werden zunehmend wachsen. Weiterhin wird die Produktion durch den Einsatz additiver Fertigungsverfahren dramatische Umwälzungen erleben, die Herstellung vieler Güter verlagert sich an den Ort ihrer Nutzung, die bisherigen Hersteller verkaufen verstärkt Daten und digitale Zusatzdienste.

Technologien im Bereich Industrie und Produktion
Dabei werden folgenden Technologien die Zukunft in der Produktion beeinflussen (World Economic Forum 2017, S. 9):

- Künstliche Intelligenz
- Robotik
- Unternehmens-Wearables
- 3D-Druck

Abb. 2.4 zeigt die Einführung der Technologien nach Regionen.

Internet-der-Dinge-Technik ermöglicht es modernen Betrieben, die Zusammenarbeit von Menschen, Maschinen und Informationssystemen zu verbessern, angefangen bei der Lieferkette bis zum Produktionsbereich. Betriebliche Effizienzen lassen sich verbessern, die Produktion optimieren und die Sicherheit insgesamt steigern.

Damit ist eine vorausschauende Koordination von Produktionsabläufen technisch umsetzbar. Daneben können alle am Produktionsprozess beteiligten Maschinen und Roboter weiter optimiert werden, indem sie Informationen zurücksenden, wie beispielsweise Ausschuss minimiert werden kann oder wann sie voraussichtlich gewartet werden müssen.

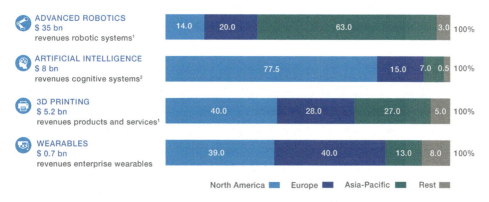

[1] Distribution based on units sold in 2015
[2] Estimates for Asia-Pacific and Rest based on International Data Corporation (IOC) data;
Source: International Federation of Robotics, Wohlers Associates, Technavic, IOC, expert interviews, A.T. kearney

Abb. 2.4 Geografische Adaption von Technologien. (International Federation of Robotics 2017)

2.2.2 Digitalisierung in der Logistik

Bereits heute schon sind auch die Einflüsse der Digitalisierung in der Logistik klar zu erkennen: Waren- wie auch Transportströme, zum Beispiel Lastkraftwagen oder Schiffe mit Containern, werden vollständig digital erfasst. Es ist möglich, Warenströme in Echtzeit zu verfolgen und über den Verbleib, Standort und auch den Zustand der Ware bzw. des Transportgutes genau Auskunft zu geben. Das betrifft sowohl die Lagerlogistik wie auch die Transportlogistik.

Vernetzung in der Lieferkette
Auf der Grundlage zunehmender Vernetzung der Lieferkette und somit auch der bisher nicht als „smart" klassifizierten Güter und Transportvehikel, kann die Logistik leichter und kosteneffizienter als früher koordiniert, überwacht und optimiert werden. Flotten- und Fuhrparkmanager können so die Routen der Fahrzeuge mittels GPS-Tracking besser nachvollziehen und koordinieren. Neuartige Lagerbestandsverwaltung und Lieferdrohnen sind weitere Gebiete, die das Potenzial haben, die Basis für völlig neue Geschäftsmodelle zu legen.

Eingesetzte Technologien
Eine Vielzahl von unterschiedlichen innovativen Technologien steht heute zur Verfügung und kommt einzeln oder in Kombination in der Logistik zum Einsatz: Radiofrequenz-Identifikation (vgl. Abschn. 6.4), Near Field Communication (vgl. Abschn. 6.5), drahtlose Netzwerke wie Wireless LAN oder auch LTE, GPS (vgl. Abschn. 6.7), Sensoren für Temperatur oder auch intelligente Verpackungen.

Anbei erfolgen einige Erläuterungen, wo IoT-Technologien im Rahmen der Logistik eingesetzt werden (DHL Trend Research und Cisco Consulting Services 2015):

Digitalisierung im Lager
Lager sind ein zentraler Bestandteil in der Warenlogistik und im Warenfluss. Ihr Standort und die effiziente Lagerlogistik werden zum Wettbewerbsvorteil für Logistikdienstleister, wenn sie schnell, effizient und flexibel liefern können. Das ist eine Herausforderung bei der Vielfalt der verschiedenen Güter, die in Lagern vorgehalten werden und die optimal bewegt und geliefert werden müssen. Daher kommen zunehmend RFID-Technologien auf Paletten oder auch direkt an den Kartons und Verpackungen zum Einsatz, um die Objekte im Lager und am Lagerstandort zu identifizieren und lokalisieren. Eine automatisierte Warenvereinnahmung und auch die Prüfung vor der Versendung sind mithilfe dieser Technologie möglich.

Darüber hinaus erlauben Kameras in Lagern das Erkennen von Beschädigungen oder unzureichender Etikettierung. Mithilfe von Sensorik lassen sich genaue Bestandsdaten erfassen und in Lagerwirtschaftssysteme einspielen, die dann dort eine genaue Bestandsverwaltung zeigen.

Neben den in den Lagern bewegten Gütern ist auch eine optimale Bewirtschaftung, das heißt Bestandsführung, Bewegungsmeldung und Befüllung von Ladungsträgern mit innovativer Sensorik möglich. Hinzu kommen Verbesserungen im Bereich der Sicherheit und

Gesundheit der Mitarbeiter in den Lagern durch eine Sensorik-Steuerung für Gabelstapler und andere Betriebsmittel.

Digitalisierung im Transport
Internet-der-Dinge-Technologien im Transport- und Frachtwesen eröffnen des Weiteren große Verbesserungs- und Effizienzpotenziale. „Track & Trace" lautet hier das Stichwort für mehr Geschwindigkeit, Sicherheit, Genauigkeit und Vorhersage im Transportbereich. Transportdienstleister haben über die Sensorik eine verbesserte Sichtbarkeit ihrer Waren auf dem Transportweg und können damit letztendlich sicherstellen, dass die Waren rechtzeitig, am richtigen Bestimmungsort und unversehrt ankommen. Telematik-Sensoren in Lastkraftwagen und sensorische Transponder an den Produkten und Waren übermitteln die Daten zu den Standorten und den Bedingungen, zum Beispiel ob ein Karton während des Transports geöffnet oder eine bestimmte Kühltemperatur überschritten wurde. Ein weiterer Einsatzbereich ist das Flotten- und Asset-Management. Beispielsweise können Sensoren messen, wie lange ein Container, ein LKW oder ein Lieferfahrzeug auf welchen Strecken unterwegs war. Daraus lassen sich Rückschlüsse auf die Wartungsintervalle wie auch auf die Streckenoptimierung ziehen.

Digitalisierung der „Last Mile"
Die letzte Meile bzw. der Weg der Ware in die Haushalte und die häusliche Zustellung stellen eine wesentliche Herausforderung für die Logistik dar: Diese ist arbeitsintensiv, anspruchsvoll und aufgrund des geänderten Kaufverhaltens der Kunden steigend. Die Zustellung wird darüber hinaus aufgrund der variablen Zustellpunkte immer herausfordernder: Haustür oder Briefkasten, Paketkasten, Kühlboxen, Abholboxen, Einkaufszentren, etc. sind die Zustelldestinationen – abhängig vom Wunsch des Kunden. Neue Technologien wie RFID, NFC, Mobiltelefone und GPS verbinden den Logistiker mit dem Lieferfahrzeug und dem Zustellpunkt und verbessern die Effizienz in der Zustellung.

Vieles spricht dafür, dass auch das Outsourcing an spezialisierte Logistikdienstleister weiter zunehmen wird, insbesondere in der Industrie. Beispielsweise vermindert die digitale Sendungsverfolgung mithilfe durchgängiger Erfassungsmöglichkeiten entlang der gesamten Lieferkette, beispielsweise durch Sensorik im Ladegefäß und Telematik, das wahrgenommene Qualitätsrisiko bei den Verladern und macht die Leistung der Dienstleister transparenter. Durch die größere Transparenz über die Leistungserstellung bei den Dienstleistern treten auch andere Vorteile verstärkt in den Vordergrund, insbesondere bessere Bündelungsmöglichkeiten und damit eine höhere Transportauslastung sowie Kostenvorteile bei größeren Dienstleisternetzwerken.

Beispiel

DHL – Augmented-Reality-Anwendung im Lagerbetrieb: Nach dem Abschluss von weltweiten Pilotprojekten der Deutsche Post DHL Group, hält die sogenannte Vision-Picking-Lösung nun dauerhaft in den Lagern in Kontinentaleuropa Einzug – ein neuer Standard in der Kommissionierung.

Die mit Datenbrillen ausgestatteten DHL-Mitarbeiter können den Kommissionierungs-Prozess beschleunigen und Fehler dabei reduzieren. In den Displays werden Hinweise eingeblendet, zum Beispiel wo sich der gesuchte Artikel im Gang befindet, in welcher Menge er benötigt wird und wo er auf dem Wagen zu positionieren ist. Damit entfällt der Bedarf für schriftliche Anweisungen. Der Kommissionierer hat darüber hinaus die Hände frei und kann so effizienter und leichter arbeiten. In den internationalen Testläufen hat dies zu durchschnittlichen Produktivitätssteigerungen von 15 Prozent geführt und gleichzeitig die Fehlerquote reduziert.

Das Ergebnis: Augmented-Reality-Anwendungen können Logistikprozesse messbar optimieren. In diesem Fall wurde eine 25-prozentige Effizienzsteigerung in der Kommissionierung erzielt (DHL 2017).

Vision Picking – DHL | Industriefilm (Video mit Springer Nature ExploreBook App ansehen)

2.2.3 Digitalisierung in der urbanen Infrastruktur

IoT-Lösungen unterstützen die Veränderung ländlicher wie auch städtischer Gebiete und wandeln diese in intelligente, online vernetzte und sichere Infrastrukturen von morgen (Eco und ADL 2017):

Digitalisierung von Gebäuden
Begriffen wie Smart Home, vernetzte Gebäude oder Smart Meter begegnen einem heute fast täglich und die Vielzahl der Schlagworte nimmt ebenso zu wie das diesen Lösungen zugeschriebene Potenzial. Die Lösungen versprechen durch Vernetzung eine Reduzierung von Energiekosten, eine höhere Sicherheit und mehr Komfort, die automatisierte Erfassung von Verbrauchs- und Nutzungsdaten und damit eine fortlaufende Kontrolle des Gebäudebetriebes.

2.2 Digitalisierung in der Gesellschaft

Für die Bewohner eines intelligenten Hauses steht häufig der Komfort im Vordergrund. So nehmen die smarten Geräte viele lästige und sicherheitsrelevante Aufgaben ab, wie Fenster öffnen und schließen, eine Beleuchtung, die sich je nach Tageszeit, Wetterbedingungen und sogar der Stimmungslage des Bewohners automatisch anpasst, und eine Alarmanlage, die sich beim Verlassen des letzten Bewohners automatisch aktiviert.

Ambient Assisted Living
Hinsichtlich der Entwicklungen im Multimedia-Bereich und einer zunehmenden Überalterung der Gesellschaft wird das Thema Smart Home in Zukunft an Relevanz gewinnen. Gerade in Altenheimen oder in Einrichtungen für betreutes Wohnen kann eine Smart-Home-Umgebung den Bewohnern das Leben erleichtern und Pflegepersonal entlasten. Ältere Menschen können dank Smart Home unter Umständen bis ins hohe Alter in ihren privaten Wohnungen leben. Dieses Konzept ist unter dem Begriff „Ambient Assisted Living" bekannt geworden.

Digitalisierung in der Energieversorgung
Durch das Internet der Dinge können die unzähligen Geräte des Stromnetzes Daten in Echtzeit austauschen und eine effizientere Energieversorgung erzielen. Beim Smart Metering geht es um die automatische Echtzeit-Messung und Datenübertragung via Gateway an das Versorgungsunternehmen. Ziel ist eine Transparenz des Energieverbrauchs, die Anpassung an den jeweils besten Tarif und die Optimierung der Netzauslastung durch die Kommunen. Ab 2020 sind Verbraucher mit einem Jahresstromverbrauch zwischen 6000 und 10.000 kWh zum Einbau eines Smart Meters verpflichtet.

Digitalisierung im Verkehr
Die Autos der Zukunft werden ihre Daten mit der Cloud und mit anderen Fahrzeugen austauschen. In Kombination mit intelligenter Rechentechnik und Kommunikationsverbindungen werden Daten die neuen Antriebe zur Entwicklung von selbstfahrenden Autos. Aber bis zum komplett autonomen Fahrzeug ist es noch ein längerer Weg. Die Umstellung von Fahrzeugen mit Fahrer bis hin zu einem vollständig autonomen Fahren wird in Schritten erfolgen. Definiert wurden von dem Automotive-Standardisierungsgremium SAE (2014) bislang fünf Stufen:

- Level 0: Assistenzsysteme, die bei Gefahr warnen und gegebenenfalls leicht korrigierend wirken.
- Level 1 („hands on"): Fahrer und automatisiertes System teilen sich die Kontrolle über das Fahrzeug. Beispiel: Beim Adaptive Cruise Control (ACC) lenkt der Fahrer das Fahrzeug weiterhin und das System passt die Geschwindigkeit an. Oder auch Park-Assistenz-Systeme zählen dazu, bei dem das System die Lenkung übernimmt und der Fahrer das Tempo beim Einparken bestimmt. Der Fahrer muss in diesem Level jederzeit die Kontrolle komplett übernehmen können.
- Level 2 („hands off"): In diesem Level übernimmt das Fahrzeug die volle Kontrolle beim Beschleunigen, Bremsen und Lenken. Der Fahrer muss den Vorgang beobachten und bereit sein, jederzeit korrigierend einzugreifen. Die Formulierung „hands off" ist

nicht wörtlich zu verstehen, vielmehr ist es in diesem Level nach wie vor vorgeschrieben, die Hände am Lenkrad zu halten.
- Level 3 („eyes off"): Der Fahrer kann hier neben dem Fahren auch etwas anderes tun, wie zum Beispiel Nachrichten schreiben oder ein Video ansehen. Das Fahrzeug wird in gefährlichen Situation eine Vollbremsung einleiten. Der Fahrer muss nach wie vor jederzeit eingreifen können, erhält durch das System allerdings ein wenig mehr Zeit dies zu tun. Der Audi A8 Luxury Sedan war 2017 das erste kommerzielle Fahrzeug mit Level3-Technik. Dieses Auto verfügt auch über einen Stau-Modus, der das Fahrzeug selbstständig durch dichten Verkehr auf Autobahnen mit maximal 60 km/h führt.
- Level 4 („mind off"): Wie bereits in Level 3 muss hier der Fahrer nicht selbst fahren, er kann kurz schlafen oder auch den Fahrersitz verlassen (in Wohnmobilen oder LKWs). Fahrzeuge dieses Levels dürfen nur in definierten Umgebungen fahren (Geofence) oder unter bestimmten Bedingungen, wie Stau. Außerhalb dieser Umgebungen oder Situationen muss das Fahrzeug die Fahrt abbrechen können, zum Beispiel durch Parken am Straßenrand, wenn der Fahrer nicht die Kontrolle übernimmt.
- Level 5 („steering wheel optional"): Hier ist kein Fahrer mehr notwendig oder vorgesehen. Ein Bespiel wäre ein Robotic-Taxi.

Auf der Verkehrsebene werden vernetzte Fahrzeuge heute bereits dazu genutzt, Leitsysteme so zu steuern, dass Staus, Verkehrsbeeinträchtigungen oder Verzögerungen weitgehend vermieden werden und das Fahren sicherer und komfortabler wird. Dazu ist eine vollständige Vernetzung der Verkehrsteilnehmer sowie der Verkehrsleit- und -überwachungssysteme notwendig.

Smart Mobility
Unter dem Stichwort Smart Mobility beschränkt sich die Mobilität nicht mehr nur auf ein einziges Fortbewegungsmittel, sondern wird vielseitiger und individueller. Je nach Situation stellt sich der Nutzer seine persönlichen Transportmittel zusammen.

Immer mehr Mobilitäts-Apps ermitteln Reisenden passende Fahrtmöglichkeiten, nicht nur für ein Verkehrsmittel, sondern über diverse Angebote hinweg. Sie nutzen das GPS im Smartphone des Nutzers und verknüpfen es mit den Informationen verschiedener Verkehrsdienstleister. Beispiele für derartige Apps sind Ally, Moovel, Qixxit oder Mobility Map.

Smart Mobility bedeutet aber auch Connected Mobility: Verkehrsmittel, Infrastruktur und Mobilitätsdienstleistungen sind intelligent und nahtlos vernetzt. Sie bieten die Möglichkeit – und das vor allem dank mobiler Endgeräte –, das Angebot bedarfsgerecht zu nutzen und jederzeit sowie überall zu buchen, zu zahlen und Verkehrsinformationen in Echtzeit abzurufen.

Szenario: Smart Mobility
Das folgende Szenario ist mittelfristig denkbar: Morgens nutzt eine Person ein Fahrzeug eines Car-Sharing-Anbieters, um zur Arbeit zu fahren. Auf dem Weg meldet das Mobiltelefon oder das Navigationsgerät einen Stau auf der Route. Es werden Alternativen angeboten, zum Beispiel der Weg zur nächsten S-Bahn-Haltestelle oder das nächste „Call a Bike"-Fahrrad. „Seamless Mobility" beziehungsweise „Smart Mobility" wird einen

sicheren, effizienten und nachhaltigen Transport gewährleisten. Die Mobilität wird sich mittelfristig vom Produkt zur Dienstleistung entwickeln. Derjenige, der Informationsdienste anbietet, die umfassende Reiseplanung und das Umsteigen zwischen verschiedenen Verkehrsmitteln mittels Real-Time-Verkehrsinformationen ermöglicht, bietet in Zukunft einen für Pendler und Reisende relevanten smarten Service an.

2.2.4 Digitalisierung im Gesundheitswesen

Auch im Gesundheitssektor bietet IoT-Technologie innovative Grundlagen für neue Diagnoseverfahren, Entlastung von Ärzten und Pflegepersonal, Datenaustausch in Echtzeit, Optimierung von Prozessen und Qualitätsmanagement sowie eine offene und skalierbare Technologiearchitektur.

Erfassung von Patientendaten
Es gibt eigentlich keinen Bereich im Gesundheitswesen, der nicht Internet-der-Dinge-Technologien nutzt oder nutzen wird. IoT-fähige tragbare Geräte erlauben es Ärzten, Gesundheitsdaten ihrer Patienten zu erfassen und auszutauschen, die andernfalls unerkannt blieben. Jährliche Vorsorgeuntersuchungen könnten obsolet werden, weil Ärzte bereits über ausreichend Patientendaten verfügen, auf deren Basis sie entscheiden können, ob eine persönliche Untersuchung notwendig ist.

Außerdem können Behandlungszeiten in Krankenhäusern drastisch reduziert werden, besonders in Notfallsituationen. Sanitäter können vernetzte Geräte nutzen, um Vitalzeichen des Patienten zu messen und diese mit beobachteten und abgefragten Informationen direkt an die Notaufnahme weiterzuleiten. Die Ärzte kennen somit den Zustand eines Patienten, schon bevor dieser bei ihnen eintrifft, und können sich darauf vorbereiten. So gewinnen sie wertvolle Zeit beim Eintreffen des Patienten.

Zeitgemäßes Krankenhaus-Warenwirtschaftssystem
Derweil können Krankenhäuser, die schon immer enorme Mengen an Daten erzeugt und gespeichert haben, das Internet der Dinge nutzen, um handlungsfähige Erkenntnisse aus den gesammelten Daten zu gewinnen. Beispielsweise lagern viele Krankenhäuser vorsorglich mehr Medikamente, Hilfsmittel und Instrumente ein, als sie benötigen, um Engpässe zu vermeiden. RFID-basierte Warenwirtschaftssysteme, wie im Handel bereits weit verbreitet, können vorausschauend (predictive) den Lagerbestand optimieren und die Sicherheit verbessern.

In 3D und mit Mixed Reality in das Innerste des Menschen
Virtual Reality öffnet Studierenden und Ärzten eine bahnbrechend neue Sicht in den Körper des Menschen. Siemens hat diese Technik maßgeblich entwickelt und nennt sie „Cinematic Volume Rendering Technique (VRT)". Diese Technik nutzt digitale Aufnahmen aus bildgebenden Diagnostiken, wie MRT oder CT, und baut daraus ein 3D-Modell. Diese Visualisierung, welche direkt auf eine VR-Brille gespielt wird, hilft dem Arzt, den

Patienten, der womöglich vor ihm auf dem OP-Tisch liegt, deutlich gezielter behandeln. Da das Ganze nahezu in Echtzeit erfolgt, kann diese Technik in der Notfallmedizin eingesetzt werden (Siemens 2017).

Self-Tracking
Ein überaus großes Potenzial findet sich im sogenannten „Self-Tracking" oder Überwachen der eigenen Vitaldaten mithilfe digitaler Technologien. Dabei werden die permanent vom menschlichen Körper erzeugten Signale, wie zum Beispiel gelaufene Schritte, Aktivitäten und andere Vitalwerte, mithilfe unterschiedlicher Sensoren erfasst. Der große Nutzen liegt hierbei in der Analyse der Daten und dem daraus resultierenden Erkenntnisgewinn, der einerseits einer Person helfen kann, ihre Gesundheit zu verbessern, und es andererseits Ärzten ermöglicht, Patienten besser zu diagnostizieren oder zu überwachen. Diese Innovationen haben mit Sicherheit disruptiven Charakter und werden nicht nur die Gesundheitsbranche, sondern auch die Versicherungsbranche vongrund auf verändern.

Patienten können sich in vielen Bereichen in Zukunft selbst überwachen und somit eigenständig gesundheitliche Probleme vorbeugen oder lösen. Daraus ergibt sich ein großes Potenzial für Kosteneinsparungen, beispielsweise indem Krankenhausaufenthalte reduziert werden. In Zukunft muss man also nicht mehr darauf warten, sich unwohl zu fühlen, sondern kann auf erste Anzeichen im Körper reagieren, die man ansonsten noch gar nicht wahrnehmen würde.

In einem ersten Schritt zeichnen Wearables somit die wichtigsten Körperfunktionen sowie in Teilbereichen auch spezifische Werte auf. Wearables müssen nicht immer ein Fitness-Armband sein, eine andere Formgebung für eine spezielle Anwendung sind zum Beispiel Kontaktlinsen, die den Blutzuckerspiegel von Diabetes-Patienten messen und bereits vor dem ersten Unwohlsein Alarm schlagen. Analyse-Software kann dem Patienten dann raten, ob er seinen Insulinwert selbst regulieren kann oder einen Arzt aufsuchen sollte. In dringenden Fällen arbeitet die Lösung völlig autark und verständigt automatisch den Notdienst.

Die im Moment größte Marktbedeutung haben Wearables, die dem Bereich Sport und Lifestyle angehören, beispielsweise Smartwatches und Fitness-Armbänder. Hinzu kommt die noch größtenteils eher experimentelle Smartwear, bei denen die Monitoring-Funktionen direkt in die Kleidung integriert sind.

OMSignal – Biometric Smartwear

Bei OMSignal Biometric Smartwear handelt es sich um ein Sport-Shirt, in das Sensoren eingearbeitet sind, die sozusagen ein einfaches EKG durchführen. Sie messen die Atmung (Frequenz, Volumen, Zielzonen), Aktivität (Schrittanzahl und Distanz) und Kalorienverbrauch. Eine kleine schwarze Box sammelt die Daten vom Shirt und überträgt sie per Bluetooth auf das Smartphone des Nutzers. Das Shirt sitzt wie eine zweite Haut und soll damit die Blutzirkulation und die Muskelerholung fördern und ist außerdem wetterfest.

2.2 Digitalisierung in der Gesellschaft

OMsignal Biometric Smartwear (Video mit Springer Nature ExploreBook App ansehen)

2.2.5 Digitalisierung im Freizeitbereich

Die Kombination aus Sensoren, Sendern und von den Konsumenten genutzten intelligenten Endgeräten macht das Internet der Dinge auch attraktiv für den Lebens- und Freizeitbereich. Dazu zählen die Kommunikation mit Familie und Freunden, die Freizeit und das Wohlbefinden, Arbeiten und Lernen, die materiellen und finanziellen Aspekte, Gesundheit, Gesellschaft und das Gemeinschaftsleben.

Schon heute sind Digitalisierung und Vernetzung in vielen dieser Lebenssituationen alltäglich. Dieser Trend wird sich in den kommenden Jahren noch weiter fortsetzen. Die Digitalisierung durchdringt alle Lebensbereiche, in ihrem privaten Umfeld spüren die Deutschen die meisten Veränderungen (Cash.Online 2017).

> **Studie der Postbank aus dem Jahr 2016: „Der digitale Deutsche und das Geld"**
>
> - **Freizeit**: Den deutlich größten Einfluss der Digitalisierung spüren die Menschen in ihrer Freizeit. Neunzig Prozent der Deutschen, und hier insbesondere die 18- bis 34-Jährigen, nutzen das Internet für die Organisation ihrer Freizeit und die Freizeitgestaltung. Drei Viertel der Vertreter dieser Altersgruppe genießen Musik- und Video-Streaming, bei den Älteren sind es nur 28 Prozent. Die Digital Natives sind es auch, die bei der Organisation ihrer Freizeit besonders stark auf Online-Kanäle setzen. 85 Prozent der unter 35-Jährigen nutzen WhatsApp, Facebook und Co., um sich zu verabreden und Aktivitäten zu koordinieren. In den Altersgruppen darüber macht dies immerhin schon jeder Zweite. Es wird aus der Freizeitgestaltung kaum mehr wegzudenken sein, Musik und Radio über

das Internet zu hören, jederzeit auf Videos zugreifen zu können oder Wartezeiten durch kleine Spiele auf dem mobilen Endgerät zu überbrücken.
- **Bankgeschäfte:** Sechzig Prozent ihrer Bankgeschäfte erledigen die Deutschen ohne Unterschiede in den Altersgruppen heute im Netz. So erklärt sich auch, dass die Menschen im Lebensbereich Finanzen eine besonders große Auswirkung der Digitalisierung sehen. Jeder vierte Deutsche tauscht sich inzwischen mit seiner Bank mehr über digitale Kanäle aus als am Telefon oder in der Filiale. Hier sind es die über 35-Jährigen, die die Digitalkanäle stärker nutzen als die Jüngeren.
- **Freundschaften und Beziehungen:** Private Beziehungen werden ebenfalls zunehmend digital gepflegt, denn jeder Zweite kommuniziert mit Freunden und Familie schon häufiger online als offline. In der Generation zwischen 18 und 34 Jahren sind es sogar sechzig Prozent. Heute ist es selbstverständlich, persönliche Kontakte digital zu pflegen, Fotos mit Freunden und Familie zu teilen oder sich im Internet mit Gleichgesinnten über Themen auszutauschen.
- **Arbeiten und Lernen:** Auch in diesem Bereich geht die Studie von einem steigenden Digitalisierungs- und Vernetzungsgrad aus. Man wird künftig im Beruf noch mehr ortsungebunden arbeiten und zwar dort, wo und wann man möchte. Auch die Weiterbildung, die Ausbildung und das Lernen wird mithilfe digitaler Medien und der mobile Zugriff auf Online-Wissenssammlungen alltäglich werden. Die Digitalisierung in der Arbeitswelt macht sich besonders bei den Jüngeren bemerkbar: 71 Prozent von ihnen sehen ihren Beruf im digitalen Umbruch, bei den über 35-Jährigen sind das nur 43 Prozent.
- **Einkaufen:** Einkaufen sehen die Deutschen zwar erst an vierter Stelle der von der Digitalisierung am stärksten veränderten Lebensbereiche. Dennoch ist dieser Bereich weiter im Wandel. Jeden vierten Artikel kaufen die Bundesbürger heute online. Bei den Digital Natives ist das sogar jeder dritte Artikel. Einer von fünf Deutschen kauft schon mehr im Netz als in stationären Läden ein. Aber was wird überwiegend online bezogen? Ganz oben stehen Bücher, DVDs, CDs und Videospiele. Zwei Drittel der Bundesbürger kaufen diese Produkte lieber im Netz als im Laden. Lebensmittel und Drogerieartikel werden von der großen Mehrheit der Deutschen aber nach wie vor mehr im Geschäft vor Ort gekauft.

2.3 Digitalisierung im Handel

2.3.1 Innovative Technologien im Handel

Während durch die Digitalisierung bisweilen zunehmend die Finanz- und Gesundheitsindustrie unter Druck geraten, wird für die nächsten Jahre eine vermehrte Digitalisierung im Handel und Konsumgüterbereich erwartet. Der Einsatz moderner Informationstechnologie und die fortschreitende Vernetzung führen dort zu weitreichenden Umbrüchen. Der Handel ist eine Branche, in der das besonders deutlich wird.

2.3 Digitalisierung im Handel

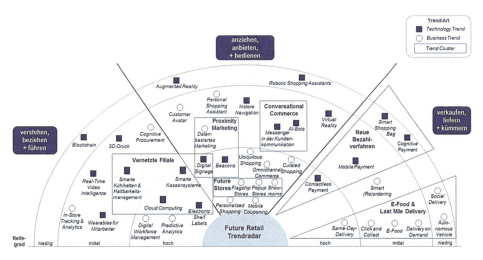

Abb. 2.5 Future Retail Trendradar. (Detecon Consulting 2017)

Der Einzelhandel hat bei der Anwendung neuer Technologien stets eine Führungsrolle eingenommen. So ist es nur logisch, dass diese Branche auch bei der IoT-Nutzung voranschreitet. Da das Internet der Dinge zu einer engeren Verknüpfung der realen und der digitalen Welt führt, ergeben sich dabei Verbesserungen im gesamten Spektrum von der Lieferkette bis hin zu Zahlungsvorgängen.

Future Retail Trendradar
Virtuelle Welten, digitale Assistenten, mobile Kommunikation oder anders ausgedrückt: E-Commerce, Mobile Commerce, Social Commerce, Conversational Commerce, Location-Based Marketing – das alles sind die Schlagworte, die diese neuen Möglichkeiten des IoT-Einsatzes im Handel charakterisieren. Der Future Retail Trendradar in Abb. 2.5 zeigt aktuelle Technologie- und Business-Trends im Handel auf und bewertet die Technologien und Trends in Richtung Serienreife und flächendeckender Marktdurchdringung.

Diese technischen Entwicklungen werden den Handel und das Einkaufen verändern. Aber wie wird in zwanzig Jahren eingekauft? Welchen Einfluss haben Digitalisierung und die technologische Entwicklung, der gesellschaftliche Wandel und die steigende Ressourcenknappheit auf das Kaufverhalten der Menschen? Wie sehen das die Kunden und was erwarten sie?

> **Studie „Zukunft des Einkaufens" von Comarch und Kantar TNS**
>
> Die Studie „Zukunft des Einkaufens – Die wichtigsten Trends im Einzelhandel – heute und 2030" von Comarch und Kantar TNS untersucht, wie in Zukunft eingekauft wird (Comarch und Kantar TNS 2017).

Die Studie wurde in sechs Ländern durchgeführt und umfasst rund zwanzig Aspekte zum Wandel im Einzelhandel, die in detaillierten Einzelergebnissen dargestellt werden, sortiert jeweils nach Alter und Geschlecht der Kunden, Produktkategorien und Ländern wie Deutschland im Vergleich zur Schweiz, Großbritannien, Italien, Polen und den Niederlanden. Die Ergebnisse zeigen ganz neue Erwartungen von Kunden, ihre Ansichten zur Digitalisierung und zu Konzepten wie Multi- und Omni-Channel, Loyalty und mehr. Abb. 2.6 zeigt die Vision der Befragten, die sich als schöne neue digitale Einkaufswelt zeichnet.

Die wichtigsten Fakten in der Zusammenfassung:

1. Mehr online: Zu erwarten ist eine Verschiebung hin zum Online-Kauf, Kategorie-übergreifend wird von etwa 50 Prozent Onlinekäufen ausgegangen.
2. Je jünger, desto stärker: Je jünger der Kunde, desto aufgeschlossener ist er gegenüber Online-Shopping und digitalen Angeboten.
3. Online und offline: Generell ist ein beträchtlicher Umfang an Cross-Channel-Aktivitäten, also zum Beispiel Online-Recherche und Kauf im stationären Laden, festzustellen
4. Bestseller im Netz: Größtes Potenzial für Online-Shopping haben dabei Produktkategorien wie Haushaltsartikel, Unterhaltungselektronik und Kleidung.
5. Bestseller im Laden: Potenzial für Offline besteht hingegen bei Heimwerken, Werkzeug und Material, Möbel und Dekoration sowie Kosmetik.
6. Nutzung von digitalen Diensten: In allen Ländern und Altersgruppen wird Individualisierung und Kundenanpassung durch digitale Services erwartet: So denken 50 Prozent der Befragten über die Nutzung von personalisierten Echtzeit-Angeboten und Navigationshilfen im Laden nach. Und immerhin 28 Prozent ziehen die Nutzung personalisierter Angebote in Ladennähe in Betracht. Das können zum Beispiel Beacons sein.
7. Gute Einkaufserlebnisse besitzen mehr Einfluss: Bei den meisten Kunden erzeugt ein positives Einkaufserlebnis Treue zum Einzelhändler – auch über verschiedene Kanäle hinweg. Negative Erlebnisse haben dagegen geringere Bedeutung.
8. Treu und untreu gleichermaßen: Aktuell ist die Händlertreue überraschend niedrig ausgeprägt. Zwischen 32 und 51 Prozent der Befragten geben an, dass sie einem Händler treu sind, wobei hier je nach Kategorie beträchtliche Schwankungen zwischen einem Drittel und der Hälfte zu verzeichnen sind.
9. Angebote und Prämien: Ausschlaggebend für die Bonusprogrammteilnahme sind Angebote, Promotion und sowohl die Qualität als auch die Quantität von Prämien.
10. Kundentreue lässt sich steigern: Für bis zu 31 Prozent der befragten Käufer von Unterhaltungselektronik sind kundenorientierte, unterstützende Services der

2.3 Digitalisierung im Handel

Verkäufer für den Aufbau von Treue relevant. Für bis zu 20 Prozent sind passende oder sogar individualisierte Angebote der wichtigste Grund für Händlertreue beim Onlinekauf.
11. Das passiert mit den Daten aus der Bonuskarte: Bonuskarteninhaber erwarten Transparenz bezüglich der Nutzung persönlicher Daten.
12. Für Jüngere muss es kein finanzieller Anreiz sein: Treue basiert bei jüngeren Altersgruppen auch auf nicht-monetären Vorteilen, wie Produktvorschau und Spielen.

Die Grenze zwischen digitaler und realer Welt verschwimmt. Der Gedanke der Mixed Reality lässt sich auch auf die Erlebnisse im Geschäft übertragen. Mit digitalen Services wie Beacons wird gerade experimentiert. Dass diese Angebote auf Zuspruch stoßen, belegt ebenfalls diese Studie. Das Interesse an Navigation mit dem Smartphone im Ladengeschäft ist bei jedem zweiten Befragten vorhanden. Und diese positive Erwartung ist nicht an ein bestimmtes Alter geknüpft. Die Hälfte der Kunden begrüßt personalisierte Echtzeit-Angebote während des Einkaufens im Geschäft. Knapp ein Drittel kann man mit solchen Angeboten auch in der Umgebung des Geschäfts ansprechen.

2.3.2 Digitalisierung im Online-Handel

Aus allen Altersgruppen kaufen heute neun von zehn Internet-Nutzern im Internet ein. Dadurch eröffnen sich für den Handel neue Vertriebsmöglichkeiten und Absatzmärkte.

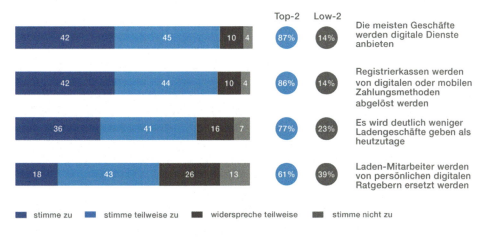

Abb. 2.6 Einkaufstrends 2030. (Comarch und Kantar TNS 2017)

Die Vernetzung verändert aber auch nachhaltig das Konsumverhalten, denn den Kunden stehen heute eine nie da gewesene Preistransparenz, Informationsvielfalt und Bequemlichkeit beim Einkaufen zur Verfügung. Durch das Internet und die weite Verbreitung von Smartphones und Tablets hat bei vielen Kunden bereits ein Denken und Konsumieren in so genannten Omni-Channel-Konzepten eingesetzt. Dazu kommt die Erwartung der Shopper, dass auch die Warenverfügbarkeit und Lieferung flexibel, kurzfristig und preisgünstig ist.

Veränderte Kundenerwartungen
Die Lieferung bis an die Haustür, Öffnungszeiten rund um die Uhr und ein Service mit dem gewissen Extra: Die Erwartungen der Kunden an die Händler haben sich mit der Digitalisierung deutlich gewandelt, doch der Handel reagiert nur zaghaft. Die ersten Versuche mit kassenlosen Supermärkten, wie zum Beispiel „Amazon Go", oder die Automatisierung der Kundenberatung durch intelligente Computerprogramme (Chatbots) bestätigen diese Entwicklung und fordern auch den Handel zum Umdenken. Alteingesessene Händler werden sich mit dem Eintritt neuer Wettbewerber und einer Veränderung des Konsumentenverhaltens auseinandersetzen müssen.

Eine repräsentative Umfrage von Bitkom unter mehr als 500 online und stationär tätigen Einzel- und Großhändlern ermittelte deren „Digital Readyness" (Bitkom 2017): Im Folgenden werden die Ergebnisse kurz vorgestellt.

Status der Digitalisierung im Handel
Fast drei Viertel aller Händler sehen sich in der Digitalisierung als Nachzügler. Knapp ein Drittel der stationären Händler verfügt über keine Präsenz im Internet.

Viele Händler sehen den Online-Shop nicht als Chance: Fünf Prozent der befragten Händler verkaufen ausschließlich online, 65 Prozent nutzen Online- und Offline-Kanäle – und 28 Prozent haben weiterhin nur ein stationäres Geschäft. Das Sortiment ist dabei meist identisch, Händler, die online und stationär verkaufen, bieten zu 71 Prozent die gleichen Artikel an. Nur sechs Prozent geben an, online ein größeres Angebot zu haben, und zehn Prozent sagen, dass sie online günstiger verkaufen.

Mehr-Umsatz durch Online-Shops
Viele Händler erzielen über den Online-Shop erhebliche zusätzliche Umsätze und Einnahmen: So sagt jeder Zweite, dass er bis zu 30 Prozent des Umsatzes online macht, weitere 27 Prozent der Händler geben an, dass sie zwischen 30 und 50 Prozent ihres Gesamtumsatzes im Internet machen, bei gut jedem zehnten Händler (elf Prozent) ist es sogar mehr als die Hälfte.

Zurückhaltung bei Investitionen in Digitalisierung
Drei Viertel aller Befragten gaben 2016 unter zehn Prozent ihres Jahresumsatzes für Digitalisierung aus. Nur drei Prozent der Händler investierten mehr. Sieben Prozent gaben an, gar nicht investiert zu haben. Auch bei ihren Planungen für das laufende Jahr sehen die Händler keine großen Zuwächse.

Angebot an digitalen Kunden-Services
Unternehmen priorisieren Investitionen in konkrete digitale Services für den Kunden: So bietet bereits jeder Zweite (52 Prozent) die Möglichkeit der Lieferung am selben Tag der Bestellung (Same Day Delivery), elf Prozent liefern sogar zur selben Stunde (Same Hour Delivery). Je ein weiteres Fünftel (21 Prozent) diskutiert oder plant diese Liefermodelle. Auch Click & Collect, also die Möglichkeit, die Ware im Internet zu bestellen und im Laden versandkostenfrei abzuholen, bieten schon 54 Prozent der Händler an, 17 Prozent planen oder diskutieren diesen Service. Bei der Entwicklung neuer Services setzen dabei nur 36 Prozent auf Cloud-Computing und 22 Prozent auf Big Data Analytics.

Optimistische Zukunft
Die Händler blicken optimistisch in die Zukunft. Rund zwei Drittel meinen, dass das Bezahlen dann beim Verlassen des Geschäfts automatisch, also ohne lange Schlangen an der Kasse abläuft. Mehr als jeder Zweite denkt, dass Waren bis dahin im stationären Handel auch über Virtual Reality erlebbar sein werden. 61 Prozent sehen Läden dann in der Rolle eines Showrooms, in dem Produkte getestet und anschließend im Online-Shop des Händlers bestellt werden können.

Abschreckend empfinden Händler vor allem den hohen Aufwand für Datenschutz (86 Prozent) und die Investitionskosten (81 Prozent).

Digitalisierungsstrategie ist gefragt
Ganz klar ist: ohne eine geeignete Digitalstrategie verlieren die etablierten Handelsunternehmen den Anschluss und wer heute nicht digital „handelt" verpasst den Anschluss sehr schnell. Ziel muss sein, vom Getriebenen zum Gestalter des digitalen Wandels zu werden. Der Handel muss die Digitalisierung entschlossener angehen. Allerdings gibt es die Digitalisierung nicht zum Nulltarif – es gibt heute viele neue Möglichkeiten und Technologien, der Handel muss diese Möglichkeiten aufgreifen und investieren.

Die Chance des Handels liegt nun darin, diesen neuen Ansprüchen und Wünschen seiner Zielgruppen mit innovativen Angeboten und Lösungen zu begegnen. Dabei spielen ganz besonders neue Technologien wie Wearables, Augmented Reality, Virtual Reality, 3D-Druck und viele weitere eine immer größere Rolle und sollten in die zukünftigen Handelsprozesse mit einbezogen werden.

2.3.3 Digitalisierung im Offline-Handel

Der größte Wachstumstreiber im Handel ist aktuell nicht der stationäre Einzelhandel, sondern der Online-Handel. Die Marktforscher der GfK gehen in einer Studie zum E-Commerce davon aus, dass der Anteil des Online-Handels bis 2025 auf 15 Prozent, im Non-Food-Bereich gar auf 25 Prozent steigen wird (Doplbauer 2015). Selbst im Lebensmittelsegment, in dem der stationäre Umsatz bislang am stärksten dominiert, sorgt nicht nur die Einführung von Amazon Fresh in Deutschland für Bewegung. Bei zahlreichen filialisierten Lebensmitteleinzelhändlern können Verbraucher längst online bestellen, auch per mobiler App.

Vorteile des stationären Handels
Doch Online als zusätzlicher Kanal ist nicht die einzige Möglichkeit des Handels, seine Zukunft zu sichern. Schließlich verfügen Ladengeschäfte über einige ernst zu nehmende Vorteile gegenüber dem Online-Handel. Dazu gehört einmal die „Instant Gratification", also das unmittelbar erlebte Glücksgefühl beim Einkauf. Hinzu kommt das haptische Erlebnis beim An- und Ausprobieren und die Möglichkeit, die Ware in der Hand halten zu können. Es kommt darauf an, diese Vorteile mit den Vorzügen digitaler Technologien anzureichern und dem potenziellen Käufer zu helfen, das gesuchte Produkt im Laden schneller und einfacher zu finden, auszuprobieren, zu erleben und zu bezahlen.

Die Erfahrungen mit dem Online-Einkauf haben die Kunden nachhaltig verändert: Sie sind es heute gewohnt, eine fast endlose Auswahl an Produkten, zahlreiche Detail- und Zusatzinformationen zum Produkt, genaue Aussagen zu Verfügbarkeit oder Lieferterminen und personalisierte Vorschläge mit passenden Ergänzungen oder Alternativen zu einem gewählten Produkt zu erhalten. Kein Wunder, wenn die überwiegende Anzahl der Verbraucher davon ausgeht, dass die meisten Geschäfte in Zukunft auch digitale Dienste anbieten werden.

Future Stores mit digitaler Technologie
Wie digitale Technik ein klassisches Geschäft beleben kann, zeigen einige Future Stores und Concept Stores, in denen Händler neben neuen Konzepten auch digitale Technik ausprobieren und zur Schau stellen. Hier können Kunden die Kleidung anprobieren und dabei Fotos machen oder sich dabei filmen lassen, wie sie über den Laufsteg spazieren, um anschließend selbst auf einem großen Bildschirm die Außenwirkung des neuen Outfits zu beurteilen oder über Social-Media-Plattformen Freunde, Familie oder Bekannte nach ihrer Meinung zu fragen. Legt der potenzielle Käufer ein Produkt auf eine Ladentheke mit integriertem Touch-Screen-Display, erhält er automatisch eine Fülle von Informationen dazu, von der Herkunft über verwendete Materialien und verfügbare Farben bis hin zu Pflegehinweisen und Empfehlungen.

Pilotprojekt bei Gallerie Commerciali Italia
Dass die Digitalisierung im Laden längst über Konzeptstudien hinausgeht, belegt ein Pilotprojekt bei Gallerie Commerciali Italia (BT 2016). British Telecom (BT) hat für den Betreiber von mehr als vierzig Einkaufs- und Fachmarktzentren in drei Shopping Malls im Großraum Mailand eine Kombination aus Infrastruktur-Services, Customer-Relationship-Management- und In-Store-Lösungen implementiert. Damit soll die Attraktivität des stationären Handels gesteigert und den im Shopping-Center ansässigen Einzelhändlern neue Geschäftschancen eröffnet werden. Eine entwickelte mobile App bietet unter anderem in diesem Zusammenhang diverse Services: Kunden können ihr Auto im Parkhaus mit dem „Car Locator" einfacher wiederfinden, über die Musik abstimmen, die im Einkaufszentrum gespielt werden soll, und personalisierte Gutscheine erhalten.

Die Implementierung umfasst auch interaktive Promotions-Systeme, die den Kunden nicht nur audiovisuell, sondern auch über den Geruchsinn ansprechen. Die Display-Säulen, die an mehreren Stellen im Einkaufszentrum stehen, erkennen via Kamera Geschlecht und Alter des Kunden und können entsprechende Angebote anzeigen. Die Dame sieht also zum Beispiel eine Handtasche aus der aktuellen Kollektion, wozu die Werbestehle einen dezenten Lederduft ausströmt, das passende Parfum duftet nach Rosen. Der Cheeseburger hingegen, der dem hungrigen Besucher angezeigt wird, riecht nach Schinken.

Eine WLAN-Infrastruktur kann von den Kunden kostenlos genutzt werden. Daneben wurden Kameras und Beacons installiert, sodass der Betreiber der Shopping Mall nachvollziehen kann, wo sich wie viele Kunden aufhalten, welche Wege sie gehen, vor welchem Schaufenster sie lange verweilen und vor welchen nur kurz. Mit diesen Informationen lässt sich gezielt daran arbeiten, die Attraktivität und auch die Sicherheit des Centers weiter zu verbessern.

Immer mehr Händler haben in der Zwischenzeit das Konzept von „Future Stores" aufgegriffen und ebenfalls Future Stores, Supermärkte der Zukunft- oder Konzept-Stores eröffnet. Es folgen einige aktuelle Beispiele, die belegen, dass neue, innovative Internet-der-Dinge-Technologien auch im stationären Handel Einzug halten (Wolfram 2016a):

Coop Future Store in Mailand
In Italien eröffnete Coop einen Markt mit modernster Technik für den Lebensmittelhandel. In Zusammenarbeit mit Accenture wurde dieser „Supermarkt der Zukunft" entwickelt. Er verbindet die physische mit der digitalen Welt. Informationen zu den Produkten werden auf großen interaktiven Flächen präsentiert. Sie reagieren auf Gestensteuerung der Kunden. So werden Preisinformationen wie auch Herkunftsland, Nährwertangaben, ähnliche Produkte und auch Promotion-Aktionen eingeblendet. Möglich wird dies durch Kinetic-Sensoren, die die Kundenbewegungen erfassen und auswerten.

Auch bei der Warenpräsentation geht Coop neue Wege. Artikel werden vertikal in den Regalen präsentiert. In Echtzeit stehen auf einem zentralen großen Bildschirm zusätzliche Informationen zur Verfügung. Das Angebot reicht von Zubereitungstipps über Sonderangeboten, aber auch bis hin zu Beiträgen aus sozialen Netzwerken, wie zum Beispiel aus dem Coop Facebook Account. „Through Coop's Supermarket of the Future, we are bringing to life how the physical and the digital are capable of converging to create an engaging and immersive grocery shopping experience", sagt Alberto Pozzi, Accenture Retail Practice aus Italien (Schaulis 2016).

Amazon Go in Seattle
Seit kurzem hat auch Amazon ein stationäres Geschäft eröffnet und will das stationäre Shopping-Erlebnis verändern. Im nahen Umfeld des Unternehmenssitzes im amerikanischen Seattle präsentiert Amazon einen Convenience Store, genannt Amazon Go, der unter Nutzung von Sensorik, Kameratechnik und Sensor-Fusion-Technologien ein neuartiges Kundenerlebnis anbietet. Das Besondere ist, dass es keine Kassen mehr in dem Geschäft gibt. Die Kunden nutzen ihre Amazon Go App, wenn sie den Markt betreten, und beim Verlassen des Marktes werden die Käufe dem Amazon-Account des Kunden in Rechnung gestellt.

Der Kunde betritt also die Filiale, nimmt die Produkte, die er kaufen möchte, aus dem Regal, legt diese in seinen Einkaufskorb und verlässt den Laden einfach, wenn er seinen

Einkauf beendet hat. Schlange stehen an der Kasse entfällt, ebenso die Bar- oder Kreditkartenbezahlung. Wie funktioniert das? Der Kunde wird bei jeder seiner Aktionen im Markt von Kameras und Sensoren überwacht. Legt der Kunde ein Produkt wieder zurück ins Regal, nimmt das System das Produkt wieder aus dem virtuellen Einkaufskorb. Die Daten werden in einer Daten-Cloud in Echtzeit gespeichert und über Algorithmen ausgewertet.

Das System ist noch nicht ganz ausgereift. Daher ist der Markt auch nur den Mitarbeitern von Amazon zugänglich, die Amazon Go testen. Es bestehen auch noch weitere Probleme: Amazons Go kommt bereits bei 20 Kunden im Laden an seine Grenzen. Wenn zwei Kunden dicht beieinander vor einem Regal stehen – welcher hat dann das Produkt zurückgelegt? Aus welchem Einkaufskorb wird es also wieder entfernt? Auch die generelle Ortung und Zuordnung ist hier noch zu stark fehlerhaft. Bis ein solches System eingeführt werden kann und fehlerfrei funktioniert, wird noch einiges an Zeit vergehen.

Lidl Schweiz Future Store
In Winterthur eröffnete Lidl Schweiz seine erste Filiale der neuen Generation. Dieser Filialtyp setzt im Bereich Kunden-, Mitarbeiter- und Umweltbedürfnisse neue Maßstäbe. In Winterthur wird der Future Store durch die Nutzung der Abwärme aus den Kühlanlagen beheizt. Er hat eine kostenlose E-Tankstelle für Elektro-Autos. Zudem verfügt die Anlieferungsrampe über eine LKW-Ladestation. Die gesamte Filiale sowie der Außenbereich werden ausschließlich mit effizienten LED-Lampen nach neuestem Standard beleuchtet.

Real „Markthalle Krefeld"
Im November 2016 hat Real in Krefeld einen neuen Konzeptmarkt eröffnet. Mit einer ausgebauten Frischwarenabteilung inklusive Gastronomie, einem emotional gestalteten Nonfood-Areal, vollständig neuen Sortimentsstrukturen und erweiterten Services will sich Real vom ehemals preisorientierten Image der Selbstbedienungs-Warenhäuser entfernen und ein besonderes Erlebniseinkauf bieten.

Wichtiger Bestandteil der „Zukunft des Einkaufens" ist das Geschmackserlebnis. Der Markt begrüßt seine Kunden im Eingangsbereich mit Frischwaren im Markthallen-Flair. Die sogenannte „Manufaktur des guten Geschmacks" umfasst neben einer Obst- und Gemüseabteilung eine Handwerksbäckerei, Kaffeerösterei, einen Konditor, eine Pizza-Pasta-Manufaktur, eine Vinothek mit Bar und Weinkabinett, einen Käse- und Fischstand, eine Metzgerei sowie eine Austern-, Salat-, Smoothie- und Sushi-Bar. Das Flair einer Markthalle erhält der Bereich durch dekorative Straßenlaternen und Vordächer aus Stoff. In Flechtkörben werden Gemüse und Obst präsentiert. Zudem finden sich überall im Markt, auch im Bereich des Trockensortiments, diverse Arten von Holzkisten wieder, die die Produkte in Szene setzen.

Die Nonfood-Abteilungen beinhalten unter anderem eine „Innovation Lounge" mit Smartphones, Tablets, Notebooks, Fernsehern und Spielkonsolen sowie den sogenannten „Meine Familie"-Bereich, in dem Eltern verschiedene Produkte für die ersten Lebensjahre ihrer Kinder finden. Zahlreiches Services werden angeboten: Mit NFC oder Payback Pay bezahlen, den Bon online auf dem Smartphone abrufen, Self-Checkout-Kassen, freies WLAN, Online-Shopping-Terminals im Markt und bald auch Click & Collect.

Metro Group Future Store

„Erleben Sie mit uns die Zukunft des Einkaufens – in unserem neuen Supermarkt in Rheinberg erleichtern Ihnen eine Vielzahl interaktiver Kiosksysteme die Produktauswahl und alle unsere Einkaufswagen sind mit innovativer RFID-Technologie ausgestattet. Die Einkäufe werden automatisch per Funk beim Check-out gescannt. Kunden müssen die Artikel nicht mehr gesondert aufs Kassenband legen. Zum Schluss bezahlen die Kunden alles bequem via NFC-Handy" (Wolfram 2016a). So las sich im Jahr 2006 der Verkaufsprospekt des METRO Future Stores. Zuvor wurden die Technologien auf der CeBIT in Hannover von Bundeskanzlerin Angela Merkel erfolgreich getestet. Den Weg auf die Fläche in die vielen tausend Filialen haben nur wenige Assistenzsysteme bislang gefunden. RFID indes ist in vielen Bereichen der Supply Chain nicht mehr wegzudenken und auch kontaktlose NFC-Kassenterminals sind zunehmend Standard. Nach dem Future Store in Rheinberg wurde ein anderer Zukunftsmarkt in einem Real-Markt in Tönisvorst eröffnet.

Kundenbindung und Einkaufserlebnis

Über verschiedene Interaktionsmöglichkeiten werden dem Kunden in den Future Stores zahlreiche Mehrwerte geboten. Sensorik, verbaute Waagen und Bewegungs-Tracking erkennen das Verhalten des Kunden, welches durch eine Daten-Management-Plattform im Hintergrund ausgewertet wird. Die individuelle Kundenansprache wird gewährleistet, da eine sofortige Anpassung des Angebots auf das erfasste Kundenverhalten erfolgt. Der Kunde kann nun direkt adressiert werden – und der Kunde lernt die Marke und die Produkte aus einem völlig neuen Blickwinkel kennen.

Besseres Warenmanagement durch digitale Technologien

Die Kundenbindung ist aber nicht der einzige Punkt, der durch IoT-Technologie im Handel verbessert wird. Auch das Filialmanagement wird erkennbar vereinfacht: Geringe Warenbestände vor Ort? Der Kunde steht vor einem leeren Regal? Das passiert nicht mehr, denn Regale erkennen durch die eingebaute Technik, wann welches Produkt zur Neige geht und wann ein Mitarbeiter ein Regal auffüllen muss. Sollte der Warenbestand im Lager eine festgelegte Schwelle unterschreiten, kann eine Nachbestellung ebenso automatisiert ausgelöst werden.

Auch falsch einsortierte Produkte können von den Regalen identifiziert werden, die einen Mitarbeiter benachrichtigen. Jedes Produkt ist mit seinen individuellen Eigenschaften im System hinterlegt, dazu gehört unter anderem auch das Gewicht. Anhand dessen sowie anhand optischer Erkennung werden falsch zurückgelegte Produkte leicht identifiziert, wodurch sich der manuelle Aufwand erheblich reduziert. Auch die Preise können für die Filiale sowie ein ganzes Filialnetz automatisiert angepasst werden, beispielsweise bei Angeboten. Die Schilder per Hand einzeln durch Mitarbeiter austauschen? Das war einmal. Kunden, die sich mit einer Händler-App auf ihrem Smartphone identifizieren – einfach durch Hinhalten („tappen") des Smartphones an das digitale Preisschild – erhalten individuelle Angebote und Informationen, zum Beispiel Warnhinweise bei bekannten Allergien.

Noch kein umfassender Technikeinsatz in den Geschäften
Dies sind nur ausgewählte Szenarien. Sie zeigen aber die Bandbreite der Vorteile eines IoT-Einsatzes im stationären Geschäft sehr gut auf. Auf diese Weise können Händler die Attraktivität ihrer Geschäfte erhöhen, Kunden binden, Kosten und Zeit sparen und können sich dabei ganz auf ihr Kerngeschäft konzentrieren.

Leider findet sich das aktuell noch in kaum einer Filiale oder einem Geschäft. Und das obwohl die Technik bereits für einen solchen Einsatz ausgereift ist. Woran liegt das? Akzeptieren die Kunden die Technik in den Geschäften nicht? Oder üben sich die Filialhändler in Zurückhaltung und wagen es nicht, zu investieren? Datenschutz und Privatsphäre sind wahrscheinlich in diesem Szenario für den Kunden die größte Problematik, die Bereitschaft, seine Daten zur Verfügung zu stellen, steigt mit offen kommuniziertem Mehrwert für den Kunden. Doch auch auf Händlerseite fehlt häufig noch die Erfahrung, vorhandene Daten wirklich effizient nutzbar aufzubereiten und zu verarbeiten. Da sich viele gerade erst mit den grundlegenden Möglichkeiten der Datenverarbeitung und maschineller Vernetzung auseinandersetzen, wird noch einige Zeit vergehen, bis wir vor Ort im Internet of Things einkaufen.

2.4 Handel im Jahr 2030

Was treibt den Handel von Morgen? Wie sieht der Handel in der Zukunft aus? Wie findet der Handel im Jahre 2030 statt?

„Besitz ist 90er Jahre"
„Besitz ist 90er Jahre", lautet eine der aktuellen Aussagen zu diesem Thema. Im einem Vortrag auf der Swiss E-Commerce Connect 2017 stellte die Vortragende Karin Frick vom Gottlieb Duttweiler Institut (Frick 2017) heraus, wie sich die „Sharing Economy" und damit „das Ende der Konsumgesellschaft" auf den Handel auswirken: Was, wenn Menschen Produkte lieber nutzen statt kaufen? Was, wenn sich der Status nicht mehr durch Besitz definiert, sondern durch Zugang und Nutzungsmöglichkeiten?

Stark vereinfacht sieht sie drei Denk- und Stoßrichtungen für den Handel von morgen:

- **Automatisierte Services** für alles, was notwendig, aber lästig ist (effizientes Einkaufen)
- **Smarte Assistenten** und Alltagsbegleiter für alles, was den persönlichen Vorlieben und Bedürfnissen gerecht werden soll (unterstütztes Einkaufen)
- **Shopping-Erlebnis pur** für alles andere (Erlebniseinkaufen)

Festzuhalten ist, dass wesentliche Einflüsse auf das zukünftige Einkaufsverhalten vom gesellschaftlichen Wandel, neuen Technologien und der Digitalisierung unseres täglichen Lebens sowie der Ressourcenknappheit ausgehen werden.

Erlebniseinkauf und Bedarfseinkauf

Es wird eine Unterscheidung zwischen *Shoppen* (Erlebniseinkauf) und *Einkaufen* (Bedarfseinkauf) geben. Wo in Zukunft eingekauft wird, hängt viel stärker von der Stimmung und der jeweiligen Situation des Kunden ab, häufig gibt auch die Suche nach Erlebniswelten der Ausschlag. Ein Beitrag von Jens Lönneker vom Rheingold-Institut beschreibt eindrucksvoll, dass der Einkauf im stationären Handel für viele immer noch von Bedeutung, ja sogar ein wichtiges Ritual ist (Lönneker 2017). Gerade weil der Mensch einen Großteil seiner Zeit digital verbringt, ist Einkaufen gehen ein analoges, sinnliches Kontrastprogramm (Stephens 2017).

Im Geschäft erleben die Kunden soziale Nähe. Sie treffen Bekannte, Nachbarn oder gehen mit Freunden einkaufen. Mitunter dient der Supermarkt auch als Laufsteg. Vor allem aber können die Konsumenten wirklich die Produkte sehen, riechen oder berühren, die sie als Lebensmittel anschießend zur Kasse bringen. Im stationären Handel erleben sich die Menschen noch als Handelnde, als Jäger und Sammler. Das kann keine Bestellung im Internet so leisten.

Allerdings ist der Handel auch immer in Veränderung. Vor einigen Jahren war vielen Kunden noch nicht so klar, in welchem Supermarkt sie eigentlich einkaufen. Heute haben die einzelnen Händler eigene Stimmungsprofile, eine spezifische Erlebniswelt aufgebaut, die unbewusst die Wahl des Einkaufsortes bestimmt – oft stärker als rationale Kriterien wie Preis, Ort und Nähe oder Produktfrische. Die meisten Kunden wechseln sogar zwischen zwei oder drei Händlern – oft gibt die aktuelle Tagesverfassung dazu den Ausschlag.

Moderne Technologien unterstützen das Einkaufen

Es scheint, dass moderne Technologien das Einkaufen unterstützen, assistieren und vereinfachen werden – auch im stationären Handel. Letztlich werden auch virtuelle Welten das Einkaufserlebnis verändern. In einer zunehmend digitalisierten Welt werden die Händler bestehen bleiben, die neben einem guten Sortiment auch einen psychologischen Mehrwert bieten: eine Erlebniswelt, in der die Kunden zunehmend gerne ihre Zeit verbringen (Dart und Lewis 2017). Internet und stationärer Handel bleiben gleichermaßen Bestandteil unserer Einkaufswelt, sind verbunden, kombiniert und werden gleichermaßen genutzt. Allerdings variiert das branchenspezifisch.

Welche Technologien bei den verschiedenen Einkaufssituationen eingesetzt werden, wie wir in Zukunft einkaufen werden und was der Handel anbietet, zeigt unter anderem die Studie von QVC (QVC 2016), deren Ergebnisse in die weitere Betrachtung in den folgenden Kapiteln eingeflossen sind.

2.4.1 Der Handel bietet Communities

Einkaufen im Jahr 2036: Die neue Lust in einer sozialen Welt. Was wird sich durchsetzen? Der Lieblingsladen um die Ecke oder Chatbots im Netz? Roboter, Drohnen oder Click

& Collect? E-Commerce oder stationärer Handel? Online, offline, Verkauf über das TV, Handy oder Tablet?

Handel wird Erlebnislieferant
Eins ist klar und wichtig festzustellen: Es wird weiterhin stationäre Geschäfte geben. Um den stationären Handel sollte man sich keine Sorgen machen – Shopping ist und bleibt als Kulturtechnik eine Konstante: Zum einen will der Mensch nicht ohne Beute in seine Höhle zurückkehren, zum andern trägt Einkaufen heute mehr als andere Aktivitäten zur Selbstverwirklichung bei.

Ob diese stationären Geschäfte genauso aussehen wie die heute, bleibt abzuwarten. In der Zukunft wird jedoch das Einkaufen immer mehr mit der Freizeitgestaltung verschmelzen. Der Mensch ist und bleibt ein soziales Wesen – so auch beim Einkaufen. Das Einkaufen wird ein Erlebnislieferant.

Social Shopping
In der nahen Zukunft gehört die Veränderung immer mehr zur Tagesordnung: Familienstrukturen verändern sich, täglich kommen neue Technologien auf den Markt und auch Werte wandeln sich. Es wächst die Sehnsucht nach Vertrautem und nach sozialer Nähe. Dies beeinflusst auch das Einkaufen.

Der Erlebnis- und Unterhaltungswert wird zum entscheidenden Faktor beim Shoppen. Je mehr die Digitalisierung voranschreitet, desto mehr gewinnt die menschliche Begegnung an Bedeutung. Man trifft sich mit Freunden und der Familie, geht ins Café oder Essen und anschließend noch zum Shoppen. Das neue Schlagwort ist hier: Social Shopping – es geht nicht um den Kauf von Produkten, sondern um das Erlebnis, die Anregung durch Geschichten, Gespräche, Hinweise von Freunden, Rat von Verbündeten. Es macht einfach Spaß, Einkaufen in einer Gruppe von Gleichgesinnten zu erleben.

Digitale Zukunft des Handels ist menschlich
Natürlich erwartet der Kunden auch im Laden die technologische Infrastruktur, die er von seinem Mobiltelefon, Laptop oder Tablet gewohnt ist. Er erwartet aber vor allem etwas, dass er auf der Couch oder zu Hause nicht hat: Menschen, Begegnungen, Erlebnisse.

In der Welt der unpersönlichen Moderne und des High-Tech-Shopping sehnt sich der Kunde nach Traditionen, nach Heimat, nach Gemütlichkeit, nach Geselligkeit und dem, was gerade mit dem dänischen Glücksrezept „Hygge" zum besseren Lebensprinzip und zum Lifestyle der „Innigkeit" erklärt wird (Wiking 2016). Und er sehnt sich nach Menschen, nach Mitarbeitern, die ihm tatsächlich weiterhelfen.

Bieten könnte der Handel das im Laden, wenn er sich an Traditionen erinnern würde, an Tante Emma und den Milchmann, und diese in die neue Zeit überführt. Die digitale Zukunft des Handels ist nämlich menschlich. Entscheidend dafür ist: Technologie muss im menschlichen Austausch Sinn machen. Sie hilft dort, wo lange Wartezeiten drohen. Sie kann nützlich sein, wenn Fachpersonal damit im Kundengespräch eine bessere und intensivere Beratung bieten kann – und den Kunden nicht alleine lässt. Für das „Hygge"-Gefühl im Geschäft muss man unter anderem den digital unterstützten Mitarbeiter im

Geschäft und als Kurier auf der letzten Meile wieder mehr wertschätzen. Er ist der entscheidende Markenbotschafter.

Erlebnismomente zählen
Weiterhin muss der Handel wieder Erlebnismomente schaffen. Wer sieht, dass Markenhersteller wie Nike und Adidas immer mehr Erlebnisflächen in ihren Geschäften einplanen, wer liest, dass Nordstrom Geschäfte fast gänzlich ohne Produkte plant, der muss sich klarmachen, dass es im stationären Handel nicht mehr um den Umsatz pro Quadratmeter, sondern um das Erlebnis pro Quadratmeter geht. Erlebnis-Atmosphäre zu erreichen, gelingt aber nicht über die nächste Kaffeebar oder den nächsten Food Court. Nein, das Erlebnis muss zur Marke und zum persönlichen Shopping-Erlebnis passen, wie zum Beispiel indem man den Entstehungsprozess der Produkte präsentiert.

Der Mensch ist also nicht aus dem Handel der Zukunft wegzudenken. Shopping – nicht das Pflichteinkaufen für den täglichen Bedarf – ist für die „Seele". Es geht dabei um ein Erlebnis, Spaß, Freizeitgestaltung und das funktioniert nur mit Menschen – Verkäufern, Beratern, Familie, Freunden oder mit anderen Käufern.

„Es lohnt sich doch eigentlich nur, ins Geschäft zu gehen, wenn da auch Menschen sind" und „Der Handel muss noch viel stärker zum Menschenversteher werden" sind zwei Schlüsselaussagen zu den Einkaufs-Trends 2036: Die neue soziale Lust in einer unübersichtlichen Welt. Nach wie vor wird sich also 2036 alles um den Menschen drehen, all die technischen Möglichkeiten können die menschliche Nähe nicht verdrängen, sondern das Erlebnis nur unterstützen und von lästigen Aktionen befreien.

„Vermenschlichte" Technologie
Aber auch neue Technologien, die das Einkaufen begleiten, eröffnen Räume für Interaktion, zum Beispiel Virtual und Augmented Reality. Aber trotz aller Technik, wie Avatare im Einsatz bei der Einkaufsberatung, Drohnen in der Zustellung, Chatbots in der Produktsuche und im Kundenservice – ohne Menschen geht es auch in Zukunft nicht. Sie bleiben als Einkaufsberater, Empfehlungsgeber oder Kuratoren weiterhin gefragt. Menschen machen den Unterschied im reinen bedarfsdeckenden Einkaufen – dem Pflichtprogramm – und dem erlebnis- und spaßbetonten Shopping, das das Belohnungszentrum aktiviert, also glücklich macht.

> **Beispiel**
>
> **Social Shopping** – Beim Social Shopping sind die Kunden nicht mehr nur Konsumenten, sondern als Berater oder Verkäufer aktiver Teil des Kaufprozesses selbst. Verkauft also beispielsweise Adidas seine Produkte direkt über Facebook, bleibt der Kunde Konsument. Die Beziehung zwischen Verkäufer und Käufer behält ihre unidirektionale Natur. Einer verkauft, der andere kauft. Dieses Phänomen ist dem Social Media Marketing zuzuordnen.
>
> Social Shopping beschreibt eher ein Konsumentenverhalten. Es geht hier darum, gemeinsam einzukaufen beziehungsweise sich gegenseitig zu inspirieren. Das geht

mittlerweile auch über das Internet und spezielle Plattformen, wie *Polyvore* oder *Stylefruits*. Diese leben davon, dass sich Benutzer aus verschiedenen Produkten ihre Favoriten aussuchen und sich mit anderen darüber austauschen. Inspiration und das Entdecken neuer Produkte sind hier wichtiger als der eigentliche Kauf (siehe Abb. 2.7).

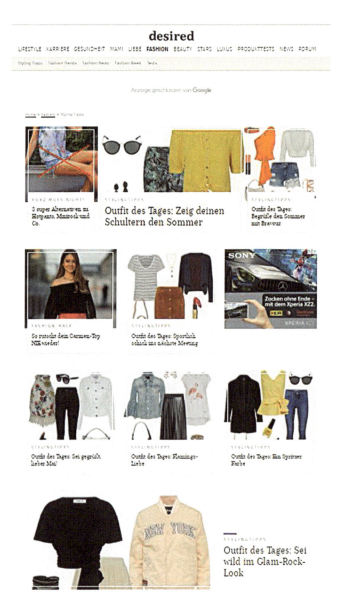

Abb. 2.7 Inspiration und User-Austausch auf stylefruits. (stylefruits.com, jetzt erdbeerlounge: Erdbeerlounge 2017)

„Wobei wir selbst kein Händler sind, wir sind eine reine Werbeplattform für Fashionbrands und Retailer. Wir sind 2008 aus dem Gedanken heraus entstanden, dass wir mit unserer Seite Frauen die Möglichkeit geben wollten, sich über Mode auszutauschen, Empfehlungen auszusprechen, Outfits zu kreieren, etwa nach dem Motto: Frauen helfen Frauen. Und diese Looks, die von den Userinnen aus unserem Sortiment auf stylefruits zusammengestellt werden, kann man kaufen. Wir verdienen damit Geld, dass über unsere Seite Traffic in den Online-Shop des Partners geliefert wird.", sagt Ingo Heirich, CEO von stylefruits (Henkel 2015).

> **Beispiel**
>
> **Wohnen, Leben und Einkaufen in der Markthal in Rotterdam** – Die Markthal in Rotterdam ist ein ungewöhnlicher Ort, der unter einem großen Dachbogen die unterschiedlichsten Lebensbereiche vereint – Wohnen, Arbeiten, Einkaufen, Essen – und zur nahen Innenstadt hin nach zwei Seiten offen ist. Im Außenbereich des elfstöckigen Gebäudes liegen Miet- und Eigentumswohnungen. In der riesigen Markthalle befinden sich die Obst- und Gemüseregale, die Genussmittel und süße Verführer jeglicher Art anbieten. Die Marktstände sind an sieben Tagen der Woche geöffnet, Restaurants, Kochschule, Food Stores und Haushaltsgeschäfte komplettieren die sinnliche Welt des Genusses (Abb. 2.8).
>
> Hierher gehen die Menschen, um gemeinsam zu genießen, zu erleben, zu essen und auch einzukaufen. Richtet man den Kopf nach oben, staunt man über die großflächigen, bunten Stillleben an der Decke der Halle, die Themen zeigen, die von alten holländischen Meistern stammen könnten, sich aber als modernes Füllhorn über die Köpfe der Besucher ergießen.
>
> Die Markthal ist ein Ort des Staunens, der eine gemeinsame Erfahrung ermöglicht, eine emotionale Bindung, einen gemeinsamen Herzschlag der Besucher, und sei es auch nur für einen kurzen Augenblick. Social Shopping par excellence. Es ist kein Zufall, dass die emotional starken Formate im Handel immer öfter mit Essens-Themen aufgeladen werden, mit ambitionierten Food-Konzepten oder um diese herumerzählt werden. Gemeinsam Essen, Reisen, Sport – das sind die verbindenden sozialen Rituale.

2.4.2 Der Handel bietet Erlebniswelten

Von gut erzählten Geschichten hängt die Zukunft des stationären Handels ab. Denn gute Geschichten und Inszenierungen sind das A und O des stationären Handels von morgen. Warenvielfalt steht in der Zukunft nicht mehr im Mittelpunkt, sondern Shopping-Theater, Showrooms, Verkaufsstudios und Einkaufsparks mit Freizeitgestaltung.

Abb. 2.8 Social Shopping in der Rotterdamer Markthal (2017)

Shopping als Experience

Shopping in der Zukunft bewegt sich zwischen Individualisierung und Fragmentierung. Es geht darum, dass der Handel zusätzlichen Spaß bieten muss, damit die Menschen überhaupt noch Einkaufen gehen. In Zukunft sind Erlebniswelten und der Wunsch nach gestalteter Wirklichkeit gefragt (Pieper 2009).

Shopping wird dabei als Experience verstanden, bei der nicht die Ware, sondern der Einkaufsvorgang als solcher im Mittelpunkt steht, das emotionale Setting, die Story. Die

Werte der Millennials verschieben sich nämlich deutlich, vom Haben zum Erleben. Das bedeutet: die Marke muss sich als „Produkt" zurücknehmen und als „Erlebnis" in die Lebenswelten der Konsumenten rücken.

Anerkennung und Erlebnis sind der Maßstab für den Erfolg
Der Wunsch nach gestalteter Wirklichkeit wächst. Im stationären Handel in der Zukunft sind Erlebniswelten gefragt, die dem Käufer sinnliche Erfahrungen ermöglichen. Erlebnisse in der realen Welt werden wichtiger denn je, denn auf der anderen Seite wächst der Anteil der virtuellen Welten. Das Shopping in Geschäften, das Flanieren, das Anprobieren, das Hören von Geschichten über die Produkte wird bleiben und das Einkaufen bestimmen. Weil so viel in Zukunft virtuell abläuft, werden Erlebnisse in der realen Welt umso wertvoller und man wird verstärkt solche Produkte kaufen, die direkt und sofort im Geschäft für den Käufer produziert werden.

Personalisierte Produkte stehen im Mittelpunkt
Beim Einkaufen in der Zukunft werden sich immer mehr personalisierte Produkte durchsetzen. Beim Einkaufserlebnis geht es nicht mehr um die Angebotsfülle, sondern um die Parameter, mit denen sich ein Produkt auf den Käufer zuschneiden lässt. Fast alles dreht sich um die Personalisierung und Individualisierung. So zum Beispiel:

- 3D-Drucker, die Produkte im Geschäft ausdrucken
- Körperscanner, die Körpermaße exakt vermessen und die richtige Größe finden
- Virtual-Reality-Brillen, die virtuelle Objekte optisch in reale Umgebungen, zum Beispiel das heimische Wohnzimmer projizieren

Virtuelle Einkaufswelten und virtuelle Realitäten
Also wird es auch virtuelle Einkaufswelten und virtuelle Realitäten geben. Früher waren es Models, die Textilien vorführten und anpriesen, die anschließend auch gerne nachgefragt und gekauft wurden. Heutzutage werden diese Models durch sogenannte „social models" ersetzt. Um nur einige zu nennen: Daniel Fuchs, bekannt als magic fox, und Kylie Jenner auf Instagram oder andere Social-Media-Berühmtheiten wie Ashley Graham. Diese Models beeinflussen und bestimmen heute schon, was morgen gekauft wird. Kaum ein Konsumbereich kommt noch ohne Blogger, YouTuber oder Instagrammer aus. Denn in der heutigen Konsumwelt besitzen die neuen Stars Vorbildcharakter. Darüber hinaus sind sie die lebende Orientierung im unübersichtlichen Produkt-Urwald.

Beratung durch „Roboter"
Es wird auch verstärkt die Beratung durch Roboter statt Verkäufer geben, sowohl im Netz als auch im stationären Geschäft. Rund jeder vierte Untersuchungsteilnehmer hätte nichts dagegen einzuwenden, in Zukunft Beratung durch Computer, Avatare, Holografien oder Roboter zu nutzen. Darüber hinaus übt Virtual Reality auf junge Konsumenten einen großen Reiz aus.

Showrooming tritt in den Vordergrund
Zusätzlich werden sich mit dem Vermischen von Offline- und Online-Kanal auch die stationären Geschäfte wandeln. Sie werden viel weniger Artikel im Bestand haben und stattdessen zum Showroom werden und Geschichten rund um die Artikel erzählen. Das Erlebnis- und Unterhaltungsprinzip wird wichtiger und überwiegt die Möglichkeit, Produkte nach dem Kauf direkt mitzunehmen und in die Einkaufstüte zu stecken.

Zusammenfassend geht es beim Einkaufserlebnis nicht mehr um die Fülle des Angebotes, sondern um die Parameter, wie ein Produkt angeboten wird und wie sich ein Produkt auf den Käufer zuschneiden lässt (Schuckmann 2015).

Spatial Design
Marken schaffen Räume, in denen ihre Produkte inszeniert werden – soweit so gut. Mit neuem Konzeptdesign, dem aktuellen *Spatial Design*, entstehen jedoch – auch mithilfe von smarten Technologien – ganze Erlebniswelten rund um die Marke mit ausgewählten Bereichen zum Verweilen und damit genug Gelegenheit für ein ausgiebiges Brand Engagement. Andere Flächen bieten kurze Wege und übersichtliche Informationen für die Deckung des konkreten Bedarfs ohne großen Zeitaufwand. Spatial Design bezieht unterschiedliche Disziplinen mit ein: Architektur, Landschaftsarchitektur, Interior Design und Service Design. Das Ergebnis dieser neuen Disziplin sieht man bereits in Freizeitparks, Einkaufszentren, Flughäfen und öffentlichen Gebäuden. Im Fokus der Planung stehen die Ansprüche der Kunden, die je nach Stimmung und Situation variieren können.

> **Beispiel**
>
> **Holzgespür – Möbel mit digitalem Herz** – Holzgespür ist ein familiengeführtes Tischlerunternehmen mit Standort Rhens am Rhein, das kundenindividuelle und hochwertige Naturholzmöbel aus Hölzern der Region wie Eiche, Nuss oder Rüster (Ulme) herstellt und verkauft.
>
> Die Geschäftsidee basiert auf drei Säulen:
>
> - Individuelle Fertigung des Möbelstücks gestaltet nach den Vorstellungen des Käufers: Über einen eigens entwickelten 3D-Konfigurator, der online und bequem von Zuhause aus vom Kunden bedient werden kann, kann jeder sein Design, seine Maße und Oberflächenbehandlung auswählen. Der Preis wird automatisch angezeigt, Lieferkosten sind inkludiert. In der Tischlerei erstellt Holzgespür anschließend mit handwerklichen Know-how das individuelle Möbelstück. Der Kunde wünscht sich passend zum eigenen Lebensraum zum Beispiel einen Esstisch nach Maß – authentisch und stilvoll. Jeder Stamm, jedes Holz hat einen eigenen Charakter, der für ein einzigartiges Möbelstück nach Maß exklusiv herausgearbeitet wird. Der Kunde entscheidet letztlich über Form, Maße und Oberflächenverarbeitung, so entsteht ein sehr persönlicher Massivholztisch.

2.4 Handel im Jahr 2030

- Echtes Handwerk und Verarbeitung von massiven und sorgfältig ausgewählten heimischen Hölzern: Gleichzeitig steht auch die ökologische Ressourcennutzung im Vordergrund: Für die Naturholzmöbel wird ausschließlich Holz aus nachhaltig bewirtschafteten Wäldern genutzt.
- Einbindung des Kunden in jede Stufe der Konzeption, Planung und Fertigung: Der Kunde wird in jede Fertigungsstufe einbezogen. Zuerst ist das Design des Tisches zu wählen, dann die Holzart zu bestimmen. Anschließend wird der Baumstamm ausgewählt, der letztlich für das Möbelstück verwendet wird. Dies geschieht u. a. über die digitale Kommunikationsschnittstelle zum Kunden. So erhält der Kunde eine Videobotschaft vom Tischler mit Informationen und Einblicken rund um den Baumstamm, dessen Maserung, Färbung und Charakter. Auch bei den weiteren Arbeitsschritten wird der Kunde einbezogen, z. B. bei der Abstimmung der Oberfläche, der Verleimung oder der Bürstung bzw. Schleifung des Tisches und der Entscheidung der Ölung des Tisches bis zur Abstimmung der persönlichen Lieferung zum Wohnort des Kunden.

Der Entstehungsprozess:

1. Konfiguration: Das Wunschdesign des Möbelstücks kann der Kunde über einen intuitiv zu bedienenden Online-Konfigurator individuell entwerfen.
2. Auswahl Holz: Dem haptischen Bedürfnis des Kunden wird durch Zusendung verschiedenster Holzmuster Rechnung getragen. Zudem werden dem Kunden persönliche Videos online bereitgestellt, aus denen er das passende Holz auswählen kann.
3. Individuelle Beratung: Über Chat/E-Mail oder auch beim Besuch der Werkstatt wird der Kunde vom Tischler beraten.
4. Herstellung des Möbelstückes verfolgen: Über einen eigens für den Kunden bereitgestellten Webseiten-Link kann der Kunde jederzeit die einzelnen Arbeitsschritte der Herstellung seines Möbelstückes verfolgen und einsehen. Dadurch erhält er eine direkte und auch persönliche Beziehung zum Möbelstück, noch bevor er es zuhause nutzt.
5. Lieferung und Lokalisierung über Track & Trace: Nach Fertigstellung des Möbelstücks kann der Kunde über die Lokalisierungs-App Glympse die Anlieferung verfolgen und sehen, wo sich sein Möbelstück gerade befindet.

Sehr anschaulich zeigt das folgende Video die Auswahl, Entstehung und Lieferung des individuellen Möbelstückes.

Sieht so die Zukunft des Einkaufens aus? Ja, der Handwerker nutzt eine gelungene Kombination verschiedener Technologien, Medien und Kanäle wie E-Commerce, Social Commerce, Multimedia, Rückverfolgbarkeit, Personalisierung und Multisensorik, um mit dem Kunden in Kontakt zu treten, das Möbelstück zu individualisieren und letztlich dem Kunden ein sehr persönliches Kauferlebnis zu bieten. Jeder, der einen Tisch bei Holzgespür online ordert, wird über digitale Kanäle mit auf die Reise durch die Massivholzwerkstatt genommen bis zur Entstehung seines hochwertigen Möbelunikats.

Es wird in eindrucksvoller Weise der Mensch hinter dem Produkt gezeigt, was eine persönliche Bindung schnell entstehen lässt. Für den Käufer ergibt sich die Möglichkeit, hochwertige Produkte standortunabhängig nicht nur zu kaufen, sondern auch zu erleben. „Dem analogen Produkt wird ein digitales Herz gegeben" sagt die Gründerin von Holzgespür, Julia Kasper, in einem Gespräch mit dem Autor treffend.

Dieses Beispiel zeigt, wie traditionelle Unternehmen von smarten Technologien profitieren und es verdeutlicht den Trend, dass der Preis nicht mehr der entscheidende Faktor ist, wenn man zu einem Tisch eine sehr persönliche Experience erhält.

So funktioniert der holzgespür-Konfigurator (Video mit Springer Nature ExploreBook App ansehen)

2.4.3 Der Handel bietet Sharing

Oder auch: Shopping zwischen Statusangst und Bedürfnisbefriedigung: Steigende Preise für die Lebenshaltung (Energie, Wohnen, Mobilität) vermindern das verfügbare Einkommen für die Konsumausgaben.

Besitz ist nicht alles
Daher werden Menschen in der Zukunft auch gezielter und überlegter, selektiver einkaufen. Bei der aktuellen Mittelschicht kann man das heute schon beobachten. Hinzu kommt,

dass sich Lebensstil, Einstellungen und Kultur, also Werte ändern. „Was brauche ich wirklich?" wird zur Leitfrage, das heißt, es gibt auch eine veränderte Einstellung zum Besitz mit starkem Einfluss auf das Einkaufsverhalten.

Es geht nicht mehr darum, alles zu kaufen und zu besitzen, sondern, was das Gekaufte wirklich bedeutet für den Käufer, und Erlebnisse zählen wieder mehr. Verstärkt wird dieser Trend durch steigende Mobilität und Ökologie-Bewusstsein.

Sharing Economy
Vor dem Hintergrund des preisbewussten Konsums auf der einen und des Konsumverzichts auf der anderen Seite werden Leih- oder Sharing-Modelle immer bedeutender. Es geht dabei um die Nutzung des Produktes, nicht um das Besitzen. Obwohl breit diskutiert und behandelt, handelt es sich heute noch um ein Nischenphänomen, in Zukunft kann das auch zum Mittelpunkt des Einkaufens und des Konsums werden.

Sharing-Portale bieten heute schon Dienstleistungen, aber auch Produkte zur Vermittlung zwischen Privatpersonen an. So leiht man Autos, Häuser, Bohrmaschinen oder Rasenmäher, Umstandsmoden oder sogar mittlerweile Kleidung und Accessoires für einen monatlichen Fixpreis oder einen Nutzungspreis aus. Gerade Geringverdienern bietet das die Möglichkeit, Produkte zeitweise zu „besitzen" und zu nutzen und dabei ihre Lebensqualität aufrecht zu erhalten.

Wer zudem bei Standardprodukten Geld sparen will, entscheidet sich künftig für Flatrates und Abo-Modelle – im Tausch für persönliche Informationen. Auch traditionelle Aufgaben des Handels, wie den Kauf im Geschäft zu übernehmen, ist für die Deutschen akzeptabel – wenn sie damit Geld sparen können.

> **Beispiel**
>
> **Sharing- und Mobilitätskarte: Die PlusCard der Stadtwerke Münster –** Seit 2013 bieten die Stadtwerke Münster ihren Kunden eine Karte zum bargeldlosen Bezahlen von Mobilitätsdiensten an: die PlusCard. Zum Start konnte die Karte in Bussen als Ticket eingesetzt werden, 2014 kam Parken und 2015 Taxifahren hinzu. Seit 2016 kann der Besitzer der PlusCard auch einen Carsharing-Dienst in Anspruch nehmen.
>
> Die PlusCard und eine App bieten dem Besitzer vielfältige Mobility-Mehrwertdienste: Busfahren, Taxifahren, Parken, geschütztes Abstellen von privaten Fahrrädern und vieles mehr. Die Stadtwerke Münster integrieren immer mehr Dienste, die am Ende eines Monats gemeinsam auf einer Rechnung aufgeführt und von Konto des Kartenbesitzers abgebucht werden. Jeder vierte Münsteraner besitzt mittlerweile die PlusCard und sie wird von ca. 100.000 Kunden zum Busfahren genutzt (Stadtwerke Münster 2017).
>
> Basis der PlusCard ist ein integrierter Near-Field-Communication-Chip (NFC), der als Kundenidentifizierung genutzt wird und alle Leistung dem jeweiligen Kundenkonto

zuordnet. Die PlusCard dient nicht nur als bargeldloses Zahlungsmittel, sie ist auch elektronisches Ticketing. Ein Vorteil von dieser Art des Ticketing ist neben der Prozessgeschwindigkeit auch der Zugriff auf das Ticket. Das heißt, sollte der fällige Rechnungsbetrag nicht eingezogen werden können oder der Vertrag aus einem anderen Grund seitens der Betreiber gekündigt werden, kann das elektronische Dauer-Ticket gesperrt werden. Ein analoges Monatsticket hingegen bleibt im Umlauf bis zum Ende seiner Gültigkeit.

2.4.4 Der Handel bietet effizientes Einkaufen

Wie werden neue Technologien das Bedarfseinkaufen in der Zukunft verändern?

Einkaufen in der Freizeit
Arbeitsleben und Freizeit verschmelzen bereits schon heute und in Zukunft immer mehr. Das hat zur Konsequenz, dass die Freizeit zu einem wertvollen Gut wird, das wir sinnvoll nutzen möchten. In der Freizeit wird daher das Einkaufen effizient und zeitsparend durchgeführt, während beim Shopping bewusst Zeit aufgewendet wird.

Wir kennen es heute schon und erleben es jeden Tag. Die Arbeitszeit hört nicht nach acht Stunden auf. Wir sind auch noch in der Freizeit per Handy erreichbar, arbeiten am Abend auf der Couch oder sind auch am Wochenende online. Also, die Grenzen zwischen Freizeit und Arbeitszeit verwischen immer mehr.

Und bereits heute schon ist die persönliche Freizeit ein Luxusgut. Es muss alles neu organisiert werden, was die Freizeit einschränkt, wie z. B. das Einkaufen. Denn lange Schlangen vor der Kasse im Supermarkt, die Suche von Artikeln in den Regalen oder das Anstehen an der Fleisch-, Fisch- oder Käsetheke schrecken ab und reduzieren die freie Zeit der Menschen.

Automatisierte Bestellungen
Automatische Bestellung und durch Technik unterstütztes Einkaufen von Produkten des tatsächlichen Bedarfs führt dazu, dass das tägliche Einkaufen effizient und zeitsparend abläuft. Mit einem Klick lassen sich Produkte automatisch nachbestellen, zum Beispiel über Amazon Dash Buttons. Über den Sprachbefehl lassen sich mithilfe von Amazon Echo oder Amazon Dot einfach Marmelade, Butter, Bier und andere Produkte im Supermarkt bestellen. Darüber hinaus finden wir heute schon Geräte, die erkennen, wenn die Verbrauchsmaterialien zur Neige gehen und dann selbstständig und automatisch die Nachbestellung auslösen, wie zum Beispiel Druckerpatronen bei Druckern.

Intelligente und smarte Produkte
Noch weiter in die Zukunft geblickt – was können Kunden noch erwarten? Andere Technologien kommen auf Produkten zum Einsatz, die mit einem NFC-Chip (Near Field Communication) ausgestattet sind. Der Chip wird über das Smartphone ausgelesen,

damit der Nutzer dann direkt in einen mobilen Shop gelangt. Dort können dann Zubehör und Produkte – wie Kaffeekapseln, Hundefutter, Waschmittel, Windeln, etc. – bestellt werden. Weitere Möglichkeiten sind Rezeptideen, Zubereitungstipps oder auch einfach Gebrauchsanleitungen für das Haushaltsgerät – mit der individuellen Seriennummer des Geräts, das vor einem steht.

Chatbots und Avatare sind in der Lage, uns viele der oben beschriebenen Aufgaben abzunehmen. Chatbots stellen Fragen bei der Produktauswahl und machen Vorschläge. Ein Studienteilnehmer sagt: „Ein Avatar, der für mich anprobiert, wäre eine echte Erleichterung" (QVC 2016, S. 20). Roboter erkennen anhand von Mustern und durch Machine Learning immer besser, was genau wir suchen. Sie geben dem Nutzer ein Gefühl des „Verstanden-Werdens" und geben emotionslos auch Antworten auf Fragen, die wir einem Kundenberater – aus unterschiedlichen Gründen – so direkt nicht stellen würden.

Erkennen des Kundenbedarfs
Was können wir noch erwarten? Predictive Analytics, Cognitive Commerce, Predictive Demand oder Dynamic Pricing sind die aktuellen Schlagworte:

- Über die Analyse der Einkaufsgewohnheiten lässt sich per Software und künstlicher Intelligenz in Zukunft vorhersagen, welche Produkte man kaufen und nachfragen wird (Predictive Analytics).
- Kaufabsichten und Kundenbedürfnisse lassen sich über intelligente Sprachsysteme erfragen und verarbeiten (Cognitive Commerce).
- Auf der Grundlage von Umweltdaten wie Wetter, Tageszeit und historischen Daten lassen sich Nachfragen ermitteln und entsprechende Preise steuern (Predictive Demand und Dynamic Pricing).

Die oben genannten Verfahren funktionieren nur, wenn das Kundenverhalten umfassend und fortlaufend analysiert wird. Die Auswertung ergibt anschließend Hinweise, was als nächstes gekauft wird, welche Produkte für den Kunden auch noch interessant sein könnten und vieles mehr. Viele Kunden schreckt das allerdings nicht mehr ab. Der Nutzen, Zeit und Geld zu sparen, überwiegt, sodass sich die Bereitschaft erhöht, Daten von sich preiszugeben.

> **Beispiel**
>
> **Amazon Dash Button – Vorreiter für Komfort-Shopping:** Das Waschmittel geht zur Neige, das Katzenfutter ist aus, keine Rasierklingen mehr, die Zahnpasta ist alle. Wer kennt das nicht? Also heißt es, die Artikel auf den Einkaufszettel zu setzen und einkaufen gehen. Das geht künftig per Knopfdruck, denn Amazon – der weltgrößte Online-Händler – hat nun auch in Deutschland die sogenannten Dash Buttons eingeführt. In Amerika schon seit einiger Zeit eingesetzt, können deutsche Kunden nun mithilfe des

Dash Buttons Konsumgüter, die zur Neige gehen, einfach nachbestellen, die dann am nächsten Tag angeliefert werden.

Der Dash Button hat eine ovale Form, sieht aus wie eine Türklingel und lässt sich per Klebefolie auf Türen, Schränken, Spiegeln, Badkacheln oder Geräten wie zum Beispiel Waschmaschinen anbringen. Ausgestattet mit dem Logo des jeweiligen Produktes, das bestellt werden kann, und einem Knopf neben dem Logo bietet er die Bestellfunktion. Allerdings gibt es pro Produkt jeweils einen Dash-Button.

Um mit dem Knopf einkaufen bzw. nachbestellen zu können, muss der Dash Button erst einmal zu Hause über WLAN mit dem Internet verbunden und die gewünschte Packungsgröße, das konkrete Produkt und den Lieferort festgelegt und im persönlichen Amazon-Account gespeichert werden. Wer sich den Weg zum Supermarkt, zum Laden um die Ecke oder das Suchen am PC im Internet sparen will, nutzt den Dash-Button. In den USA gibt es Dash Buttons bereits für über 150 Marken.

Amazon nimmt heute schon für sich in Anspruch, dass es die Kundenwünsche mittlerweile genau kennt und mit seinen Angeboten trifft. Über den Amazon Dash Button erhält der Handelsriese allerdings nochmal eine Unzahl von Daten über den Kunden, tiefe Einblicke in den Tagesablauf, die Konsumgewohnheiten und Vorlieben. Das sollte man sich bewusstmachen, wenn man den Dash Button nutzt.

Fragt man sich: Wozu brauche ich mehrere Buttons zu Hause, um eine Bestellung auszulösen? Ich kann doch in wenigen Sekunden eine App auf dem Handy öffnen und dort dreimal auf Waschmittel klicken? Das geht grundsätzlich auch, aber das machen in der Regel nur sehr technikaffine Internetnutzer. In einer immer älter werdenden Gesellschaft sieht man allerdings eine wachsende Nutzerbasis für einfache Interfaces.

Und eine Lieferung per Post hat den Vorteil, dass keine Produkte mehr nach Hause getragen werden müssen. Der Kunde bzw. der Verbraucher verzichtet allerdings auf Produkt- und Preisvergleiche – er kauft das Produkt, das auf den Dash Button steht, zu einem Preis, den Amazon gerade anbietet.

Amazon, hat bereits mit der „1-Click-Bestellung" den Benchmark in Sachen Einfachheit gesetzt und zeigt nun, wie bequemes Einkaufen funktionieren kann. Allerdings: Wer wird sich die Wohnung oder das Haus mit den Dash Buttons zupflastern? Oder geht es Amazon um den großen Wurf? Ist das nur ein weiterer Schritt in Richtung sprachgesteuertes Einkaufen von zu Hause? Das kann mit dem Amazon Echo schon ansatzweise durchgeführt werden, d. h. Artikel können über Sprachbefehl bestellt werden. Also ist anzunehmen: Der Dash Button als Interimslösung, bis Echo richtig funktioniert.

Mit der Entkopplung vom klassischen Webshop und stationären Geschäft und all den gewonnenen Nutzungsdaten strebt Amazon die Vormachtstellung im intelligenten Zuhause an. Wer den Kunden dort abholt und sich mit Lock-in-Effekten im Leben des Konsumenten unentbehrlich macht, der bleibt auch im Wohnzimmer oder in der Küche und kann das ausbauen. Da werden es andere Händler schwer haben. (Wolfram 2016b).

2.4.5 Der Handel bietet eine bessere Welt

Shopping im Angesicht von Ressourcenknappheit und Ethik – das klingt nach zwei diametralen Gegensätzen, die unter einen Hut gebracht werden müssen. Es ist zu beobachten, dass ethische Kaufkriterien beim Einkauf eine Rolle spielen. Sie sind Ausdruck einer Sehnsucht nach Fairness und Respekt. Auch das Bewusstsein für soziale und ökologische Aspekte steigt.

Sehnsucht nach Fairness und Respekt
Nachhaltig hergestellte Produkte, Bioprodukte, fair produzierte Produkte, biologisch angebaut: das beeinflusst schon heute die Kaufentscheidungen. Wenn man derartige Produkte einkauft, hinterlässt das ein gutes Gefühl. Aber Käufer verhalten sich nicht immer so: Sie erwarten zugleich täglich neue und frische Produkte, günstige Preise und schnelle Lieferungen. Es scheint, dass sich die Konsumenten in diesem Spannungsfeld oftmals inkonsequent verhalten.

Traceability in der Lieferkette
Es sieht so aus, dass derjenige einen Wettbewerbsvorteil haben wird, der erklären kann, woher seine Produkte kommen, wo der Fisch gefangen worden ist, wie er in der Lieferkette bearbeitet und behandelt wurde. Solche Daten können mittlerweile entlang der gesamten Lieferkette gesammelt und auch bei Bedarf dem Kunden gezeigt werden. Traceability in der Lieferkette ist hier das Schlüsselwort.

Materialqualität zählt wieder
Auch Achtsamkeit im Umgang mit dem Material, Langlebigkeit und Reparierbarkeit zählen wieder. Langlebiges Design löst in Zukunft genau dieses Qualitätsversprechen ein: Es macht Produkte haltbarer und gibt sie in den Kreislauf zurück. Sie können repariert und zurückgenommen werden. Der Käufer wandelt sich vom Konsumenten zum Besitzer, der füür das Bewahren seines Produktes mitverantwortlich ist. Neue Technologien unterstützen den Handel dabei, passgenau den Bedarf zu kalkulieren und danach zu produzieren. Das schont Ressourcen, es wird weniger weggeworfen.

Der Handel wird in Zukunft eine Vielzahl neuer digitaler Technologien einsetzen, sowohl im Online-Handel wie auch im stationären Handel. Wie sich das Einkaufen in der Zukunft abspielen wird, bleibt abzuwarten. Sicher ist jedoch, dass Technologien dabei eingesetzt werden, vom Mobiltelefon bis hin zu Technologien, die das Einkaufen zum Erlebnis machen oder das effiziente Einkaufen unterstützen.

2.5 Digitalisierung im Marketing

Nutzerzentrierung, Interaktion, Dialog, multimediale Darstellungsformen und die Verknüpfung von physischen Objekten mit digitalen Services sind die Grundlagen für heutige

Trends im Marketing. Das liest man allerorts und doch ist den wenigsten bewusst, wie grundlegend die Auswirkungen sind.

Neue Services um Marken und Produkte
Es geht kaum noch um die gelieferten Produkte und eine aktivierende Kommunikation – Daten und die intelligente Auswertung derselben werden jetzt das höchste Gut. Daraus entstehen völlig neue Services rund um Marken und Produkte, die zunehmend auch die Weiterentwicklung der Produkte selbst bestimmen werden oder gar zum eigentlichen Hauptprodukt einer Marke werden. Das haptische Produkt, verpackt in Tube oder Schachtel, wird nur ein „Touchpoint" in einer neuen Consumer Journey. Damit werden bestehende Geschäftsmodelle aus den Angeln gehoben und die damit verbundenen Eco-Systeme auf den Kopf gestellt.

Diese neuen Services werden sich nicht mehr nur auf den bekannten Plattformen abspielen, sondern ganz neue Formen und Schnittstellen entstehen lassen. Im Fokus steht allein der Nutzer in seinem individuellen Kontext. Um diesen gezielt ansprechen zu können, bedarf es eines neuen Verständnisses von Content, Media und Schnittstellen. Kreation und Technologie lassen sich nicht mehr trennen. Es geht nicht mehr darum, als Agentur, Publisher und Marke zusammen zu arbeiten, sondern vielmehr unmittelbar zusammenzuwirken.

Verhältnis zwischen Marke und Konsument ändert sich
Die Aufgabe ist nicht, mehr Emotionen in Wort und Bild zu kreieren. Konsumenten möchten heute genau wissen, mit wem und was sie es zu tun haben. Produktversprechungen in Anzeigen und Plakaten oder berührende Geschichten im Bewegtbild reichen nicht mehr aus, um zu überzeugen.

Marken werden eine eigene Haltung entwickeln müssen und bereit sein, diese in einen direkten Dialog zu stellen. Schaffen sie es glaubhaft, dies in neuen Services und Formaten auszudrücken, ist es eine Riesenchance. Die anderen werden scheitern.

Hilfreiche Funktionen bestimmen die Digitalisierung. Vernetzung, übergreifende Plattformen und digitale Services verändern Marken maßgeblich und schaffen neue Zugänge zu Produkten und Dienstleistungen. Auch die klassischen Vertriebswege werden mehr und mehr abgelöst. Entweder man bezieht direkt beim Produzenten – als Teil der Consumer Journey – oder nutzt ganz neue globale Systeme.

Neuorientierung im Marketing
Dies sind Chancen und Herausforderungen zugleich: Käufer und Konsumenten erwarten heute mehr als nur ein Produkt. Sie fordern für sie relevante, individuelle Services, einen Dialogkanal zur Marke und sie bestimmen den Einstiegspunkt in die Customer Journey ebenso wie die Verweildauer. Das bislang geltende Sender-Empfänger-Modell im Marketing funktioniert nicht mehr.

2.5.1 Entwicklung des modernen Marketings

Unter dem Begriff Marketing 4.0 wird die Phase des Marketings verstanden, die ab 2010 die Digitalisierung und zugleich die Kundenzentrierung in den Mittelpunkt stellt. Die Nummerierung 4.0 ist der Versionierung von Software entlehnt. In der Zeit des Wirtschaftswunders startete das moderne Marketing sozusagen mit der Version 1.0.

Entwicklung zum Marketing 4.0
Kotlers Einteilung des Marketings zeigt folgende Phasen (Kotler et al. 2017):

- **Marketing 1.0** – ab 1950: Hier liegt die Kernkompetenz des Marketings auf dem Produkt selbst. Hierauf sind die Marketingaktivitäten ausgerichtet, sodass der Markt im Zentrum steht.
- **Marketing 2.0** – ab 1970: Mit dem Marketing 2.0 verschiebt sich der Schwerpunkt zum Konsumenten. Unternehmen positionieren sich in Abgrenzung zueinander, weil der Konsument selbstbewusster wird. Dieses Consumer-Marketing hat bis heute in weiten Teilen der Branche Bestand.
- **Marketing 3.0** – ab 1980: Nun rückt für Kotler der Mensch in den Mittelpunkt. Nicht die marktorientierte Unternehmensführung, sondern das Kundenmanagement als Menschenzentrierung prägt das Marketing.
- **Marketing 4.0** – ab 2010: Der Begriff folgt dem Begriff der Industrie 4.0, der den Fortschritt und die damit erzielten Effekte der Digitalisierung kennzeichnet. Das Marketing 4.0 wird mit der Digitalisierung vor allem aus Sicht des Internets besprochen, beinhaltet durch die Bedeutung der Social Media zugleich eine methodische Verschiebung weg von der Verkaufsorientierung hin zu Public Relations und Image-Management.

Definition Marketing 4.0
Der Österreicher Martin Scheibelhofer definiert Marketing 4.0 schön knapp:

▶ „Marketing 4.0 stellt eine Marketingstrategie dar, welche die Rolle des aktiven Kunden nicht nur akzeptiert, sondern durch Interaktion den potenziellen Kunden zum Mitstreiter macht" (Scheibelhofer 2009).

Marketing 4.0 soll also verdeutlichen, dass es nunmehr eine vierte Version im Marketing gibt, die darin besteht, dass die Kunden durch die digitalen Kommunikationsnetze aktiv in die Marketingkommunikation eingebunden werden. Facebook, Twitter oder Instagram ermöglichen heute einen Erfahrungsaustausch in Sekundenbruchteilen. Als Marketing 4.0 gilt eine Strategie, womit Kunden über digitale Dialoginstrumente und soziale Medien aktiv und direkt in die Marketingkommunikation und in die Produktentwicklung eingebunden sind.

Informierender und unterhaltender Content

Dies schlägt sich etwa in den Anforderungen an das Content Marketing nieder. Inhalte sollen aus Sicht der Marketingexperten informierend und unterhaltend sein. Damit wendet sich das Marketing inhaltlich von der herkömmlichen Verkaufsorientierung ab. Die Digitalisierung führt zugleich zur Online-Offline-Integration in der Kommunikation, indem sich Kunden beispielsweise mit dem Smartphone mehr Informationen über ein Produkt beschaffen, während sie es im Ladenlokal betrachten („Showrooming"). Um den Kunden auch in diesen Situationen gezielt ansprechen zu können, bedarf es eines neuen Verständnisses von Content, Media und Schnittstellen. Kreation und Technologie sind untrennbar.

2.5.2 Digitalisierung im Instore-Marketing

Einen großen Einfluss hat die Digitalisierung auf die Instore-Vermarktung, auf die Transformation des klassischen Verkaufskanals und dem sogenannten Point of Sale, dem Ort, an dem immer noch ca. 60 bis 70 Prozent aller Kaufentscheidungen getroffen werden. Im Mittelpunkt steht hierbei die Schaffung und Vernetzung von digitalen Touchpoints, denn nur durch die immerwährende Erfassung und Integration von Daten lassen sich nachhaltig Multi-Kanal-Erlebnisse erschaffen.

Diese Touchpoints müssen nicht immer eine bidirektionale Interaktion mit dem Kunden bieten, auch Sensoren zur Ermittlung von Besucherzahlen, Kundenbewegungen, Ansammlungen und Stimmungen sind Touchpoints, die mit den gewonnenen Daten wertvolle Insights für die Weiterentwicklung der Customer Experience liefern, aber auch für einen steigenden Anspruch an Sicherheit und Kennzahlen sorgen.

Mehrwerte durch digitale Technologien schaffen

Damit der Einkauf zum Erlebnis wird und Kunden bereit sind, Informationen von sich preiszugeben, müssen allerdings zunächst Mehrwerte geschaffen werden. Ein solcher Mehrwert kann etwa im Angebot von Shopping-Begleitern mit Mobile Couponing und Instore-Navigation für Smartphones liegen. Eine wahre Win-Win-Situation für Kunde und Handel liegt jedoch in der kontextsensitiven, standortabhängigen und personalisierten Anzeige von Produkten, Angeboten und Rabatten in einer solchen Mobilapplikation und/oder auf Werbeflächen außerhalb und innerhalb des digitalen Brick&Mortar-Stores der Zukunft.

Einsatz von Digital Signage und Instore Media

Solche Use Cases sind mindestens genauso lange bekannt, wie Trendradare jedes Jahr aufs Neue die hierfür notwendigen Technologien als Trends der Zukunft identifizieren. Dabei ist die Technologie häufig schon lange verfügbar – es mangelt lediglich an einer erfolgreichen Umsetzung. Ein Beispiel sind hier die digitalen Werbeflächen, wie etwa in Form von Displays, die über eine eigene Infrastruktur mit anpassbaren, animierten und gegebenenfalls sogar interaktiven Inhalten bespielt werden können. Die Herausforderung liegt hier besonders in der redaktionellen Erstellung und Bereitstellung von Inhalten. Im Gegenzug erhält der Einzelhandel die Möglichkeit, seine Werbeflächen im Laden, seine Schaufenster oder gar externe Werbeplakate im Sekundentakt schnell und günstig zu verändern.

Dadurch ist die Werbung nicht nur situations- und im Falle einer Personalisierung sogar zielgruppengerecht, sondern erzielt auch schon grundsätzlich eine besondere Wahrnehmung beim Konsumenten. Wenig überraschend ist, dass besonders „Millennials" mit über 80 Prozent auf die sogenannte „Digital Signage" aufmerksam werden.

Besonders auf dem Vormarsch ist die Anwendung bei Fast-Food-Ketten wie McDonalds. Der Weltmarktführer passt die aktuell beworbenen Produktgruppen auf seinen digitalen Menü-Displays mittlerweile automatisch an das aktuelle Wetter an. In immer mehr Märkten lässt sich die Bestellung sogar via Touchscreen zusammenstellen und bezahlen. Das Essen kann direkt am Tresen abgeholt werden oder wird von Service-Mitarbeitern sogar an den Tisch gebracht. Dieser Prozess entlastet die Warteschlangen vor dem Tresen deutlich.

Instore-Lokalisation und -Identifikation nutzen
Damit eine standortabhängige oder gar kundenindividuelle Vermarktung erfolgen kann, bedarf es zunächst einer Technologie zur Lokalisation und/oder Identifikation des einzelnen Kunden. Dies kann zum Beispiel mithilfe sogenannter *Beacons* erfolgen, die via Bluetooth und einer App eine eindeutige Verortung von Smartphones innerhalb des Geschäftes ermöglichen.

Der Vorteil liegt auf der Hand: Es können nicht nur Bewegungsprofile zur nachträglichen Analyse erstellt werden; die Informationen können darüber hinaus in Echtzeit zur persönlichen Ansprache über digitale Werbeflächen und/oder individuelle Angebote in der Smartphone-Applikation genutzt werden. Für eine solche Applikation ist allerdings inklusive einer eingeschalteten Bluetooth-Funktion die ausdrückliche Zustimmung des Kunden erforderlich.

Obwohl die Kunden einer Überwachung und dem Aufzeichnen von Bewegungsprofilen skeptisch gegenüberstehen, sind sie offen für neue Technologien, wenn ihnen dadurch ein Nutzen, z. B. in Form von Rabatten, Coupons, Produktinformationen, entsteht. m beidseitigen Interesse wird es hier der richtige Weg sein, mit dem Trend zu gehen und Beacons als Option anzubieten. Das haben Esprit, H&M, Karstadt, Kaufhof, Media Markt, Netto, Penny, OBI, Saturn und Zara hierzulande über die Smartphone App Shopkick getestet. Dadurch konnten Kunden je nach Verhalten im Laden Bonuspunkte sammeln.

Datenbasiertes Marketing und Storytelling
Ganz anders verhält es sich dagegen im US-amerikanischen Markt. Hier setzt bspw. die Warenhauskette Macy's auch auf Shopkick – und zwar in einer sehr stark ausgeprägten Form. Kunden erhalten hier personalisierte Angebote, Belohnungen und Empfehlungen, je nachdem, wo sie sich im Laden aufhalten.

Ein weiteres Anwendungsfeld ist die Integration mit IoT zur Schaffung eines einzigartigen Einkaufserlebnisses – so wie etwa im Flagship-Store der Luxusmarke *Burberry* an der Regent Street in London. Dieser wurde mit über 100 Bildschirmen, 500 Lautsprechern, etlichen Sensoren und RFID-Technik vernetzt. Gerade im Zusammenspiel mit der vernetzten Filiale und Smart Devices ergeben sich völlig neue Möglichkeiten zur Interaktion mit dem Kunden. Der Verkaufs-Assistent begleitet den Kunden während des gesamten Besuches durch den Laden, ausgestattet mit einem Tablet und einem „Knopf im Ohr" als nahezu unsichtbare Verbindung zum Handlager und anderen Bereichen.

Alle Artikel sind RFID-Tags versehen. Stellt sich der Kunde zum Beispiel mit einem Mantel von den großen sogenannten „Magic Mirror", startet ein sehr gutes Storytelling über Herstellungsprozess, Herkunft der Rohstoffe, Präsenz auf einem aktuellen Laufsteg und mit Vorschlägen zur Kombination mit anderen Artikeln.

Möchte der Kunde den Artikel anprobieren, verlässt ihn der Verkäufer nicht etwa, um im Lager nach der passenden Größe zu suchen. Nein, er hat bereits – für den Kunden unbemerkt – über sein Mikrofon am Revers den Artikel bestellt. Und während er noch viele interessante Aspekte über den Mantel erzählt, kommt ein Kollege mit der passenden Größe. Sollte diese in der gewünschten Farbe nicht verfügbar sein, probiert man eine andere Farbe, dann bestellt der Verkäufer über das Tablet den Mantel in der richtigen Größe und Farbe und bietet einen kostenlosen Lieferservice an.

Diese Art der Shopping-Begleitung endet nicht mit der finalen Auswahl. Während die verfügbaren Teile irgendwo im Hintergrund verpackt werden, bezahlt man, mit einem Espresso in der Hand und sitzend in einer gemütlichen Sitzecke, einfach über das Tablet des „persönlichen" Verkäufers. Einen klassischen Check-Out-Counter oder Verpackungstisch gibt es in diesem Store nicht mehr.

Der eigentliche Trend, der an dieser Stelle hervorzuheben ist, ist die ganzheitliche Integration, Individualisierung und Personalisierung des Shopping-Erlebnisses. Hierzu bedarf es nicht nur der Erstellung von Kundenprofilen oder grobgranularer Zielgruppenanalysen im Hinterzimmer, sondern einer kanalübergreifenden Verknüpfung aller Touchpoints mit dem Kunden mit dem spürbaren Angebot entscheidender Mehrwerte. Digitale Werbeflächen, die Instore-Lokalisation und -Identifikation bilden hierfür die Grundlage; Datenmanagement und Analytics, ein digitales Customer Relationship Management sowie flexible Angebots- und Preissysteme sind dagegen der Schlüssel zum Erfolg.

Experience Store „exp37"
- **Experience Store „exp37"zeigt neue Tools:** Eine ganzheitliche informationstechnische Vernetzung von online und offline verfügbaren Vertriebskanälen – No-Line Commerce – mit der nahtlosen Integration von Online-Services in die stationäre Consumer Journey zeigt der Experience Store „exp37" in Düsseldorf. Das die digitale Transformation auf der Verkaufsfläche mithilfe von innovativen Technologien und Anwendungen funktioniert, präsentieren die Kreativ- und Kommunikationsagentur Mavis und das Beratungsunternehmen Tailorit

zusammen mit weiteren Partnern. „exp37" ist eine digitale Lösungsplattform, die den Online- und Offline-Handel an den diversen Consumer Touchpoints verbindet und kombiniert sowie dem Kunden einen Erlebniseinkauf anbietet. Handels- wie auch Markenunternehmen können dort die Integration erleben, einen Informations- und Kommunikationsaustausch beginnen und inspiriert werden. Im Mittelpunkt steht die Begegnung des Kunden mit der Marke an ausgewählten Consumer Touchpoints.

- In der lebendigen Ausstellung werden stetig neue Touchpoints und digitale Anwendungen inszeniert und integriert, wie ein digitaler Spiegel, Voice Commerce, Duftmarketing, dynamische Lichtsteuerung zu Optimierung der Lichtstimmung, ein interaktives Schaufenster, Instore TV und vieles mehr.
- **Interaktives Schaufenster:** Das Einkaufserlebnis startet beim digitalen und interaktiven Schaufenster. Durch die Verknüpfung von digitalem Content und dem Online-Shop wird ein Rund-um-die-Uhr Einkauf ermöglicht. Das interaktive Schaufenster erkennt über Näherungssensoren Personen und reagiert auf Handbewegungen. Auch außerhalb der Öffnungszeiten können die Kunden so Informationen abrufen, in einem Produktkatalog browsen und Produkte bestellen. Über einen QR-Code und sein Mobiltelefon erhält der Kunde zusätzlich Zugang zum Online-Shop und kann dort das gewünschte Produkt reservieren, kaufen und eine Abhol- oder Zustellart wählen.
- **Intelligentes Regal:** Nach Eintritt in den Store bietet das intelligente Regal oder der Smart Tray Informationen zu den ausgestellten modischen Produkten. Die Produkte sind mit einem RFID-Tag ausgezeichnet und sobald der Kunde das ausgesuchte Produkt auf dem Smart Tray platziert, wird es identifiziert und produktspezifische, individualisierte Inhalte auf einem Bildschirm angezeigt: eine Produktbeschreibung, Größenangaben, Farbvarianten, Rundum-Bilder und Videos. Zusätzlich können alternative Cross-Selling-Produktvorschläge oder Kombinationsprodukte abgerufen werden. Wählt der Kunde das Produkt aus und möchte es anprobieren, kann es über Touchscreen beim Verkaufsberater angefordert werden. Damit wird die Servicequalität im Geschäft erhöht und der Einkauf vereinfacht sowie erlebnisreich gestaltet.
- **Interaktiver Spiegel und intelligente Umkleidekabine:** Ein weiterer Touchpoint in der Customer Journey ist bei der Anprobe der interaktive Spiegel in der Umkleidekabine. Eine besondere Note erhält die intelligente Umkleidekabine durch unterschiedliche Lichtstimmungen. Das gibt dem Kunden die Möglichkeit, sich im optimalen Licht zu sehen. Je nachdem, für welchen Anlass ein Kleidungsstück gesucht wird, kann eine entsprechende Lichtstimmung erzeugt werden (vgl. Abb. 2.9.). Die mit den RFID-Etiketten ausgestatteten Kleidungsstücke werden beim Eintreten in die Umkleidekabine erkannt und auf dem intelligenten Spiegel dargestellt. Auch hier hat der Kunde die Möglichkeit, weitere Informationen abzurufen oder sich zusätzliche zum aktuellen Produkt

passende Kleidungsstücke oder Accessoires anzeigen zu lassen (Abb. 2.9). Passt dem Kunden ein Kleidungsstück nicht und sind Verkäufer nicht in der Nähe, kann er das passende Kleidungsstück über den mit Touchscreen ausgestatteten Spiegel anfordern. Über ein mobiles Gerät werden Verkäufer auf die Wünsche des Kunden hingewiesen und können die passenden Produkte bringen. Alle anprobierten oder angesehenen Artikel werden im Kundenprofil gespeichert und stehen für eine spätere Online-Bestellung zur Verfügung. Darüber hinaus steht dem Kunden über den intelligenten Spiegel das gesamte Sortiment des Händlers, des Filialnetzes und gegebenenfalls des Herstellers zur Verfügung. So können Kunden nicht vorrätige Produkte bestellen und nach Hause liefern lassen. Via Spiegel erhalten sie Auskunft über die Lieferfähigkeiten oder können auch direkt die Ware mobil per PayPal bezahlen. Die Rechnung wird ihnen per E-Mail zugesandt. Der komplette Kaufvorgang kann also schon in der Umkleidekabine abgeschlossen werden.

- **Shoe Mirror**: Ein weiteres Highlight und emotionales Einkaufserlebnis auf der Verkaufsfläche bietet der Shoe Mirror. Mithilfe einer im Fuß eines Standspiegels integrierten Kamera kann je nach Standpunkt des Kunden entweder der Schuh oder das gesamte Outfit betrachtet und über Videos und Fotos mit seiner Community geteilt werden. Es wird ein emotionales Einkaufserlebnis erzeugt und gleichzeitig ist die Interaktion mit Social-Media-Kanälen möglich. Da Kaufentscheidungen auch von den Sinnen unterstützt und beeinflusst werden, setzen Händler zunehmend auf Duftmarketing zur Verkaufsförderung. Düfte sprechen das Erinnerungszentrum im Gehirn an. Ziel ist dabei, die Identität der Marke zu stärken, zu ihrer Wiedererkennung beizutragen und Kunden zu binden. Der Experience Store setzt Duftstoffe ein, deren Distribution in der Luft ohne Flüssigkeitspartikel erfolgt.
- **Digitaler Assistent:** Aber auch die Beratung kommt auf der Verkaufsfläche nicht zu kurz. Ein digitaler Assistent unterstützt den Berater oder den Kunden bei der zielgerichteten Auswahl jener Produkte, welche zu den individuellen Körpermerkmalen des Kunden passen. Zur Nutzung des Assistenten kann sich der Kunde mit seinem individuellen Profil in der App oder im Online-Shop einloggen, durchläuft einen animierten Qualifizierungsbogen mit Fragen zu seiner eigenen Körperwahrnehmung und erhält auf Basis dessen seinen individuellen „Shopping Guide". Ein selbstlernender Algorithmus gleicht von nun an die Produktauswahl mit den individuellen Figurmerkmalen des Kunden ab und empfiehlt ein anderes Produkt, falls das auserwählte Kleidungsstück nicht zum Kunden passt. Zusätzlich kann sich der Kunde bei sprachgesteuerten Assistenten Rat suchen. Über Voice Commerce erhält er Hinweise zu Service-Angeboten, Informationen zu aktuellen Kollektionen oder er kann sich durch das Geschäft führen lassen. Darüber hinaus sollen digitale Sprachassistenten

2.5 Digitalisierung im Marketing

Größenberatungen durchführen und Cross-Selling-Produkte empfehlen, auch Bestandsabfragen sollen zukünftig möglich sein.

- **Individueller Content:** Überall im Store trifft der Kunde auf digitale Touchpoints, die seinen Einkauf erlebnisreich gestalten. Durch diese kann aber auch der Händler seine Kunden besser kennenlernen. Der anonyme Kunde bekommt Konturen und kann so besser und individueller vom Händler werblich angesprochen werden. Jeder Konsument, der mit einem eingeschalteten Mobiltelefon den Store betritt, erzeugt einen digitalen Footprint, indem sein Mobile Device vom WLAN auf der Fläche identifiziert wird. Aus der Verbindung dieses Datenabdrucks mit den Daten aus dem Kassenbon wird die Voraussetzung dafür geschaffen, Zielgruppenanalysen und Segmentierungen für individuelle Werbebotschaften vorzunehmen. Hat eine Kundin beispielsweise bei ihrem letzten Einkauf eine hochwertige Bluse gekauft, wird sie bei ihrem nächsten Store-Besuch mit einer passenden Promotion auf dem Werbe-Display empfangen, sobald ihr Smartphone vom WLAN im Store erkannt wurde: Die Standard-Playlist mit den Werbeclips im Screen wird durch eine Werbeeinspielung unterbrochen, die inhaltlich auf die davor befindliche Person oder Zielgruppe abgestimmt ist (exp37 2017).

Abb. 2.9 Interaktiver Spiegel (Foto: exp37)

2.5.3 Kundengenerationen und Marketingerwartungen

Was erwarten verschiedene Kundengenerationen vom Marketing? Baby Boomer, Generation X, Millennials und Generation Z, das sind die vier unterschiedlichen Gruppen, die alle eigene Erwartungen und Ansprüche haben. Wie können Händler und insbesondere Marketing-Fachleute es ihnen recht machen, denn die Kunden von heute sind anspruchsvoller und informierter denn je. Und sie wollen alles möglichst günstig und möglichst sofort, denn sie haben es sich verdient.

Entitled Consumer
Auf Neudeutsch ist die Rede vom „Entitled Consumer", dem privilegierten Kunden mit enorm ausgeprägter „Das-steht-mir-zu-Einstellung" und enorm wenig Geduld. Marketing-Fachleute tun bereits im digitalen Marketing ihr Bestes, um diese Erwartungshaltungen zu erfüllen und echtes „Consumer-First-Marketing" zu bieten.

Im Zeitalter der Entitled Consumer zählt jede einzelne Interaktion – und zwar auf jedem Kanal. Letztere wechselt er auch gern mit der jeweiligen Situation, in der er eine Kaufentscheidung treffen möchte. Diese Herausforderung ist nur mit digitalen Mitteln zu bewältigen.

Wirkungsvolles Consumer-First-Marketing muss vier Generationen von Kunden ansprechen und zufriedenstellen (Loewen 2017):

Baby Boomer – Jahrgang 1945 bis 1964
Baby Boomer sind die Gruppe der „coolen Alten". Sie sind technischen Neuerungen gegenüber aufgeschlossen und nutzen inzwischen ganz selbstverständlich das Internet. Siebzig Prozent von ihnen besitzen einen Facebook-Account. Aufgrund ihrer Kaufkraft stellen sie für den Handel eine wichtige Zielgruppe dar. Sie interessieren sich trotz ihres Alters für junge Themen wie Mode, Fitness, Reise und Beauty. Wer Baby Boomer mit relevanten Inhalten anspricht, kann sie langfristig als treue Kunden gewinnen.

Sie sind die Forever Youngster, wollen jung bleiben, legen aber trotzdem Wert auf Informationen mit echtem Nutzen für sich selbst. Viele Baby Boomer mögen Coupons, Treueprogramme und Angebote des regionalen Handels. Man erreicht sie neben digitalen Kanälen wie Facebook und Internet weiterhin über traditionelle Medien wie Tageszeitungen, Radio oder Fernsehen. Diese Generation ist besonders empfänglich für personalisierte Werbung in sozialen Medien und passende Angebote per Post.

Generation X- Jahrgang 1965 bis 1984
Die Generation X wuchs auf mit dem PC, E-Mail, SMS-Kurzmitteilungen auf. Man kann sie auch als erste Digital Immigrants bezeichnen, eine Teilgruppe ist die „Generation C64". E-Mail ist der wichtigste Kommunikationskanal, allerdings möchte man darüber keine Werbung empfangen. Abonnierte E-Mail-Newsletter werden jedoch gelesen. Ungefähr 80 Prozent dieser Kundengeneration kaufen online und ziehen dabei Rezensionen anderer Nutzer zurate.

Unabhängige Blogs und Kunden-Reviews bieten für die Generation X am ehesten glaubhafte Kunden-Informationen. Sie bevorzugt auf sie zugeschnittene und preislich attraktive Angebote. Rezepte, Anregungen für den Haushalt und Vorschläge zum Selbermachen stehen nach wie vor hoch im Kurs. Werbebotschaften erreichen sie gut über Medien wie Online-Nachrichten, Facebook, Fernsehen, E-Mail-Alerts oder Plattformen wie Instagram. Bebilderte Inhalte mit interaktiven Elementen und gesponserte Ratgeber-Videos mit Produkt-Placement sind dabei empfehlenswerte Maßnahmen.

Millennials – Jahrgang 1984 bis 2000
Millennials sind die Social-Media-Generation, denn sie sind mit dem Boomen der sozialen Medien aufgewachsen. Sie teilen ihre Erlebnisse gerne mit anderen. Sharing-Economy-Dienste wie Uber, Airbnb und Lyft liegen bei ihnen im Trend und die Hälfte der Millennials nutzen sie häufig.

Statt zum Telefonieren nutzt diese Kundengeneration das Mobiltelefon lieber, um beispielsweise über WhatsApp, Twitter oder Instagram verbunden zu bleiben. Personalisierte Angebote in Echtzeit per Push-Nachricht sind eine gute Methode, um diese Generation mit Marketing-Botschaften anzusprechen.

Reisen und intensive Erlebnisse oder neue Erfahrungen sind für Millennials wichtiger als der bloße Konsum von Produkten. Deshalb kommen individualisierte Werbekonzepte und Produkte mit einer ausgefallenen Geschichte gut bei ihnen an. Als Multitasker sind Millennials oft jederzeit online und damit besonders empfänglich für passende Werbebotschaften in Verbindung mit sogenannten „Micro-Moments" (vgl. Abschn. 3.1.2).

Generation Z- Jahrgang ab 2001 bis heute
Sie werden auch als die „Digital Natives" bezeichnet. Die Gruppe wuchs als erste in einer vernetzten Welt mit dem Internet der Dinge auf. Angehörige der Generation Z verbringen laut einer Studie von Sparks & Honey (2015) im Schnitt fast die Hälfte ihrer Freizeit mit Computer oder Smartphone. Ihre Technikbegeisterung ist nahezu grenzenlos und für sie sind die Übergänge zwischen dem wahren Leben und der Virtual Reality häufig fließend.

Man kann sie auch als „5i-Konsumenten" bezeichnen – instrumented, interconnected, informed, in place und immediate – im Deutschen etwa befähigt, vernetzt, informiert, vor Ort und prompt.

Als junge und liberale Generation halten sie meist wenig von Markentreue und wechseln schnell die Mode. So ist es nicht leicht, mit der Generation Z Schritt zu halten, denn sie kauft einfach anderswo, wenn sie will oder wenn sie bessere Preise bekommt oder eine andere Qualität sucht.

Die Aufmerksamkeitsspanne der Digital Natives ist oft sehr kurz, deshalb benötigen sie kontextrelevanten Content der sie im hier und jetzt erreicht und sofort begeistert. Auf die Digital Natives fokussierte Marketing-Maßnahmen und -Botschaften sollten sich spielerisch in ihren Alltag integrieren. Das funktioniert besonders gut mithilfe von innovativer Technik mit einem gewissen Wow-Faktor.

Fazit

Anfang der neunziger Jahre war die Möglichkeit, Informationen digital auszutauschen, nur auf wenige Personen, Computer-Profis, Forscher und vielleicht Geschäftsleute beschränkt. Die Basis dafür, nämlich das Internet, steckte noch in den Kinderschuhen, die Technik war langsam und noch nicht ausgereift. Es ging dann in riesigen Schritten voran, zehn Jahre später waren die Nutzungsmöglichkeiten schon dramatisch angestiegen. Unternehmen hatten längst begonnen, ihre Produkte nicht nur digital zu entwerfen, sondern ihre Produktinformationen weltweit auszutauschen und zu vernetzen.

Mittlerweile ist die digitale Informationsverarbeitung in allen Unternehmen angekommen. Längst können Produkte und Waren mit allen beschreibenden Informationen bequem weltweit abgerufen und von globalen Teams gemeinsam bearbeitet, von Kunden Preise verglichen und auch Produktbilder versendet werden.

Die nächste Stufe der Digitalisierung hat auch bereits begonnen. Im Mittelpunkt des Internets der Dinge steht die Vernetzung von Produkten, Gütern und Services mit dem Internet und Informationssystemen. Dies eröffnet in allen Industrien und Gesellschaftsbereichen neue Möglichkeiten:

Früher sammelte man alle Daten der Entwicklung und Produktion, aber später, wenn die Produkte ausgeliefert wurden, konnte man nicht mehr sehen, wie die Produkte angewendet wurden, welche Funktionen bedient wurden, welche nicht und welche Bauteile unter Umständen Mängel aufwiesen. Mit dem Internet der Dinge lässt sich diese Lücke füllen. Sensoren erstatten über das Netz Rückmeldung in Echtzeit, sogar Trends bezüglich von Bauteilen, die Mängel aufweisen und daher für die nächste Serie verändert werden müssen, können praktisch live verfolgt werden.

Die Entwicklungen beeinflussen im bedeutenden Maße auch den Handel und wie wir in Zukunft einkaufen werden. Auch im stationären Handel werden zunehmend Internet-der-Dinge-Technologien eingesetzt, um das Einkaufen einfacher, erlebnisreicher und wieder interessanter zu machen.

Und zu guter Letzt wird auch das Marketing vor neue Herausforderungen gestellt: Der Kunde hat sich verändert und stellt andere Ansprüche an Produkte und Services. Und zudem sind die Produkte nicht mehr nur Produkte, sie werden oft zu Services.

Nutzerzentrierung, Interaktion, Dialog, multimediale Darstellungsformen und die Verknüpfung von physischen Objekten mit digitalen Services sind die Grundlagen für heutige Trends im Marketing, bedingt durch neue smarte Technologien. Die Kunden von heute sind verwöhnter und erwartungsvoller denn je. Und sie wollen alles möglichst umsonst und möglichst sofort.

Der bewährte One-fits-all-Ansatz hat ebenso ausgedient wie das traditionelle Konzept des Push-Marketings. Stattdessen sind Marketer gefordert, Kunden, Interessenten, Partner und Stakeholder mit personalisierten Inhalten über sämtliche Kanäle und auf allen Geräten konsistent anzusprechen. Nur wem es gelingt, seine Adressaten entlang der gesamten User Journey zu begeistern, wird sich zukünftig gegen die Konkurrenz behaupten können.

Um sich für ein Produkt oder eine Dienstleistung entscheiden zu können, benötigen Kunden Informationen, die sie wirklich weiterbringen: nutzwertigen Content. Der Kunde entscheidet selbst, welche Informationen er zu welchem Zeitpunkt konsumiert, je nach Situation und Interesse. Das macht ihn zum Manager seiner individuellen Consumer Journey.

Literatur

Adidas. 2015. adidas errichtet erste SPEEDFACTORY in Deutschland, Presseinformation adidas, Herzogenaurach, Dezember 2015. https://www.adidas-group.com/media/filer_public/3e/b8/3eb8e67e-0899-4653-90ad-40947b3030d8/dec9_adidas_speedfactory-de.pdf. Zugegriffen: 10. Sept. 2017.
Ashton, K. 2009. The „Internet of Things" Thing, In the real world, things matter more than ideas, RFID Journal 2009. http://www.rfidjournal.com/articles/view?4986. Zugegriffen: 18. Nov. 2017.
Athique, A. 2013. *Digital media and society. An introduction*. Cambridge: Polity.
Bitkom. 2017. Der Handel digitalisiert sich nur langsam. https://www.bitkom.org/Presse/Presseinformation/Der-Handel-digitalisiert-sich-nur-langsam.html. Zugegriffen: 11. Juni 2017.
Brynjolfsson und McAfee. 2011. *Race against the machine. How the digital revolution is accelerating innovation, driving productivity, and irreversibly transforming employment and the economy*. Lexington Massachusetts: Digital Frontier Press.
Brynjolfsson, Erik, und Andrew McAfee. 2014. *The second machine age – work, progress, and prosperity in a time of brilliant technologies*. New York/London: W.W. Norton.
BT. 2016. Gallerie Commerciali Italia signs with BT for retail digital transformation project. https://www.globalservices.bt.com/uk/en/news/bt-digital-transformation-gallerie-commerciali-italia. Zugegriffen: 25. Sept. 2017.
Capgemini Consulting/MIT Sloan Management. 2011. Digital Transformation: A Roadmap for Billion-Dollar Organizations. https://www.capgemini.com/resources/digital-transformation-a-roadmap-for-billiondollar-organizations/. Zugegriffen: 08. Jan. 2018.
Cash.Online. 2017. Starke Auswirkungen der Digitalisierung auf Freizeit und Finanzen. https://www.cash-online.de/maerkte/2016/studie-auswirkungen-der-digitalisierung-auf-freizeit-und-finanzen/326014. Zugegriffen: 10. Sept. 2017.
Chui, M. et al. 2015. Unlocking the potential of the Internet of Things. https://www.mckinsey.com/business-functions/digital-mckinsey/our-insights/the-internet-of-things-the-value-of-digitizing-the-physical-world. Zugegriffen: 08. Jan. 2018.
Comarch und Kantar TNS. 2017. Die Zukunft des Einkaufens – Die wichtigsten Trends im Einzelhandel heute und 2030, München und Dresden 2017. https://microsites.comarch.de/studie-zukunft-des-einkaufens/. Zugegriffen: 08. Jan. 2018.
Dart, Michael, und Robin Lewis. 2017. *Retail's seismic shift: How to shift faster, respond better, and win customer loyalty*. New York: St. Martin's Press.
Detecon Consulting. 2017. Diese Trends werden den Handel 2017 prägen, Opinion Paper. http://www.detecon.com/sites/default/files/op_future_retail_trends_2017.pdf. Zugegriffen: 10. Okt. 2017.
DHL. 2017. Vision Picking driving innovation for modern supply chain. http://www.dhl.com/content/dam/downloads/g0/logistics/case_studies/sc_vision-picking_flyer_en.pdf. Zugegriffen: 10. Sept. 2017.
DHL und Cisco. 2015. Internet of Things in Logistics, a collaborative report by DHL Trend Research, Cisco Consulting Services 2015, on implications and use cases for the logistics

industry, Troisdorf 2015. https://www.dpdhl.com/content/dam/dpdhl/presse/pdf/2015/DHLTrendReport_Internet_of_things.pdf. Zugegriffen: 08. Jan. 2018.

Doplbauer, G. 2015. *eCommerce: Wachstum ohne Grenzen? Online-Anteile der Sortimente – heute und morgen.* Bruchsal: GfK White Paper.

Eco und ADL. 2017. *Der Deutsche Smart-City-Markt 2017-2022.* Köln und Wien: Eco und ADL.

Erdbeerlounge. 2017. http://www.erdbeerlounge.de/. Zugegriffen: 23. Jan. 2018.

exp37. 2017. exp37. **http://www.exp37.de/**. Zugegriffen: 25. Aug. 2017.

Frick, K. 2017. *Shopping Trends – Wie und wo wir morgen einkaufen*, Keynote auf der E-Commerce Connect, 31. Mai 2017 in Zürich.

Gartner Group. 2017. Gartner Identifies Three Megatrends That Will Drive Digital Business Into the Next Decade, Stamford 2017. http://www.gartner.com/newsroom/id/3784363. Zugegriffen: 21. Aug. 2017.

Grimm, P. 2016. Smarte schöne neue Welt? – Das Internet der Dinge 2016. http://www.bpb.de/gesellschaft/medien/medienpolitik/236524/internet-der-dinge?p=all. Zugegriffen: 25. Sept. 2017.

Henkel, R. 2015. Social Shopping: Das Geschäft mit Empfehlungen. https://fashionunited.de/nachrichten/einzelhandel/social-shopping-das-gescha-ft-mit-empfehlungen/2015060818253. Zugegriffen: 17. Aug. 2017.

Hinshaw, Michael, und Bruce Kasanoff. 2012. *Smart customers, stupid companies: Why only intelligent companies will thrive, and how to be one of them.* New York: Business Strategy Press.

Hirsch-Kreinsen, Hartmut, und Michael Ten Hompel. 2016. Digitalisierung industrieller Arbeit. Entwicklungsperspektiven und Gestaltungsansätze. In *Handbuch Industrie 4.0. Produktion, Automatisierung und Logistik*, Hrsg. B. Vogel-Heuser, T. Bauernhansl, und M. Ten Hompel, 1–20. Berlin/Heidelberg: Springer.

holzgespür. 2017. holzgespür Homepage. **http://www.holzgespuer.de/**. Zugegriffen: 05. Juli 2017.

International Federation of Robotics. 2017. Geographic adoption of Technologies. https://www.weforum.org/agenda/2017/05/embracing-islandization-how-an-unlikely-opportunity-could-help-Africa-achieve-inclusive-growth/. Zugegriffen: 10. Okt. 2017.

Kloepfer, I. 2017. 2050 werden wir nicht mehr selbst Auto fahren dürfen, FAZ.net vom 08.10.2017. http://www.faz.net/aktuell/wirtschaft/kuenstliche-intelligenz/tech-pionier-ashton-2050-werden-wir-nicht-mehr-selbst-auto-fahren-duerfen-15236248.html. Zugegriffen: 21. Okt. 2017. © Alle Rechte vorbehalten. Frankfurter Allgemeine Zeitung GmbH, Frankfurt. Zur Verfügung gestellt vom Frankfurter Allgemeine Archiv

Kotler. et al. 2017. *Marketing 4.0, Der Leitfaden für das Marketing der Zukunft.* Frankfurt/New York: Campus Verlag.

Loewen, G. 2017. Anspruchsvolle Kunden aus vier Generationen – und was sie von digitalem Marketing verlangen. http://www.selligent.com/de/blogs/inspiration/anspruchsvolle-kunden-aus-vier-generationen-und-was-sie-von-digitalem-marketing-verlangen. Zugegriffen: 21. Nov. 2017.

Lönneker, J. 2017. Show, Gemeinschaft und Service. http://trendforum-handelsmarketing.de/show-gemeinschaft-und-service/. Zugegriffen: 01. Okt. 2017.

Lopez Research. 2013. An Introduction to the Internet of Things (IoT), San Francisco 2013. **https://www.cisco.com/c/dam/en_us/solutions/trends/iot/introduction_to_IoT_november.pdf**. Zugegriffen: 08. Jan. 2018.

Markthal. 2017. Markthal Homepage. https://www.markthal.nl/en. Zugegriffen: 13. Nov. 2017.

McKinsey Global Institute. 2015. The Internet of Things, Mapping the value beyond the hype, Juni 2015. https://www.mckinsey.de/files/unlocking_the_potential_of_the_internet_of_things_full_report.pdf. Zugegriffen: 08. Jan. 2018.

Morgan, J. 2014. A Simple Explanation Of „The Internet Of Things", Forbes 2014. https://www.forbes.com/sites/jacobmorgan/2014/05/13/simple-explanation-internet-things-that-anyone-can-understand/#609111a31d09. Zugegriffen: 16. Sept. 2017.

Panetta, K. 2017. Top Trends in the Gartner Hype Cycle for Emerging Technologies, Gartner 2017. https://www.gartner.com/smarterwithgartner/top-trends-in-the-gartner-hype-cycle-for-emerging-technologies-2017/. Zugegriffen: 11. Nov. 2017.

Pieper, O. 2009. *Erlebnisqualität im Einzelhandel: Die Freude am Einkauf und ihre Auswirkungen auf das Konsumentenverhalten*. Frankfurt am Main, Berlin, Bern, Bruxelles, New York, Oxford, Wien: Peter Lang.

proto_lab. 2017. Industrie 4.0 ist nur die Spitze des Eisbergs. http://protolab-rosenheim.de. Zugegriffen: 22. Nov. 2017.

QVC. 2016. Zukunftsstudie Handel 2036 – Wie kauft Deutschland übermorgen ein? Oktober 2016. **http://qvc-zukunftsstudie.qvc.de/**. Zugegriffen: 08. Jan. 2018.

RAND. 2013. Europe's policy options for a dynamic and trustworthy development of the Internet of Things, Brussels 2013. https://www.rand.org/content/dam/rand/pubs/research_reports/RR300/RR356/RAND_RR356.pdf. Zugegriffen: 08. Jan. 2018.

SAE. 2014. Automated Driving. Levels of Driving Automation are defined in new SAE International Standard J3016. **http://www.sae.org/misc/pdfs/automated_driving.pdf**. Zugegriffen: 24. Jan. 2018.

Schaulis, R. 2016. Coop Italia Introduces „The Supermarket of the Future". https://www.delimarketnews.com/retail/coop-italia-introduces-supermarket-future/robert-schaulis/thu-12152016-1147/4027. Zugegriffen: 10. Sept. 2017.

Scheibelhofer, M. 2009. Marketing 4.0 als Marketingstrategie für das web2.0. http://www.mars-advice.com/marketing/marketing-4-0/. Zugegriffen: 10. Sept. 2017.

Schuckmann, E.. 2015. *Shopping Enjoyment: Determinanten, Auswirkungen und moderierende Effekte*, Schriften zu Marketing und Handel. Frankfurt am Main, Berlin, Bern, Bruxelles, New York, Oxford, Wien: Peter Lang.

Siemens. 2017. A Journey Inside the Human Body. https://www.siemens.com/innovation/en/home/pictures-of-the-future/health-and-well-being/medical-imaging-cinematic-vrt.html. Zugegriffen: 03. Dez. 2017.

Sparks & Honey. 2015. Generation Z 2025: The Final Generation. **https://reports.sparksandhoney.com/campaign/generation-z-2025-the-final-generation**. Zugegriffen: 23. Nov. 2017.

Stadtwerke Münster. 2017. https://www.stadtwerke-muenster.de/pluscard/startseite.html. Zugegriffen: 01. Nov. 2017

Stephens, D. 2017. *Reengineering retail: The future of selling in a post-digital world*. Vancouver: Figure 1 Publishing.

Wiking, M. 2016. *Hygge – Ein Lebensgefühl, das einfach glücklich macht*. Köln: Bastei Lübbe.

Wolfram, G. 2016a. Retail Innovation Review #4: Future Stores – Willkommen in der Zukunft des Einkaufens. https://zukunftdeseinkaufens.de/retail-innovation-review-4-willkommen-in-der-zukunft-des-einkaufens/. Zugegriffen: 25. Sept. 2017.

Wolfram, G. 2016b. Amazon Dash Button – Welchen Knopf hätten Sie denn gern? https://zukunftdeseinkaufens.de/amazon-dash-button-welchen-knopf-haetten-sie-gern/. Zugegriffen: 21. Nov. 2017.

World Economic Forum. 2017. Technology and Innovation for the Future of Production, Accelerating Value Creation, White Paper, Cologny 2017. http://www3.weforum.org/docs/WEF_White_Paper_Technology_Innovation_Future_of_Production_2017.pdf. Zugegriffen: 08. Jan. 2018.

Digital Connection 3

Inhaltsverzeichnis

3.1	Customer Journey	92
	3.1.1 Moments of Truth	92
	3.1.2 Mobile Moments	93
	3.1.3 Customer-Journey-Modelle	95
	3.1.4 Multi-optionaler Kunde	96
	3.1.5 Multi-Channel im Prozess der Kaufentscheidung	98
3.2	Consumer Experience	99
	3.2.1 Consumer Experience – Schlüssel für den Erfolg	100
	3.2.2 Consumer Experience und User Experience (UX)	101
3.3	Digital Connection: Neue Consumer Touchpoint Journey	101
	3.3.1 4P im Marketing	102
	3.3.2 SAVE im B2B-Marketing	102
	3.3.3 4E im digitalen Marketing	103
	3.3.4 Von Touchpoints zu Points of Experience	104
	3.3.5 Die 6C der Digital Connection	105
Literatur		107

Elektronisches Zusatzmaterial Die Online-Version für das Kapitel (https://doi.org/10.1007/978-3-658-18759-0_3) enthält Zusatzmaterial, das berechtigten Benutzern zur Verfügung steht. Oder laden Sie sich zum Streamen der Videos die „Springer Multimedia App" aus dem iOS- oder Android-App-Store und scannen Sie die Abbildung, die den „Playbutton" enthält.

© Springer Fachmedien Wiesbaden GmbH, ein Teil von Springer Nature 2018
T. Kruse Brandão, G. Wolfram, *Digital Connection*,
https://doi.org/10.1007/978-3-658-18759-0_3

> **Zusammenfassung**
>
> Vor wenigen Jahren konnte man mit einer guten Kampagne den interessierten Kunden in den Handel führen, wo er sich allein oder mithilfe eines Verkäufers ein Produkt ausgesucht und gekauft hat. Neue Devices und die Ubiquität von Informationen und Distributionskanälen haben das Kundenverhalten und -erwartungen allerdings nachhaltig verändert.
>
> Digitale Marktplätze, Preisvergleiche, Produktbewertungen und Ratings von echten Nutzern sind jederzeit zugänglich. „Webrooming" und „Showrooming" gehören heute wie selbstverständlich dazu, wenn es darum geht, eine Kaufentscheidung zu treffen.
>
> Die Customer Journey unterteilt sich in „Moments of Truth" und Kaufentscheidungen hängen mehr und mehr von User Generated Content und den jeweiligen „Mobile Moments" ab, in denen sich der Kunde befindet.

3.1 Customer Journey

3.1.1 Moments of Truth

2005 hat der Chief Executive Officer und Chairman von Procter & Gamble, A.G. Lafley, zwei herausragende Zeitpunkte für das Kundenverhalten beziehungsweise Momente in der Customer Journey gefunden (Wikipedia 2017).

First Moment of Truth
Der „First Moment of Truth", der erste Moment ist der Zeitpunkt, wenn der Kunde in ein Ladengeschäft eintritt und sich ein Produkt aussucht. Er entscheidet vor Ort, was er kauft. Diesen ersten wichtigen Punkt bezeichnet A.G. Lafley als „First Moment of Truth".

Second Moment of Truth
Als „Second Moment of Truth" charakterisiert er den Zeitpunkt, wenn der Kunde das Produkt unterwegs oder zu Hause auspackt und benutzt. Ist der Kunde mit dem Produkt zufrieden, wird der dieses Produkt empfehlen und es wahrscheinlich wiederkaufen.

Third Moment of Truth
2006 ergänzte Pete Blackshaw, ebenfalls Procter & Gamble, den „Third Moment of Truth" (Blackshaw 2006), in dem sich Konsumenten auf Basis der eigenen Erfahrung positiv, neutral oder negativ äußern – direkt im Gespräch mit anderen Konsumenten oder indirekt in Blogs, Foren und sozialen Medien.

Diese Äußerungen nehmen im aktuellen Marketing eine immer entscheidendere Rolle ein, da potenzielle Kunden ihnen vielfach mehr Glaubwürdigkeit beimessen als den Aussagen der Produzenten in Kampagnen. Marken und Agenturen reagieren darauf mit Maßnahmen, wie zum Bespiel Social Media Monitoring, Kampagnen in Communities und Foren, eigenen Plattformen zum Austausch und Empfehlungsmarketing.

Ultimate Moment of Truth
Brian Solis, Analyst bei Altimeter und erfolgreicher Buchautor, nennt diesen Moment auch „Ultimate Moment of Truth", kurz UMOT, und schreibt ihm eine besondere Bedeutung im Marketing zu, da die darin verbreiteten Erfahrungen wiederum alle anderen Moments of Truth beeinflussen (Solis 2013). Relevanz und Auffindbarkeit werden direkt hiervon beeinflusst und spiegeln sich im Ergebnis der Search-Engine-Optimization-Maßnahmen (SEO) sichtbar wieder.

Die Kunden von heute informieren sich zunächst ausführlich über ein Produkt, suchen sich anschließend einen Händler, der zu ihren individuellen Anforderungen passt, und kaufen dort ein. Das kann ein stationärer Händler oder ein Online-Shop sein.

Zero Moment of Truth
Auch Google hat erkannt und vielleicht auch mit vorangetrieben, dass der vielleicht wichtigste Moment in der Kaufentscheidung nicht mehr kurz vor dem Kauf, sondern bereits bei der Suche nach dem richtigen Produkt liegt. Google nennt diesen Moment „Zero Moment of Truth", kurz ZMOT. Laut Google interagieren 88 Prozent der amerikanischen Kunden vor dem Kauf im „ZMOT" (Google 2011), ganz egal, ob sie eine Reise buchen, eine Kamera, Eintrittskarten oder einen Laptop kaufen möchten.

Mit zunehmender Nutzung mobiler Endgeräte verlagert sich dieses Verhalten immer näher an den Ort des Kaufs, bis es zum „Showrooming" am POS wird.

3.1.2 Mobile Moments

Kunden erwarten nicht nur Informationen zu jeder Zeit, sie sind auch durchaus empfänglich für Werbung, wenn sie eine personalisierte Ansprache und im richtigen Kontext platziert ist. Die Herausforderung für alle Marketer ist nun, diesen richtigen Kontext, also den richtigen Moment zu erkennen und die Angebote dynamisch darauf anzupassen.

Micro Moments
Während sich Kunden am PC oder Laptop ausführlich zu einzelnen Produkten, im ZMOT, ihre Meinung bilden und eine Entscheidung hinsichtlich Produkt, Anbieter und Preis, Art, Zeitpunkt und Ort der Zustellung treffen, finden unterwegs von den mobilen Endgeräten aus eine viele größere Anzahl an kurzen Nutzungen statt, die von einem beliebigen Stimulus aus in einem bestimmten Kontext stattfinden.

Google hat vier dieser kurzen Momente mobiler Nutzung als „Micro Moments" in seinem Whitepaper Micro-Moments: Your Guide to Winning the Shift to Mobile (Google 2015) beschrieben:

1. Ich will mir das ansehen (get to know)
Hier stehen Entdecken und Recherchieren im Vordergrund, nicht unbedingt eine Kaufabsicht.

2. **Ich muss das jetzt finden (want to go)**
In diesem Moment wird etwas in der Umgebung gesucht.
3. **Ich will das jetzt machen (want to do)**
Hier sind Anleitungen und Inspirationen für etwas Neues gefragt.
4. **Ich will das jetzt haben (want to buy)**
Deutliche Kaufabsicht vorhanden, eventuell Unterstützung bei Auswahl und Bezugsquellen nötig.

Mobile Moments

Diese Micro Moments, durch die hohe mobile Nutzung in den meisten Fällen „Mobile Moments", sind Momente, in denen der Nutzer sich für ein Thema oder Produkt interessiert, von etwas begeistert ist, etwas Neues entdecken und vielleicht auch etwas kaufen möchte. All dies möchte er sofort tun. Unternehmen stehen also vor der Herausforderung, in diesem entscheidenden Moment der Entscheidung da zu sein („be there"), einen Mehrwert zu liefern („be useful") und den Service möglichst einfach und schnell zu liefern („be quick").

Der Nutzer sendet mit seiner Anfrage eine Absicht, die in Kombination mit dem Kontext, in dem er sich befindet, zum Beispiel Ort, Tageszeit und Gerätetyp, ein deutliches Signal darstellt. Diese Signale bieten Unternehmen mehr Informationen, als sie jemals über einen Kunden hatten, und die Möglichkeit, für den Nutzer wirklich relevante Informationen zu liefern. Die Relevanz der Information macht das Rennen – und damit auch die liefernde Marke.

> **Beispiel**
>
> Google beschreibt in einem Beispiel die Interpretation dieser Signale (Google 2015):
> „Zwei unterschiedliche Personen suchen nach dem Begriff „Thaiküche". Die erste Person nutzt einen PC und sucht gegen 17 Uhr wochentags. Das könnte jemand sein, der im Büro nach einem Rezept sucht, das er abends nachkochen möchte. Die zweite Anfrage wird am Samstagabend gegen 21 Uhr über ein Mobiltelefon gestartet, und zwar in der Stadtmitte, ganz in der Nähe der örtlichen Restaurants. Mag sein, dass diese Person sich nur informieren möchte, aber der gesamte Kontext deutet darauf hin, dass sie jetzt etwas essen will.
>
> Im traditionellen Marketing hätte man keine Möglichkeit gehabt, zwischen diesen beiden Verbrauchern und ihren individuellen Bedürfnissen zu unterscheiden. Dank der oben erwähnten Signale lassen sich heute aber sofort in dem Moment relevante Antworten definieren. So können zum Beispiel auf zwei im Prinzip identische Anfragen zwei unterschiedliche Anzeigen aktiviert werden. Die eine könnte dem hungrigen Smartphone-Nutzer mit einer klickbaren Rufnummer oder einer Wegbeschreibung weiterhelfen, während die andere dem Desktop-User bei der Planung seines Abendessens passende Rezepte und Zubereitungstipps anbieten könnte."

Google – Momente der Entscheidung (Video mit Springer Nature ExploreBook App ansehen)

3.1.3 Customer-Journey-Modelle

Funktionieren Customer-Journey-Modelle vor dem Hintergrund dieser Entwicklung noch? Vielleicht. Fest steht, dass sich die Perspektive im Marketing gravierend verändert hat. Klassische Funnel und lineare Customer Journeys weichen agilen und anderen Modellen. Um ein neues Modell entwickeln zu können, lohnt ein Blick auf bestehende und bislang bewährte.

Was ist die Customer Journey?
Die Customer Journey beschreibt die einzelnen Zyklen beziehungsweise die Reise, die ein Kunde durchläuft, bevor er sich für den Kauf eines Produktes entscheidet. Aus Sicht des Marketings bezeichnet die Customer Journey alle Kontaktpunkte, sogenannte Touchpoints, eines Kunden mit einem Produkt. Touchpoints können sowohl direkte Marketingmaßnahmen sein, wie Werbekampagnen, Markenwebsite, gesponserte Events, Display-Werbung, als auch indirekte, wie Rezensionen anderer Kunden in Foren, Blogs und sozialen Medien.

Verschiedene Customer-Journey-Modelle
Customer-Journey-Modelle dienen dazu, die unterschiedlichen Maßnahmen in der richtigen Reihenfolge bei den einzelnen Schritten der Journey einzusetzen und so den Kunden zum Kauf zu bewegen. Die Customer Journey als Bild oder Metapher ist dabei kundenzentriert und stellt nicht das Produkt in den Mittelpunkt. Demgegenüber fokussieren sich sogenannte Brand Funnel oder Markentrichter-Modelle mehr auf das Produkt – sie folgen

der Form eines Trichters und bilden den sich immer weiter konkretisierenden Kaufentscheidungsprozess in Phasen ab – Aufmerksamkeit – Evaluierung – Kauf.

Marketer haben in diesem Modell versucht, über Maßnahmen möglichst viele Kontakte in der ersten Phase (Aufmerksamkeit) zu generieren, um einen Vorteil gegenüber den Mitbewerbern zu erlangen.

3.1.4 Multi-optionaler Kunde

Nun haben wir es in jüngster Zeit mit einer weiteren Komplexität zu tun: Der Kunde wechselt die Kanäle während seines Kaufentscheidungsprozesses. So recherchiert er beispielsweise im Vorfeld im Internet, testet das Produkt dann im Laden, wo er sich auch mit dem Experten vor Ort austauscht, um dann mit seinem Smartphone online zu bestellen und zu bezahlen. Ist die Ware beschädigt oder anders als erwartet, tauscht er sie gegebenenfalls im stationären Handel um oder reklamiert via Callcenter oder in der Online-Community des Herstellers. Ist er zufrieden, so empfiehlt er das Produkt seinen Freunden und in Foren, Blogs und sozialen Medien.

Phasen der klassischen Customer Journey
Soweit stimmen die Phasen einer klassischen Customer Journey noch (Abb. 3.1):

- Bedarfserkennung
- Informationssuche und Bewertung der Alternativen
- Kauf
- Bewertung
- Re-Purchase
- Markenbindung und Weiterempfehlung

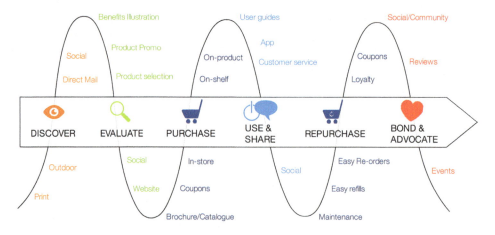

Abb. 3.1 Consumer Journey mit Touchpoints. (Smart Media Alliance 2014a)

3.1 Customer Journey

Jederzeitiges Einsteigen in die Customer Journey
Der multi-optionale Kunde von heute ist aber von deutlich mehr Faktoren in seiner Entscheidungsfindung beeinflusst:

- Marken-Kommunikation
- Verhalten und Kommunikation des Herstellers
- Social Media der Marke und ihrer Botschafter
- Kundenbewertungen
- Digitale Mundpropaganda und Blogger
- Informationen zu Produkt, Herkunft und Produktion
- Produktverfügbarkeit
- Preisvergleich
- Unterschiedliche Arten der Übergabe (Zustellung, Pay & Collect, Ladengeschäft)
- Zahlungsvarianten
- Brand Experience an allen Touchpoints – digital und in-store
- Produkterfahrung während der Nutzung

Anders als noch vor wenigen Jahren muss der interessierte Kunde nicht mehr ein Ladengeschäft aufsuchen oder am PC online nach passenden Angeboten suchen. Der durch mobile Endgeräte stets vernetzte Kunde kann überall und jederzeit in die Journey einsteigen. Da der Kunde nicht immer „oben am Trichter" beginnt, seine Entscheidung vorzubereiten, erhalten die einzelnen Touchpoints entlang der gesamten Journey ebenfalls neue, zusätzliche Funktionen und vor allem gilt:

> Jeder Touchpoint muss heute eigenständig funktionieren, also Awareness generieren, die Marke transportieren, das Produkt erklären und im besten Fall noch eine Bezugsquelle anbieten.

Customer Journey endet nicht am POS
Nicht zuletzt ist zu beachten: Die Customer Journey endet nicht mehr an der Kasse. Zur Customer Experience nach dem Kauf gehören auch Verpackung, Follow-ups per E-Mail und Support online sowie im Kundenservice.

Smarte Technologien helfen, in dieser Phase mit dem Konsumenten in Kontakt zu bleiben, zum Beispiel Services rund um die Anwendung anzubieten, die den Kunden länger binden, oder ergänzende Produkte zu verkaufen. Dabei kann man immer mehr über diesen speziellen Kunden lernen und die Insights nutzen, um die Customer Experience weiter zu verbessern.

Mit digitalen Touchpoints und den veränderten Prioritäten der Kunden hinsichtlich Relevanz von Botschaften spielt die Phase der Verwendung eine immer größere Rolle im Marketing. Ist hier die Customer Experience positiv, wird der Kunde das Produkt empfehlen, wiederkaufen und so eine starke Bindung zur Marke aufbauen. Und nebenbei auch noch neue Kunden für das Produkt gewinnen.

3.1.5 Multi-Channel im Prozess der Kaufentscheidung

Molenaar beschreibt mit seinem *ORCA*-Modell den Online-Kaufentscheidungsprozess als eine Kombination von Phasen und eine „Kollektion von nicht linearen Touchpoints" (Molenaar 2010).

Touchpoints folgen nicht einer Reihenfolge und sind verknüpft
Viele der Touchpoints sind miteinander verknüpft, ohne einer chronologischen Reihe zu folgen. Konsumenten haben nach diesem Konzept zahlreiche Kanäle, um sich inspirieren zu lassen, Informationen einzuholen und zu kaufen.

Auch die Kanäle, wie zum Beispiel Suchmaschinen, Vergleichsportale, Marken-Websites, Social Media oder Shops, digital und physisch, haben keine feste Rolle in diesem Prozess. Jeder Kunde hat eine individuelle und seinem Kontext entsprechende Journey. Das heißt, dass nicht einmal jeder Kunde immer dem gleichen Entscheidungsprozess folgt. Wird die Suche durch einen anderen Stimulus als beim letzten Mal ausgelöst oder erhält er andere Touchpoints angeboten, wird er möglicherweise ganz andere Kanäle wählen, um eine Kaufentscheidung zu treffen.

Muster von Customer Journeys
Wolny und Charoensuksai (2014) von der Universität Southhampton haben dies am Beispiel einer Kaufentscheidung für Kosmetik untersucht, trotz „Myriaden von möglichen Shopping Journeys" einige Muster identifizieren können und skizzieren in einem Artikel drei unterschiedliche Journey-Typen am Beispiel:

1. **Impulsive Journey:** Während einer „impulsiven Journey" investieren Kunden weniger Zeit, um Informationen einzuholen. Sie lassen sich von Material am POS und Verpackungen inspirieren und verlassen sich auf eigene Erfahrungen sowie die ihrer Freunde und einer Produktprobe, um zu einer raschen Kaufentscheidung zu kommen.
2. **Ausgewogene Journey:** Trigger für eine solche Journey können klassischen Marketingmaßnahmen ebenso wie Influencer (Freunde, Blogger oder Prominente) sein. Entscheidend aber ist, dass in dieser Journey dann eine umfangreiche Recherche-Phase folgt, die eine Unterscheidung zur impulsiven Journey deutlich macht. Kunden in dieser Journey erkennen ihr Bedürfnis emotional und impulsiv, treffen die Kaufentscheidung aber auf Basis von faktischen Erkenntnissen, wie Kundenrezensionen und Produkt-Ratings in Online-Shops. In diesem Prozess spielen auch Webrooming und Showrooming eine wichtige Rolle.
3. **Wohlüberlegte Journey:** Diese Journeys zeichnen sich dadurch aus, dass zunächst kein Bedürfnis erkannt ist. Der Kunde sammelt unbestimmte Informationen und Eindrücke aus Nachrichten, Produktvorstellungen, Blogs und Freunde. Wenn das Bedürfnis aktuell

3.2 Consumer Experience

wird, werden diese Informationen abgerufen und aktiv evaluiert. In dieser Journey erhält der Zero Moment of Truth (ZMOT) eine besonders Bedeutung. Sobald der Kunde das Produkt kaufen möchte, erinnert er sich an die gesammelten Informationen und recherchiert noch einmal ganz spezifisch, um eine Kaufentscheidung zu treffen.

Diese Customer-Journey-Typen zeigen, dass die unterschiedlichen Kanäle verschiedene Rollen in jeder Phase der Entscheidungsfindung übernehmen und nicht mehr in eine lineare Abfolge gesetzt werden können, um den Kunden zu einer Entscheidung zu führen.

Customer Journey oder Consumer Journey?
Weil die Phasen nach dem Kauf so entscheidend für die Marken-Bindung und auch für die Neukundengewinnung sind, unterscheiden wir in diesem Buch zwischen der Customer Journey, die sich auf die Phasen bis zum Kaufprozess bezieht, und der Consumer Journey, die auch die Post-Purchase-Phasen mitberücksichtigt.

Diese Experience Journey des Konsumenten löst als Loop den Funnel und die lineare Journey ab. Abb. 3.2 zeigt einen solchen Loop als Beispiel.

3.2 Consumer Experience

Customer Experience (CX) oder Kundenerfahrung ist kein neues Konzept. Seit 2010 sprechen wir vom Zeitalter des Kunden bzw. der Kundenzentrierung (der Kunde steht im

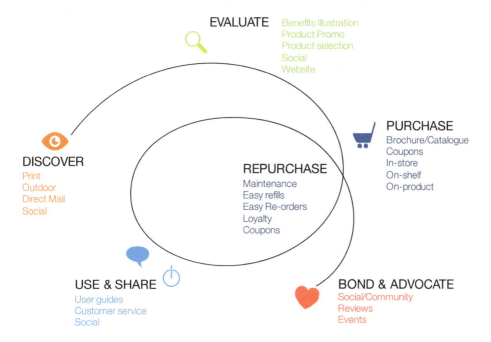

Abb. 3.2 Consumer Journey Loop. (Smart Media Alliance 2014b)

Mittelpunkt). Die Entwicklung verschiebt sich von der Produktion über den Vertrieb zum hoch informierten und ständig mit dem Internet verbundenen Kunden.

3.2.1 Consumer Experience – Schlüssel für den Erfolg

2012 wird die „Ära des Smart Customer" von Michael Hinshaw, CEO von Mcorp.CX, in seinem wöchentlichen Blog *Get Customer-Centric* eingeleitet. „Smart customers are customers that leverage digital devices to access information, anywhere and anytime. What that means is the power in the relationship between companies and customers is in the process of shifting" (Hinshaw 2012).

Service statt Produktverkauf
Customer Experience bedeutet nicht mehr nur, ein Produkt zu verkaufen, sondern vielmehr einen Service und einen engen Austausch zwischen Marke und Kunde.

Hierbei spielt jeder Touchpoint eine Rolle: in der Kommunikation, im Laden und auch nach dem Kauf in der Phase der Nutzung. Jede Erfahrung, die der Kunde mit den Produkten, den Mitarbeitern, den Geschäften und dem Call-Center sammelt, sind Momente, die die Marke direkt beeinflussen können.

Aber was bedeutet es jetzt, einen Service statt eines Produktes zu verkaufen? Ein Beispiel dazu:

> **Beispiel**
>
> **Beispiel Google Nest Thermostat:** Google steuert mit seinem smarten Thermostat Nest die Temperatur eines Hauses sehr intelligent, indem es lernt, wann die Bewohner zu Hause sind und wo sie sich jeweils aufhalten. Entsprechend wird die Raumtemperatur angepasst. Das spart zum einen eine Menge Geld und schont die Umwelt und bietet dem Bewohner aber zum anderen einen unsichtbaren Service, den er nicht aktiv anfordern muss. Es ist einfach immer dann gemütlich, wenn er zu Hause ist, und spart Energie, wenn alle das Haus verlassen haben.

Diese Art von Consumer Experience wird der neue Standard. Und es lässt sich für fast alle Produkte realisieren. Marken, die es schaffen, ihre Kunden so gut kennenzulernen und die gewonnenen Daten ins Produkt einfließen lassen, werden künftig erfolgreich sein.

CX ist das neue Markenerlebnis
Marken verwenden CX als Schlüssel und Differentiator, um Kunden zu gewinnen, zu engagieren und zu behalten. Erfolgreiche Marken wissen, dass die Bereitstellung dieses Versprechens mehr als eine Marketingstrategie beinhaltet.

Das gesamte Geschäft muss – von Zulieferern und Partnern bis hin zu Fertigung, Lieferkette und Kundendienst – auf die Customer Experience ausgerichtet sein.

3.2.2 Consumer Experience und User Experience (UX)

User Experience (UX) ist die Erfahrung eines Kunden mit einem digitalen Kanal, sei es eine Website, eine App oder eine Software. Die User Experience ist ein wichtiger Bestandteil der Consumer Experience, da die digitalen Kanäle vom smarten Konsumenten häufig die erste Erfahrung mit einer Marke sind. Ohne überzeugende UX ist kaum eine erfolgreiche Consumer Experience mehr möglich.

Bei der Realisierung solch intelligenter Experiences helfen smarte Technologien, die physische Objekte und digitale Plattformen verbinden ebenso wie Software.

Machine Learning und Künstliche Intelligenz (KI)
Machine Learning verarbeitet Daten unterschiedlicher Quellen und Signale intelligent. So wie Google Algorithmen nutzt, um Usern den für sie relevanten Content anzuzeigen, nutzen auch andere Unternehmen *selbstlernende Software*, die in der Lage ist, geschäftsrelevante Erkenntnisse aus zunächst unstrukturierten Daten zu generieren. Die dabei als Basis dienenden Datenmengen sind nur mit gewaltiger Rechenleistung zu bewältigen. Beispiele sind zum Beispiel Watson von IBM oder auch Einstein von Salesforce. Letztere wird bereits erfolgreich eingesetzt, um eine herausragende Customer Journey umzusetzen. Ein konkretes Bespiel:

> **Beispiel**
>
> **Beispiel Lernende Systeme:** Eine Kundin stöbert auf der Adidas-Website im Bereich Freizeitschuhe und wechselt von dort auf die Facebook-Seite eines Musikers. Diesen Wechsel nutzt Adidas und schaltet – nur für diese Kundin sichtbar – auf Facebook Werbung für ein Adidas-Modell, das der Musiker trägt. Das überzeugt die Kundin und sie bezahlt direkt. Doch dann möchte sie den Schuh doch lieber in einer anderen Farbe. Sie ruft ihre Bestellung auf und erhält sofort die Option, eine andere Farbe zu wählen. Das System hat gelernt, dass es häufig vorkommt, dass Kunden sich umentscheiden. 475 Millionen solcher Vorhersagen errechnet Einstein schon heute – pro Tag.

3.3 Digital Connection: Neue Consumer Touchpoint Journey

Das operative Marketing befasst sich mit der Umsetzung von festgelegten Marketingstrategien. Dazu werden für die Umsetzung der Strategien in konkrete Handlungen verschiedene Instrumente herangezogen, die sich im Laufe der Zeit stets weiterentwickelt haben, in dem sie den Fokus veränderten oder Wirkungsbereiche hinzukamen. Nachfolgend eine Auswahl im Zeitverlauf.

3.3.1 4P im Marketing

Die Instrumente und Handlungen werden im Marketing in die vier P eingeordnet.

Klassischer Ansatz
Als Ausgangspunkt dienen hier die von McCarthyals die „4 P des Marketings" bezeichneten Instrumente (McCarthy 1964):

- Product
- Price
- Place
- Promotion

Weiterentwicklung zu den 4C
Während die 4 P noch das Produkt in den Mittelpunkt stellten, verfolgten die „4 C", die Koichi Shimizu 1973 vorstellte, bereits einen Käuferfokus:

- Commodity (die Ware selbst)
- Cost (Kosten, die der Kunde aufwendet, um das Produkt zu erhalten, einschließlich Zeit und Energie)
- Communication
- Channel

3.3.2 SAVE im B2B-Marketing

„Rethinking the 4P's ": So titelten Ettenson, Conrado und Knowles (Ettenson et al. 2013) ihren Artikel im Harvard Business Review, indem sie auf Basis einer B2B-Studie erläuterten, dass sich die 4P im Marketing-Mix zu sehr auf die technischen Eigenschaften eines Produktes fokussieren und nicht ausreichend lösungsorientiert in der Kommunikation genutzt werden können.

SAVE-Modell: Solution, Access, Value, Education
Das Ergebnis der Studie war ein neues, weiteres Modell, das Marketern im B2B-Bereich dabei helfen soll, effizientere und kundenorientiertere Marketingstrategien zu entwickeln: „SAVE" (Abb. 3.3):

Auch wenn dieses Modell für den B2B-Bereich entwickelt wurde, so kann es auch für manche Konsumgüter und B2C-Dienstleistungen genutzt werden, um die empathische Kundenperspektive noch stärker einzubeziehen. Gerade bei den in Abschn. 3.1.3 beschriebenen Journey-Typen „ausgewogen" und „wohlüberlegt" kann diese Sichtweise helfen, den Entscheidungsprozess positiv zu beeinflussen. Bei der „impulsiven Journey" spielt dieses Modell keine Rolle.

3.3 Digital Connection: Neue Consumer Touchpoint Journey

Abb. 3.3 SAVE Framework. (Ettenson et al. 2013)

3.3.3 4E im digitalen Marketing

Brian Fetherstonhaugh von Ogilvy & Mather schreibt dazu Folgendes: „The consumer has seized control. Audiences have shattered into fragments and slices. Product differences can last minutes, not years. The new ecosystem is millions and billions of unstructured one-to-one and peer-to-peer conversations." (Fetherstonhaugh 2009)

Aufbau einer Kundenbeziehung
Marketing zielt nicht mehr darauf ab, wie das Produkt beim Kunden zu platzieren ist. Es geht vielmehr darum, eine Beziehung mit dem Kunden aufzubauen und diese zu pflegen. Marketing entwickelt sich von den traditionellen 4P hin zu den neuen 4E (Carter 2017):

- Experience statt Produkt: Das Produkt steht nicht mehr länger im Mittelpunkt, sondern die umfängliche und individuelle Experience. Und diese endet nicht mit dem Kauf, sondern setzt sich als Consumer Experience durch immer mehr Interaktionen mit der Marke, dem Produkt und Service, fort.
- Everyplace statt Place: Multi-optionale Kunden erwarten, sich jederzeit und überall informieren und auch kaufen zu können. Es ist also unumgänglich, in allen für den Kunden relevanten Kanälen mit darauf abgestimmten Maßnahmen präsent zu sein.
- Exchange statt Preis: Kunden erwarten heute mehr als nur ein funktionierendes Produkt. Sie möchten verstehen, wie der Wert desselben zustande kommt. Hier gilt es, eine transparente Story und eine direkte Kommunikation zu bieten. Kann man hier überzeugen, ist der Wert gerechtfertigt und der Kunde akzeptiert den geforderten Preis.
- Evangelism statt Promotion: Die besten Werbeträger sind zufriedene Kunden. Sie sind authentisch in der Zielgruppe und tauschen ihre Erfahrungen mit einem Produkt in

ihrem Umfeld und auf allen relevanten Kanälen aus. Jeder Kunde hat so das Potenzial, ein „Key Influencer" einer Marke zu werden.

3.3.4 Von Touchpoints zu Points of Experience

Proximity Solutions und andere smarte Technologien digitalisieren bestehende und schaffen neue Touchpoints in der Consumer Journey. Sowohl Pull- als auch Push-Technologien werden benötigt, um die zukünftigen Erwartungen der Kunden zu erfüllen.

Digitale und physische Welt wachsen zusammen
Der passende Content – Information, Unterhaltung oder Services – wird der erfolgsentscheidende Unterschied und die Chance sein, wenn die digitale und physische Welt zusammenkommen. Die große Herausforderung für die Hersteller und Marken wird die Orchestrierung aller Touchpoints sein. Nur so entsteht ein überzeugendes und langanhaltendes Markenerlebnis.

Die Entscheidung für den richtigen Kanal oder das richtige Medium war immer fokussiert auf die höchste Reichweite und die Frage, wie viel Reichweite von traditionellen Offline-Medien zu Online- oder Social Media abwanderte.

Content und Kontext stehen im Mittelpunkt
Die Trennung zwischen traditionellen und neuen Medien ist heute nicht mehr zeitgemäß. Die Menschen möchten Nachrichten lesen, Radio hören oder Bewegtbild-Inhalte konsumieren und vor allem: sich austauschen – ob sie das on- oder offline tun, mit Streaming-Diensten oder linear, live oder zeitversetzt, das entscheidet der Kontext. Die Maximierung der Reichweite pro Kanal ist weniger relevant, entscheidend ist die Identifizierung des jeweiligen Kontextes und das Angebot des darauf abgestimmten Contents – in Inhalt und Art.

Smarte Technologien am Digital Signage
Kontextbezogene Inhalte und individualisierte Kundenansprache sind nicht nur online oder mobil auf den persönlichen Geräten des Kunden möglich, auch in Ladengeschäften, in der Außenwerbung oder an Point of Interests ermöglichen Touchpoints, wie digitale Displays, die Anpassung des ausgespielten Inhalts innerhalb von Sekunden.

Faktoren, wie Tageszeit, Wetter, Ort und regionale Events werden in der Bewerbung mit einbezogen. Komplementäre Produkte, wie abends Wein an der Käsetheke anzubieten, ist noch ein simples, aber durchaus sehr effektives Mittel, da die Mehrzahl der Kaufentscheidungen erst am POS getroffen werden – zumal in einer entspannten Einkaufssituation abends.

Über Beacons, NFC und Kunden-Apps zum Beispiel lassen sich die Angebote mit Digital Signage individualisieren.

Point of Experience – Erlebnisarchitektur
Neben einem gezielten Einkauf gibt es bei nahezu jedem Käufer die Situation, in der er nicht nur einfach Produkte kaufen möchte, sondern das Einkaufen selbst zum Freizeiterlebnis wird. Diese erlebnisorientierten Käufer bummeln durch die Gänge, lassen sich inspirieren, suchen Ideen und Unterhaltung und entwickeln den Kaufimpuls am POS.

Für diese Journeys entwickeln immer mehr Marken und Händler umfassend gestaltete Räume – stationär, temporär, mobil oder auch virtuell. Diese sind an sich schon ein Touchpoint, sie enthalten aber häufig zahlreiche Interaktionsmöglichkeiten, um den Kunden in die jeweilige Markenwelt zu ziehen.

Marken wie Händler profitieren von dieser intensiven Form des Customer Engagements durch den Gewinn wertvoller Insights zum Kundenverhalten.

3.3.5 Die 6C der Digital Connection

Für den multi-optionalen vernetzten Kunden lassen sich die Kriterien, die zu einer Kauf- und Verwendungsentscheidung führen, als Modell mit sechs verbundenen Wirkungsfeldern darstellen. Abb. 3.4 zeigt, dass die Wirkungsfelder in diesem Modell miteinander verbunden sind und in Summe eine *Digital Connection* bilden.

Diese Wirkungsfelder sind als eine Art Baukasten für digitale Touchpoints und kontextsensitive Services zu verstehen. Unter Berücksichtigung aller C lassen sich Consumer Experiences und individuelle Journeys realisieren. Für eine bessere Einordnung zeigt Abb. 3.5 die Inhalte der einzelnen Wirkungsfelder.

Fazit

Perspektivenwechsel im Marketing
Einige finden auch nur in bestimmten Branchen Relevanz. Essenziell ist sicher der Perspektivwechsel vom Produkt hin zum Konsumenten. In jüngster Zeit werden nun mit jeder neuen Arbeitsweise weitere Faktoren einbezogen – ob nun die Balanced Score Card eines Unternehmens zusätzliche Kennzahlen benötigt oder im Dienstleistungsbereich zu den 4P noch drei weitere hinzugefügt werden (Process, People und Physical Evidence). Großes Potenzial verspricht die Tatsache, dass der Konsument wesentlich länger in seiner Journey, bis weit in die Verwendungsphase hinein, begleitet werden kann. Dabei helfen die wachsende Zahl an vernetzten Produkten und digitalisierten und neuen Touchpoints. Ist er zufrieden, wird er zum aktiven Marken-Botschafter und entlastet über Neukundengewinnung in seinem Umfeld – „world of mouth" – das Media-Budget. Es lohnt sich, in Storytelling und Customer Opinion Management zu investieren, statt teure Kontakte über alle Kanäle blind einzukaufen.

Marken übernehmen wieder das Steuer
Nun muss Kundenfokus nicht bedeuten, dem Konsumenten als Marke völlig ausgeliefert zu sein. Im Gegenteil. Der Konsument lässt sich mit smarten Services länger und

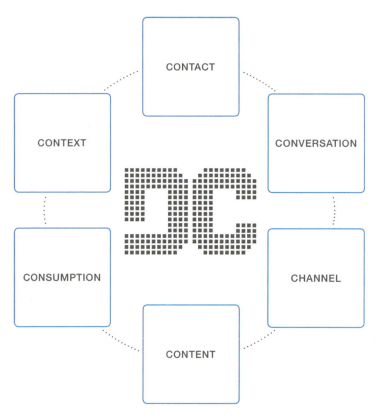

Abb. 3.4 Die 6C der Digital Connection

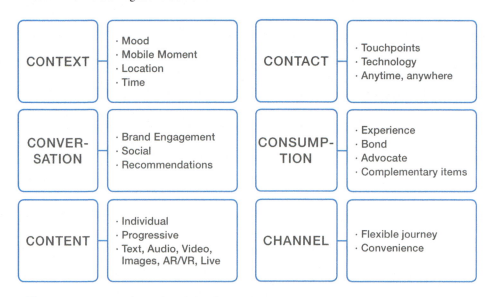

Abb. 3.5 Die Wirkungsfelder der Digital Connection

intensiver binden und gibt hierzu auch noch jede Menge Insights von sich preis, die die Marke dazu nutzen kann, die Produkte noch näher an die Kundenbedürfnisse anzupassen. Die Agilität der Journeys mit all der Bidirektionalität von smarten Technologien kann auch immer von den Marken genutzt werden, nicht nur von den Kunden. Und je mehr Insights die Konsumenten liefern, desto besser können Marken Kanäle, Content und Touchpoints gestalten und damit die Consumer Journey wieder aktiv steuern. Im besten Fall profitieren Kunden und Marken von dieser neuen Nähe und dem direkten Austausch.

Literatur

Blackshaw, P. 2006. The third moment of truth. https://www.clickz.com/the-third-moment-of-truth/67161/. Zugegriffen: 24. Jan. 2018.
Carter, D. 2017. The 4Ps are out, the 4Es are in. https://davidpaulcarter.com/2017/04/24/4ps-4es/. Zugegriffen: 19. Nov. 2017.
Ettenson, R. et al. 2013. Rethinking the 4P's. *Harvard Business Review* 91 (1/2) (Jan./Feb.): 26.
Fetherstonhaugh, B. 2009. The 4 P's are out, the 4 E's are in. https://davidpaulcarter.com/2017/04/24/4ps-4es/. Zugegriffen: 24. Jan. 2018 (PDF S.2).
Google. 2011. The zero moment of truth-macro study. https://www.thinkwithgoogle.com/consumer-insights/the-zero-moment-of-truth-macro-study/. Zugegriffen: 20. Okt. 2017.
Google. 2015. Momente der Entscheidung. https://www.thinkwithgoogle.com/intl/de-de/article/momente-der-entscheidung/. Zugegriffen: 20. Okt. 2017.
Hinshaw, M. 2012. Customer-centric companies, rejoice! The era of big data is upon us. http://www.cmo.com/opinion/articles/2012/10/9/customer-centric-companies-rejoice-the-era-of-big-data-is-upon-us.html#gs.5edI9l4. Zugegriffen: 18. Nov. 2017.
Jerome, McCarthy, E. 1964. *Basic marketing: A managerial approach*. Homewood, IL: Richard D, Irwin.
Molenaar, C. 2010. *Shopping 3.0: Shopping, the internet or both?* Surrey: Gower Publishing.
Smart Media Alliance. 2014a. *Consumer Journey mit Touchpoints*.
Smart Media Alliance. 2014b. *Consumer Journey Loop*.
Solis, B. 2013. The ultimate moment of truth and the art of engagement. http://www.briansolis.com/2013/11/the-ultimate-moment-of-truth-and-the-art-of-engagement/. Zugegriffen: 20. Okt. 2017.
Wikipedia. 2017. Moment of truth (marketing). https://en.wikipedia.org/w/index.php?title=Moment_of_truth_(marketing)&oldid=813744766. Zugegriffen: 24. Jan. 2018.
Wolny, J., und N. Charoensuksai. 2014. Mapping customer journeys in multichannel decision-making. *Direct, Data and Digital Marketing Practice* 15: 317. https://doi.org/10.1057/dddmp.2014.24. Zugegriffen: 14. Juli 2017.

Digital-Connection-Architektur

4

Inhaltsverzeichnis

4.1	Schichten der Digital-Connection-Architektur	110
4.2	IoT-Plattformen	111
	4.2.1 Bausteine einer IoT-Plattform	111
	4.2.2 Device-Management – die Geräteverwaltung	113
	4.2.3 Messaging und Schnittstellen – die Kommunikationsschicht	114
	4.2.4 Informationsmanagement und -speicherung – die Informationsschicht	115
	4.2.5 Analytics und Algorithmen – die Analyseschicht	115
4.3	Personal Mobile Devices	116
4.4	Smarte Technologien	119
	4.4.1 Location-Based- und Proximity-Based-Technologien	119
	4.4.2 Near-Response-Technologien	120
	4.4.3 Conversational-Technologien	121
	4.4.4 Mixed-Commerce-Technologien und Augmented Reality	122
	4.4.5 Push- versus Pull-Technologien	122
4.5	Smarte Technologien und Personal Mobile Devices	123
4.6	Content und Services	124
4.7	Experience im Rahmen der Costumer Journey	126
Literatur		128

Zusammenfassung

Die neue Consumer Experience verändert alle traditionellen 4P des Marketings, auch das bisher geltende Sender-Empfänger-Modell funktioniert nicht mehr. Kunden erwarten heute weit mehr als nur ein funktionierendes Produkt, sie fordern individuelle Services, einen Dialogkanal zur Marke und sie bestimmen den Einstiegspunkt in die Customer Journey.

Die 6C treten an deren Stelle: Der passende Content – Information, Unterhaltung, Service – für den Kunden über den adäquaten Kanal (Channel) und das zur richtigen Zeit und im aktuellen Kontext (Context) beim Kontakt mit der Marke oder dem Unternehmen (Contact) in der Customer Journey (Conversation), der dann vom Kunden genutzt wird (Consumption), macht den erfolgsentscheidenden Unterschied aus. Der Schlüssel liegt in der Digital Connection, der Verbindung der digitalen mit der physischen Welt.

Die große Herausforderung für Unternehmen und Marken ist die Orchestrierung aller Touchpoints. Dazu bedarf es einer Digital Connection-Lösung – ein Zusammenspiel von Pull- als auch Push-Technologien, Anwendungen, Content und Services, intelligenten Endgeräten und einer entsprechenden IoT-Plattform.

4.1 Schichten der Digital-Connection-Architektur

Eine Digital-Connection-Lösung kann grundsätzlich in einem Schichten-Modell dargestellt werden.

Vier Schichten der Digital-Connection-Architektur
Es lassen sich vier unterschiedliche Schichten unterscheiden, die aufeinander aufbauen und miteinander in Verbindung stehen:

- *Schicht 1*: Unten steht eine Digital-Connection-Plattform, die die notwendige Anwendungs-Software und -Logik für Digital Connection unter Zuhilfenahme der Elemente der anderen Schichten bereitstellt.
- *Schicht 2*: In der Kommunikationsschicht werden verschiedene mobile Endgeräte angebunden, die letztlich als Übertragungsmedium für Digital-Connection-Anwendungen dienen.
- *Schicht 3*: Unterschiedliche smarte Technologien bilden das Bindeglied zwischen den Kommunikationsgeräten und den Objekten. Sie erlauben es, dass nahezu alle physischen Objekte intelligent werden und Services auf Smartphones und Tablets übertragen werden können.
- *Schicht 4*: Die Anwendungen werden durch Content und Services dargestellt.

Sicherheit verankern
Vertikal zu diesen Schichten muss man sich noch eine Sicherheitsschicht vorstellen. Sicherheit ist in allen Schichten einzubringen. Sie ist außerordentlich wichtig, wird aber in der Praxis häufig noch vernachlässigt. Digital-Connection-Lösungen sind komplex und das gesamte System, die gesamte Lösung muss auf sehr verschiedenen Ebenen abgesichert werden – von der Verbindung über die gewonnenen Daten bis hin zu personalisierten Services. Aus diesem Grund ist Sicherheit bei allen Komponenten und Partnern technisch und organisatorisch zu verankern.

Die Architektur ist als zentraler Leitfaden für die an der Errichtung und dem Betrieb der Digital Connection beteiligten Komponenten zwingend erforderlich. Sie stellt sicher, dass die Entwicklung einer Anwendung in geordneten Bahnen erfolgt und den zur Verfügung stehenden Ressourcen Rechnung getragen wird. Analog zum Bebauungsplan gibt die Architektur eine Leitlinie für alle an der Planung und dem Betrieb der Digital-Connection-Anwendungen Beteiligten.

Die optimale Digital-Connection-Architektur für die verschiedenen Anwendungsfälle steht und fällt mit der Auswahl der richtigen IoT-Plattform, der richtigen Konfiguration und den Komponenten auf den einzelnen Schichten und Ebenen. Die für die Leistung einer Lösung entscheidenden Komponenten sind entsprechend den Anforderungen zu konfigurieren und einzusetzen.

Spezifische Komponenten und Bestandteile einer Digital-Connection-Lösung
Für Digital Connection bedarf es demnach folgender grundlegender Elemente:

- Physische „Dinge" (Geräte oder Maschinen), die mit Sensoren, Aktoren, entsprechender Firmware und Datenübertragungsfähigkeit (Connectivity) ausgestattet werden.
- Web-Applikationen oder mobile Apps, welche die Daten der „Dinge" auf verschiedenen Endgeräten (wie Smartphones, Tablets oder PC) zugänglich machen und gegebenenfalls eine Steuerung erlauben.
- Eine IoT-Cloud-Plattform, welche die Daten sowie Steuerungssignale der Anwender aufnimmt, speichert, nach vorgegebenen Regeln verarbeitet und verschiedene Administrationsmöglichkeiten bereitstellt. Sie verbindet also die „Dinge" mit den Anwendern.

4.2 IoT-Plattformen

Eine IoT-Plattform ist eine lokale Software-Suite oder ein Cloud-Service (IoT-Plattform als Service beziehungsweise Platform as a Service (PaaS)). Die meisten IoT-Plattformen sind wichtige Schritte zur Erstellung von Anwendungen für Geschäftslösungen oder sind Baustein-Technologien für Marketing- und Geschäftsinitiativen. Sie nutzen eine Gateway-basierte Architektur.

Die IoT-Plattform steuert im Allgemeinen alle Vorgänge mit IoT-Endpunkten, zum Beispiel Sensoren, IoT-Gateways und Backend-Unternehmensanwendungen. Sie bietet die Möglichkeit, IoT-Ereignisströme zu überwachen, ermöglicht Datenaggregation, spezialisierte Analysen und Anwendungsentwicklung und integriert Backend-IT-Systeme oder -Dienste.

4.2.1 Bausteine einer IoT-Plattform

IoT-Plattformen bilden den skalierbaren Backbone für Services und Anwendungen, mit denen die Verbindung zwischen der realen und virtuellen Welt für Objekte, Systeme und

Anwender geschlossen wird. Der Anbietermarkt für IoT-Plattformen ist noch relativ neu. Daher erscheint er dem Nachfrager unübersichtlich und schnell wachsend.

Funktionen einer IoT-Plattform
Eine IoT-Plattform kann grundsätzlich als Anwendungsplattform gesehen werden. Sie verbindet zum einen Dinge beziehungsweise Geräte über das Internet der Dinge. Hinzu kommt eine Software-Plattform zur Unterstützung der Programmierung von Anwendungen. Als letzten Baustein beinhalten IoT-Plattformen Auswertungs- und Analysekomponenten, die die intelligente Auswertung der erhobenen Daten ermöglicht, die dann wieder als Input in Kampagnen einfließt.

Bei detaillierterem Hinsehen lassen sich insgesamt acht Funktionsblöcke herauskristallisieren, die eine IoT-Plattform mit sich bringt:

- Connectivity Management, das heißt das Zusammenführen verschiedenster Protokolle und Formate über Schnittstellen. Damit werden ein reibungsloser Datenfluss und eine effiziente Zusammenarbeit der verschiedenen Komponenten gewährleistet.
- Device Management ermöglicht, dass auf den verschiedensten IoT-Devices und -Geräten stets der richtige Software- und Patch-Stand vorzufinden ist, damit alle Anwendungen schnell, sicher und ohne Probleme ausgeführt werden.
- Database Management: Im Rahmen einer Digital-Connection-Anwendungen werden umfangreiche Daten, sowohl Gerätedaten wie auch Kampagnendaten, erhoben, die in Echtzeit in Datenbanken gespeichert und ausgewertet werden müssen.
- Trigger Management ist notwendig, um auf der Basis von empfangenen Sensordaten regelbasierte Aktionen auszulösen und ablaufen zu lassen.
- Analytics Management: Aus den verschiedenen Datenströmen werden über Analysetools und Algorithmen Erkenntnisse gezogen. Die notwendigen Funktionen dazu liefert das Analytics Management mit verschiedenen Tools und Verfahren.
- Visualization Management bildet die Grundlage für die Darstellung von analysierten Daten in verschiedensten Grafiken und Diagrammen sowie Modellen. Ergebnis sind in der Regel sogenannte Visualisierungs-Dashboards. Hinzu kommen sogenannte interaktive Karten, die Kampagnendaten und auch Kundendaten, wie zum Beispiel die Position der Kunden und ihre Bewegungen, anzeigen.
- Tool Management bietet Tools für die Entwicklung, das Prototyping, den Test und im Rahmen der Ausführung für die Überwachung an.
- Interface Management erlaubt die Anbindung von Drittsystemen für spezialisierte Anwendungsfälle, wie zum Beispiel Content Management, aber auch die Einbindung von unternehmensinternen Anwendungssystemen.

Funktionale Anforderungen
Daneben sollte eine IoT-Plattform Folgendes mit sich bringen:

- Intuitive Bedienung: Web-basierte, benutzerfreundliche und komfortable Oberflächen. Hinzu kommt ein umfangreichendes rollenbasiertes Rechtemanagement, um jedem Benutzer die Teilanwendungen zur Verfügung zu stellen, die er benötigt.
- Fernzugriff: Möglichkeiten, von entfernt gelegenen Arbeitsplätzen auf die IoT-Plattform zuzugreifen und von dort Service-Tätigkeiten auszuüben. Weiterhin sollten aktuelle Betriebszustände des Gesamtsystems und einzelner Teilkomponenten anzeigbar sein.

Bestandteile einer IoT-Plattform

Die einzelnen Bestandteile einer IoT-Lösung lassen sich anhand des Datenflusses innerhalb der IoT-Plattform veranschaulichen und systematisieren. Vier Abschnitte, wie die Informationserfassung, die Informationsübertragung, die Informationsspeicherung und die Informationsverarbeitung, lassen sich unterscheiden. Entlang dieser Kette gibt es unterschiedliche Elemente, die jeweils eine bestimmte Aufgabe erfüllen.

Die Abb. 4.1 zeigt die wesentlichen Bestandteile einer IoT-Plattform auf.

4.2.2 Device-Management – die Geräteverwaltung

Das Device- und Gerätemanagement verbindet die Geräte und Sensoren mit der IoT-Plattform. Dabei ist die einzelne Geräteidentität ein wichtiges Merkmal für die Zuordnung von Daten zu Datenquellen.

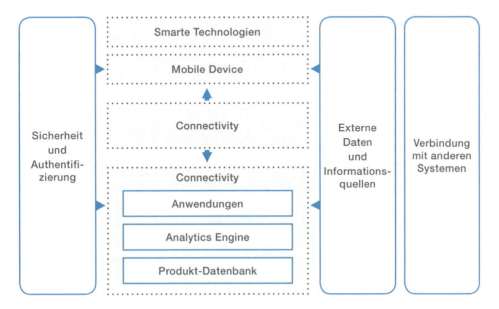

Abb. 4.1 Bestandteile einer IoT-Plattform. (Nach Porter und Heppelmann 2014, S. 69)

Geräte- und Sensoridentität verwalten
Ein entscheidender Teil des Device Managements ist die Verwaltung der Mobile Devices der Kunden und die Verwaltung der Sensoren und ihrer Identität. Besonders wichtig ist die Integration des Device Managements in das Sicherheitskonzept. Die Verknüpfung von Device oder Sensor mit einer eineindeutigen Identität sollte über den Hersteller erfolgen. Dort wird jedem Objekt in der Regel eine eineindeutige Identifikationsnummer oder eine ID mitgegeben. Nur so können die Devices von den Anwendungen individuell angesteuert werden.

Digitaler Zwilling wird erzeugt
Im Device Management entsteht zu jedem Device ein sogenannter Zwilling dessen Datensatzes in der Verwaltungs-Software, der mit der in der Hardware des mobilen Devices oder des Sensors gespeicherten Identität übereinstimmt. Dadurch ist jederzeit klar, um welches Objekt es sich handelt, welche Daten, Stamm- und Bewegungsdaten ihm zugeordnet werden und an welches Gerät Daten übertragen werden. Im den verschiedenen Phasen ihres Lebenszyklus bekommen die Geräte andere Identitäten, wie zum Beispiel einen neuen Besitzer oder auch ein neues Produkt, auf dem der Sensor angebracht wird.

Rechte- und Rollenkonzept
Darauf aufbauend kann ein Rollen- und Rechtekonzept entstehen. Mit diesem wird sichergestellt, dass nur bestimmte berechtigte Personen den Zugriff auf die Geräte und Daten haben und damit auch nur bestimmte Operationen und Aufgaben ausführen können und dürfen.

4.2.3 Messaging und Schnittstellen – die Kommunikationsschicht

Ein weiteres wichtiges Element einer jeden IoT-Plattform ist der Informationsaustausch oder das Messaging. Im Unterschied zur traditionellen Computer-zu-Computer-Datenübertragung herrschen im Internet der Dinge andere Regeln.

Publish and Subscribe Messaging
Im Internet der Dinge wird das sogenannte Messaging-Protokolls MQTT (Message Queue Telemetry Transport) eingesetzt. Es folgt dem „Publish and Subscribe"-Prinzip oder kurz PubSub genannt. Dabei senden IoT-Geräte ihre Informationen nicht direkt an einen bestimmten Empfänger, sondern veröffentlichen Nachrichtenklassen („publish"), die von beliebigen, ihnen unbekannten Empfängern ausgewertet werden können. Diese Empfänger abonnieren dann die Nachrichten dieser Klassen („subscribe").

Schnelle Übertragung von Daten zwischen Geräten trotz hoher Verzögerungen und beschränkten Netzen
Der Vorteil dieser Vorgehensweise liegt darin, dass die Geräte ihre Nachrichten in unterschiedlicher Form an viele Geräte versenden können, ohne dass sie dafür

spezielle Routinen kennen müssen. Der Empfänger ruft entsprechend seiner Kodierung die Nachrichten ab. Damit ist es auf Empfängerseite zum Beispiel möglich, nur bestimmte Nachrichtentypen oder nur Nachrichten aus einzelnen geografischen Regionen abzurufen.

4.2.4 Informationsmanagement und -speicherung – die Informationsschicht

In einer Digital-Connection-Lösung werden eine Vielzahl unterschiedlicher Daten erzeugt, die gespeichert und verarbeitet werden müssen. Das Sammeln der Daten, das Aufbereiten und das Speichern erfolgen in der Informationsschicht, die wiederum aus folgenden Komponenten oder Funktionalitäten besteht:

Gateway als Datensammelstelle
Alle Geräte und Komponenten einer IoT-Lösung kommunizieren mit einem sogenannten Gateway, welches auch bereits Daten analysiert, filtert und aggregiert, um diese dann anschließend in einer Cloud-Datenbank einzuspeichern, wo sie weiterverarbeitet werden. Als Gateways agieren in der Regel Linux-Geräte mit entsprechender Leistungsfähigkeit.

Connectivity als Verbindungsschicht
Für den Datenaustausch werden von der IoT-Plattform Verbindungen zum 3G-, 4G- oder 5G-Netz oder alternativ zum WLAN zur Verfügung gestellt.

Cloud-Speicher für die Datenmengen
Bei den Digital-Connection-Lösungen werden die gesammelten Daten in einer Cloud gespeichert und von unterschiedlichen Diensten weiterverarbeitet. Die Speicherung und Verarbeitung ist eine zentrale Komponente. Hier zeigen sich auch Besonderheiten im Vergleich zur der allgemeinen IT in Unternehmen. Im Bereich Digital Connection empfiehlt es sich, Non-SQL-Datenbanken einzusetzen, da hier sehr große Datenmengen gespeichert werden und über einen langen Zeitraum bereitgestellt werden müssen. Zudem gibt es hohe Verfügbarkeitsanforderungen, die teilweise sogar bis zu Echtzeit-Zugriffen führen. Die Geräte senden innerhalb kürzester Zeit sehr große Datenmengen, die möglichst schnell in verteilten Systemen gespeichert werden.

4.2.5 Analytics und Algorithmen – die Analyseschicht

Auf dem Weg der Daten in die Anwendungsschicht müssen Ereignisse und Informationen zunächst verarbeitet (Event-Processing) und aufbereitet (Basic Analytics) werden.

Direktes Analysieren und Auslösen von Aktionen
Diese beiden Aufgaben gehören zusammen und können entweder in der Cloud, wo die Daten gespeichert werden, oder von einem Gateway erfüllt werden. In der Regel entstehen durch die Sensorik große Datenmengen und Messwerte, die in Echtzeit analysiert werden. Auf der Grundlage der Analyseergebnisse werden entweder über das Erreichen von Schwellenwerten oder anderer Trigger Aktionen ausgelöst. Das Analysieren von Daten findet an verschiedenen Stellen in der IoT-Plattform statt, entweder im Gateway, in der Datenbank oder im Netzwerk.

Einsatz von Analyse-Tools und Analyseanwendungen
Zur Aufbereitung der gesammelten Informationen stehen heute vielfältige Analyseanwendungen zur Verfügung. Sie reichen von allgemeinen Tools bis hin zu speziellen technologiespezifischen Programmen:

- Allgemeine Tools umfassen Online-Analytical-Processing-Tools (OLAP), Data Warehouses und Data Mining Tools
- Vertikale Marktlösungen, die auf bestimmte Industrien fokussieren, wie zum Beispiel auf den Handel: Hier finden sich Software-Lösungen, die Location-Based Marketing unterstützen.
- Ad-Networks-Analysen bieten Dashboards, die Werbeerfolge analysieren.
- Lokations- und Ortsanalysen untersuchen im Wesentlichen Proximity-Events.
- Speziallösungen für verschiedene Proximity-Technologien unterstützen bei der Analyse der gesammelten Sensordaten mithilfe von Dashboards.

4.3 Personal Mobile Devices

Durch Digital Connection wird es den Unternehmen möglich, den Kunden und Konsumenten so nah wie nie zuvor zu kommen und sie passend in bestimmten Umgebungen über mobile Geräte anzusprechen.

Smarte Technologien als Verbindungsglieder zwischen mobilen Endgeräten und Objekten
Dazu bieten sich für die Verbindung und den Datenaustausch smarte Technologien an, wie zum Beispiel RFID, NFC, Ultraschall, Bluetooth und andere. Als Indoor-Navigation ermöglichen sie einen ortsspezifischen Service, der den Kunden am Point of Sale direkt zu den Produkten führt. Informationen kommen so nicht nur den Konsumenten näher, sie leiten ihn sogar proaktiv. Durch die Integration in die Umgebung des Nutzers verändern sich die Anforderungen an das Marketing.

Personal Mobile Devices: Endgeräte im Rahmen der Customer Journey
Personal Mobile Devices sind im Rahmen der Digital Connection die Endgeräte, auf denen entlang der Consumer Journey eine entsprechende Kundenerfahrung zur Verfügung

4.3 Personal Mobile Devices

gestellt wird. Ein Personal Mobile Device ist ein mobiles Gerät, das sowohl kompakt wie auch leicht und für den portablen Gebrauch geeignet ist. Neue Datenspeicher-, Verarbeitungs- und Anzeigetechnologien ermöglichen es diesen kleinen Geräten, fast alles zu tun, was bisher traditionell mit Personal Computern gemacht wurde.

Verschiedene mobile Geräte können eingesetzt werden
In der Entwicklung von mobilen Geräten wurde eine primäre Klasse von Geräten als persönliche digitale Assistenten (PDAs) bekannt. Viele davon teilen sich gemeinsame Funktionen wie Touchscreen-Schnittstellen mit Farbdisplays, die Verknüpfung mit E-Mail- und Desktop-Softwareprogrammen sowie den Zugriff auf drahtlose Plattformen. Später, als sich drahtlose Netzwerke entwickelten, begann die Industrie, eine weitere Klasse von mobilen Geräten unter dem Namen Smartphones anzubieten, die den Nutzen eines Mobiltelefons und eines PDAs in einem Gerät kombinierten. Weitere Geräte sind Tablets oder auch kleine Notebooks und Wearables.

Multifunktionale Mobiltelefone
Ein Mobiltelefon ist ein drahtloses Handheld Device, das es Benutzern ermöglicht, unter anderem Anrufe zu tätigen. Die früheste Generation von Mobiltelefonen konnte nur Anrufe tätigen und empfangen und sie waren so sperrig, dass es unmöglich war, sie in einer Tasche zu tragen.

Später waren Mobiltelefone zusätzlich in der Lage, SMS-Nachrichten zu senden und zu empfangen. In der Weiterentwicklung wurden die Geräte kleiner und es kamen weitere Features, wie zum Beispiel Multimedia Messaging Service (MMS), mit dem Benutzer Bilder senden und empfangen können, hinzu. Die meisten dieser MMS-fähigen Geräte wurden mit Kameras ausgestattet, die es Benutzern erlaubten, Fotos zu erfassen, Beschriftungen hinzuzufügen und sie an Freunde und Verwandte zu senden, die auch MMS-fähige Telefone hatten. Die heutigen Mobiltelefone sind jedoch mit vielen zusätzlichen Features wie Web-Browsern, Spielen, Kameras, Videoplayern und sogar Navigationsanlagen versehen.

Intelligente Smartphones
Ein Mobiltelefon mit hochentwickelten Funktionen nennt sich Smartphone, während ein normales Mobiltelefon als Feature-Telefon bekannt ist. Ein Mobiltelefon arbeitet typischerweise in einem Mobilfunknetz, das aus Zellplätzen besteht, die in Städten, Landschaften und sogar Bergregionen verstreut sind. Wenn sich ein Benutzer in einem Bereich befindet, in dem es kein Signal von irgendeinem Zellstandort gibt, der zu dem Mobilfunkanbieter gehört, den er oder sie abonniert hat, können Anrufe nicht an diesem Ort platziert oder empfangen werden.

Von einem Smartphone wird erwartet, dass es eine leistungsfähigere CPU, viel Speicherplatz und RAM, eine breite Konnektivität und einen größeren Bildschirm als ein normales Handy hat. High-End-Smartphones laufen nun auf Prozessoren mit hohen Verarbeitungsgeschwindigkeiten gepaart mit geringem Energieverbrauch. Das heißt, sie erlauben es, 3D-Spiele zu spielen, im Web zu surfen, das Facebook-Konto zu aktualisieren, längere Texte zu schreiben, in WhatsApp zu chatten und weitere Apps zu nutzen.

Zusätzlich zu den oben erwähnten Features sind Smartphones auch mit innovativen Sensoren wie Beschleunigungssensoren oder sogar Gyroskopen ausgestattet. Beschleunigungsmesser sind verantwortlich für die Anzeige von Bildschirmen im Hoch- und Querformat, während Gyroskope es ermöglichen, Spiele für die Bewegung zu unterstützen.

Die frühesten Touchscreen-Smartphones nutzten resistive Touchscreen-Displays, für die die Verwendung von schlanken Zeige-Objekten (Styli oder Stylus in singulärer Form) erforderlich war. Die meisten der späteren Modelle jedoch, wie das iPhone und die meisten Android-Handys, verwenden kapazitive Displays, die auf Multi-Touch-Finger-Gesten reagieren.

Tablets oder auch Ultrabooks

Ein Tablet-PC ist ein tragbarer PC, der ein Hybrid zwischen einem persönlichen digitalen Assistenten (PDA) und Notebook-PC ist. Ausgestattet mit einem Touchscreen-Interface besitzt ein Tablet-PC in der Regel eine Software-Anwendung, die auch eine virtuelle Tastatur erzeugt. Viele Tablet-PCs unterstützen jedoch auch externe Tastaturen.

Tablet-PCs verfügen über integrierte Web-Browser-Funktionen, mehrere Konnektivitätsoptionen, kapazitive Touchscreens und Multimedia, einschließlich High-Definition-Unterstützung. Tablet-PCs sind auch mit Beschleunigungssensoren ausgestattet, die es Benutzern ermöglichen, Bildschirme im Hoch- oder Querformat anzuzeigen.

In der Diagonalen liegen die meisten Tablet-PC-Displays zwischen sieben und zehn Zoll. Einige Modelle laufen auf x86-Zentralverarbeitungseinheiten (CPU), aber viele verlassen sich auf Advanced-RISC-Machine-Prozessoren (ARM), die weniger Strom verbrauchen und eine längere Akkulaufzeit ermöglichen.

Wearables

Ein Wearable ist ein am menschlichen Körper getragenes Gerät. Diese Art von Geräten nehmen einen immer größeren Platz in der Gesellschaft ein, da es den Technologienfirmen mittlerweile gelungen ist, verschiedenste Gerätearten zu entwickeln, die klein genug sind, um ohne Problem getragen zu werden und die gleichzeitig über leistungsfähige Sensortechnologien verfügen, die Informationen über die Umgebung sammeln und liefern können. Wearables sind auch tragbare Gadgets, tragbare Tracker oder auch tragbare Small Devices.

Kurzum, es sind kleine Computer, die am Körper getragen werden und dem Träger als Schnittstelle in die digitale Welt dienen. Ein Wearable wird häufig für das Verfolgen von Vitalzeichen des Trägers oder für Daten verwendet, die Hinweise auf Gesundheit, Position oder sogar Biofeedback geben. Wearable-Geräte-Modelle können sich mit drahtlosen Systemen wie Bluetooth oder lokale Wi-Fi-Setups verbinden. Beispiele für tragbare Geräte sind verschiedene Arten von Computer-Armbanduhren wie die Apple iWatch, Fitness-Tracking-Geräte und die revolutionäre Google Glass, das erste Gerät seiner Art, das in eine Brille eingebettet ist. Einige wichtige Aspekte rund um tragbare Geräte sind die Privatsphäre, das Ausmaß, in dem sie soziale Interaktionen verändern und die verschiedenen Themen rund um benutzerfreundliches Design.

4.4 Smarte Technologien

Unter dem Oberbegriff smarte Technologien lassen sich innovative Technologien zusammenfassen, die digitale Touchpoints im Rahmen der Consumer Journey möglich machen.

- Digitale Touchpoints werden heute überwiegend über mobile Geräte empfangen.
- Mobile Touchpoints sind vor dem Kaufprozess und beim Kaufprozess mit dabei und wirken bis zum Kaufentscheid und darüber hinaus.

Digitaler Brückenschlag zum Kunden und Konsumenten
Um einen Touchpoint digital oder intelligent zu machen, werden smarte Technologien benötigt. Sie begleiten den Kunden entlang seiner Consumer Journey mit dem Produkt. Die smarten Technologien wie Beacons, NFC und Geofencing ermöglichen den digitalen „Brückenschlag" zum Kunden und besitzen in diesem Zusammenhang eine Trigger-Funktion.

Unterschiedlichste Verbindungen sind möglich
Eine technische Realisierung ist auf der Grundlage einer Vielzahl von unterschiedlichen Verfahren möglich, die zum einen zur direkten Auslösung einer Consumer Experience über das Mobiltelefon oder Lokalisierung von Endgeräten und des Kunden oder andere Verfahren eingesetzt werden können. Beim Einkaufen kann der Kunde zum Beispiel über Beacons auf Produkte oder Sonderangebote im Geschäft aufmerksam gemacht werden. Danach kann er über das Lesen des QR-Codes am Produkt oder des NFC-Tags detaillierte Hintergrundinformationen über das spezifische Produkt bekommen und sich gezielt informieren: Woraus besteht das Produkt, Maße und Größe, Inhaltsstoffe, Garantie, Verwendungs- und Reinigungshinweise etc. Nach dem Kauf kann der Gebrauch des Produktes über Benutzungshinweise oder Rezepte unterstützt werden, danach der Wiederkauf und die Weiterempfehlung.

4.4.1 Location-Based- und Proximity-Based-Technologien

Im Rahmen der lokations- und ortsbestimmten Verbindung zum Kunden lassen sich zwei unterschiedliche smarte Technologielösungen einsetzen.

Location-Based-Technologien
Location-Based-Technologien ermöglichen es, die aktuelle Nutzungssituation, das heißt den Standort des Kunden für Marketingzwecke zu nutzen, um Dienstleistungen und Informationen zu Angeboten ortsbezogen über mobile Endgeräte innerhalb eines bestimmten vordefinierten Einzugsgebietes zu kommunizieren.

Location-Based-Advertising (LBA) „ … is a new form of marketing communication that uses location-tracking technology in mobile networks to target consumers with location-specific advertising on their cell phones … LBA was described as a free, opt-in service from cell phone service providers. Results indicate that privacy concerns are high, and perceived benefits and value of LBA are low. LBA was relatively more effective when it becomes available upon explicit request by the consumer than when consumers are alerted to location-specific advertising or promotions for preferred product categories relevant to a specific location" (Limpf und Voorveld 2015).

Geofencing mithilfe von Location-Based-Technologien
Voraussetzung für das Location-Based-Marketing ist, dass der Kunde die GPS-Funktion (Global Positioning System) auf seinem Mobiltelefon aktiviert hat. Ziel ist es, die richtige Person am richtigen Ort zu erreichen. Mit dem Thema Location-Based-Marketing untrennbar verbunden ist der Begriff Geofencing. Beim Geofencing wird ein „unsichtbarer Zaun", zum Beispiel in Form eines WLAN-Netzes, um ein bestimmtes Gebiet errichtet. Betritt der Kunde dieses Gebiet, wird er vom Geofencing-System, in diesem Fall dem WLAN des Unternehmens, erfasst.

Dies setzt grundsätzlich eine Verbindung zu Mobilfunknetzen sowie eine Empfangsmöglichkeit von satellitengestützten GPS-Signalen voraus. Vor diesem Hintergrund sind derartige Verfahren nur bedingt geeignet, um innerhalb von Gebäuden eingesetzt zu werden.

Proximity-Based-Technologien
Proximity-Based-Technologien werden im Rahmen des Proximity-Marketings, einer tiefergreifenden Form des Location-Based-Marketings, eingesetzt. Im Gegensatz zum Location-Based-Marketing ist es beim Proximity-Marketing möglich, den Kunden zentimetergenau zu orten und Inhalte noch zielgerichteter auszuspielen, als dies beim Location-Based-Marketing möglich ist. Dadurch wird es einem Händler beispielsweise möglich, Kunden zu erreichen, die gerade am eigenen Geschäft vorbeilaufen. Die häufigsten Technologien, die im Zuge dieser Form des Marketings zum Einsatz kommen, sind Geofence/GPS, Bluetooth Low Energy (BLE) Beacons und WiFi.

4.4.2 Near-Response-Technologien

Near-Response-Technologien werden im sogenannten Near-Response-Marketing eingesetzt. Dabei werden Produkte, Produktverpackungen oder andere Werbeträger mithilfe von Sensoren und dem Mobiltelefon verbunden, um dann Informationen auf dem Mobiltelefon anzuzeigen. Zum Auslesen der hinterlegten Daten muss lediglich ein geeignetes Mobiltelefon in die unmittelbare Nähe der Sensoren gehalten werden.

Barcode und QR-Code
Zur Auswertung dieser Codes werden diese mit der Kamera eines Mobiltelefons erfasst und mittels einer Software dekodiert, um zum Beispiel eine Webseite aufzurufen. Im

einfachsten Fall enthält der QR-Code einen Weblink. Der Nutzer kann also diesen Weblink aufrufen, ohne den Link selbst über die Tastatur eingeben zu müssen. Im Vertrieb ergeben sich mit dieser Technologie ungeahnte Möglichkeiten – so können über QR-Codes auf den Produktverpackungen multimediale Produkt- und Anwendungsinformationen oder Hinweise abgerufen und somit den Kunden Entscheidungshilfen gegeben werden.

Auch in Verkaufsräumen können QR-Codes zur Orientierung eingesetzt werden, um den Abruf von Standort-, Sortiments- oder Bestandsinformationen zu ermöglichen. Auch Kundenbindungsmaßnahmen wie Rabattgutscheine, Coupons oder Bonusprogramme lassen sich einsetzen. Allerdings ist bei der Nutzung von QR-Codes ein QR-Code-Scanner als Voraussetzung von jedem Benutzer auf seinem Mobiltelefon zu installieren.

NFC-Tags oder -Transponder (Near Field Communication)
NFC-Tags sind kleine Transponder, die über die auf dem Mobiltelefon eingeschaltete NFC-Funktionalität und durch entsprechende Nutzerinteraktion Informationen auf dem Mobiltelefon bereitstellen. Als Nutzerinteraktion ist es schon ausreichend, das Telefon bis auf wenige Zentimeter an den Transponder anzunähern. Der NFC-Tag kann im Gegensatz zum QR-Code auch versteckt angebracht und platziert werden.

RFID-Transponder
Ähnlich können zur Markierung von Produkten auch Radio-Frequency-Identifier (RFID) eingesetzt werden, um Produkte in der Lieferkette und auch im Verkaufsraum zu lokalisieren und zu verfolgen. Im Gegensatz zu den NFC-Tags sind hier Lesereichweiten von mehreren Metern möglich. Das Erfassen und Auslesen der Transponder oder Tags erfolgt allerdings nicht mit Mobiltelefonen, sondern nur über spezialisierte Endgeräte.

4.4.3 Conversational-Technologien

Conversational-Technologien, Conversational Marketing oder Conversational Commerce zielen auf den Dialog mit dem Kunden in allen Phasen der Customer Journey ab. Der Kunde hat die Möglichkeit, mit den Unternehmen über unterschiedliche Kanäle, wie soziale Medien, Messenger-Dienste, Chatbots oder auch über Sprach-Assistenten zu kommunizieren. Ziel ist es, den Kunden mit einer natürlichen oder einer ähnlichen Sprache von einem Interessenten zu einem zufriedenen Kunden zu konvertieren.

Einseitige Kommunikation zwischen Unternehmen und Webseitenbesucher, wie es häufig über Kontaktformulare der Fall war, gehören der Vergangenheit hat. Heute suchen die Konsumenten den Dialog in Echtzeit mit den Unternehmen und zwar rund um die Uhr. Die zunehmende Integration von Spracherkennung und -verarbeitung, künstlicher Intelligenz und passiver Authentifizierung treiben den Trend.

4.4.4 Mixed-Commerce-Technologien und Augmented Reality

Mixed-Commerce-Technologien werden in einem sich fortschreitend entwickelnden Verkaufsfeld eingesetzt, das herkömmliche Kauferfahrungen vor Ort mit innovativen Virtual-Reality-Inhalten verknüpft und zu einer *immersiven Experience* mit Augmented Reality führt. Immersiv bedeutet in diesem Zusammenhang, dass der Nutzer direkt mit der virtuellen Welt interagieren und so zum Beispiel Produkte in einer passenden Umgebung ausprobieren und im Detail begutachten kann.

Verschmelzen der analogen und digitalen Welt
Dass die analoge und die digitale Welt miteinander verschmelzen und eins werden, ist keine Zukunftsvision – sondern eine Tatsache. Die dynamische Interaktion der realen Welt mit digital produzierten Inhalten bietet dem Nutzer eine vollkommen neuartige, realitätsbezogene Erfahrung seiner Umwelt, die von Firmen gewinnbringend zur Profilierung ihrer Produkte eingesetzt werden kann.

Augmented Reality
Augmented Reality kombiniert Akustik, Optik und Haptik. Die haptische Wahrnehmung ermöglicht den Nutzern, Objekte zu erfühlen, beispielsweise deren Größe, Oberflächenstruktur oder Konturen. Ein zentraler Vorteil von Augmented Reality liegt darin, dass durch Interaktion und Animation motorische Aktivitäten beim Nutzer ausgelöst werden und die Inhalte bewusst wahrgenommen und erlebt werden. Visuelle und haptische Inhalte ergänzen sich. Der Benutzer ist dabei eingebunden und gestaltet den Inhalt, den er sieht, selbst mit. Obwohl die mit Augmented Reality dargestellten virtuellen Objekte lediglich auf dem Bildschirm der Mobilgeräte berührt werden, entsteht durch die Möglichkeit von Drehen und Klicken eine haptische Wahrnehmung des Gegenstands.

4.4.5 Push- versus Pull-Technologien

Insgesamt können smarte Technologien verwendet werden, um moderne, innovative, mobile Dienste und Services für den Kunden anzubieten und zwar entweder im Pull- oder im Push-Modus.

Seit etwa dem Jahr 2005 gibt es bereits Content-Marketing-Maßnahmen und Userorientierte Kommunikation mit Pull-Ansätzen. Diese versuchen, näher auf den individuellen Konsumenten und dessen Interessen einzugehen.

Pull- und Push-Technologien als mögliche Varianten
Der Weg zum Kunden kann zum einen darüber führen, dass der Kunde sich aktiv um den für ihn relevanten Content bemüht, sich von ihm angesprochen fühlt – *Pull* –, wenn er ihn

als interessant, unterhaltsam und informativ empfindet. Der Kunde wird aktiv und entscheidet selbst. Beispiele für smarte Pull-Technologien sind NFC, QR-Code, Augmented Reality oder Barcode.

Demgegenüber steht der *Push-Effekt*, bei dem der Kunde Content auf seinem Smartphone erhält, egal ob er das möchte oder nicht. Der Content wird „hereingedrückt", „hereingeschubst", also gepusht. Beispiele für smarte Push-Technologien sind Location-Based-Technologien, wie Geofence/GPS, Beacons oder WLAN.

Orientierung hin zum Pull-Marketing
Auf den Bereich des Online Marketings übertragen basiert Pull-Marketing darauf, dort sichtbar und vertreten zu sein, wo der ideale Kunde oder eine bestimmte Zielgruppe eines Unternehmens präsent ist. Man sollte als Unternehmen also Teil dieser Community werden und Mitglieder dazu anregen, das Unternehmen in ihren Kontaktkreis aufzunehmen.

Um es mit den Worten Greg Verdinos, Autor des Buches *microMARKETING*, auszudrücken (Marketing Börse 2012): „Pull bedeutet, dass wir zu ihnen [Kunden] gehen, ihren Communities beitreten und ihnen einen Grund geben, uns freiwillig in ihre persönliche Media-Erfahrung einzubeziehen. Wir unterbrechen sie nicht. Sie entscheiden sich für uns. Der Schlüssel zu einem erfolgreichen Pull-Marketing liegt demnach darin, einen Grund für freiwilliges Engagement mit einem Unternehmen zu liefern." Der im Anschluss an die Anforderung gelieferte Service gilt per se als relevant, weil er vom Kunden selbst aktiviert wurde.

4.5 Smarte Technologien und Personal Mobile Devices

Durch die Kombination von mobilen Endgeräten mit den smarten Technologien ergeben sich neue innovative Marketingmöglichkeiten für Unternehmen und Marken sowie Kontaktpunkte zwischen dem Kunden und der Marke.

Neue Kontaktpunkte zwischen Marke und Kunde
Diese zeichnen sich durch folgende Eigenschaften aus:

- *Orts- und Zeitunabhängigkeit*: Räumliche Begrenzungen werden aufgehoben. Durch die Mobilität der Mobiltelefone können Marketingmaßnahmen an jedem Ort, an dem sich der Konsument befindet, abgerufen werden. Dies gilt ebenso für die zeitliche Verfügbarkeit und Erreichbarkeit des Konsumenten, die über das Mitführen ständig aktivierter Endgeräte erhöht wird („always on").
- *Interaktivität*: Die Interaktion wird neben der Tastatureingabe auf intuitive Aktionen wie Gesten und Berühren erweitert und vereinfacht.
- *Responsivität* in der Benutzerschnittstelle, die sich flexibel an die Hardware und an die Nutzungssituation anpasst.

- *Multimedialität*: Medienvielfalt, das heißt die Darstellung und das Abspielen von verschiedensten Medieninhalten auf der einen Seite und die Darstellung der Realität angereichert durch virtuellen Informationen (Mixed Reality) auf der anderen Seite, erlauben ein neues multimediales Erlebnis.
- *Ortsbezogenheit*: Die Nutzung der Mobiltelefone kann durchaus personalisiert erfolgen, da über das Tracking der IP des Mobiltelefons der Aufenthaltsort identifiziert werden kann.
- *Kontextbezogenheit*: Die Hinterlegung von Nutzungsprofilen in sozialen Netzen erlaubt es, dass auf den Nutzer gezielter mit Marketingmaßnahmen eingegangen werden kann.
- *Objektbezogenheit*: Objekte können automatisch erkannt („mobile tagging") und in die Marketingmaßnahmen interaktiv einbezogen werden.

4.6 Content und Services

Mit Content wird informiert und unterhalten, damit potenzielle Kunden vom Unternehmen und seinen Produkten überzeugt werden und als Kunden gewonnen werden können oder aber auch, um bestehende Kunden besser zu binden. Von der klassischen Werbung unterscheidet sich der angebotene Content einer Digital Connection durch personalisierte Inhalte, die auf den aktuellen Kontext des Nutzers angepasst und einfach zugänglich sind und auf den persönlichen Endgeräten gespeichert werden können.

„Content is King"
Content ist der Schlüssel zum Erfolg für die Digital Connection oder anders ausgedrückt: „Content is King". Diese legendäre Regel hat auch in einer Digital Connection noch Bestand und steht im Mittelpunkt der Anstrengungen, relevante Inhalte zum richtigen Zeitpunkt, adressaten- und zielgruppengerecht, am richtigen Ort anzubringen.

Die Hauptziele hinter dem Content sind neben Interaktionen wie zum Beispiel Lead-Generierung, Bestellungen etc. auch Kundenbindung sowie der Markenaufbau.

Vielfältige Content-Arten und -Möglichkeiten
Content kann nach verschiedensten Kriterien gegliedert und beschrieben werden:

- Textinhalte wie Artikel, Whitepaper, E-Books, Newsletter und andere Textbeschreibungen bilden den klassischen Content, da er traditionell auf Webseiten zu finden ist.
- Audio-Inhalte, d. h. Inhalte, die über gesprochene Texte oder auch über Melodien oder Musik transportiert werden: Hierunter fallen Podcasts, die als Dateien im MP3-Format zum Download angeboten werden und die wie eine Radiosendung wirken. Zu den Audio-Inhalten zählt natürlich auch Musik. Viele Marken und Produkte verbinden wir heute mit Jingles oder Liedern, die über die jahrlange Penetration mittlerweile einen hohen Wiedererkennungswert haben. Ein Beispiel ist die Bacardi-Musik „Summer Dreaming".

4.6 Content und Services

- Video-Content ist ein anspruchsvoller und sehr spannender Content. Eine Vielzahl möglicher Varianten kann durch folgende Fokussierung beschrieben werden: Produktvideos, Image-Videos, Werbespots, Behind-the-Scenes-Videos, persönliche Interview-Videos, animierte Videos, Tutorials, Musik-Videos oder auch Webcasts.
- Webinare, d. h. Seminare, die online abgehalten werden, dienen zur Vermittlung von Wissen und Hintergrundinformationen rund um ein Produkt oder eine Marke.
- Bilder sind Grafiken und Fotos. Sie stehen in einer Vielzahl von grafischen Varianten zur Verfügung. Sie reichen von Produktbildern über animierte Grafiken, Infografiken, Comics und Karikaturen, Illustrationen bis hin zu Icons, Diagrammen, Charts und Screenshots.
- Online-Magazine bilden ein Printmagazin online ab und reichen von einem eingescannten, grafisch optimierten und über eine Blätterfunktion online angebotenen Werbeflyer oder -prospekt bis hin zu interaktiven und animierten Magazinen. Dort können weitere Links eingebunden werden, Videos angeschaut und auch spielerische Elemente angeklickt werden.
- Engaging oder interaktiver Content fordert den Benutzer zum Mitmachen auf. Er muss sich aktiv mit den Inhalten auseinandersetzen und tritt in Interaktion damit. Beispiele sind hier Online-Umfragen, Online-Spiele oder Wettbewerbe.

Guter, interessanter und kundenorientierter Content

Was macht guten oder geeigneten Content aus? Er muss erst einmal relevant für den Nutzer sein. Er sollte einen Mehrwert für den Nutzer bieten, d. h. er kann informieren oder unterhalten, je nachdem was die Intention des Nutzers war. Und zu guter Letzt muss er hochwertig und fachlich wie auch sprachlich oder grafisch in einer sehr guten Qualität sein. Nur dann erreicht er den Kunden.

Ein guter Content zeichnet sich auch durch folgende weitere Kriterien aus: verständlich, einfach, prägnant, anregend, aktuell, einzigartig, einfangend und überraschend.

Die zielgruppen- und kontextgerechte Aufbereitung der Inhalte ist allerdings einer der entscheidenden Punkte. Kontextgerecht bedeutet in diesem Zusammenhang: Wo hole ich den Nutzer gerade ab? Vor der Bestellung, während der Bestellung oder danach? Welche Implikationen hinsichtlich der Nutzerintention lassen sich aus bestimmten Suchphrasen ableiten?

Was macht guten Content aus?

Zusammenfassend lassen sich folgende primäre Kriterien für guten Content ableiten:

- Nutzen für den Empfänger: das heißt der Inhalt selbst, der für den User relevant und interessant sein muss und ihn bestenfalls sogar begeistert.
- Kontextbasierte Ausrichtung der Inhalte: Was war die Intention des Nutzers, wo befindet sich der Nutzer gerade, wie ist seine Stimmung?
- Usability: das heißt das Ausmaß, in dem der Content in einem bestimmten Anwendungskontext genutzt werden kann, um seine Ziele effizient, effektiv und zufriedenstellend zu erreichen.

4.7 Experience im Rahmen der Costumer Journey

Um Kunden und Konsumenten möglichst effizient anzusprechen, sollten Marketing-Fachleute deren Entscheidungsprozess besser kennen und einschätzen können, vom ersten Kontakt oder auch nur Interesse bis hin zum tatsächlichen Kauf und zum Gebrauch und Nutzung eines Produktes. Das detaillierte Wissen über die Customer Journey ist die Grundlage, um die richtige Customer Experience oder Kundenerfahrung zu erzeugen. Nur wer weiß, welche Rolle unterschiedliche Touchpoints bei der Kaufentscheidung spielen, kann datengestützt digitale Werbung sinnvoll ausspielen.

Customer Experience als Grundlage für die erfolgreiche Kunden- und Markenbindung
Die entsprechende Customer Experience ist der Schlüssel zur erfolgreichen Kunden- und Markenbindung. Was ist aber die Kundenbindung und wie entsteht diese? Man spricht von Kundenbindung, wenn aus einem einmaligen Kauf eine Beziehung zur Marke oder zum Unternehmen geworden ist. Neben den guten Produkten und zuverlässigen Services, die der Kunde erwirbt, ist ein wesentlicher Treiber der Kundenbindung das Übertreffen der Kundenerwartungen über den reinen Kauf hinaus. Wie aber soll das gehen?

Customer Experience als Summe aller positiven Erfahrungen mit dem Produkt oder der Marke
Customer Experience entsteht überall dort, wo die Kunden mit einem Unternehmen oder einer Marke in Berührung kommen. Sie ist kein isoliertes Ereignis, sondern die Summe aller Erfahrungen, die die Kunden an den verschiedenen Touchpoints mit der Marke oder dem Unternehmen machen. Warum ist Consumer Experience wichtig? Jeder einzelne Kontakt beeinflusst die Kauf- und Weiterempfehlungsbereitschaft der Kunden. Je mehr gute Erlebnisse für die Kunden geschaffen werden, desto stärker erhöht sich die Kundenbindung.

Stärkere Kundenbindung zahlt sich aus
Das zahlt sich aus:

- Stärkere Kundenbindung: Positive Erlebnisse erhöhen die erneute Kaufbereitschaft und Loyalität der Kunden. Loyale Kunden empfehlen viermal häufiger ein Produkt, Service oder Unternehmen und kaufen mit fünfmal höherer Wahrscheinlichkeit erneut ein. Außerdem sind loyale Kunden deutlich stärker bereit, neue Angebote auszuprobieren.
- Höherer Net Promoter Score (NPS), denn zufriedene Kunden zeigen eine höhere Weiterempfehlungsbereitschaft.
- Größerer Share of Wallet: Kunden sind bereit, für gute Erfahrungen mehr zu bezahlen. Kunden mit sehr guten Erfahrungen geben im Vergleich bis zu 140 Prozent mehr Geld innerhalb eines Jahres aus.
- Wettbewerbsvorteile: Gute Erfahrungen sind schwer nachzuahmen und somit ein Differenzierungsmerkmal gegenüber Wettbewerbern

4.7 Experience im Rahmen der Costumer Journey

Customer-Experience-Strategien gewinnen immer mehr an Bedeutung. Sie haben ein attraktives und stringentes Markenerlebnis der Kunden zum Ziel, das über eine Vielzahl unterschiedlichster Touchpoints ausgespielt wird.

> **Fazit**
>
> Eine neue zielgruppenorientierte Consumer Experience ist der Schlüssel zum Erfolg unter Ausnutzung der Digital Connection. Den richtigen Content zur richtigen Zeit am richtigen Ort über den adäquaten Kanal und an den Kunden individualisiert ausgespielt, lässt den Kunden eine Customer Experience erleben, die er erwartet und nachfragt.
>
> Um solche Kampagnen zu gestalten, zu erstellen und zu schalten, bedarf es nicht nur Ideen und Konzepte, sondern auch digitaler Tools und Plattformen. Die einzelnen Bestandteile einer Digital Connection sind grundsätzlich in einer Digital-Connection-Architektur beschrieben.
>
> Die Digital-Connection-Architektur besteht aus verschiedenen Bausteinen, die effizient und zielgerichtet bei einer Kampagne zusammenwirken müssen: Im Mittelpunkt stehen IoT-Plattformen, die Mobile Devices und mit Sensoren ausgestattete Objekte miteinander verbinden und Content einspielen, den der Kunde im Rahmen seiner Consumer Journey abruft und nutzt.
>
> Im Rahmen einer Digital-Connection-Strategie und -Kampagne sind die verschiedenen Elemente der Architektur, wie die IoT-Plattform, Personal Mobile Devices, smarte Technologien oder Sensoren und entsprechender Content zu orchestrieren und auf den Kunden auszurichten.
>
> In Abb. 4.2 sind die einzelnen Bausteine der Digital-Connection-Architektur zusammengefasst.

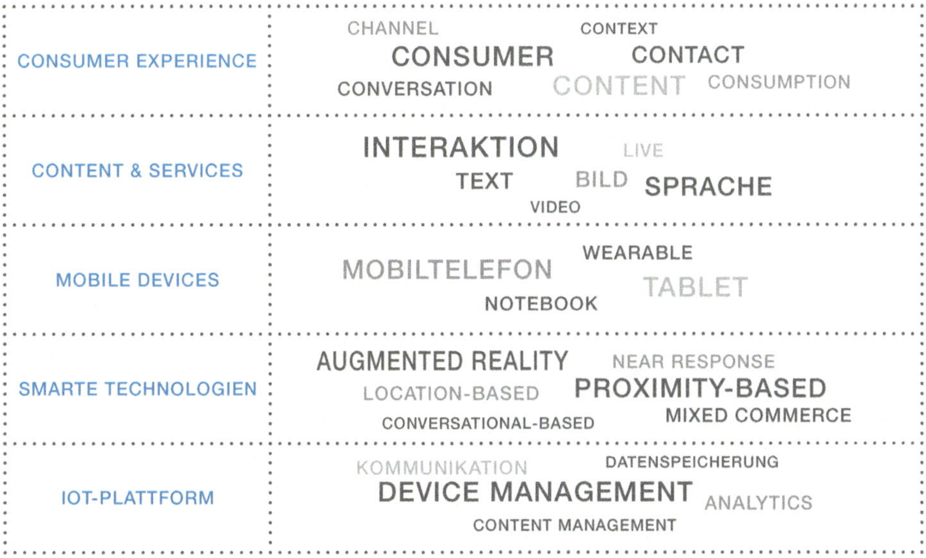

CONSUMER EXPERIENCE	CHANNEL CONTEXT CONSUMER CONTACT CONVERSATION CONTENT CONSUMPTION
CONTENT & SERVICES	INTERAKTION LIVE TEXT BILD SPRACHE VIDEO
MOBILE DEVICES	WEARABLE MOBILTELEFON TABLET NOTEBOOK
SMARTE TECHNOLOGIEN	AUGMENTED REALITY NEAR RESPONSE LOCATION-BASED PROXIMITY-BASED CONVERSATIONAL-BASED MIXED COMMERCE
IOT-PLATTFORM	KOMMUNIKATION DATENSPEICHERUNG DEVICE MANAGEMENT ANALYTICS CONTENT MANAGEMENT

Abb. 4.2 Bausteine der Digital-Connection-Architektur

Literatur

Limpf, N., und H. Voorveld. 2015. Mobile location-based advertising: How information privacy concerns influence consumers' attitude and acceptance. *Journal of Interactive Advertising* 15 (2): 111–123. http://www.tandfonline.com/doi/abs/10.1080/15252019.2015.1064795?tab=permissions&scroll=top. Zugegriffen: 03. Okt. 2017.

Marketing Börse. 2012. Push und Pull (Online) Marketing. https://www.marketing-boerse.de/Fachartikel/details/1245-Push-und-Pull-Online-Marketing/39064. Zugegriffen: 22. Nov. 2017.

Porter, E., und J. Heppelmann. 2014. How smart, connected products are transforming competition. *Harvard Business Review*, November, 65–90.

Personal Mobile Devices 5

Inhaltsverzeichnis

5.1	Personal Mobile Devices im Marketing.	130
5.2	Mobiltelefone und Smartphones	131
	5.2.1 Entwicklung des Mobilfunks	131
	5.2.2 Aufbau und Funktionsweise	132
	5.2.3 Mobilfunk-Infrastruktur	134
5.3	Tablets und Pads.	134
	5.3.1 Entwicklung von Tablets und Pads	134
	5.3.2 Aufbau und Funktionsweise	136
5.4	Wearables.	137
	5.4.1 Aufbau und Funktionsweise von Wearables	137
	5.4.2 Ausprägungen und Anwendungen.	139
5.5	Betriebssysteme.	142
	5.5.1 Google Android und Apple iOS.	142
	5.5.2 Andere Betriebssysteme.	144
5.6	Anwendungen und Apps	145
5.7	Connectivity-Schnittstellen	146
	5.7.1 Antenne – Funken und Orten.	148
	5.7.2 Mikrofon – Sprechen und Telefonieren	149
	5.7.3 Kamera – Filmen und Fotografieren	150
	5.7.4 Touchscreen – Eingeben und Ausgeben.	151
	5.7.5 Beschleunigungssensor – Spielen und Navigieren	152
	5.7.6 Zusätzliche intelligente Sensoren	153
Literatur.		155

Elektronisches Zusatzmaterial Die Online-Version für das Kapitel (https://doi.org/10.1007/978-3-658-18759-0_5) enthält Zusatzmaterial, das berechtigten Benutzern zur Verfügung steht. Oder laden Sie sich zum Streamen der Videos die „Springer Multimedia App" aus dem iOS- oder Android-App-Store und scannen Sie die Abbildung, die den „Playbutton" enthält.

© Springer Fachmedien Wiesbaden GmbH, ein Teil von Springer Nature 2018
T. Kruse Brandão, G. Wolfram, *Digital Connection*,
https://doi.org/10.1007/978-3-658-18759-0_5

> **Zusammenfassung**
>
> Die Zahl und Vielfalt von mobilen Endgeräten oder Personal Mobile Devices hat enorm zugenommen. Die Palette umfasst Smartphones, Tablets, Laptop und zunehmend Wearables. Ihre stetig wachsende Nutzung revolutioniert das digitale Marketing. Potenzielle Kunden haben längst den Platz vor dem PC verlassen und surfen mit Tablet oder Smartphone von der Couch aus oder Unterwegs. Sie sind nahezu kontinuierlich mit dem Internet verbunden. Daher wird mobiles, digitales Marketing zunehmend unverzichtbar. Durch das Erkennen des jeweiligen Kontextes kann Werbung über Personal Mobile Devices noch effizienter ausgespielt werden, nämlich genau dann, wenn sich der potenzielle Kunde zum Beispiel in der Nähe des Ladenlokals befindet.
> Im digitalen Marketing werden ganz neue Anforderungen an die umzusetzenden Maßnahmen gestellt. Bei ihrer Gestaltung sind vor allem die von den Personal Mobile Devices angebotenen Funktionen und Schnittstellen zu beachten und die jeweiligen Marketingmaßnahmen perfekt auf die Bedürfnisse der mobilen Nutzer abzustimmen.

5.1 Personal Mobile Devices im Marketing

Heute besitzt fast jeder ein Smartphone oder andere mobile Endgeräte wie Tablets oder Wearables, sogenannte Personal Mobile Devices. Diese sind immer in der Nähe und griffbereit und es lassen sich damit praktisch jederzeit Informationen empfangen, aufnehmen und auch senden.

Mobile Only
Die mobile Internetnutzung nimmt dramatisch zu und wächst von Jahr zu Jahr. Besonders auffällig ist der starke Anstieg der Internetnutzung über mobile Endgeräte. Dieser Trend wird sich weiter fortsetzen und viele Geschäftsprozesse in der Industrie, im Handel und auch im Marketing verändern. Es geht nicht mehr nur um den Einkauf über mobile Endgeräte, die Informationssammlung vor dem Kauf oder den Preisvergleich über das Internet. Nein, das mobile Internet wird überall beim Kunden oder Konsumenten dabei sein – in all seinen Lebensbereichen.

Mobile Marketingstrategien gefordert
Für das Marketing hat diese Entwicklung enorme Auswirkungen. Die klassischen Marketingstrategien haben ausgedient und werden sich zu mobilen Marketingstrategien wandeln müssen. In diesem Zusammenhang ist es umso wichtiger, sich mit den Personal Mobile Devices zu beschäftigen und die Möglichkeiten auszuloten, die diese Geräte für innovatives und modernes Marketing sowie die Markenkommunikation in der Zukunft bieten.

Steigende Rolle von Personal Mobile Devices in der Customer Journey
Dabei geht es einmal um die Frage, welchen Content der User eines Mobiltelefons nutzen kann und welche Interaktionsmöglichkeiten er mit dem Produkt, dem Service, dem Markenartikelhersteller oder dem Unternehmen wählen kann. Und es geht um die

verschiedenen smarten Verbindungstechnologien, die im Rahmen der Mobiltelefon-Nutzung eingesetzt werden können, um einen Touchpoint in der Customer Journey zu nutzen.

5.2 Mobiltelefone und Smartphones

Mehr noch als der PC oder das Internet haben es Handys, Smartphones oder Mobiletelefone geschafft, das Leben der Menschen in praktisch allen Lebensbereichen zu verändern. Die mobile Welle zeigt auch nachhaltige Auswirkungen auf das geschäftliche Umfeld.

Mark Wächter bemerkt in seinem Buch *Mobile Strategy – Marken- und Unternehmensführung im Angesicht des Mobile Tsunami* dazu richtig: „Unternehmenslenker müssen sehr schnell lernen, wie sie im Zeitalter der Smart Devices Marken führen und ihre Firma für die Begegnung mit der Riesenwelle wappnen" (Wächter 2016).

Ein Mobiltelefon wird heute mit unterschiedlichsten Begriffen belegt: Handy, Funktelefon, Smartphone oder GSM-Telefon, nach dem Mobilfunkstandard GSM benannt. Ein Mobiltelefon bezeichnet ein tragbares, über Funk mit dem Telefonnetz kommunizierendes Gerät. Dieses lässt sich ortsunabhängig einsetzen. Weltweit wurden im Jahr 2013 mehr Smartphones, das sind internetfähige Mobiltelefone mit berührungsempfindlichem Bildschirm, verkauft als herkömmliche Mobiltelefone.

5.2.1 Entwicklung des Mobilfunks

Der Ursprung des Mobilfunks reicht bis in die Anfänge des neunzehnten Jahrhunderts zurück. 1926 gab es den ersten Telefondienst in der ersten Klasse der Deutschen Reichsbahn auf der Strecke zwischen Berlin und Hamburg. Die ersten Mobilfunkgespräche erfolgten dann 1946 über Geräte, die in Kraftfahrzeugen montiert waren, sogenannte Autotelefone. Dazu bot die Firma Bell Telephone Company aus den USA einen mobilen Telefondienst an, über den erste Gespräche liefen (Rothweiler 2016).

1958 kamen die ersten verwendbaren Autotelefone in Deutschland auf und wurden im sogenannten A-Netz verwendet. Zunächst wurde die Größe der Geräte durch die eingesetzten Vakuumröhren bestimmt, mit der Einführung von Transistoren konnte die Größe reduziert werden. Die Gespräche wurden zunächst handvermittelt, ab 1972 wurde auf ein Netz umgestellt, welches Selbstwählverbindungen ermöglichte, das B-Netz.

1973 – Erster Prototyp des Mobiltelefons
Ein Motorola-Entwicklerteam brachte im Jahre 1973 den ersten Prototyp eines Mobiltelefons heraus, möglich durch leistungsfähige Antennen und portablen Akku.

1985 – Entwicklung analoger und digitaler Mobilfunknetze
Ab 1985 erfolgte in Deutschland und Österreich der Markteintritt für das analoge C-Netz. Damals war die erreichte Sendeleistung der Telefone sehr gering. Die Telefone sahen aus wie kleine Kästen mit Tragegriff und anhängendem Telefonhörer.

Das änderte sich mit dem Einzug flächendeckender digitaler Mobilfunknetze wie dem D-Netz Ende der achtziger Jahre/Anfang der neunziger Jahre in Deutschland, Österreich und der Schweiz. Die Größe und die notwendige Batterieleistung der Mobiltelefone wurden weiter reduziert. 1992 nahmen in Deutschland die Netze D1 mit dem Betreiber DeTeMobil Deutsche Telekom Mobilfunk und D2 mit dem Betreiber Mannesmann Mobilfunk den Betrieb auf.

2001 – Entwicklung von UMTS-Netzwerken
Gefolgt wurde die Entwicklung durch die Inbetriebnahme und kommerzielle Nutzung des ersten UMTS-Netzes 2001 in England. Mit UMTS konnten internetbezogene Anwendungen über Mobiltelefone besser genutzt werden, da die Datenraten erheblich erhöht werden konnten. Die Mobiltelefone wurden von der Bauart wieder größer, da über einen größeren Touchscreen-Bildschirm die Bedienung der Internet-Anwendungen benutzerfreundlicher gestaltet werden konnte.

2009 – Entwicklung von Mobilfunknetzen der vierten Generation
In den darauffolgenden Jahren erhöhten sich die Datenraten und Geschwindigkeiten der Mobilfunknetze. Verfügbar waren Ende 2009 die Mobilfunknetze der vierten Generation (4G) und mit LTE und später LTE-Advanced erhöhten sich die maximal möglichen Datenraten nochmals.

5.2.2 Aufbau und Funktionsweise

Ein Mobiltelefon setzt sich zusammen aus einem Mikrofon, einem Lautsprecher, einer Tastatur, einer Anzeige und einem steuernden Mikrocontroller. Zusätzlich besitzt es den obligatorischen Funkteil (Sendeempfänger, Antenne) und einen wiederaufladbaren Speicher, den Akku, der die eigene Stromversorgung regelt.

SIM-Karte für den Betrieb des Mobiltelefons
Zum Betrieb eines Mobiltelefons ist eine SIM-Karte notwendig, die vom Mobilfunkanbieter bezogen werden kann. Sie dient zur Identifizierung des Benutzers im jeweiligen Funknetz, aber auf der Chipkarte werden weitere Daten gespeichert, wie Kurzmitteilungen, Media-Dateien und Telefonnummern.

GSM-Mobilfunkstandard für die digitale Funktelefonie
Mobiltelefone in Europa arbeiten heute nach dem Standard Global System for Mobile Communications (GSM), ein Mobilfunksystem, das den weltweit technischen Funkstandard für digitale Funktelefonie bildet. GSM stellt den global am weitesten verbreiteten Standard für digitale Mobilfunknetze dar, der überwiegend für die Telefonie genutzt wird, aber auch zur Übertragung von Kurzmitteilungen und Daten.

5.2 Mobiltelefone und Smartphones

Mehrere Generationen von Mobiltelefonen

Mehrere Generationen von Mobilfunktelefonen können unterschieden werden:

- 1G: Analoge Systeme der ersten Generation hat GSM Anfang der 1990er abgelöst. Das entsprach in Deutschland dem A-, B- und C-Netz.
- 2G: Der Standard der zweiten Generation wurde zunächst als D- und ab 1994 auch als E-Mobilfunknetz bekannt. Es erfolgte der Übergang zur digitalen Datenübertragung. Mithilfe von GPRS (General Packet Radio Service) und EDGE (Enhanced Data Rates for GSM Evolution) wurden die GSM-Mobilfunknetze weiter ausgebaut. EDGE ermöglicht auch in solchen Regionen einen mobilen Internetzugang, in denen heute kein UMTS-Netz empfangen wird. Bei beiden Übertragungstechniken, GPRS und EDGE, erfolgt die Datenübertragung in Paketen, die zunächst einzeln übermittelt und beim Empfänger dann wieder zusammengesetzt werden.
- 3G: In der nächsten Generation der Mobilfunkgeräte gab es zwei Standards, das Universal Mobile Telecommunications System (UMTS, als eine Weiterentwicklung von GSM) und den Code Division Multiple Access (CDMA, hier CDMA2000), der vor allem in den USA weit verbreitet ist. Beide waren zunächst nicht miteinander kompatibel.
  Die kommerzielle Einführung von UMTS in Deutschland erfolgte im Jahre 2003. Das war die Voraussetzung für die schnelle Übertragung großer Datenmengen. Mit UMTS wurde dann auch die Nutzung von multimedialen Anwendungen wie das Abspielen von Musik oder Videos oder das Surfen im Internet unterwegs einfacher.
- 4G basiert auf LTE (Long Term Evolution, langfristige Entwicklung) und folgt auf die vorigen Standards. Bei der LTE-Entwicklung ging es um die Entwicklung eines weltweit einheitlichen Standards und der weiteren Steigerung der Übertragungsraten.
- Mit der Zunahme an mobilen Anwendungen und Datenübertragungen steigen auch die Anforderungen an leistungsfähige Mobilfunknetze. Obwohl 4G noch nicht flächendeckend verfügbar ist, arbeitet die Industrie bereits am Nachfolger, der frühestens 2020 verfügbar sein wird: 5G.
  Der Standard wird um ein Vielfaches schneller sein als LTE und deutlich mehr Datenvolumen verarbeiten können. Während es mit 4G (LTE) noch etwa 40 Sekunden dauert, um eine 800 MB große Datei herunterzuladen, verkürzt sich diese Zeit mit 5G auf gerade einmal eine Sekunde. Auch wird die Nutzung von 5G stromsparender sein und Übertragungslatenz-Zeiten von unter einer Millisekunde mit sich bringen. Anwendungen und Systeme mit 5G reagieren dann fast in Echtzeit, ohne langes Warten.

Generation	2G	3G	3G	3G	4G	4G	5G
Technik	GSM	UMTS	HSPA	HSPA+	LTE	LTE+	5G
Max. Geschwindigkeit (in MB/s)	<0,03	< 0,05	0,9	5,25	18,75	125	1.250

Abb. 5.1 Übersicht Mobilfunkgenerationen (Schanze 2017)

Abb. 5.1 zeigt die Geschwindigkeiten der Mobilfunkstandards im Überblick (LTE+ wird auch als LTE-A oder LTE Advanced bezeichnet)

5.2.3 Mobilfunk-Infrastruktur

Der Mobilfunkbetreiber stellt die notwendige Infrastruktur zur Nutzung der Mobilfunktechnologie zur Verfügung. Alle Netze sind mit GSM-, UTMS- und LTE-Technik ausgerüstet. Bei GSM und UTMS gab es allerdings Unterschiede in Amerika, Europa und Asien, die durch den weltweit einheitlichen Standard LTE inzwischen verschwunden sind.

Flächendeckende Erreichbarkeit und Übertragungsqualität
Das Erfolgsrezept des Mobilfunks sind die flächendeckend gute Erreichbarkeit und die Übertragungsqualität. Beides erreichen die Mobilfunkbetreiber mit den zahlreichen, nebeneinanderliegenden, wabenartig vernetzten Funkzellen, dem zellularen Aufbau der Mobilfunknetze. Die Größe der Funkzellen variiert von zehn Metern über 100 Meter bis hin zu Kilometern, je nach Sendeleistung beziehungsweise Empfangsempfindlichkeit sowie der Topografie und Bebauung.

Funkzellen ermöglichen die Ortung von Mobiltelefonen
Jede Funkzelle verfügt über eine Mobilfunkbasisstation, bestehend aus einer Sende- und Empfangseinheit. Ein Gespräch beziehungsweise eine Verbindung wird immer zwischen dem Mobiltelefon und der in der Nähe liegenden Sendeanlage aufgebaut. Die Basisstation versorgt die Funkzelle mit Empfang und registriert gleichzeitig, welche Mobiltelefone in ihrem Bereich eingeschaltet sind. Nach diesem Prinzip kann überall auf der Welt jedes Mobiltelefon innerhalb von Sekunden gefunden und angerufen werden.

Hochfrequente elektromagnetische Funkwellen bilden die Grundlage für das mobile Telefonieren. Sie sind das Transportmedium. Mit Lichtgeschwindigkeit übertragen sie die Informationen vom Mobiltelefon zur nächstgelegenen Basisstation und umgekehrt. Sprache und Daten werden digitalisiert, in Funkwellen umgewandelt und gesendet oder empfangen.

Die Basisstationen empfangen die Funksignale von den Mobiltelefonen und leiten sie über Kabel- oder auch Funkverbindungen an entfernte Vermittlungsstellen weiter. Diese leiten dann die Gespräche zum Empfänger, zunächst über Kabelverbindungen und anschließend wieder über Funk.

5.3 Tablets und Pads

5.3.1 Entwicklung von Tablets und Pads

Ein Tablet, übersetzt ins Deutsche „Schreibtafel", oder ein Tablet-Computer ist ein flacher, leichter und tragbarer Computer. Er hat keine Hardware-Tastatur, sondern wird über einen Touchscreen bedient, einen berührungsempfindlichen Bildschirm. Dieser übernimmt die gesamte Steuerung des Tablets inklusive der softwareseitigen Emulation der Tastatur (Gabler Wirtschaftslexikon 2017).

Ähnliche Handhabung wie Mobiltelefone
Tablets lassen sich einfach bedienen und handhaben. Grund dafür ist zum einen der berührungsempfindliche Bildschirm und zum anderen ihre Größe und ihr Gewicht. Tablets sind in punkto Leistungsumfang, Bedienung und Design modernen Mobilfunkgeräten ähnlich. Die Grenzen verschwinden allmählich, da Mobiltelefone immer größer werden, wie zum Beispiel sogenannte Phablets, Smartphones ab 5,5 Zoll Bildschirmgröße. Aufgrund der Bildschirmtastatur, die nur bei Bedarf eingeblendet wird, eignen sich Tablets weniger gut für das Schreiben größerer Textmengen.

Die Tablets nutzen meist die ursprünglich für Mobiltelefone entwickelte Betriebssysteme iOS und Android. Sie können über WLAN, LTE oder auch Bluetooth funken und werden zunehmend auch zur Fernsteuerung digitaler Geräte eingesetzt, wie zum Beispiel von Kameras, AV-Receivern oder Fernsehgeräten.

Geräte werden als Tablets, Pads oder iPads bezeichnet
Die Bezeichnung Tablets erfolgt in der Regel für die mit dem Android-Betriebssystem ausgestatteten Geräte. Als Pads oder auch iPads werden hingegen die Tablets bezeichnet, die der amerikanische Hersteller Apple anbietet und die auf der Grundlage des Apple Betriebssystem iOS laufen.

Bereits Ende der achtziger Jahre kamen die ersten Studien zum Design der Tablets auf den Markt. Das GRiDPad von GRiD Systems wurde bekannt als eines der ersten Geräte. Es konnte allerdings keine allzu große Bedeutung im Markt erzielen. Diese Art von Geräte wurde damals auch PDA (Personal Digital Assistant) genannt. Da die Funk- und Übertragungsmöglichkeiten in dieser Zeit noch recht beschränkt waren, nutzten die Benutzer häufig nur die lokale Kalenderverwaltung, die Aufgabenverwaltung und die Adressfunktion. Ein Gerät, das den Namen Palm Pilot besaß und von der Firma Palm als Organizer vertrieben wurde, erlangte in den neunziger Jahren einen hohen Bekanntheitsgrad. Es wurde über einen gesonderten, speziellen Stift und eine Handschrifterkennung bedient.

Anfang 2000 brachte Microsoft das sogenannte SIMpad auf den Markt. Microsoft vermarktete das Produkt als Tablet-PC. Lange Zeit (und zwar zehn Jahre) später erfolgte der Durchbruch für die Tablets. Da nämlich erschien im Jahre 2010 das iPad vom Hersteller Apple. Es erzielte große Umsatz- und Verkaufserfolge und dominierte die Tablet-Welt. Damit einher ging auch der Durchbruch im Tablet-Markt. Das Tablet wurde salonfähig und hielt Einzug in die private wie auch die berufliche Welt.

Viele andere Hersteller machten es Apple nach und brachten ähnliche Geräte auf den Markt. Der Markt für Tablets wuchs und Tablets verdrängten insbesondere Laptops und tragbare Notebooks. Sie verloren an Marktdominanz und ihre Absatzzahlen gingen deutlich zurück.

5.3.2 Aufbau und Funktionsweise

Tablets sind drahtlos, batteriebetrieben und über WLAN oder UTMS mit dem Internet verbunden. Für die Kommunikation im Nahbereich sind sie in der Regel auch mit Bluetooth ausgestattet.

Berührungsempfindlicher Bildschirm für die Eingabe und Ausgabe
Die Bedienung des Tablets geschieht über den berührungsempfindlichen Bildschirm (Touchscreen) des Tablets mit dem Finger oder mit einem Eingabestift. Die Eingabetastatur wird virtuell auf dem Bildschirm dargestellt. Alternativ lassen sich per USB-Anschluss oder auch per Bluetooth eine externe Tastatur und/oder eine Maus anschließen. Weiterhin können externe Lautsprecher über die gleichen Anschluss-Möglichkeiten verbunden werden. Spracheingabe und Gestenerkennung sind nach Einsatzgebiet auch möglich.

Sehr verbreitet sind Tablet-Computer mit Bildschirmgrößen von 8 bis 12 Zoll, gängig sind insbesondere 9 bis 10 Zoll. Aber es werden auch Tabletcomputer mit Displaygrößen und Bilddiagonalen von 84 Zoll hergestellt. Ihre Einsatzgebiete sind dann, ab einer Größe von 42 Zoll, als digitale Tafel, Zeichenbrett oder auch als Informationspunkt oder Info-Stehle.

Tablet: Mischform aus Laptop und Mobiltelefon
Das Tablet besitzt einerseits dieselben Komponenten wie ein Laptop, wenngleich auch in kleinerer Größe. Auch bietet es fast die gleichen Funktionen wie ein Laptop oder ein Ultra-Notebook. Andererseits weisen Tablets Funktionen auf, wie wir sie beim Mobiltelefon vorfinden, klein, leicht und handlich und über die Mobilfunkanbindung auch mobil und ortsunabhängig nutzbar. Hinzu kommt, dass Laptops mit einer festen Hardware-Architektur angeboten werden und an ein integriertes Betriebssystem gebunden sind. Demgegenüber lassen sich Tablets flexibel durch den Benutzer in verschiedenen Belangen anpassen und durch Apps für die individuelle Nutzung optimieren. Tablets können dementsprechend als Mischform von Mobiltelefon und Laptop gesehen werden.

Nutzung von Tablets
Tablets kommen überwiegend zum Einsatz für kreative Aufgaben wie das Erstellen von Präsentationen, Zeichnen und etwas als Dokument oder in einer Tabellenkalkulation erfassen. Daneben werden sie für das Anschauen von Filmen und Videos, dem Video-Streaming, für Videotelefonie, für Computerspiele, zum Internetsurfen und auch im Rahmen der Nutzung sozialer Medien eingesetzt. Durch eine Vielzahl von Apps und kleinen Zusatzprogrammen mit Spezialfunktionen und -angeboten sind dem multifunktionalen Einsatz von Tablets mittlerweile keine Grenzen mehr gesetzt.

Ein weiteres, recht populäres Einsatzgebiet von Tablets ist das Lesen von digitalen Zeitungen und Zeitschriften. Mittlerweile lesen viele Menschen Zeitungen nicht mehr in der Printausgabe, sondern nur noch digital und mobil, gerade dort, wo sie sich aufhalten, in der U-Bahn, im Bus, am Bahnhof, an der Haltestelle, im Restaurant oder im Büro. Neben

Zeitungen und Zeitschriften erlebt auch das E-Book eine hohe Nachfrage. Viele Menschen gewöhnen sich an, Bücher auf dem Tablet zu lesen. Die Vorteile liegen auf der Hand: E-Books lassen sich einfach aus entsprechenden Shops herunterladen. Auf einem Tablet lassen sich Tausende von E-Books speichern. Sie können barrierefrei gelesen werden, die Schrift lässt sich beliebig vergrößern, das Display entsprechend hell und dunkel variieren. Und viele E-Books sind kostenlos verfügbar.

5.4 Wearables

5.4.1 Aufbau und Funktionsweise von Wearables

Wearables sind Technologien, die tragbar sind und während der Nutzung und Anwendung am menschlichen Körper befestigt werden. Man spricht auch von Wearable Technology und vom Wearable Computer.

Der Zweck der Wearables ist in der Regel die Erfassung von zusätzlichen Informationen, die Erstellung und Bereitstellung von Auswertungen und das Geben von Anweisungen. Sie unterstützten eine Tätigkeit in der realen Welt. Wesentlich für Wearables sind eine hochentwickelte Sensorik, eine permanente Verarbeitung von Daten und die Unterstützung des Benutzers.

Was ist Wearable Computing?
Der wesentliche Unterscheidungspunkt zwischen anderen mobilen Geräten und Computern und den Wearables ist die Aktivität des Benutzers und nicht die Benutzung des Computers selbst. Das Wearable arbeitet unbemerkt und passiv, es muss nicht aufgenommen und bedient werden. Es liefert permanent Daten, die man entweder abliest, zum Beispiel durch das Ansehen der Smartwatch am Handgelenk, oder in Abständen vom Wearable angesagt bekommt und sich anhört.

Der Einsatz und die Nachfrage nach Wearables ist in den letzten Jahren enorm gestiegen (Abb. 5.2).

Bestandteile von Wearables
Wearables sind drahtlos betriebene Systeme, die die erhobenen Daten direkt über kleine Bildschirme anzeigen oder über Funkprotokolle auf Mobiltelefone, Tablets oder Personal Computer übertragen. Sie können auch mit dem Internet verbunden sein. Sie haben eine äußerst geringe Leistungsaufnahme und werden mit kleinen Batterien oder kleinen aufladbaren Akkus betrieben.

Smart Wearables enthalten diverse Sensoren, über die im Falle von Fitnessarmbändern oder Smartwatches die Trainingsleistung, Körpertemperatur, Blutdruck oder andere medizinischen Werte ermittelt werden können. Ebenso lassen sich geografische Daten des Benutzers oder die Wetterdaten auf dem Display anzeigen.

Abb. 5.2 Entwicklung des Wearable-Marktes. (Brandt 2017)

Apps erweitern die Funktionalität

Interessant werden die Wearables, wenn sie ihre Funktionalität durch Apps, die heruntergeladen werden können, erweitern können. Das heißt, sie lassen sich an die gewünschten Zwecksetzungen des Benutzers anpassen und individualisieren. Damit werden sie zum idealen persönlichen Assistenten für den Menschen. Die eingebauten Sensoren und Aktuatoren machen dies möglich.

Ein Beispiel für ein innovatives neues Wearable ist das DuoSkin.

Beispiel

Tattoos als interaktive Bedienoberfläche – DuoSkin: Einer Gruppe von Forschern ist es gelungen, temporäre Tattoos in interaktive Bedienoberflächen für Mobiltelefone und PC zu wandeln (Kao et al. 2016). Die Tattoos namens DuoSkin sind unter Zusammenarbeit des Massachusetts Institute of Technology (MIT) und Microsoft entstanden. Es soll sie in verschiedenen Mustern in Gold und Silber geben, aufgeklebt werden sie praktischerweise am Unterarm, sodass sich die eigenen Geräte bequem per Wischbewegung oder Druck auf das Tattoo steuern lassen können. Dafür sorgen Bluetooth und dünne Leiterbahnen unter anderem aus Blattgold.

Bisher sind folgende Anwendungsszenarien vorgesehen: Neben der Möglichkeit, Smartphones zu entsperren und zu bedienen (Input), wird es auch möglich sein, LEDs zu integrieren, die anhand der Körpertemperatur die Farbe ändern (Output). Zusätzlich gibt es Tattoos, die mithilfe von NFC-Chips Daten speichern können, die sich dann mit Smartphones ablesen lassen (Communication).

Hergestellt werden die Tattoos klassisch per Grafikprogramm und dann via Schneidplotter auf eine Folie übertragen. Das Applizieren auf die Haut erfolgt wie bei den Tattoos aus der Kaugummi-Packung: Das Bild wird auf die Haut aufgelegt und das Trägermaterial durchweicht.

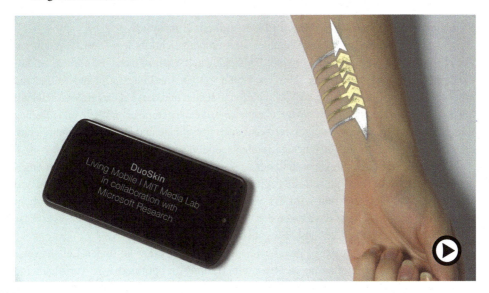

DuoSkin: On-Skin User Interfaces (Video mit Springer Nature ExploreBook App ansehen)

5.4.2 Ausprägungen und Anwendungen

Smartwatches, Aktivitäts- oder Activity Tracker, smarte Brillen, deren Innenseiten als Bildschirm dienen, wie zum Beispiel Google Glass, oder auch intelligente Kleidungsstücke, in die elektronische Hilfsmittel zur Kommunikation und Musikwiedergabe eingearbeitet sind, bilden heute den Wearable-Markt.

Smartwatches lösen den Blick vom Mobiltelefon
2015 tauchten die Smartwatches bei nahezu allen namhaften und großen Technikherstellern auf. Zuvor als Spielerei abgetan, findet man sie jetzt als festen Bestandteil im Sortiment. Warum ist das so? Sie liegen einmal im Trend, denn technikaffine und technikbewusste Menschen schmücken ihr Handgelenk mit stylischen Smartwatches ebenso wie die gesundheits- und fitnessorientierte Bevölkerung. Zumal die Smartwatches darüber hinaus auch noch praktisch und handlich sind und den Blick vom Mobiltelefon lösen.

Heute werden bereits Modelle angeboten, die das Mobiltelefon fast überflüssig machen. Über die im Mobiltelefon eingesteckte SIM-Karte lässt sich die Smartwatch genauso bedienen und benutzen wie das Mobiltelefon. Andere Geräte lassen sich über

Bluetooth mit dem Mobiltelefon koppeln und als Erweiterung des Mobiltelefons nutzen. Die Smartwatch vibriert beispielsweise, wenn eine Mail oder Nachricht auf dem Mobiltelefon ankommt oder es werden Termine aus dem Kalender des Telefons auf der Smartwatch angezeigt. Auch Musik, die auf dem Mobiltelefon empfangen wird, lässt sich über die Smartwatch steuern, laut und leise regeln, stoppen oder starten. So schaut man nicht dauernd auf sein Mobiltelefon und muss es erst gar nicht aus der Tasche holen.

Fitnessarmbänder mit Aktivitäts- und Gesundheitsfunktionen
Eine weitere Funktionalität von Wearables sind umfangreiche Fitness- und Gesundheits-Funktionen, sei es die tägliche Schrittzahl, Pulsschlag und Atemfrequenz, Blutdruck, Schlafdauer und -tiefe und vieles mehr. All diese Daten werden von Fitnessarmbändern dauernd erhoben und über Bluetooth an das Mobiltelefon gesendet und dort angezeigt. Vielfach läuft auf dem Mobiltelefon noch eine entsprechende App, die die gemessenen Werte und Daten in Zeitreihen darstellt, Grenzwerte ausweist und auch Ratschläge und Rückmeldungen liefert, zum Beispiel wenn der Puls in einen gesundheitsgefährdeten Bereich wechselt.

Je nach Einstellung und Anpassung der App wird der Nutzer gelobt, gerügt oder angespornt weiter zu machen. So soll die Fitness gesteigert oder auch das Training verbessert werden. Als weitere Funktion wird die Vernetzung mit Gleichgesinnten oder Familienmitgliedern, Freunden oder das Posten der Werte in sozialen Medien angeboten. Auf diese Weise lassen sich kleine Wettkämpfe organisieren.

Ziel der Nutzung derartiger Fitnessarmbänder ist es, zu einer gesunden Lebensweise zu finden und diese weiter zu überwachen, ein Training zu optimieren, zu verfolgen und zu verbessern oder zu guter Letzt auch permanent die Vitalwerte zu überwachen und bei Überschreiten entsprechende Maßnahmen einzuleiten.

Datenbrillen
Google Glass kann als die berühmteste Datenbrille bezeichnet werden, da sie bereits früh in den Schlagzeilen auf sich aufmerksam machte. In den früheren und ersten Science-Fiction-Filmen waren solche intelligenten Brillen schon immer omnipräsent. Heute bietet nicht nur Google Datenbrillen an, sondern es finden sich auch Datenbrillen anderer Hersteller auf dem Markt.

Die Datenbrillen bestehen heute aus einer Kamera, einem Bildschirm, der Sprachsteuerung, eingebauten Bewegungssensoren und einer Verbindung zum Internet. Was lässt sich alles mit diesen Datenbrillen machen? Man kann telefonieren, sich Karten einblenden lassen und navigieren, Fotos und Videos aufnehmen und ansehen, Texte und Präsentationen aufrufen, ansehen, lesen, Games spielen und in virtuelle Welten abtauchen. Die Aufzählung ist nicht begrenzt, täglich kommen neue Funktionen dazu. Das Besondere aber ist: bei all den Funktionen sind die Hände frei, die Datenbrille trägt man wie eine normale Brille auf der Nase.

Smart Clothes mit Sensorik
Smart Clothes oder intelligente Kleidung bezeichnet Kleidungsstücke, die aus intelligenten Textilien bestehen oder in denen intelligente Komponenten wie Sensoren, RFID-Transponder oder Kleinstcomputer eingebettet sind. Die Sensoren dienen einmal zur Messung

und Verarbeitung von Daten, aber auch zur drahtlosen Verbindung und Übertragung der Daten.

Einige Anwendungsbeispiele aus Freizeit und Beruf zeigen eindrucksvoll die Einsatzmöglichkeiten:

- Durchführung einer permanenten Inventur von Lagerbeständen durch einen Sender in Kleidungsstücken
- Erkennen des Kunden beim Eintritt in ein Geschäft und Aufruf und Anzeige der Kundenhistorie für den Berater und Verkäufer. So kann der Kunde basierend auf seinen individuellen Präferenzen beraten werden.
- Permanente Messung von Vitalfunktionen, wie Blutdruck und Pulsfrequenz, des Trägers des Kleidungsstückes und Übertragung an ein Smartphone
- Registrierung von sportlichen Aktivitäten und Bereitstellung von Unterhaltungsmedien, wie Musik, Podcasts oder andere Streaming-Inhalte

Viele der Wearables sind im Kontext des „Quantified Self" zu sehen. Dieser Begriff steht für Self-Tracking-Lösungen, vor allem im sportlichen und medizinischen sowie im Umwelt-Bereich, das heißt das Aufzeichnen, Analysieren und Auswerten von umwelt- und personenbezogenen Daten. Es werden letztlich Daten des Körpers zusammen mit anderen Daten (Zeit, Raum etc.) erfasst, analysiert und dokumentiert sowie teilweise, etwa über Streaming und über Erfahrungsberichte, mit anderen geteilt (Springer Gabler Verlag 2017a).

Beispiel

Die multifunktionale Armbanduhr TurboMate E1: Die IoT-Armbanduhr TurboMate E1 von Askey basiert auf dem Windows-Betriebssystem IoT Core. Das Wearable bietet unter anderem GPS, einen Bio- und Beschleunigungssensor.

Das helle 1,54"-TFT-LC-Display (320 × 320 Pixel) des TurboMate E1 von Industrial Computer Source ermöglicht dem Anwender das Erfassen von Informationen auf einen Blick. Die Bedienung kann per kapazitivem Touchscreen oder per Sprachnachricht erfolgen. Die verarbeitende Intelligenz hinter dem Wearable ist Qualcomms CPU APG8009 mit 1,3 GHz Takt, 1 GB RAM sowie ein 8-GB-Flash-Speicher.

Die 5-MP-Kamera mit Autofokus kann je nach Software auch als Barcode-Scanner eingesetzt werden. Drahtlose Kommunikationsmöglichkeiten sind via WiFi, NFC und Bluetooth gegeben. Signale können über Vibration, LCD on oder Signalton empfangen werden.

Das kompakte und robuste Gehäuse soll selbst schwierigen Umgebungseinflüssen widerstehen und ist daher besonders beständig, nicht zuletzt durch den rundum IP67-Schutz. Die IoT Watch ist sowohl in den Farben kundenspezifisch gestaltbar als auch in den Funktionen.

Denn je nach Applikations-Software ist die intelligente IoT-Hardware für Einsätze in Supermärkten, Hotels, Seniorenheimen, Fitnessclubs oder Restaurants konfigurierbar.

Zum Beispiel kann TurboMate E1 als digitaler Zeiterfassungsstempel, interpersonelles Kommunikationsinstrument oder zur Überwachung und Wartung von Industrieanlagen in Hochrisiko-Umgebungen genutzt werden.

Weitere Informationen zur TurboMate E1 finden sich unter: http://www.askey.com.tw/mobilecomputer7.html.

5.5 Betriebssysteme

Heute werden verschiedene Betriebssysteme auf den mobilen Devices eingesetzt.

Mobiltelefone sind an Betriebssysteme gebunden
Das Betriebssystem (englisch *operation system* – OS) eines Mobiltelefons sorgt dafür, dass die Hardware überhaupt erst nutzbar wird, es ist also unverzichtbar für die Funktionalität eines Handys. Während bei PCs eindeutig das Windows-Betriebssystem die höchsten Marktanteile hat, ist die Verteilung der Marktanteile für Mobiltelefone weitaus weniger monopolistisch. Anders als für PCs gilt für Smartphones: Das Mobiltelefon ist an das Betriebssystem gebunden, das bei seiner Auslieferung integriert ist. Dementsprechend sind auch Updates immer an den Hersteller beziehungsweise an das Betriebssystem eines Mobiltelefons gekoppelt. Unter einem Handy-Betriebssystem versteht man also Steuerungs-Software zum Betrieb des Mobiltelefons. Das OS ermöglicht dem Prozessor Zugriff auf Tastatur, Display, Lautsprecher, Mikrofon und Arbeitsspeicher sowie auf verschiedene elektronische Komponenten.

Marktverteilung der Betriebssysteme
Das *Kantar Worldpanel* zeigt alle drei Monate aktualisiert die weltweite Verteilung der mobilen Betriebssysteme, aufgeschlüsselt nach einzelnen Ländern und im Zeitverlauf:https://www.kantarworldpanel.com/global/smartphone-os-market-share/

Es zeigt sich eine Dominanz des Android-Betriebssystems von in der Regel über 60 % und mehr, Ausnahme ist Japan, dort dominiert das Apple-Betriebssystem iOS. Die anderen mobile Device Betriebssysteme zeigen keine nennenswerte Verteilung.

5.5.1 Google Android und Apple iOS

Heutige Mobiltelefone nutzen ein Betriebssystem (Haupt-Betriebssystem), welches die Benutzeranwendungen ausführt, und ein weiteres Betriebssystem, das die Kommunikation mit dem Mobilfunknetz bearbeitet (Baseband-Betriebssystem). Das Mobilfunknetz-Betriebssystem besitzt keine Benutzeroberfläche, kann von Nutzer in der Regel nicht in vielen Funktionen verändert werden und läuft im Hintergrund des Mobiltelefons auf einem eigenen Prozessor und nutzt einen eigenen Speicherbereich.

5.5 Betriebssysteme

Das Haupt-Betriebssystem wird häufig nicht vom Hersteller produziert, sondern in Lizenz betrieben und zur Verfügung gestellt. Mit Abstand das unter den Mobiltelefonen verbreiteteste Betriebssystem ist Google Android, gefolgt von iOS von Apple:

Google Android
Der Programm-Code von Android ist frei verfügbar und kann angepasst und genutzt werden. Die Weiterentwicklung erfolgt unter der Federführung von Google. Die einzelnen Telefonanbieter nehmen in der Regel individuelle Anpassungen für ihre Endgeräte vor.

Android ist eine offene Plattform mit flexiblen Weiterentwicklungsmöglichkeiten. Programme und Funktionen können von Programmierern auf der Plattform aufgesetzt und entwickelt und im Google Playstore oder auch auf anderen Plattformen bereitgestellt und angeboten werden. Benutzer können sich die Programme dann dort herunterladen und auf dem Mobiltelefon installieren und anschließend nutzen.

Android-Telefone kommen heute mit vielfältigen Connectivity-Möglichkeiten:

- Austausch von Dateien und Musik über USB
- Austausch von Daten über Speicherkarten
- Austausch von Daten über Anschluss an PC, Laptop oder Tablet
- Austausch von Daten über Bluetooth
- Austausch von Daten und Synchronisierung von E-Mail, Kalender und Adressen über WLAN, Mobilfunk und Internet

Im Jahre 2009 kam Android auf den Markt. Basis bildete eine Open-Source-Entwicklung, an der Google maßgeblich beteiligt war. So kam es auch, dass Google das erste Android-Handy unter dem Namen G1 herausbrachte – ein Meilenstein in der Geschichte und in der Entwicklung der Mobiltelefone. Einziger Wermutstropfen: Man musste einen Google-Account besitzen, um das Handy zu bedienen. Diese Einschränkung wurde dann aber mit der nächsten Variante aufgegeben. Allerdings ist heute weiterhin ein Google-Account notwendig, will man die Angebote aus dem Google Playstore nutzen.

Apple iOS
Apple geht bei seinem Betriebssystem für das Mobiltelefon einen anderen Weg. Viele Funktionalitäten gleichen denen von Apples Betriebssystem MacOS X für die Notebooks. Hinzu kam aber die Unterstützung der grafisch ansprechend gestalteten Bedienoberfläche und die Multitouch-Funktion, die lange Zeit einzigartig war und nicht von den anderen Handy-Betriebssystemen unterstützt wurde. Die „Mehrfinger-Steuerung" ist eine Erfindung von Nimish Mehta aus dem Jahr 1982.

Das Apple-Betriebssystem läuft sowohl auf dem iPhone als auch auf dem iPod Touch und dem iPad und ist wegen seiner einfachen Bedien- und Steuerbarkeit sehr beliebt. Hinzu kommt die große Anzahl von Apps, die im Apple AppStore angeboten werden und zum Download frei oder kostenpflichtig bereitstehen. Auch hier ist wieder ein Benutzerkonto Voraussetzung, ebenso wie bei Google.

iPhone-Telefone kommen heute mit Connectivity-Möglichkeiten, allerdings mit geringeren als Android-Geräte

- Austausch von Daten über Speicherkarten
- Austausch von Daten über Anschluss an PC oder Laptop über das Programm iTunes von Apple
- Austausch von Daten über Bluetooth
- Austausch von Daten und Synchronisierung von E-Mail, Kalender und Adressen über WLAN, Mobilfunk und Internet

5.5.2 Andere Betriebssysteme

Neben den oben beschriebenen Smartphone-Betriebssystemen existieren noch einige andere, die sich allerdings nicht am Markt durchsetzen und behaupten konnten. Zu nennen sind unter anderem das erst seit 2013 verfügbare und 2016 wieder eingestellte Firefox OS und die abgekündigten Systeme Bada, Symbian sowie Series 40 beziehungsweise Asha. Bekannter sind die Betriebssysteme Blackberry und Windows Mobile.

Wenige Mobiltelefone laufen mit Linux-basierten Betriebssystemen. Zu nennen sind in diesem Zusammenhang Ubuntu Phone, Android Jolla, Maemo, MeeGo und Tizen. 2007 taten sich einige Mobilfunkfirmen in der LiMo-Foundation zusammen, um die Weiterentwicklung gemeinsam zu treiben. Sie wurde aber mittlerweile weitestgehend eingestellt.

Windows Mobile

Microsoft hat neben seinem berühmten Windows-Betriebssystem für PC, Server und Laptops auch ein Betriebssystem für Mobiltelefone entwickelt, das Windows Phone von Microsoft. Es wird von verschiedenen Mobiltelefon-Anbietern lizensiert und eingesetzt.

Die notwendigen Apps kommen vom gleichlautenden Microsoft Windows Phone Store. Zur Nutzung ist ebenfalls wie bei Google und Apple ein Benutzerkonto notwendig.

Windows-Telefone kommen heute mit vielfältigen Connectivity-Möglichkeiten mit der neuesten Version des Betriebssystems „Windows 10 Mobile":

- Austausch von Dateien und Musik über USB
- Austausch von Daten über Speicherkarten
- Austausch von Daten über Anschluss an PC oder Laptop oder Tablet ohne zusätzliche Software
- Austausch von Daten über Bluetooth
- Austausch von Daten und Synchronisierung von E-Mail, Kalender und Adressen über WLAN, Mobilfunk und Internet

Blackberry OS

Der in Kanada ansässige Hersteller Blackberry (vormals Research in Motion, RIM) brachte das Blackberry OS heraus, das nur für Blackberry-Geräte eingesetzt werden kann.

Die Lösung und auch das Betriebssystem war ursprünglich für Geschäftskundenlösungen ausgerichtet. Es wird eine entsprechende sichere Synchronisations- und E-Mail-Funktionalität mit einer dahinterliegenden und einzurichtenden Netzwerkrechner-Infrastruktur vorausgesetzt. Seit der Blackberry-OS-Version 10 brauchen Blackberry-Nutzer keinen speziellen Mobilfunkvertrag mehr und können neben den eigenen Diensten von Blackberry uneingeschränkt auch andere E-Mail-, Kalender- und Adressbuch-Dienste nutzen.

Blackberry-Telefone besitzen heute vielfältige Connectivity-Möglichkeiten:

- Austausch von Dateien und Musik über USB
- Austausch von Daten über Speicherkarten
- Austausch von Daten über Anschluss an PC oder Laptop mit einem speziellen Programm von Blackberry
- Austausch von Daten über Bluetooth
- Austausch von Daten und Synchronisierung von E-Mail, Kalender und Adressen über WLAN, Mobilfunk und Internet

Und noch etwas Besonderes: Apps können aus der Blackberry App World geladen werden, zusätzlich und seit der Blackberry-OS-Version 10.2.1 ist das Installieren und Nutzen von Android-Apps möglich.

5.6 Anwendungen und Apps

Neben dem Betriebssystem laufen auf den Mobiltelefonen auch Anwendungen. Mit dem zunehmenden Einsatz von Mobiltelefonen über das Telefonieren hinaus wurden die Möglichkeiten und das Angebot von Anwendungen weiter ausgebaut. Diese in der Regel als Apps oder Applikation bezeichnet Software-Module bieten mittlerweile vielfältige Anwendungen für mobile Geräte.

An die Betriebssysteme angepasste Native Apps
Native Apps sind speziell an die Zielplattformen, das heißt die Betriebssysteme der Mobiltelefone angepasst. Sie nutzen ihre Programmierschnittstellen und greifen darüber hinaus auf die plattformspezifischen Hard- und Software-Funktionen wie GPS, Mikrofon, Kamera und andere zu. Neben Systemprogrammen werden aber auch einfache bis komplexe Spiele, Vernetzungs- und Kommunikations-Software und Datenbanken angeboten. Apps werden gratis oder kostenpflichtig vertrieben.

Über die App-Stores (Google Play Store für Android oder App Store für iOS) angebotenen Programme sind in der Regel native Apps. Die Unterschiede zu anderen unten beschriebenen Apps sind: Verfügbarkeit nur über den integrierten Online-Shop und Installation der App auf dem Mobiltelefon.

Die App-Store-Betreiber wie Google, Apple, Amazon, Microsoft, Nokia und andere bieten Apps jeweils auf ihrer zentralen Plattform an. Bevor diese Apps und Programme aufgenommen werden, werden sie in der Regel technisch und inhaltlich geprüft.

Über Web-Browser aufzurufende Web Apps
Web Apps lassen sich über den Web-Browser des Mobiltelefons oder Mobilgerätes aufrufen. Dazu ist nur ein Internet-Browser auf dem mobilen Gerät notwendig. Darin liegen auch schon die Vorteile von Web Apps begründet. Internet-Browser für Mobiltelefone sind für viele Betriebssysteme verfügbar, die Apps müssen nur einmal entwickelt werden und sind auf vielen Plattformen über den Browser lauffähig. Sie können schnell veröffentlicht und aktualisiert werden. Web Apps werden mithilfe von JavaScript oder HTML5 entwickelt, auf einen Web-Server abgelegt, über den Browser aufgerufen, geladen und ausgeführt.

Ein Nachteil im Zusammenhang mit Web Apps liegt darin, dass ihre Nutzung und Ausführung immer einen Internetzugang und -zugriff bedingen. Aber auch daran wurde gearbeitet. Mittlerweile lässt sich auch HTML5-Code mit den Daten lokal auf dem Mobilfunkgerät zwischenspeichern, sodass sie auch ohne Internetverbindung genutzt werden können. Der zweite Nachteil ist, dass verschiedene Hardware-Funktionen der Handys wie zum Beispiel GPS, Kamera oder Ähnliches nur eingeschränkt unterstützt werden.

Lokal auf dem Mobile Device abgelegte Local Web Apps
Lokale Web Apps umgehen das Problem der Abhängigkeit von einer zur Verfügung stehenden Internetverbindung. Sie speichern die Daten und den Programm-Code lokal auf dem Mobiltelefon ab. Dazu werden der Code und die Daten über den „Application Cache" in HTML5 und „Manifest-Files" im Internet-Browser auf das Telefon geladen und dort gespeichert und zwar nur die Bestandteile, die für den lokalen Betrieb benötigt werden. Bei der Ausführung und Nutzung der App prüft der Browser jeweils, ob alles Notwendige vorhanden ist, oder lädt im Hintergrund nach, bevor er die App ausführt.

Hybride App-Versionen
Hybrid Apps setzen sich zusammen aus einer lokal gespeicherten Web App und einem „Browser", der die lokale Web App ausführt und diesen Zugriff auf gewisse Hardware-Funktionen gewährt. Es ist also eine Mischung aus Web App und nativer App. Auf diese Art kann der zentrale Teil der Anwendung universell als „Web App" entwickelt werden, wird aber dann lokal abgelegt und vom nativen Teil der App ausgeführt. So werden die Vorteile beider Welten miteinander kombiniert, einerseits der Zugriff und die Nutzung von hardware-nahen Funktionen, andererseits die schnelle Weiterentwicklung und Bereitstellung einer Web App.

5.7 Connectivity-Schnittstellen

In modernen Mobiltelefonen befindet sich eine Unmenge von Schnittstellen und Sensoren, die im Rahmen der Digital Connection genutzt werden können.

Sensoren und Schnittstellen unterstützen den Nutzer und Digital Connection
Schnittstellen und Sensoren ermöglichen es dem Mobiltelefon, besser auf die Umgebungssituation und auf die Benutzerbedürfnisse einzugehen. Hier einige Beispiele dazu: Wird

das Mobiltelefon ans Ohr gehalten, dann schaltet sich automatisch der Bildschirm aus. Er lässt dann auch keine Eingabe mehr zu. Bewegt sich das Mobiltelefone aus einem Raum heraus zum Beispiel ins Freie, wird der Bildschirm automatisch heller, da die Sonneneinstrahlung zunimmt. In der Nähe von Geschäften oder Ähnlichem macht das Mobiltelefon einen auf Informationen und Sonderangebote aufmerksam. Und durch das Neigen des Telefons lassen sich Spiele einfach steuern.

MEMS als Grundlage für intelligente Reaktionen des Mobiltelefons
Die Daten, die die Basis bilden für diese intelligenten Reaktionen, erhält das Mobiltelefon von verschiedenen Sensoren. Bei diesen Sensoren handelt es sich um mikroelektromechanische Systeme – Mikrosysteme oder MEMS genannt. Sie sind nur wenige Millimeter groß. Sie bestehen in aller Regel aus einem Prozessor und einem Sensor, beides integriert auf einem oder verbunden mit einem Chip. Die Funktion des Sensors besteht in der Messung der Umweltbedingungen, wie Temperatur, Sonnenlicht, Beschleunigung, Erdanziehung. Die erzeugten Messdaten werden vom Prozessor verarbeitet und über den Chip an das Ausgabegerät oder -medium gegeben. Ein Chip kann auch mit mehreren Sensoren verbunden sein.

Die Entwicklung von Sensoren – insbesondere in mobilen Geräten – hat in den letzten Jahren enorm zugenommen. Waren Anfang des zwanzigsten Jahrhunderts nur wenige Sensoren in Geräten verbaut, ist die Anzahl der unterschiedlichen Sensoren in den letzten Jahren stetig angewachsen. Einen Überblick zeigt Abb. 5.3 (Nach Bryzek 2012).

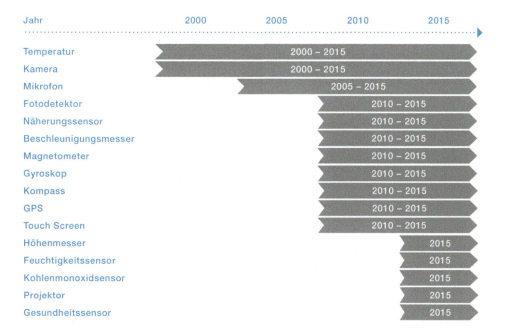

Abb. 5.3 Entwicklung von Sensoren und MEMS in Mobiltelefonen

Ordnet man die Sensoren, Antennen und Ein- sowie Ausgabemedien sensorähnlichen Attributen zu, dann ergeben sich folgende Funktionen.

5.7.1 Antenne – Funken und Orten

Mobiltelefone verfügen über ein bis mehrere Mobilfunkantennen. Sie bewirken, dass die Mobiltelefone auf verschiedenen Frequenzen von GSM über 3G bis 5G funken können und sich mit den Mobilfunkantennen der Mobilfunkbetreiber verbinden und Sprache und Daten übertragen. Für jede Frequenz ist eine eigene Antenne notwendig. Die Antennen dienen dabei auch als Sensoren, denn das Mobilfunkgerät erkennt über die Antenne, wo sich der nächste Funkmast befindet, und wie stark er sendet.

Positionsbestimmung über GPS
GPS-Antennen oder Mobilfunkantennen dienen unter anderem zur Positionsbestimmung des Mobiltelefons im Global Positioning System (GPS). Das GPS-System wurde vom amerikanischen Militär entwickelt. In einer Höhe von etwa zwanzigtausend Kilometer kreisen mindestens 24 Satelliten dauerhaft um die Erde. Diese senden Funksignale mit Positions- und Zeitangaben an die Erde zurück. Wenn ein GPS-fähiges Gerät wie ein Mobiltelefon dieses Signal empfängt, lässt sich die Position und die Geschwindigkeit des Mobiltelefons beziehungsweise seines Nutzers berechnen. Dabei ist es erforderlich, dass Signale von mindestens vier der Satelliten empfangen werden. Bei dem dahinterliegenden Berechnungsalgorithmus wird festgestellt, wie lange die Signale der Satelliten gebraucht haben, um das Telefon zu erreichen, und daraus die Entfernung festgestellt.

Die meisten Mobiltelefone verbinden sich mit dem amerikanischen GPS-System, mittlerweile können neuere Versionen der Mobiltelefone auch die Signale des russischen Satellitennavigationssystems GLONASS empfangen. Das bedeutet, dass der Benutzer in Umgebungen und Situationen, in denen der Funkwellenempfang schlecht oder eingeschränkt ist, die GLONASS-Daten ergänzend zu den GPS-Daten verwenden kann, um die Genauigkeit und die Geschwindigkeit der Positionserkennung zu erhöhen.

Damit ist das Antennen-Modul im Mobiltelefon gleichzeitig auch ein Sensor, der hilft, die Position des Gerätes in der Umwelt zu bestimmen. Das kann allerdings mehrere Sekunden und Minuten dauern, da die Satellitensignale durch Hindernisse, wie Wolken, Gebäude, Berge und Ähnliches gestört werden können. Um diesen Umstand zu umgehen, werden zur Positionsbestimmung auch WLAN-Daten und die Standortdaten der Mobilfunkstationen hinzugezogen.

Nutzung auch in Navigationsprogrammen
Navigationsprogramme nutzen auch die GPS-Signale in Mobiltelefonen. Wenn man nicht die Navigationsprogramme des Mobiltelefons nutzen möchte, lassen sich auch mobile GPS-Empfänger einfach über Bluetooth oder auch per Kabel an mobile Devices wie Tablets oder Pads anschließen.

Positionsbestimmung über WLAN und Bluetooth

Zur Positionsbestimmung mit dem Mobiltelefon werden die im Telefon eingebauten Antennen genutzt. So lässt sich die Position des Aufenthaltsortes auch über die WLAN-Antenne oder die Bluetooth-Antenne feststellen. Voraussetzung ist allerdings entweder ein WLAN-Access-Point oder eine Beacon-Infrastruktur im Empfangsbereich des Mobiltelefons.

Diese beiden Antennen werden aber nicht nur für die Positionsbestimmung eingesetzt. Bei Bluetooth steht die Informationsübertragung, die Verbindung mit anderen Geräten und auch das Fernbedienen anderer intelligenter Geräte im Vordergrund. WLAN dient zur Übermittlung von Sprache und Daten über lokale Wireless-Netzwerke.

Datenaustausch über NFC

Die Funktechnologie Near Field Communication (NFC) verlinkt das Mobiltelefon mit internetbasierten Informationen und Services. Sie wird für den Datenaustausch im Nahbereich von wenigen Zentimetern eingesetzt. NFC gilt als Schlüsseltechnologie für Mobile Payment.

Positionsbestimmung über den Kompass oder Magnetometer

Eine weitere Positionsbestimmung kann über den im Mobiltelefon enthaltenen Kompass oder Magnetometer festgestellt werden. Ein Gaußmeter oder Teslameter, umgangssprachlich Magnetometer genannt, ermittelt die Stärke des Magnetfelds der Erde, die magnetische Flussdichte. Anhand der Messwerte kann das Mobiltelefon über den eingebauten Kompass ermitteln, wo sich der magnetische Norden befindet. Über einen weiteren Sensor, den Beschleunigungssensor, wird gemessen, in welche Richtung die Schwerkraft wirkt. Über beide Informationen lässt sich dann der Standort ermitteln.

Aber wie funktioniert ein Magnetometer? Im Sensor befindet sich eine kleine Metallplatte, die mit Strom versorgt wird. Dann wirkt auf diese Platte die sogenannte Lorentzkraft, deren Stärke vom vorliegenden magnetischen Feld beeinflusst wird. Je nach Stärke wird die Platte um Millimeter verschoben. Diese Abweichung misst das Magnetometer. Dazu kommt die Himmelsrichtungs-Information. Beide zusammen zeigen dann zum Beispiel die eigene Position auf einem Stadtplan und auch die gegenwärtige Blickrichtung. Auch andere standortbezogene Dienste und Augmented-Reality-Apps sind auf solche Informationen angewiesen.

5.7.2 Mikrofon – Sprechen und Telefonieren

Ein elementarer Bestandteil des Mobiltelefons ist das Mikrofon, da es erst das Telefonieren ermöglicht. Auch die Nutzung von Sprachassistenten oder die Aufnahme von Sprachnotizen funktioniert ohne ein Mikrofon nicht.

Verwendung von Kondensatormikrofonen
In Mobiltelefonen werden Elektret-Kondensatormikrofone verwendet. Diese zeichnen sich durch einen geringen Platzbedarf, eine hohe Aufnahmequalität und geringen Energiebedarf aus. Das Elektret-Kondensatormikrofon besteht aus einer Kondensatorplatte und einer dünnen leitfähigen Membran. Durch Schalldruck beginnt die Membran zu schwingen und der Abstand zwischen Membran und Kondensatorplatte verändert sich. Die Kondensatorkapazität variiert und das wiederum führt zu einer Änderung der anliegenden Spannung. Somit findet eine Umwandung von Schalldruck in ein elektrisches Signal statt (Hirth et al. 2014, S. 150).

Heute werden aktuell Mobiltelefone angeboten, die mehrere Mikrofone enthalten, zwei Mikrofone in der Frontseite für das Sprechen und mindestens eins an der Rückseite zum Messen der Hintergrundgeräusche und Herausfiltern von Nebengeräuschen. Allerdings kann das System damit auch wie ein Richtmikrofon genutzt werden.

Mikrofone unterstützen Sprachsteuerung
Die in Mobiltelefonen verbauten Mikrofone werden ständig weiterentwickelt. Sie werden empfindlicher und leistungsfähiger. Mikrofone können mittlerweile auch mit entsprechender Software die Gemütsstimmung des Menschen, wie zum Beispiel Stress und Müdigkeit, deuten und messen. Diesen Umstand machen sich Call-Center zu eigen und nutzen die Funktionalität, um deeskalierend auf genervte Kunden am Telefon zu reagieren.

Die Mikrofone in den Mobiltelefonen werden daher verstärkt zusammen mit entsprechenden Apps und Programmen zur Sprachsteuerung wie Siri, Samsung Voice und Google Voice genutzt.

5.7.3 Kamera – Filmen und Fotografieren

Beinahe alle aktuellen Mobiltelefon- oder Tablet-Modelle verfügen über mindestens zwei Kameras für die Erstellung von Fotos oder Videos. Durch ständige Weiterentwicklung der integrierten Kameras ist die Aufnahmequalität für die meisten Anwendungsfälle ausreichend.

Kameratechnik in den Mobiltelefonen
Bei den in den Smartphones und Tablets verwendeten Technologien handelt es sich um die CMOS-Technologie (Complementary Metal Oxide Semiconductor) für den Bildsensor. Er verbraucht nur circa ein Prozent Strom, kostet relativ wenig in der Fertigung, bietet aber einen kleinen Formfaktor und eine ausreichende Kamerafunktionalität. Durch die Nutzung der Very-Large-Scale-Integration-Technologie (VLSI) ist die Integration von weiteren Kamerafunktionen auf dem CMOS-Chip realisierbar (Erhardt 2008, S. 46).

In fast allen Mobiltelefonen wird darüber hinaus ein aktiver Pixelsensor (APS) eingesetzt. Ein derartiger Sensor ist zusammengesetzt aus mehreren Einheiten, jeweils bestehend aus einer Fotodiode, welche in Sperrrichtung geschaltet ist, und drei n-Kanal-Metall-Oxid-Halbleiter-Feldeffekttransistoren (MOSFET). Bei Betätigung des Auslösers wird die Spannung der Fotodiode auf einen definierten Wert gesetzt und innerhalb der Belichtungszeit entlädt sich die Sperrschichtkapazität der Fotodiode proportional zur Lichtintensität. Somit ist die am Ende der Belichtungszeit gemessene Spannung der Fotodiode ein Maß für die Intensität des eingefallenen Lichtes. Liegt der Messwert bei null, wird es von einem Analog-digital-Wandler als weiß interpretiert, gleicht der Wert der Ausgangsspannung, gilt die Fotodiode als unbeleuchtet.

Erhardt führt dazu aus (Erhardt 2008, S. 47): „Da lediglich eine Intensitätsmessung und keine Frequenzerkennung stattfindet, ist mit dem beschriebenen Aufbau lediglich die Aufnahme von monochromatischen Bildern möglich. Zum Erstellen von Farbaufnahmen werden dem CMOS Sensor spezielle Farbfilter vorgeschaltet und das Licht zu je einer Grundfarbe (rot, grün, blau) gefiltert. Die typische Anordnung der Farbfiltereinheiten wird als Bayerfilter bezeichnet, welcher jedem Pixel nur Licht einer bestimmten Farbe zuführt. Mittels Algorithmen wird die genaue Farbe des jeweiligen Bildpunktes durch die Daten der benachbarten Pixel interpoliert".

Seit 2002 werden immer mehr Mobiltelefone mit integrierter Kamera ausgestattet. Bei diesen Fotomobiltelefonen befinden sich die Bildaufnahmegeräte meist auf der Rückseite und gegebenenfalls eine zweite Kamera auf der Vorderseite des Mobiltelefons. Mit den integrierten Kameras können meist auch Videos aufgenommen werden.

Bildsensoren erleichtern Optimierungen
Dort enthalten sind auch Bildsensoren für die Kamerafunktion, für Foto-Optimierungen bei schlechten Lichtverhältnissen, Helligkeitssensoren zur Messung des Umgebungslichtes, Autofokuseinstellungen und vieles mehr. Auch eine Gesichts-, Gesten- und Augenstellenregistrierung ist mittlerweile möglich.

Der Helligkeitssensor misst das Umgebungslicht und stellt anschließend die Bildschirmhelligkeit ein beziehungsweise passt diese dynamisch an. Dadurch wird auch der Akku des Mobiltelefons geschont. Ein RGB-Sensor misst die Intensität, aber auch die Farbtemperatur von Licht. Mit diesen Informationen stellt er den Kontrast auf dem Bildschirm ein und sorgt für die Farbsättigung und -stärke. Der RGB-Sensor besteht aus einer Fotodiode mit einem Farbfilter.

Über die Kamerafunktion und weitergehende Apps und Anwendungen kann das Mobiltelefon auch Barcodes oder QR-Codes lesen und dem Kunden damit auf einfachem Weg weiterführende Informationen liefern.

5.7.4 Touchscreen – Eingeben und Ausgeben

Der Touchscreen oder berührungsempfindliche Bildschirm dient als kombiniertes Ein- und Ausgabemedium, bei dem durch die Berührung Programme gesteuert und Funktionen ein- und ausgeschaltet werden können. Daneben registriert der Bildschirm selbst auch jede Bewegung, auch schon in seiner unmittelbaren Nähe, nicht nur direkte Berührungen. Er wird damit selbst zu einem Sensor.

Kapazitative Touchscreens erleichtern die Fingersteuerung
In modernen Mobiltelefonen werden dafür fast nur kapazitive Touchscreens eingesetzt. Der Name lässt sich über die Funktionalität erläutern. Im Glas des Bildschirms sind Gitter aus elektrischen Leitungen eingebaut. Diese Gitter sind vom Benutzer nicht zu sehen. Das obere Gitter sendet elektrische Signale zum unteren, und wenn der Bildschirm mit dem Finger berührt und die elektrische Kapazität an dieser Stelle verändert wird, löst das eine Aktion aus.

5.7.5 Beschleunigungssensor – Spielen und Navigieren

Ein Beschleunigungssensor im Mobiltelefon misst die Schwerkraft, die in unterschiedlichen Situationen auf das Mobiltelefon wirkt.

Veränderungsmessung in drei Achsen
Der Beschleunigungssensor oder auch Akzelerometer misst auf drei Achsen im Raum: links/rechts (X-Achse), oben/unten (Y) und hinten/vorne (Z). Er besteht aus wenigen Mikrometern breiten Siliziumstäben, für jede Ebene eine, die als Feder dienen: Bei einer Bewegung des Mobiltelefons lenken sich die Stäbe aus und verändern ihre Position gegenüber einer festen Elektrode. Ähnlich wie beim Touchscreen ändert sich hier auch die elektronische Kapazität. Dies wird benutzt, um die Beschleunigung zu berechnen.

Angleichen des Bildschirminhaltes
Der Beschleunigungssensor erkennt damit, ob man das Mobiltelefon senkrecht oder waagerecht hält. Er kann so über das Betriebssystem die Ausrichtung des Bildschirminhaltes angleichen. Weiterhin ermöglicht der Sensor, dass damit gesamte Spiele über den Neigungswinkel des Mobiltelefons gesteuert werden können, ohne den Bildschirm anzutippen. Dies geschieht durch die Bewegung des Mobiltelefons im Raum. Eine andere beliebte Möglichkeit ist beim Klingeln des Telefons das Mobiltelefon zu drehen und damit das Klingeln verstummen zu lassen und den Anruf abzulehnen.

Gyroskop zur Steuerung von Spielen
Ein Beschleunigungssensor allein ist für die Steuerung von Spielen oder zur Verbesserung der Aufnahmequalität von Videos und Fotografien auf dem Smartphone nicht ausreichend. Ergänzend sind dafür die Messdaten des Gyroskops zu verwenden, das mit dem Beschleunigungssensor in einem Sensor verbaut ist. Wie funktioniert das Gyroskop? Bei der Messung der Rotationsgeschwindigkeit werden zwei Massen durch elektrischen Strom in rotatorische und schwingende Bewegung versetzt. Kommt es nun zu einer Drehbewegung senkrecht zur Bewegungsrichtung der Masse, wirkt die Corioliskraft, welche kapazitiv erfasst wird.

5.7.6 Zusätzliche intelligente Sensoren

Neben den oben genannten Schnittstellen, Sensoren und Antennen besitzen handelsübliche Mobiltelefone noch folgende Sensoren:

- Barometer oder Luftdrucksensor: Mithilfe des Luftdrucksensors werden Mobiltelefone zu mobilen Wetterstationen, die den Luftdruck messen. Dazu misst der Luftdrucksensor die Änderung des Widerstandes in einer ca. zehn Mikrometer dünnen Siliziummembran, in die Dehnungsstreifen eingelassen sind, die bei Druckänderungen reagieren und sich verformen.
- Näherungssensor: Der Näherungssensor arbeitet mit Infrarot. Der Sensor kann zum Beispiel messen, ob das Telefon ans Ohr gehalten wird. Wird dies wahrgenommen, dann schalten sich der Bildschirm und die Berührungssteuerung automatisch ab. Damit das auch bei Tageslicht funktioniert, wird das Sonnenlicht aus dem eingehenden Signal herausgefiltert.
- Elektromagnetischer Sensor (auch Hallgeber genannt): Der elektromagnetische Sensor misst, ob eine Tablet- oder Smartphone-Hülle mit magnetischem Schloß offen oder geschlossen ist. Wird die Hülle geöffnet, aktiviert der Sensor den Bildschirm, wird sie geschlossen, schaltet er ihn aus.
- Temperatur- und Feuchtigkeitssensor: Die Feuchte der Luft lässt sich über den Temperatursensor messen. Als Sensor fungiert eine Art Kondensator. Zwischen leitenden Platten befindet sich ein Polymer, das Wasser aufnehmen und abgeben kann, wobei sich die Kapazität der stromführenden Schicht ändert und gemessen wird. Daraus ergibt sich die Luftfeuchte.
- Thermometer: Sensoren im Akku des Mobiltelefons und eine entsprechende Software messen die Eigenwärme des Smartphones. Zusätzlich dazu gibt es einen Temperaturfühler, der die Umgebungstemperatur ermittelt. Aus beiden Werten wird rechnerisch versucht, auf die tatsächliche Umgebungstemperatur zu schließen, auch wenn das Mobiltelefon in der Hosentasche steckt.

Abb. 5.4 zeigt die möglichen Schnittstellen und Sensoren in einem Mobiltelefon.

> **Beispiel**
>
> **Sensoren im Mobiltelefon:** In den heutigen Mobiltelefonen ist eine Vielzahl von Sensorik verbaut. Wer herausfinden möchte, was sein Mobiltelefon bietet, kann das über verschiedene Apps herausfinden. Solche Apps, mit denen man die Sensoren im eigenen Gerät testen und ihre Daten anzeigen lassen kann, sind Sensor Box oder Sensor Readout (beide Android) oder Sensor Monitor (iOS).
>
> Wer noch genauer wissen will, welche Daten das Handy sammelt oder welche Sensoren verbaut sind, kann verborgene Testmenüs aufrufen (Schmidt et al. 2016). Auf dem Tastenfeld, das sonst genutzt wird, um Telefonnummern für einen Anruf einzutippen, gibt man spezielle Codes ein. Anschließend öffnet sich ein Menü. Dort werden dann verschiedenste Informationen angezeigt.

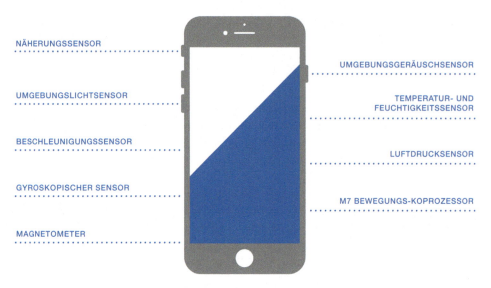

Abb. 5.4 Sensoren in einem Mobiltelefon

> **Fazit**
>
> Die Nutzung des Internet wandert zunehmend von PC und Notebook hin zu mobilen Devices wie Smartphones, Tablets oder Wearables. In der U-Bahn, am Arbeitsplatz oder zu Hause, das Handy wird zur „Schaltzentrale" für Information, Kommunikation und Digitalkonsum.
>
> „Mobile only" – Mobiltelefone sind überall, fast jeder hat mindestens eins und ist überall erreichbar. Frühere Geräte, die einzelne Funktionen und Aktivitäten unterstützten, wie Fotoapparate, Navigationsgeräte, MP3-Player oder reine Telefone, sind durch das Mobiltelefon abgelöst. Es ist mittlerweile für uns alle ein unverzichtbarer Begleiter geworden.
>
> Auch im Marketing und der Verbindung von Kunde und Produkt werden die Mobiltelefone genutzt. Sie spielen bei vielen Touchpoints in der Customer Journey eine wachsende Rolle. Ihre Bedeutung wird hier weiterhin wachsen. Obwohl die modernen Smartphones eine hohe Bildschirm-Auflösung mit sich bringen, werden sie nicht etablierte Websites, Landing-Pages oder andere Touchpoints verdrängen. Was technisch heute schon geht, macht konzeptionell überhaupt keinen Sinn. Inhalte und Prozesse müssen die spezifische mobile Nutzungssituation und die Fähigkeiten der smarten mobilen Devices berücksichtigen.
>
> Daher ist es umso wichtiger, die Funktionalitäten, Connectoren und Sensoren zu kennen, die die smarten mobilen Devices heute mit sich bringen. Nur so lassen sich entsprechende Digital-Connection-Kampagnen planen, gestalten und orchestrieren.

Literatur

Brandt, M. 2017. So entwickelt sich der Wearables-Markt. https://de.statista.com/infografik/4323/prognose-zum-weltweiten-absatz-von-wearables/. Zugegriffen: 25. Aug. 2017.

Bryzek, J. 2012. Emergence of a $Trillion MEMS Sensor Market, Presentation Sensorcon 2012. http://www.iot-summit.org/English/Archives/201203/Presentations/Janusz_Bryzek_SensorsCon2012.pdf. Zugegriffen: 26. Aug. 2017.

Erhardt, A. 2008. *Einführung in die digitale Bildverarbeitung, Grundlagen, Systeme und Anwendungen*. Wiesbaden: Springer.

Gabler Wirtschaftslexikon. 2017. Stichwort: Tablet-Computer. http://wirtschaftslexikon.gabler.de/Archiv/576005972/tablet-computer-v3.html. Zugegriffen: 22. Nov. 2017.

Hirth, M., J. Kuhn, T. Wilhelm, und S. Lück. 2014. Die App Oszilloskop analysiert Schall oder elektrische Signale. *Physik in unserer Zeit* 45 (3): 150–151.

Hsin-Liu Kao, C., C. Holz, A. Roseway, A. Calvo, und C. Schmandt. 2016. DuoSkin: rapidly prototyping on-kin user interfaces using skin-friendly materials. In ISWC'16, Heidelberg. http://duoskin.media.mit.edu/. Zugegriffen: 11. Okt. 2017.

Rothweiler, J. 2016. Das Handy ist 90 Jahre alt – nicht erst 20. https://www.swisscom.ch/de/storys/technologie/geschichte-des-handys-90-jahre.html. Zugegriffen: 09. Okt. 2017.

Schanze, R. 2017: Wann kommt der LTE-Nachfolger? Und wie schnell ist er?, http://www.giga.de/extra/5g/. Zugegriffen: 07. Dez. 2017.

Schmidt, F., M. Huch, und A. Hengstbach. 2016. GSM-Codes: So aktivieren Sie versteckte Handy-Funktionen. http://www.computerbild.de/artikel/cb-Ratgeber-Handy-GSM-Codes-versteckte-Handy-Funktionen-2438982.html. Zugegriffen: 22. Nov. 2017.

Springer Gabler Verlag (Herausgeber), Gabler Wirtschaftslexikon. 2017. Stichwort: Wearables. http://wirtschaftslexikon.gabler.de/Archiv/-2046631402/wearable-v4.html. Zugegriffen: 11. Okt. 2017.

Wächter, M. 2016. *Mobile Strategy – Marken- und Unternehmensführung im Angesicht des Mobile Tsunami*, 88. Wiesbaden: Springer.

Smarte Technologien

6

Inhaltsverzeichnis

6.1	Überblick smarte Technologien	159
6.2	Barcode – maschinenlesbarer 1D-Strichcode	161
	6.2.1 Scannen des Barcodes	161
	6.2.2 Entwicklung des Barcodes	163
	6.2.3 Barcode-Aufbau und Barcode-Typen	166
	6.2.4 Erstellen von Barcodes	168
	6.2.5 Vor- und Nachteile	169
6.3	QR-Code – maschinenlesbarer 2D-Code	170
	6.3.1 Mobiles Tagging mit QR-Code	170
	6.3.2 Entwicklung des QR-Codes	172
	6.3.3 Aufbau und Funktionsweise des QR-Codes	173
	6.3.4 Typen von QR-Codes	174
	6.3.5 Erstellen und Lesen von QR-Codes	177
	6.3.6 Anwendungsmöglichkeiten und Inhalte	179
	6.3.7 Nutzung und Akzeptanz	182
	6.3.8 Vor- und Nachteile von QR-Codes	183
6.4	Radio Frequency Identification (RFID)	184
	6.4.1 Identifizieren mit elektromagnetischen Wellen	184
	6.4.2 Funktionsweise von RFID	185
	6.4.3 Entwicklung von RFID	186
	6.4.4 Komponenten eines RFID-Systems	188

Elektronisches Zusatzmaterial Die Online-Version für das Kapitel (https://doi.org/10.1007/978-3-658-18759-0_6) enthält Zusatzmaterial, das berechtigten Benutzern zur Verfügung steht. Oder laden Sie sich zum Streamen der Videos die „Springer Multimedia App" aus dem iOS- oder Android-App-Store und scannen Sie die Abbildung, die den „Playbutton" enthält.

© Springer Fachmedien Wiesbaden GmbH, ein Teil von Springer Nature 2018
T. Kruse Brandão, G. Wolfram, *Digital Connection*,
https://doi.org/10.1007/978-3-658-18759-0_6

	6.4.5	Standardisierung der RFID-Technologie	198
	6.4.6	Anwendungs- und Einsatzbeispiele	200
	6.4.7	Vor- und Nachteile von RFID	204
6.5	Near Field Communication (NFC)	205
	6.5.1	Datentransfer über kurze Distanzen	205
	6.5.2	Komponenten eines NFC-Systems	206
	6.5.3	NFC-Standardisierungsbereiche	209
	6.5.4	NFC-Standardisierungsgremien und -organisationen	210
	6.5.5	Anwendungs- und Einsatzbeispiele	212
	6.5.6	Vorteile und Nachteile von NFC	215
6.6	Global Positioning System (GPS) und Geofencing	216
	6.6.1	Satelliten-gestützte Positionsbestimmung	216
	6.6.2	Entwicklung von GPS	217
	6.6.3	Technische Grundlagen	218
	6.6.4	Anwendungs- und Einsatzbeispiele	219
	6.6.5	Vor- und Nachteile von GPS	221
6.7	Wireless Local Area Network (WLAN)	222
	6.7.1	Funkgestützte Datenübertragung über drahtlose Netzwerke	222
	6.7.2	Entwicklung von WLAN	222
	6.7.3	Standardisierungsgremien und -organisationen	224
	6.7.4	Funktionsweise von WLAN	224
	6.7.5	Anwendungs- und Einsatzbeispiele	229
	6.7.6	Vor- und Nachteile von WLAN	231
6.8	Bluetooth Low Energy Beacons (BLE)	231
	6.8.1	Datenübertragung über kurze Distanz	232
	6.8.2	Entwicklung der Beacons	233
	6.8.3	Funktionsweise von Beacons	234
	6.8.4	Bluetooth-Versionen	234
	6.8.5	Datenkanäle und Datenformate	235
	6.8.6	Anwendungs- und Einsatzbeispiele	237
	6.8.7	Beacons im Handel	239
	6.8.8	Vor- und Nachteile von Beacons	241
6.9	Augmented Reality (AR) und Virtual Reality (VR)	242
	6.9.1	Computergestützte Erweiterung der wahrgenommenen Realität	242
	6.9.2	Technische Grundlagen	244
	6.9.3	Einsatz- und Anwendungsbereiche	245
	6.9.4	Vor- und Nachteile	258
6.10	Human Computer Interaction (HCI)	259
	6.10.1	Conversational Commerce über sprachgesteuerte Assistenten	260
	6.10.2	Entwicklung von sprachgesteuerten Assistenten	262
	6.10.3	Technische Grundlagen	264
	6.10.4	Plattformen für sprachgesteuerte Assistenten	266
	6.10.5	Anwendungs- und Einsatzbeispiele	271
	6.10.6	Leistungsvergleich sprachgesteuerter Assistenten	275
	6.10.7	Vor- und Nachteile	277
6.11	Chatbots und Messenger (Bots)	278
	6.11.1	Regelbasierte elektronische Echtzeitkommunikation	278
	6.11.2	Historische Entwicklung	279
	6.11.3	Technische Grundlagen	281

6.1 Überblick smarte Technologien 159

	6.11.4 Chatbot- und Messenger-Arten	282
	6.11.5 Chatbot-Plattformen	287
	6.11.6 Einsatz- und Anwendungsbereiche	296
	6.11.7 Weiterentwicklungen von Chatbots und Messengern	300
	6.11.8 Vor- und Nachteile	301
6.12	Ultraschallbasiertes Lokalisierungssystem (US)	303
	6.12.1 Indoor-Positionierung über Ultraschall	303
	6.12.2 Technische Grundlagen	303
	6.12.3 Einsatz- und Anwendungsbereiche	305
	6.12.4 Vor- und Nachteile	307
6.13	Visible Light Communication (VLC)	307
	6.13.1 Datenübertragung mithilfe von Licht	308
	6.13.2 Technische Grundlagen	308
	6.13.3 Historische Entwicklung	309
	6.13.4 Einsatz- und Anwendungsbereiche	310
	6.13.5 Vor- und Nachteile	312
6.14	Weitere smarte Technologien	312
	6.14.1 Indoor-Lokalisierung mit dem natürlichen Magnetfeld	313
	6.14.2 Indoor-Positionierung mit künstlichen Magnetfeldern	315
	6.14.3 Datenübertragung und Steuerung über Infrarot	315
	6.14.4 Identifizierung über elektromagnetische Wellen	316
6.15	Zusammenfassender Vergleich der smarten Technologien	318
Literatur		322

Zusammenfassung

Das Leben von Morgen wird smart und zwar in allen Bereichen. Schon heute wird intelligente Technologie vielerorts eingesetzt. Für die Realisierung von zentraler Bedeutung ist das Internet der Dinge, also die intelligente Vernetzung verschiedener Gegenstände und Objekte untereinander und nach außen über das Internet. So entstehen smarte Objekte, die als Schnittstelle zwischen der virtuellen und der realen Welt agieren.

Möglich wird dies durch verschiedene smarte Technologien, sogenannte Proximity- und Location-based Technologien, Near Response-Technologien, Mixed Commerce Technologien und Conversational Technologien. Diese verzahnen physische Objekte, Medien und den Menschen mit digitalen Inhalten.

Sie ermöglichen die Realisierung neuer digitaler Touchpoints in der Customer Journey und fördern die Interaktion zwischen Marke, Produkt oder Services mit dem Käufer und dem Konsumenten. Die Kenntnis der Technologien, ihrer Vor- und Nachteile erleichtern eine differenzierte Einsatzentscheidung.

6.1 Überblick smarte Technologien

Konsumenten verbringen inzwischen mehr als fünf Stunden am Tag mit digitalen Geräten. Im Schnitt schon fast mehr als die Hälfte dieser Zeit entfällt dabei, mit stark zunehmender Tendenz, auf die Nutzung von Mobiltelefonen und Tablets. Von „mobile first" wandelt sich die Nutzung mittlerweile zum „mobile only", das heißt, es werden primär und überwiegend Mobiltelefone in allen Lebenssituationen genutzt.

Steigende Möglichkeiten des Einsatzes smarter Technologien in Verbindung mit dem Mobiltelefon
Der überwiegende Gebrauch der Mobiltelefone bietet Möglichkeiten, auch weitere smarte und intelligente Technologien zu nutzen und einzusetzen, die im Rahmen des Marketings und der Customer Journey eine bedeutsame Rolle spielen.

Eine smarte Technologie ist Near Field Communication, kurz NFC genannt. Während rund 50 Millionen mobile Endgeräte in Deutschland NFC-fähig sind, mittlerweile auch die neuen iPhones (ab dem iPhone 7), ist der Nutzen für die Mehrheit der Kunden nicht präsent. Viele wissen nicht, welche Möglichkeiten sie mit NFC auf ihrem Mobiltelefon oder Tablet nutzen können, und wofür das gut sein soll.

Smarte Technologien sind nicht bekannt
Zwar gehören auch die NFC-Fähigkeiten eines Smartphones bei einem nicht geringen Teil der Konsumenten zu den Features, die als wichtig auf der Liste der „must haves" empfunden werden. Oft werden diese später jedoch mangels Einsatzmöglichkeit schlicht vergessen und landen unter den 80 Prozent der Funktionen eines Mobiltelefons, die der Nutzer für gewöhnlich nicht beherrscht, einordnen oder bedienen kann, letzteres immer noch eine Grundvoraussetzung für den Erfolg dieser Kommunikationskanäle.

Woran liegt das? Die Gründe sind mannigfaltig:

- Mangelnde Bekanntheit des Nutzens
- Versteckte Funktionalität, unzureichend kommuniziert
- Datenschutzbefürchtungen
- Fehlende Nutzungsangebote
- Fehlende Attraktivität der Angebote oder unzureichende Vorteilskommunikation

Call-to-Action überwindet Hindernisse
Diese je Konsument unterschiedlich wirksamen Hindernisse gilt es zu überwinden, um die sich hinter den technischen Möglichkeiten erzielbaren „Reichweiten" neuartiger Touchpoints zu erschließen. Denn um nichts anderes handelt es sich: Anbieter nutzen – wenn auch noch zu selten – die NFC Features, um mit Kunden zu kommunizieren. Die Bedeutung dieser Touchpoints kommt gerade dann oft zum Tragen, wenn es um die erste konkrete Information oder um die konkrete Entscheidungsfindung unmittelbar vor dem Kaufabschluss geht.

Der Kern der Nutzung dieser smarten Technologien ist meist ein Call-to-Action, die Aufforderung zu bzw. das Ermöglichen von einer spontanen Reaktion, um Kunden in ihrer Customer Journey sehr gezielt anzusprechen. Smarte Technologien und die dazugehörigen Plattformen können dabei erhebliche Teile der Customer Journey automatisiert analysieren.

Zum Beispiel kann der längere Aufenthalt in einer bestimmten Zone eines Geschäfts als „Exploration" des genau hier präsentierten Warenangebotes interpretiert werden.

Smarte Technologien in der Customer Journey
Auch wenn sich bisherige Anwendungen und Use Cases stark auf die oben genannten Einsatzorte konzentrieren, können smarte Technologien ihre „Verstärkerrolle" in der gesamten Consumer Journey spielen, von der ersten Wahrnehmung eines Produkts über Beurteilung und Bewertung, Kauf, erneuter Kauf und Weiterempfehlung. Die Consumer Journey bietet mit ihren vielfältigen Touchpoints Dutzende von Gelegenheiten, die direkte Kommunikation – uni- oder bidirektional – über smarte Technologien aufzunehmen.

Vielzahl smarter Technologien im Überblick
Seit einigen Jahren entwickeln sich smarte Technologien von zum Teil reinen Industrieanwendungen auch für den Einsatz beim Konsumenten. Diese größtenteils standardisierten Lösungen können nun von Marken als Kanal zum Konsumenten genutzt werden. Zu diesen smarten Technologien gehören:

- Strichcode oder Barcode
- QR-Code
- Radiofrequenz-Identifikation (RFID)
- Near-Field Communication (NFC)
- Global Positioning System (GPS) und Geofencing
- Wireless Local Area Network und WiFi
- Bluetooth und Beacons
- Augmented Reality (AR) und Virtual Reality (VR)
- Human Computer Interaction (HCI)
- Chatbots und Messenger
- Visible Light Communication (VLC)
- Ultraschallbasiertes Lokalisierungssystem
- Weitere smarte Technologien

In eigenen Kapiteln werden die einzelnen Technologien in ihrer technischen Funktionsweise, der Entwicklung und den Anwendungsmöglichkeiten beschrieben. Eine jeweilige Diskussion der Vor- und Nachteile dient zur Verdeutlichung der Einsatzmöglichkeiten.

6.2 Barcode – maschinenlesbarer 1D-Strichcode

6.2.1 Scannen des Barcodes

Strichcodes oder Barcodes (englisch „bar" für Balken) finden sich heute auf fast jeder Verkaufsverpackung oder teilweise auch selbst auf einzelnen Produkten. Es handelt sich

Abb. 6.1 EAN-13-Code

dabei im Wesentlichen um die EAN-Codes, auch *European Article Number* oder europäische Artikelnummer genannt. Es gibt diese Codes mit mehreren Stellen, als EAN-13- oder EAN-8-Barcode. Die Zahl am Ende der Bezeichnung gibt an, wie viele Stellen der Code hat. Der in Abb. 6.1 dargestellte Code hat 13 Ziffern, ein EAN-8-Code dagegen besteht aus acht Ziffern.

Der Barcode wird häufig auch Balken-, Streifen- oder Identcode genannt, da er aus verschiedenen parallelen schwarzen Strichen oder Streifen und weißen Lücken besteht. Die Bezeichnung Code drückt aus, dass Daten in binäre Symbole codiert sind. Gelesen werden kann der Barcode über eine optoelektronische Lesung mit optischen Lesegeräten, sogenannten Barcode-Lesegeräten, Scannern oder Kameras, die dann die im Barcode enthaltenen Informationen elektronisch entschlüsseln und weiterverarbeiten.

Barcodes – Teil unseres Alltags und überall präsent
Barcodes sind seit Jahren Teil unseres Alltages: Sie dienen der Identifizierung und Erfassung von fast allen Gegenständen wie etwa Lebensmitteln, Büchern oder Möbeln an der Kasse, zu Hause, im Supermarkt, in der Fertigung oder der Logistik. Der Kunde kann über den Barcode am Produkt Preisvergleiche anstellen, indem der Barcode mit dem Smartphone gescannt und anschließend über das Internet ein Preisvergleich gestartet wird.

Neben den weit verbreiteten EAN-Codes stoßen wir immer wieder auf weitere Strichcodes, die uns auch im täglichen Leben begegnen. Diese befinden sich beispielsweise auf Apothekenprodukten oder Arzneimitteln. Sie tragen aber keinen EAN-Code, sondern der dort verwendete Strichcode ist die *Pharma-Zentralnummer (PZN)*. Auch die deutsche Post versieht Päckchen und Briefe mit Codes, die Zustellziele enthalten, um diese dann maschinell zu lesen und damit die Päckchen und Briefe automatisiert zu sortieren und weiterzuleiten.

Einfaches Lesen eines Barcodes
Das Prinzip des Lesens eines Barcodes ist ganz einfach. Das Lesegerät, zum Beispiel ein Scanner an der Supermarktkasse, produziert einen Lichtstrahl und sendet diesen aus. Dieser trifft dann auf das Streifenmuster, den Barcode, auf der Verkaufspackung oder dem Produkt. Die weißen Stellen des Streifenmusters reflektieren das Licht, die schwarzen absorbieren es. Das reflektierte Licht wird von einem Sensor im Lesegerät erkannt und der

enthaltene Code entschlüsselt. Anschließend wird der identifizierte Produktcode in einem weiteren Schritt mit den in der Datenbank der Supermarktkasse enthaltenen Produktcodes verglichen, identifiziert und mit den zugehörigen Produktinformationen, wie Produktname, Gewicht, Preis etc., auf dem Bildschirm der Supermarktkasse für den Kunden und die Kassiererin angezeigt und auf dem Kassenbon ausgedruckt.

6.2.2 Entwicklung des Barcodes

Die Erfindung des Barcodes geht zurück auf das Jahr 1948. Allerdings dauerte es dann relativ lange, bis sich Händler und Produzenten für die Idee begeistern konnten, jedes einzelne Produkt mit einer maschinenlesbaren Nummer auszustatten.

Erfinder des Barcodes
Den Strichcode erfanden die beiden amerikanischen Ingenieurstudenten Norman Joseph Woodland und Bernard Silver. Sie gingen der Idee eines Supermarktleiters nach, der beim Kassieren automatisch dokumentieren wollte, welche Produkte eigentlich verkauft worden sind. Der Geschichte nach hat Norman Joseph Woodland die Idee für den Barcode am Strand geboren, als er Linien unterschiedlicher Stärke in den Sand zeichnete, ähnlich den Morsecodes, mit denen er als Jugendlicher in Berührung gekommen war. Daraus entwickelte er dann die Vision, bei der die Strichfolgen durch ein wie auch immer geartetes Lesegerät erkannt werden konnten.

1952 – Anmeldung des Barcode-Patents
Auf dieser einfachen Grundlage basieren und funktionieren die Barcodes und Scanner heute immer noch. Nach Beantragung eines Patentes im Jahr 1949 (Abb. 6.2) wurde die Idee drei Jahre später geschützt. Reich wurden die beiden durch die Erfindung nicht, denn sie veräußerten das Patent für 15.000 US-Dollar an die Firma Philco.

Erste Schritte zur Einführung der Barcodes
Nach der Anmeldung des Patents stellte sich allerdings die Umsetzung der Idee und des Patents als schwierig heraus. Erst im Jahre 1967 experimentierten amerikanische Eisenbahngesellschaften mit Barcodes und brachten diese auf Eisenbahn-Wagons an. Doch zuverlässig funktionierte das System damals noch nicht. Lange Zeit beschäftigten sich Supermarktketten mit der Einführung der Barcodes, einige entwickelten eigene Lösungen und experimentierten damit. Es fehlte ein industrieweiter Standard. Die Produzenten der Waren und Produkte druckten keine Barcodes auf ihre Waren und so hätte jeder Supermarkt die Waren selbst mit dem Barcode auszeichnen müssen. Der Aufwand dafür war viel zu groß.

1973 – Einigung auf einen Industrie- und Umsetzungs-Standard
Erst im Jahr 1973 einigten sich Handel und Hersteller in den USA auf einen Industriestandard. George Laurer von IBM entwickelte den sogenannten *Universal Product Code*

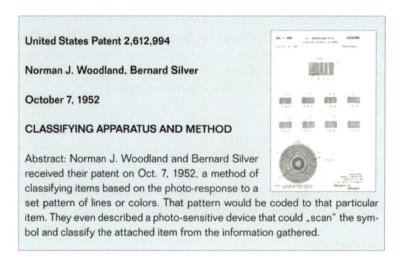

Abb. 6.2 Barcode-Patent

(UPC), der dann später in der Weiterentwicklung als *Global Trade Item Number (GTIN)* auf Produkten zu finden war.

1974 – erstes Produkt mit Barcode
Der Startschuss des Barcodeeinsatzes im Handel erfolgte am 26. Juni 1974: Ein Kassierer scannte und verkaufte das erste markierte Produkt mit dem Strichcode an der Kasse in einem amerikanischen Supermarkt der Firma Marsh in Troy, Ohio. Das erste Produkt war eine Packung Juicy-Fruit-Kaugummi von Wrigley.

1976 – Europäische Artikelnummer (EAN)
In den siebziger Jahren arbeiteten Händler und Hersteller in Europa an einem vergleichbaren System zur einheitlichen Nummerierung von Waren und Produkten. Eine Übereinkunft erfolgte nach langwierigen Verhandlungen im Jahr 1967. Vertreter aus Handel und Industrie aus über zehn europäischen Staaten einigten sich auf ein einheitliches Nummerierungssystem. Daraus entwickelte sich die spätere European Article Number (EAN) (Rosenbaum und Jesse 2000; Lenk 2005).

Für Deutschland veröffentlichte die Centrale für Coorganisation (CCG), das Vorgängerunternehmen der heutigen *Global Standards 1 Germany (GS1)*, 1976 die ersten Barcodes. Im Juli desselben Jahres wurde dann in Deutschland das erste mit Barcode ausgestatte Lebensmittelprodukt, die Wichartz-Gewürzmischung, in einem Supermarkt verkauft.

Barcodescanner-Kassen wurden dann im Oktober 1977 eingeführt, zunächst einmal eine bei der „Carl Doderer KG" in Augsburg, gefolgt von neun weiteren Scannerkassen, die aber dann schon fünfzehntausend EAN-codierte Produkte EAN scannten. Fünf Jahre danach, also 1982, waren insgesamt 535 Scannerkassen in über sechzig Supermärkten in Deutschland zu finden.

6.2 Barcode – maschinenlesbarer 1D-Strichcode

Richtig durchsetzen konnte sich der Barcode aber erst Ende der achtziger Jahre. Dann erst waren alle verkauften Produkte im Lebensmitteleinzelhandel in Deutschland mit einem Barcode ausgestattet und Scannerkassen flächendeckend eingeführt (Lischka 2007).

Barcode-Entwicklungsgeschichte im Überblick
- **1952**: Norman Joseph Woodland und Bernhard Silver melden das Patent für den Barcode an.
- **1973**: Handels- und Herstellerunternehmen in den USA wählen den Universal Product Code (UPC) zur Produktkennzeichnung (12-stelliger Code, heute wird der UPC in den USA noch immer genutzt; er ist standardisiert worden und unter dem Namen GTIN-12 bekannt).
- **1974**: Gründung des Uniform Code Council (UCC) in den USA, heute GS1 US. In Deutschland wird die Centrale für Coorganisation (CCG) gegründet, heute GS1 Germany.
- **1974**: In den USA wird in einem Supermarkt von Marsh das erste Produkt mit Barcode verkauft (Wrigley Kaugummi Juicy-Fruit).
- **1976**: Die EAN-Nummer (European Article Number) mit 13 Stellen wird in Europa entwickelt.
- **1977**: Zwölf europäische Länder einigen sich auf die EAN, später bekannt unter der Bezeichnung Global Trade Identification Number.
- **1983**: Verabschiedung des 14-stelligen Barcodes als weltweiter Global Standard 1-Standard.
- **1989**: In der Logistik wird zur Identifikation von Paletten der GS1-128-Barcode eingeführt.
- **1990**: UCC US und EAN International (GS1) unterschreiben einen Vertrag zur Zusammenarbeit für die gemeinsame Weiterentwicklung von weltweiten Identifizierungsstandards.
- **1999**: Am Bostoner Massachusetts Institute of Technology (MIT) wird das Auto-ID Center ins Leben gerufen und der Electronic Product Codes (EPC) als Fundament für die Standardisierung von RFID entwickelt.

Heute hat sich der Barcode auf breiter Front etabliert: Kaum ein Produkt, das nicht über ihn verfügt, kaum ein Artikel, der nicht mit ihm gekennzeichnet ist. Dazu kommt ein einziger ISO/IEC-Standard.

2006 – Weiterentwicklung zu 2D- und 3D-Barcodes

Ab 2006 hat sich dazu noch ein komplett neuer Markt mit 2D- und 3D-Barcodes entwickelt, der sich vor allem im Bereich Mobile Commerce und Mobile Business wiederfindet. Bei 3D-Barcodes bildet die Farbe, das heißt entweder der Farbton, die -sättigung oder die -helligkeit, die nächste Dimension. 2007 entwickelten Wissenschaftler der Bauhaus-Universität in Weimar sogar 4D-Barcodes.

6.2.3 Barcode-Aufbau und Barcode-Typen

Barcode-Etiketten helfen heute bei der Steuerung von Waren, bei der Automatisierung der Lagerhaltung, der Optimierung von Prozessen, der Verfolgung von Waren und Sendungen. Ausweise und Tickets werden darüber verifiziert und vieles andere mehr. Mittlerweile finden Barcodes Anwendung in den unterschiedlichsten Branchen: Automobil, Elektronik, Mode und Bekleidung, Lebensmittel, Einzel- und Großhandel, Bibliotheken, um nur einige zu nennen. Mithilfe der Strichcodes lassen sich viele Gegenstände fast automatisch oder auch vollautomatisch erfassen und die dadurch gewonnenen Informationen direkt mit Informationssystemen abgleichen.

Aufbau des Barcodes folgt einheitlichem Schema
Ein Barcode besteht immer aus einer Reihe von schmalen wie auch breiten Strichen oder Streifen sowie einer darunterliegenden Ziffernfolge (Abb. 6.3). Die Zahlen zeigen den Strichcode in numerischer Form.
Die Zahlenfolge basiert immer auf folgendem einheitlichen Muster:

- Stellen 1 bis 3: Herstellerland, das heißt das Land, in dem der Produkthersteller seinen Barcode beantragt hat, beispielsweise steht 400–440 für Deutschland
- Stellen 4 bis 7: Hersteller des Produktes
- Stellen 8 bis 12: Artikelnummer, die der Hersteller festlegt
- Stelle 13: Prüfziffer, die aus den anderen Ziffern errechnet wird. Sie hilft, Lesefehler zu reduzieren.

Die Darstellung der GTIN als Barcode wird in zwei Gruppen umgesetzt. Diese sind durch drei längere Streifen leicht unterscheidbar, die linke Gruppe geht bis zur siebten Stelle, die rechte Gruppe von Stelle acht bis dreizehn. Die erste Stelle in der linken Gruppe ist durch eine spezielles Verkodungsverfahren im linken Block „versteckt". Der Grund für diese aufwendige Kodierung liegt darin, dass die Scanner auch den UPC-Code der USA lesen mussten. Dieser beinhaltet nur 12 Stellen.

Internationale Normung des Barcodes in der ISO/IEC
Standardisiert ist der Barcode in der internationalen Norm ISO/IEC 15420, der Inhalt des Barcodes ist in den GS1 General Specifications festgelegt. Für unterschiedliche

Abb. 6.3 Aufbau eines Barcodes, hier GTIN-13. (Foto: Labelfox 2014)

6.2 Barcode – maschinenlesbarer 1D-Strichcode

Anwendungsfälle sind unterschiedliche Barcodes entwickelt worden. Hier werden die wichtigsten kurz dargestellt, eine sehr detaillierte Übersicht zu den verschiedenen Barcodes gibt Microtech (Microtech 2017):

EAN-Barcode verschlüsselt Globale Artikelnummer (GTIN)
Mit dem EAN-Barcode wird heute die 8- bzw. 13-stellige Globale Artikelnummer (GTIN) in 8 oder 13 Stellen und einer Prüfziffer verschlüsselt. Die maschinenlesbare Variante enthält Strichcodes in vier verschiedenen Strich- bzw. Balkenbreiten und Lücken. Die Strichcodes identifizieren die Hersteller oder Händler eines Produktes, das Produkt selbst und können mit weiteren Datensätzen verbunden werden. Eine Verunreinigung, Beschädigung oder nicht vollständige Darstellung des Barcodes, wenn beispielsweise ganze Striche fehlen, ist problematisch.

GS1 Databar verschlüsselt zusätzliche Informationen
Der GS1 Databar (Abb. 6.4) kann bis zu 74 numerische und 41 alphanumerische Zeichen enthalten und ist in insgesamt sieben möglichen Strichcodevarianten darstellbar. Er kann auch Anforderungen abdecken, die der EAN-Barcode nicht erfüllt, wie zum Beispiel die Angabe von zusätzlichen Informationen wie Datum für die Mindesthaltbarkeit oder Gewicht. Er kann auch sehr klein sein und verkleinert damit die Etikettengröße und wird bevorzugt bei der Kennzeichnung von Lebensmitteln eingesetzt.

EAN 128 verschlüsselt logistische Informationen
EAN 128 ist eine alphanumerische Codierung aus dem Jahr 1981, bestehend aus einer Ziffern- und Buchstabenfolge. Sie besitzt eine hohe Informationsdichte und kann zum Beispiel den vollen ASCII-Zeichensatz abbilden und wird im Wesentlichen in der Logistik und im Gesundheitsbereich eingesetzt (Abb. 6.5).

Abb. 6.4 GS1 Databar

Abb. 6.5 EAN 128

Abb. 6.6 Interleaved 2 of 5 Barcode

Interleaved 2 of 5: Transporteinheiten-Kennzeichnung
Interleaved 2 of 5 (ITF) besteht aus einem numerischen Zeichensatz. Dabei werden viele Ziffern auf kleinstem Raum untergebracht. Daher wird er vorwiegend zur Transporteinheiten-Kennzeichnung verwendet (Abb. 6.6).

6.2.4 Erstellen von Barcodes

Barcodes werden mit speziellen Etikettendruckern, wie Thermodirekt- oder Thermotransferdrucker, auf Etiketten aufgedruckt. Barcodes werden aber auch direkt auf Verpackungen gedruckt. Dazu kommen handelsübliche Druckverfahren zum Einsatz, wie zum Beispiel Tintenstrahldrucker zur direkten Beschriftung von Faltkartons und -schachteln. Die Druckqualität hängt dabei vom Trägermaterial ab.

Aufdruck der Barcodes in verschiedenen Druckverfahren
Das zu druckende Bild des Barcodes wird in der Regel vor dem Druck mit Barcode-Programmen erzeugt. Der beim Drucken auftretende Druckzuwachs wird dabei mithilfe dieser Programme über eine Balkenbreitenkorrektur (Bar Width Correction oder auch BWC) beziehungsweise Balkenbreitenreduktion (Bar Width Reduction oder auch BWR) ausgeglichen. Das Resultat sollte dann der Norm ISO/IEC 15421 genügen.

Barcodes werden auf jede beliebige Art auf Materialien aufgebracht, gelasert, eingeätzt, eingefräst, ausgestanzt oder genadelt.

Barcode-Fonts auf dem Computer
Mit als eigene Schriften auf dem jeweiligen Computer gespeicherten Barcode-Fonts lassen sich ebenfalls Strichcodes erzeugen. Zu beachten ist dabei, dass manche Drucker die Schriftarten bei der Druckerauflösung nicht berücksichtigen. Die Lücken- und Balkendimensionen werden dann nicht richtig dargestellt. Daneben ist zu beachten, dass die Programme eine Prüfziffer berechnen müssen und auch die Kombination von zwei Ziffern mit einem Symbol berücksichtigt werden muss. Keine Probleme entstehen, wenn ein Barcode-Generator im Drucker implementiert ist.

Lesen der Barcodes mithilfe von Barcode-Lesern oder Barcode-Scannern
Über spezielle Datenerfassungsgeräte wie Barcode-Leser oder Scanner können Barcodes gelesen werden, die in verschiedenen Bauformen auftreten:

- Lesestift, der per Hand über den Barcode bewegt wird. Dabei empfängt der Dekodierer das helle bzw. dunkle Signal und entziffert den Barcode.
- CCD-Scanner, wobei LED-Licht auf den Barcode trifft, das reflektiert und wieder auf eine CCD- oder Fotodiodenzeile reflektiert wird.
- Laser-Scanner, der Laserstrahlen auf den Barcode richtet, die farbunabhängig verschieden reflektiert und dekodiert werden.
- Handy-Scanner: Eine spezielle Software oder App im Mobiltelefon kann den Barcode über die Kamera im Telefon erfassen und zeigt dem Benutzer die Informationen dann dazu in Klartext an.

6.2.5 Vor- und Nachteile

Für den Einsatzerfolg der Barcodes lassen sich mehrere Punkte heranziehen: die flexiblen und vielfältigen Einsatzmöglichkeiten, die Datenerfassungsgeschwindigkeit, die Lesedistanz von wenigen Zentimetern bis hin zu einigen Metern, die Nutzungskosten und die weltweite Standardisierung und relativ günstige und einfache Infrastruktur.

Vorteile des Barcodes im Detail
Hier die wesentlichen Vorteile der Barcodes im Detail:

- Die Barcodes lassen sich schnell auslesen, überall nutzen und automatisch wie auch manuell erfassen. So können Lagerhaltung und Nachbestellung vereinfacht und die Logistik erleichtert werden. Strichcodesysteme sind fünfzehn Mal schneller als eine Tastatureingabe und zehntausend Mal präziser. Barcode-Prozesse sparen Zeit und Geld und erhöhen die Effizienz.
- Die Barcode-Generierung und Erstellung von Barcode-Etiketten ist mit niedrigen Kosten verbunden. Benötigt werden die Etiketten, Drucker und Scanner.
- Barcodes sind weltweit einsetzbar, denn sie unterliegen den weltweit genormten Standards durch die GS1-Organisationen.
- Barcodes lassen sich auch im Fehlerfall über den Klartext entschlüsseln.

Nachteile des Barcodes
Die Nachteile und Besonderheiten der Barcodes:

- Zum Lesen eines Barcodes ist eine Sichtverbindung Voraussetzung. Darüber hinaus müssen Barcodes immer an der gleichen Stelle angebracht sein, wenn sie vollautomatisch gelesen werden sollen.
- Barcodes können verschmutzen oder zerstört werden. Dann ist ein korrektes Lesen nicht mehr möglich.
- Barcodes sind nicht sicher, sie können einfach kopiert und die Informationen von jedem ausgelesen werden.

Die klassischen Barcodes sind eindimensionale Codes, das heißt sie sind nur auf einer Ebene rechtwinklig zu den Strichen codiert. Theoretisch kann der Strichcode beliebig hoch sein, ohne enthaltene Informationen zu verändern.

Es wurden aufgrund dieser Einschränkungen sogenannte zweidimensionale Barcodes entwickelt. Diese besitzen keine Ähnlichkeit mit den beschriebenen Barcodes, sie bestehen nicht aus Strichen, sondern aus kleinen schwarzen Quadraten auf einer quadratischen oder rechteckigen Fläche. Die Informationen werden nicht aus einer einzelnen Zeile ausgelesen, sondern der Code muss als Ganzes erfasst werden. Der wohl bekannteste zweidimensionale Barcode ist der QR-Code (siehe Abschn. 6.2).

6.3 QR-Code – maschinenlesbarer 2D-Code

6.3.1 Mobiles Tagging mit QR-Code

Neben den gängigen und weit verbreiteten Strich- beziehungsweise Barcodes tauchen immer mehr quadratische Codes mit Mustern auf Werbeplakaten, in Print-Medien, aber auch auf Produktverpackungen auf. Weiterhin sieht man diese auf Visitenkarten, in Supermärkten, in Aufzügen und sogar auf Laternenmasten oder Litfaßsäulen. Die Deutsche Post nutzt sie als digitale Briefmarken und bei der Deutschen Bahn kommen sie mittlerweile beim Handy-Fahrschein zum Einsatz. Diese QR-Codes werden mit dem Mobiltelefon gelesen und können mannigfaltige Informationen enthalten.

Quick Response (QR) und hohe Informationsdichte als Vorteil
Die Bezeichnung QR-Code stammt aus dem Englischen und betont mit ihrer Bedeutung „Quick Response" den Vorteil der „schnellen Antwort" dieser Codierungsart. Der QR-Code ist im Vergleich zum Barcode ein zweidimensionaler Code, welcher sich durch eine höhere Informationsdichte auszeichnet und unter anderem mit der Foto- und Videokamera des Mobiltelefons gescannt und mithilfe von Spezialsoftware ausgelesen werden kann. Aufgeklebt oder aufgedruckt ermöglicht der QR-Code vielfältige Zusatzhinweise und -funktionen zu Produkten, beispielsweise in Form von Adressdaten, Links, Informationstexten oder Tickets (Lenk 2014).

QR-Codes können als Mini-Datenspeicher angesehen werden, die bis zu einer halben DIN-A4-Seite Text aufnehmen und vorhalten können. Die im QR-Code gespeicherten Informationen werden verschlüsselt in einem Quadrat, bestehend aus hellen und dunklen Punkten, abgelegt. Die hellen und dunklen Punkte sind vergleichbar mit der 0/1-Systematik in der Informatik. Darüber hinaus sind sie nicht für den Menschen zu entschlüsseln.

Die Reihenfolge bestimmt den definierten Wert, zum Beispiel eine Zahl oder einen Buchstaben. In einen QR-Code passen circa viertausend alphanumerische Zeichen, bestehend aus Buchstaben, Zahlen und Sonderzeichen. Im Barcode findet man hingegen nur 13 Zahlen.

6.3 QR-Code – maschinenlesbarer 2D-Code

Abb. 6.7 QR-Code

Quadratischer Aufbau der QR-Codes
QR-Codes zeichnen sich durch ihre quadratische Form, die Matrix, aus (Abb. 6.7). Dabei enthalten die schwarzen Punkte und Striche die in den Modulen abgespeicherten Daten. Die Anzahl der im QR-Code enthaltenen Module hängt von der Datenmenge ab, die gespeichert werden soll.

Unterschiedliche Größen von QR-Codes
Bei den Größen und Abmessungen von QR-Codes sind keine Grenzen gesetzt, außer dass sich der QR-Code sannen lassen muss. Zu klein dürfen die Codes deswegen nicht sein. Scanner müssen sie noch scharfstellen und lesen können.

Auch wenn der QR-Code nur wenige Informationen enthält, benötigt er eine Mindest-Kantenlänge von 2,5 Zentimetern. Hochwertige Lasertechnik ist erforderlich, um winzige QR-Codes auch auf Bauteilen einzugravieren, was allerdings dann auch entsprechend präzise Lesegeräte erfordert. Der kleinste QR-Code (Version 1) hat 21 × 21 (441) Module. Version 40 hat 177 × 177 (31.329) Module und ist dementsprechend größer.

Positionierungsmarkierungen erleichtern das Erkennen und Lesen der QR-Codes
Um die QR-Codes exakt zu lesen, helfen die enthaltenen Positionsmarkierungen. Diese sind an drei Ecken des QR-Codes enthalten und geben dem Lesegerät die Position des Codes an. In der Matrix enthalten ist auch die Versionsnummer des verwendeten QR-Codes.

Fehlerkorrekturmechanismen erleichtern das Entziffern
Ein QR-Code kommt mit verschiedenen Fehlerkorrektur-Stufen (Error Detection and Correction oder EDAC). Je höher diese sind, desto weniger Daten enthält der QR-Code. Über die Fehlerkorrektur kann der QR-Code auch bei Verschmutzung und Beschädigung gelesen und entziffert werden.

QR-Codes können auch farbig sein
QR-Codes können auch farbig sein, notwendig ist nur eine möglichst hohe Kontrastschärfe zwischen den dunklen und hellen Stellen. QR-Codes lassen sich daher auch als

Bilddateien in den Formaten GIF, JPEG, TIFF oder PNG anzeigen. Damit sind sie so vielseitig verwendbar wie Fotos.

6.3.2 Entwicklung des QR-Codes

Der QR-Code hat seine Ursprünge in der japanischen Autoindustrie.

1994 – Erfindung des QR-Codes in Japan
Software-Entwickler der Firma Denso erfanden ein Verfahren, das sie für die Markierung von Kraftfahrzeug-Bauteilen bei Toyota in Japan Anfang der neunziger Jahre einsetzten. Anschließend übernahm das Tochterunternehmen Denso Wave die konkrete Entwicklung der 2D-Codes.

Zunächst wurden QR-Codes nur in der Logistik der Produktion genutzt. Doch relativ schnell hielt der QR-Code in andere Bereiche Einzug und revolutionierte Japan. Bereits im Jahr 2005 kannte ein Großteil der Japaner den QR-Code und setzte ihn auch ein.

Für die Japaner sind die QR-Codes bereits seit Jahren Teil des Alltags. Vor allem Handel und Konsum haben sich dem QR-Code angepasst. Handelsmarken, Geschäfte und Supermärkte liefern den Kunden über QR-Codes auf Verpackungen oder Etiketten weitere Zusatzinformationen und es erfolgt eine Verknüpfung der Online- und der Offline-Welt, hier einige Beispiele:

- McDonalds informiert über Nährwerte der verkauften Menüs,
- Japans Bierbrauer Sapporo berichtet darüber, wie man das Sapporo Pils richtig trinkt und genießt,
- Musikbands bieten Downloads ihrer Musik auf Plakaten,
- Japans Einwanderungsbehörde gibt Zusatzinformationen auf dem Einreisevisa aus.

2007 – erste Nutzung des QR-Codes in Deutschland
In Deutschland setzte das Magazin „Spex" im Jahr 2007 auf seiner Vorderseite den QR-Code ein und warf die Frage in den Raum: „Was sagt uns dieser Code?" (Dax 2007). Darauf folgte die Tageszeitung „Die Welt" und brachte den QR-Code in Artikeln unter, um so den Lesern zusätzliche digitale Informationen zum Beitrag zur Verfügung zu stellen (Vitzthum 2007).

Daneben führte auch die Deutsche Bahn den QR-Code auf Online-Tickets ein, von wo die Informationen über ein Speziallesegerät ausgelesen werden können. Ein QR-Code-System wird auch tagtäglich bei DHL und der Deutschen Post eingesetzt, denn jede Briefmarke, die online erstellt wird, besteht aus einem QR-Code.

2011 – Einzug der QR-Codes in den Print-Medien
Seit dem Jahr 2007 wurde der QR-Code immer wieder vereinzelt in Print-Medien eingesetzt, allerdings ohne große Flächendeckung. Der Durchbruch gelang dann im Jahr 2011,

6.3 QR-Code – maschinenlesbarer 2D-Code

als immer häufiger gedruckte Artikel mit dem Code ausgestattet wurden und den Lesern eine Verbindung zu Zusatzinformationen, Hintergründen und Dienstleistungen eröffneten.

Als darauffolgender Trend galt die Nutzung von QR-Codes mit integriertem Logo oder Bild. Heute werden komplizierte QR-Codes mit Bildern und Logos gestaltet, da – ohne die Funktion zu beeinträchtigen – bis zu dreißig Prozent des Bildcodes mit anderen Informationen belegt werden können.

6.3.3 Aufbau und Funktionsweise des QR-Codes

QR-Codes gehören zur Gattung der 2D-Codes und sind eine Weiterentwicklung der eindimensionalen Codes (Lenk 2014). Es wird eine weitere, zweite Dimension hinzugefügt und eine zusätzliche Achse, die Y-Achse, berücksichtigt. Die Codes sind quadratisch oder rechteckig aufgebaut. Mithilfe von integrierten Markierungen können sie in beliebiger Lage gelesen werden.

Hohe Informationsdichte im QR-Code
In QR-Codes lassen sich beliebige Informationen einbetten. Die QR-Codes werden zur Verbindung zwischen der realen und der virtuellen Welt eingesetzt. Der wohlüberlegte konzeptionelle technische Aufbau des QR-Codes ermöglicht es, eine große Menge Nutzdaten zu speichern. Diese können trotzdem schnell erfasst werden. Auch kleinere Beschädigungen oder Verschmutzungen beeinträchtigen die Lesbarkeit nicht.

Schwarze und weiße Module und Linien als Bestandteile des QR-Codes
Ein QR-Code besteht aus mehreren notwendigen Komponenten: Schwarzen und weißen Modulen und Linien. Es sind auch farbige Codes möglich, die einzelnen Farben müssen allerdings den gleichen Grauwert aufweisen. Die Module bestehen aus Einzelpunkten und bilden die kleinsten Elemente der binär codierten Daten. Quadratische Markierungen in drei der vier Ecken des QR-Codes geben die Feldbegrenzung und Position des Musters an, durch die fehlende vierte Ecke des Musters kann das Lesegerät die Orientierung des Codes erkennen (Abb. 6.8).

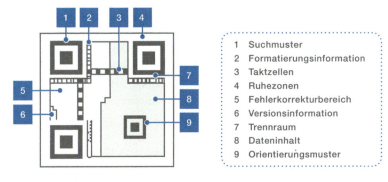

Abb. 6.8 Bestandteile des QR-Codes. (Mandau 2008)

Erfassung der Inhalte über Suchmuster in den drei Ecken des QR-Codes
Wesentlich für die richtige Anwendung und Lesung des QR-Codes sind die „Suchmuster" in den Ecken des Codes, die dem Lesegerät helfen, das relevante Codebild richtig zu erfassen. Das Suchmuster erlaubt die Lesbarkeit aus fast jedem beliebigen Winkel und verschiedenen Richtungen, da das Lesegerät die richtige Lage des QR-Codes selbst errechnet.

Um größere Datenmengen und -inhalte zu speichern, wird der QR-Code in mehrere Bereiche unterteilt, wieder versehen mit dem Muster der Lageerkennung. Eine integrierte Fehlerkorrekturlogik überwindet auch die negative Lesebeeinträchtigung durch Einflüsse wie zum Beispiel Verschmutzung oder Beschädigung.

Speicherung von bis zu 7100 Ziffern im QR-Code
Die übrigen QR-Code-Bereiche ermöglichen die Speicherung der eigentlich zu codierenden Daten. Abhängig von der Art der Inhalte können bis zu 7089 Dezimalziffern im QR-Code gespeichert werden.

Eine fest definierte Reihenfolge der schwarzen und weißen Kästchen und weiterer Regeln zur Lesefehler-Korrektur führt letztlich zur Informationsspeicherung. Für den Fall, dass es trotzdem zu Lesefehlern kommt, ist vorgesorgt: Der Code enthält eine Fehlerkompensation, die sichergestellt, dass die Informationen noch lesbar sind, selbst wenn 30 Prozent der Grafik zerstört sind.

6.3.4 Typen von QR-Codes

QR-Codes werden auch Matrixcodes genannt, da sie in ihrem Aufbau mit den schwarzen und weißen Kästchen einem Schachbrett ähneln.

Vier bekannte QR-Codes
Die vier bekanntesten Codearten im europäischen Raum sind der DataMatrix-Code, der QR-Code, der BeeTransponder-Code und der Aztec-Code (Bendel 2010). Abb. 6.9 zeigt eine Übersicht der QR-Codes, auch im Zusammenhang mit 1D-, 3D- und 4D-Codes.

BeeTag für das Mobile Tagging
Der nicht standardisierte BeeTag-Code erinnert beim Betrachten an eine Bienenwabe (Rupp 2008). Er wurde in der Schweiz im Jahr 2005 entwickelt. Er lässt sich einfach mit einem Logo oder anderen Bildern versehen und ist sehr geeignet für das Mobile Tagging. Die BeeTag-Lösung kommt mit einer geringen Datenkapazität aus. Häufig wird nur eine URL mit einer Webadresse oder eine ähnlich große Information gespeichert.

QR-Code
Der QR-Code besteht aus mindestens 21 × 21 und höchstens 177 × 177 quadratischen Elementen. Das ermöglicht eine maximale Speicherkapazität von 2.953 Byte, was einem Äquivalent von 7089 Ziffern und 4296 ASCII-Zeichen entspricht. Neben verschiedenartigen

6.3 QR-Code – maschinenlesbarer 2D-Code

Typ	1D-Codes	2D-Codes	3D-Codes	4D-Codes
Kodierung	eindimensional	zweidimensional	2D + Farbe	3D + Zeit
Beispiele	Codabar, Code39, Code128, Interleave, Pharmacode, Zielcode	*Stapelcodes:* Codablock-F, PDF147 *Matrixcodes:* Aztec, BeeTagg, Blotcode, DataMatrix, Maxicode, JagTag, QR-Code *Sonderformen:* Shotcode, Array Tag, 3-DI /Accu-Code, Dandelion Code	Microsoft Tag	unsynchronisierter 4D-Barcode

Abb. 6.9 Verschiedene QR-Codes. (Voss 2011)

Informationen, wie Webadressen und freiem Text lassen sich auch Logos oder Bilder einbauen. Ein bekannt gewordenes Beispiel ist ein bunter Pop-Art-Code, entworfen von Takashi Murakami für Louis Vuitton. Das Besondere daran waren in der Mitte des Codes gezeigte kleine Figuren.

Das Einscannen des QR-Codes ist relativ einfach, wie auch das Erstellen eines QR-Codes. Über spezielle Web-Anwendungen lässt sich der Code produzieren, danach ausdrucken und kopieren, evtl. auch farbig. Nun ist er lesbar und scannbar.

DataMatrix-Code
Ende der 1980er-Jahre entwickelte die amerikanische Firma International Data Matrix (heute RVSI Acuity CiMatrix) den DataMatrix-Code. Wieder quadratisch mit einzelnen quadratischen Elementen, allein oder zu Rechtecken kombiniert, ergeben sie im Gesamten den DataMatrix-Code. Auch dieser enthält ein Fehlerkorrektursystem.

Die Datenkapazität des Codes hängt vom Zeichensatz ab und liegt bei bis zu 1556 Byte, 3116 Ziffern oder 2335 ASCII-Zeichen. Auch hier können Logos oder andere Bilder integriert werden.

In den deutschsprachigen Ländern wird der DataMatrix-Code häufig genutzt, zu finden ist er auf Steuererklärungen, Tickets und Briefen. Der Online-Service „Internetmarke der Deutschen Post" nutzt ihn beispielsweise. Auf diese Weise lassen sich Briefmarken am PC erstellen, als Aufkleber ausdrucken und Briefe oder Pakete damit versehen.

Auch im Veranstaltungsbereich wird bereits Ticketing auf Basis des DataMatrix-Codes umgesetzt. Unter dem Namen *PicTicket* realisiert die Hamburger Matrix Solutions seit 2003 elektronisches Ticketing für Konzerte, Sportveranstaltungen, Messen und Festivals in ganz Europa. Der Schlüssel für erfolgreiches elektronisches Ticketing ist nicht die

Generierung und die Zustellung eines personalisierten Tickets, sondern die reibungslose Validierung am Einlass.

Aztec-Code als Standard bei der Verwendung von Online-Tickets
Der Aztec-Code wurde 1995 in den USA von A. Longacre bei Welch Allyn entwickelt. Der Name Aztec-Code leitet sich ab von der Hochkultur der Azteken in Zentralmexiko und deren Stufenpyramiden – sie ähneln dem Codemuster des Aztec-Codes. Erkennbar wird der Aztec-Code anhand der schwarzen Quadrate in der Mitte, er enthält bis zu 3000 Buchstaben oder 3750 Zahlen.

Der Aztec-Code ist in der ISO-Norm ISO/IEC 24778 spezifiziert. Der internationale Eisenbahnverband (UIC) hat den Code als Standard für Fahrkarten definiert. Einsetzt wird er von einigen europäischen Bahnunternehmen und dem Verband Deutscher Verkehrsunternehmen. Online-Tickets der Deutschen Bahn oder elektronisch zugesendete Tickets zum Ausdrucken tragen den Code. Ebenso wird er auch beim Einchecken bei der Deutschen Lufthansa auf dem Mobiltelefon anstelle der gedruckten Bordkarte genutzt. Hin und wieder findet sich der Code auch auf Einzelhandelscoupons.

Der Verbreitungsgrad ist gegenüber den anderen beiden Codes, dem DataMatrix und dem QR-Code, aber eher gering. Er hat allerdings den Vorteil, dass keine Ruhezone notwendig ist, da die Suchmuster in der Mitte liegen. Weiterhin ist die Fehlerkorrektur zwischen fünf und fünfundneunzig Prozent skalierbar.

Weitere Varianten der QR-Codes
Abb. 6.10 zeigt weitere Varianten der QR-Codes, die sich in der Informationsdichte wie auch weiteren Funktionalitäten unterscheiden. Der QR-Code Version 2 enthält eine optische Kodierung mit sehr hoher Informationsdichte bei gleichzeitig hoher Lesesicherheit. Innerhalb dieser Version kommen vierzig Varianten beziehungsweise Größen vor, Größe 1 entspricht einem Quadrat mit 21 × 21 Zellen, Größe 40 einem Quadrat mit 177 × 177 Zellen.

Ein hinterlegtes „gedachtes" Matrixgitter hilft bei der Positionierung der Zellen in der Matrix, die alle dieselbe Größe haben. In dieser Form können alphanumerisch bis zu 4296 Zeichen, numerisch bis zu 7089 Ziffern oder 2953 Bytes gespeichert werden. Dies entspricht einem JPEG-Bild mit 1500 Pixeln oder zwei vollen DIN-A4-Seiten (Denso Wave 2017).

Weiterentwicklung zu 3D-Codes
3D-Codes entstehen, indem den 2D-Codes eine weitere Dimension hinzugefügt wird (vgl. Lenk 2014). Seit mehreren Jahren wird in diese Richtung experimentiert, mit Farb und anderen Informationen. Die Aufnahmekapazität von 3D-Codes steigert sich im Vergleich zu den 2D-Codes enorm.

Eine Firma in Japan legte Anfang 2000 ein neues Konzept vor, den Paper Memory Code (PM Code). Für jedes Modul lässt sich eine Farbe wählen, bei acht bis 24 Farben lässt sich eine Datenkapazität von 0,6 bis 1,8 MB, bei 256 Farben von über 1,2 GB erreichen.

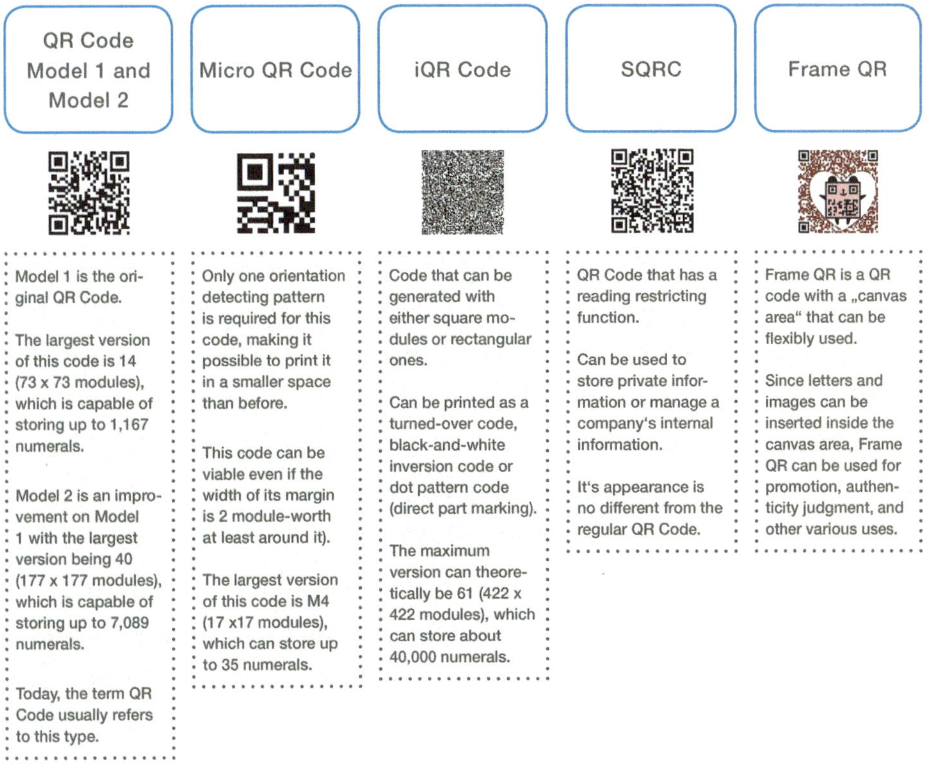

6.3 QR-Code – maschinenlesbarer 2D-Code

Abb. 6.10 QR-Codetypen. (Denso Wave 2017)

Aus China kommt der China Dragon Code, der dem PM Code recht ähnlich ist. Ebenso kann der BeeTag-Code um eine dritte Dimension mithilfe von Farbe erweitert werden. Eine produktive Anwendung ist der High Capacity Color Barcode (HCCB) von Microsoft aus dem Jahr 2007.

Die weitere Dimension kann auch über eine Tiefeninformation erzeugt werden. Dann entsteht eine Art Hologramm. Zum Auslesen werden allerdings Spezialscanner benötigt. Darüber hinaus lassen sich bewegte Bilder einsetzen und so 3D- bzw. 4D- und 5D-Codes realisieren.

6.3.5 Erstellen und Lesen von QR-Codes

QR-Codes können einfach über verschiedene Internetseiten oder sogenannte Code-Generatoren erzeugt werden. Nach Eingabe von Nutzdaten und Parametern erzeugen diese automatisch optimal gestaltete QR-Codes.

Variable Einstellungen bei der Erstellung eines QR-Codes
Folgende Parameter können bei der Erstellung definiert werden:

- Größe des QR-Codes durch die Wahl der Kästchengröße (Modulgröße) und die Anzahl der Kästchen in der Matrix (mindestens 21 × 21 bis maximal 177 × 177)
- Fehlerkorrektur (mindestens 7 Prozent bis maximal 30 Prozent Wiederherstellung)
- Nutzdaten wie zum Beispiel Texte, Telefonnummern mit einer Ruffunktion, SMS oder E-Mail für den Versand konfigurierter Nachrichten an definierte Empfänger

Der Nutzer gibt einfach die Textinformationen ein, die der Code enthalten soll. Anschließend wird eine Grafikdatei erzeugt, die er kopieren oder herunterladen und verwenden kann. Einen solchen Dienst findet man beispielsweise unter http://gogr.me. Dort lässt sich auch die Größe der Grafik einstellen, je nach Verwendung als Aufkleber, Visitenkarte oder gar als T-Shirt-Aufdruck. Daneben können QR-Codes auch mit manchen Smartphone-Apps wie beispielsweise dem schon genannten Qrafter für iOS erzeugt werden. Diese werden dann beispielsweise als E-Mail-Anhang verschickt oder via Facebook oder Twitter geteilt.

Verschiedene Erscheinungsmöglichkeiten und Darstellungsformen des QR-Codes
Die Darstellungsform des QR-Codes spielt keine maßgebliche Rolle mehr, denn wenn der QR-Code gesehen werden kann, ist er auch optisch zu lesen. Die Darstellungsformen sind daher sehr vielfältig:

- aufgedruckt auf fast jede beliebige Oberfläche
- digital angezeigt auf Bildschirmen
- auf Leinwände oder andere Oberflächen projiziert
- eingraviert in beliebige Materialien

Der ursprünglich erstellte QR-Code lässt sich weiterhin mithilfe von Bildbearbeitungs-Programmen verändern, farbig machen, in Logos einbetten und vieles andere mehr. Wichtig und dabei zu beachten ist nur, dass ein Kontrastverhältnis erhalten bleibt und nicht zu viele Bereiche des Codes überlagert sind.

Lesen von QR-Codes mit Mobiltelefonkamera und QR-Code Reader
QR-Codes lassen von Handys oder auch Tablets mit Kamera lesen. Voraussetzung ist allerdings ein auf dem Gerät installierter sogenannter QR-Code Reader, eine Software, die die Codes auslesen und umwandeln kann. Einige neuere Mobiltelefonmodelle sind bereits mit einem Reader ausgestattet. Wenn keine Software vorhanden ist, lässt sich diese aus verschiedenen Anbietern auswählen und auf das Endgerät herunterladen.

Verbreitete Reader sind zum Beispiel QR Droid, QuickMark oder die Reader der Firmen Kaywa und BeeTag. In den App-Stores von Apple und Google findet der interessierte Nutzer darüber hinaus zahlreiche Programme für das iPhone, den iPod Touch und das iPad sowie für Android-Telefone und -Tablets, auch für die Geräte anderer Hersteller.

Das Lesen des QR-Codes beginnt mit dem Starten der App beziehungsweise der Software auf dem Endgerät. Es öffnet sich die Kamera des Mobiltelefons. Diese ist dann auf den QR-Code zu richten. Sobald der Code erkannt wurde, zeigt die App an, welche Informationen sich dahinter verstecken, zum Beispiel die Adresse einer Webseite, die Daten einer Visitenkarte oder die Einladung zu einer Veranstaltung.

6.3.6 Anwendungsmöglichkeiten und Inhalte

Für QR-Codes gibt es zahlreiche Anwendungsmöglichkeiten (Westermann 2013), von der Kennzeichnung von Produktionsteilen über Waren und Produkte bis hin zu elektronischen Briefmarken und Flug- oder Bahntickets.

Anwendungsmöglichkeiten von QR-Codes steigen kontinuierlich
In Japan sind QR-Codes weit verbreitet, sie werden täglich von Millionen von Menschen mit dem Smartphone eingescannt, zum Beispiel an Schaufenstern, über die sich Passanten nach Verkaufsschluss über aktuelle Angebote informieren können. Oder man findet sie gedruckt auf Flugblättern und Plakaten, von wo sie den Nutzer auf die eigene Webseite bringen.

Bei uns haben QR-Codes noch keine vergleichbare Bedeutung. Allerdings sind sie dort immer häufiger anzutreffen, wo Informationen auf kleinstem Raum zusammengefasst werden müssen oder man sich das aufwendige Abschreiben von Informationen ersparen möchte. Die Nutzungsraten sind hierzulande noch sehr niedrig. Das hängt sicherlich damit zusammen, dass vor dem Lesen des QR-Codes mit dem Mobiltelefon eine App gestartet werden muss.

Weit verbreitete Inhalte der QR-Codes
Der Inhalt eines QR-Codes besteht zum einen aus Text in Form von Buchstaben, Zahlen und Zeichen. Er lässt sich unterschiedlich formatieren. Mögliche und auch weit verbreitete Inhalte der QR-Codes sind:

- Kontakte: Häufig vorzufinden sind QR-Codes auf Briefpapieren oder Visitenkarten angereichert mit Kontaktdaten – eine große und angenehme Erleichterung bei der Erfassung der Daten. Man muss einfach den Code scannen und den Kontakt im Mobiltelefon speichern.
- E-Mail mit E-Mail-Empfänger und E-Mail-Text, die der Nutzer nur noch per Klick versenden muss. Anwendungsbeispiele hierfür sind die Teilnahme an Spielen oder das Anfordern von Zusatzinformationen.
- Internetadressen mit Weblinks, die ohne mühsame Eingabe der Adresse direkt auf eine Internetseite führen
- Geo-Daten zur Anzeige des Ortes, etwa in Google Maps
- SMS, die nach dem Scannen auf dem Bildschirm erscheint und versendet werden kann
- Text für Eintrittskarten, Fahrscheine oder kurze Texte
- Telefonnummern, die eingescannt direkt einen Anruf ausführen

QR-Code für Payment

Thailand setzt standardisierte QR-Code-Zahlungen ein, um in eine bargeldlose Gesellschaft zu migrieren. Dazu haben Mastercard, Visa und UnionPay International eine standardisierte QR-Code-Plattform für Zahlungen eingeführt, die es Verbrauchern ermöglicht, mit ihrem mobilen Gerät an jedem unterstützenden Standort eine Transaktion zu tätigen.

Der standardisierte QR-Code soll ab Ende des dritten Quartals 2017 von Banken und Händlern in ganz Thailand umgesetzt werden und auch global einsetzbar sein, was bedeutet, dass die Verbraucher Zahlungen mit dem gleichen QR-Code überall tätigen können. Um zu bezahlen, können Verbraucher, die eine Mastercard, eine UnionPay- oder eine Visa-Karte besitzen, einfach eine mobile Anwendung mit standardisierter QR-Code-Unterstützung nutzen, um den von Händlern vorgestellten QR-Code zu scannen.

Der Standard-QR-Code ist einfach einzurichten und zu verwenden und bietet drei Hauptvorteile:

- Erstens müssen Verbraucher nicht verschiedene QR-Codes scannen, um Zahlungen mit Mastercard, UnionPay und Visa zu tätigen. Händler müssen nur einen QR-Code in ihren Märkten oder über die mobile Anwendung der Acquiring-Bank anzeigen.
- Zweitens können Kunden durch die Weiterleitung der Transaktionen über weltweite Standardverarbeitungsnetzwerke eine schnelle, bequeme und sichere Zahlungserfahrung genießen.
- Drittens sollen die Standards global interoperabel sein und mit der richtigen mobilen Anwendung können die Verbraucher denselben QR-Code verwenden, um Zahlungen überall dort zu leisten, wo die Standards angenommen wurden.

„Unsere eigene Umfrage zeigt, dass 50 Prozent der jungen Konsumente in Südostasien den QR-Code sofort nutzen würden, und wir glauben, dass dies auch die Nachfrage in Thailand widerspiegelt", sagt Donald Ong, Country Manager für Thailand und Myanmar bei Mastercard. Und Wenhui Yang, General Manager für UnionPay International Südostasien fügt hinzu: „Wir glauben, dass der standardisierte QR-Code das Potenzial hat, die thailändische Wirtschaft zu unterstützen und zu stärken und Thailand dabei zu helfen, eine wirklich bargeldlose Gesellschaft zu werden" (Boden 2017).

Public Tagging: QR-Codes im öffentlichen Raum

Mit Public Tagging wird der Einsatz von QR-Codes im öffentlichen Raum beschrieben. Im Public Tagging werden nicht-kommerzielle Inhalte weitergegeben. QR-Codes werden genutzt, um öffentliche Informationsträger mit einem weiteren und detaillierteren Informationsangebot zu versehen. Als Trägermedium für QR-Codes kommen öffentliche Informationsträger, zum Beispiel Hinweisschilder oder Fahrpläne, oder Kommunikationsmittel, wie etwa Broschüren oder Plakate, daneben auch Messeaufbauten und Fassaden zum Einsatz. Zu den Inhalten zählen Anfahrts-Beschreibungen zu öffentlichen Gebäuden oder Internet-Links zu Bildern von Sehenswürdigkeiten.

6.3 QR-Code – maschinenlesbarer 2D-Code 181

Private Tagging: QR-Codes im privaten Bereich
Das Private Tagging ist fokussiert auf die Selbstdarstellung mithilfe von QR-Codes. Hierbei werden ausschließlich persönliche Daten durch QR-Codes an Dritte weitergegeben. Hierunter fallen Links zu privaten Webseiten oder Links zu Profilen auf sozialen Netzwerken oder Blogs. Ein weiteres typisches Beispiel sind Visitenkarten.

> **Shazam erkennt Poster und Produkte**
> Shazam hat mit seiner App Erfolgsgeschichte geschrieben, denn die App analysiert Musik- und Audiosequenzen und erkennt in wenigen Sekunden die Musikstücke. Wenn der Benutzer ein Lied oder Musikstück aus dem Radio mit der App analysiert, erhält er Namen des Interpreten, Liedtextewund Links zu Streaming-Diensten und Werbung.
> Shazam hat nun sein Geschäftsfeld erweitert. Eine neue App von Shazam erkennt nicht mehr nur Audiosignale, sondern auch Poster und Produkte (Abb. 6.11). Das bietet neue Möglichkeiten für Werbetreibende.
> Diese Art der Erkennung von Objekten ist auch anwendbar bei mit einem Shazam-Logo versehenen Produkten. Daneben kann die App auch QR-Codes lesen und entschlüsseln. Zur Einführung wurden Filmstudio- und Medienhaus-Partnerschaften eingegangen, um diese interaktive Funktionalität in deren Postern und Printanzeigen zu integrieren (Abb. 6.12).
> Hier einige Einsatzbeispiele: *Wall Street Journal* und *Sports Illustrated* verlinkten das Shazam-Logo zu Videos, die exklusiv nur über die Shazam-App abgerufen werden konnten. Der Verlag *HarperCollins* leitete auf Buchpostern zu einem Link zur

Abb. 6.11 Mit Shazam versteckte Codes erkennen. (Quelle: Georg Scheu, Yoc CEE Austria)

Abb. 6.12 „Visual Shazam" ruft über ein Icon auf physischen Objekten digitale Inhalte ab. (Foto: Shazam)

Vorbestellung eines Buches weiter. Aktuelle Tour-Daten von Popmusiker Nick Jonas erhielt derjenige, der ein T-Shirt von ihm scannte.

Grundsätzlich arbeitet Shazam Visual ähnlich wie andere Apps, mit denen sich QR-Codes scannen lassen. Das Objekt wird aber bereits von Weitem durch die spezifische Form des Shazam-Codes erkannt. Das macht diese Anwendung insbesondere interessant für die Außenwerbung.

Visual-Recognition-Kampagne mit BMW

Auch BMW experimentierte 2016 in seiner Visual-Recognition-Kampagne mit dieser Werbeform: Auf City-Light-Postern wurde der BMW X3 mit einem Bild und auch mit einem Logo von Shazam beworben. Mithilfe der Shazam-App erhielt der interessierte Nutzer die Möglichkeit, eine Probefahrt zu buchen, und weitere Informationen zum Auto.

6.3.7 Nutzung und Akzeptanz

In der aktuellen Literatur wie auch in veröffentlichten Studien, existieren keinerlei Untersuchungen zur Akzeptanz und Verbreitung von QR-Codes im deutschen Raum. Allerdings liefern zwei empirische Studien aus den Jahren 2009 und 2010 erste Hinweise. Auf der Grundlage von sechs Forschungsfragen wurde die QR-Code-Nutzung und -Akzeptanz in Deutschland untersucht.

In der Skopos-Studie wurden sowohl eine quantitative (Online-Befragung) als auch eine qualitative (Tiefeninterviews) Analyse durchgeführt (SKOPOS 2014). Der

Erhebungszeitraum war im März 2012 und es wurden insgesamt per Stichprobe quantitativ 1000 Personen und in den Tiefeninterviews zehn Personen befragt.

Wesentliches Ergebnis war, dass QR-Codes zwar an Akzeptanz gewinnen, aber von der Masse der Bevölkerung noch nicht regelmäßig genutzt werden. 44 Prozent der Befragten kennen nicht einmal ihre Funktion. Die 41 Prozent der häufig männlichen und jüngeren Smartphone-Besitzer verwenden sie allerdings relativ selten. Gründe für die noch schwache Nutzung sind vor allem das nicht ausreichende Wissen auf der einen Seite sowie das Fehlen von interessanten Inhalten, die zur Nutzung anregen könnten, auf der anderen Seite.

Einsatz und Nutzung von QR-Codes in ausgewählten Bereichen
Aktuell werden QR-Codes in folgenden Bereichen verstärkt eingesetzt:

- Ergänzende Produkt- und Serviceinformationen durch QR-Codes auf Verpackungen oder Etiketten (Extended Packaging)
- Vereinfachte Bestell- und Zahlungsvorgänge mithilfe von QR-Codes für Online-Shops (Mobile Commerce)
- Erhöhung der Response-Quote durch QR-Codes auf gedruckten Werbemitteln wie Plakaten oder Broschüren (Mobile Advertising)
- Nutzung von personalisierten QR-Codes im Couponing (Mobile Couponing)
- Bereitstellung von Zusatzinformationen durch QR-Codes auf Stellenanzeigen, Plakaten, Broschüren und Flyern (Mobile Recruiting)
- Bereitstellung personalisierten Service-Dienstleistungen auf der Basis von QR-Codes (Mobile Service)

6.3.8 Vor- und Nachteile von QR-Codes

Die Gründe für den Erfolg der QR-Codes ähneln in verschiedenen Bereichen denen des Barcodes. Neben den vielfältigen Einsatzmöglichkeiten sind aber insbesondere die hohe Datenkapazität und -sicherheit hervorzuheben.

Vielfältige Vorteile der QR-Codes
Die Vorteile des QR-Codes können vor allem in folgenden Punkten zusammengefasst werden

- Die Anwendung wird von allen mobilen Betriebssystemen unterstützt, sofern eine passende App auf dem Mobiltelefon vorhanden ist.
- Das Aussehen des QR-Codes erweckt Neugier beim Anwender und fordert zur Nutzung auf.
- Es ergeben sich vielfältige Möglichkeiten der Intensivierung der Kundenkommunikation, insbesondere bei schwierigen erklärungsbedürftigen Produkten. Bei Lebensmitteln können QR-Codes für mehr Information sorgen und damit die Transparenz erhöhen.

- Interaktivität in Echtzeit, denn der Nutzer kann an jedem Ort und zu jeder Zeit den Code abrufen und erhält ohne Verzug die gewünschte Information.
- Print- und Online-Medien können über QR-Codes verknüpft werden (Medienkonvergenz). Das ermöglicht neuartige Kampagnen, zum Beispiel mit Gewinnspielen.
- Die gezielte Auswertung von Zugriffszahlen verbessert Akzeptanz und Werbewirksamkeit von QR-Codes eindeutig.

Nachteile der Nutzung von QR-Codes
Allerdings sollte man sich vor der Nutzung auch die Einschränkungen und Nachteile bewusst machen:

- Die Nutzung ist aufwändiger als bei anderen Technologien, weil zunächst eine App einmalig auf das Mobiltelefon geladen und diese vor jeder Nutzung gefunden, gestartet und bedient werden muss. Das schreckt viele potenzielle Nutzer ab.
- Der QR-Code beeinträchtigt die Gestaltung eines Mediums, auch wenn mittlerweile farbige Codes möglich sind ebenso wie die Integration von grafischen Elementen, wie zum Beispiel Logos.
- Bei der Darstellung des Codes ist eine Kantenlänge von mindestens 2,5 cm nötig, um die Lesbarkeit zu gewährleisten.
- Die Kameraausrichtung bei der QR-Code-Erfassung ist teilweise für den Nutzer etwas schwierig.
- Nicht-spiegelndes Material und möglichst hohe Kontraste sind für einwandfreie Lesbarkeit notwendig.
- Ausreichende Netzabdeckung muss gegeben sein, damit der Code gelesen werden kann.
- Der Inhalt des Codes ist für den Betrachter erst einmal nicht ersichtlich und muss auf dem Medium (Plakat, Postkarte, Verpackung) erklärt werden (Call-to-Action).
- QR-Codes sind nicht hundertprozentig sicher. Man kann nicht sofort erkennen, was für Informationen sie erhalten, sie lassen sich leicht fälschen. Ebenso können die QR-Codes auf Objekten relativ einfach überklebt werden.

6.4 Radio Frequency Identification (RFID)

6.4.1 Identifizieren mit elektromagnetischen Wellen

Radio Frequency Identification (Radiofrequenz-Identifikation, im Deutschen: Funkerkennung) oder auch kurz RFID genannt, bezeichnet eine Technologie zum berührungslosen Lokalisieren und Identifizieren von Objekten mittels Radiowellen (elektromagnetische Wellen).

Ein RFID-System besteht aus einem RFID-Transponder, der sich an oder in einem Objekt befindet, sowie einem RFID-Lesegerät zum Auslesen von Informationen, die in

6.4 Radio Frequency Identification (RFID)

dem Transponder gespeichert sind. Ein Transponder ist ein Funkkommunikationsgerät, das eingehende Signale aufnimmt und beantwortet. Der Begriff Transponder wird gebildet aus dem Begriff Transmitter (englisch „Sender, Umformer, Überträger", von lateinisch transmittere „hinüberschicken, übertragen") und dem Begriff Responder (englisch der „Antwortende"). Ein Transponder wird auch Tag oder Funketikett genannt.

Radiofrequente Wellen können Materialien durchdringen, sodass die Transponder gar in der Verpackung oder im Produkt verbaut oder hinter Klebematerial versteckt werden können. Ein Sichtkontakt zu einem Lesegerät oder gar eine Berührung mit einem Lesegerät sind nicht erforderlich.

Die Vorteile der Technologie ergeben sich aus der Kombination der geringen Transpondergröße, der unauffälligen Auslesemöglichkeit ohne Sichtverbindung und den relativ niedrigen Preisen für Transponder, die teilweise im ein- bis zweistelligen Cent-Bereich liegen. Die RFID-Technologie hat darüber hinaus den Vorteil, dass mehrere Objekte gleichzeitig vollautomatisch, ohne manuelles Scannen und eindeutig erfasst werden können (sogenannte Pulk-Erfassung).

6.4.2 Funktionsweise von RFID

Das Auslesen von Informationen aus einem Transponder erfolgt, indem ein Lesegerät magnetische Wechselfelder in geringer Reichweite (Near Field Communication oder NFC, siehe Abschn. 6.4) oder hochfrequente Radiowellen mit größerer Reichweite erzeugt. Dabei werden die Transponder mit Energie versorgt und gleichzeitig Daten aus dem Chip des Transponders ausgelesen und übertragen. Abb. 6.13 zeigt den typischen Funktionsaufbau eines RFID-Systems.

Bestandteile des RFID-Transponders
Die Basisbestandteile eines RFID-Transponders sind der Mikrochip, der häufig in den Mikrochip integrierte Kondensator zur vorübergehenden Speicherung von Energie und die Antenne, die in Spulen- oder Dipolform in einen Träger eingebettet ist.

Für den fachlich versierten Leser besteht ein RFID-Transponder aus der Antenne, einem analogen Schaltkreis zum Empfangen und Senden (Transceiver), einem digitalen Schaltkreis und einem permanenten Speicher. Dieser mindestens einmal beschreibbare

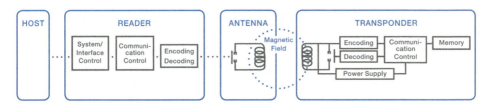

Abb. 6.13 RFID-Funktionsschema

Speicher enthält die unveränderliche Identität des RFID-Transponders. Beim Einsatz von mehrfach beschreibbarem Speicher können während der Nutzung der Transponder weitere Informationen abgelegt werden.

RFID-Transponder lassen sich voneinander je nach Übertragungsfrequenz, Taktfrequenz, Hersteller, Übertragungsrate, Lebensdauer, Speicherplatz, Lesereichweite, Funktionsumfang und Verwendungszweck unterscheiden.

Informationsübertragung über das Lesegerät, den RFID-Reader
Die Informationsübertragung beim RFID-Lesevorgang beginnt, wenn das Lesegerät oder der Reader, der gegebenenfalls auch Daten schreiben kann, ein hochfrequentes elektromagnetisches Wechselfeld herstellt. Dieses Feld erreicht dann zu gegebener Zeit auch den RFID-Transponder und versorgt dann den Chip auf dem RFID-Transponder mit Strom, der Chip wird aktiviert. Er entschlüsselt im Anschluss die vom Reader gesendeten Befehle und reagiert darauf, indem er eine Antwort zurück in das elektromagnetische Feld sendet. Der Transponder überträgt seine eigene Seriennummer und gegebenenfalls weitere im Speicher eingespeicherte Daten des gekennzeichneten Objektes. Der Transponder erzeugt selbst also kein Feld, sondern nutzt und übt Einfluss auf das elektromagnetische Sendefeld des Readers.

Das RFID-Lesegerät enthält Steuerungs-Software, die die Leseprozesse steuert, sowie eine Middleware mit Verbindungen zu anderen IT-Systemen und Datenbanken.

6.4.3 Entwicklung von RFID

Bei der Radiofrequenz-Identifikation handelt es sich um eine altbekannte Technologie, denn die erste Praxisanwendung zur Identifikation und Lokalisierung von Objekten per Funkerkennung geht bis zum Ende des zweiten Weltkrieges zurück. Die britische Armee setzte ein sogenanntes Sekundär-Radar zur Feind-Freund-Erkennung von Flugzielen, Panzern und von der Nachschubüberwachung ein. Transponder und Leseeinheiten entschieden zu der damaligen Zeit darüber, ob Stellungen angegriffen werden sollten oder nicht. Bis heute werden Nachfolger dieser Lösung im militärischen Umfeld genutzt. Im Unterschied zu heutigen Transpondern waren die damaligen Transponder sehr schwer und entsprachen etwa der Größe eines Koffers.

Sechziger Jahre – Einsatz als Warensicherungssysteme
Später, in den sechziger Jahren, wurden die ersten Vorgänger von RFID-Lösungen als elektronische Warensicherung *(Electronic Article Surveillance, EAS)* gegen Diebstahl in Textilgeschäften und Supermärkten eingesetzt. Durch Prüfung einer Eigenschaft der Transponder, entweder „vorhanden" oder „fehlt", wurde Diebstahlalarm ausgelöst oder auch nicht. EAS-Systeme auf dieser technischen Grundlage sind heute noch ein sehr verbreitetes Anwendungsgebiet der RFID-Technologie.

6.4 Radio Frequency Identification (RFID)

1970 – RFID mit Siemens Car Identification
Anfang der siebziger Jahre wurde als eine von vielen Lösungen die „Siemens Car Identification", kurz SICARID, entwickelt. Damit wurden zunächst Wagen der Eisenbahn und später auch Autobestandteile in einer Lackiererei eindeutig identifiziert. Sogenannte Hohlraumresonatoren – die ersten passiven und elektromagnetisch aufladbaren Transponder im industriellen Umfeld – dienten als Identifikationsträger. Sie deckten einen Datenraum von bis zu 12 Bit ab. Eingesetzt wurden diese Lösungen bis in die achtziger Jahre.

1977 – Vielfältiger RFID-Einsatz in unterschiedlichsten Anwendungsgebieten
1977 entwickelten die Loas Alamos Scientific Laboratories (LASL) RFID-Systeme, die im Rahmen der Aufrüstungsverfolgung im Nuklearbereich eingesetzt wurden, und passten diese auf die Bedürfnisse des öffentlichen Sektors an. Ein Schwerpunkt lag auf den Anwendungen in der Landwirtschaft, wie beispielsweise RFID-Systeme zur Tierkennzeichnung und -identifikation, zum Beispiel für Nutzvieh, Brieftauben und andere Haustiere.

Achtziger Jahre – Einsatz im Straßenverkehr und als Zutrittskontrollsysteme
In den achtziger Jahren erhielt die RFID-Technologie einen nächsten Entwicklungsschub durch die Erschließung weiterer Einsatzgebiete. Einige skandinavische Länder und die mehrere Bundesstaaten in den USA beschäftigten sich mit dieser Technologie für einen möglichen Mautsystemeinsatz im Straßenverkehr, was sich später als vorteilhaft erwies. Es folgten in den neunziger Jahren neue Anwendungen im Bereich elektronischer Schlösser, Zutrittskontrollen, bargeldlose Zahlungen, Skipässe, Tankkarten und elektronische Wegfahrsperren.

1999 – Entwicklung eines weltweiten Standards zur Warenidentifikation
Bis zum Ende der neunziger Jahre wurden in unterschiedlichen Ländern verschiedene Systemstandards für weitere breite Einsatzgebiete entwickelt. Erfahrungsgemäß benötigt es allerdings einen globalen Standard, um die Vorteile eines Systems global nutzen zu können. Im Jahr 1999 wurde mit der Gründung des Auto-ID Centers am renommierten Massachusetts Institute of Technology (MIT) die Entwicklung eines weltweiten Standards zur Warenidentifikation gestartet. Mit der Finalisierung der Arbeiten zum Electronic Product Code (EPC), der allen sich irgendwo auf der Welt befindlichen Produkten eine eigene Erkennungsnummer zuordnet und der eine eindeutige Kennung schafft, wurde das Auto-ID Center 2003 geschlossen. Die Ergebnisse der Arbeiten erhielt die vom Uniform Code Council (UCC) und EAN International neu gegründete EPCglobal Inc.

Die ersten Jahre des neuen Jahrtausends brachten dann auch aufgrund der Standardisierung einen Preisabfall der RFID-Technik durch eine immer weiter verbreitete Massenproduktion mit sich, der den Einsatz der RFID-Transponder auch in Verbrauchsgegenständen möglich machte.

2006 – Entwicklung von RFID-Transpondern mit Spezialfunktionen
2006 gelang es Forschern des in Bremen ansässigen Fraunhofer-Instituts für Fertigungstechnik und Angewandte Materialforschung (IFAM), temperaturunempfindliche RFID-Transponder in Leichtmetall-Bauteile einzugießen. Dadurch konnten RFID-Transponder direkt während der Bauteilherstellung im Druckgussverfahren in das Bauteil integriert werden.

6.4.4 Komponenten eines RFID-Systems

Ein typisches RFID-System besteht neben dem RFID-Transponder und dem Lesegerät mit Kopplungseinheit (Spule beziehungsweise Antenne) auch aus einem Rechner mit Software (siehe Abb. 6.14).

Einen wesentlichen Einfluss auf diese drei Komponenten haben die RFID-Übertragungsfrequenzen, denn sie bestimmen die Art der RFID-Transponder, die Lesegeräte, die Leserreichweite und vieles mehr.

6.4.4.1 RFID-Frequenzen
Für RFID werden verschiedene elektromagnetische Frequenzen zum Auslesen und Übertragen von Informationen verwendet.

Standardisiertes Frequenzspektrum für RFID-Anwendungen
Das Frequenzspektrum besteht aus verschiedenen Frequenzbereichen, die von unterschiedlichsten Anwendungen genutzt werden und die auch unterschiedliche elektromagnetische Energien produzieren. Radiofrequenzen werden anhand ihrer Frequenz und ihrer Wellenlänge differenziert. Die Frequenz wird in Hertz gemessen, ein Hertz ist ein Wellenzyklus pro Sekunde. Das bedeutet, dass die Frequenz abhängig ist von der Oszillation – und einem Muster aus hohen und tiefen Wellen folgt.

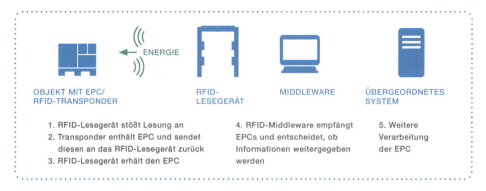

Abb. 6.14 Zusammenwirken der RFID-Komponenten

6.4 Radio Frequency Identification (RFID)

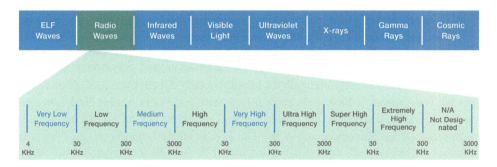

Abb. 6.15 RFID-Frequenzräume

Die Abb. 6.15 zeigt die Einordnung der RFID-Frequenzen in die verfügbaren Frequenzräume.

Das Frequenzspektrum reicht von sehr niedrigen Frequenzen (very low frequency) bis hin zu extrem hohen Frequenzen (extremly high frequency) und lässt sich in acht Frequenzbänder einteilen:

1. Very low frequency
2. Low frequency
3. Medium frequency
4. High frequency
5. Very high frequency
6. Ultra high frequency
7. Super high frequency
8. Extremly high frequency

Beispiel Very-High-Frequency-Frequenzband
Um die Bedeutung und die Leistungsfähigkeit der Frequenzbänder zu erläutern, sei hier einmal das Frequenzband der Very High Frequency herausgegriffen. Bei den Frequenzbändern nimmt die Wellenlänge von Very Low Frequency (VLF) zu Extremly High Frequency (EHF) stufenweise ab. VLF hat eine Wellenlänge von ca. 55.000 Meter. Diese korreliert mit der Geschwindigkeit der Datenübertragung – je länger die Wellenlänge, desto langsamer ist die Datenübertragung. Very-Low-Frequency-Wellen führen zu langsamen Leseraten und werden damit auch nicht für RFID-Anwendungen eingesetzt.

Von den acht Frequenzen des Radiowellenbandes werden typischerweise drei beziehungsweise vier für RFID-Anwendungen eingesetzt (Wolfram et al. 2008, S. 20–27).

Low-Frequency-Radiowellenbereich für geringe Reichweiten
LF (Low Frequency) oder Langwelle gibt es in den Frequenzen 125 kHz, 134 kHz, 250 kHz, 375 kHz, 500 kHz, 625 kHz, 750 kHz, 875 kHz. Dieser Frequenzbereich zeichnet

sich durch eine geringe bis mittlere Reichweite (kleiner als ein Meter, idealerweise um die 50 Zentimeter) bei geringer Datenrate aus. Erkennungsraten von 35 Transpondern bis zu 800 Transpondern pro Sekunde sind im Antennenfeld möglich. Low-Frequency-Transponder sind teurer in der Anschaffung, die Schreib-Lese-Geräte sind jedoch vergleichsweise günstig. Dies bringt Kostenvorteile für die Low-Frequency-Systeme mit sich, sofern relativ wenige Transponder, jedoch viele Schreib-Lese-Geräte benötigt werden. Die Low-Frequency-Transponder kommen mit hoher Feuchtigkeit und Metall gut zurecht und werden in verschiedensten Bauformen angeboten. Die Eigenschaften begünstigen den Einsatz in Industrieumgebungen, sie werden jedoch auch zum Beispiel für Zugangskontrollen, Wegfahrsperren und in der Lagerverwaltung (häufig 125 kHz) eingesetzt.

High-Frequency-Radiowellenbereich für kurze bis mittlere Reichweiten
HF (High Frequency) oder Kurzwelle liegt in der Frequenz bei 13,56 MHz. Der Frequenzbereich erlaubt eine kurze bis mittlere Reichweite, das heißt von wenigen Zentimetern bis zu einem Meter, bei mittlerer bis hoher Datenübertragungsgeschwindigkeit. In diesem Frequenzbereich arbeiten die sogenannten Smart Tags oder auch NFC-Transponder. Da NFC weltweit standardisiert ist, arbeitet es auf einer einzigen Frequenz. High-Frequency- und auch NFC-Transponder sind relativ kostengünstig. Abhängig vom Formfaktor und der Größe beginnt der Preis bei circa 0,10 Euro. NFC-Transponder kommen im Bereich Marketing oder auch in Verbindung mit Markenprodukten zum Einsatz. Allerdings finden sich zurzeit die meisten Anwendungsbeispiele im Bereich der Zugangs-/Zutrittskontrolle (detailliert dazu siehe Abschn. 6.4).

Ultra-High-Frequency-Radiowellenbereich für hohe Reichweiten
Das Band UHF (Ultra High Frequency) oder Ultrahochfrequenz rangiert in einem Frequenzspektrum von 300 MHz bis 3 GHz. Die meisten RFID-Anwendungen laufen in den Frequenzen 865 bis 869 MHz (Europa) bzw. 950 MHz (USA und Asien). Mit UHF lassen sich einerseits hohe Reichweiten (zwei bis sechs Meter für passive Transponder ISO/IEC18000-6C; um sehcs Meter und bis 100 Meter für semiaktive Transponder) und andererseits hohe Lesegeschwindigkeiten erzielen.

RFID-Anwendungen im UHF-Bereich funktionieren innerhalb dieser Frequenzen, da sie auf Kommunikationsprotokollen arbeiten, die von GS1 (Global Standards 1) und Frequenzregulierungsbehörden weltweit standardisiert worden sind. Würden diese nicht existieren, käme es zu Störungen und Interferenzen zwischen den Geräten und Transpondern und es würde keinen weltweiten Einsatz geben. Der Einsatz im Bereich der Logistik erfolgt entweder in der manuellen oder der halbautomatischen, häufig auch in der automatisierten Warenverteilung mit der Paletten- oder Container-Identifikation oder im Handel bei der Inventarisierung und Lokalisierung von einzelnen Verkaufs-, Versand- und Handelseinheiten. Durch ihren niedrigen Preis werden die RFID-Transponder inzwischen auch auf Endverbraucher-Produkten, beispielsweise im modischen Textilhandel, eingesetzt.

Mikrowellen-Frequenzband für Industrie, Wissenschaft und Medizin
Der Frequenzbereich von 2402 bis 2480 MHz wird auch mit dem Begriff ISM-Band (Industrial, Scientific, Medical) bezeichnet, weil er von Industrie, Wissenschaft und in der

Medizin in den meisten Staaten ohne Auflagen, das heißt lizenzfrei, genutzt werden kann. Auch die Mikrowellenherde in der Küche und Bluetooth arbeiten in diesem Frequenzbereich (siehe Abschn. 6.7).

6.4.4.2 RFID-Transponder
RFID-Transponder bestehen in der Regel aus den folgenden Bestandteilen:

- Mikrochip mit einer Größe von etwa einem Millimeter
- Antenne, meist in Form einer Antenne oder Spule. Die Größe der Antenne bestimmt unter anderem die Lesereichweite. Bei sehr kleinen Transpondern beträgt der Durchmesser einige wenige Millimeter, bei Transpondern mit größeren Reichweiten haben die Antennen auch schon einmal einen Durchmesser von mehreren Zentimetern.
- Träger, der die Transponder-Elektronik vor der Umgebung schützt

RFID-Transponder mit Spule oder Antenne
Je nach eingesetzter Technologie bei den RFID-Transpondern findet man bei der Kopplungseinheit entweder eine Antenne oder eine Spule vor:

- HF-Transponder verwenden Lastmodulation und benötigen durch Kurzschließen einen Teil der Energie des magnetischen Wechselfeldes. Antennen eines HF-Transponders bilden eine Induktionsspule mit mehreren Windungen.
- UHF-Transponder verwenden das elektromagnetische Fernfeld zum Übermitteln der Informationen (modulierte Rückstreuung). Die Antennen kommen meistens als lineare, gefaltete oder spiralige Dipole. Der Mikrochip befindet sich in der Mitte zwischen den linearen oder mehrfach gewinkelten Dipolarmen des Transponders.

RFID-Transponder in unterschiedlichen Bauformen für verschiedene Anwendungsfälle
RFID-Transponder existieren mittlerweile in einer Vielzahl von Bauformen, abhängig vom Einsatzgebiet. Weit verbreitet sind „Smart Labels", bei denen die Spule mit dem Chip auf einer Klebefolie aufgebracht ist, ebenso die kontaktlosen Chipkarten. Bei anderen Bauformen wird der Transponder in Kunststoffe oder andere Materialien eingearbeitet. So wird er gegenüber Schmutz oder Säuren geschützt und kann widrige Umweltbedingungen oder hohe Temperaturen aushalten. Bei Zugangskontrollen oder Wegfahrsperren wird er auch in Schlüsselanhänger oder Uhren integriert. Transponder, die zur Tieridentifikation eingesetzt werden, befinden sich in kleinen Glasröhrchen, die Tieren unter die Haut injiziert werden.

Antenne und Träger bestimmen die Baugröße und Form
Die Antennengröße und Antennenträger beeinflussen maßgeblich die Größe und Form der RFID-Transponder, die wiederum durch die Frequenz beziehungsweise die benutzte RFID-Wellenlänge oder Reichweite und Anwendung bestimmt werden. Je größer die Antenne ist, desto weiter ist die Reichweite und vice versa.

6.4.4.3 RFID-Transponder-Bauformen

RFID-Transponder kommen in den unterschiedlichsten Bauformen vor. Die folgende Auflistung erhebt nicht den Anspruch auf Vollständigkeit, sondern zeigt eine Auswahl von möglichen Transponder-Bauformen (siehe Abb. 6.16):

Standardmäßig verwendeter Transponder

Der standardmäßige, in Handel und Logistik sehr weit verbreitet eingesetzte Transponder besteht in der Regel aus PET, Plastik, White Film, Papier oder ähnlichem Material. Er

DISK-TRANSPONDER — Disk-Transponder werden in der Praxis am häufigsten verwendet und eignen sich für ein breites Anwendungsspektrum. Sie bestehen aus einem runden Spritzgussgehäuse, das eine Größe von einigen Millimetern bis zu 10 cm hat.

TRANSPONDER IN GLASGEHÄUSEN — Glasgehäuse wurden speziell für die Tieridentifikation entwickelt, und lassen sich unter die Haut injizieren. Der Chip sowie eine auf einen Ferritstab gewickelte Drahtspule befinden sich in einem Weichkleber eingebettet im Inneren des Glasröhrchens, das eine Länge von 12 bis 32 mm hat.

TRANSPONDER IN PLASTIK-GEHÄUSEN — Für mechanisch anspruchsvolle Anwendungen dagegen bietet sich ein Gehäuse aus Plastik an. Die Belastungsfähigkeit gegenüber mechanischen Vibrationen und Umwelteinflüssen ist sehr hoch, darum werden sie häufig in der Automobilproduktion eingesetzt. Im Bereich der Zutrittskontrolle werden diese Transponder oft in Form von Schlüsselanhängern produziert.

EINBAU IN EINE METALLOBERFLÄCHE — Der Einbau von induktiv gekoppelten Tags in eine Metalloberfläche, beispielsweise bei der Werkstatt- und Gasflaschenidentifikation, macht ebenfalls eine spezielle Bauform erforderlich, da Interferenzen mit Metall die Übertragung stören. Die Transponderspule wird auf einen Ferritkern gewickelt und in einer Halbschale aus Plastik vergossen.

KONTAKTLOSE CHIPKARTEN — Diese bieten den Vorteil einer großen Spulenfläche (hohe Reichweite) und eignen sich sehr gut für den Bereich Ticketing. In den Abmessungen entsprechen sie im Wesentlichen den ID-1 Karten (ISO 7810), also z. B. den Kredit- und Telefonkarten.

SMART LABELS — Im Logistikbereich kommen wegen ihrer einfachen Handhabung häufig sogenannte Smart Labels, Selbstklebeetiketten ähnlich den Barcodeaufklebern, zum Einsatz. Dabei wird die Transponderspule durch Siebdruck oder Ätztechnik auf eine nur 0,1 mm dünne Plastikfolie aufgebracht. Die Etiketten lassen sich bedrucken und leicht an Waren, Paketen, etc. anheften.

Abb. 6.16 Bauformen von RFID-Transpondern. (RFID Basis 2017)

kann „dry", also trocken, das heißt ohne Klebefläche auf der Rückseite, oder „wet", also feucht, mit einer Klebefläche verschiedener Stärke auf der Rückseite, geliefert werden. Die Größen und Formen hängen ab von den Einsatzfeldern und -erfordernissen.

Aktive und passive Transponder
Passive RFID-Transponder besitzen keine eigene Energieversorgung, sondern beziehen die Energie, die sie für die Kommunikationsprozesse benötigen, aus dem Energiefeld der Sende-/Empfangseinheit, dem Reader.

Aktive RFID-Transponder sind mit einer eigenen Energieversorgung ausgestattet. Daher können sie ihre gespeicherten RFID-Daten senden, wann immer es notwendig ist. Den erforderlichen Strom erhalten sie beispielsweise über eine eingebaute Batterie oder durch den Anschluss an das externe Stromnetz. Aktive Transponder haben in der Regel größere Speicher, mehr Sensorik und lassen sich über größere Distanzen hinweg lesen.

6.4.4.4 RFID-Transponder-Antennen
Die Antenne ist aus Metall, entweder Kupfer oder Aluminium, gefertigt und zeigt verschiedene Formen. Die Formen der Antennen lassen Rückschlüsse auf die genutzte Frequenz zu: HF- und LF-Antennen nutzen „Coiled" Antennen, während UHF-Transponder typischerweise dipole Antennen nutzen (siehe Abb. 6.17).

Der mit der Antenne verbundene RFID-Chip hat die Größe eines Stecknadelkopfes. Tausende von den Chips werden auf einem sogenannten Wafer angeliefert und bei der Transponder-Herstellung, dem Verbinden von Chip und Antenne und Aufbringen auf einen Träger, verarbeitet. Der Chip enthält Speicherbereiche und eine entsprechende Programmierung, die Verarbeitungslogik.

Die Lesereichweite, die ein RFID-Transponder unterstützt, ist abhängig von den benutzten Inlay-Antennen, den verwendeten RFID-Lesegeräten und dem eingesetzten Frequenzband. High-Frequency-Transponder (HF) erlauben eine Reichweite von circa 30 bis 100 cm, Ultra-High-Frequency-Transponder (UHF) kommen auf eine Lesereichweite von mehreren Metern. Über eingesetzte Verfahren zur Antikollision können mehrere RFID-Etiketten, die sich im Feld eines RFID-Readers befinden, angesprochen werden, ohne dass sich diese gegenseitig stören.

6.4.4.5 RFID-Transponder-Klassen
RFID-Transponder beziehungsweise die eingesetzten Chips werden in unterschiedliche Schutzklassen eingeteilt und sind mit verschiedenen Funktionalitäten ausgestattet (siehe Abb. 6.18):

Abb. 6.17 Transponder-Antenne

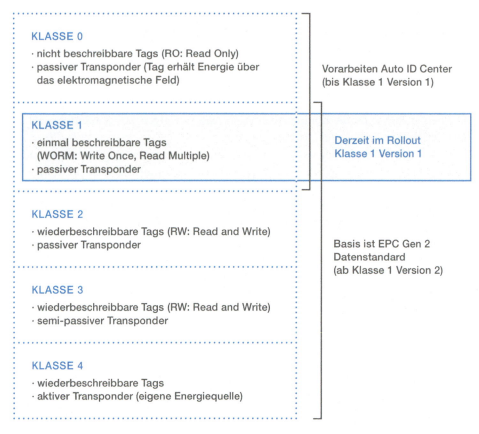

Abb. 6.18 Klassifizierung von RFID-Transpondern

- Class-0-Tags – passiv und vom Hersteller programmiert
- Class-1-Tags – programmierbar
- Class-3-Tags – semi-passiv oder auch semi-aktiv mit einer kleinen Batterie für den flüchtigen Speicher und zum Betrieb angeschlossener Sensoren
- Class-4-Tags – aktive Transponder

Abstimmung der Transponder beim Aufbringen auf Objekte

RFID-Transponder können horizontal wie auch vertikal gelesen werden. Möglich wird das durch die eingesetzte zirkulare Polarisation, die das Signal-Rausch-Verhältnis reduziert. Dafür ist es aber nicht relevant, wie der RFID-Transponder auf ein Objekt aufgebracht wird.

Bei der Verwendung und dem Aufbringen von RFID-Transpondern müssen zusätzlich physikalische Einschränkungen beachtet werden. Zum einen absorbieren Wasser und auch andere Flüssigkeiten die im Rahmen von RFID-Lesungen erzeugten Energiefelder stark. Zum anderen beeinflussen Metalluntergründe und dielektrische Untergrundmaterialien die Ausbreitung der Antennenfelder. Es ist daher unerlässlich, die RFID-Transponder auf die Objekte abzustimmen, an denen sie angebracht werden, oder sogar Abschirmmaterialien zu verwenden. Daneben haben sich auch Spezial-Tags entwickelt, sogenannte Flap- oder Flag-Transponder, die im rechten Winkel vom Objekt abstehen und so einen großen Abstand zum Objekt haben.

Stromverbrauch der RFID-Transponder
Der Stromverbrauch eines RFID-Transponders ist relativ gering: ein passiver handelsüblicher UHF-Transponder mit NXP-Chip nach ISO/IEC 18000–6C benötigt etwa eine Stromleistung von 0,35 Mikroampere. Die Energieleistung kommt über das Strahlungsfeld des Readers. Die Sendeleistung nimmt allerdings quadratisch mit der Entfernung ab. Das bedingt, dass der RFID-Reader entsprechend stark senden muss, üblicherweise zwischen 0,5 und 2 Watt EIRP-Leistung.

Verschlüsselung in RFID-Transpondern
Für sicherheitsrelevante Anwendungen lassen sich entsprechend abgesicherte RFID-Transponder einsetzen, die dann mit Zusatzfunktionen wie Kryptografie-Modulen oder auch zusätzlicher Sensorik ausgestattet sind. Die RFID-Sende-Empfangseinheiten unterscheiden sich dann aber erheblich im Aussehen, in der Reichweite und im Funktionsumfang der Kontrollfunktionen von den Standardkomponenten.

Der Großteil der RFID-Geräte und -Transponder ist aufgrund der zugrunde liegenden Normung (ISO/IEC-Standards ISO/IEC 18000-x) mittlerweile vollständig untereinander kompatibel. Trotzdem kommen auch immer wieder proprietäre Lösungen auf den Markt, die mit anderen auf Standards basierenden Komponenten nicht verwendet werden können.

6.4.4.6 RFID-Reader
RFID-Reader, Schreib- und Lesegeräte, erzeugen mit ihrer integrierten oder angeschlossenen Antenne ein elektromagnetisches Energiefeld. Tritt ein passiver Transponder in das Energiefeld ein, dann sendet er seinen Speicherinhalt an den RFID-Reader, der das Energiefeld erzeugt, zurück. Das erfolgt so lange, bis er das Energiefeld wieder verlässt oder der Reader das Energiefeld nicht mehr aufrechterhält.

Unterschiedliche Bauformen von RFID-Lesern
Die Form der Lesegeräte wird hauptsächlich durch die Größe und Form der Kopplungseinheit sowie Antenne bestimmt. Bei mobilen Lesegeräten sind alle Bestandteile, wie Rechner, Antenne und Kopplungseinheit, in einem Gehäuse integriert. Bei anderen stationären Lesegeräten sind die Teile voneinander getrennt. In vielen Fällen können auch mehrere Antennen an einen Rechner angeschlossen sein.

Kompaktlesegeräte mit integrierten Antennen
Kompakte Lesegeräte kommen mit einer integrierten Antenne. Sie benötigen in der Regel auch keinen separaten Stromanschluss und keinen eigenen Netzwerkanschluss, sondern unterstützen Power-over-Ethernet (PoE), was die Installation erheblich vereinfacht. Sie

werden beispielsweise in Fertigungstrassen oder in der Kommissionierung eingesetzt. Daneben ist auch der Einsatz in widrigen Umweltbedingungen durch entsprechenden IP65-Schutz möglich.

RFID-Empfangsteil mit mehreren Antennen und Sensorik
Über ein RFID-Empfangsteil lassen sich auch mehrere Antennen anschließen, was die Installation eines RFID-Systems erheblich vereinfacht und auch wirtschaftlich macht. Darüber hinaus ermöglicht ein solches Empfangsteil zusätzlich die Anbindung weiterer Sensoren, wie Signallampen und Richtungssensorik, die die Steuerung der gesamten RFID-Lösung vereinfachen.

RFID-Overhead-Reader
Ein RFID-Decken- oder auch Overhead-Reader eignet sich zur Überwachung von großflächigen Bereichen und zur Positionsbestimmung von Transpondern. Einsatzgebiete sind zum Beispiel die Werkstück- und Einzelteilerfassung an benachbarten Arbeitsplätzen oder die Präsenzbestimmung von Objekten.

RFID-Gate-Reader
RFID-Torlösungen oder RFID-Gates sind an Toren oder Eingängen fest installierte RFID-Lesegräte. Sie kommen zum Beispiel bei der automatischen Warenerfassung beim Warenein- und -ausgang und zur Auslösung einer entsprechenden Warenbuchung in der Logistik oder im Handel zum Einsatz. Häufig sind die Gates mit weiterer Sensorik ausgestattet, die eine automatische Richtungserkennung, die Ausblendung statischer RFID-Transponder, eine transaktionsgesteuerte Datenerfassung oder eine richtige Torzuordnung bieten.
Bei einem RFID-Gate sind das Lesegerät und die Kopplungseinheit in der Regel räumlich getrennt. Der Einsatz von zwei oder mehreren Kopplungseinheiten bei einem Gate ermöglicht einen größeren Lesebereich zwischen den beiden Einheiten.

RFID-Tunnelleser
Anwendungen, wo gleichzeitig eine Vielzahl von RFID-Transpondern zu lesen und zu erkennen sind, die sich darüber hinaus auf engem Raum befinden, werden durch Tunnelleser realisiert. Einsatzbereiche sind die Verfolgung von Materialflüssen oder die Sortierung von Paketen. Bei einem Tunnelleser sind mehrere Kopplungseinheiten in einem nach außen abgeschirmten Tunnel angebracht. Auf diese Weise lassen sich innerhalb des Tunnels höhere Feldstärken und damit auch bessere Leseraten erreichen.

RFID-Bodenantenne
Die RFID-Bodenantenne ist bündig in den Boden eingelassen. Die Antenne ist wasserfest und widersteht nach sachgerechtem Einbau auch überrollenden LKW-Verkehr.

Mobile RFID-Reader
Mobile RFID-Reader oder Hand-Terminals ermöglichen das mobile Lesen der RFID-Transponder. Sie werden häufig mit anderen Technologien, wie zum Beispiel Barcode-Lesern,

kombiniert. Darüber hinaus besitzen sie eine WLAN-Funktionalität oder auch zusätzlich GPRS zur Anbindung an Funknetze.

Pocket RFID-Reader
Pocket-Reader sind relativ klein und bieten eine hohe Flexibilität. Sie sind über Bluetooth an ein mobiles Device oder einen Rechner anschließbar. Dadurch lässt sich ein Smartphone zum RFID-Leser für passive RFID-Transponder umfunktionieren.

6.4.4.7 RFID-Middleware
Das Auslesen von RFID-Transpondern erzeugt sehr große Datenmengen. Zum einen sendet der Transponder permanent Signale, wenn er in ein durch den RFID-Reader erzeugtes elektrisches Feld gerät. Zum anderen fallen große Datenvolumen bei der Pulklesung an, also beim gleichzeitigen Auslesen ganzer Paletten mit vielen mit RFID-Tags ausgestatteten Paketen. Hier kann es immer wieder zu Leseproblemen kommen. Weiterhin können Leseprobleme auftreten, wenn die eingesetzten RFID-Transponder und RFID-Lesegeräte untereinander schlecht kompatibel sind und nicht miteinander harmonieren. Um diese Probleme zu reduzieren, wurden Standards für die einzelnen Komponenten eines RFID-Systems, die RFID-Transponder, die RFID-Lesegeräte und die RFID-Software, entwickelt und eingeführt.

Savant-Server als eine wesentliche Komponente im RFID-System
Savant-Server helfen dabei, RFID-Lesefehler zu reduzieren und die Unmengen der aus den Lesungen erhaltenen Daten zu handhaben. Savant-Server sind spezielle Rechner, auf denen eine Middleware läuft. Sie übernehmen folgende Aufgaben:

- Entgegennahme der Transponder-Lesungen
- Filterung und Aggregation der Transponder-Lesungen
- Überwachung der RFID-Reader
- Steuerung der angeschlossenen Sensorik, wie zum Beispiel Schaltimpulse für den Start einer RFID-Lesung
- Speicherung der Konfigurationsparameter der RFID-Reader und der verwendeten Sensorik

Savant-Rechner überwachen und steuern die RFID-Lesegeräte und nehmen deren Lesedaten in Rohform auf, die dann nach einer anschließenden Prüfung, Filterung und gegebenenfalls Aggregation an die RFID-Anwendungssysteme weitergegeben werden. Auf diese Weise werden Doppelt-Lesungen erkannt und ausgefiltert, falsche Lesungen eliminiert

Der Betrieb von Savant-Servern basiert auf einer entsprechenden Middleware. EPCglobal bietet eine Open-Source-Entwicklungsplattform für Anbieter solcher Middleware an, die auf einheitlichen Schnittstellen basieren.

Savant-Server bilden auch das Bindeglied zu RFID-Anwendungen und -Datenbanken. Der Aufbau eines solchen Systems ist nachfolgend dargestellt (Abb. 6.19).

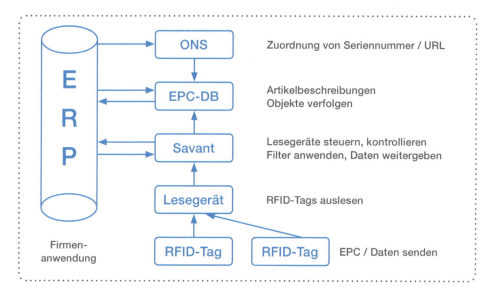

Abb. 6.19 Savant-Rechner im EPC-Netzwerk. (Schüler 2015)

6.4.5 Standardisierung der RFID-Technologie

Um den weltweiten Einsatz von RFID-Technologie zu ermöglichen und zu fördern, um Lieferketten global zu vernetzen, Warenströme weltweit zu steuern und zu überwachen, wurden einheitliche technologische Standards für RFID-Systeme innerhalb der zuständigen ISO/IEC-Gremien zur automatischen Identifikation und Datenerfassung erarbeitet. Hier geht es im Wesentlichen um einheitliche Funkfrequenzen, die elektromagnetische Verträglichkeit und die Festlegung der Speicherinhalte der RFID-Transponder.

Standards der International Standard Organisation (ISO)
In verschiedenen Normen der internationalen Standardisierungs-Organisation (ISO) sind Spezifikationen für RFID-Tags festgelegt, so unter anderem in der ISO 15693, der ISO 11784 und der ISO 14223. Daneben wirkte EPCglobal aktiv an der Standardisierung der RFID-Systeme und der Standardisierung der Produktidentifikation im internationalen Handel sowie der Konsumgüterindustrie mit.

Die Standards beziehen sich auf eine Vielzahl von Komponenten. Eine Übersicht zu den einzelnen RFID-Standards gibt Abb. 6.20:

Elektronischer Product Code (EPC) – weltweit eineindeutige Nummer zur Identifikation von Objekten
Ein zentraler Bestandteil der Standardisierung ist der Electronic Product Code (EPC). Der EPC ermöglicht die weltweit eindeutige Identifizierung von Objekten, Waren, Produkten oder Dingen. Dazu erhalten diese eine eineindeutige Nummer, eine EPC-Seriennummer. Bei Konsumgüterprodukten ist diese zum Beispiel dem Produzenten eindeutig zugeordnet.

6.4 Radio Frequency Identification (RFID)

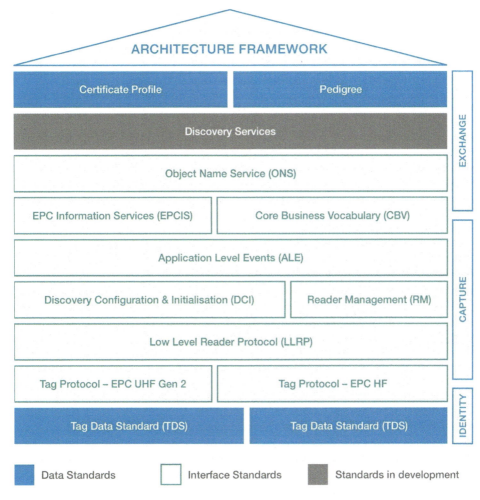

Abb. 6.20 RFID-Standards

Um Informationen über die mit den RFID-Transpondern versehenen Waren über das Internet abzurufen, wird ein Object Name Service (ONS) benötigt. Dieser ordnet der EPC-Seriennummer eine Internet-Adresse in Form einer URL zu, die zu einer Objektbeschreibung des Herstellers führt.

Treibende Kraft zur Entwicklung des EPC und des EPC-Netzwerkes war das AutoID-Center am Massachusetts Institute in Boston (MIT), das 1999 als Initiative aus dem Zusammenschluss verschiedener Unternehmen aus Handel und Konsumgüterindustrie, wie Proctor & Gamble, Gillette, Metro und anderen, entstand. Dort wurden die Grundlagen für die Standardisierung gelegt, die anschließend im Jahr 2003 in der EPCglobal, ein Zusammenschluss von EAN International und Uniform Code Council (UCC), weiter vorangetrieben wurde.

Die Basisgrundlage für eine RFID-Anwendung ist die eindeutige Identifizierung eines RFID-Transponders und des mit einem RFID-Transponder ausgestatteten Objektes. Dies ist die EPC-Nummer, die weltweit überschneidungsfreie Ziffernfolge, die im RFID-Transponder gespeichert ist. Die Nummer besteht dabei stets aus der GS1-Basisnummer, fallweise einem Objekttyp sowie immer einer Seriennummer. Der Objekttyp identifiziert zum Beispiel eine Produktart (dies entspricht der Artikelnummer GTIN) oder einen Behältertyp.

Der EPC ist kompatibel zum Nummernsystem der internationalen Artikelnummer EAN und GS1-Nummern wie GTIN oder SSCC. Auf diese Weise lassen sich die anderen für Handel und Industrie standardisierten und verwendeten Nummernsysteme weiterverwenden. Diese sind zwar keine zwingende Voraussetzung für die EPC-Nutzung, erleichtern aber dessen Nutzung und Codierung. Um eine weltweite Eindeutigkeit zu gewährleisten, werden – wie auch schon bei der EAN – Kontingente der Nummer vergeben, die sich über die EPCglobal-Ländervertretungen, die lokalen GS1-Organisationen, beziehen lassen.

Bestandteile der EPC-Nummer mit eigenem Zuständigkeitsbereich
Detailliert besteht die EPC-Nummer aus mehreren Teilen, die unterschiedliche Bedeutungen haben:

- *Header* bestimmt das EPC-Kodierungsschema, das verwendet wird. Die nachfolgende Strukturierung kann auf dieser Grundlage variieren.
- *Domain-Manager* enthält eine Basisnummer mit der Herkunft beziehungsweise dem Hersteller.
- *Objekt-Klasse* enthält die Objekt-Oberklasse, wie zum Beispiel Orangensaft, 0,5 Liter, Tetrapack. Sie entspricht der EAN-Artikelnummer.
- *Seriennummer* ist eine fortlaufende Nummer eines bestimmten Produktes.

Weiterentwicklung zur EPC Generation 2
„EPC Gen 2" ist die zweite Generation des EPC-Standards. Die Spezifikation umfasst sowohl die Datenformate als auch die Kommunikation zwischen Transponder und Reader. Der neue Standard setzt auf den Einsatzerfahrungen mit der ersten Generation auf und verbessert diese (Abb. 6.21). Die Weiterentwicklung zur zweiten Generation des EPC bringt für den Anwender und Nutzer Leistungssteigerungen im RFID-System mit sich. So existieren nun drei verschiedene Leseeinstellungen, mit denen sich die Datenübertragung optimieren lässt. Verschiedene Codierungsarten erlauben auch den Betrieb konkurrierender Anwendungen. Und nicht zuletzt konnte die Lesegeschwindigkeit gegenüber der ersten Generation verdoppelt werden.

6.4.6 Anwendungs- und Einsatzbeispiele

Es gibt mittlerweile eine Vielzahl von Anwendungsbeispielen von RFID-Systemen. Im Folgenden soll nur auf die passiven Transponder eingegangen werden.

6.4 Radio Frequency Identification (RFID)

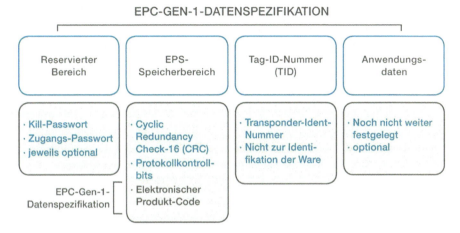

Abb. 6.21 EPC-Gen-1-Datenspezifikation mit Weiterentwicklung zum EPC-Gen-2

Anwendungen von passiven RFID-Transpondern
Typische Anwendungsgebiete dieser RFID-Technologie sind:

- Fahrzeugidentifikation, zum Beispiel bei Toll- und Mautsystemen
- Personenidentifikation, zum Beispiel Ausweis, Reisepass, Tickets, Zugangskontrolle
- Echtheitsidentifikation für Medikamente, Produkte und Waren
- Identifikation und Verfolgung von Waren in der Textil- und Bekleidungsindustrie
- Identifikation und Verfolgung von Accessoires und Schmuck
- Identifikation von Tieren, zum Beispiel Hunden, Katzen, Nutztieren
- Waren- und Bestandsmanagement in der Logistik, in Bibliotheken und Archiven
- Positionsbestimmung in der Industrie oder auch in der Krankenhauslogistik
- Zeiterfassung, zum Beispiel auch im Hochleistungssport
- Müllentsorgung
- Industrielle Fertigung

Auch innerhalb der Anwendungsbereiche sind weitere vielfältige Anwendungen zu finden. Einige werden im Folgenden kurz dargestellt.

RFID-Anwendungen in der industriellen Produktion und Fertigung
Seit Beginn der industriellen Fertigung ist diese durch eine ständige Rationalisierung gekennzeichnet. Zunächst erfolgte eine starke Taylorisierung, die dann durch die Fließbandfertigung abgelöst wurde und eine Massenproduktion von Produkten kostengünstig ermöglichte. In der weiteren Entwicklung optimierte man auch die Herstellung von verschiedenen Artikeln, also die Einzelfertigung. Zunächst geschah das über die Identifikation der einzelnen Produkte über Handzettel, später über Barcodes. Mithilfe von RFID-Transpondern, die daneben auch noch mit Informationen über den Fertigungsstand und

die -stufe beschreibbar sind, wird auch die Herstellung von Produktvarianten kostengünstig und fast automatisiert möglich. Anlagen, die auf RFID-Technik basieren, sind in der Fahrzeugindustrie bereits seit Jahren erfolgreich im Einsatz.

RFID-Anwendung in Büchereien
Eine lange Tradition haben RFID-Anwendungen in Büchereien und Bibliotheken. Begünstig wird die Anwendung von RFID in diesem Umfeld dadurch, dass hier keine schwierigen Umfeldbedingungen wie Flüssigkeiten oder metallische Untergründe vorzufinden sind. Bekannte Beispiele für RFID-Anwendungen in Büchereien sind die Stadtbibliotheken München, Wien, Stuttgart oder die Hauptbibliothek der TU Graz und Münster.

Jedes Buch oder Audiomedium wird mit einem RFID-Transponder gekennzeichnet, der in der Regel im Buchrücken, Frontdeckel oder Rückendeckel angebracht ist. Darüber lassen sich dann auf diese Weise gekennzeichnete Informationen wie Buchexemplar, Autor, Standort, Entleihe und vieles mehr kontrollieren. Ein weiterer Vorteil wird auch darin gesehen, dass beim Leih- und Rückgabevorgang mehrere Bücher auf einmal über die Pulklesung erfasst werden können.

RFID-Anwendung bei der Tieridentifikation
RFID-Transponder werden schon seit den siebziger Jahren bei Tieren eingesetzt. Über Halsbänder, Ohrmarken oder kleine Implantate werden Haustiere und Nutztiere identifiziert.

Damit sind mehrere weitere Anwendungen möglich, die durch die eindeutige und fälschungssichere Kennzeichnung in der Praxis anzutreffen sind:

- Identifizierung der Herkunft und damit einhergehend eine Seuchen- und Qualitätskontrolle
- Überwachung und automatische, individuelle und bedarfs- und leistungsangepasste Futtergabe
- Tracking der Bewegung und Ermittlung von Geschwindigkeiten und zurückgelegten Wegen

Seit 2004 werden in der Stadt Wien alle Hunde, die älter als 3 Monate sind, mit einem RFID-Chip ausgestattet und die zugehörigen Hundedaten wie Rasse, Alter, Geschlecht sowie Haltername und -adresse zentral in einer Datenbank gespeichert. Der Chip ersetzt dabei aber nicht die Hundemarke.

RFID-Anwendungen in der Gepäckverfolgung
An vielen internationalen Flughäfen werden RFID-Transponder für das Tracking und Tracing von Koffern und Gepäckstücken verwendet. Diese ermöglichen die genaue Verfolgung des Gepäcks vom Check-In beim Abflughafen bis zur Ausgabe des Gepäcks beim Bestimmungsflughafen. Mithilfe von RFID-Anwendungen lässt sich feststellen, wo innerhalb der Beförderungskette Gepäck abhandengekommen oder wo es schließlich gelandet ist.

Obwohl die Kosten für die RFID-Tags im Vergleich zu Barcodes kostenintensiver sind, zeigt sich, dass die Lesesysteme insgesamt kostengünstiger sind und die Einsparungen durch den optimierten Gepäckprozess den Aufwand bei Weitem überbieten.

RFID-Anwendungen bei der Rückverfolgung von Lebensmitteln
Seit dem 01.01.2005 schreibt die EU-Verordnung Nr. 178/2002 die Rückverfolgbarkeit von Lebens- und Futtermitteln vor. Darin wird die vollständige Dokumentation der Produktionsstufen, der Verarbeitung und der Vertriebs- und Logistikstufen gefordert. Insbesondere muss bei gefrorenen oder gekühlten Produkten und Waren die entsprechende unterbrechungsfreie Einhaltung der Kühlkette gewährleistet werden. Entsprechende RFID-Lösungen erlauben hier die Überwachung, Dokumentation und Rückverfolgung von Lebensmitteln.

Dazu werden RFID-Transponder eingesetzt, die mit einer Zusatzsensorik ausgestattet sind und Feuchtigkeit und oder auch Temperatur messen können. In regelmäßigen zeitlichen Abständen können so Temperaturen gemessen, mit Sollwerten verglichen und Abweichungen an ein Überwachungssystem gesendet werden. So kann die Qualität überwacht, frühzeitig eingegriffen und letztlich Schäden rechtzeitig abgewehrt werden. Anwendungsbeispiele finden sich in der Frischelogistik, dem Warentransport und auch in der Medizin und Chemieindustrie.

RFID-Anwendungen im Bereich Zugangskontrollen
RFID-Transponder in Tickets oder angebracht an der Frontscheibe von Personenkraftwagen oder Lastkraftwagen machen die Zugangskontrolle bei Mautsystemen, im öffentlichen Nahverkehr oder auch in Fußballstadien einfacher. Dadurch lassen sich unnütze Wartezeiten verkürzen, dem Betrug wird Einhalt geboten und Kosten beim Automatenverkauf von Tickets sowie Kosten für Wartung und Instandhaltung reduziert.

Prominentes Beispiel ist Seoul, hier entstand 1996 das größte elektronische Fahrausweissystem, mit über vier Millionen im Einsatz befindlichen kontaktlosen Chipkarten.

RFID-Anwendungen im Handel
Großkonzerne im Groß- und Einzelhandel, wie zum Beispiel die METRO Group oder Walmart, haben bereits Anfang 2000 mit RFID experimentiert und Pilotversuche durchgeführt. Erwartet wurden vor allem umfangreiche Effizienzsteigerungen und Kostenreduzierungen im Bereich des Lagermanagements und in der Logistik durch den RFID-Einsatz. Automatisch können Warenbewegungen entlang der Prozesskette erfasst und lückenlos dokumentiert werden, der Weg jedes einzelnen Produktes lässt sich genau zurückverfolgen. Produktinformationen wie Mindesthaltbarkeit, Preis, Gewicht können über die Verbindung des EPC-Transponders mit dem Produkt berührungslos übertragen werden und in den Warenwirtschaftssystemen werden diese Informationen automatisch ergänzt um Informationen zum Standort. Zustandsänderungen, wie veränderte Bestände, führen zu sofortigen bedarfsgerechten Bestellungen, Fehllieferungen aufgrund falscher Bestellungen verringern sich ebenso wie Verluste durch Diebstahl oder falsche Platzierung.

Aber nicht nur in der Logistik und im Lager finden sich RFID-Anwendungen. Auch auf der Verkaufsfläche werden mittlerweile RFID-Transponder eingesetzt. Sogenannte „intelligente Regale" oder „intelligente Warenständer" melden dem Warenwirtschaftssystem im Geschäft selbsttätig, wenn Waren falsch einsortiert wurden oder wenn diese nachgefüllt werden müssen.

6.4.7 Vor- und Nachteile von RFID

RFID-Anwendungen finden sich in verschiedensten Industrien und werden auch weiterhin verstärkt eingesetzt, weil sie vielfältige Vorteile mit sich bringen.

Vorteile von RFID

- Sehr schnelle Lesevorgänge und damit Zeitersparnis, zum Beispiel gegenüber dem Barcode. In einigen Fällen ist die Erfassung von mit RFID-Transpondern ausgestatteten Objekten gegenüber dem Barcode bis zu zwanzig Mal schneller. Weiterhin ist die Platzierung des zu erfassenden Objektes gegenüber dem Barcode weniger problematisch. Es genügt, wenn sich das Objekt innerhalb des Leseabstandes des RFID-Readers befindet.
- Kontaktlose Identifikation, das heißt, es ist kein Sichtkontakt mit dem Lesegerät notwendig. Das vereinfacht das automatische Identifizieren von Objekten.
- Sende- und Empfangssignale dringen durch verschiedene Materialen, wie Karton, Holz, Plastik, Kleidungsstücke. Das bringt mit sich, dass RFID-Transponder auch direkt in ein Produkt integriert werden können.
- Transponder-Vielfalt: Durch eine mittlerweile große Vielfalt von unterschiedlichen Transpondern sind diese an unterschiedliche Einsatzszenarien anpassbar.
- Hohe Zuverlässigkeit in „rauen" Umgebungen und bei widrigen Umweltumgebungen: RFID-Transponder sind haltbar, robust, wiederverwendbar und besitzen eine lange Lebensdauer. Sie sind unempfindlich gegenüber Schmutz und Abdeckung.
- Echtzeit-Informationsaustausch wird mithilfe der RFID-Technologie möglich.
- Gleichzeitiges Erfassen mehrerer Objekte (Pulkerfassung), zum Beispiel am Wareneingangs- oder Warenausgangstor
- Sicherheit durch Kopierschutz und verschlüsselte Informationsübertragung
- Speicherkapazität: Im Speicher des RFID-Transponders können je nach Speichergröße vielfältige Informationen gespeichert werden.

Nachteile von RFID

Vor dem Einsatz von RFID-Technologie sollte man sich aber auch die Nachteile vor Augen führen:

- Kosten der RFID-Technologie, insbesondere der RFID-Transponder, die ca. bei sieben bis 20 Cent liegen, je nach Anwendung, Daten, Reichweite

- Beeinträchtigung der Lesemöglichkeit durch Absorption und Reflexion durch Metalle, leitfähige Materialien und Flüssigkeiten. Allerdings hat sich die Transponder-Industrie diesen Themen schon angenommen und auch Transponder für den Einsatz in diesen Bereichen entwickelt.
- Empfindlichkeit gegenüber elektronmagnetischen Feldern, d.h. Störungen in der Lesung durch elektromagnetische Felder
- Nationale und internationale Regulierungen beeinflussen die Nutzung von RFID-Technologien. Obwohl in diesem Bereich schon ein Großteil reguliert und standardisiert wurde, sind im Einzelfall die notwendigen Regulationen zu beachten.

6.5 Near Field Communication (NFC)

Near Field Communication (NFC) ist eine vielfältig einsetzbare, interaktive und auf dem Mobiltelefon, Tablets und auch mittlerweile bei Laptops verfügbare Technologie. NFC ermöglicht vielfältige, andere und neue Touchpoints entlang der Customer Journey. Mithilfe von digitalen Inhalten werden Konsumenten individuelle und kontextsensitive Inhalte angeboten, die das Einkaufs- und Konsumerlebnis verbessern und bereichern.

6.5.1 Datentransfer über kurze Distanzen

Near Field Communication oder NFC, zu Deutsch Nahbereichskommunikation, ist eine kontaktlose und funkgestützte Technologie, die es ermöglicht, Informationen über eine kurze Entfernung zu lesen und zu übertragen. NFC erlaubt es, über einen einfachen Weg Daten über mobile Endgeräte zu verteilen, zu lesen und auszutauschen. NFC basiert auf der Radiofrequenz-Technologie (RFID), siehe Abschn. 6.3.

Informationsübertragung über wenige Zentimeter
Das Besondere bei NFC ist die Übertragung der Informationen per Funk über eine geringe Entfernung von wenigen Zentimetern, in der Regel zwei bis fünf Zentimeter. Der Benutzer benötigt dazu ein Endgerät (ein Mobiltelefon, ein Tablet, ein Wearable oder auch einen Laptop), das mit einem NFC-Lesegerät beziehungsweise einem NFC-Chip ausgerüstet sind. Die meisten neueren Modelle verfügen bereits standardmäßig darüber.

Einfach nur „Tappen"
Wird ein derartiges Gerät nahe an ein NFC-Lesegerät oder einen NFC-Transponder gehalten, erfolgt automatisch die Übertragung von Daten. Dieses Auflegen zum Beispiel des Mobiltelefons auf den NFC-Transponder wird auch „Tappen" oder „Tap" genannt.

NFC ist eine innovative und neue Technologie, die sich immer mehr durchsetzt und bereits in vielen Bereichen unseres täglichen Lebens eingesetzt wird. Allerdings ist die Kenntnis über die Möglichkeiten von NFC in vielen Industrien und Wirtschaftsbereichen noch sehr beschränkt.

6.5.2 Komponenten eines NFC-Systems

NFC und die verwendete Technologie ist ein Teilbereich der RFID-Technologie. Sie ermöglicht den sicheren Datenaustausch über kurze Strecken von bis zu maximal zehn Zentimetern (Nahfeldkommunikation). Ähnlich wie bei RFID ist kein physischer Kontakt zwischen dem Sender und Empfänger notwendig.

Induktive Kopplung von Komponenten ermöglicht den Informationsaustausch
Der Informations- oder Datenaustausch erfolgt bei NFC über induktive Kopplung. Die eine Seite ist dabei der Sender oder der sogenannte Initiator, das NFC-Terminal oder das NFC-Gerät, die Gegenseite ist die des Ziels, der NFC-Transponder, NFC-Chip oder NFC-Tag. Die induktive Kopplung spielt sich im Feld von 13,56 Megahertz (MHz) ab, vom Initiator zum Ziel.

Geringe Datenrate bei der Informationsübertragung
Zur Modulation kommt die Amplitudenumtastung (ASK) zum Einsatz, die Codierung basiert auf der MIFARE-Technik, die von Philips entwickelt wurde, und der Sony-Technik FeliCa. Beim Betrieb kann sowohl das Ziel als auch der Initiator senden. Die Datenrate zur Übertragung beträgt bis zu 424 kbit/s bei der NFC-Technik und ist in Stufen von 106 kbit/, 212 kbit/s und 424 kbit/s einstellbar. Im Vergleich zu Bluetooth oder WLAN ist das nicht besonders schnell, es reicht allerdings für die Datenmengen in der Regel völlig aus.

Komponenten eines NFC-Systems
Zu den technischen Grundlagen eines NFC-Systems gehören NFC-Geräte, NFC-Transponder und das NFC-Datenformat:

- NFC-Geräte: NFC-Funktionalität wird immer mehr Bestandteil von mobilen Geräten, sie enthalten NFC-Antennen bzw. Lesegeräte, die die Inhalte der NFC-Transponder auslesen können (aktive NFC-Geräte).
- Zusätzlich gibt es spezielle mobile NFC-Reader, die an PCs, Laptops, Smartphones etc. angeschlossen werden können.
- Nicht zuletzt gibt es spezielle stationäre Lesegeräte, wie Bezahlterminals für Payment oder Lesegeräte für den Einsatz im Transportwesen, das heißt in Bussen, auf Fähren, in U-Bahnen.

6.5.2.1 NFC-Transponder

NFC-Transponder oder Tags sind passive Sensoren oder Objekte, die mit aktiven NFC-Geräten kommunizieren. Im Kern besteht der NFC-Transponder aus einem NFC-Chip, der einen kleinen Speicher- und einen Funkchip enthält (in Abb. 6.22 als kleiner schwarzer Punkt zu erkennen), der wiederum mit einer Antenne verbunden ist. NFC-Transponder besitzen keine Stromversorgung. Sie werden über die aktiven NFC-Geräte mittels eines magnetischen Funkfelds mit Strom versorgt.

6.5 Near Field Communication (NFC)

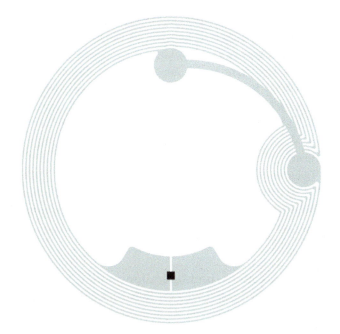

Abb. 6.22 Aufbau eines NFC-Transponders (HF)

NFC-Transponder können in jegliche Art von Gebrauchsgegenständen oder andere Objekten integriert werden, wie zum Beispiel Visitenkarten, Poster, Sticker, Armbänder, Werbematerial, Zeitschriften oder auch in Haushaltsgeräte oder Kleidung. Sie werden dort genutzt, um Informationen über diese Objekte zur Verfügung zu stellen oder diese zu bewerben. Aber NFC-Transponder können auch Aufgaben ausführen, Konfigurationen einstellen oder Apps auf dem Mobiltelefon aufrufen, wenn sie mit einem NFC-Gerät in Verbindung kommen.

Vier NFC-Transpondertypen mit unterschiedlichen Funktionalitäten
Es existieren heute vier Transpondertypen:

- NFC-Forum Typ 1: Der Typ-1-Transponder basiert auf ISO/IEC 14443A. Die Transponder sind lese- und schreibgeschützt bzw. Benutzer können den Transponder so konfigurieren, dass er schreibgeschützt ist. Die Speicherverfügbarkeit beträgt 96 Byte und kann auf 2 KB erweitert werden.
- NFC-Forum Typ 2: Der Typ-2-Transponder basiert ebenfalls auf ISO/IEC 14443A. Die Transponder werden gelesen und können neu beschrieben werden. Weiterhin können Benutzer den Transponder so konfigurieren, dass er schreibgeschützt ist. Die Speicherverfügbarkeit beträgt 48 Byte und kann auch auf 2 KB erweitert werden.
- NFC-Forum Typ 3: Typ-3-Transponder basieren auf dem Japanischen Industriestandard (JIS) X 6319-4, auch bekannt als FeliCa. Die Transponder sind bei der Herstellung

vorkonfiguriert, um entweder gelesen und wieder beschrieben werden zu können oder nur lesbar zu sein. Die Speicherverfügbarkeit ist variabel, das theoretische Speicherlimit beträgt 1 MB pro Service.
- NFC-Forum Typ 4: Der Transponder vom Typ 4 ist vollständig kompatibel mit der Standardserie ISO/IEC 14443. Die Transponder sind bei der Herstellung vorkonfiguriert, um entweder gelesen und wieder beschrieben werden zu können oder nur lesbar zu sein. Die Speicherverfügbarkeit ist variabel bis zu 32 KB pro Service.

NFC-Datenstruktur
Die in den NFC-Transpondern genutzte NFC-Datenstruktur „NDEF" (NFC Data Exchange Format) beinhaltet Protokolle, die nicht auf den Austausch von Text beschränkt sind. Es können auch Bilder, URLs, Telefonnummern und Kalendereinträge gespeichert und übertragen werden. Das vom NFC-Forum definierte NDEF-Format steht auf der Webseite zum Download zur Verfügung.

6.5.2.2 NFC-Kommunikations- und Operationsmodi
Neben den vier Transponder-Typen sind zwei Kommunikationsmodi und drei Betriebsmodi definiert worden, die für verschiedene Einsatzfelder geeignet sind:

Verschiedene Kommunikationsmodi sind möglich
Das Gerät, welches die Daten sendet, wird als Initiator bezeichnet. Jedes NFC-Gerät besitzt eine Stromversorgung und erlaubt so beim Tappen den Austausch von Daten im aktiven Kommunikationsmodus. Das NFC-Gerät sendet Radiowellen aus, die den passiven NFC-Transponder mit einem magnetischen Feld versorgen. Dieser Modus erlaubt es, dass ein passiver NFC-Transponder mit einem aktiven NFC-Gerät kommuniziert (passiver Kommunikationsmodus).

Befindet sich ein Initiator im passiven Modus, so sammelt er Daten von einem passiven Speichermedium wie zum Beispiel einem elektronischen Ticket, um den Beginn oder das Ende der einer U-Bahnfahrt zu erfassen. Beim gegensätzlichen aktiven Modus liest der Initiator Daten von einem aktiven NFC-Gerät, zum Beispiel ein auf dem Smartphone gespeicherter Coupon oder die Daten einer Kreditkarte bei bargeldlosen Zahlungen. Zwei aktive Geräte können auch gleichzeitig kommunizieren, etwa beim Austausch von Kontaktdaten.

Verschiedene Betriebsmodi für ein NFC-Gerät
Unterschieden werden der Lese-/Schreibmodus, die Kartenemulation und die Peer-zu-Peer-Emulation. Beim Lesen/Schreiben liest ein NFC-Gerät Daten von einem NFC-Transponder oder schreibt Daten auf einen NFC-Transponder nach dem ISO-Standard 14443. Beim der Peer-zu-Peer-Kommunikation tauschen zwei NFC-Geräte Daten auf der Basis des ISO-Standards 18092 aus. Die Kartenemulation, ein sicherer Betriebsmodus, dient im Wesentlichen zur Übertragung von Bezahltransaktionen. Dabei wird ein NFC-Gerät in einem passiven Modus verwendet, um eine kontaktlose Karte zu emulieren (Chang 2013, S. 15 f.).

Die hier aufgezeigten Grundlagen erwecken den Eindruck, dass NFC zum Großteil standardisiert ist und unter Verwendung der Standards zum Einsatz kommt. In Wirklichkeit gibt es unzählige Änderungen, Verbesserungen und Abweichungen vom Standard bei den Transponder-Typen, den Betriebsarten, Verschlüsselungstechniken, Datenaustauschformaten, Datenraten und der Interoperabilität. Es liegt also keine einfaches „Plug and Play" vor.

Das NFC-Forum bietet umfangreiche Orientierungshilfen bei der Auswahl von NFC-Transpondern für eine bestimmte Anwendung an. Über Transponder-Typen und Betriebsmodi hinaus müssen Entwickler auch die Datenarten berücksichtigen, die kommuniziert werden sollen.

6.5.3 NFC-Standardisierungsbereiche

2003 starteten die Internationale Organisation für Normung (ISO) und die Internationale Elektrotechnische Kommission (IEC) offiziell den Prozess der NFC-Standardisierung. Das Ergebnis der Standardisierung zeigt Abb. 6.23:

Dabei baut NFCIP-1 auf ISO 14443 mit zwei zusätzlichen Modi in der oberen Befehlsschicht auf, die Peer-zu-Peer-Kommunikation erlauben. Demgegenüber legt die NFCIP-2 den Mechanismus der Erkennung und Auswahl von einen der Kommunikationsmodi fest.

Weitere Verschlüsselung zur Erhöhung der Sicherheit
Zusätzliche Sicherheit kann über Verschlüsselung und weitere Mechanismen erreicht werden. Standardisiert wurde das in der Nahbereichsfunktion des NFC-Standards ISO 18092 und dem damit verbundenen Kreditkarten-Standard ISO 14443. Beide zusammen

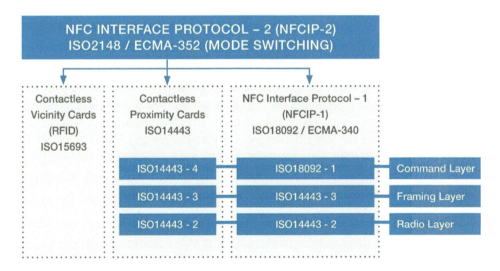

Abb. 6.23 Bereiche der NFC-Standardisierung

bilden die Grundlage für ein sicheres Transaktionssystem, das kabellos funktioniert und einfach zu bedienen ist. In der Praxis bauen die heute eingesetzten Systeme auf weitergehende Verschlüsselung auf, als in den Normen festgelegt.

Sie setzen dabei auf proprietäre Systeme wie beispielsweise „MIFARE" von NXP. MIFARE geht einen Schritt weiter und setzt weitergehende Kryptografie-Funktionen und Befehlsschichten über die ISO 14443 hinaus ein. Weltweit wird MIFARE mittlerweile in etwa 650 Ticketing-Systemen im öffentlichen Verkehr eingesetzt. Darunter in der „OysterCard" in London, bei „Clipper" in San Francisco und der „EasyCard" in Taiwan. In Japans Bahnnetz ist die Zahlkarte „Suica" in Betrieb, die ebenso wie „Octopus"-Karte in Hong Kong. Gerade bei der letztgenannten kommen andere Standards zum Einsatz, ein japanischer Industriestandard, der von der ISO 18092 abgeleitet ist und mit zusätzlichen Features zur Authentifizierung und Verschlüsselung ausgestattet wurde.

NFC-Ökosystem
Eine weite Verbreitung und die Entwicklung eines NFC-Ökosystems erfolgte erst 2004 mit der Gründung des NFC-Forums durch Philips (heute NXP Semiconductors), Sony und Nokia. Seit dieser Zeit entwickelte sich die Technik weiter und hielt in verschiedenen Anwendungsbereichen Einzug. Grund dafür ist sicherlich die Einfachheit der Bedienung, die Sicherheit und die kurze Kommunikation.

6.5.4 NFC-Standardisierungsgremien und -organisationen

Die NFC-Technik ist weltweit standardisiert. Weiterhin gibt es in der NFC-Industrie (Hersteller und Nutzer) bzw. dem NFC-Ökosystem eine Vielzahl von Interessenvertretern, die die Standards vorantreiben und weiterentwickeln.

NFC-Forum fördert Standardisierung und Vereinheitlichung von NFC
Weitere Standardisierungen und Spezifikationen werden von vielen Organisationen und Institutionen betrieben. Eine wichtige Rolle nimmt aber das NFC-Forum ein, eine Interessenorganisation, die 2004 gegründet wurde und die die Vereinheitlichung und Standardisierung des NFC-Ökosystems vorantreibt. Mehr als 200 Unternehmen sind Mitglied des NFC-Forums und tauschen ihre Erfahrungen zu Anwendungen und Spezifikationen dort aus und führen Produktzertifizierungen durch.

Ziele des NFC-Forums
Die Ziele des NFC-Forums sind:

- „Develop specifications and test mechanisms that ensure consistent, reliable transactions worldwide across all three modes of NFC,
- Take a leadership role in the industry to ensure NFC technology can routinely deliver a positive user experience,

- Educate enterprises, service providers, and developers about the benefits of NFC technology to ensure growth in end user adoption,
- Establish the NFC Forum and NFC technology brands as well recognized and utilized marks." (NFC Forum 2017)

Das NFC-Forum ist auch der „Hüter" des Markenzeichens „N-Mark".

Secure Technology Alliance standardisiert Sicherheitstechnologien
Die Secure Technology Alliance beziehungsweise die Smart Card Alliance (SMC) (vgl. Secure Technology Alliance 2017) ist eine industrieübergreifende Vereinigung rund um eine breite Palette von Sicherheitstechnologien, einschließlich Smart Cards, Embedded-Chip-Technologien und verwandte Hardware und Software, gegründet im Jahre 2001. Sie beschäftigt sich mit sicheren Lösungen für Zahlung, Identität, Zugang und mobile Anwendungen. Im Jahre 2017 ging die SMC in die Secure Technology Alliance über.

GlobalPlatform agiert branchenübergreifend
Die GlobalPlatform (GlobalPlatform 2017) arbeitet branchenübergreifend, um Spezifikationen zu identifizieren, zu entwickeln und zu veröffentlichen, die die sichere und interoperable Bereitstellung und Verwaltung mehrerer eingebetteter Anwendungen auf sichere Chip-Technologien ermöglichen.

Weitere Organisationen im NFC-Ökosystem
Weitere Standardisierungsorganisationen im NFC-Bereich sind:

- GSM Association (GSMA), eine Vereinigung von Mobilfunkbetreibern
- International Organization for Standardization/International Electrotechnical Commission (OSA/IEC), internationale Standards für Technologie und Industrie
- European Computer Manufacturers Association (ECMA), Standardisierung von Informations- und Kommunikationstechnologie und Consumer Electronics
- European Telecommunications Standards Institute (ETSI), Standards für Informations- und Kommunikationstechnologie und Mobil-, Funk- und Internettechnologien
- Java Community Process (JCP), Java-Spezifikationen, Referenzimplementierungen und Testfälle
- Open Mobile Alliance (OMA), Interoperabilitätsservices und Spezifikationen für das Zusammenspiel verschiedener Technologien
- Europay, Mastercard, Visa Cooperation (EMVCo), Standards für Kredit- und Debitkarten, die auf Chip-Technologie beruhen

Wertvolle Hinweise, Marktüberblicke, Anwendungsbeispiele etc. finden sich bei den folgenden Quellen:

- EverydayNFC – Near Field Communication erläutert von Hsuan-hua Chang (Chang 2013)
- PYMNTS.com – Neues aus dem Bereich Payment und Wirtschaft (PYMNTS 2017)

- Near Field Communication.org (Near Field Communication.org 2017) – Alles rund um die NFC-Technik
- NFC World – aktuelle Berichte über neue Technologien, unter anderem auch NFC (NFC World 2017)
- NFC Times – Neuigkeiten, Berichte, Analysen und Kommentare rund um NFC (NFC Times 2017)

6.5.5 Anwendungs- und Einsatzbeispiele

Typische Anwendungsbeispiele für NFC sind:

Zugangskontrollen mithilfe von NFC
Bereits früh hat die NFC-Technik im Bereich der Zugangskontrollen Einzug gehalten. Türen in Hotels oder Unternehmen, in Sicherheitsbereichen lassen sich öffnen, indem eine Chipkarte mit NFC-Transponder an einen Terminal gehalten wird.

Einsatz von NFC im Ticketing
Zunehmend wird NFC auch im Bereich elektronischer Eintrittskarten und Fahrscheine (E-Ticket) genutzt. Beispiele finden sich im öffentlichen Personennahverkehr in den Städten London, Barcelona, Paris und Rio de Janeiro.

Einsatz von NFC am Point of Sale
Hier findet sich zunehmend NFC in Regalpreisschildern oder auf elektronischen Coupons für Rabatte sowie auf Regalstoppern im stationären Handel.

NFC im Smart Home
Viele Geräte werden heute im Haushalt bereits über NFC gesteuert, zum Beispiel die Bluetooth-Initiierung für Lautsprecher, einfaches Pairing/Verbindungsaufnahme von Geräten in ein Netzwerk.

NFC in Werbematerialien
Häufig werden NFC-Transponder auch in Werbematerialien integriert, um Marketing-Informationen, Webseiten oder auch persönliche Kontaktdaten zu übertragen (Plastikkarten, Visitenkarten, Poster, Prospekte oder auch USB-Sticks).

NFC beim Mobile Payment
Immer mehr setzt sich auch die NFC-Technik vor allem bei bargeldlosen Zahlungsvorgängen durch. Bei der Bezahlung mit NFC-fähigen Kreditkarten oder Smartphones ist keine PIN-Eingabe oder eine Unterschrift mehr notwendig. Der Bezahlvorgang läuft schnell ab und Warteschlangen an den Kassen entfallen. Dies erleichtert den Check-Out besonders in solchen Geschäften, in denen ein hohes Kundenaufkommen mit oft kleinen Einkäufen üblich sind.

6.5 Near Field Communication (NFC)

Daneben sind die NFC-Bezahlvorgänge aufgrund der kurzen Übertragungsdistanz besonders sicher. Das Auslesen der Informationen durch Unbefugte ist kaum möglich. Hinzu kommt, dass bei derartigen Transaktionen der Höchstbetrag auf zwanzig bis fünfundzwanzig Euro begrenzt ist.

Einsatzszenarien NFC-Bezahlen:

Zahlen ohne PIN und Unterschrift: Tap&Go

Mittels NFC lassen sich Zahlungen von Kleinstbeträgen bis 25 Euro praktisch im Vorbeigehen abwickeln. Der Händler gibt den Betrag in die Kasse ein und der Kunde hält seine NFC-Karte oder das NFC-fähige Mobiltelefon an das Lesegerät an der Kasse. Der Vorgang wird, wenn erfolgreich, durch ein Signal bestätigt. Auf dem Display ist zu sehen, welcher Betrag von der Kreditkarte oder vom Guthaben auf der Karte abgebucht wurde. Über eine von den Sparkassen angebotene App lässt sich dann auch noch der aktuelle Kontostand auf dem Mobiltelefon anzeigen.

Guthaben auf der NFC-Karte

Die Sparkassen geben EC-Karten mit NFC-Chips aus. Die sogenannten Girogo-Karten sind mit einem Guthaben aufzuladen und können dann für die Bezahlung von Beträgen unter 20 Euro genutzt werden, während Mastercard (PayPass) oder Visa (payWave) ohne vorheriges Aufladen zum Bezahlen von bis zu 25 EUR eingesetzt werden können.

Bezahlen mit dem NFC-Smartphone

Alternativ kann auch mit einem NFC-fähigen Mobiltelefon bezahlt werden, also einem Handy mit integriertem Funkchip. Die neuen Modelle sind meist schon damit ausgestattet, für ältere Geräte gibt es von O2, Vodafone und der Telekom einen NFC-Sticker, der auf die Rückseite geklebt wird. Zusätzlich werden Apps wie Mywallet oder Mpass benötigt. In den USA ist bereits Google Wallet im Einsatz. Mit dieser Methode können nicht nur Einkäufe bezahlt, sondern auch Gutscheine und Rabatte eingelöst werden.

NFC-Kassenterminal

Wenn Geschäfte ihren Kunden kontaktloses Bezahlen ermöglichen wollen, brauchen sie ein NFC-Lesegerät, das an die Kasse angeschlossen wird. Allerdings ist für jeden Dienst ein eigener Vertrag mit einem Bezahldienst-Anbieter sowie eine eigene Software erforderlich.

NFC-Einsatz im Handel

NFC eröffnet auch kostengünstige und einfache Möglichkeiten für Händler, um die Kundenbindung und die Interaktion mit dem Kunden zu verbessern:

- Im Geschäft: Händler können die Technologie nutzen, um im Geschäft mit dem Kunden zu kommunizieren, indem letztere über ihr Mobiltelefon oder ein Tablet Informationen über die Produkte bekommen, die sie sich ansehen.

- Nach dem Kauf: Händler können die NFC-Transponder in Kleidungsstücke integrieren. Dann kann der Kunde auch nach dem Kauf Produktinformationen abrufen oder auch in Kommunikation mit dem Händler treten.

Insbesondere kann NFC-Technik helfen bei:

- dem Aufbau der Markenbindung zwischen dem Kunden und der Marke: NFC-Transponder, die in Textilien eingebettet sind, können die Interaktion mit der Marke und die Markenloyalität verbessern. Und zwar durch den Zugriff auf spezielle Markeninformationen und -inhalte, Gebrauchshinweise, Anleitungen und Beiträge aus den sozialen Medien.
- der Kundenbindung im Geschäft durch die Interaktion mit dem ausgewählten Produkt mittels Vorschlägen von Alternativfarben und komplementären Artikeln im Rahmen der Kundenberatung.
- dem Messen der Marketingmaßnahmen durch Messung der Taps der Kunden im Geschäft oder auf Werbematerialien.
- der Erhöhung der Filialbesuche und vermehrte Käufe durch Senden von exklusiven Inhalten und Angeboten, Coupons etc. an die Kunden.
- der Erzeugung von Kundenprofilen, um das Marketing persönlicher und effektiver zu gestalten.

Weitere Beispiele von NFC-Anwendungen finden sich in Kapitel 9 oder auf folgenden Internetseiten:

- NFC-Forum (http://nfc-forum.org/nfc-product-showcase/)
- Center für NFC-Management an der Universität Hannover (https://www.cnm.uni-hannover.de/nfc.html)

NFC-Transponder selbst „programmiert"

Ein NFC-Transponder ist ein kleiner Datenträger, der sich bereits als Aufkleber, Chipkarte oder Schlüsselanhänger kaufen lässt, um ihn dann anschließend selbst mit Informationen zu beschreiben:

Zum Beschreiben und Auslesen der Transponder verwendet man eine App auf dem Handy. Zu den bekanntesten Apps gehört der NFC Aufgaben Launcher für Android. Die kostenlose Anwendung ist leicht zu bedienen und kann NFC-Transponder mit verschiedenen Kommandos beschreiben, zum Beispiel einem Kommando zum automatischen Aufbau einer WLAN-Verbindung. Ein Restaurantgast müsste dann nur noch sein Handy an einen Aufkleber im Eingangsbereich halten und wäre dann schon automatisch ohne Eingabe von Zugangsdaten mit dem WLAN verbunden.

Händler können Transponder mit einem Link zu ihrer Homepage versehen und jedes Gerät mit NFC-Chip, welches mit einem solchen Transponder in Kontakt kommt, ruft dann ohne weitere Nachfrage diese Adresse auf und erspart das Eingeben langer URLs.

Weitere Kommandos beziehungsweise Inhalte, die sehr einfach auf den Transponder „programmiert" werden können, sind:

- Telefonnummer,
- Visitenkarte,
- kleine Bilder,
- Icons,
- Files,
- Texte.

6.5.6 Vorteile und Nachteile von NFC

Die Vision des NFC-Forums, die 2009 verkündet wurde und heute auch noch entsprechende Gültigkeit besitzt, lautete:
„NFC creates a world of secure universal commerce and connectivity in which consumers can access and pay for physical or digital services, anywhere at any time with any device" (Preuss 2009).

Diese Aussage wird heute schon übertroffen, denn NFC ist nicht nur in Mobiltelefonen, Tablets, PC und Peripheriegeräten, Lautsprechern, Fernsehern, Kameras, Spielen und Spielkonsolen, sondern auch in anderen Geräten und Objekten jedweder Couleur zu finden.

Vorteile der NFC-Nutzung
Die Nutzung von NFC bringt folgende Vorteile mit sich:

- Einfachheit: NFC-Technik ermöglicht eine einfache Datenlesung, -sammlung, -übertragung und -verteilung. Es werden keine Apps oder Spezialanwendungen benötigt.
- Intuitiver Zugang: NFC ermöglicht, dass Kunden Inhalte und Services über einen einfachen „Tap" erhalten. Das ist einfach zu erlernen und auszuführen.
- Sicherheit: Jeder NFC-Transponder besitzt eine individuelle Seriennummer, eine sogenannte „unique ID". Dies erlaubt personalisierte Anwendungen, wie sichere Produktauthentifizierung, Zugriff auf exklusive digitale Inhalte und personalisierte Vorteile, wie Gewinnspiele und Coupons. NFC-Anwendungen können über bestimmte Sicherheitsmaßnahmen noch sicherer gemacht und abgewickelt werden.
- NFC ist zudem relativ abhörsicher, da die Signale nur über eine sehr kurze Entfernung übertragen werden.
- Kostengünstig: NFC-SIM-Karten wie auch die benötigten NFC-Transponder sind relativ kostengünstig verglichen mit anderen ähnlichen Technologien.
- Vielseitigkeit: NFC bringt einen Mehrwert für andere elektronische Geräte und ermöglicht es, neue Geschäftsfelder zu eröffnen.
- Energieeffizienz: Da die NFC-Transponder keine Stromversorgung benötigen, sind die NFC-Anwendungen sehr energiesparend.
- Geschwindigkeit der Datenübertragung: Rasche und schnelle Übertragung der Daten, da die Datenmengen in der Regel klein sind.

- Universalität: NFC ist universell in verschiedenen Industrien, Umgebungen und Bereichen anwendbar.
- Standardisiert: Die NFC-Technologie folgt weltweiten Standards (ISO, ECMA und ETSI).
- Anwendungsmöglichkeiten: Unbegrenzte Anwendungsmöglichkeiten durch die offene und standardisierte Technologie.

Nachteile von NFC
Daneben sollten aber auch die wenigen Nachteile nicht verschwiegen werden:

- Profilbildung: Statistische Daten und Bewegungsprofile lassen sich sammeln und auswerten.
- Übertragungsgeschwindigkeit ist langsamer als bei Bluetooth oder WLAN.
- Geringe Übertragungsreichweite von zwei bis fünf Zentimetern, das heißt, das Lesen von Transponder hinter Glas oder über größere Entfernungen ist nicht möglich.
- iPhone-Benutzer können derzeit nur ab der Version iPhone 7 und neuer NFC-Funktionalitäten nutzen. Zwar verfügen alle aktuellen iPhone-Modelle über einen integrierten NFC-Chip, der allerdings noch nicht für andere Anwendungen freigegeben ist, sondern ausschließlich der Zahlungsabwicklung von ApplePay dient.
- Nur zwei Geräte können miteinander kommunizieren (bei Bluetooth oder WLAN sind es mehrere).

6.6 Global Positioning System (GPS) und Geofencing

Geofencing setzt sich aus den Wörtern Geografie und „fence", dem englischen Wort für Zaun zusammen. Es beschreibt die technische Methode, einen Raum mittels Koordinaten abzustecken und zu überprüfen, ob sich ein Objekt innerhalb des Raumes befindet. Dieser kann sowohl ein Grundstück als auch eine Stadt oder ein Land sein.

6.6.1 Satelliten-gestützte Positionsbestimmung

Das System des Geofencing setzt sich aus folgenden Komponenten zusammen: Auf der einen Seite ein Geoinformationssystem, in dem mittels Beschreibung über Koordinaten der einzuzäunende Raum definiert wird. Zum anderen durch einen Empfänger zur Positionsbestimmung am zu überwachenden Objekt.

Das gesamte System wird als Global Positioning System (GPS) bezeichnet. Die offizielle Benennung lautet allerdings NAVSTAR GPS (Navigational Satellite Timing and Ranging – Global Positioning System). Wie der Name schon verrät, handelt es sich dabei um ein Satellitensystem zur globalen Lokalisation.

Seinen Ursprung hat das GPS bereits in den siebziger Jahren, mittlerweile hat es sich als weltweit wichtigstes Ortungssystem etabliert. Die Lokalisierung über GPS ermöglicht zahlreiche Anwendungen und Services in den verschiedensten Bereichen. Die Anwendungen reichen dabei von Navigationssystemen über Google Maps bis hin zu Leistungsmessungen im Sport und der Abfrage standortbasierter Informationen, wie Öffnungszeiten, Entfernungen und Verfügbarkeiten. Gerade im mobilen Zeitalter sind die möglichen Anwendungen und Services verbunden mit GPS sowohl im Business-to-Consumer- als auch im Business-to-Business-Bereich vielfältig.

6.6.2 Entwicklung von GPS

Der deutsche Ingenieur Karl Hans Janke kann als Erfinder der Standortermittlung angesehen werden. Im Jahr 1943 meldete er ein Patent für die Anzeige eines Standorts an, welches dem heutigen GPS sehr ähnelte.

1958 – Navy Navigation Satellite System als Vorläufer des GPS
1958 wurde das Navy Navigation Satellite System (NNSS, auch Transit genannt) als Vorläufer des GPS von der US-Navy entwickelt. Es diente unter anderem der Zielführung von Raketen.
Anschließend entwickelten die US-Amerikaner Bradford W. Parkinson, Roger L. Easton und Ivan A. Getting das GPS, wobei sich Easton und Getting für die zivile GPS-Nutzung verantwortlich zeichneten. GPS ist das am häufigsten genutzte System für die Satelliten-Positionsbestimmung mit weltweiter Abdeckung. Offiziell gestartet wurde das GPS-Programm 1973 und es dauerte über zwanzig Jahre bis zur vollen Einsatzbereitschaft im Jahr 1995.

2000 – Einsatz von GPS für zivile Zwecke
Vom US-Militär entwickelt, war GPS das erste funktionsfähige globale Satelliten-Navigationssystem in der Welt. Obwohl es heute weitreichende zivile Anwendungen des Ortungssystems gibt, wird es bis heute von der US Air Force betrieben. Seit 2000 wird GPS bereits für zivile Zwecke eingesetzt, zum Beispiel für die GPS-Ortung von Mobiltelefonen. Die erste zentrale Aufgabe dieser Technik lag jedoch unter anderem in der Unterstützung der Zielführung von Navigationssystemen.

Satelliten zur Positionsbestimmung
Das GPS-System besteht aus circa 30 Satelliten, die in 20.000 Kilometern Höhe und mit 11.200 km/h auf sechs Umlaufbahnen die Erde umkreisen. 21 dieser Satelliten werden für den Betrieb benötigt, drei stehen als Ersatz- und sechs weitere als Reserve-Satelliten zur Verfügung. Eine Hauptkontrollstation auf der Erde, sechs Monitorstationen der US Air Force und elf zivile Stationen unter behördlicher Kontrolle überwachen die Satelliten in ihren Umlaufbahnen.
Lange Zeit galt die Abhängigkeit im Rahmen der Satellitennavigation und Positionsbestimmung von den Amerikanern bei vielen Regierungen als kritisch. Daher entwickelten einige Staaten Alternativen zum GPS.

Glonass – die russische Alternative
Russland hat schon im letzten Jahrtausend sein **Glonass**-System entwickelt, das heute auch eine weltweite Abdeckung hat. Das System bildet zurzeit die einzige Alternative zu GPS. Seit Dezember 2011 ist das russische Satellitennetzwerk auch für die zivile Nutzung nutzbar. Die meisten aktuellen Mobiltelefone unterstützen heute bereits das **Glonass**-System. In der Regel verwenden diese das System aber nur als GPS-Ergänzung, falls kein ausreichend starkes GPS-Signal vorhanden ist.

Beidou – die chinesische Alternative
China entwickelt seit 2007 mit seinem Satelliten-System Beidou eine GPS-Alternative. Für Beidou werden auch stationäre Satelliten eingesetzt. Es ist zunächst für die zivile Nutzung nur im asiatisch-pazifischen Raum freigeschaltet und soll ab dem Jahr 2020 weltweit verfügbar sein.

Galileo – die europäische Alternative
Europa errichtet mit Galileo ein GPS-Konkurrenzsystem mit ziviler Kontrolle. Die ursprüngliche Planung ging von einem Start im Jahre 2008 aus, aber aufgrund technischer Rückschläge wird sich das bis zum Jahr 2020 hinziehen. Das Galileo-Satellitennetzwerk soll aus 30 Satelliten in der Erdumlaufbahn in einer Entfernung von mehr als 23.000 Kilometern bestehen, davon 27 Satelliten für den regulären Betrieb und drei zusätzliche für eventuelle Ausfälle. Das Signal der Galileo-Satelliten soll über drei Frequenzen im Spektrum zwischen 1176 MHz und 1575 MHz senden, was zu einer genaueren Ortsbestimmung von zwischen vier und acht Metern führt.

Die geplanten Einsatzgebiete für Galileo lassen sich grob in vier Bereiche gliedern:

- Open Service (OS): ein kostenloser, unverschlüsselter Dienst, der grundsätzlich jedem offensteht, sei es für Navigationsgeräte in Autos oder die Orientierung mit dem Mobiltelefon
- Commercial Service (CS): ein zusätzliches, kostenpflichtiges, verschlüsseltes Pendant. Dieses wird eine Genauigkeit von unter einem Meter bieten.
- Public Regulated Service (PRG): ein Dienst ausschließlich für die staatlichen Sicherheitskräfte wie Polizei und Zoll, aber auch Geheimdienst und Militär
- Search And Rescue (SAR): erlaubt Rettungsdiensten die weltweite Ortung von Notsignalen zum Beispiel von Schiffen oder Flugzeugen. Einzigartig ist dabei die Zwei-Wege-Kommunikation.

Mehr zur Geschichte und Technik der GPS-Systeme liefert teltarif.de (2017).

6.6.3 Technische Grundlagen

Das Global Positioning System funktioniert über Satelliten, die um die Erde kreisen und dabei permanent ihre Position und die Uhrzeit aussenden. Das Ganze läuft über codierte Radiosignale.

Berechnung des Standortes über mehrere Satelliten

Auf der Basis dieser gesendeten Informationen können GPS-Empfänger den eigenen Standpunkt berechnen. Weiterhin sind diese in der Lage, Geschwindigkeiten zu bestimmen und die momentane Geschwindigkeit herauszufinden und zwar über den sogenannten Dopplereffekt. Der Dopplereffekt bezeichnet den Prozess der Stauchung oder Dehnung eines Signals durch Abstandsveränderung zwischen dem Sender und dem Empfänger.

Wie funktioniert nun die Standortbestimmung mithilfe von GPS? Zunächst einmal ist in die GPS-Empfänger, zum Beispiel einem Handy, eine Antenne eingebaut. Diese Antenne empfängt die Satelliten-Funkdaten. Anschließend wird die Entfernung des Standorts des Handys zu mindestens drei Satelliten unter Zugrundelegung der Positionsdaten der Satelliten und der Funksignallaufzeiten berechnet. Zur Genauigkeit der Positionsfeststellung wird ein weiterer Satellit für die Uhrzeitreferenz benötigt.

Es müssen immer mindestens vier Satelliten empfangen werden. Und es gilt auch, dass, je mehr Satelliten gleichzeitig empfangen werden können, desto präziser wird die Positionsbestimmung. Im Privatbereich verwendete GPS-Empfänger empfangen mittlerweile Funkdaten von zwölf Satelliten.

Verbesserung der Positionsbestimmung durch Mobilfunknetze

Um die Ortungsgenauigkeit zu verbessern, wird die Positionsbestimmung per Satellit heute mit weiteren Assistenzinformationen über die Mobilfunknetze angereichert. In diesem Zusammenhang spricht man von Assisted GPS oder A-GPS. Hierunter fallen zum Beispiel Informationen, wie weit der Benutzer vom nächsten Mobilfunkmast entfernt ist. Der Vorteil liegt in der wesentlich schnelleren Positionsbestimmung (TTFF – Time to First Fix) und in der besseren Lokalisierungsmöglichkeit in Umgebungen mit schlechtem GPS-Empfang wie in Städten, was sich vor allem positiv auf die tägliche Navigation mit dem Mobiltelefon auswirkt.

6.6.4 Anwendungs- und Einsatzbeispiele

Ein konkretes Nutzungsbeispiel von GPS bilden die sogenannten Geofences.

Geofences – Nutzung von GPS

Geofences sind virtuell angelegte Zonen in einem realen, geografischen Bereich. Sie können auch mit anderen Lokalisierungstechnologien genutzt werden. Hierfür wird ein vorab klar definierter Kartenbereich, meist eine GPS-Koordinate (meistens Breiten- und Längengrad) und ein digital abgesteckter Radius festgelegt, der sogenannte Geofence. Betritt zum Beispiel ein Mobilfunknutzer den digital „umzäunten" Raum, wird eine Aktivität ausgelöst, wie zum Beispiel eine Benachrichtigung, die an das Mobiltelefon geschickt wird. Kunden können so gezielt in einem bestimmten Umfeld angesprochen werden, wodurch die Relevanz deutlich erhöht werden kann. Das bietet viele Möglichkeiten, um mit der Zielgruppe zu interagieren oder Orte und die Besuchszahlen zu tracken.

Vielfältige Anwendungsbereiche
Immer mehr Anwendungen nutzen Geofencing, die Verbreitung steigt ständig an. Mietwagen werden überprüft, ob sie sich noch im Inland befinden. Bei Verlassen des Landes wird die Mietwagenzentrale alarmiert oder auch das Fahrzeug per Funk stillgelegt. Oder es wird über das GPS ihrer Handys überprüft, ob Kinder sich noch auf dem Weg zur oder von der Schule nach Hause befinden. Weitere Anwendungsmöglichkeiten finden wir in den folgenden verschiedensten Bereichen:

Veranstaltungsinfos über Geofencing
Im Rahmen von Veranstaltungen, wie Konzerten, Sportveranstaltungen, Messen oder Konferenzen lässt sich Geofencing nutzen, um den Besuchern Veranstaltungsinformationen oder auch Angebote aus dem Umfeld des Veranstaltungsortes zuzusenden. Diese könnten folgendermaßen lauten: „In Ihrer Nähe in Saal 2 beginnt in zwanzig Minuten unsere Podiumsdiskussion. Noch gibt es freie Sitzplätze."

Promotion über Geofencing
Mithilfe von Geofencing lassen sich auch interaktive Promotionen gestalten, beispielsweise „Schnitzeljagden" oder Spiele, deren Teilnahme mit Gutscheinen oder Gratisprodukten belohnt wird. Im Out-of-Home-Bereich können Plakate beim Vorbeigehen zum Hinschauen bewegen und zusätzliche Informationen zu den beworbenen Angeboten anbieten. Auch Virtual-Reality-Anwendungen, die standortbezogene Informationen nutzen, lassen sich vielseitig nutzen.

Anlieferung und Abholung und Click & Collect mit Geofencing
Ein gerade aktueller und bedeutsamer Trend für den Multichannel Commerce ist aktuell Click & Collect. So wird Retargeting auf Basis von online angesehenen Produkten möglich: „Wir haben Ihre gewünschten Artikel in der Filiale vorrätig. Kommen Sie vorbei, wir haben auch eine Überraschung für Sie." Aber auch eine standortbasierte Kommunikation lässt sich von E-Commerce-Anbietern nutzen: „Aktuell nicht zuhause? Das ist aber kein Problem. Der Paketdienst mit der Bestellung ist gleich in Ihrer Nähe. Vereinbaren Sie jetzt einen Treffpunkt."

Tourismus, Beförderung und Verkehr über Geofencing
Reisende können mittels GPS geführt werden und können unterwegs standortbasierte Informationen zu Sehenswürdigkeiten oder Restaurants abrufen. Viele Apps greifen per GPS auf den Standort des Nutzers zu, um das schnellste Verkehrsmittel und die schnellste Route von einem Ort zu einem anderen zu berechnen. Alle Navigationssysteme basieren auf der GPS-Technologie – über GPS kann sowohl der Standort als auch die Geschwindigkeit und Bewegungsrichtung erfasst werden.

Gastronomie nutzt Geofencing
Dienste wie TripAdvisor schlagen Nutzern Restaurants in unmittelbarer Umgebung vor. Zudem können Gastronomen via Geofencing und einem Trägermedium, zum Beispiel einer App, gezielt Nachrichten ausstreuen, zum Beispiel Rabatte oder Gutscheine.

Sport und Geofencing
Apps wie beispielsweise Runtastic greifen kontinuierlich auf die GPS-Daten eines Nutzers zu, um daraus die Geschwindigkeit sowie die Strecke zu berechnen. Auch im Leistungssport kommt die GPS-Messung verstärkt zum Einsatz.

Informationen und Angebote im Handel über Geofencing
Händler können zum Beispiel über eine App relevante, kontextbezogene und standortbasierte Informationen ausspielen oder anzeigen. Auch eine Verlängerung von Promotionskampagnen auf das Smartphone der Kunden ist dank standortbezogener Ansprache und Aussteuerung möglich. Weiterhin finden laut Google immer mehr Suchanfragen lokal statt. Umso wichtiger ist es für Händler, auch auf dem Smartphone von Kunden stattzufinden und gefunden werden zu können.

Auch Einzelhändler oder Supermarktketten können sich die Technologie zu eigen machen und dem Kunden standortbasierte sowie kontextbezogene Nachrichten senden.

6.6.5 Vor- und Nachteile von GPS

Vorteile von GPS

- Kostengünstig: Beim Vergleich mit anderen Technologien zeigt sich, dass für entsprechende Werbung mithilfe von GPS keine großen Kosten aufzubringen sind. Es wird lediglich die bereits in den Mobiltelefonen vorhandene Funktionalität genutzt.
- Informationen von Kunden: Mögliche Kunden, die auf Facebook, Yelp und Co. unterwegs sind, können sich am Standort einchecken und Kommentare hinterlassen.
- Kundenbindung: Über den Check-In können Kunden spezielle Angebote oder Rabatte erhalten. Dadurch kann die Kundenbindung ausgeweitet werden.
- Bessere Verkaufszahlen durch die Anreize von speziellen Angeboten in der Nähe des Kunden.

Nachteile von GPS
GPS und Geofencing haben auch Grenzen und Nachteile. Das System ist sowohl auf einen guten Empfang von mindestens vier GPS-Satelliten als auch auf die Verfügbarkeit des Mobilfunknetzes angewiesen. Daher ist die Verwendung innerhalb geschlossener Räume, in Gebäuden oder auch in Schluchten kaum möglich. Auch im großstädtischen Bereich sind häufig innerhalb von Straßenzügen die Empfänge behindert, während im ländlichen Raum nicht immer ein Mobilfunknetz verfügbar ist.

Weiterhin muss zur Nutzung von GPS die Funktion im Mobiltelefon zu aktivieren sein. Dies ist in der Regel der Fall, denn viele Navigations-Apps fordern dazu auf, den GPS-Dienst zu aktivieren. Zudem lässt sich das GPS-System über Störsender, sogenannte GPS-Jammer oder GPS-Spoofing, stören:

- GPS-Jammer sind Störsender, die mithilfe von geringer Feldstärke den Empfang der GPS-Satelliten verhindern beziehungsweise mit zusätzlicher Modulation den GPS-Empfang gänzlich unterbinden.
- GPS-Spoofing ist etwas aufwendiger. Es kann zur Manipulation von Signalen eingesetzt werden. Dabei wird das GPS-Signal nachgeahmt.

6.7 Wireless Local Area Network (WLAN)

6.7.1 Funkgestützte Datenübertragung über drahtlose Netzwerke

Wireless Local Area Network, kurz WLAN genannt, bezeichnet ein drahtloses und lokales Netzwerk und ist heute ein weltweit verbreiteter Standard zur Vernetzung von stationären wie auch mobilen Computern und Mobiltelefonen mit dem Internet. Auch bei modernen Unterhaltungselektronik-Komponenten wird WLAN immer mehr als Alternative zu Netzwerkkabeln verwendet.

Positionsbestimmung in Gebäuden mit WLAN
WLAN umfasst im Allgemeinen eine Reihe von drahtlosen Kommunikationsmethoden, welche in dem gemeinsamen Standard IEEE 802.11 festgelegt sind. WLAN-Netzwerke arbeiten heute hauptsächlich auf einer Datenübertragungsfrequenz von 2,4 bis 2,48 GHz oder auch bei 5 GHz und eignen sich als Technologie zur Positionsbestimmung innerhalb von Gebäuden. WLAN-Netzwerke sind weit verbreitet, sodass die benötigte Infrastruktur nicht erst durch teure Investitionen bereitgestellt werden muss. Vielerorts sind heutzutage kostenlose Hotspots eingerichtet, Orte, an denen ein Nutzer sich in freie WLAN-Netze einwählen kann oder sich zuvor registrieren muss, um den Dienst zu nutzen.

Durch Standardisierung weltweite Verbreitung
Die schnurlose Datenverbindung WLAN wurde vom Institute of Electrical and Electronics Engineers (IEEE) entwickelt. Der Standard IEEE 802.11a war 1999 die erste eingesetzte Möglichkeit, sich per Funknetzwerk (WiFi) mit anderen drahtlosen Geräten zu verbinden. Und das ist auch der größte Vorteil von WLAN, nämlich die Flexibilität. Das Verlegen von Kabeln entfällt. Man kann mit mobilen Geräten, wie einem Mobiltelefon oder Tablet, zum Beispiel überall in seinem Haus oder in anderen Gebäuden, in Universitäten, in Bahnhöfen, auf Messen, in Flugzeugen oder auch in der Bahn im Internet surfen. Für einen Besitzer von mobilen Geräten ohne Ethernet-Schnittstelle für die Kabelverbindung ist eine drahtlose Verbindung unabdingbar.

6.7.2 Entwicklung von WLAN

Die WLAN-Technik besitzt eine relativ lange Geschichte, wenn man die Anfänge des WLAN betrachtet.

6.7 Wireless Local Area Network (WLAN)

1940 – Patent für Frequency Hopping
Die Entwicklung begann bereits in den vierziger Jahren, denn damals wurde ein Patent für das sogenannte „Frequency Hopping" angemeldet. Dahinter steckte die Anwendung, einen Torpedo funkgesteuert zum Ziel zu bringen, ohne dass der Feind diesen umlenken oder zerstören konnte. Dazu bediente man sich dem laufenden Wechsel der Funkfrequenz. Die Idee war zu dieser Zeit schon bemerkenswert. Zudem stammte sie nicht von einem Techniker oder Militärangehörigen, sondern wurde gemeinsam von der österreichischen Schauspielerin Hedy Lamarr und dem Musiker George Antheil entwickelt.

1963 – IEEE beschäftigt sich mit WLAN
Im Jahre 1963 beschäftigte sich das Institute of Electrical and Electronics Engineers (IEEE) zum ersten Mal mit WLAN. Das IEEE setzte sich zum diesem Zeitpunkt zusammen aus der Verbindung zwischen dem American Institute of Electronical Engineers (AIEE) und dem Institute of Radio Engineers (IRE) als Zusammenschluss von Ingenieuren aus den Bereichen Informatik und Elektrotechnik. Es bildete Gremien für die Festlegung von Standards von Technologien sowie Hard- und Software.

1969 – Aloha-Netzwerk der Universität in Hawaii
Konkreter wurde es mit dem WLAN aber erst im Jahre 1969. An der Universität von Hawaii wurde ein Funknetzwerk entwickelt, welches die Standorte der Universität, auf verschiedenen Inseln verteilt, verband. Das Funknetzwerk bekam die Bezeichnung Aloha-Net.

1980 – IEEE-Norm wird verabschiedet
Im Jahr 1980 wurden die IEEE-802-Normen ins Leben gerufen, durch die dann nach langer Forschung auf dem Gebiet der lokalen Netzwerke die Norm 802.11 im Jahre 1997 offiziell verabschiedet wurde. Zwei Jahre später gründete sich die Wireless Ethernet Compatibility Alliance, die später in die WiFi-Alliance umbenannt wurde.

- Die erste Norm IEEE 802.11 ließ eine Übertragungsbandbreite von maximal 2 Mbit/s zu. Hier wurde auch bereits der Ad-hoc-Modus festgelegt, in dem sich zwei Geräte direkt verbinden können, und der Infrastruktur-Modus, bei welchem es einen zentralen Access Point beziehungsweise WLAN-Router gibt.
- Erweiterungen des Standards führten bei IEEE 802.11b zu einer Bandbreite von bis zu 11 MBit/s und es wurde das lizenzfreie Frequenzband im Bereich von 2,4 GHz genutzt
- Beim Standard 802.11a sind durch eine verbesserte Übertragungstechnik im 5-GHz-Band bis zu 54 MBit/s möglich.

1999 – Airport-Technologie von Apple
Die Firma Lucent bot einige Jahre später einzelne Komponenten für ein WLAN unter dem Namen „WaveLan" an. Auch andere Hersteller kamen dazu und verkauften – damals noch recht teure – Komponenten für ein Funknetzwerk. Der Durchbruch kam im Jahre 1999, als Apple ein iBook auf den Markt brachte, welches mit der sogenannten

„Airport-Technologie" ausgestattet und mit einer Basisstation verbunden war. Damit wurde das WLAN salonfähig und eine Technologie für den Privatnutzer. Durch weitere Hersteller, die sich auf den Markt drängten, fielen die Preise und WLAN wurde immer erschwinglicher, die Übertragungsraten wurden verbessert und die Sicherheit erhöht.

2003 – Aktueller WLAN-Standard 802.11g wird verabschiedet
Lange Zeit war der Standard 802.11b stark verbreitet. Er fand im Jahr 2003 Ablösung durch den Standard 802.11g mit bis zu 54 MBit/s, der häufig direkt in die verschiedenen Geräte integriert ist. Er nutzt das in dem meisten Ländern frei nutzbare und etablierte 2,4-GHz-Frequenzband. Mit weiteren Erhöhungen der Übertragungsbandbreite ist in Zukunft zu rechnen.

6.7.3 Standardisierungsgremien und -organisationen

Die relevantesten Standards im WLAN-Bereich sind die folgenden:

802.11b Wireless Fidelity (WiFi)
Bekannt unter der Bezeichnung WiFi (wireless fidelity) legt der zugrunde liegende Standard eine Datenrate von 11 MBit/s bei elf Kanälen fest. Das Frequenzspektrum liegt zwischen 2,412 GHz und 2,462 GHz und ist in den meisten Ländern nicht lizensiert. Da jeder Kanal jeweils 25 MHz benutzt, können nur drei Kanäle unabhängig voneinander genutzt werden. Es wird eine Reichweite von ungefähr 30 Metern erzielt.

802.11a WLAN
Der Standard nutzt Frequenzen von 5,150 GHz bis 5,350 GHz und 5,725 GHz bis 5,825 GHz. Die Datenrate erreicht 54 MBit/s und es ist eine unabhängige Nutzung von zwölf Kanälen möglich. In Deutschland können nur die niedrigsten fünf Kanäle aus regulatorischen Gründen genutzt werden. Die Reichweite beträgt zehn Meter.

802.11g WLAN
Hierbei werden die gleichen Frequenzen wie beim 802.11b-Standard, aber mit bis zu 54 MBit/s genutzt. Obwohl ähnliche Einschränkungen wie beim 802.11b bestehen, wird der Standard von vielen Geräten verwendet.

802.11n WLAN
Aktuell am weitesten verbreitet ist der Standard 802.11n. Er erzielt Datenraten von bis zu 300 MBit/s, da mehrere Antennen die Signale parallel senden und empfangen (MIMO-Technik).

6.7.4 Funktionsweise von WLAN

WLAN ermöglicht es den Nutzern, mit ihren mobilen Endgeräten zu jeder Zeit und von jedem Ort aus zu arbeiten, zu kommunizieren oder im Internet zu surfen. Das stationäre und kabelgebundene Arbeiten verlagert sich immer mehr in Richtung mobiles Arbeiten. Die Hersteller von mobilen Endgeräten fördern das ebenso wie die Hersteller von WLAN-Technologien. Die Möglichkeiten, ein Gerät mobil zu nutzen, werden immer einfacher, besser und schneller.

In diesem Zusammenhang ergeben sich auch neue Anwendungsfunktionen, wie zum Beispiel das „WLAN-Tracking". Die Funktionalität wird benötigt, um automatisch eine Verbindung mit einem WLAN aufbauen zu können.

6.7.4.1 Datenübertragungs-Modus
WLANs wurden zunächst dazu entwickelt, um Informationen zwischen Computern auszutauschen. Die Übertragung zwischen zwei Geräten kann direkt im sogenannten Ad-hoc-Modus oder im Infrastruktur-Modus mithilfe einer Basisstation (Access Point) erfolgen.

Direkte Verbindung zweier Geräte im Ad-hoc-Modus
Bei Ad-hoc-Netzen verbinden sich mobile Geräte wie Mobiltelefone, Tablets und Notebooks ohne feste Infrastruktur wie eine WLAN-Basisstation oder ein Switch (Wireless Access Point). Die beiden verbundenen Geräte können dann nur direkt miteinander kommunizieren, es findet keine Weiterleitung der Informationen an einen Dritten statt. Ein Ad-hoc-Netz ist sehr schnell und ohne großen Aufwand betriebsbereit. Im Ad-hoc-Modus werden ein Netzwerkname und eine festgelegte Verschlüsselung genutzt, mit denen sich die einzelnen Netzwerteilnehmer identifizieren. Die Reichweite zwischen den Endgeräten ist sehr begrenzt.

Infrastruktur-Modus über Access Points
Beim Infrastruktur-Modus übernimmt ein Router oder Access Point die Kontrolle über den Informationsaustausch zwischen den Endgeräten. Er stellt die sogenannte Basisstation dar. Die WLAN-Kommunikation wird nur über den Router abgewickelt. Das eine Endgerät sendet zunächst seine Informationen an den Router, der diese dann zum anderen Endgerät sendet und vice versa. Fällt der Router aus, ist die gesamte Kette unterbrochen und keine Kommunikation mehr möglich.

Begrenzte Reichweite und Übertragungsgeschwindigkeit
Die Reichweite und Übertragungsgeschwindigkeit ist von der Beschaffenheit der Umgebung abhängig. Zum Beispiel ist im Freien die Reichweite viel größer als in einem Haus. Je weniger Hindernisse dämpfend im Weg sind, desto besser. Hindernisse sind zum Beispiel dicke Decken und Wände oder Elektrogeräte im Haus. Metall in Decken und Wänden wirkt besonders dämpfend. Verringernd wirkt sich auch eine große Anzahl von Teilnehmern im gleichen Netzwerk aus oder mehrere vorhandene WLAN-Netzwerke, welche die gleichen Frequenzen benutzen. Derzeit ist hauptsächlich der 2,4-MHz-Bereich betroffen. So können sich zum Beispiel Nachbarn gegenseitig stören, wenn sie im 2,4-MHz-Bereich arbeiten.

Hilfreich kann die Installation eines oder mehrerer WLAN-Access-Points oder WLAN-Repeatern für das gleiche WLAN sein. Beim Nachbar-WLAN mit der gleichen Frequenz hilft oft nur ein Wechsel auf einen anderen freien WLAN-Kanal. Trotz der von den Standards versprochenen Reichweiten zeigt die Erfahrung, dass sich der WLAN-Router nicht zu weit entfernt vom schnurlosen Endgerät befinden sollte.

6.7.4.2 Sicherheit und Verschlüsselung

In den WLANs wird die Kommunikation gesichert und verschlüsselt. Dazu sende der Router in bestimmten Abständen folgende Informationen an alle Geräte im Empfangsbereich:

- Netzwerkname (Service Set Identifier, SSID)
- Übertragungsraten
- Verschlüsselungsvarianten

Der sende- und empfangsbereite Rechner muss Netzwerknamen und Verschlüsselung kennen, um am Netzwerkverkehr teilzunehmen. Er muss immer über den Router oder Access-Point kommunizieren, um mit einem anderen WLAN-Netzwerknutzer Daten austauschen zu können.

Verschlüsselung über WPA2
Die sicherste Variante der Verschlüsselung für WLAN-Besitzer ist die WPA2-Verschlüsselung, von WEP- und WPA-Verschlüsselung ist dringend abzuraten, da diese beiden Varianten zu schwach verschlüsseln. Bei der Installation lässt sich die WPA2-Verschlüsselung mit einigen Einstellungen an Router und Betriebssystems des Endgerätes vornehmen. Allerdings müssen sowohl Router wie auch das WLAN-Gerät diesen Modus unterstützen, was heute fast immer gegeben ist. Oft ist WPA2-Verschlüsselung bereits voreingestellt. Auch ist es wichtig, ein sicheres Passwort zu wählen, da der Einsatz der WPA2-Verschlüsselung alleine nicht ausreicht. Jedes WLAN sollte mit einem möglichst komplexen Passwort und Netzwerknamen (SSID) versehen sein.

Zusätzliche Sicherheit durch fest eingetragene Rechner-Adresse
Zusätzliche Sicherheit bietet es, die eindeutigen Identifikationsmerkmale jedes angeschlossenen WLAN-Gerätes (IP- und MAC-Adresse) im Router fest einzutragen. Der Router lässt dann keine Geräte zu, von denen er die IP- oder MAC-Adresse nicht kennt. Fremde WLAN-Geräte können sich dann trotz bekanntem/gehacktem Passwort nicht in das WLAN einwählen.

6.7.4.3 WLAN-Ortung und Positionsbestimmung

Innerhalb von Gebäuden und Innenräumen und auch in einem kleinen Radius um Gebäude herum ist das WLAN eine gute Alternative zu GPS, das für die Positionsbestimmung in Gebäuden nicht zur Verfügung steht. Da die Zugriffspunkte und Router in den Gebäuden in aller Regel schon in Form von Kunden-Hotspots und WiFi-Spots in Geschäften vorhanden sind, lässt sich ein WiFi-Positioning-System (abgekürzt WPS) meist ohne großen Aufwand umsetzen. Der Nutzer muss sich nicht einmal mit einem WLAN aktiv verbinden, eingeschaltetes WLAN genügt (Abb. 6.24).

6.7 Wireless Local Area Network (WLAN)

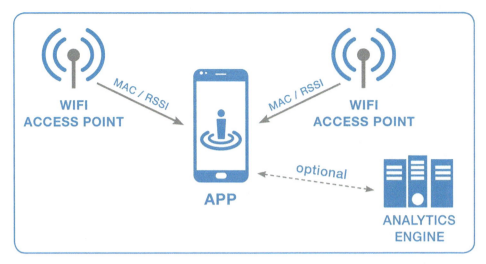

Abb. 6.24 WLAN-Tracking

Ortung über das Mobiltelefon im WLAN

Bei der Ortung über das WLAN sendet das Mobiltelefon mit eingeschaltetem WLAN eine Signalanfrage an das WLAN, den sogenannten „Probe Request", und sucht damit WLAN-Access-Points. Bestandteile des Probe Requests ist unter anderem die eindeutige MAC-Adresse des Mobiltelefons. Befindet sich ein Access Point in der Nähe, dann antwortet dieser mit Informationen zu sich selbst, zum Beispiel der SSID. Die Antwort des Access Points wird „Probe Response" genannt. Im Mobiltelefon wird anschließend das WLAN angezeigt und automatisch verbunden.

Auf diese Weise lassen sich, ohne dass der Nutzes es mitbekommt, Bewegungsprofile erstellen. Um das zu verhindern, hat Apple hat mit iOS 8 eine neue Funktion implementiert, die zufällig erzeugte MAC-Adressen verschickt.

Innerhalb von WLANs erfolgt die Positionsbestimmung über zwei unterschiedliche Verfahren, der Tri-lateration und dem sogenannten Fingerprinting, wobei häufig eine Kombination der beiden Möglichkeiten vorkommt:

Positionsbestimmung über Trilateration

Hierbei wird die Entfernung von Access Point (= Sender) und Client (= Empfänger) berechnet. Dabei müssen die Standorte der Access Points hinreichend bekannt sein und mindestens drei Access Points erfasst werden. Damit können dann die Entfernungen errechnet und ein Schnittpunkt gebildet werden, der die Aufenthaltsposition ausmacht. Abb. 6.25 zeigt eine Positionsbestimmung durch Trilateration bei drei Sendestationen. Um jede einzelne Sendestation wird ein imaginärer Kreis gezogen, dessen Radius die Entfernung zum Mobiltelefon ist. Dort, wo sich die drei Kreise treffen, ist der Aufenthaltsort des Nutzers.

Das Verfahren ist anfällig für Signalstörungen und ungenau, wenn wenige Access Points zur Verfügung stehen.

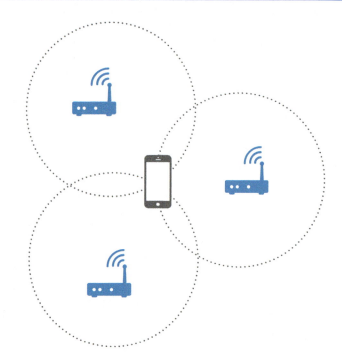

Abb. 6.25 Schematische Darstellung des Trilaterationsverfahrens

Trilateration unterscheidet sich im Wesentlichen in der Vorbereitungszeit von dem Fingerprinting. Während das Fingerprinting viel Zeit in der Vorbereitung benötigt, jedoch wenig Zeit zur eigentlichen Berechnung der tatsächlichen Position, ist es bei der Trilateration genau entgegengesetzt und die Vorbereitung ist vergleichsweise schnell geschehen, dafür die Berechnung jedoch aufwändiger.

Positionsbestimmung mithilfe von Fingerprinting
Fingerprinting läuft in zwei Phasen ab:

- Offline-Phase: Erstellung eines Rasters mit Punkten im Navigationsareal über die Messung und Speicherung der Signalwerte der umliegenden WLAN-Netzwerke (Received Signal Strength (RSS) und Basic Service Set Identifier (BSSID)). Die Kombination aus verschiedenen BSSID und ihrer Signalstärke ist in der Regel einmalig, wie ein Fingerabdruck (siehe Abb. 6.26).
- Online-Phase: Über die Vergleichswerte kann anschließend die Positionsbestimmung erfolgen, indem aktuell gemessene Werte mit den anderen verglichen und der dazugehörige Punkt im Raster, der Positionsort, berechnet.

Der häufigst genutzte Algorithmus berechnet die Entfernung zwischen den unterschiedlichen Werten, welche üblicherweise als Vektoren gespeichert und verglichen werden. Ein geeigneter Vergleichsalgorithmus ist jedoch die primäre Herausforderung bei diesem

6.7 Wireless Local Area Network (WLAN)   229

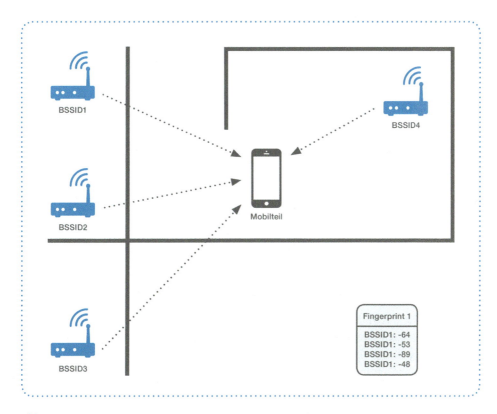

Abb. 6.26 Schematische Darstellung des Fingerprinting-Verfahrens

Verfahren. Fingerprinting ist aufgrund der langen Vorbereitungszeit in der Offline-Phase sehr aufwändig, doch bildet sie die Grundlage für die genaue Ortsbestimmung, da sich bei sehr vielen vorhandenen Vergleichsdaten kurzweilige Messfehler oder Ungenauigkeiten leicht ausgleichen lassen.

Die Genauigkeit der Nutzung von WLAN zur Positionsbestimmung hängt von verschiedenen Faktoren ab: Anzahl der verfügbaren Netzwerke, Reflexion beispielsweise in Gängen und nicht zuletzt der Abschirmung durch Wände, Decken und menschlichen Körpern. Je nach Voraussetzung liegt die Genauigkeit bei fünf bis 15 Metern. Diese lässt sich noch verbessern, werden die im Mobiltelefon eingebauten Sensoren noch hinzugezogen (Sensorfusion).

6.7.5 Anwendungs- und Einsatzbeispiele

WLAN-Positionsbestimmung wird überall dort eingesetzt, wo die Positionsbestimmung mit GPS nicht mehr funktioniert, wie beispielsweise in Einkaufszentren, Messehallen, Bahnhöfen, Flughäfen, Krankenhäusern, Museen, Büro- und Industriekomplexen oder Geschäften.

Folgende Anwendungen sind mit WLAN möglich:

Navigation in Gebäuden
Indoor-Navigation zur Navigation in einem Gebäude, wie zum Beispiel in Geschäften, Einkaufszentren oder auch Fußballstadien. Die WLAN-Technik bildet auch die Grundlage für Googles Indoor Maps (Google 2017a). Dabei wird, wie bei der WLAN-Unterstützung beim A-GPS, die Signalstärke der Hotspots gemessen und über Trilateration der Standort ermittelt. Sind genügend WLAN-Sender vorhanden, lässt sich die Position in Innenräumen im Prinzip bis auf rund zehn Meter genau bestimmen. Doch ist der Einsatz von Google Indoor Maps noch nicht weit verbreitet. Er ist noch auf eine übersichtliche Zahl an Gebäuden beschränkt (Google 2017b): In Deutschland sind es Fußballstadien, Flughäfen, ein paar Museen, Shoppingcenter und Einzelhändler.

Indoor Analytics
Auf der Grundlage einer Indoor-Positionsbestimmung lässt sich herausfinden, wie viele Menschen täglich eine bestimmte Stelle passieren oder was die betriebsamsten Stunden am Tag oder in der Woche sind. Gemessen werden Besucherlaufwege, es können Heat-Maps, Routenanalysen und Verweilzeiten zur gezielte Analyse des Kunden- oder Besucherverhaltens erstellt werden. So kann ein Händler feststellen, wie die Einteilung seiner Verkaufsfläche das Interesse der Kunden auf bestimmte Angebote lenkt. Ein Betreiber eines Einkaufszentrums kann Mieten in verschiedenen Bereichen an das Besucheraufkommen koppeln. In einem Museum lässt sich feststellen, welche Kunstwerke besonders populär sind und ob in der Besucherführung Optimierungen notwendig sind. Messeveranstalter können den Andrang an einzelnen Stellen des Geländes messen und darauf basierend die Flächenpreise gestalten.

Indoor Location-Based Services
Indoor Location-Based Services sind ortsspezifische mobile Dienste. Dem mobilen Telefon können Informationen oder Funktionen zur Verfügung gestellt werden, die auf den Standort Bezug nehmen. Proaktiv erkennt das WLAN, wenn ein Benutzer einen bestimmten Bereich betritt, und löst eine Aktion aus, zum Beispiel das Versenden von Informationen und Angeboten an das Mobiltelefon des Nutzers. Für solche Services wird eine App auf dem Mobiltelefon benötigt.

Ortungstechnik bereichert den Museumsbesuch

Das *Museum Industriekultur in Nürnberg* setzt auf ein Museumsführungssystem für seine Besucher, das auf einem iPod Touch basiert. Dieses erkennt auf den Meter genau, wo sich der Besucher im Museum aufhält, und liefert ihm die für seinen Standort jeweils passenden Zusatzinformationen. Die Basis dafür ist die von Fraunhofer IIS entwickelte Indoor-Lokalisierung Awiloc, die die Infrastruktur von WLAN-Netzwerken nutzt.

Wie lebendig und informativ das Museum Industriekultur dies umgesetzt hat, zeigt sich an der im Museum aufgestellten historischen Dampfmaschine. Dort läuft auf dem iPod Touch ein Animationsfilm zur Funktionsweise der Maschine; ein weiterer Beitrag zeichnet ein Bild von den Arbeitsbedingungen, die zu dieser Zeit in den Fabriken herrschten.

Aufbereitet wurden diese Informationen, 180 zusätzliche Filme, Audio- und Textbeiträge, vom Entwicklungspartner art2guide in enger Zusammenarbeit mit der Museumsleitung. Natürlich hat der Besucher an allen Stationen die Wahl, ob er die Zusatzinformationen überhaupt nutzen will. Schließlich soll der iPod Touch nicht dazu beitragen, die Aufmerksamkeit durch die virtuelle Welt von den Ausstellungsstücken abzulenken (Museum Industriekultur in Nürnberg).

6.7.6 Vor- und Nachteile von WLAN

Der Einsatz von WLAN birgt Vor- und Nachteile, die im Wesentlichen für die Indoor-Positionsbestimmung dargestellt werden.

Vorteile von WLAN

- Nutzung der vorhandenen WLAN-Infrastruktur und der Standards 802.11b, 802.11g und 802.11n über das nicht-lizensierte Spektrum bei 2,4 GHz. Das Frequenzband ist frei für die Industrie, Forschung und Medizin (ISM–Band).
- Möglichkeit der Positionsbestimmung im Gebäuden
- Endgeräte müssen nur WLAN aktivieren, daher ist diese Technik sinnvoll für Geräte mit integrierten WLAN–Komponenten, wie Laptops oder Mobiltelefone.
- Positionsgenauigkeit von ungefähr 10 Metern, auch aktuelle Stockwerke werden erkannt
- Vorhandensein des Rückkanals zum Kunden und Benutzer

Nachteile von WLAN

- Die Lokalisierungsgenauigkeit ist für viele Anwendungen nicht genau genug.
- In vielen Anwendungsfällen benötigt der Benutzer eine App.
- Das erwartete Signal und das wirklich wahrgenommene Signal unterscheiden sich daher stark, teilweise werden verzerrt und zeigen nicht die angenommene, gleichförmige Dämpfung.

6.8 Bluetooth Low Energy Beacons (BLE)

Bluetooth ist eine Technologie, welche heute von allen mobilen Endgeräten unterstützt wird und zu deren Standardmerkmal und -funktionalität geworden ist. Ursprünglich wurde sie genutzt, um mit persönlichen digitalen Assistenten (PDAs) oder Mobiltelefonen Datenaustausch zu betreiben. Mittlerweile findet man auf dem Markt aber immer mehr

Mobiltelefonzubehör, welches über Bluetooth mit Mobiltelefonen kommuniziert, wie zum Beispiel Headsets oder Lautsprecher.

Kurzstreckenkommunikation mithilfe von Bluetooth
Bei Bluetooth handelt es sich um eine Kurzstreckenkommunikation, wobei Bluetooth-Geräte ausschließlich im Frequenzbereich zwischen 2,402 GHz und 2,480 GHz senden. Dadurch sind sie störungsanfällig für WLAN-Netzwerke, Schnurlostelefone oder Mikrowellenherde. Um die Störungsanfälligkeit zu reduzieren, gibt es den Ansatz des Frequency Hopping, bei welchem die Frequenzspanne in 1-MHz-Stufen unterteilt wird und alle Stufen 1600 Mal pro Sekunde durchlaufen werden.

Bluetooth Beacons als Weiterentwicklung von Bluetooth-Technologie
Die Bluetooth-Technologie wird auch in sogenannten Bluetooth Beacons eingesetzt. Diese bestehen aus einem Sender oder einem Empfänger, der auf der Bluetooth-Low-Energy- (BLE) oder auch Bluetooth-Smart-Technologie basiert. Ein Beacon ist eine kleine autarke Sendeeinheit mit Batteriebetrieb, welche kontinuierlich ein Informationssignal aussendet, welches eine eindeutige Identifikation ermöglicht. Daher kommt auch der Name Beacon, abgeleitet aus dem englischen Wort für Leuchtfeuer.

6.8.1 Datenübertragung über kurze Distanz

Beacons sind Bluetooth-Sensoren, über die ortsbasierte und digitale Inhalte oder Services auf smarten mobilen Geräten angeboten werden können. Beacons können sowohl in Innen- oder Außenbereichen auf beweglichen oder unbeweglichen Objekten angebracht werden. Sie verwandeln diese dann in intelligente, kommunizierende Geräte. So können Nutzer in spezifischen Zonen, mit einer Reichweite von einem bis 100 Metern um den Beacon herum, mit Informationen auf ihrem Mobiltelefon versorgt werden.

Bluetooth wurde in den neunziger Jahren von Ericsson entwickelt. Ziel war es, Geräte über kurze Entfernungen kabellos zu verbinden. Seit mehreren Jahren findet sich die Bluetooth-Technik in Mobiltelefonen und mit der Weiterentwicklung von Bluetooth und höheren Übertragungsgeschwindigkeiten erschließen sich neue Anwendungsgebiete.

Asymmetrische Datenübertragung
Bluetooth arbeitet mit einer asymmetrischen Datenübertragung, es kann gleichzeitig gesendet und empfangen werden. Die Navigation mittels Bluetooth kann ähnlich wie bei Infrarot erfolgen. Sind in Gebäudeinneren ausreichend Sensoren angebracht, die ihren festen Standort einem Mobiltelefon mitteilen können, lässt sich der Standort eines Mobiltelefons bei ausreichend vielen erhaltenen Signalen errechnen.

Datenübertragung auf Basis des Bluetooth-Low-Energy -Standards (BLE)
Die Datenübertragung erfolgt über den von Nokia bereits 2006 vorgestellten offenen Bluetooth-Low-Energy-Standard (BLE). Zu Beginn lag der Fokus darauf, einen Radio-Standard

mit einem geringen Energieverbrauch zu entwickeln, der sehr günstig und unkompliziert ist und eine geringe Bandbreite nutzt.

Die Beacon-Hardware deckt ihre Stromversorgung in der Regel mit Batterien ab. Zudem gibt es Sender, die über eine konstante Stromversorgung über USB oder einen direkten Anschluss ans Stromnetz verfügen. Vorteil der Beacon-Technologie gegenüber ähnlichen Technologien sind die geringen Kosten der Hardware.

6.8.2 Entwicklung der Beacons

Die Beacon-Technologie ist schon seit einigen Jahren bekannt, jedoch unter dem Namen iBeacon.

Neunziger Jahre – Bluetooth Special Interest Group (SIG)
In den neunziger Jahren entwickelte die Bluetooth Special Interest Group (SIG) den Industriestandard, der in der Norm IEEE 802.15.1 für die Datenübertragung zwischen Geräten über kurze Distanz per Funktechnik (WPAN) standardisiert wurde. Dabei sind verbindungslose und auch verbindungsorientierte Übertragungen von Punkt zu Punkt und in Ad-hoc- oder Pico-Netzen möglich. Mit Bluetooth lassen sich bis zu acht Geräte ohne Sichtverbindung aktiv miteinander verbinden. Weitere 248 Geräte können sich anmelden, müssen aber passiv bleiben. Jedes dieser Geräte hat seine eigene individuelle 48-Bit-Adresse, die weltweit einzigartig ist und zur Identifikation des Gerätes dient.

2013 – iBeacons von Apple
Der Markenname iBeacon wurde 2013 von Apple Inc. als proprietärer Standard eingeführt. iBeacon ist ein geschützter Markenname, in der Kommunikation wird generell der Oberbegriff Beacons verwendet. Mobiltelefone und Tablets sind ab der Version iOS7 beziehungsweise ab der Version Android 4.3 mit der Technologie ausgestattet und somit für Beacons empfänglich. Das Verfahren kann somit ab dem iPhone 4S oder der dritten iPad-Generation sowie mit dem iPod Touch (fünfte Generation) und aktuellen Android-Geräten genutzt werden.

2015 – Eddystone von Google
Im Jahr 2015 brachte Google mit Eddystone einen alternativen Standard auf den Markt. Anders als Apples iBeacon funktioniert Eddystone laut Google neben Android und iOS auf jeder Plattform, die Bluetooth-Low-Energy-Beacons unterstützt.

Ein wesentlicher Unterschied zwischen iBeacon und Eddystone liegt darin, dass der Google-Standard auch ohne App funktioniert. Neben den üblicherweise als Signal gesendeten Universally Unique Identifier (UUID) kann Eddystone nämlich auch direkt URLs ausliefern. Services am Device (wie u. a. Google Chrome) scannen die URLs und zeigen diese im Browser an, ohne dass die Benutzer zuvor eine App zur Verwertung der Beacon-Signale installiert haben.

6.8.3 Funktionsweise von Beacons

Das Beacon selbst – also das Bauteil –, welches drahtlose Informationen sendet, besteht aus einem Bluetooth-Low-Energy-Chipsatz (BLE), einer Batterie oder einer kabelgebundenen Stromquelle sowie der Firmware für den Chipsatz (siehe Abb. 6.27). Die BLE-Chipsätze können, bei einem vernünftigen Kompromiss hinsichtlich der Sendeleistung, mit geringem Stromverbrauch und langen Laufzeiten aufwarten (36 bis 60 Monate). Zudem sind die BLE-Chipsätze bis zu 80 Prozent günstiger in der Anschaffung als klassische Bluetooth-Chipsätze.

Bluetooth nutzt lizenzfreies ISM-Band
Bluetooth nutzt das lizenzfreie ISM-Band (industrial, scientific, medical) zwischen 2,402 GHz und 2,480 GHz. Damit stehen 79 Kanäle mit einer Breite von einem MHz zu Verfügung. Weil das Frequenzband um 2,4 GHz auch von vielen anderen drahtlosen Übertragungsverfahren genutzt wird, wie vom WLAN nach IEEE 802.11, werden bei Bluetooth mittels Frequenz Hopping (FHSS) die Kanäle mit 1600 Frequenzsprüngen in der Sekunde gewechselt. Die Stabilität von Bluetooth-Verbindungen erweist sich durch die häufigen Frequenzsprünge und kleinen Datenpakete als sehr hoch.

6.8.4 Bluetooth-Versionen

In der zeitlichen Entwicklung haben sich verschiedene Generationen oder auch Bluetooth-Versionen herausgebildet.

Abb. 6.27 Beacon-Beispielformen

Bluetooth 1.0
Bei Bluetooth in der Version 1.0 erfolgte der Informationsaustausch ohne große Sicherheitsmechanismen. Nur das FHSS-Verfahren mit seinem Algorithmus gewährleistete Abhörsicherheit.

Bluetooth 2.0
Mit EDR (Enhanced Data Rate), ab den Versionen 2.0, wird die Brutto-Datenrate auf bis zu 3 Mbit/s erhöht. So sind Netto-Datenraten von bis zu 2 Mbit/s realisierbar. Bluetooth 2.0 unterstützt Quality of Service (QoS).

Bluetooth 3.0
Bei Bluetooth 3.0 wurde Bluetooth High-Speed (BHS) mit Datenraten von 3 Mbit/s implementiert und Bluetooth 4.0 wurde als energieeffizienter Bluetooth-Standard konzipiert, dem Bluetooth Low Energy (BLE).

Bluetooth 4.0
Die Bluetooth-Low-Energy-Spezifikation ist besonders gut geeignet für Internet-der-Dinge-Anwendungen, die Automation in Gebäuden und die Übertragung von Sensorwerten, beispielsweise in Medizin oder im Sport- und Fitnessbereich. Bluetooth 4.0 unterscheidet zwei unterschiedliche Gerätetypen: die Smart Devices und die Smart Ready Devices. Smart Devices sind kleine Sensoren, wie sie in einem Body Area Network (BAN) zur Aufnahme bestimmter Körperfunktionen eingesetzt und über Bluetooth Low Energy (BLE) übertragen werden. Smart Ready Devices kommen in Mobiltelefonen, Tablets oder Geräten der Unterhaltungselektronik zum Einsatz. Sie verfügen in der Regel über ein Dual-Mode-HF-Teil und können auch mit Enhanced Data Rate (EDR) arbeiten.

Bluetooth 5.0
Mit Bluetooth 5.0 werden die Spezifikationen früherer Versionen erweitert, die Datenrate auf 2 Mbit/s erhöht und der Ausdehnungsbereich auf 40 m erweitert. Bluetooth 5.0 unterstützt zudem bis zu fünf Beacons und erhöht dadurch die Ortungsgenauigkeit von Personen und Produkten.

6.8.5 Datenkanäle und Datenformate

Bei der Benutzung von Bluetooth werden zwei physische Datenkanäle zur Verfügung gestellt:

Synchrone Datenübertragung
Die synchrone Datenübertragung dient zur Übertragung von Sprachdaten mit einer Datenrate von 64 kbit/s. Dieses Verfahren wird leitungsvermittelte oder synchrone Verbindung (Synchronous Connection-Oriented (SCO)) genannt.

Asynchrone Datenübertragung
Das gegensätzliche Verfahren ist die Paketvermittlung oder asynchrone Verbindung (Asynchronous Connection-Less (ACL)), die ein speicherndes Verhalten des Übertragungsgerätes voraussetzt, wie bei der Internet-Technik. Alles außer Sprache wird über ACL übertragen, neben allen Arten von Daten insbesondere auch Musik. Der Aufbau einer Verbindung erfolgt immer unter der Protokollarchitektur nach Bluetooth V2.1.

Datenparameter im Bluetooth-Datenformat
Da Bluetooth bereits die Funktechnologie und somit den Träger der Daten definiert, geht es nun um das Datenformat, in dem die Daten übertragen werden. Beim iBeacon sind drei Parameter wichtig, wobei die Entfernung zum Beacon über die Stärke des Sendesignals bestimmt wird. Die Datenparameter, die bei den Beacons gesendet werden, sind folgende:

- UUID – ein Identifikator des Beacons
- Major – weitere Eingrenzung der Region oder des Standortes (z. B. Shop A in Berlin)
- Minor – genauere Eingrenzung des Standortes (z. B. Abteilung Videospiele)

Weiterentwicklung im Projekt Physical Web
Google entwickelt derzeit in einem offenen Projekt namens Physical Web ein weiteres Format, bei dem es allerdings um eine abstraktere, weniger konkrete Definitionsform von Beacons geht. Vielmehr ist das Projekt an das Internet of Things angelehnt. Dabei wird mit sogenannten UriBeacons gearbeitet, die sowohl URN- als auch URI-Informationen senden.

Der Uniform Resource Name (URN) definiert auch hier den Identifikator eines Beacons. Der Uniform Resource Identifier (URI) hingegen gibt dem Beacon die Möglichkeit, das empfangende Gerät auf eine beliebige Ressource zu verweisen. Die URIs sind erstaunlich flexibel und finden heute bereits interessante Anwendung wie zum Beispiel beim Mobile Deep-Linking, welches den User auf eine bestimmte Location in einer Mobile Apps verweist, z. B. das Erzeugen einer E-Mail, das Triggern eines Telefonanrufes oder auch das Aufrufen einer bestimmten URL.

Die Vorteile dieser Herangehensweise liegen darin, dass der Nutzer bzw. die Werbetreibenden nicht mehr darauf angewiesen sind, dass die entsprechenden Apps oder Komponenten auf dem anvisierten Gerät installiert sein müssen, um das Signal verarbeiten zu können. Ein URI-Signal kann de facto durch jedes internetfähige Gerät interpretiert werden.

Sobald ein Gerät das Signal eines Beacons empfängt, müssen die Daten von einer entsprechenden App korrekt interpretiert und eingesetzt werden. Die Intelligenz beziehungsweise Fähigkeit zur Verarbeitung der Signale liegt damit außerhalb der Beacons. Diese fungieren demnach als einfache Wegpunkte.

- Ein Beacon sendet in regelmäßigen Abständen (zum Beispiel alle 100 Millisekunden) eine definierte Information per Bluetooth aus.
- Ein beliebiges Bluetooth-fähiges Gerät empfängt diese Informationen.
- Eine Software/App im Gerät nimmt diese Information als Grundlage für eine bestimmte Aktion, zum Beispiel das Anzeigen von Informationen.

Bei der Informationsübertragung zwischen den Geräten wird weniger Energie aufgewandt als bei Bluetooth, was beispielsweise einen geringen Batterieverbrauch beim Mobiltelefon zur Folge hat. Die Übertragungsrate ist relativ gering. Die Beacons selbst werden per Batterie oder seltener direktem Stromanschluss betrieben.

Ein Gerät wird erst dann von einem Beacon angesprochen, wenn eine entsprechende App installiert ist. Sobald sich dann ein Smartphone oder Tablet im Wirkungskreis eines Beacons befindet, sendet dieses Push-Mitteilungen aus. Werden mehrere Beacons im Wirkungsradius platziert, lässt sich auch der Standort des Empfängers relativ genau ermitteln.

6.8.6 Anwendungs- und Einsatzbeispiele

Heute wird Bluetooth bereits in vielen Anwendungen in unserem Alltag eingesetzt.

Bluetooth in Freisprechanlagen und Headsets
Autoradios dienen als Freisprechanlage, indem sie das Mobiltelefon über Bluetooth anschließen. Über Bluetooth lassen sich nicht nur Anrufe entgegennehmen, sondern man kann auch wählen und navigieren. Weitere sinnvolle Zusatzinformationen wie Anrufernummer und -namen werden ebenfalls übertragen.

Freisprechanlagen außerhalb des Autos funktionieren auch über Bluetooth. Headsets, die über Bluetooth verbunden werden, können oft über eine spezielle Taste am Kabel auch eingehende Anrufe entgegennehmen.

Bluetooth in Spielgeräten
Die Spielzeugindustrie verwendet Bluetooth bereits, um Spielzeugtiere oder Puppen miteinander kommunizieren zu lassen. Die Controller der Nintendo Wii und der PlayStation 3 nutzen Bluetooth zur Kommunikation mit der Spielkonsole.

Bluetooth in der Industrie
Bluetooth-basierte Industrieprodukte, die in verschiedensten Bereichen der Industrie eingesetzt werden, kommunizieren kabellos zwischen verschiedenen Komponenten in Maschinen.

Bluetooth in der Haustechnik
Im Bereich Hausautomation und Alarmsysteme wird Bluetooth eingesetzt, um Prozesse im Haus automatisieren, wie zum Beispiel die Beleuchtungssteuerung. Verlässt der Bewohner einen Raum, indem ein Beacon platziert ist, dann erkennt das Telefon in der

Hosentasche selbständig den Wechsel von „nah" zu „entfernt" und schaltet das Licht aus. Beim Betreten des nächsten Raumes geht das Licht alleine an. Oder die Wohnungstür öffnet sich selbständig, wenn man nach Hause kommt.

Bluetooth in der Medizintechnik
In der Orthopädie wird Bluetooth zur Einstellung von Standphasendämpfung oder Maximallast bei modernen Arm- und Beinprothesen verwendet. Ein anderes Beispiel sind teure Hörgeräte, die auch mit Bluetooth-Empfängern geliefert werden. Damit lassen sich Signale von Mobiltelefonen und Audio-Geräten selektiv über einen Transponder ohne umgebungsbedingte Verzerrungen auf das Hörgerät übertragen. Bei Insulinpumpen dient Bluetooth als Schnittstelle zur Kommunikation mit einem Blutzuckermessgerät, einer Fernbedienung oder einem PC.

Bluetooth beim Einkaufen
Ein Kunde betritt ein Lebensmittelgeschäft und erhält einen Hinweis auf ein Waschmittel im Sonderangebot, da er schon vorher mit seinem Mobiltelefon Preise von Waschmitteln abgefragt hat. Nach dem Kauf und Verlassen des Geschäfts erhält er eine Nachricht und einen Rabattgutschein für den nächsten Einkauf.

Bluetooth am Point of Interest (POI)
Weitere Anwendungen finden sich bei städtischen Sehenswürdigkeiten oder bei der Orientierung in der Stadt. Auch in Museen und Zoos werden Beacons eingesetzt. Mithilfe der Sender können Besucher ihre Smartphones zur Navigation innerhalb des Museums oder auch innerhalb bestimmter Zonen nutzen, die nicht durch die Gebäudestrukturen gestört werden können. An Gemälden, Ausstellungsstücken oder Exponaten angebracht, erlauben die Beacons es den Besuchern, Hintergrundinformationen in Form von audiovisuellen Dateien auf dem Smartphone anschauen.

Bluetooth am Flughafen
Im Flughafen kann der Fluggast anhand der Flughafenformationen durch Beacons zum Gate geleitet werden und erhält gleichzeitig Hinweise aus den auf dem Weg liegenden Geschäften, wie zum Beispiel Sonderangebote, Coupons oder andere wichtige Informationen. Verspätet sich ein Flug, erhält der Fluggast ein Gratisgetränk-Angebot von einem Café.

Wie das Beispiel des Flughafens San Francisco zeigt, gibt es aber noch andere Einsatzgebiete der Technologie in einem Flughafen, bei denen der Nutzen der Beacons jenseits des Shoppings liegt. Der Flughafen installierte eine Vielzahl von Beacons, um sehbehinderte Menschen durch die Terminals zu navigieren. Die Lufthansa setzte eine iBeacon-Integration in ihrer App erstmals auf dem Flughafen Frankfurt ein. Die Passagiere können so unter anderem die Wartezeiten an den Sicherheitskontrollen nachsehen.

Bluetooth in Konzerten oder bei Veranstaltungen
Sinnvoll lassen sich Bluetooth-Anwendungen bei Konzerten oder großen Veranstaltungen einsetzen. Beim Eintritt werden die Besucher mithilfe der Beacons erst zum richtigen Eingang gelotst und anschließend der richtigen Reihe zugeordnet.

Ist die Veranstaltung beendet, erfolgt das Navigieren zum richtigen Ausgang, der sich in der Nähe des Fahrzeug-Parkplatzes befindet. Und während des Konzertes oder einer Sportveranstaltung, z. B. kurz vor der Pause, erhalten die Zuschauer Informationen zu den Warteschlangen an den Toiletten und Getränkeständen.

Bluetooth in der U-Bahn
In der U-Bahn-Station überprüfen Beacons die auf dem Mobiltelefon gespeicherten Tickets. Beim Fehlen der Fahrberechtigung erhält der Fahrgast per Nachricht eine Information. Er kann anschließend das Ticket über einen einzigen Klick nachlösen. Der Fahrgast steigt dann in die richtige Bahn ein und bekommt vor der Haltstelle, an der er aussteigen möchte, eine Nachricht, dass er an der übernächsten Station sein Fahrtziel erreicht hat. Falls der Fahrpreis nach der Fahrdistanz berechnet wird, wird der Fahrgast beim Betreten der U-Bahn-Station ein- und beim Verlassen ausgecheckt und abgerechnet. So spart der Fahrgast Zeit beim Ticket-Kauf und das Verkehrsunternehmen spart Zeit und Personal für die Fahrkartenkontrolle.

6.8.7 Beacons im Handel

Beacons lassen sich direkt an Objekten anbringen, festen wie auch beweglichen. Über die Funktionen „Far", „Near" und „Immediate" kann dann die Interaktion mit dem Mobiltelefon des Nutzers erfolgen. Mit dieser Funktionalität von Beacons lassen sich vielfältige Anwendungsfälle im Handel unterstützen.

- Customer Analytics – Analyse der Kunden
- Operational Analytics – operationelle Analyse
- Revenue Improvement – Umsatzsteigerung

In-Store Navigation und Heat-Map (Lotsensystem)
Auf der Hand liegt der Einsatz für die Navigation in Innenräumen. Unabhängig davon, ob es sich um einen Service für Kunden eines Einkaufcenters, eines Flughafens, eines Sportstadions oder um Support für Einsatzkräfte bei einem Notfall handelt, die Genauigkeit erlaubt eine zuverlässige Routenführung sowohl in geschlossenen Räumen wie auch im Gelände.

Vielerorts sind Beacons im Einsatz, um Kunden vor oder im Geschäft zu lokalisieren und ihnen ortsabhängige Angebote auf ihre Mobiltelefone zu schicken. So sind zum Beispiel Beacons im Hamburger Flughafen im Einsatz, die die verbrachte Zeit in den dort ansässigen verschiedenen Geschäften aufzeichnen und mit Prämien belohnen.

Aufzeichnen des Kundenverhaltens (Kunden-Tracking)
Hierbei geht es um die Sammlung und Auswertung von Daten über die Position des Kunden. So lässt sich erstens herausfinden, wie viele Kunden gerade oder zu bestimmten

Zeiten im Geschäft sind, zweitens wie sie sich im Geschäft bewegen und drittens wie und was sie eingekauft haben. Ist ein Artikel für einen Kunden interessant, analysiert man dies über die Zeit, die er vor dem Regal verbracht hat. Daraus abgeleitet, kann man ihm auch anschließend, falls er das Produkt nicht gekauft hat, personalisierte Werbung dazu zukommen lassen. Man kann sogar im Geschäft Kunden identifizieren, die Beratung benötigen oder auf Beratung warten, und ihnen gezielt Hilfe anbieten. Durch Auswertung der Kundenlaufwege im Geschäft lässt sich die Warenpositionierung gezielter ausrichten, sinnvoller platzieren und die Raumaufteilung und das Layout optimieren. In größeren Geschäften entdeckt man überlastete Knotenpunkte oder kann die Stoßzeiten genauer untersuchen und darauf aufbauend Verbesserungsstrategien entwickeln.

Personalisierter Einkaufsassistent (kontextbasierte Push-Notifications)
Neben dem Standort kann auch von Interesse sein, ob ein bestimmtes Gebiet betreten wurde. Betritt oder verlässt der Kunde dieses, wird man darüber informiert. Die Beacon-Technologie erlaubt es nun auch, innerhalb von Gebäuden derartige Gebiete einzurichten.

Eine auf das Endgerät des Kunden heruntergeladene App bietet die Möglichkeit, den Nutzer über besondere Angebote oder Ereignisse aus dem Hintergrund zu benachrichtigen und so seine Aufmerksamkeit darauf zu lenken. Daneben kann auch die reale Umgebung des Kunden eine Nachricht auslösen. Läuft der Kunde am Eingang des Geschäftes vorbei, kann er mit persönlichen Sonderangeboten hineingelockt werden. Geht er in das Geschäft, werden ihm besondere Angebote oder Neuheiten der jeweiligen gerade passierten Abteilung präsentiert. Hat er Interesse an einem bestimmten Produkt und möchte Details und Näheres dazu erfahren, wie zum Beispiel Verfügbarkeit in einer anderen Farbe, muss er nur sein Mobiltelefon kurz daran halten, schon taucht eine detaillierte Produktinformation auf dem Bildschirm seines Smartphones auf. Eine personalisierte Ansprache des Kunden beim Betreten und während seines Weges durch das Ladengeschäft ist also möglich.

Einkaufen und Bezahlen
Darüber hinaus arbeitet PayPal mit den PayPal Beacons zur automatischen Bezahlung. Im September 2013 wurde der PayPal Beacon vorgestellt, ein Gerät, das neben der Bluetooth-Funktionalität auch eine Verbindung zum WLAN hält und darüber mit dem Zahlungssystem des Händlers verbunden ist. Nachdem das Mobiltelefon des Kunden mit der PayPal-App die Anwesenheit eines Beacons festgestellt hat, kann die App den komplexen Authentifizierungsprozess anstoßen, um die bargeldlose Zahlung abzuwickeln. Am Ende erfolgt die Bezahlung über einen generierten Code, welchen der Kunde dem Verkäufer mitteilen oder an der Kasse einscannen muss.

Neue digitale Zahlungsmethoden wie Google Wallet und Apple Pay benutzen NFC-Technologie. Noch ist unklar, wie die Zukunft des Mobile Payment aussehen wird und welche Rolle dabei möglicherweise Beacons spielen werden. Eins ist aber schon sicher: Diese Innovationen verbinden den Kunden mit dem Geschäft und erlauben die automatische Zahlungsabwicklung, ohne mit der Kasse in Berührung zu kommen.

6.8.8 Vor- und Nachteile von Beacons

Die Beacon-Technologie zeichnet sich aufgrund der zahlreichen Anwendungsfelder, der Einfachheit und der Verbreitung kompatibler Endgeräte für den Großflächen-Einsatz aus. Aber der Einsatz von Beacons muss trotz der vielfältigen aufgezählten Möglichkeiten wohlüberlegt sein, denn er bringt auch Herausforderungen mit sich.

Vorteile des Einsatzes von Beacons

- Autonomie der Beacons: Dank ihrer internen Stromversorgung können Beacons praktisch an jedem Ort eingesetzt werden, ganz gleichgültig, ob indoor oder outdoor oder sogar in weit abgelegenen Regionen ohne jegliche Infrastruktur. Mit dem richtigen Gehäuse ausgestattet, können Beacons Wind und Wetter, Feuchtigkeit und Staub widerstehen, und mit der richtigen Batterie versorgt, werden sie auch viele Jahre ihren Dienst versehen. Wo Satellitenortung typischerweise versagt, sobald ein Dach im Weg ist, und WLAN-APs definitiv die entsprechende Infrastruktur in Form von Strom- und Netzanschlüssen benötigen, überwinden Beacons diese massiven Hindernisse und bieten einen wirklich universellen Ansatz für die Positionsbestimmung mobiler Endgeräte.
- Sendereichweite von circa zehn Metern oder im Freien bis maximal 300 Meter: Mit speziellen Algorithmen oder eigens dafür gefertigter Spezial-Hardware können BLE Beacons eine Genauigkeit von 30 Zentimetern oder weniger erreichen. Mit dieser Präzision wird auch WLAN-Ortung übertrumpft.
- Energieverbrauch: Der Energieverbrauch am Smartphone ist auf der einen Seite ein kritisches Thema. Und soweit man die technische Entwicklung in den nächsten Jahren abschätzen kann, wird das mittelfristig auch so bleiben. Auf der anderen Seite ist es aber unerlässlich, dass eine genutzte Ortsbestimmungsmethode ständig aktiv bleibt, will man Location-Based Services effektiv nutzen – womit gängige Ortungsmethoden ihre liebe Not haben. Sowohl GPS als auch WLAN sind starke Verbraucher. Diese permanent zur Ortsbestimmung eingeschaltet zu lassen, ist eine Verschwendung von Akku-Leistung. Und konsequenterweise tut das auch kaum jemand. Im Gegensatz dazu ist Bluetooth Low Energy strikt darauf ausgelegt, die Batterie zu schonen. Es ist daher mit minimalen Auswirkungen auf die Akkulaufzeit möglich, BLE ständig eingeschaltet zu lassen und als Ortungsmechanismus zu nutzen.

Nachteile von Beacons

- Ungenauigkeit und Interferenzen: Beacon sind technisch gesehen Sender von elektromagnetischen Wellen innerhalb von festgelegten Frequenzbändern. Auf diesen Frequenzbändern können auch andere Geräte (WLAN Hotspots, schnurlose Telefone oder Mikrowellen) senden und die Übertragung stören. So wird ein Beacon, der direkt über einer WLAN-Antenne platziert ist, nicht besonders gut erkennbar sein. Aber auch andere Hindernisse können das Signal stark abschwächen.

- Sicherheit spielt normalerweise bei der Informationsübertragung mit Beacons keine Rolle, die Nachrichten sind grundsätzlich öffentlich und ungesichert, können von jedem gelesen werden. Das stellt in der Regel kein Problem dar, da es sich nicht um sicherheitsrelevante Informationen handelt. Dennoch muss man sich bewusst sein, dass Fremd-Beacons Unannehmlichkeiten verursachen können.
- Komplexität bei der Integration in bestehende Systeme: Wird im Zusammenhang mit Beacons eine App verwendet, ist im Vorfeld eine Liste der IDs und ihrer Bedeutungen zu hinterlegen oder verfügbar zu machen. Noch aufwendiger wird dies bei Navigationsanwendungen mit der Festlegung der Beacons im Raum.
- Investitionskosten: Bei der Investition in eine flächendeckende Abdeckung mit einer Beacon-Lösung sind die Kosten für die Hardware vernachlässigbar. Vielmehr sind Wartungs- und Unterhaltungskosten und die Aufwände für die Integration in bestehende Anwendungen zu kalkulieren.
- Nutzerakzeptanz: Das eigentliche Potenzial der Beacons kann erst über eine mobile App auf dem Gerät des Endnutzers entfaltet werden. Hierzu muss der Kunde sich die App erst einmal installieren. Es müssen also für den Kunden interessante Funktionen vorhanden sein. Der Nutzer muss zudem Bluetooth aktivieren und einschalten, was potenziell höheren Energieverbrauch mit sich bringt. Auch die Frage nach dem Umgang mit den gesammelten Daten hält viele Benutzer ab.

6.9 Augmented Reality (AR) und Virtual Reality (VR)

Mit Virtual Reality oder virtueller Realität (kurz VR) wird die Darstellung und gleichzeitige Wahrnehmung der Wirklichkeit und ihrer physikalischen Eigenschaften in einer in Echtzeit computergenerierten, interaktiven virtuellen Umgebung bezeichnet.

6.9.1 Computergestützte Erweiterung der wahrgenommenen Realität

Virtual und Augmented Reality, Mixed Reality, 360-Grad-Videos – seit einiger Zeit werden verschiedene Konzepte im Zusammenhang mit künstlichen Umgebungen, ihre Nutzungskontexten und Marktchancen diskutiert und bereits eingesetzt.

Reality-Virtuality Continuum
Unterschieden werden muss zunächst zwischen Virtual Reality (VR; oder auch Augmented Virtuality) und Augmented Reality (AR), was Klein wie folgt abgrenzt (Klein 2009, S. 1):
„Während man unter Virtual Reality die Darstellung und gleichzeitige Wahrnehmung der Wirklichkeit und ihrer physikalischen Eigenschaften in einer in Echtzeit computergenerierten, interaktiven, virtuellen Umgebung versteht, und die reale Umwelt demzufolge ausgeschaltet wird, zielt Augmented Reality auf eine Anreicherung der bestehenden realen Welt um computergenerierte Zusatzobjekte.

6.9 Augmented Reality (AR) und Virtual Reality (VR)

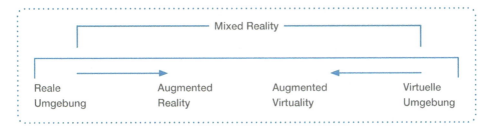

Abb. 6.28 Realitäts-Virtualitäts-Kontinuum. (Milgram et al. 1994)

Im Gegensatz zu Virtual Reality werden keine gänzlich neuen Welten erschaffen, sondern die vorhandene Realität mit einer virtuellen Realität ergänzt."

Allerdings gibt es keine allgemeingültige, einheitliche Definition für AR. In der allgemeinen Fachliteratur wird häufig auf das Werk von Milgram et al. und ihr „reality-virtuality continuum" verwiesen (Milgram et al. 1994, S. 283, siehe auch Abb. 6.28).

Die „reale Umgebung" schließt jene Bereiche ein, die eine Person bei Betrachtung einer realen Szene durch ein beliebiges Medium wie Fotokamera oder ähnliches erkennen kann. Die „virtuelle Umgebung" beinhaltet jene Situationen, die nur aus virtuellen Gegenständen bestehen, wie beispielsweise Konsolen- oder Computerspiele.

Computergestützte Erweiterung der Realität um virtuelle Objekte
Augmented Reality oder auch erweiterte Realität, kurz AR, ist eine neue Form der Mensch-Computer-Interaktion. Dabei werden virtuelle Objekte lagegerecht und in Echtzeit per Mobiltelefon, Tablet, Datenbrille oder Computer in die wirkliche Umgebung eingebunden. Die Umwelt des Betrachters wird mit Zusatzinformationen, wie Videos, Bildern, Texten oder 3D-Objekten erweitert.

Hier liegt der Unterschied zur Virtual Reality: Der Nutzer befindet sich in der Realität, die er wahrnimmt, diese ist aber mit vom Computer generierten Informationen erweitert. In der visuellen Darstellung heißt das, dass er etwas durch eine Brille oder Kamera sieht und das Gerät weitere Daten einblendet. Im Mittelpunkt steht die Erweiterung der visuellen Wahrnehmung.

Schnelles und intuitives Vermitteln von Echtzeitinformationen mit Realitätsbezug steht im Mittelpunkt der Augmented Reality. Als Technologie kann Augmented Reality nur dann bezeichnet werden, wenn sie externe Informationen im Kontext erkennt und verarbeitet. Sie muss auf Umgebungsänderungen reagieren, automatisch und verzögerungsfrei, und bedarf möglichst keiner Benutzerbefehle. Gleichzeitig darf die Technologie den Nutzer nicht einschränken, sondern sie sollte sich nahtlos und natürlich in das Erleben des Nutzers einfügen, mit dem einzigen Ziel, ihm ein einzigartiges Erlebnis zu bieten.

Allerdings beschränkt sich Augmented Reality bei Weitem nicht auf das Einfangen von virtuellen Spielzeugen, sondern kann viel mehr. Fußballfans kennen solche Augmented-Szenen aus jeder Spielanalyse. Aber auch im laufenden Spiel werden sie eingeblendet: Virtuelle Entfernungslinien beim Freistoß vom schussbereiten Spieler zum gegnerischen Tor,

Verschiebungen des gegnerischen Teams auf dem Spielfeld, Spielsysteme, Spielzüge und vieles mehr. Vielfach können auf diese Weise sogar relative Laien direkt den Fehler erkennen, der zum vermeidbaren Siegtreffer geführt hat. Diese Art der Visualisierung hat sich in allen Bereichen der Sportberichterstattung in den letzten Jahren vermehrt durchgesetzt.

Computergestützte virtuelle Abbildung der Realität
Es geht bei Virtual Reality um einen geschlossenen, von einem Computer erstellten, virtuellen Raum, der eine Realität darstellt, mit der der Nutzer interagieren kann. Es kann sich um ein Abbild der physisch umgebenden Realität handeln oder eine vollständig erfundene, künstliche Welt. Der Nutzer wird komplett von der realen Welt abgeschottet, Sinneseindrücke wie Sehen, Hören, Riechen oder Berühren werden simuliert. Die Sinne sind mit einer Virtual-Reality-Brille (Video) und Kopfhörern (Audio) vollständig auf den virtuellen Raum ausgerichtet, die reale Welt, die den Nutzer immer noch umgibt, ist für ihn nicht mehr wahrnehmbar. Die Interaktion erfolgt über die Kopfbewegung, bei der Sensoren erkennen, in welche Richtung der Nutzer schaut. Für die Interaktion mit den Händen benötigt er entsprechende Geräte, die das Anfassen, Zeigen, Drehen und die Bewegung im Raum steuern.

Mixed Reality oder Hybrid Reality als Sonderform
Unter Mixed Reality, vermischte Realität beziehungsweise gemischte Realität, werden Umgebungen zusammengefasst, die die reale, physische Welt mit einer virtuellen Realität vermischen. Mixed Reality oder auch Hybrid Reality verbindet Elemente der Virtual Reality mit denen der Augmented Reality. Der Nutzer befindet sich in der echten Realität, die er weiterhin wahrnimmt. Die digital angereicherten Elemente sind nun aber in Echtzeit kontextabhängig und interaktiv, sowohl mit dem Nutzer als auch mit der echten Realität und untereinander. Das was Mixed Reality also auszeichnet ist, dass Objekte der realen Welt mit Objekten der virtuellen Welt miteinander agieren.

6.9.2 Technische Grundlagen

Wie funktioniert Augmented Reality in der Praxis mit dem Mobiltelefon?

Augmented Reality mit dem Mobiltelefon
Für die Nutzung von Augmented Reality werden die Fotokameras der Mobiltelefone benötigt. Die Kamera überträgt ein Bild in Echtzeit auf den Bildschirm des Gerätes und erweitert das Objekt mit virtuellen Zusatzinformationen. Dies funktioniert zum einen durch Objekterkennungs-Algorithmen und zum anderen über die im Mobiltelefon integrierten Beschleunigungssensoren. Diese erkennen den aktuellen Blickwinkel auf einen Teil der Umgebung und verarbeiten diese Informationen. Der Benutzer sieht auf dem Bildschirm nicht nur den eigentlichen Raum, sondern auch das virtuelle Objekt. Verändert er die Position oder den Winkel, so passt sich der Blickwinkel auf das virtuelle Objekt so an, dass die Illusion entsteht, das Objekt befinde sich im Raum.

Augmented Reality mit anderen Geräten
Weiterhin erlauben auch dedizierte Datenbrillen diese Funktionalität. Eine weitere Möglichkeit sind stationäre Augmented-Reality-Umsetzungen, zum Beispiel mithilfe von sogenannten „intelligenten Spiegeln". An denen kann der Konsument in Echtzeit virtuelle Kleidungsstücke „anprobieren", ohne dass er/sie eine reale Umkleidekabine benötigt. Dabei erkennt eine Kamera im Spiegel Position und Maße des Konsumenten, verarbeitet diese in Echtzeit und blendet dann sowohl das Konterfei des Konsumenten als auch das virtuelle Kleidungsstück ein.

6.9.3 Einsatz- und Anwendungsbereiche

6.9.3.1 Augmented-Reality-Anwendungen
Galt Augmented Reality zunächst als eine „Sache nur für Nerds", interessieren sich heute die unterschiedlichsten Fachleute dafür: von Ärzten über Lehrer bis hin zu Ingenieuren. Nach aktuellem Stand und den Einsatzbereichen von Augmented Reality bringt es heutzutage bereits folgende Mehrwerte und Nutzen:

- PC-gestützte Erweiterung der menschlichen Wahrnehmung
- Visualisierung von Informationen
- Minimierung der Zeit zur Informationsbeschaffung
- Kombination von haptischem und digitalem Erlebnis

Stationäre, webbasierte und mobile Anwendungen
Mehler-Bircher (Mehler-Bicher et al. 2014) unterscheiden die Verfügbarkeit von Augmented Reality grundsätzlich in stationäre und webbasierte, sowie mobile Anwendungen. Bei stationären Anwendungen ist eine bestimmte Software auf einem Rechner installiert, der dann beispielsweise in einem Geschäft steht und dort von den Kunden benutzt werden kann. Bei einer webbasierten Anwendung können Augmented Reality-Anwendungen über das Internet aufgerufen und verwendet werden. Mobile Anwendungen werden auf mobilen Endgeräten verwendet. Durch bestimmte Apps kann der Nutzer dann die Augmented Reality-Inhalte abrufen.

Die Anwendungsbereiche und -szenarien werden in den kommenden Jahren durch immer verbesserte Mobiltelefone und andere Mobile Devices stärker an Bedeutung gewinnen, einige seien hier exemplarisch vorgestellt (Mehler-Bicher et al. 2014).

Living Mirror
Der Living Mirror besteht aus einem großen Bildschirm, der eine Kamera enthält beziehungsweise mit einer zusätzlichen Kamera ausgestattet ist. Steht eine Person vor dem Bildschirm, dann nimmt die Kamera das Gesicht und den Körper auf und projiziert beides oder auch nur ausgewählte Teile auf den Bildschirm, ergänzt um zusätzliche dreidimensionale Gegenstände, wie ein Hut auf dem Kopf des Betrachters, ein Kleidungsstück oder

Accessoire oder der Betrachter wird in eine interessante virtuelle Umgebung projiziert. Das Ganze erfolgt über einen großen Bildschirm oder Beamer, sodass ein Spiegeleffekt erzeugt wird, der Betrachter hat den Eindruck vor einem Spiegel zu stehen.

Living Print
Hierbei wird das gedruckte Medium erweitert, indem beispielsweise ein Bild „zum Leben" erweckt wird oder durch entsprechenden Hinweis am Handy ein Filmtrailer abgespielt wird. Living Print kann als sogenannte Living Card, Living Brochure, Living Object oder als Living Game ausgeprägt sein, abhängig vom Objekt, das über die Augmented Reality dargestellt wird.

Bei der Living Card wird zum Beispiel eine Grußkarte oder eine Fußballkarte vor die Kamera des Smartphones gehalten. Über dem Bildschirm erscheinen dann dreidimensionale Objekte zum Thema der Karte.

Zwei große Tageszeitungen aus den USA, die *Washington Post* und das *Wall Street Journal*, experimentierten recht früh mit dieser Technologie und wagten erste Schritte. Beide Blätter haben neue journalistische Projekte veröffentlicht, mit denen sie sich zunehmend in die erweiterte Realität vortasten:

- Die *Washington Post* experimentierte dabei zum Thema Architektur und porträtierte in einer neuen Serie berühmte Bauwerke aus der ganzen Welt. Den Auftakt bildete ein Beitrag über die Hamburger Elbphilharmonie (Kennicott 2017), bei der der Leser sich mithilfe einer Audio-Erzählung und einer 3D-Visualisierung mit den Tiefen der Baukunst beschäftigen konnte. Es eröffnete sich eine neue Ebene der Berichterstattung. Joey Marburger, Head of Product bei der *Washington Post*, erklärt dazu: „Mit dieser Technologie können wir Nachrichten in die Realität der Leser projizieren, um greifbare Räume auf dem neuesten Stand der Technik zu erzeugen und brauchen dazu nur das Smartphone – weder Kopfhörer noch physische Bezugspunkte sind nötig" (DNV-ONLINE 2017).
- Zur Visualisierung von Finanzdaten nutzt das *Wall Street Journal* Augmented-Reality-Verfahren. Über holografische Projektionen können Kursentwicklungen an der Börse verfolgt und interaktiv über „Drehen", „Zoomen" oder „Detaillieren" erlebbar gemacht werden. Zudem lässt sich das Erlebnis mit anderen Nutzern teilen, die die Interaktionen nach- und mitverfolgen können. Damit eröffnen sich für die Publikation völlig neue Wege, wie Daten aufbereitet, visualisiert und interaktiv gestaltet werden können.

Living Product
Der Einsatz von Augmented Reality bietet sich auch für Produkte an, die im Handel nicht ausreichend ausgestellt werden können, wie beispielsweise Elektronikartikel oder Lebensmittel. Im Geschäft eingebaute Sensoren oder andere technische Hilfsmittel sorgen dafür, dass die präsentierten realen Produkte mit nützlichen Zusatzinformationen visuell erweitert werden. Dabei lassen sich Produktdetails oder Ausstattungsmerkmale direkt im Kundensichtfeld einblenden.

Im Bereich Consumer Electronics können das beispielsweise technische Spezifikationen für einen Fernseher sein oder andere Käuferbewertungen. Bei Lebensmitteln bieten sich vergleichsweise Angaben zu Anbaugebiet, Nährstoffen, allergischer Verträglichkeit oder gar Rezeptvorschläge an.

Living Game
Auf mobilen Endgeräten werden augmentierte Spiele angeboten und verbinden somit Realität und Spiel miteinander.

Living Poster
Darunter fallen Werbebotschaften im öffentlichen Raum (OOH), die durch AR erweitert werden und dadurch eine verstärkte Werbebotschaft erzielen.

Living Environment
Living Environment beinhaltet alle Augmented-Reality-Anwendungen, die mit mobilen Geräten die reale Umwelt mit zusätzlichen Informationen oder Daten, wie Texte, Bilder oder auch Videos, erweitern – Anwendungen wie Head-Up-Displays in Autoscheiben sind bereits bekannt und weitverbreitet. Zunächst eine militärische Entwicklung für Kampfjet-Piloten ist es heute bereits in vielen teuren Autos eingebaut. Der Vorteil dabei ist, dass der Benutzer den Blick nicht von der Straße abwenden muss und die Informationen auch ohne sein Zutun angezeigt werden.

Interactive Guidance
Augmented Reality zeigt digitale Inhalte in einem realen Kontext und aufrufbar durch reale Objekte an. Produkte oder Bauteile erhalten so eine virtuelle und digitale Ebene, auf der sich weiterführende Informationen zum Objekt abbilden lassen.

Real-Time Information
Augmented Reality interagiert mit der Realität und blendet kontextbezogene Informationen zu einem Objekt ein. Das können beim stationären Einkauf Produkte und Waren sein, die vom Kunden virtuell erkannt werden und Zusatzinformationen anzeigen.

Shopping Assistance
Eine Shopping Assistance bietet den Kunden eine überzeugende, emotionale und interaktive Shopping-Beratung im virtuellen Raum von zu Hause aus. So können beispielsweise der richtige Küchen- oder Wohnzimmertisch oder auch der passende Schmuck zur Bluse empfohlen werden.

Personalisierter Omni-Commerce
Virtuell können dreidimensionale Sichten von Produkten mithilfe von Augmented Reality angezeigt werden und zwar dort, wo sie eingesetzt oder getragen werden sollen. Also zum

Beispiel der Esstisch im Wohnzimmer, die Küchenmaschine in der Küche, das Bett im Schlafzimmer oder die Uhr am Handgelenk.

In der medizinischen Behandlung vereinfacht Augmented Reality die Arbeit des Chirurgen. Virtuelle Welten zeigen auch im dreidimensionalen Raum Organe oder Knochenlagen an. In entsprechenden Modellprojekten wird dies erprobt.

Auch die Ausbildung von Piloten oder Astronauten profitiert von den Möglichkeiten erweiterter Realität. Der gesamte Bildungssektor lässt sich durch diese Technologie revolutionieren. In der Maschinenwartung, zum Beispiel von Flugzeugen oder Schiffen, ergeben sich durch die Möglichkeiten, direkt Informationen zu eventuell defekten Teilen während der Inspektion erhalten zu können, ein großer Schritt zu mehr Effizienz und letztlich sogar in Richtung Sicherheit.

Möbelkatalog Roomle

Vor wenigen Jahren ging der Augmented-Reality-Pionier Wikitude mit einer App an den Start, die es erlaubte, durch die Kamerasicht Informationen zu Gebäuden, Einrichtungen und Institutionen beliebiger Städte einzublenden. So konnten wir uns den Fremdenführer sparen. Allerdings benötigte die Anwendung erheblich viel Energie, sodass keine langen Sightseeing-Touren möglich waren.

Aktuell ist Wikitude ein Produkt, mit dem sich Augmented-Reality-Projekte einfach selbst erstellen lassen. Wikitude lizenziert die Technologie. Ein Beispiel dafür ist die Möbelkatalog-App Roomle.

Wie Abb. 6.29 zeigt, können mit Roomle aus dem Katalog gewählte Möbel virtuell in die eigenen vier Wände eingeblendet werden. Darüber hinaus erlaubt das Tool auch die 2D- und 3D-Innenplanung, ist also weit mehr als eine reine Augmented-Reality-App.

Abb. 6.29 Augmented-Reality-Ansicht eines Raumes mit virtuellen Möbeln. (Roomle 2017)

Die virtuelle Begehung einer geplanten Küche führt erfahrungsgemäß schneller zum Kauf. Autos lassen sich durch die virtuelle Technologie bis ins kleinste Detail nach den persönlichen Vorlieben individuell konfigurieren, wobei beim bloßen Betrachten durch die Virtual-Reality-Brille bereits enormer Fahrspaß aufkommt. Die Wertigkeit eines Bodenbelags wird am besten durch eine Projektion in das heimische Wohnzimmer vermittelt.

Generell lässt sich sagen, dass der Markt und die Möglichkeiten rund um Augmented Reality gerade erst am Anfang stehen. Die Nutzung von Augmented-Reality-basierten Anwendungen bringt auch jetzt schon einige Vorteile, da mobile Endgeräte weit verbreitet und leicht transportierbar und oftmals standardmäßig mit GPS ausgestattet sind. Das kleine Display und die auf Dauer unkomfortable Handhabung werden aber den Bedarf für einfachere Medien wecken.

Lego Digital Box
Der Einsatz von Augmented Reality im stationären Handel ist nicht neu. Die Firma Lego hat seit 2010 in seinen Geschäften die Lego Digital Box. Hält der Käufer eine Lego-Packung vor einen interaktiven Spiegel, sieht er in 3D-Darstellung, was er mit den Bausteinen alles konstruieren kann. Dank Augmented Reality fühlt sich der Interessent schon im Laden vor dem Kauf des Produktes umfassend informiert.

Studien belegen, dass Augmented Reality als Teil der Digitalisierung zu einem Differenzierungsfaktor und Trigger sowohl im stationären als auch im Online-Handel wird. Laut Lego sind die Umsätze in den Shops mit der Lego Digital Box deutlich gestiegen.

6.9.3.2 Augmented Reality im Online- und stationären Handel
Einer amerikanischen Studie zufolge steigt der Warenkorb der Käufer durch Augmented Reality und 72 Prozent der Käufer geben an, dass sie durch Augmented Reality zusätzliche Produkte gekauft haben, von denen sie gar nicht geplant hatten, sie zu erwerben. Gleichzeitig sagen 71 Prozent der Studienteilnehmer aus, dass sie häufiger zu einem Einzelhändler gehen würden, der Augmented Reality anbietet (Interactions Consumer Experience Marketing 2016).

Online-Regalerweiterung
Die aktuelle stationäre Verkaufsfläche lässt sich mittels Augmented Reality virtuell um Informationen, Beratungsmöglichkeiten und Emotionen erweitern, was letztlich die Kaufintention positiv beeinflusst. Diese Regalerweiterung kann online stattfinden. Dann wird „research online, purchase offline" zu „research offline, purchase online".

Für den Online-Handel bringt Augmented Reality mit, dass der Kunde Prozesse vor der Kaufentscheidung, wie etwa das Anprobieren oder die Beratung durch einen Freund, nun zu Hause vor dem Tablet, dem Rechner oder unterwegs mobil erlebt. Auf diese Weise erhält E-Commerce durch Augmented Reality neue Formen der Produktpräsentation und des -erlebens, die der Kunde vorher nur im stationären Handel hatte.

Omni-Cchannel-Integration mithilfe von Augmented Reality
Durch Augmented Reality können die Schwächen des Online-Handels und des stationären Handels minimiert werden. Augmented Reality verbindet die Welt des stationären Regals mit der unbegrenzten Warenvielfalt im E-Commerce. Zwei Anwendungsfälle sollen dies verdeutlichen.

Verhalten lenken im stationären Handel
Ein Kunde geht durch den Supermarkt und nutzt sein Mobiltelefon mit einer Augmented-Reality-App und Near Field Communication (NFC) über Beacons. NFC kann die Augmented-Reality-Technologie beim Erkennen von nahen Regalregionen unterstützen und über Push-Nachrichten die Aktivierung der Augmented-Reality-Funktionalität fördern.

> **Einkaufen mit Smartphone und App**
> Der Kunde möchte ein bestimmtes Rezept kochen. Die Zutatenliste dient dabei als Einkaufszettel. Die Handels-App führt den Kunden von Zutat zu Zutat direkt durch die Regale. Auf dem Mobiltelefon zeigt ein Pfeil die richtige Richtung durch den Supermarkt an. Dank der AR-Darstellung sieht er die Regale und auch die Produkte in der Regalen. Diejenigen, die er sucht, werden hervorgehoben und auch mit einigen Informationen beschrieben. Der Kunde wählt zwischen einer effizienten Einkaufstour oder einer inspirierenden Erlebnistour aus, die ihn dann zum Beispiel zu exquisiten Gewürzen und Chutneys führt. Links und rechts in den Regalen tauchen individuelle Empfehlungen auf, ab und zu auch eine virtuelle Zweitplatzierung.
>
> Die Regallandschaft wird zum Kontext-Shopping. Zum Hauptgericht kommt eine Empfehlung für das Dessert. Und wenn noch ein paar Hintergrundinformationen zum Produkt abgefragt werden sollen? Dann wird das Mobiltelefon einfach nahe an die Verpackung gehalten und schon erfährt der Kunde, worin das Geheimnis der besonderen Zutat liegt und wo und wie sie angebaut wurde. Der Kunde setzt sich das Dessert auf die Merkliste für den nächsten Kauf. Oder er bestellt es gleich online.
>
> Am Ende der Tour hat der Kunde alle Produkte ausgesucht, im Einkaufswagen gesammelt, gescannt und in der App gespeichert. Der Bezahlvorgang wird automatisiert an der virtuellen Kasse nahe dem Supermarkt-Ausgang ausgelöst. Durch die Augmented-Reality-Anwendung hat der Einzelhändler wertvolle neue Erkenntnisse über das individuelle Verbraucherverhalten gewonnen und wird diesem Kunden beim nächsten Einkauf noch bessere Empfehlungen geben können.

Showroom für E-Commerce mit Augmented Reality
Dank der Augmented-Reality-Technologie kann der stationäre Handel darauf verzichten, alle Varianten eines Produktes vorrätig zu halten und auszustellen. Andere Größen, andere Farben, Ausstattungsvarianten, andere Maße, all das kann mithilfe von Augmented Reality dargestellt werden. Und zwar virtuell vor den Augen des Kunden, so entsteht das Produkt,

6.9 Augmented Reality (AR) und Virtual Reality (VR)

das er wirklich kaufen will. Die Kunden können so ihr Lieblingsprodukt finden, nach ihren Wünschen konfigurieren, es sich auf den Merkzettel setzen oder gleich bestellen.

Besonders Händler, die große und sperrige Produkte anbieten und verkaufen und aus Platzmangel nur eine begrenzte Anzahl von Ausstellungsstücken zeigen können, profitieren überproportional von der virtuellen Erweiterung der Ausstellungsfläche. Ein weitergehender Service kann darüber hinaus angeboten werden: Das virtuellen „Platzieren" in die Wohnung, indem der Kunde vor dem Kauf das Produkt schon einmal in der eigenen Wohnung virtuell aufstellen oder an seinen geplanten Platz stellen kann. Farben und Materialien können dann noch simuliert werden, bevor endgültig gekauft wird.

Im ersten Schritt fördert Augmented Reality so die Omni-Channel-Integration und unterstützt das Wachstum des Handels in Richtung E-Commerce. Daher wird in den kommenden Jahren das Zusammenwachsen des stationären mit dem digitalen Einkaufen zu beobachten sein.

Showroom-Shopping wird zum Real-Time-Einkaufen
Der Handel wird zunehmend zum virtuellen Showroom: Einkaufen erfolgt in der Zukunft auch zunehmend digital, von der Couch aus, vom Küchentisch oder beim Hineinsehen in den eigenen Kühlschrank. Eingekauft wird digital oder mit der Augmented-Reality-App. Aufgrund von immer kürzeren Lieferzeiten von mittlerweile unter einem Tag wird das Showroom-Shopping immer mehr zum Real-Time-Shopping.

Den Weg dazu zeigen viele E-Commerce-Anbieter bereits mit den von ihnen eingesetzten Verfahren, die seit Jahren verfeinert werden und auch in Augmented-Reality-Anwendungen zum Tragen kommen können:

- Empfehlungen durch andere Kunden: Kunden, die Produkt X gekauft haben, haben auch Produkt Y gekauft.
- Kontexte: das heißt, Produkte X und Y passen hervorragend zum Produkt Z
- Looks: Kuratierung, Personalisierung und User-Profilierung
- Individueller Preis für jeden Kunden, der in der Augmented Reality an der virtuellen Regalschiene steht

Augmented Reality kann die Customer Journey also um all das anreichern, was im klassischen E-Commerce schon heute greift.

Erhöhung der Beratungsqualität mithilfe von Augmented Reality
Die Beratungsqualität im E-Commerce ist mittlerweile teilweise besser als die im stationären Handel. Insbesondere für Frauen stehen vielfältige Apps zur Verfügung, die Augmented-Reality-Elemente einsetzen: Ausprobieren von neuen Frisuren mit unterschiedlichen Haarfarben, Austüfteln von Makeup-Ideen, Anprobieren neuer modischer Kleidungsstücke. Dabei wird teilweise noch mit statischen Bildern gearbeitet, innovative Apps nutzen hingegen die erweiterte Realität und blenden die Inhalte auf das Bild der Selfie-Kamera des Smartphones.

Abb. 6.30 Augmented-Reality-Supermarkt in China

Augmented-Reality-Supermarkt in China

Yihaodian, Chinas größter E-Commerce-Einzelhändler, hat angekündigt, die ersten Augmented-Reality-Supermärkte der Welt in den Stadtzentren im ganzen Land zu eröffnen (Abb. 6.30). Besucher, die ohne Mobiltelefone durch die Gebäude und Räume gehen, sehen nur „Büroflächen, Parks und Universitätsgelände". Aber diejenigen, die mit einem mobilen Gerät ausgestattet sind, können einen voll ausgestatteten Supermarkt sehen, komplett mit virtuellen „Food"-Benutzern, die mit ihrem Mobiltelefon scannen, um einen „virtuellen Einkaufskorb" zu füllen, der mithilfe eines einfachen Klicks anschließend geliefert wird.

Das Layout dieser virtuellen Supermärkte, wie sie von einem Mobiltelefon aus gesehen werden, ähnelt dem Layout von analogen Supermärkten, abzüglich des Einpackbereiches und der langen Schlangen an den Kassen.

Dies ist eines der jüngsten Augmented-Reality-Projekte von Yihaodian, das sich im vergangenen Jahr mit dem chinesischen Standortdienst Jieping zusammengetan hat, um eine Reihe von U-Bahn-Werbeaktionen zu entwickeln. Die Anzeigen erschienen als Fotografien von Supermarktregalen, die von Zulieferern gesäumt waren, und Mobiltelefon-Benutzer können QR-Codes scannen, die unter den Objekten auf dem Foto gedruckt waren, um Yihaodian mitzuteilen, dass letztere diese Produkte zum Haus des Kunden liefern sollen. Und obwohl Yihaodian seine Zahlen aus dem Experiment nicht veröffentlicht hat, haben ähnliche Unternehmungen westlicher Einzelhändler Erfolg: Die QR-basierten Supermärkte des britischen Einzelhandelsunternehmens Tesco in

6.9 Augmented Reality (AR) und Virtual Reality (VR)

Südkorea, die nach dem gleichen Modell arbeiteten, steigerten die Online-Verkäufe der Lebensmittelkette um 130 Prozent.

Yihaodian berichtet, dass es derzeit Pläne für die Eröffnung von 1.000 Augmented-Reality-Supermärkten gibt. Im Gegensatz zu stationären Geschäften kosten virtuelle Supermärkte kaum etwas.

Augmented-Reality-Supermarkt Yihaodian (Video mit Springer Nature ExploreBook App ansehen)

6.9.3.3 Virtual-Reality-Anwendungen

Virtual Reality wird mittlerweile in den verschiedensten Bereichen und in unterschiedlichen Anwendungsfällen eingesetzt. Dies zeigen einige exemplarische Fälle.

Showrooming

Virtuelle Showrooms bieten die Möglichkeit, Produkte und Waren auf eine emotionale und interaktive Weise hervorzuheben und zu präsentieren. Ob Autos, Turnschuhe, Schmuck oder Kleidung, die Kunden können jedes dieser Produkte in all seinen Facetten erleben.

Virtual-Reality-Webseiten in 360°

Ganze Webseiten oder spezifische Inhalte können in 360°-Räumen inszeniert und so als Virtual-Reality-Erlebnis umgesetzt werden. Produkt- und Markenwebseiten eignen sich durch die hohe visuelle Qualität und starke emotionale Wirkung. Virtual-Reality-Filme in 360° bieten besondere Erlebnisse und sprechen vor allem die Gefühlswelt der Käufer an. So erzeugen Werbefilme in 360° eine deutlich höhere Immersion als klassische Clips.

Projekt 360 bei Mammut

Der Kletter- und Bergsteigerausrüster Mammut bietet auf seiner Webseite ein 360°-Erlebnis für Interessierte an. Der Nutzer kann beim Projekt 360 (Mammut 2017) sowohl die Umgebung der Eiger Nordwand als auch die des Matterhorns eindrucksvoll erleben, eine Customer Experience par Excellence. Im Rahmen der Produktion des 360°-Films trugen die Bergsteiger einen speziellen Rucksack auf dem Rücken, ausgestattet mit sechs Kameras. Diese filmten automatisch während der Auf- und Abstiege. Die Filmsequenzen wurden dann später aufwändig zu den Rundumblicken zusammengestellt. So wird es möglich, dass der Betrachter die wundervollen Panoramen ansehen und bewundern kann, die nur wenige Menschen mit eigenen Augen sehen konnten.

Mammut Projekt 360 (Video mit Springer Nature ExploreBook App ansehen)

Virtual-Reality-Produktkonfigurator
Der virtuelle Produktkonfigurator nutzt das emotionale Erlebnis eines Virtual-Reality-Showroom-Konzeptes und erweitert dieses um die Möglichkeiten von klassischen Konfiguratoren. Bei Lexus kann man eine aufregende Probefahrt im Coupé RC F unternehmen (Lexus 2017). Der Chef des Marketings von Lexus Will Nicklas sieht das als wichtige Ergänzung zu den Prototypen des geplanten Fahrzeugs.

Virtual-Reality-Produktdesign
In Bereichen wie Produktdesign, Engineering oder Fertigung verbessert Virtual Reality den Design- und Erstellungsprozess und optimiert dadurch Übersichtlichkeit und Handlungsmöglichkeiten.

Virtuelle Geschäftsstelle
Die virtuelle Geschäftsstelle bietet ihren Kunden einen digitalen Raum, in dem er verschiedene Services und Dienstleistungen des Unternehmens in Anspruch nehmen kann.

Ausbildung und E-Learning
Virtual Reality bietet durch Interaktionsmöglichkeiten, räumliche Erlebniswelten und digitale Flexibilität ein hohes Potenzial für die Aus- und Weiterbildung. So können erklärungsbedürftige Inhalte und Zusammenhänge anschaulich vermittelt werden.

Virtual Reality bei Ikea
In Berlin-Lichtenberg lässt Ikea seine Kunden virtuell durch verschiedene Wohnwelten schlendern. Statt den üblicherweise in dem Möbelhaus vorzufindenden eingerichteten Zimmern mit ausgestellten Möbeln erwartet die Kunden eine gemütliche Ecke, in der sie eine Virtual-Reality-Brille aufsetzen können und anschließend virtuell durch ein Wohnzimmer, eine Küche oder ein Schlafzimmer wandeln können. Die Einrichtung lässt sich dabei über Gestik virtuell ändern, austauschen, von allen Seiten ansehen und örtlich verschieben. Dazu wurde ein Großteil von Einrichtungsgegenständen, Accessoires und Möbelstücken digitalisiert und in Farbvarianten gespeichert.

Über den Virtual-Reality-Verkaufshelfer lassen sich die Ikea-Produkte virtuell vom Benutzer konfigurieren und bei Gefallen auf einen digitalen Merkzettel übertragen. Der lässt sich für den weiteren Einkauf im Online-Shop oder im Einrichtungshaus auf das Mobiltelefon laden. Rund 20.000 Sessions hat das erste Gerät seit der Einführung und dem Beginn des Betriebes bereits hinter sich. Im Schnitt wurde es 60 bis 80 Mal am Tag genutzt. Das war Grund genug, das Projekt deutlich auszuweiten (Demodern 2017).

Virtual Reality in der Schulung
Die Schulung von Technikern ist für viele mittelständische und große Unternehmen, gerade wenn diese in allen Teilen der Welt arbeiten, eine große Herausforderung, ein hoher Organisationsaufwand und mit hohen Kosten, Arbeitsausfall und Terminkoordination verbunden. Techniker werden eingeflogen und an neuen Maschinen geschult. Das ist sehr zeit- und kostenintensiv.

Nicht so mit Virtual Reality. Schulungen finden nicht mehr direkt am realen Objekt statt, sondern mithilfe einer virtuellen Datenbrille an einem 3D-Modell.

Trainingssimulationen in der erweiterten Realität
Die Firma Viscopic bietet hier eine interessante Lösung an (Cebit 2017). Marco Maier ist einer der Gründer der Firma. Während des Studiums an der Technischen Universität in München analysierte er mit zwei anderen Studenten den Einsatz von Augmented und Virtual Reality im industriellen Schulungsbereich und entwickelte eine Lösung, wie Remote-Schulungen im industriellen Umfeld durchgeführt werden können.

Abb. 6.31 Anlagenschulungen mit Mixed-Reality-Lösungen vereinfachen. (Foto: Cebit)

Erstes großes Projekt für die Deutsche Bahn
Mithilfe des Accelerator der Deutschen Bahn entwickelten die drei Kommilitonen nach dem Studium im Rahmen eines Projektes ein holografisches 3D-Modell, mit dem Techniker einen Weichenantrieb studieren können, ohne diesen real vor sich zu haben. Über Gestik können sie das Objekt studieren und seine Funktionsweisen erlernen. Mehrere Techniker können mit dem gleichen Modell arbeiten und lernen, auch wenn sie sich nicht am gleichen Ort befinden. „Der Anwender kann beispielsweise Schrauben und Platten per Handstreich entfernen und die einzelnen Arbeitsschritte beim Tausch einer Welle durchgehen", erklärt Maier (Gründerszene 2017) (Abb. 6.31).

6.9.3.4 Augmented Reality und Virtual Reality in Deutschland
Wie aber sieht die Zukunft von Augmented und Virtual Reality in Deutschland aus? Werden die virtuellen Welten künftig auch unsere Kaufentscheidungen bestimmen? Eine Umfrage von ZEISS zeigt interessante Ergebnisse (Zeiss 2017) (Abb. 6.32):

Optische Technologien werden als wichtig eingestuft, insbesondere in den Bereichen Kommunikation (90 Prozent), Datentransfer und Datenaustausch (90 Prozent) und Mobilität/Verkehr (88 Prozent). Die Umfrage belegt zudem, dass die Befragten Virtual-Reality- (VR) und Augmented-Reality-Anwendungen (AR) sehr offen gegenüberstehen. Neben Kaufentscheidungen sehen die Befragten besonders in der Biomedizin und der Mensch-Maschine-Kooperation Einsatzgebiete von Virtual Reality.

Im Bereich Produktion stufen 86 Prozent der Befragten optische Technologien als sehr wichtig und eher wichtig ein, in den Bereichen Entertainment/Film/Fernsehen/Spiel und Erziehung/Bildung sind es immerhin noch 77 Prozent.

6.9 Augmented Reality (AR) und Virtual Reality (VR)

VR- & AR-Potenziale aus Unternehmensperspektive

82 % Enterntainment/Kommunikation
das größte Potenzial sehen Entscheider in den Bereichen Entertainment und Kommunikation

79 % Mensch/Maschine
der Befragten gehen vom häufigen Einsatz von VR-Anwendungen in der Mensch-Maschine-Kooperation aus.

74 % Biomedizin
der Entscheider erwarten einen verstärkten Einsatz dieser Lösungen im Bereich Biomedizin

69 % Freizeit

63 % Arbeitsalltag

61 % Reisen

55 % privates Umfeld

Abb. 6.32 Potenziale aus Unternehmenssicht. (Foto: Zeiss)

Entscheider aus Deutschland gehen von einer weiten Verbreitung von Virtual-Reality-Anwendungen aus, insbesondere in den Bereichen Entertainment und Kommunikation (82 Prozent). 79 Prozent der Befragten sehen einen häufigen Einsatz von Virtual-Reality-Anwendungen in der Mensch-Maschine-Kooperation und knapp drei Viertel der Entscheider erwarten einen verstärkten Einsatz dieser Lösungen im Bereich Biomedizin (74 Prozent).

Auch bei der Frage, ob zukünftig Kaufentscheidungen auf der Grundlage von VR-Anwendungen getroffen werden, sprachen sich die Befragten mehrheitlich positiv aus. Die Gewichtung zeigt eine besondere Hervorhebung bei Reisezielen (73 Prozent) und in den Bereichen Mobiliar/Inneneinrichtung. Aber auch beim Kauf von Autos (68 Prozent), Immobilien (66 Prozent), Kleidung (62 Prozent) und Sportgeräten (57 Prozent) kann sich die Mehrheit aller Entscheider vorstellen, Kaufentscheidungen von VR-Anwendungen abhängig zu machen.

Dass man mit Virtual Reality verkaufen kann, zeigte auch BMW mit den ersten 360-Grad-Werbevideos.

360° Virtual Reality Commercial von BMW (Video mit Springer Nature ExploreBook App ansehen)

6.9.4 Vor- und Nachteile

Anhand der Beispiele aus den vorherigen Abschnitten wird schon deutlich, dass Augmented Reality ebenso wie Virtual Reality, wenn sie richtig gestaltet sind, das individuelle Benutzererlebnis erheblich aufwerten kann. Beide können im Wesentlichen in folgenden Bereichen von Nutzen sein:

Vorteile von AR und VR

- Sie können Kosten für eine Aufgabenausführung senken, indem die Zahl der erforderlichen Arbeitsschritte reduziert wird, der Benutzer angeleitet wird und immer genau die Informationen erhält, die er für den nächsten Arbeitsschritt benötigt.
- Sie senken die kognitive Belastung des Benutzers, indem sie selbsttätig Dinge erkennen, interpretieren und informieren. Zudem besteht ein nur geringer Einarbeitungsaufwand.
- Informationen lassen sich aus verschiedensten Quellen in eine AR- oder eine VR-Anwendung einbeziehen. Das erhöht Entscheidungssicherheit und der Benutzer wird rundum informiert und muss keinen eigenen Aufwand für die Informationssuche leisten.

Augmented Reality ist heutzutage mit jedem modernen Endgerät und der passenden App nutzbar. Folgende Dinge sind dafür Voraussetzung:

- Kamera für die Aufnahme der Realität
- Prozessor zur Berechnung der Eingabe und Ausgabe
- Sensoren zur Orientierung (Beschleunigungsmesser, Gyroskop)
- Software (Anwendung/App) für Logik und Inhalte
- Display zur Darstellung von Augmented Reality
- Sensor zur Positionsbestimmung (GPS)
- Trackingmotiv als Marker (Marker- oder Bilderkennung)

Die Anwendungspotenziale liegen in folgenden Bereichen:

- Revolutionär anmutende Ausgestaltungsmöglichkeiten
- Ansprache von verschiedenen Zielgruppen
- Durch die Interaktion mit dem User entsteht eine hohe Emotionalisierung des Produkts bzw. der Marke.
- Die Kaufentscheidung wird aufgrund der Emotionen nicht mehr allein über den Preis bestimmt.
- Dauerhafte Marken- und Produkterinnerung durch emotionale Einkaufserlebnisse (Wow-Effekt!)
- Anwendungen vermitteln einen „Erlebnischarakter".
- Interaktionsfähigkeit der Zielgruppe lädt zur längeren Verweildauer ein.
- Komplexe Produkte lassen sich durch die greifbare Technik besser visuell darstellen und erläutern.
- Fähigkeit zur crossmedialen Kommunikation, z. B. durch das Integrieren einer Augmented-Reality-Komponente in einer Printanzeige.

Nachteile von AR und VR
Wenn man sich mit Augmented Reality und Virtual Reality beschäftigt, sollte man sich auch der Nachteile bewusst sein:

- Technologieneuheit
- Es wird ein mobiles Endgerät mit Internetzugang (Smartphone, Tablet etc.) oder ein Computer mit Webcam oder eine Datenbrille benötigt.
- Aufgrund mangelnder Performance-Fähigkeit der Endgeräte sind technische Probleme möglich.
- Unvorteilhafte Rahmenbedingungen beeinflussen die Augmented-Reality-Anwendung negativ, z. B. schlechtes Wetter bei Outdoor-Anwendungen.

6.10 Human Computer Interaction (HCI)

Statt sich am heimischen Personal Computer oder am Tablet durch Bestell- und Bezahlvorgänge zu klicken und Eingaben zu tätigen, können Kunden mittlerweile auf ihrem

Mobiltelefon oder Tablet oder auch mithilfe von Spezialgeräten per Sprachsteuerung Flüge buchen, Essen bestellen, Konzerttickets ordern oder Schuhe kaufen. Mehr noch, darüber werden sie künftig auch Schadensfälle abwickeln, Dienstleistungen in Anspruch nehmen und sich live beraten lassen: Conversational Commerce, die Kundeninteraktion mithilfe von Sprache und künstlicher Intelligenz, macht dies alles möglich.

6.10.1 Conversational Commerce über sprachgesteuerte Assistenten

Zunehmend stärker wird die Spracheingabe und -suche über Mobiltelefone oder dedizierte Endgeräte mobil oder auch in der Wohnung genutzt und wird dabei immer populärer. Dies bringt zudem einschneidende Veränderungen für Werbetreibende mit sich.

Sprachkonversation über Mobiltelefone und andere smarte Geräte
Die Sprachsuche und -kommunikation kommt ohne Hände aus. Ob beim Joggen, im Fitness-Studio, beim Autofahren, Spazierengehen oder sogar beim Bedienen einer Maschine ist es ist viel einfacher und praktischer zu sprechen, als zu etwas einzugeben oder einzutippen. Geräte wie Amazon Echo, Google Now, Cortana, Bixby oder Siri werden zunehmend Teil des menschlichen Alltags und werden unter dem Stichwort Conversational Commerce genutzt.

Conversational Commerce unterstützt Kommunikation mit dem Kunden
Conversational Commerce ist letztlich eine Art E-Commerce, der den Informationsaustausch und die Kommunikation im Stile einer Konversation zwischen dem Kunden und dem Unternehmen in den Mittelpunkt stellt. Konversation, Verständigung oder synonyme Kommunikation sind die ältesten Fähigkeiten des Menschen, der damit auch entsprechend natürlich umzugehen weiß. Diese Art der Verständigung ermöglicht einen Dialog zwischen Kunde und Handel und zwar über das Internet in Form einer Human Computer Interaction.

Bei der Beschäftigung mit dem Conversational Commerce sollte man auf die Entwicklung des Social Web auf der einen und des E-Commerce auf der anderen Seite eingehen. Der E-Commerce verlagert sich immer mehr zum M-Commerce, dem Mobile Commerce, während sich die sozialen Netzwerke zu allgegenwärtigen Kommunikations-Instrumenten wandeln.

Vor diesem Hintergrund tritt nun der Conversational Commerce auf. Der Begriff Conversational Commerce stammt von Chris Messina, einem Entwickler von Uber. Zuvor sprach auch Dan Miller in einem Aufsatz über die Marketing-Trends 2014 über das Phänomen (Opus Research 2012).

Messina definiert Conversational Commerce in einem Artikel aus 2016 folgendermaßen (Messina 2016):

> Conversational Commerce pertains to utilizing chat, messaging, or other natural language interfaces (i.e. voice) to interact with people, brands, or services and bots that have had no real place in the bidirectional, asynchronous messaging context.

6.10 Human Computer Interaction (HCI)

Auf Deutsch: „Conversational Commerce betrifft die Verwendung von Chat, Messaging oder anderen Benutzeroberflächen, die auf natürlicher Sprache beruhen, um mit Menschen, Marken oder Diensten sowie Bots zu interagieren, die zuvor in einem asynchronen Dialog innerhalb des Nachrichtenkontextes keinen Platz hatten".

Bereits ein Jahr zuvor hatte er Conversational Commerce als Antwort darauf charakterisiert, dass Menschen heute wenig Zeit für den Online-Einkauf oder Kaufentscheidungen verwenden wollen: „Conversational commerce is about delivering convenience, personalization, and decision support while people are on the go, with only partial attention to spare."

Text- oder Sprachorientierte Kommunikation
Die Konversation bei Conversational Commerce kann auf zwei verschiedene Arten ablaufen, einmal rein textorientiert, wie es bei Messengern oder Chatbots (siehe Abschn. 6.11) geschieht, oder sprachbasiert, wie es bei Amazon Alexa und anderen möglich ist, oder sie findet sogar über Skype oder Slack visuell ab. Bei der sprachbasierten Kommunikation erfolgt die Kommunikation über ein Conversational User Interface (CUI).

Wie wird sich Conversational Commerce entwickeln und wie ist seine Akzeptanz? Wird diese Form der computergestützten Assistenz von den Menschen angenommen? Eine aktuelle Studie von W&V sagt dazu Folgendes aus (Bassu 2017):

- Entwicklung der Sprachsuche: Bis 2020 werden 50 Prozent aller Suchanfragen per Sprachsuche und 30 Prozent aller Web-Sessions ohne Bildschirm erfolgen.
- Nutzung von Sprachassistenten auf Mobiltelefonen: Mobile Sprachassistenten wie Siri, Google Now oder Cortana treiben den Markt und 60,5 Millionen aller Mobiltelefone – nahezu ein Fünftel der US-Bevölkerung – benutzen sie bereits.
- Nutzung von Sprachassistenten in den USA: 35,6 Millionen Amerikaner verwenden 2017 sprachbasierte Assistenten. Das sind rund 129 Prozent mehr als im Jahr davor.
- Gründe für die Nutzung von Sprachassistenten: 55 Prozent antworten, dass es praktisch sei, 52 Prozent sagen, es sei einfach zu benutzen, 49 Prozent glauben, es gehe schneller als Tippen. Zum Verständnis dazu: 38 bis 40 Wörter tippt ein Mensch pro Minute, jedoch kann er bis zu 150 Worte in der Minute sprechen.
- Art der Nutzung von Sprachassistenten: 42 Prozent für Wegbeschreibungen, 46 Prozent zur Wettervorhersage, 50 Prozent zum Abspielen von Musik, 55 Prozent für Spaßfragen, 63 Prozent für ganz normale Web-Recherche.
- Marktanteile von Sprachassistenten: Zu Hause dominieren Amazon (Amazon Echo: 70,6 Prozent) und Google Home (23,8 Prozent), während sich andere Anbieter den Rest (5,6 Prozent) aufteilen, wie zum Beispiel Lenovo, LG, Haman Kardon oder Mattel.

Ein wesentlicher Faktor für den Erfolg und die Durchsetzung der digitalen Assistenten sind ihre Funktionen und die Gestaltung der Kommunikation. Wie gut die sprachbasierten Assistenten mittlerweile funktionieren, zeigt eine Studie in Abschn 6.10.6.

6.10.2 Entwicklung von sprachgesteuerten Assistenten

Grundlage für den Einsatz und die Nutzung der sprachgesteuerten Assistenten ist die Entwicklung von Spracherkennungssoftware. Sie begann bereits in den fünfziger Jahren (Dernbach 2016).

1952 – erste maschinelle Spracherkennung von Bell Laboratories
1952 wurde die erste maschinelle Spracherkennung von den Bell Laboratories in den USA entwickelt. Der Prototyp mit dem Namen Audrey konnte gesprochene Zahlen erkennen. Das System war damals noch nicht sehr ausgereift, daher mussten zwischen den Zahlen längere Pausen gemacht werden, um Audrey die Chance zu geben, die Zahlen überhaupt zu verstehen.

1962 – Spracherkennungssystem Shoebox von IBM
IBM präsentierte im Jahre 1962 ein Spracherkennungssystem, die Shoebox, die William C. Dersch von IBM in San Jose, Kalifornien, am Advanced Systems Development Division Laboratory entwickelte. Shoebox konnte nur sechzehn Worte verstehen, die Zahlen von Null bis Neun und die mathematischen Funktionen „minus", „plus", „Zwischensumme", „gesamt", „falsch" und „von". Der Rechner hatte damals die Größe eines Schuhkartons.

Am 21. April 1962 stellten Dersch und seine Kollegen den Rechner auf der Weltausstellung in Seattle der Öffentlichkeit vor. Das Publikum konnte dabei live verfolgen, wie die Maschine die gesprochene Rechenaufgabe „Fünf plus drei plus acht plus sieben plus vier minus neun" verstehen und die korrekte Antwort „17" ausgeben konnte. Zu dieser Zeit war IBM noch fast zwanzig Jahre von der Entwicklung des ersten Personal Computers entfernt.

Siebziger Jahre – Harpy an der Carnegie-Mellon-Universität
Mithilfe einer Förderung durch das amerikanische Verteidigungsministerium und seiner Agentur DARPA konnte von der Carnegie-Mellon-Universität Ende der siebziger Jahre ein System namens Harpy entwickelt werden. Mit tausend Worten hatte es den Wortschatz eines Dreijährigen.

Achtziger Jahre – Hidden Markov Modell
Nach weiteren zehn Jahren erreichte man durch einen Algorithmus, der ganze Wortfolgen analysierte, die nächste Entwicklungsstufe. Als Grundlage diente das sogenannte „Hidden Markov Modell", benannt nach dem russischen Mathematiker Andrej Markov, das statistisch berechnete, welches Wort auf ein anderes folgt.

Neunziger Jahre – Spracherkennung mit dem Personal Computer
In den neunziger Jahren wurde die Spracherkennung auf dem PC genutzt und entwickelt. Verschiedene Unternehmen entwickelten entsprechende Software zur Spracherkennung: IBM, Dragon, Philips, der belgische Spezialist Lernout & Hauspie und Microsoft. Durch Übernahmen und Verkäufe konnte sich die Firma Nuance ein Großteil der Technologien

von IBM, Philips, Dragon und anderen sichern und weiterentwickeln. So entstand eine Software mit einer hohen Erkennungsquote, die im Rahmen von standardisierten Diktieraufgaben in Anwaltskanzleien oder Arztpraxen eingesetzt wurde.

2011 – Siri von Apple
Neue Bewegung in den Markt brachte das Sprachverarbeitungssystem Siri von Apple. Dies ist zurückzuführen auf ein von der Militärbehörde DARPA (Defence Advanced Research Projects Agency) finanziertes Projekt. Siri wurde in der Abteilung zur Erforschung künstlicher Intelligenz (Artificial Intelligence Center (AIS)) entwickelt und später in eine gesonderte Firma ausgegliedert.

Bei der Markteinführung des iPhone 4S im Oktober 2011 wurde Siri als persönliche digitale Assistentin angekündigt, von Scott Forstall aber auch als eine Software im Beta-Stadium bezeichnet. Damals verstand Siri die Sprachen Englisch, Deutsch und Französisch, konnte aber schon Telefonanrufe starten. Heute kann Siri komplexe Rechenaufgaben lösen oder einen fünfminütigen Vortrag über den Sinn des Lebens halten. Die eigentliche Siri-App basierte auf einer Zusammenarbeit mit verschiedenen Partnern, unter anderem OpenTable, Yelp, Yahoo Local für Restaurant- und Geschäftsinformationen, Eventful, StubHub und LiveKick für Event- und Konzertinformationen, MovieTickets und die New York Times für Kinoinformationen, Bing Answers, Wolfram Alpha und Evi für das Beantworten von Faktenfragen und Bing, Yahoo und Google für die Websuche.

2011 – Google Now von Google
Im gleichen Jahr wie die Einführung von Siri brachte auch die Firma Nuance eine ähnliche Anwendung mit dem Namen „Nina" auf den Markt. Anschließend folgte der Suchdienst Google Now (seit 2016 Google Assistant) und die Hardware-Hersteller LG und Samsung boten für ihre Nutzer mit „Quick Voice" und „S Voice" auch ähnliche sprachgesteuerte Assistenten an.

2014 – Cortana von Microsoft und Alexa von Amazon
Im Jahr 2014 gesellten sich noch Amazon mit Alexa und Microsoft mit Cortana hinzu. Amazon entwickelte spezielle Geräte mit entsprechender Spracherkennungs- und Steuerungsfunktionen und platzierte sie im Markt. Amazon Alexa findet man in Amazon Echo, dem kleineren Echo Dot, einem Amazon Tablet zur mobilen Nutzung, und weiteren Geräten. Die Anwendung von Amazon Alexa und den anderen Geräten vereinfacht im Bereich Smart Home unter anderem die Steuerung von Steckdosen, Lampen und Heizungen: „Alexa, schalte das Licht an.", „Hallo Siri, heize das Wohnzimmer auf 23°C.", „Hey Google, wie ist die Temperatur in Stralsund?", das sind die typischen Sprachbefehle, die ausreichen, um die Umgebung zu steuern oder Informationen einzuholen.

Sprachsteuerung wird weiterentwickelt und ausgebaut
Sprachgesteuerte Assistenten befinden sich in einer frühen Entwicklungsstufe. Sie funktionieren schon zufriedenstellend, werden aber vehement und zielorientiert weiterentwickelt.

Neben dem Vorhandensein in Spezialgeräten wie Amazon Echo oder Google Home Mini, werden sie zunehmend in andere Geräte und Systeme integriert. Alexa und Co. werden in Zukunft im Auto, aus dem Kühlschrank oder der Küchenmaschine zu uns sprechen und auf unsere Befehle warten. Apple bringt die Sprachsteuerung zusätzlich auch noch in seine Mobiltelefone oder in Smartwatches, während Google wie auch Amazon das Einsatzfeld eher zu Hause sehen.

6.10.3 Technische Grundlagen

Die Spracherkennung bildet ein Teilgebiet der Informatik, Ingenieurswissenschaften und Computerlinguistik. Diese untersuchen und entwickeln Verfahren, die Computern die gesprochene Sprache und die Spracherfassung zugänglich machen.

Zugrundliegende Technik bei sprachbasierten Assistenten
Die den sprachbasierten Assistenzsystemen zugrundeliegenden Techniken sind in aller Regel ähnlich: Die von Mikrofonen – im Telefon oder in den Spezialgeräten wie Apple Home oder Amazon Alexa – aufgezeichneten Töne werden über das WLAN an einen Server im Internet übertragen. Nach einer Analyse und Umwandlung in Text erfolgt dann die Suche nach einer Antwort oder Aktion, die ausgeführt werden soll. Liegt ein Ergebnis in Form eines Textes vor, wird dieser wieder in Sprache umgewandelt, die Antworten des Systems auf das Eingabegerät zurückgespielt und dort als Sprache ausgegeben. Die verwendeten Server stehen in der Regel in den USA bei den jeweiligen Herstellern und empfangen und verarbeiten alle Daten und Informationen. Auf diese Weise lernen sie und werden ständig weiterentwickelt.

In gleicher Weise arbeiten auch die Spracherkennungssysteme von Google (Google Now) und Microsoft (Cortana), die mit kleinen Mikrofonsymbolen im Browser auf ihre Bereitschaft hinweisen, dass der Benutzer mit der Sprachersuche und Kommunikation beginnen kann. Cortana von Microsoft gehört auf den Smartphones mit dem Windows-System seit Windows Phone 8.1 zur Standardausstattung, ebenso Cortana in der neuen Windows-10-Version für Desktops und Tablets.

Bestandteile von Spracherkennungssystemen
Ein Spracherkennungssystem besteht in der Regel aus den folgenden Bestandteilen (Abb. 6.33) und funktioniert folgendermaßen:

- Empfang und Verarbeitung der Sprachsignale und Zerlegung in einzelne Frequenzen: Hierunter fallen die Phasen der Abtastung, das heißt der Digitalisierung der analogen Signale, der Filterung von Umgebungsgeräuschen, der Signaltransformation in den Frequenzbereich und die Erstellung des Merkmalvektors, die unabhängigen und abhängigen Merkmale des digitalen Sprachsignals.

6.10 Human Computer Interaction (HCI)

Abb. 6.33 Grundsätzliche Funktionsweise eines Sprachassistenten

- Erkennung mit akustischen und Sprach-Modellen sowie Wörterbüchern: Bei der Erkennung mithilfe von akustischen Modellen spielt das Hidden-Markov-Modell wieder eine wichtige Rolle. Es werden zu den Eingangssignalen passende Phoneme gefunden, die dann in Teile zerlegt und mit gespeicherten Teilstücken verglichen werden. Alternativ werden neuronale Netze für das akustische Modell verwendet, um Veränderungen im Frequenzspektrum über den Zeitablauf zu erkennen. Diese Konzepte kommen aus dem Deep-Learning-Bereich und liefern Erkennungsraten im menschlichen Bereich.

  Die Spracherkennungsprogramme basieren auf einem statischen Verfahren zur Auswertung der gesprochenen Sprache. Sie versuchen vorauszusagen, welche Variable nach den bereits erkannten Daten in einer Einheit folgen werden. Dabei gleicht die Software die gegebene Einheit in einer Referenzdatenbank ab und wertet die Wahrscheinlichkeit mehrerer Möglichkeiten für die nachfolgenden Variablen aus. Als mögliche Lösung wird dann nach dem Hidden-Markov-Model die Einheit mit dem höchsten Wahrscheinlichkeitsgrad gewählt. Die Spracherkennungssoftware hat die Aufgabe, einzelne Wörter zu erkennen. Auf der Grundlage der Vokale und Konsonanten (Phoneme) im Wort versucht die Software vorauszusagen, um welches Wort es sich genau handelt. Hierbei wird die Audiodatei auf dem Server mit den bekannten Mustern aus der Datenbank verglichen.
- Umwandlung von Sprache in Text: Nach einer Spracheingabe wird diese an die Plattform gesendet und dort mithilfe von Natural-Language-Processing (NLP) in Text umgewandelt. Enthaltene Informationen werden analysiert und über das Interaction-Modell ausgewertet.
- Auswertung und Beantwortung der Frage: Im Anschluss wird der Text an einen Server gesendet, der die entsprechende Frage auswertet, eine Antwort in Textform formuliert, um diese dann in Audio zu wandeln und die Antwort über den Lautsprecher auszugeben.

Nächste Generation der Spracherkennung
Bei Google arbeiten Forscher schon an der Spracherkennung der nächsten Generation, die dann ganze Sätze in ihrer Bedeutung untersuchen soll. Falls später einmal die Spracherkennungssysteme die Wort- und Satzbedeutung lernen, dann ermöglicht das fast eine natürliche menschliche Unterhaltung mit den Maschinen.

6.10.4 Plattformen für sprachgesteuerte Assistenten

Aktuell können Kunden oder Konsumenten bereits über verschiedene Kanäle mit Unternehmen kommunizieren und in Dialog treten, Produkte über das Internet kaufen, Dienstleistungen anschauen und bestellen oder über ein Call-Center reklamieren, Fragen stellen und Anregungen geben.

Durch die Entwicklung von sprachgesteuerten Assistenten können viele dieser Aufgaben von ihnen übernommen werden. Von führenden Technologiefirmen wie Amazon, Apple, Google und Microsoft sind aktuell auf dem Markt verschiedene persönliche Assistenten erhältlich.

6.10.4.1 Siri von Apple
Siri ist eine Software von Apple, die natürlich gesprochene Sprache erkennt und verarbeitet und in einen Dialog treten kann.

Siri auf Apple-Geräten
Siri läuft auf den Apple-Betriebssystemen iOS, macOS, watchOS und tvOS. Gestartet hat Siri auf dem iPhone 4S, heute ist Siri auch auf iPads, der Apple Watch, dem Apple TV und auf den Apple Notebooks und PCs verfügbar.

Intelligenter Lautsprecher HomePod von Apple
Mit dem intelligenten Lautsprecher HomePod will Apple an den Erfolg des iPods anknüpfen (Abb. 6.34). Im HomePod verbaut sind ein Basislautsprecher und sieben Hochtonlautsprecher mit Richtstrahl-Fähigkeiten für einen sehr guten Sound. Der 18 Zentimeter hohe HomePod spielt Musik ab, dazu lauschen sechs eingebaute Mikrofone auf das Kommando „Hey Siri", um dann Befehle des Anwenders entgegenzunehmen. Zusätzlich kann per Sprachbefehl die Temperatur einer vernetzten Heizung oder Klimaanlage, das Öffnen von Türen, die Steuerung von Lampen oder anderen Smart-Home-Geräten geregelt werden. Dabei werden keine Daten über das Internet an entfernte Server geschickt, wie dies bei anderen Systemen der Fall ist, sondern Anfragen lokal auf dem HomePod verarbeitet. Erst bei Fragen durch den Benutzer greift Siri auf die Apple-Server zu.

Die im HomePod eingebaute Sprachassistentin Siri versteht mittlerweile bereits 21 Sprachen, mehr als Amazons Alexa, Microsofts Cortana, Googles Assistant oder Samsungs Bixby. In einigen Sprachen funktionieren die Geräte sehr gut und erkennen die

6.10 Human Computer Interaction (HCI)

Abb. 6.34 HomePod von Apple. (Foto: Apple)

Sprachbefehle fast alle richtig. Allerdings ist die deutsche Sprache eine Herausforderung beim Verstehen und auch beim Antworten.

6.10.4.2 Cortana von Microsoft

Eine ganz andere Strategie verfolgt Microsoft Cortana mit seiner künstlichen Intelligenz (Abb. 6.35). Im Fokus steht nicht die Entwicklung eines eigenen Voice-Services, sondern die Integration der künstlichen Intelligenz Cortana in Lautsprecher von Herstellern wie Harman & Kardon und HP.

Persönlicher Assistent Cortana

Im Jahr 2014 stellte Microsoft seinen Assistenten Cortana, benannt nach einer künstlichen Intelligenz in der Halo-Spielserie, erstmals vor. Zum ersten Mal eingesetzt wurde Cortana im Windows-10-Betriebssystem. Mittlerweile findet sich Cortana aber auch auf der Xbox One oder anderen Android- und iOS-Geräten.

Eine enge Verbindung von Cortana besteht zu den anderen Microsoft-Produkten. Hervorzuheben sind der Browser Edge und die Microsoft-eigene Suchmaschine Bing. Das erleichtert die Bing-Suche, die über Sprachbefehle zu bedienen ist. Aber auch Termine oder Erinnerungen lassen sich per Sprachsteuerung eingeben, Kontakte können im Telefonbuch aufgerufen werden, aber auch Adressen und Routenziele einfach ermittelt werden.

Konversation als Plattform

Microsoft CEO Satya Nadella fasst unter dem Begriff „Konversation als Plattform" all das zusammen, was Cortana und andere Microsoft-Tools können. Microsoft wolle „die Kraft der menschlichen Sprache" nehmen und sie an vielen Stellen anwenden. Das erklärte er in

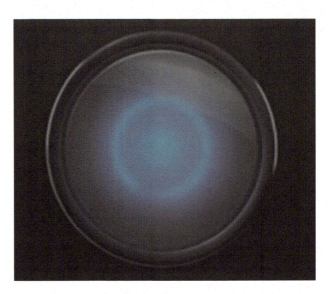

Abb. 6.35 Der Harman-Kardon-Speaker mit Cortana von oben. (Golem 2016)

seiner Keynote auf der Build Konferenz 2016 in San Francisco. Er sieht Sprache als neue Form der Benutzeroberfläche. „Bots sind die neuen Apps, digitale Assistenten sind Meta-Apps", sagte er (Postinett 2016).

Ein Jahr danach zeigte Microsoft nun ebenfalls eine Schnittstelle für Entwickler: Cortana Skills Kit. Künftig soll Cortana auch ebenso wie Alexa von anderen Herstellern für ihre Geräte genutzt werden können.

6.10.4.3 Google Home von Google

Google hat auf seiner jährlich stattfindenden I/O-Entwicklerkonferenz 2016 seinen eigenen Voice-Service unter dem Namen Google Home vorgestellt. Das System arbeitet auf der Basis des Google-Assistenten (Abb. 6.36).

Google fokussiert sich im Gegensatz zu den anderen Herstellern eher auf die künstliche Intelligenz, weniger auf Klang- und Audioqualität. In der täglichen Nutzung ist Google Home ausreichend, im Vergleich zu Amazon Alexa in einigen Bereichen etwas im Vorteil, da er auch komplexere Fragen problemlos versteht. Die Programmierung weiterer Fähigkeiten erfolgt bei Google über die sogenannten Google Home Actions.

Der Google Assistant arbeitet über eine Sprachsoftware, die in den verschiedenen Google-Geräten zum Einsatz kommt: dem Pixel Smartphone, dem smarten Lautsprecher Google Home und Google Home Mini.

Individualisieren lassen sich die einzelnen Funktionen über sogenannte IFTTT-Applets („if this then that"). Darüber können Szenarien erstellt und angelegt werden, die, über den Sprachbefehl gestartet, mehrere Aktionen auslösen. Über die Aktivierung „OK Google" und „Licht ausschalten" werden mehrere Lampen und Beleuchtungen im Raum gleichzeitig ausgeschaltet.

6.10 Human Computer Interaction (HCI)

Abb. 6.36 Google Home. (Foto: CNET 2017)

Der Google Sprachassistent kann nicht nur auf klassische Haushaltsgeräte zugreifen. Auch Musik-Streaming-Dienste, Gegensprechanlagen, Rasenbewässerungssysteme und Gar-Thermometer sind einige Beispiele, die durch den Google Sprachassistenten gesteuert werden können.

6.10.4.4 Alexa von Amazon

Amazon brachte 2014 die intelligente Assistentin Amazon Alexa heraus (Abb. 6.37). Dieser intelligente Lautsprecher Amazon Echo, dessen „Gehirn" Alexa ist, konnte sehr schnell Akzeptanz und auch große Nutzerzahlen gewinnen. Nach dem Markteintritt im

Abb. 6.37 Amazon Alexa. (Foto: Home Connect GmbH)

November 2014 in USA gelangte der Lautsprecher zwei Jahre später nach Deutschland und gewann schnell an Beliebtheit.

Die wenigen mitgelieferten Grundfunktionen, wie Wettervorhersage, Abspielen von Musik sowie allgemeine Informationen, lassen sich durch Programmierungen, sogenannte Skills, deren Schnittstellen offengelegt sind, erweitern und ergänzen. Auf diese Weise können Drittanbieter weitere Fähigkeiten hinzufügen, mittlerweile ist die Zahl der Skills auf über 15.000 angestiegen.

Amazon-Geräte mit Alexa-Funktionalität
Die Alexa-Funktion mit der dahinterliegenden Amazon-Technologie läuft mittlerweile auf verschiedenen Spezialgeräten, die von Amazon angeboten und vertrieben werden. Alle werden per Sprachsteuerung bedient:

- Amazon Echo nutzt den cloudbasierten Alexa Voice-Dienst und spielt Musik ab, tätigt Anrufe, stellt Wecker und Timer, liest den Kalender vor, meldet das Wetter, informiert über die Verkehrslage und sagt Sportergebnisse an, verwaltet To-Do- und Einkaufslisten, bedient kompatible Smart-Home-Geräte und vieles mehr.
- Amazon Echo Dot, die kleinere und günstigere Version von Amazons Echo besitzt die gleichen Funktionen wie der Amazon Echo. Er ist nur kleiner und hat einen weniger leistungsfähigen Lautsprecher und weniger Mikrofone eingebaut.
- Amazon Echo Tap ist eine tragbare, kabellose Miniaturausgabe des Amazons Echo. Darüber lässt sich beispielsweise unterwegs Spotify-Musik hören. Der Tap ist in Deutschland noch nicht erhältlich.
- Amazon Echo Look ist ein Spezial-Lautsprecher mit Bildschirm, der bei der Wahl des richtigen Outfits beraten kann, da er zusätzlich zu allen anderen Amazon-Smart-Home-Gerätefunktionen noch über einen Bildschirm und eine leistungsfähige Kamera verfügt. Damit lassen sich Outfits scannen und auch versenden.
- Das neueste Modell namens Amazon Echo Show hat einen Touchscreen und eine Webcam eingebaut. Darüber sind nun auch Videoanrufe möglich, „Alexa Calling" genannt.

Amazon Alexa auch in anderen Geräten verfügbar
Der Einsatz der Alexa-Funktionalität ist nicht nur auf die Amazon-Geräte beschränkt. Amazons bietet seine „Alexa Voice Service"-Plattform auch anderen Herstellern an, die diese dann in ihre Geräte integrieren. Diese Strategie führt zur weiteren Verbreitung von Alexa. Das Sortiment von Alexa-fähigen Produkten wird ständig erweitert.

Zum Beispiel bietet Siemens einen Backofen, einen Geschirrspüler und ein smartes Waschmaschinenmodell mit Sprachsteuerung an, namentlich den Siemens Home Connect iQ700 Backofen, den Siemens iQ700 Home Connect Geschirrspüler oder die Siemens iQ800 Home Connect Stand-Waschmaschine.

6.10.4.5 Bixby von Samsung
Bixby ist die Sprachsteuerungsfunktion von Samsung. Sie ist beispielsweise im Samsungs Top-Smartphone Galaxy S8 (Abb. 6.38) zu finden.

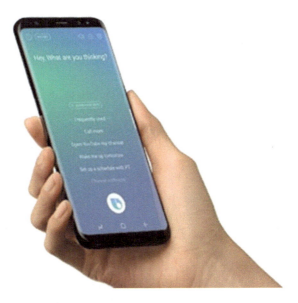

Abb. 6.38 Samsung Bixby. (Foto: Samsung)

Die ursprüngliche Software entwickelte die Firma Viv, die später von Samsung aufgekauft wurde. Da ein Teil der Entwickler von Viv zum ursprünglichen Siri-Entwickler-Team gehörte, besitzt die Software ähnliche Funktionalitäten wie Siri. Die Hauptfunktionen von Bixby sind „Voice", „Vision", „Home" und „Reminder". Samsung plant, alle seine elektronischen Haushaltsgeräte zukünftig mit dem Sprachassistenten auszustatten.

Bixby kommt als smarter Assistent auch mit komplexen Sprachanfragen zurecht. Selbst sehr schwierige Anfragen wie „Auf dem Weg zu meinem Bruder möchte ich einen günstigen Wein kaufen, der gut zu Lasagne passt", kann Bixby angeblich zuverlässig beantworten. Eine weitere, sehr innovative Funktion wird angeboten, allerdings nicht in Verbindung mit dem Sprachassistenten: Gegenstände, die vor die Handykamera gehalten werden, werden erkannt und im Netz recherchiert.

6.10.5 Anwendungs- und Einsatzbeispiele

Conversational Commerce unterstützt den Kundendialog und die Kundenkommunikation. Die Nutzung dieser Technologie durch die Kunden und Konsumenten wird dadurch begünstigt, da sie schon umfangreiche Erfahrungen mit anderen Sprachsteuerungssystemen dank Apps oder Navigationssystemen besitzen, die die Nutzungshürden minimieren. Nutzer sind heute schon vielfach daran gewöhnt, mit Maschinen zu kommunizieren.

Für den Conversational Commerce ergeben sich täglich neue Aufgaben- und Einsatzgebiete. Grund ist die Plattformoffenheit der Hersteller wie Amazon, Google, Microsoft und anderer. Unternehmen, die Conversational Commerce einsetzen möchten, können auf der Basis der Plattformen eigene, individuelle Anwendungen einfach entwickeln und einsetzen.

Wie können nun Markenhersteller oder auch andere Unternehmen die Plattformen in ihre Marketingstrategie einbinden? Das wird anhand von Amazon Alexa beispielhaft gezeigt. Amazon bietet dazu Skills an.

6.10.5.1 Amazon Alexa Skills

Amazon Alexa lässt sich laufend mit neuen Fähigkeiten, sogenannten Skills, erweitern. Ist ein Skill entwickelt, kann er aus den im Alexa Skill Store angebotenen Skills oder Anwendungen ausgewählt und dann genutzt werden. Da die Plattform auch für Drittanbieter geöffnet ist, entwickelt nicht nur Amazon neue Skills, diese können von jedem entwickelt werden.

Eigene Skill-Funktionalitäten im deutschsprachigen Raum

Der deutschsprachige Alexa Skill Store bietet bereits über tausend Skills an, täglich kommen neue dazu. Wie derartige Skills zu entwickeln sind, zeigt die Webseite von Venture Beat (Matthews 2017). Bevor man damit startet, sollte man sich erst einmal klarmachen, welche Informationen und Services die Kunden erwarten. Daneben ist zu klären, welche Rolle ein Alexa Skill in der Customer Journey spielt. Ist ein Skill entwickelt und eingesetzt, entsteht in der Regel auch Aufwand bei der Pflege und beim Update des Skills.

Einige deutsche Unternehmen nutzen bereits Alexa Skills: Man kann Zugverbindungen der Deutschen Bahn abfragen, Rezepte bei Chefkoch und Nachrichten bei Krone in Österreich. Die Skills sind kostenlos verfügbar und können ganz einfach vom Nutzer über die Alexa-App oder über die Webseite aktiviert werden (Abb. 6.39).

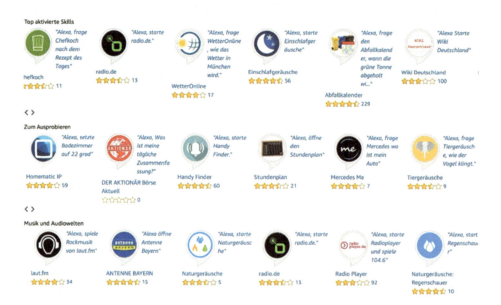

Abb. 6.39 Häufig aktivierte Alexa Skills in Deutschland. (Amazon 2017)

6.10.5.2 Amazon Alexa-Anwendungsbeispiele

Aber auch für Produkte oder Dienstleistungen, wie das Bestellen einer Pizza oder eines Taxis, hat sich die Amazon-Plattform mittlerweile als interessantes Marketinginstrument erwiesen. Das zeigen internationale Beispiele wie Pizza Hut, Uber oder Starbucks (Starbucks 2017).

Steigende Nutzerzahlen und Einsatzbereiche von Amazon Alexa

Die Plattform *Online Marketing Rockstars* hat Alexa vor Kurzem analysiert und ist zu folgendem Fazit gekommen: Die Reichweiten und Nutzerzahlen der Skills sind noch überschaubar, aber mit dem zunehmenden Einsatz der Alexa-Geräte steigend. Auch Möglichkeiten der Monetarisierung der bislang kostenlosen Skills werden diskutiert, hier handelt es sich aber nach wie vor um reine Zukunftsszenarien (Eisenbrand 2017).

Ein großes Potenzial vom Amazon Alexa Skill wird im Bereich der Kundenbindung gesehen. Nutzungsbarrieren, die bei anderen vergleichbaren Services zu finden sind, können mithilfe von Amazon Alexa abgebaut werden. Die oben genannte Studie zeigt zwar noch auf, dass die Reichweiten der Alexa Skills bei Weitem noch nicht die von anderen Handy-Apps übersteigen. Zieht man die Verfügbarkeit der Amazon-Geräte auf dem deutschen Markt in die Betrachtung ein, ist doch eine recht beachtliche Nutzerzahl erzielt worden.

Ein Beispiel für einen erfolgreichen Skill ist der Skill „Fernsehprogramm". Er liefert Information über das aktuelle und zukünftige Fernsehprogramm und ist zweieinhalb Monate nach dem Einführungsstart von knapp dreißigtausend Benutzern eingesetzt worden (Abb. 6.40). Ebenfalls sehr populär ist der Skill „Gehirnjogging" mit Rechenaufgaben, deren Schwierigkeitsgrad mit der Zeit ansteigt. Der Skill „Gehirnjogging" hat eine fast annähernd ähnliche Reichweite wie der Skill „Fernsehprogramm" erzielt.

Einkaufen mit dem Bring! Skill

Im Schweizer Handel bietet das Unternehmen Bring! (Bring! 2017) bereits schon seit Längerem eine Handy-App an, über die sich, auch mit mehreren Nutzern, eine persönliche

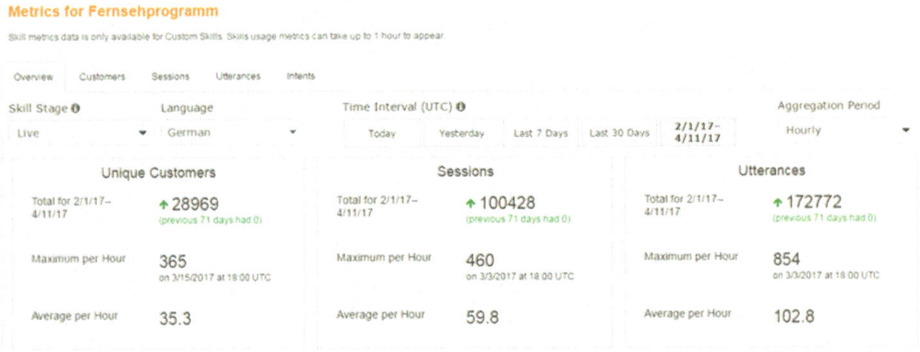

Abb. 6.40 Traffic-Statistik des Alexa Skills „Fernsehprogramm". (Eisenbrand 2017)

Einkaufsliste aufstellen und pflegen lässt. Hinzu kommt nun der Skill „Bring! Einkaufsliste", mit dem die Nutzer über Amazon Alexa Produkte auf die gleiche Einkaufsliste setzen können.

Damit ein Unternehmen die Bestellaufgabe mithilfe eines Skills erledigt, muss es vorher eine Verbindung zur eigenen Kundendatenbank einrichten. Dazu stellt Amazon den OAuth-Standard (Amazon Alexa 2017) zur Verfügung. Dabei müssen die Benutzer ihr Kundenkonto beim jeweiligen Anbieter über die Alexa-Smartphone-App oder die Smartphone-Browser-Anwendung mit ihrem Amazon-Alexa-Account verknüpfen. Anders als bei Apps müssen die Unternehmen bei ihren Skills keinen Anteil an den darüber zustande gekommenen Umsätzen an den Plattform-Anbieter Amazon abgeben. Trotzdem erhält Amazon Einblick in wertvolle Daten über das Geschäft der Skill-Anbieter.

Bring!-Einkaufliste (Video mit Springer Nature ExploreBook App ansehen)

Verbindungsauskünfte bei den Berliner Verkehrsbetrieben
Die Berliner Verkehrsbetriebe (BVG) offerieren einen Skill, mit dem sich über Alexa Verbindungsauskünfte abfragen lassen. „Insgesamt gab es bisher rund 45.000 Anfragen an unseren Alexa Skill", sagt ein Sprecher der BVG. „Die Anzahl der unterschiedlichen täglichen Nutzer schwankt und liegt an Spitzentagen derzeit bei über 150" (Eisenbrand 2017).

***Washington Post* bindet Werbung ein**
Eine Möglichkeit für Medienunternehmen, Alexa Skills direkt zu monetarisieren, besteht in der Einbindung von Sprachwerbung. Nachrichtlich orientierte Unternehmen können eine Skill-Sonderform nutzen, die tägliche Zusammenfassung. Wird Alexa nach der täglichen Zusammenfassung gefragt, liest sie die vorgefertigten Inhalte des gewählten

Medienhauses vor. Im vergangenen Sommer hat die *Washington Post* darüber hinaus als erstes Medienunternehmen begonnen, ein Flash-Briefing zu vermarkten: Seitdem wird die Zusammenfassung von der Investment-Bank Morgan Stanley gesponsert.

Banking mithilfe von Amazon Alexa
In den USA ermöglicht die Bank Capital One ihren Kunden, mit der Alexa-Skill nach Nennung einer PIN verschiedene Banking-Dienste zu nutzen: die Abfrage der letzten Kontobewegungen, der Stand der Kreditkartenzahlungen und vieles mehr. In Deutschland hat die Hamburger Agentur Nuuk jüngst eine Demo-Version einer möglichen Alexa Skill der Volks- und -Raiffeisen-Banken präsentiert, über die sich auch Geld überweisen lassen soll.

6.10.6 Leistungsvergleich sprachgesteuerter Assistenten

Wofür werden sprachgesteuerte Assistenten heute eingesetzt? Das zeigt eine Grafik von JWT Intelligence am Beispiel der USA und China (Abb. 6.41)

Leistungsfähigkeit digitaler Assistenten
Wie gut die digitalen Assistenten heute sind und wie sie Anfragen bedienen, wurde in einer vergleichenden Studie von Diva-E et al. erhoben (diva-e Digital Value Enterprise GmbH 2017):

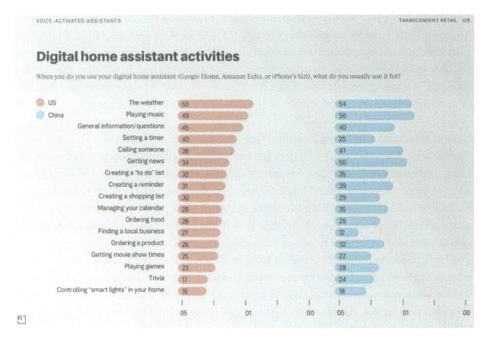

Abb. 6.41 Nutzung der digitalen Heim-Assistenten. (Kestenbaum 2017)

- Anfragekategorien: Siri, Google Now, Cortana und Alexa wurden zwei Wochen lang im Alltag genutzt und in den fünf verschiedenen Anfragekategorien miteinander verglichen: „klassisch", „allgemein", „Wissen", „Commerce" und „untypisch".
- Fragen innerhalb der Anfragekategorien: Pro Anfragekategorie gab es fünf bis zwölf im Spezialisierungsgrad unterschiedliche Fragen. Man ging von der Annahme aus, dass, je spezieller die Frage, desto niedriger die Antwortwahrscheinlichkeit.
- Befragung: Die verschiedenen Fragen wurden den digitalen Assistenten wiederholt gestellt. Die Beantwortung der Fragen von den Assistenten wurde mit Punkten von zwei (gute Antwort) bis null (gar keine bzw. sinnlose Antwort) bewertet.
- Gesamtvergleich der digitalen Assistenten: Wenn man die Leistungen in allen getesteten Anfragekategorien zusammenfasst, kommt Amazons Alexa als Sieger heraus, dicht gefolgt von Google Now und Siri, die fast punktegleich liegen, und mit etwas Abstand vor Microsofts Cortana.
- Besondere Eigenschaften der Assistenten: Alexas Einkaufsfreude, Google Nows weitreichender Wissensschatz, Siris Vielseitigkeit und Cortanas zurückhaltende Intelligenz werden bei einem anschließenden Vergleich der Durchschnittspunktzahlen in den unterschiedlichen Anfragekategorien deutlich.

Amazon Alexa mit hoher Leistung

Insgesamt zeigte sich, dass Amazons Assistent für Zuhause, Alexa, der Gewinner unter den Getesteten ist. In den meisten Bereichen, bei klassischen Hilfeanfragen, Empfehlungen, sozialer Konversation und beim Abfragen von Fakten sowie als Einkaufshilfe, gibt Amazon Alexa präzise Antworten oder reagiert in erwarteter Weise. Nur mit komplexeren Anfragen läuft es nicht so gut. Die Gründe für Alexas hohe Leistung liegt an der steigenden Zahl von Drittentwicklern, die Anwendungen für den Assistenten programmieren und ihn so immer schlauer machen. Daher ist es nicht überraschend, dass die meisten gestellten Anfragen, besonders im Bereich Commerce, von Alexa einwandfrei durchgeführt werden. Es ist zu erwarten, dass sich Alexa auch in Zukunft immer weiter verbessert.

Google Now landet auf dem zweiten Platz

Google Now, der persönliche Assistent für Android Smartphones, landete auf dem zweiten Platz, insbesondere durch den Vorsprung bei der Beantwortung von Wissensfragen. Abzüge gab es für mangelnde Personalisierung, das Fehlen individueller Empfehlungen. Außerdem waren die Antworten oft unpräzise. Auch Einkaufsbefehle kann der Assistent nicht selbstständig bearbeiten. Da Google Now direkt an die größte Suchmaschine Google angebunden ist, ist das gute Ergebnis im Bereich Wissen nicht überraschend.

Abgesehen vom Datenvorsprung ist Google auch das Heim von Diensten wie YouTube, Google Maps und PlayMusic. Da die Applikationen bequem in den Assistenten integriert werden können, ist zu erwarten, dass Google weiter aufholen wird. Ein anderer Vorteil im Vergleich zu Alexa ist, dass Google-Software auf verschiedener Hardware eingesetzt wird, wie Laptops, Smartphones, TV etc.

Siri entwickelt sich zum Allrounder
Der Konkurrent Siri in Apple Smartphones ist im Vergleich zum Assistenten für Android eher ein Allrounder und landete nur knapp hinter Google Now. Siri zeichnet sich besonders durch eine freundliche und humorvolle Art aus und konnte klassische Hilfeanfragen problemlos behandeln. Allerdings hatte auch sie Schwierigkeiten bei individuellen Anfragen, wie zum Beispiel bei Empfehlungen. Bei Wissensabfragen und Einkaufsbefehlen gab sie zwar Hilfestellungen, konnte aber den Gesamtprozess oft nicht selbstständig durchführen.

Cortana verweist auf Webseiten
Der digitale Diener Cortana von Microsoft, der in Windows Geräten assistiert, konnte oft nicht mündlich antworten und leitete stattdessen auf Webseiten, oft über die Suchmaschine Bing, weiter. Personalisierte Anfragen konnte der Assistent auch nicht bearbeiten. Daher landete er in unserer Studie auf dem letzten Platz, obwohl der Chatbot relativ intelligent scheint und manche Suchanfrage hantieren konnte, die die Fähigkeiten von Alexa, Siri und Google Nowüberstieg.

6.10.7 Vor- und Nachteile

Der Einsatz von digitalen Sprachassistenten hat gerade begonnen. Sie werden laufend weiterentwickelt und zunehmend im menschlichen Leben Einzug halten. Wir werden Alexa oder Siri von zu Hause mit auf die Reise nehmen, zur Arbeit, ins Fitnessstudio, in den Urlaub. Darüber hinaus können die Sprach-Services überall angebunden werden, im Auto, auf der Arbeit, im Hotelzimmer oder auf dem Crosstrainer.

Vorteile von sprachgesteuerten Assistenten

- Ständige Verfügbarkeit rund um die Uhr und jeden Tag in der Woche
- mobile Nutzung ist möglich
- Machine Learning ermöglicht eine immer präzisere Kundenansprache
- Einsetzbar für Kundenservice und Marketing
- Umfangreiche Tools und Analytics-Werkzeuge erlauben es, Kundenvorlieben und -präferenzen zu ermitteln und zu analysieren, um daraufhin gezieltere Angebote an den Kunden zurückzuspielen

Nachteile von sprachgesteuerten Assistenten

- Internet-Zugang: In vielen Fällen ist ein Internet-Zugang als Voraussetzung notwendig.
- Verbesserungsmöglichkeiten: Die angebotenen Sprachassistenten sind relativ neu, ebenso die eingesetzten Technologien. Die Intelligenz wird ständig weiterentwickelt.

- Plattformabhängigkeit, das heißt je nach verwendetem Sprachassistenten ist man auf die zugehörige Plattform angewiesen.
- Datenschutz und Privatsphäre: Am Beispiel Amazon Alexa wird dies besonders deutlich. Die sieben Mikrofone in Amazon Alexa sind permanent an und lauschen mit und warten auf das Wort „Alexa", um dann eine Verbindung mit den Amazon-Servern herzustellen.
- Neues Benutzer-Interface, das heißt der Benutzer muss sich von einer grafischen Benutzeroberfläche, die er von Mobiltelefon gewöhnt ist, auf Audio-Befehle umgewöhnen.

6.11 Chatbots und Messenger (Bots)

Ein Chatbot, Chatterbot oder auch nur Bot genannt, ist ein textbasiertes Dialogsystem. Der Begriff Chatbot setzt sich zusammen aus dem Begriff Chat, im Englischen „plaudern", und dem Begriff Bot, der Abkürzung für Robot oder Roboter. Chatbots bestehen aus Eingabe- und Ausgabemasken, über die der Nutzer in „natürlicher Sprache" mit dem Chatbot in Form eines kurzen Dialogs kommuniziert. Im Grunde genommen simulieren Chatbots einen realen Ansprechpartner. Der Chatbot agiert also wie eine natürliche Person und gibt sehr authentische Antworten – angelehnt an eine reale Konversation.

Chatbots werden heute in einen Messenger-Dienst integriert oder an die Spracherkennung von mobilen wie auch stationären Geräten (siehe auch Abschn. 6.9) gekoppelt.

6.11.1 Regelbasierte elektronische Echtzeitkommunikation

Chatbots sind Computerprogramme, die Nachrichten zum Beispiel in Chat-Konversationen empfangen und innerhalb kürzester Zeit vorprogrammierte Antworten liefern. Dabei folgen Bots sogenannten „Wenn-Dann"-Regeln, die Programmierer dafür speziell entwickelt haben. Dadurch ist es Nutzern möglich, zu verschiedensten Themen Anfragen über das Mobiltelefon an einen Computer zu versenden, der innerhalb von Sekunden die gewünschte Antwort liefert.

▶ Matt Schlicht beschreibt Chatbots folgendermaßen (Schlicht 2016):
„A chatbot is a service, powered by rules and sometimes artificial intelligence, that you interact with via a chat interface. The service could be any number of things, ranging from functional to fun, and it could live in any major chat product (Facebook Messenger, Slack, Telegram, Text Messages, etc.)."

Chatbots innerhalb von Messenger-Diensten
Chatbots sind sowohl in Messengern als auch in sozialen Netzwerken oder auf Webseiten von Unternehmen einsetzbar, wobei sich heute eine stetig zunehmende Anzahl von Chatbots innerhalb der Messenger-Dienste findet. Besonders verbreitete Dienste wie der

6.11 Chatbots und Messenger (Bots)

Messenger WhatsApp oder das Netzwerk Facebook werden dadurch potenziell zu einem allgegenwärtigen Eingangsportal für Chatbots (Scholz 2017).

Messenger-Dienste als effizienter Kommunikationskanal
Heute werden die Messenger-Dienste von den meisten Nutzern als effizienter Kommunikations- und Informationskanal geschätzt, der es erlaubt, mit dem Nutzer in einen Dialog zu treten. Der Dialog wird dadurch möglich, dass die Messenger-Dienste in die Kommunikationsinfrastruktur der Unternehmen eingebunden sind und geeignete Dialoge mithilfe kognitiver Technologien weitgehend automatisiert werden können.

Momentan aber sind es vor allem asiatische Anbieter wie WeChat in China (600 Millionen Nutzer) und Line in Indien (220 Millionen Nutzer), die vormachen, welche kommerziellen Möglichkeiten in den Messenger-Diensten stecken: Während die meisten schon heute über Funktionen wie Bildübertragung, Ortungsmöglichkeiten und sprachgesteuerte Chat-Dienste verfügen, bieten WeChat und Line auch mobiles Bezahlen, die Einbindung von E-Commerce-Plattformen und Online-Einkäufe an, ohne dass der User seine Messaging-App verlassen muss.

6.11.2 Historische Entwicklung

Die Entwicklung der Chatbots begann in den sechziger Jahren.

Sechziger Jahre – Eliza von Joseph Weizenbaum
Joseph Weizenbaum, ein deutsch-amerikanischer Informatiker, entwickelte ein Programm, das er Eliza nannte und das die Möglichkeiten der natürlichsprachlichen Kommunikation zwischen Mensch und Maschine demonstrierte. Zu der Zeit arbeitete das Programm ohne Internetzugang völlig lokal auf einem Rechner. Eingesetzt wurde es als „virtueller Psychotherapeut" im Chat mit Testpersonen. Es gab so authentische Antworten, dass die Testpersonen glaubten, mit einem realen Arzt zu kommunizieren. Das Phänomen wird heute noch als Eliza-Effekt bezeichnet.

In den Jahrzehnten danach haben sich Chatbots weiterentwickelt und je mehr Zeit sie mit der Kommunikation und Interaktion verbrachten, desto intelligenter wurden sie, und je mehr Zusatzinformationen sie bekamen, desto präziser und genauer wurden ihre Antworten.

Neunziger Jahre – ICQ und MSN Messenger
Mit der Entwicklung und dem Einzug des Internets erlebten die Chatbots und Instant Messaging ihren Aufschwung. Zu den beliebtesten und bekanntesten gehörten ICQ und der MSN Messenger.

2004 – Jabber wird zum Standard
Das offene Protokoll Jabber/XMPP wurde 1998 entwickelt und im Jahre 2004 als Standard verabschiedet. Es wird heute noch von Facebook und Google verwendet.

2014 – Facebook kauft WhatsApp
Nach dem Kauf von WhatsApp brachte Facebook, das bis dato im Wesentlichen für die private Kommunikation genutzt wurde, eine Business-Anwendung. Diese erlaubt es nun, dass E-Commerce-Anbieter den Messenger nutzen, um darüber mit ihren Kunden zu kommunizieren.

Steigende Nutzung von sozialen Medien und Messenger-Diensten
Eine aktuelle Studie zur digitalen Welt von We Are Social zeigt, dass das mobile Internet und die Social-Media-Plattformen immer mehr zusammenwachsen (W&V 2017). Angebote wie Facebook, YouTube, Instagram oder Snapchat kommen zum ersten Mal mit der Anzahl ihrer Benutzer über die Dreimilliarden-Marke, was vierzig Prozent der Gesamtbevölkerung entspricht (Abb. 6.42).

Täglich kommen neue Social-Media-Nutzer hinzu mit Wachstumsraten von circa vier Prozent. Das sind etwa eine Million neue Nutzer täglich. Wie teilt sich die Nutzung auf die Plattformen auf?

- Facebook steht an der Spitze. Mit weltweit mehr als zwei Milliarden aktiven Nutzern pro Monat, 59 Prozent davon täglich und 44 Prozent weiblich, ist Facebook die dominierende Plattform.
- YouTube ist auf 1,5 Milliarden aktive Nutzer angewachsen und liegt auf Platz zwei, gefolgt von Instagram, welches zu Facebook gehört, mit 700 Millionen Nutzern.
- WeChat dominiert in China, dort nutzen über eine Milliarde Menschen die Plattform. Über WeChat und die angebotenen Services wird eingekauft, bezahlt, gechattet und Informationen gesucht und abgerufen.

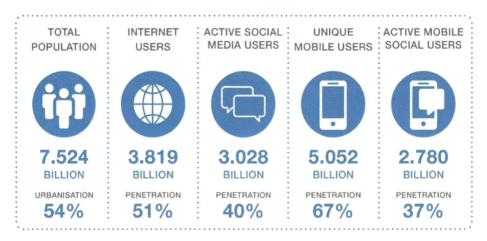

Abb. 6.42 Digital Statshot von We Are Social. (Foto: We Are Social)

Obwohl die Nutzung der Messaging-Anwendungen vor allem mit Digital Natives assoziiert wird, ist sie über alle Generationen hinweg sehr beliebt. Das zeigt sich zum Beispiel auch an WhatsApp, das quer über alle Altersstufen hinweg verwendet wird.

6.11.3 Technische Grundlagen

Grundlage für eine Chatbot-Anwendung ist eine Datenbank, auf die der Chatbot im Rahmen seiner Kommunikation permanent zugreift. In der Datenbank sind Erkennungsmuster wie auch die vorgefertigten Antworten für die Fragen hinterlegt. Je ausführlicher und größer die Datenbank ist, desto umfangreicher ist die Wissensbasis und desto besser ist der Chatbot.

Ein Chatbot funktioniert, indem zunächst einmal die gestellten Fragen in Einzelteile zerlegt und anschließend nach fest definierten Regeln verarbeitet werden. Fehler in der Interpunktion, Grammatik oder Rechtschreibung werden erkannt und selbstständig korrigiert. Die Abarbeitung der einzelnen Arbeitsschritte erfolgt häufig über Makros oder eingebaute Skriptsprachen und Schnittstellen.

Bestandteile von Chatbots
Chatbots bestehen in aller Regel aus den folgenden Komponenten:

- Button, über den der Benutzer vordefinierte Befehle auswählt. Viele Chatbots beginnen damit sogar ihre Konversation; so zum Beispiel der Chatbot Hi Poncho im Facebook Messenger: Ein Klick auf den Button „Los geht's" startet die Konversation. Der Chatbot reagiert so, als hätte der Benutzer den Befehl selbst eingetippt und antwortet automatisch darauf.
  Auch während der Konversation kann der Chatbot dem Benutzer bei Bedarf wieder Buttons zur Verfügung stellen, um verschiedene Aktionen zur Auswahl anzubieten oder um die Konversation zu beeinflussen. Darüber werden dem Benutzer gleich zu Anfang verschiedene Rubriken wie „Produkte & Leistungen" oder „Referenzen" angeboten. Diese Ansammlung von Buttons nennt man Text Cards.
- Slider bezeichnen eine Bildergalerie. Dabei werden die Buttons mit Bildern ergänzt. Durch Wischen nach links oder rechts hat der Benutzer die Möglichkeit, verschiedene Inhalte im Slider anzusehen. Meist befinden sich unter den einzelnen Bildern wieder Buttons, die den Benutzer zu weiteren Informationen führen.
- Plugins: Über Plugins können dem Benutzer vom Chatbot z. B. You-Tube-Videos, ein Google-Kalender, ein RSS-Feed oder ähnliche Inhalte angeboten und integriert werden. Plugins tragen dazu bei, Konversationen interaktiver zu gestalten und den Benutzer zu einer regelmäßigen Verwendung zu animieren. Ein Unternehmen oder eine Marke kann damit auch seinen/ihren Auftritt auf YouTube, Twitter oder Instagram zusätzlich bewerben.

- Über Tastaturen wird die Möglichkeit gegeben, eine freie Konversation zu führen und selbst Fragen zu formulieren. Für nicht-selbstlernende Bots stellt dies eine enorme Herausforderung dar. Entwickler müssen gewissermaßen antizipieren, welche Fragen die User einsenden werden, und dafür Regeln definieren. In diesem Fall werden Keywords eingerichtet, die je nach Einsendung eine passende Antwort auslösen.

6.11.4 Chatbot- und Messenger-Arten

Eine Charakterisierung und Einteilung von Chatbots ist grundsätzlich schwierig. Aufgrund der unterschiedlichen Funktionen lassen sich aber Chatbots klassifizieren.

6.11.4.1 Chatbot-Arten
Es gibt mehrere Möglichkeiten, Chatbots einzuteilen und zu betrachten.

Musterbasierte versus selbstlernende Chatbots
Man kann zwischen zwei grundsätzlichen Arten von Chatbots anhand ihrer Intelligenz unterscheiden:

- *Regelbasierte Bots* greifen auf ein bestehendes Set aus Texten und Antworten zurück, um den Benutzer zu verstehen. Im Umkehrschluss bedeutet das, dass der Benutzer keine Antwort bekommt, wenn im Chatbot kein Inhalt dazu programmiert wurde. Man kann diese Chatbots auch als musterbasierte Chatbots bezeichnen.
- *Selbstlernende Bots* (Artificial Intelligence) basieren auf Machine Learning. Das Computerprogramm lernt selbstständig, indem der Chatbot mit Nutzern Konversation betreibt und selbst Verknüpfungen herstellt. Diese Bots sind künstlich intelligent.

Subscription versus Service Bots
Bei einer Einteilung von Chatbots lässt sich auch zwischen Subscription Bots und Service Bots unterscheiden:

- *Subscription Bots*: Der Nutzer meldet sich für ein Newsletter-Abo an, um regelmäßig zu einem bestimmten Thema Nachrichten auf das Smartphone zu erhalten. Ein gutes Beispiel ist der Wetter-Bot Hi Poncho, der neben einer maßgeschneiderten Wettervorhersage auch Unterhaltung liefert.
  Auch die Tageszeitung *Der Standard* besitzt einen gelungenen Subscription Bot. Das Medienhaus bietet Kunden die Möglichkeit, Nachrichten täglich via Bot zu erhalten. Nutzer können dabei Kategorien festlegen, die gewünschte Auswahl an Meldungen erscheint dann auf dem Display.
- *Service Bots*: Das Modell ist vor allem für Dienstleistungsunternehmen interessant, da diese Bots auf Kundenanfragen reagieren und damit rund um die Uhr Support liefern. Darauf setzt das Textilunternehmen H&M, das einen Shopping-Bot auf dem Messenger Kik eingerichtet hat und damit Nutzer bei der Auswahl der Kleidung berät. Findet

6.11 Chatbots und Messenger (Bots)

das vorgeschlagene Outfit Gefallen, dann kann es direkt gekauft werden. In Österreich werden die User dafür auf die mobile Webseite weitergeleitet, eine In-Chat-Buy-Funktion ist in Europa derzeit noch nicht verfügbar.

Auch die Hotelkette Hyatt bietet via Facebook Messenger einen Kundenservice-Bot an. Seitdem Nutzer direkt mit dem Unternehmen via Bot kommunizieren können, haben sich die Nachrichtenanfragen über Facebook vervielfacht.

Primärausrichtung von Chatbots
Eine andere Einteilung folgt der primären Ausrichtung der Chatbots:

- *Entertainment Bots*: Sie liefern Unterhaltung und erfreuen sich vor allem in Asien großer Beliebtheit. Der Bot Sequel Stories etwa, der über den Facebook Messenger aufrufbar ist, lässt den Nutzer gleich zu Beginn für eine Story entscheiden. Anschließend beginnt man, mit einer fiktiven Person zu chatten, und hat immer wieder durch Auswahl aus verschiedenen Antwort-Buttons die Möglichkeit, die Geschichte zu beeinflussen.
- *Kommerzielle Bots*: Während es in Europa noch nicht möglich ist, direkt im Facebook Messenger zu bezahlen, ist das in den USA schon längst gang und gäbe. Vom Blumenlieferanten über den Kleiderhersteller bis hin zu großen Brands wie Burger King, setzen Unternehmen auf Chatbots. Es ist nur eine Frage der Zeit, bis man auch in Europa Kreditkartendaten in Facebook hinterlegen kann.
- *Dienstleistungs-Bots*: Auch Dienstleistungs-Bots stoßen bei den Nutzern auf immer mehr Zuspruch. Ein Beispiel aus Österreich ist der Chatbot Mr. Hokify auf Facebook. Wer eine neue Anstellung sucht, gibt eine Jobbezeichnung sowie den gewünschten Standort ein und sofort liefert der Chatbot in Sekundenschnelle passende Jobangebote.
- *News Bot*: Der Bot Der Standard liefert täglich via Facebook Messenger sämtliche News als Überschrift. Möchte man sich zu einem Thema näher informieren, klickt man einfach auf den mitgesendeten Link.
- *Kundenservice-Bots* unterstützen dabei, Kundenanfragen schnell und einfach zu beantworten. Das erspart auch den Weg über das Call-Center. Diese Chatbots sind oft direkt auf der Unternehmens-Webseite angesiedelt, wie etwa der Chatbot Tinka von T-Mobile.

Chatfunktionen können auch innerhalb von Unternehmens- oder Marken-Apps angeboten und genutzt werden. Allerdings werden Messaging-Apps wie WhatsApp, Facebook Messenger, Skype oder ähnliche Dienste immer beliebter.

6.11.4.2 Marketing-Chatbots
Chatbots ermöglichen es Unternehmen, entlang festgesetzter Ziele und KPIs effizient und kostengünstig mit den Kunden zu kommunizieren. Im Marketing und hier insbesondere im digitalen Marketing liegen sie voll im Trend.

Unterstützung diverser Marketing-Ziele
Chatbots können eingesetzt werden, um die Conversion zu steigern, neue Leads zu generieren, Traffic zu erhöhen, aber auch um den Kundenservice zu verbessern. Eine individuelle

Programmierung der Chatbots und der vielseitige Einsatz ermöglichen die gezielte Ausrichtung auf eines oder mehrere dieser Marketingziele. Programmierer arbeiten an weiteren Entwicklungen und Optimierungen der Chatbots, damit diese die Kundenbedürfnisse noch besser verstehen und positiv die Marketing- und Unternehmensziele unterstützen.

Shopping-Bots beraten beim Einkauf
Shopping Bots helfen den Kunden beim Einkauf und suchen Produkte für die Kunden oder beraten beim Einkaufsgespräch nach den individuellen Wünschen und Bedürfnissen der Kunden. Dabei stellt der Chatbot spezifische Fragen, grenzt über die Antworten die Auswahl ein und schlägt dem Kunden schließlich das passende Produkt vor. Hier macht der Chatbot aber nicht Halt, nein, er kann auch direkt zum Online-Shop weiterleiten und das passende Angebot dort aufrufen und anzeigen.

Der Media Markt bot um die Weihnachtszeit seinen Chatbot Rudi an. Dieser unterstützte die Kunden beim Geschenkekauf, indem er für jeden zu Beschenkenden passende Inspirationen lieferte und dabei immer das Ziel im Auge hatte, mehr Traffic auf der Webseite von Media Markt zu generieren und den Verkauf zu steigern.

Service-Bots verbessern Kundenservice
Den Kundenservice zu verbessern, ist die Aufgabe eines Service-Chatbots. Das bringt Entlastung für die eigenen Mitarbeiter im Customer Service, erhöht die Kundenzufriedenheit durch eine schnellere Abwicklung und reduziert die Kosten im Kundenservice.

Skyscanner, eine Suchmaschine für Flugbuchung, Autovermietung und Reservierung von Hotelzimmern bietet zum Beispiel seinen Kunden bereits die Möglichkeit, Buchungen per Messenger vorzunehmen. Der Kunde muss dabei nur seine Reisedaten angeben und schon werden ihm passende Flugzeiten angezeigt. Der Nutzer kann sofort in den Buchungsprozess übergehen.

Beispiel

Fluggesellschaft KLM integriert Facebook Messenger in die Kundenkommunikation:
KLM gehört zu den ersten Partnern von Facebook. Im Jahre 2015 bot die Fluggesellschaft ihren Kunden „Business on Messenger" an. Der Facebook-Chatbot dient den Fluggästen als Kundendienst-Instrument, geplant ist das Angebot weiterer Services (Abb. 6.43).

Die Fluggäste haben mit dem Chatbot im Messenger wichtige Dokumente und Informationen zu ihrem Flug zur Hand und können bei Fragen oder sogar bei Änderungswünschen direkten Kontakt zur Fluggesellschaft aufnehmen. Folgende Funktionen können direkt in einer fortlaufenden Nachricht im Messenger genutzt werden:

- Bestätigungsnachricht: Nach Buchungsabschluss wird eine Bestätigung über den Messenger versendet.
- Check-In-Erinnerung: Sobald eingecheckt werden kann, erhalten die Kunden eine Erinnerung. Sie können dann direkt zum Check-In auf die Webseite wechseln.

6.11 Chatbots und Messenger (Bots)

Abb. 6.43 KLM-Boarding im Facebook-Messenger. (Foto: KLM)

- Bordkarte: Kunden erhalten ihre Bordkarte direkt über den Messenger, wo sie gespeichert und heruntergeladen werden kann.
- Flugstatus: Die Kunden und Reisenden bekommen alle wichtigen Details zu ihrem Flug angezeigt und werden über Änderungen informiert.
- Live-Chat: Über die Live-Chat-Funktion können Fragen an das Call-Center gestellt werden. Dadurch haben die Kunden alle wichtigen Informationen immer im Blick und können ihren Flug auf Wunsch auch umbuchen.

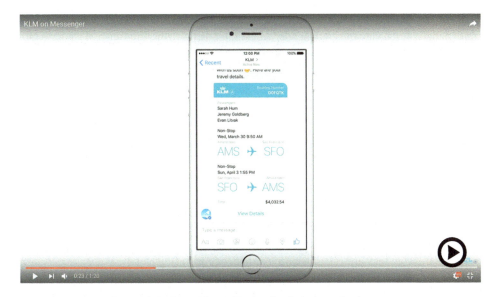

KLM-Messenger (Video mit Springer Nature ExploreBook App ansehen)

Q&A-Bots beantworten kontextorientierte Fragen und Alert-Bots erinnern

Alert- oder auch Q&A-Bots beantworten wiederkehrende und häufig gestellte Fragen und bieten hilfreiche Services für Nutzer, zum Beispiel bei Veranstaltungen, Events oder Messen. Dabei handelt es sich in aller Regel um Fragen zum Standort, zur Anfahrt, zum Programm, zum Zeitpunkt des Beginns, zum Ende, zur Verpflegung und ähnlichen Bereichen.

Ein Beispiel aus einem anderen Bereich ist der Q&A-Chatbot von Sephora, der Beratung zu bestimmten Produkten gibt, Tipps zum Schminken oder Antworten auf Fragen rund um die Kosmetik bietet. Er agiert wie ein Ratgeber und vermittelt dabei, ein Experte in dem Gebiet zu sein. Über den Chatbot wird die Brand-Awareness für Sephora gesteigert und die frühe Phase der Customer Journey unterstützt.

Subscription Bots versorgen mit individualisierten Informationen

Über Chatbots lassen sich auch wiederkehrende Aufgaben automatisieren. Ein Subscription Bot ermöglicht das Abonnieren von Newslettern oder anderen Informationen, die dann entweder über den Chatbot oder auf anderen Wegen regelmäßig zum Nutzer gelangen. Hat zum Beispiel ein Nutzer den Bedarf nach Reiseinformationen zu einem bestimmten ausgewählten Reiseziel, nimmt der Chatbot dem Nutzer das Suchen und Herunterladen der Informationen durch die regelmäßige Zusendung ab. Der Nachrichtendienst CNN nutzt ebenfalls diesen Kommunikationskanal. Dabei erhält der Nutzer fast ausschließlich Nachrichten aus den von ihm ausgewählten Themengebieten.

Gaming Bots fördern Entertainment

Gaming Bots nutzen spielerische Effekte und bringen damit Produkte und Dienstleistungen mit dem Kunden zusammen. Sie lassen sich kampagnenbezogen, zum Beispiel in zeitlich befristeten Gewinnspielen, oder auch laufend einsetzen. Ein Beispiel ist der Kinofilm Zoomania, der mithilfe eines Chatbots spielerisch beworben wurde, indem mit dem Chatbots und der Hauptfigur im Film einen Fall zu lösen war.

Conversational Bots fördern die Konversation und Unterhaltung

Bei Conversational Bots kann sich der Nutzer mit fiktiven Figuren via den Chatbot unterhalten. Diese Art der Chatbots steckt noch in den Anfängen und wird weiter ausgebaut. So werden wir uns demnächst mit Filmhelden, Gaming-Figuren oder Marken-Maskottchen, wie zum Beispiel Felix aus der Katzenfutter-Werbung oder auch Miss Piggy, unterhalten.

Ständiges Lernen erweitert die Funktionalität

Chatbots entwickeln sich bei der Nutzung ständig weiter. Im Nutzungsverlauf werden permanent Daten und Informationen gesammelt, wie zum Beispiel die Fragen der Nutzer, anschließend werden sie kategorisiert, mit Antworten versehen und wieder in die Datenbank zur späteren Nutzung eingestellt – ein lernendes System, das sich ständig verbessert. Das unterscheidet den Chatbot auch von den klassischen Suchmaschinen.

6.11.5 Chatbot-Plattformen

Chatbots finden sich heute in fast jedem großen Messenger-Dienst.

Steigende Nutzung von Social-Media-Plattformen und Messengern
In Europa und den USA erfreuen sich hauptsächlich die Plattformen WhatsApp und Facebook Messenger steigender Beliebtheit, während in Asien WeChat und Line dominieren.

Verweildauer der Nutzer auf sozialen Plattformen steigt ständig an
Auch die Verweildauer der Nutzer auf den verschiedenen Social-Media-Plattformen steigt ständig an: Die Verweildauer für Facebook liegt bei 50 Minuten pro Tag (Meeker 2017), nur der Bereich Gaming übertrifft dies noch. Dabei liegt Facebook deutlich vor dem zweitplatzierten Snapchat. Die tägliche Verweildauer auf Snapchat liegt aber auch schon bei 30 Minuten. Auf Instagram verbringen die Nutzer 21 Minuten.

Bewegtbild wird immer populärer
In diesem Zusammenhang sehr interessant ist die Entwicklung der Content-Art Bewegtbild. Mary Meeker analysierte die Entwicklung des Videoverkehrs und verglich die Werte der Jahre 2012 und 2016 (Meeker 2017) und hat ein überproportionales Anwachsen hervorgehoben. Die stärker werdende Nutzung von Facebook, Instagram und Snapchat und das dort enthaltene Angebot von Bewegtbildern fördern diese Entwicklung.

Diese Tendenz ist aus Unternehmenssicht aus verschiedenen Gründen sinnvoll. Der Konsum von Videos erhöht zum einen die Dauer des Verweilens auf der Seite und zieht zum anderen mehr Aufmerksamkeit auf sich. Je mehr Bewegtbild es auf Facebook und anderen Plattformen gibt, umso mehr Zeit werden Nutzer dort verbringen und umso konzentrierter wird unsere Aufmerksamkeit auf diese Inhalte gelenkt.

Diese Grafik verdeutlicht, dass sich in der Welt der Bots schon einiges getan hat. Die oben vorgestellten Chatbot-Plattformen gehören alle dem Bereich Messaging an (siehe Abb. 6.44). Facebook, Skype, Kik, Telegram, Slack, WeChat, Line und viele andere ermöglichen eine nahtlose Integration von Chatbots.

Fünf dieser Messenger werden im Zusammenhang mit den Chatbots genauer vorgestellt.

6.11.5.1 Facebook – größtes soziales Netzwerk
Die in Europa wichtigste Plattform für Chatbots ist der Facebook Messenger. Die Social-Media-Plattform Facebook besitzt weltweit über zwei Milliarden Nutzer, in Deutschland liegt der Marktanteil im Jahr 2017 sogar bei fast 68 Prozent.

Facebook-Kennzahlen 2017
Die Zahlen vom November 2017 im Überblick (Roth 2017):

- 2,1 Milliarden Facebook Nutzer
- 1,37 Milliarden tägliche Facebook Nutzer: das ist eine Steigerung von 16 Prozent zum Vorjahr.

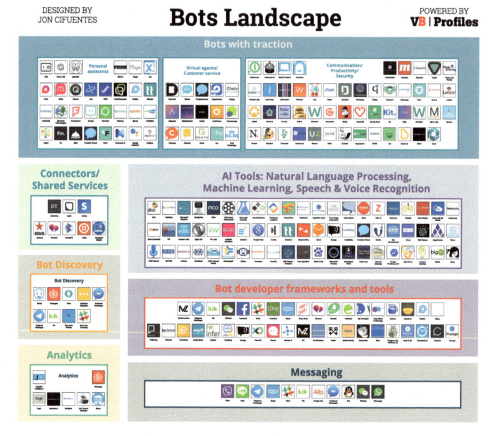

Abb. 6.44 Ökosystem der Chatbots. (Cifuentes 2016)

- Mehr als 10 Milliarden US-Dollar Umsatz in einem Quartal: das ist eine Steigerung von 47 Prozent im Vergleich zum letzten Jahr.
- 10.000 Mitarbeiter: Diese Zahl soll sich im nächsten Jahr verdoppeln.
- 500 Millionen Instagram Nutzer jeden Tag, 800 Millionen insgesamt (Instagram gehört zu Facebook)
- 300 Millionen Menschen nutzen Instagram Stories und den WhatsApp Status.
- 20 Millionen Unternehmen kommunizieren mit ihren Kunden auf Facebook über Direktnachrichten, zum Beispiel im Messenger.
- 6 Millionen Unternehmen buchen Werbung auf Facebook.
- 2 Millionen Unternehmen buchen Werbung auf Instagram.
- 550 Millionen Menschen nutzen den Facebook Markplatz (Kleinanzeigen).

Facebook wurde 2003 von Mark Zuckerberg entwickelt. Es geht zurück auf die Jahrbücher der amerikanischen High-Schools, in denen Personen einer Klasse und eines Jahrgangs mit einem Foto und einer Kurzbeschreibung dargestellt werden. In der heutigen

6.11 Chatbots und Messenger (Bots)

Form hat es damit nichts mehr zu tun. Ausgehend von der Facebook-Seite eines jeden Nutzers, auf der sich Personen mit Texten, Fotos und Videos vorstellen, verfügt Facebook in der heutigen Form über viele neue Tools und Anwendungen.

Integration von Chatbots in Facebook
Chatbots lassen sich sehr einfach in die Messenger-App integrieren. Facebook stellt zusätzlich für Webseiten und E-Mails Buttons zur Verfügung, um direkt in den Chatbot zu verlinken. Außerdem verfügt der Facebook Messenger über eigene Messenger-Codes, die über die Facebook Messenger-App am Handy gescannt werden können, um dann problemlos und schnell in den Chatbot zu gelangen. Ein Vorteil der Facebook Messenger-App ist, dass diese Plattform nicht nur auf dem Mobiltelefon, sondern auch auf dem Desktop verfügbar ist. Auch ist kein eigenes Facebook-Profil erforderlich, um die App nutzen zu können.

Beispiele für Facebook Messenger Chatbots
Eine Auswahl von Facebook Messenger Chatbots:

- Kitchen Intelligence von Maggie und Nestle (KIM) bietet Rezepte für persönliche Favorite an.
- Emma von Chatshopper bietet Einkaufen auf der Grundlage des Zalando-Stores an.
- Chad von Opel erlaubt die Reservierung von Probefahrten mit den neuesten Modellen.
- L'Oréal Professional unterstützt Friseure bei ihrem Social-Media-Auftritt.
- Mildred von Lufthansa sucht die günstigsten Flüge.
- Tinka von der österreichischen Telekom ist ein virtueller Assistent.
- HubBot des Start-up-Inkubators Hub:Raum der Deutschen Telekom bietet Informationen zu Start-ups und offeriert Stellenangebote.
- MojiHunt ist ein erfolgreiches Spiel auf dem Facebook Messenger.
- Jän Bot von Jägermeister erstellt persönliche Rap-Videos zum Verschicken an Freunde über den Messenger.
- Sophie von Congstar, eine virtuelle Assistentin, bietet Hilfe rund um Verträge und leitet auf den entsprechenden Teil der Webseite weiter.
- Novi ist der Nachrichten-Bot von ARD und ZDF.

Bild.de ist ein News- und Live-Ticker für Fußballfans. Auch für Transfergerüchte ist der Bild Messenger in Facebook eine beliebte Informationsquelle.

6.11.5.2 WeChat – die universelle Service-Plattform

Chat-Systeme werden mittlerweile zu Service-Plattformen für alles: Hunderte Millionen Chinesen setzen bereits täglich das Messenger-Programm WeChat, in China Weixin genannt, der Pekinger Firma Tencent ein. Ursprünglich ein Chat-Dienst ist es inzwischen um zahlreiche Funktionen erweitert worden.

Asiens Messenger-Plattform
Die Messenger-App WeChat hat über 950 Millionen Benutzer und erfreut sich vor allem in Asien großer Beliebtheit. Auch die offizielle Anzahl an Chatbots ist mit 8,5 Millionen beachtlich. Diese Bots können über die Suchfunktion in der App gefunden werden. Hier gibt es drei Kategorien: Entertainment, Food und Social.

Unternehmen können Nachrichten und Artikel an User senden, die beim offiziellen Unternehmens-Account die Funktion „Receive Messages" aktiviert haben. Die Chatbot-Funktion lässt sich hier in die Gruppen „Subscription" (einseitige Kommunikation) und „Service" (zweiseitige Kommunikation) unterteilen. Da diese nicht gemischt werden können, führen Unternehmen meist zwei Accounts.

Große Beliebtheit von WeChat in Asien
Derzeit bietet WeChat für Nutzer als einzige Messenger-Plattform die Möglichkeit, selbst Bilder an den Chatbot zu senden, statt diese nur zu empfangen, wie es bei den anderen Bots üblich ist.

Die enorme Beliebtheit von WeChat in China ist darauf zurückzuführen, dass westliche soziale Medien wie Facebook, YouTube, Snapchat oder Twitter dort eingeschränkt oder gar nicht zur Verfügung stehen. Während diese Plattformen ebenso wie viele Google-Dienste strengen Internetregulierungen unterliegen, ist WeChat frei zugänglich und bietet eine gute Alternative.

Verschiedene Funktionalitäten in WeChat
Circa eine Milliarde Menschen nutzen WeChat inzwischen zum Online-Einkaufen, für Buchungen von Flug-, Zug- und Kinotickets oder für Überweisungen. Sie organisieren damit ihren Alltag. Die Benutzer sind zudem sehr aktiv und verbringen circa 66 Minuten täglich in WeChat. Die verschiedenen wesentlichen Funktionalitäten unterstützen den täglichen Lebensablauf der Menschen:

- WeChat Pay, auch bekannt unter dem Namen WeChat Wallet, ist eine digitale Geldbörse, mit der fast alles bezahlt werden kann, entweder über Tappen oder mithilfe eines Kamerafotos. Weiterhin können Benutzer Geld versenden, Geschenke empfangen, die Miete bezahlen oder einen Geldbetrag an gemeinnützige Organisationen spenden.
- Integrierte Mini-Programme reduzieren das Herunterladen von spezialisierten Apps. Diese benötigen keinen Download, sondern sind integrierte Bestandteil von WeChat. Über Partnerschaften mit chinesischen Händlern, wie zum Beispiel JD.com, werden auch Marketing- und Einkaufs-Mini-Programme angeboten.
- Nicht zuletzt gibt es HTML5-Mini-Seiten, die speziell über QR-Codes, Chats oder spezielle Menüs aufrufbar sind. Modefirmen wie Moncler, Browns oder auch Chanel nutzen diese Möglichkeit, um die neue Kundschaft anzusprechen. Chanel zeigt den Benutzern die Chanel Experience, Neuigkeiten, Videos, Make-up-Tipps wie auch

6.11 Chatbots und Messenger (Bots)

Abb. 6.45 Moncler-Kampagne auf WeChat (Redant 2017)

spezifische Produkt- und Werbeinformationen. Durch speziell aufbereitete Inhalte und Content sowie einzigartige Informationen verdeutlicht Chanel die hohe Qualität und Exklusivität der Marke (siehe Abb. 6.45).

- Moments ist ein Feed für Marketing und Werbung: Seit kurzem ist dieser bezahlte Kanal für eine ausgewählte Zahl von namhaften Marken verfügbar. Werbung in Moments zeigt den Markennamen, ein Profilbild und Text bis 40 Zeichen sowie einen Link zu einer HTML5-Webseite auf der WeChat-Plattform (siehe Beispiel der Automarke Infiniti (Loras 2015)).
- WeChat Store unterstützt die komplette Einkaufsreise innerhalb von WeChat. Die Benutzer benötigen keinen Besuch einer anderen Plattform oder eines Web-Shops.

WeChat ist sehr erfolgreich und hat seinen Weg in das tägliche Leben der jungen Menschen in Asien gefunden. Es integriert auch viele bekannt Marken und Services. Als Marketingkanal ist WeChat aufgrund seiner aktuellen und stetig steigenden Benutzerzahl sehr interessant.

> **Beispiel**
>
> **Familie Li macht Ferien in Deutschland:** China ist in Sachen Digitalisierung und Mobile Payment den Europäern weit voraus. Wie Chinesen diese Technologien, allen voran Alipay und WeChat, bei Reisen, zum Beispiel nach Deutschland nutzen, zeigt das Beispiel der Familie Li aus Shanghai.

Es ist eine Reise geplant, die nach Deutschland gehen soll. Dazu sind erst einmal die Reisepässe zu besorgen und zu beantragen. Über WeChat wird ein Termin bei der chinesischen Behörde vereinbart: Über die Funktion „Brieftasche", dann „Public Service", „Shanghai" und die „Behörde für Aus- und Einreise" kann Herr Li den „privaten Reisepass fürs Ausland" elektronisch beantragen und erste Formulare über WeChat ausfüllen.

Für den Flug sucht Familie Li im Internet und wird bei Taobao auf einen günstigen Flug aufmerksam, den sie dann buchen und gemeinsam mit einer Reiseversicherung per Alipay bezahlen kann.

Herr Li, als großer Autofan, möchte in Deutschland selbst ein Auto mieten und fahren. Dazu benötigt er erst einmal einen international gültigen Führerschein. Hierfür verwendet er – für die Übersetzung und Bearbeitung des Führerscheins – ebenfalls Alipay. Er gibt „Führerschein", dann „internationaler Führerschein" ein und kann anschließend einige persönliche Daten eintragen. Später wird ihm der internationale Führerschein per Post zugeschickt.

Nachdem das alles erledigt ist, begibt sich die Familie Li zum Flughafen nach Shanghai. Da sie während ihrer Reise auch immer online sein wollen, leiht sich Herr Li noch einen mobilen WLAN-Router über Feizhu auf Alipay. Den kann er sich dann direkt am Flughafen abholen. Feizhu bietet verschiedenste Dienste rund ums Reisen an.

Am nächsten Tag ist die Familie in Frankfurt angekommen und möchte ihre Weiterreise nach München fortsetzen, mit dem Auto natürlich. Da Herr Li bereits Fahrerfahrung in China hat, fühlt er sich durch das Studium von Beiträgen über die Straßenverkehrsordnung und den Verkehr in Deutschland auf die anstehende Autofahrt sehr gut vorbereitet. Auf die notwendigen Informationen hat er über den offiziellen WeChat-Account von Sixt (Abb. 6.46) zugegriffen. Hier kann er auch direkt das Auto mieten. Er klickt auf „Auto mieten", dann „Auto reservieren", anschließend gibt er noch Ort, Zeit und Automodell an und bucht seinen Wagen.

Auf der Fahrt nach München sucht die Tochter auf WeChat nach Tipps für den Aufenthalt sowie Sehenswürdigkeiten in und um München und liest dabei Posts von Personen, die sich Sehenswürdigkeiten in München und Umgebung angesehen haben, auf ihrem WeChat Account. Sie komplettiert das mit dem Lesen von Blogs von Personen, die sich auf Deutschlandreisen und -aufenthalte spezialisiert haben. Auf diese Weise erhält sie viele Anregungen, was man sich ansehen sollte, wo man essen sollte und wo es günstige Produkte gibt.

Angekommen in München begibt sich die Familie auf eine Stadttour. Da sie aber am Ende des Tages das Gefühl haben, nicht alles gesehen zu haben, entscheiden sie sich spontan, eine Nacht länger in Bayern zu bleiben. Frau Li sucht auf ihrem Account von Feizhu in Alipay nach Hotels, die kurzfristig noch Zimmer bieten, findet diese und bezahlt sie darüber hinaus sogar mit Alipay.

Während der ganzen Reise schießt die Tochter viele Bilder mit dem Smartphone, die sie sofort auf WeChat Moments mit ihren Freunden teilt. Diese kommentieren die Fotos und Erlebnisse, geben noch Hinweise und Tipps und einige ihrer Freunde bitten sogar darum, ausgewählte Waren und Produkte einzukaufen und aus Deutschland mitzubringen.

6.11 Chatbots und Messenger (Bots)

Abb. 6.46 Buchung eines Mietwagens auf WeChat

Daher besucht Familie Li ein Outlet-Center. Sie stellen erfreut fest, dass die Händler sich auf chinesische Touristen eingestellt haben und viele Alipay als Möglichkeit zum Bezahlen akzeptieren. Das ist für Familie Li von entscheidender Bedeutung: Dass sie direkt von ihrem chinesischen Privatkonto und ohne Umstände bezahlen können, ist ein liebgewordener Vorteil, der die Kaufentscheidungen positiv beeinflusst. Ein weiterer ist die vereinfachte Rückzahlung der Steuer am Flughafen.

Nach ihrer erlebnisreichen Zeit in Deutschland wartet Familie Li auf den Abflug nach Hause. Die letzten Stunden verbringen sie auf deutschem Boden am Frankfurter

Flughafen und nutzen die Zeit für einen steuerfreien Einkauf in einem Duty-Free Shop. Welche Produkte sie am besten dort einkaufen, haben sie bereits im Vorfeld geplant und sich auf WeChat darüber informiert. Anschließend fliegt die Familie zurück nach China. Auf dem langen Flug schreibt die Tochter noch einen Reisebericht, natürlich auf WeChat, über die komplette Reise, ihre Eindrücke, die Stationen und ihre Erlebnisse. So macht sie die Reise für andere chinesischen Touristen für die Zukunft verfügbar.

WeChat und Alipay, beide Apps begleiteten die Familie während der ganzen Reise, bei Recherchen, Dokumentationen, Buchungen, Bezahlungen, Informationen und Planungen. Beide bieten zielgruppengerechte Inhalte, binden E-Commerce- oder CRM-Tools ein und mit der Einbindung von Influencern gibt es eine Vielzahl von Möglichkeiten, auf WeChat und Alipay nicht nur präsent zu sein, sondern auch hervorzustechen (Schröter und Liu 2017).

6.11.5.3 Multitalent Kik

Als WhatsApp-Alternative nutzen mehr als 200 Millionen Nutzer den Messenger Kik, ein Programm, das neben den üblichen Messenger-Funktionen weitere interessante Funktionen und Eigenschaften bietet.

Interessante Nutzungsmöglichkeiten von Kik

- Messaging-App, mit der Textnachrichten, Videos, Bilder und weitere Inhalte gesendet und empfangen werden können
- Nutzer sind mit Kik-Nutzernamen und nicht wie bei anderen Messengern mit Telefonnummern registriert und angemeldet.
- Mit einem Hashtag (#) lassen sich öffentliche Gruppen-Chats mit bis zu fünfzig Personen, aber auch private Gruppen starten.
- Dank integriertem Browser braucht man die App beim Chatten nicht zu verlassen und kann recht schnell Inhalte mit anderen Nutzern teilen.

Private Nutzung von Kik dominiert

Besonders verbreitet ist Kik in den USA, wo rund 40 Prozent der Jugendlichen die App nutzen. Chatbots werden vorrangig für die drei Kategorien Entertainment, Lifestyle oder Games angeboten. Auch Kik verfügt über eigene QR-Codes, die direkt in der App gescannt werden können. Anders als der Facebook Messenger bietet Kik einen eigenen Bot-Shop, der das Auffinden von Unternehmens-Bots für die Nutzer erleichtert.

Öffnung von Kik für Unternehmen

Im Jahr 2016 hat Kik seine Chatbot-Plattform für Unternehmen eröffnet (Bryant 2016). Die Chatbots agieren dabei als Markenvertreter und wenn Kunden ihnen schreiben und Fragen stellen, antworten sie mit Tipps oder Produktinformationen. Einige Chatbots erzählen auch Witze oder ermöglichen einfache Unterhaltungen. Vom Chatbot der Video-Plattform Vine bekommen die Nutzer auf ihre Anfrage passende Filme zum jeweiligen Stichwort geschickt. Der Wetter-Bot sagt Regen voraus, ein anderer Bot gibt grundsätzliche Schminktipps.

6.11.5.4 Multi-Messenger Telegram und der Klassiker Skype

Über 100 Millionen User verwenden den weniger bekannten Messenger-Dienst Telegram. Im Gegensatz zu anderen Messenger-Apps sammelt Telegram keine Nutzerdaten oder demografische Informationen.

Vielzahl von Bots in Telegram

Telegram bietet heute schon über dreitausend Bots auf seiner Plattform an, die alle den Kategorien Utilities, Entertainment oder Social zugeordnet werden können. Sie können über den eigenen Telegram Bot-Store aktiviert werden.

Über den Telegram-Dienst können Textnachrichten wie auch Fotos, Videos und Dokumente versendet werden, die bis zu 1,5 GB groß sein können. Das Erstellen von Gruppen-Chats wird unterstützt, bis zu tausend Kontakte lassen sich zu einer Gruppe zusammenfügen. Telegram hat nun auch den integrierten Media-Player verbessert und eine Funktion eingerichtet, die es möglich macht, seinen eigenen Standort in Echtzeit mit Freunden zu teilen. Außerdem ist die Kommunikation in Telegram verschlüsselt, ein Feature, das viele Nutzer zu schätzen wissen.

Speicherung der Daten in der Cloud

Im Unterschied zu WhatsApp werden Daten in der Cloud gespeichert, sodass Unterhaltungen über mehrere Geräte hinweg synchronisiert werden können. Im sogenannten Secret Chat besteht eine Ende-zu-Ende-Verschlüsselung mit einer Selbstzerstörungsfunktion: Nachrichten lassen sich mit einem Verfallsdatum versehen und werden dann bei Erreichen gelöscht.

Chatbots innerhalb von Skype

Skype, der Instant-Messaging-Dienst, zählt heute auch schon mehr als eine Milliarde Benutzer weltweit. In den USA bietet Skype eine Vielzahl an Bots an, diese können über „Kontakt hinzufügen" der persönlichen Liste beigefügt werden. Eine Besonderheit dieser Plattform ist die Möglichkeit, Bots zu Gruppenchats zusammenzuführen. So kann beispielsweise mit Freunden eine Reise geplant und direkt im Gespräch mit dem Bot bestimmt werden, wer welche Leistungen bezahlt. In Europa sind derzeit noch keine Chatbots auf Skype möglich.

Skype kann als Klassiker der Messenger-Dienste angesehen werden. Er bietet sowohl Text-Chat als auch Video-Chat und Telefon-Chat an. Man kann auch Dokumente, Fotos und ähnliches versenden. Skype ist auf verschiedenen Geräten verfügbar, dank Android-Apps, iOS-Apps, Windows Phone-Apps wie auch der Verfügbarkeit von Programmen für Macintosh- und Windows-Rechner.

6.11.6 Einsatz- und Anwendungsbereiche

Ähnlich wie Apps erlauben Chatbots eine Vielzahl von Verwendungsmöglichkeiten. Auf dem Smartphone finden sich heutzutage verschiedene spezialisierte Apps, für Wettermeldungen, Carsharing-Dienste oder Taxi-Rufe. Mittlerweile bietet jeder Anbieter für fast jeden Informationsbedarf und jedes Service-Bedürfnis eine App. Diese lassen sich über Online-Bots bündeln.

Statt in die Wetter-App zu klicken, können die Nutzer zukünftig ganz einfach über den Messenger WhatsApp den Wetter-Chatbot Folgendes fragen „Wird es heute regnen?" und bekommen eine Wetterprognose. Über die gleiche Mimik und Oberfläche werden auch weitere Dienste umgesetzt, die bislang über verschiedene Einzel-Apps oder den Internetzugriff über den mobilen Browser zur Verfügung standen. So kann ein Chatbot den Kundendienst unterstützen, als Newsticker fungieren oder für kommerzielle Zwecke eingesetzt werden. Die Nutzung dieser Chatbot-Varianten ergibt in der Kombination folgende beispielhaft gezeigte Nutzungsszenarien und Einsatzfälle. Die Webseite Chatbottle listet Chatbots für verschiedene Plattformen auf (Chatbottle 2017).

6.11.6.1 Chatbots im öffentlichen Bereich

Einige Städte haben das Potenzial smarter Technologien erkannt. Immer mehr bieten Apps, Chatbots oder Virtual-Reality-Lösungen, um die Interaktion und Bürgerkommunikation zu vereinfachen und ihr Service-Angebot auf das Mobiltelefon zu bringen.

Mehrwert für Bürgerinnen und Bürger

- Auskünfte zu Behörden und Ämtern
- Hinweise zu freien Parkplätzen
- Wissenswertes über die Stadt
- Informationen für Touristen

Gleichzeitig helfen die Angebote aber auch dabei, die Verwaltung zu entlasten und Bürokratie abzubauen.

Frag den Wien Bot

Wer zum Beispiel in Wien ein Schlagloch, eine ausgefallene Ampel oder Schäden an einem Spielplatz bemerkt, der kann diese Missstände über die App „Sag`s Wien" direkt der Stadtverwaltung melden. Nützliche Informationen für Bürger und Touristen bietet auch der „Wien Bot", der Antworten auf Fragen zu freien Parkplätzen, Ämtern oder Ärzten liefert und Auskünfte über die Stadt gibt. Auch Salzburg nutzt eine App, um auf Ereignisse aufmerksam zu machen und den Dialog ohne bürokratische Hürden zu unterstützen. Und in der Steiermark bietet die App „Daheim" Informationen aus insgesamt zehn Gemeinden.

6.11 Chatbots und Messenger (Bots)

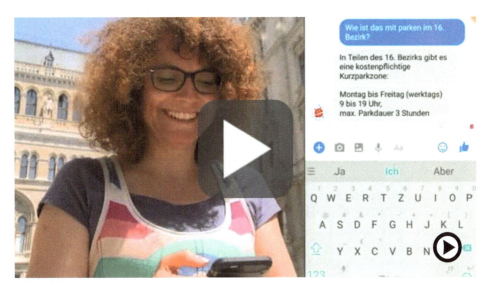

Der WienBot (Video mit Springer Nature ExploreBook App ansehen)

Flughafen-Bot in Hamburg
Im Februar 2017 hat der Hamburger Flughafen als einer der ersten Flughäfen in Deutschland einen solchen Chatbot in die eigene Facebook-Seite eingebunden. Mit seiner Hilfe sollen die Kunden automatisch mit individualisierten und passenden Informationen versorgt werden.

6.11.6.2 Chatbots im Kundenservice und Handel
Mittlerweile sind eine Vielzahl von Chatbots und Messenger-Anwendungen im Customer-Relationship-Management und Kundenservice zu finden, über die die Unternehmen in direkten Kontakt mit ihren Kunden oder Käufern treten können. Ziel der Nutzung dieser technischen Möglichkeiten ist der Verkauf von Produkten wie auch die Stärkung der Kundenbindung.

Steigender Einsatz von Chatbots im Kundenservice
Die Firma iAdvize zeigt deutlich im Rahmen einer Studie, dass der Beratungsbedarf im E-Commerce von wachsender Bedeutung ist und immer mehr nachgefragt wird (iAdvize 2016). Danach hätten 55 Prozent der Online-Kunden einen Kauf in einem Online-Shop nicht abgebrochen, wenn sie umfassend und zufriedenstellend beraten worden wären. Hier eröffnen sich für Chatbots und Messenger neue Möglichkeiten: Beim Verkauf von erklärungsbedürftigen Produkten, beratungsintensiven Services und Dienstleistungen sowie im Kundenservice ermöglicht die Einbindung von Messengern neue Differenzierungsoptionen und Potenziale durch zusätzliche Service- und Verkaufskanäle gegenüber den Mitbewerbern.

Beispiele aus Handel und Kundenservice
- Cyberport, ein Computer-Online-Händler, erledigt seinen Kundenservice per WhatsApp. Der Kunde stellt dazu seine Frage einfach an eine auf der Webseite hinterlegte

Handynummer. Der Kundenservice erhält eine Nachricht im Kundenservice-System und kann daraufhin den Dialog mit dem Kunden starten.
- Taxi Deutschland: Die Genossenschaft geht einen Schritt weiter, denn hier können Handy-Besitzer über den Facebook-Messenger ihren Standort übermitteln und die Taxibestellung auslösen. Das Taxi kommt dann direkt zum identifizierten Standort. Der Taxigast kann sich den Telefonanruf sparen und auch an unbekannten Orten schnell und präzise die Taxifahrt organisieren.
- EBay testet diese Technologie derzeit, um einen personalisierten Shopping-Assistenten zu entwickeln. Der Assistent ist hier über den Facebook-Messenger erreichbar und ermöglicht es dem Kunden so, Fragen zu stellen und die richtigen Produkte zu finden.
- Allyouneedfresh, der Online-Lebensmittelhändler, setzt auf einen Chatbot. Der Kunde kann per WhatsApp-Nachricht dem Online-Shop mitteilen, welche Waren er gerne geliefert haben möchte. Das System analysiert die Nachrichten und erstellt damit eine individuelle Einkaufsliste. Diese steht dann im Messenger zur Verfügung und die einzelnen Artikel können bestellt werden.

Facebook bei Voyages-sncf.com

Voyages-sncf.com, einer der größten Tourismuskonzerne in Europa, hat sich auf den Online-Vertrieb von Bahntickets und das Reiseziel Frankreich spezialisiert. Die Kunden können Reisebuchungen direkt im Facebook-Messenger durchführen, aber auch alle weiteren Informationen zur Reise dort abfragen und einsehen. Treten Änderungen auf, werden diese dem Kunden direkt über den Messenger mitgeteilt. Im Rahmen der Conversational Experience erhält der Kunde, der seine Reise über Voyages-sncf.com bucht, die Buchungsbestätigung im Facebook-Messenger und die notwendigen Reiseinformationen wie Uhrzeit, Wagon, Sitz, Zugang zum Ticket in der App. Kunden können bei Fragen ganz einfach auf die empfangenen Nachrichten antworten und den Dialog im Messenger weiterführen.

Die Kundenberater auf der anderen Seite bearbeiten alle Interaktionen mit dem Kunden über eine Plattform – in der Agentenkonsole gehen Anfragen über Chat, Anruf, Video oder über den Messenger ein und werden dort aufgenommen, analysiert und beantwortet. Die einfache und ergonomisch gestaltete Kundenberater-Anzeige erlaubt es, dass die Kundenberater schnell einen Überblick aus der Kundenperspektive erhalten.

Der Voyages-scnf.com-Kundenservice bearbeitet über 120.000 Kontakte pro Jahr. Über die Kanäle Chat und Video und über die sozialen Netzwerke Facebook und Twitter werden innerhalb von zwei Stunden über 100.000 Anfragen beantwortet. Die Antwortzeit ist kurz: Innerhalb von fünfzehn Sekunden erhält der Kunde seine erste Antwort.

Chatbots im Marketing

Chatbots spielen auch im Marketing eine immer bedeutendere Rolle. Sie können dazu programmiert werden, Daten zu generieren, auf bestimmte Keywords zu reagieren und zu wissen, wann dem Endkunden ein zusätzliches Produkt angeboten werden kann. Weiterhin bieten Chatbots die Möglichkeit, die wechselseitige Kommunikation mit dem Kunden

6.11 Chatbots und Messenger (Bots)

zu intensivieren und die Consumer Experience zu optimieren, beides führt letztendlich zu einer Umsatzverbesserung. Diese Beispiele verdeutlichen die Dringlichkeit für Unternehmen, sich mit dem Thema Chatbot auseinander zu setzen.

Beispiel

Die US-Kosmetikmarke Sephora erregte bereits letztes Jahr Aufsehen mit einem Chatbot, der Nutzern nicht nur die passende Kosmetiklinie für ihren Hauttyp empfehlen, sondern ihnen die entsprechenden Produkte über eine angebundene Shopping-Funktion auch direkt verkaufen konnte (Abb. 6.47).

Das stärkste Argument für den Einsatz von Chatbots ist, dass Kunden jederzeit mit einem Unternehmen in Kontakt treten können. Kunden wollen Informationen schnell und einfach erhalten. Gerade für kleinere Unternehmen mit Bürozeiten von 9 bis 17 Uhr ist das eine Herausforderung. Mit Chatbots können Kundenanfragen rund um die Uhr beantwortet werden. Auch für große Unternehmen bieten Chatbots einen klaren Mehrwert. Ein Customer-Service-Mitarbeiter kann immer nur eine Kundenanfrage bearbeiten. Ein Chatbot

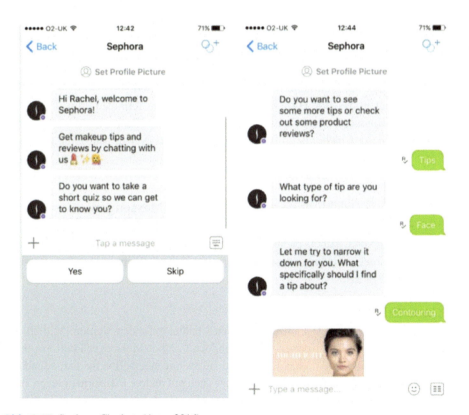

Abb. 6.47 Sephora Chatbot. (Artur 2016)

wickelt hingegen sämtliche Konversationen gleichzeitig ab. Für Kunden entfallen damit lästige Wartezeiten.

Kunden können via Chatbots auch personalisiert angesprochen werden. Facebook-Messenger ruft dafür die öffentlichen Daten des Facebook-Pro-lds der User auf und greift auf Vor- und Nachname, Zeitzone, Sprache und Geschlecht zu. Daraus ergeben sich auch spannende Möglichkeiten für personalisierte Werbung. Beispielsweise könnte ein neues Produkt oder ein Service präsentiert und dabei immer wieder der Name des Kunden erwähnt werden.

Zusätzlich verfügen Chatbots über ein sogenanntes „All-Inclusive Shopping Potential". Das bedeutet, dass der Kunde ein Keyword zu einem Produkt einsendet und sofort eine Antwort erhält. Der Kunde hat anschließend die Möglichkeit, das Produkt direkt im Chat (in Europa zurzeit nur über die Webseite in einer In-App-View) zu kaufen – und dass alles inklusive „persönlicher" Beratung.

Weitere Chatbot-Beispiele
Hier noch einige allgemeine Beispiele von Chatbots, weitere Bots finden sich auf https://botlist.co/:

- Wetterbot: Hier bekommt man das aktuelle Wetter angezeigt (https://www.facebook.com/hiponcho/)
- News-Bot: Neuigkeiten aus der Welt (https://www.facebook.com/cnn/)
- Life Advice Bot: „I'll tell it my problems and it helps me think of solutions."
- Personal Finance Bot: „It helps me manage my money better. "
- Terminvereinbarungs-Bot: Hilfe bei der Vereinbarung von Terminen (https://x.ai/)
- Ein Freund-Bot wurde von Microsoft entwickelt. Er heißt Xiaoice und ist nur in China verfügbar. Dieser Chatbot hat mittlerweile über 20 Mio. Nutzer (https://en.wikipedia.org/wiki/Xiaoice)

6.11.7 Weiterentwicklungen von Chatbots und Messengern

Die Verwendung von Chatbots bedarf bestimmter Voraussetzungen. Entscheidend ist eine bestehende Internetverbindung, ansonsten ist eine Kommunikation zwischen Benutzer und Bot nicht möglich.

Geeignete Plattform auswählen
Außerdem muss die richtige Plattform für den Chatbot gefunden werden. Mittlerweile bieten unterschiedliche Plattformen es auch an, den Chatbot-Messenger Plattform-unabhängig zu bauen. Das heißt, dass ein Unternehmen mit einem Bot für den Facebook-Messenger beginnen, den Bot in der Folge aber auch auf andere Plattformen legen kann. Anders als bei einer App ist es hier nicht notwendig, einen komplett neuen Chatbot für jede Plattform zu entwickeln.

6.11 Chatbots und Messenger (Bots)

Kundennutzen festlegen

Darüber hinaus ist beim Angebot eines Chatbots der Kundennutzen im Vorfeld zu klären. Denn nur wenn der Mehrwert des Chatbots für den Benutzer ersichtlich ist, schafft es der Chatbot auch in die tägliche Nutzung. Ein Chatbot sollte ein Problem effektiv lösen und den Nutzer zufrieden stellen.

Einfacher und selbsterklärender Chatbot

Und letztendlich muss ein Chatbot schlicht und einfach funktionieren. Dazu gehört auch, dass der Chatbot selbsterklärend ist: Schon auf den ersten Blick muss ersichtlich sein, ob es sich bei einem Messenger-Chat um einen Chatbot handelt oder nicht. Auch Buttons sind ein wichtiger Aspekt. Lässt man Nutzer ohne Vorgaben Fragen stellen, ist die Gefahr groß, dass der Chatbot sie nicht versteht. Das führt zu Unzufriedenheit aufseiten der Benutzer. Buttons können dem entgegenwirken. Damit wird sofort deutlich, zu welchen Themen der Chatbot Informationen bietet. Nicht zuletzt ist der Unterhaltungsanteil nicht zu unterschätzen. Chatbots sollten auch unterhaltsam sein und ein Erlebnis bieten.

Zukünftige Entwicklungen

Chatbots stecken noch in den Anfängen, das Thema ist relativ jung und fast täglich werden neue Erkenntnisse gewonnen. Mit den folgenden Entwicklungen ist künftig zu rechnen:

- Skype-Bots in Europa: Obwohl es in anderen Märkten schon länger möglich ist, wird es vermutlich noch etwas dauern, bis es diese Funktion in Europa geben wird. In den USA bietet Skype bereits einen eigenen Chatbot-Bereich, in dem User ähnlich wie in App-Stores nach einem Chatbot suchen können. Außerdem ist es möglich, mit dem Chatbot Gruppenchats zu starten.
- Bezahlen via Chatbot: In den USA werden Kreditkartendaten in Facebook hinterlegt. Chatbots werden daher auch für Online-Shops und Restaurants genutzt, um direkt im Bot eine Bestellung inklusive Bezahlung abzuwickeln.
- Bot-Stores für alle Plattformen: Einige Plattformen, wie beispielsweise Skype in den USA, bieten schon eigene Bereiche nur für Chatbots an. Zu erwarten ist, dass hier künftig auch andere Plattformen wie Facebook nachziehen werden. Damit wäre es möglich, Chatbots besser pushen zu können – vor allem, wenn hier ebenfalls wie in den App-Stores Charts und Rankings umgesetzt werden.

6.11.8 Vor- und Nachteile

Vorteile von Chatbots

- Einfache Installation beziehungsweise Nutzung: Sie sind wesentlich schneller und einfacher zu installieren als Apps, der Nutzer muss dazu nur auf seiner bevorzugten

Messaging-Plattform den Namen des gewünschten Chatbots beziehungsweise des Unternehmens eingeben und im Chat eine Konversation starten.
- Plattformverfügbarkeit: Ein großer Vorteil beim Launch eines Chatbots ist die sofortige Verfügbarkeit für alle mobilen Endgeräte, gleich welches Betriebssystem diese nutzen. Somit sind keine Kosten für mehrere Plattformentwicklungen erforderlich. Chatbots sind überdies geräteunabhängig und können auf dem Laptop, am Computer sowie auf Tablets und Smartphones problemlos genutzt werden.
- Hohe Reichweite: Während Unternehmen oft viel Aufwand benötigen, um die Benutzer für ihre Apps zu begeistern, ist das bei Messenger-Apps nicht notwendig. Die meisten Menschen verbringen sowieso täglich rund 50 Minuten in diesen Apps, um mit Freunden zu chatten. Unternehmen können die Chance nutzen und über genau diese Plattformen mit Nutzern in Kontakt treten.
- Gute Erreichbarkeit rund um die Uhr: Das wirkt sich vorteilhaft auf die Kundenbindung aus.
- Direkte Kommunikation: Ein wesentlicher Vorteil von Bots gegenüber Apps liegt in der direkten Kommunikation. Unternehmen stehen hier in direktem Kontakt mit dem Benutzer, helfen bei Anfragen weiter oder bieten ein Subscription-Modell, um regelmäßige Updates zu übermitteln.
- Verbesserung des Kundenservice: Mithilfe von Chatbots kann ein besserer Kundenservice angeboten werden, indem der Chatbot näher an den Kunden herantritt und sich auf das Wesentliche konzentrieren kann.
- Effektivität: Durch ihren Einsatz entfällt das mühsame Durchsuchen von FAQ- oder Link-Listen; die gesuchte Information, gerade bei Routinefragen, ist schneller präsent.
- Effizienz: Chatbots erlauben es, mehrere Kunden gleichzeitig bei ihrem Informationsbedarf zu unterstützen.
- Fingertipp statt texten: Bedienen sich Chatbots im Chat kontextabhängiger Schaltflächen, so vermindert dies Fehler des Nutzers beim Eintippen.
- Einfachheit: Chatbots können in nur wenigen Schritten erstellt werden.

Nachteile von Chatbots
Mögliche Probleme beim Einsatz von Chatbots und Nachteile werden in folgenden Bereichen gesehen:

- Volltexteingabe: Der Nutzer muss seine Anfrage im Volltext eingeben.
- Akzeptanz: Ein Chatbot, der menschlich wirken soll, muss gut gemacht sein und auch fehlerfrei agieren. Ansonsten wird er nicht genutzt.
- Vielseitigkeit: Ein Chatbot sollte nicht nur Fragen beantworten können, sondern Smalltalk beherrschen.
- Messenger-Dienst: Der Kunde muss, wenn der Chatbot über einen Messenger-Dienst läuft, diesen zuvor auf seinem Mobiltelefon installiert haben.
- Kleine Bildschirmgröße: Dies kann sich als ein weiterer Nachteil bei der Messenger-Kommunikation herausstellen.

- Konsumentenbedenken hinsichtlich Datenschutz und Privatsphäre: Das Einsehen von Chatverläufen und die Wahrscheinlichkeit von Datenmissbrauch und Beschaffung von Informationen durch Unbefugte ist ein Grund für viele Nutzer vom Einsatz von Chatbots abzusehen.

6.12 Ultraschallbasiertes Lokalisierungssystem (US)

Bei einem auf Ultraschall basierendem Lokalisierungssystem handelt es sich um ein aktives System mit mobilen Sendern und fest installierten Empfängern. Als Sender werden handelsübliche Mobiltelefone und eine dort installierte App genutzt.

6.12.1 Indoor-Positionierung über Ultraschall

Ultraschall sind für den Menschen nicht wahrnehmbare, außerhalb beziehungsweise oberhalb des menschlichen Hörbereiches liegende Schallwellen.

Nutzung von Schallwellen zur Positionsbestimmung
Es handelt sich hierbei um Schallwellen mit Frequenzen ab etwa 16 kHz (Einheit für die Schwingungen pro Sekunde) bis 1 GHz, die sich mit einer geringeren Schallgeschwindigkeit als Lichtgeschwindigkeit im Raum ausbreiten. Die Reichweite in der Luft liegt zwischen zehn und 20 Metern, wobei die Dämpfung in Luft mit steigender Frequenz zunimmt.

Der Schall breitet sich normalerweise gleichmäßig in alle Richtungen aus. Durch oder auch in Flüssigkeiten und in Luft wird er reflektiert, falls er auf feste Masse oder andere Materialien trifft. Dies gilt gleichermaßen für den Ultraschall.

Indoor-Positionierung mithilfe von Receivern
Bei der Indoor-Positionierung sendet das Mobiltelefon kurze Ultraschallpulse an fest im Raum installierte Empfänger aus und über einen Laufzeitvergleich mehrerer Empfängersignale wird die mobile Position errechnet. Die Infrastrukturanforderungen sind dabei gering. Für einen rechteckigen Raum von 100 bis 200 qm Fläche werden etwa fünf Receiver benötigt. Nach der Installation wird eine Erstkalibration des Systems durchgeführt, bei der die Referenzpositionen der fest installierten Empfänger ermittelt und im System hinterlegt werden. Die Nutzermedien, wie Mobiltelefone oder andere intelligente Geräte, können anschließend ohne Kalibrierung sofort verwendet werden.

6.12.2 Technische Grundlagen

Geräusche und Töne kommen beim Ultraschall zustande, wenn der Luftdruck an einem Ort beim Durchlaufen einer Schallwelle sehr schnell wechselt. Dabei entfernen sich die

Luftmoleküle entweder voneinander oder sie werden enger aneinander geführt. Die Häufigkeit des Druckwechsels wird dabei über die Frequenz gemessen und ausgedrückt. Menschen sind je nach Lebensalter in der Lage, Schall zwischen den Basstönen ab etwa 20 Hz und den Höhen bei etwa 10.000 bis 20.000 Hz wahrzunehmen und zu hören. Ultraschall kann der Mensch nicht hören, da die Frequenz über dem des Hörbereiches liegt.

In der Tierwelt dient Ultraschall zur Orientierung und Ortung. Fledermäuse, Delfine, aber auch Nachtfalter senden Ultraschallsignale aus, um sich zu orientieren oder auch Jagdbeute zu lokalisieren. Mäuse und Ratten kommunizieren sogar mittels Ultraschallsignalen.

Positionsbestimmung über die Messung der Signallaufzeit
Die Positionsberechnung erfolgt in der Regel mittels Messung der Signallaufzeit. Entweder sind die Sender an bekannten Positionen fest installiert und die Empfänger mobil, sogenannte passive Systeme, oder die Sender sind mobil und die Empfänger stationär, sogenannte aktive Systeme. Darüber hinaus gibt es empfängerlose Systeme, die nach dem Echoprinzip arbeiten. Die Laufzeitmessung liefert in der Regel präzisere Ergebnisse als die bei Radiowellentechnologien üblichen COO- oder RSSI-Verfahren. Im Gegenzug kann die Präzion der Messung durch Reflexionen und Dopplereffekte beeinträchtigt werden. Bei aktiven Systemen kann es zudem zu Signalüberlagerungen verschiedener Nutzer kommen, wodurch die Messdatenrate, d.h. die gleichzeitig messbaren Positionen pro Zeiteinheit, beschränkt wird. Dieses Problem lässt sich jedoch durch ein geeignetes Zeitmanagement umgehen.

Ein weiteres Problem kann die Temperaturabhängigkeit von Ultraschallmessungen darstellen; in Indoor-Anwendungen spielt diese allerdings keine Rolle, da die Abweichungen in der Positionsgenauigkeit bei kleinen Temperaturschwankungen sehr gering ausfallen. Ein Grad an Temperaturänderung macht auf zehn Metern Entfernung etwa 2 mm Messabweichung aus.

Ortungsgenauigkeit von 15 bis 30 Zentimeter
Aktuelle Ultraschall-Systeme erreichen typischerweise eine Ortungsgenauigkeit zwischen 15 und 30 cm und erfüllen somit die Anforderungen im Handel und in der Gastronomie. Eine Nutzung handelsüblicher Smartphones ist möglich, da deren Frequenzbereich im nahen Ultraschallbereich liegt (18 bis 22 kHz), welcher von den eingebauten Mikrofonen oder Lautsprechern verarbeitet werden kann. Hinsichtlich der Nutzerakzeptanz sind aktive Systeme im Vorteil, da deren Nutzung keine Mikrofonfreigabe erfordert und somit kein Datenschutzrisiko für den Anwender darstellt.

Ultraschall am Beispiel Sonografie
Wie genau Ultraschall funktioniert, lässt sich am einfachsten am Beispiel der Sonografie erläutern: Dabei sendet ein mit einem Schallkopf versehenes Gerät Schallwellen aus. Die Schallwellen werden von den Geweben, auf die sie treffen, unterschiedlich stark reflektiert. Im Schallkopf befindet sich ein weiterer Sensor, der die reflektierten Ultraschallwellen wiederaufnimmt. Auf dieser Basis errechnet das Gerät anschließend ein

zweidimensionales Abbild der Körperstrukturen, welches in Echtzeit auf einem Bildschirm ausgegeben wird.

Eine Detaillierung dieser Sonografie stellt die Doppler-Sonografie oder auch Duplex-Sonografie dar. Dabei können auch Bewegungen, zum Beispiel in Gefäßen das Fließen von Blut, sichtbar gemacht werden. Die Messung funktioniert über den Doppler-Effekt. Die Frequenz von sich nähernden oder entfernenden Objekten ändert sich dabei und wird ausgewertet.

6.12.3 Einsatz- und Anwendungsbereiche

Die Nutzung von Ultraschall erfolgt heute in verschiedenen Bereichen:

- In der Technik als Echolot oder Sonar bei der Tiefenmessung und Meeresbodenuntersuchung, Unterwasser-Peilsender für Flugschreiber, Durchflusssensoren für Rohre und Kanäle, Ultraschallschweißen, Festigkeitsmessung von Baumaterialien, Füllstandsmessung und industrielle Teilereinigung
- In der Forschung und der Medizin, zum Beispiel im Ultraschallmikroskop oder in der Sonografie zur Untersuchung von Frauen während der Schwangerschaft, Darstellung von Herzrhythmusstörungen, Messung von Blutstrom-Geschwindigkeiten in Gefäßen oder zur Feststellung von Unregelmäßigkeiten im menschlichen Gewebe bzw. an menschlichen Organen. Ultraschalltechnologie wird auch bei Operationen und in der Therapie eingesetzt: vom Ultraschall-Schneiden von Gewebe, Geschwürbehandlung, Nierensteinzertrümmerung bis hin zur Zahnsteinentfernung.
- Im Verkehr wird Ultraschall als Entfernungsmessung in Einparkhilfen eingesetzt. Dabei sind Ultraschallsensoren in die Stoßfänger der Fahrzeuge integriert, die Ultraschallsignale aussenden und empfangen und daraus die Distanz des Autos zum Hindernis berechnen. Viele Einparksysteme, wie zum Beispiel das Audi-APS (acoustic parking system), BMW-PDC (Park Distance Control), Mercedes-Benz-PARKTRONIC oder der Volkswagen-ParkPilot, arbeiten Ultraschall-gestützt. Die Systeme dienen auch zur Warnung von Auffahrunfällen, indem sie bis zu einer Geschwindigkeit von 20 km/h zur Messung des Abstandes zum Vorausfahrenden eingesetzt werden.

Beispiel

Ultraschall-Armband warnt Sehbehinderte vor Hindernissen: In den USA ist ein Gerät auf dem Markt, welches Menschen mit Sehschwäche über Ultraschall-Sensoren dabei hilft, beim Gehen nicht auf Hindernisse aufzulaufen. Das Start-up Sunu entwickelte ein Armband, das mittels Ultraschall Hindernisse erkennt, die im Weg stehen oder liegen, und den Nutzer mithilfe einer Vibration warnt. Bei einer Demonstration des Systems im Stadtzentrum von Mountain View navigierte Fernando Albertorio, einer der Sunu-Gründer, der selbst an einer Sehbehinderung leidet, problemlos durch das von Menschen belebte Umfeld und konnte dabei Hindernissen wie Blumenkästen, Ästen, die herabhingen, Ampelanlagen und Straßenschildern ausweichen.

Das Gerät erzeugt eine hochfrequente Ultraschallwelle, die von vorausliegenden oder stehenden Objekten reflektiert werden. Das Armband misst die Stärke dieser Reflexion und vibriert dann abhängig von der Entfernung stärker oder schwächer. „Ich fühle mich jetzt viel sicherer, wenn ich mich in Bereichen bewege, in denen ich normalerweise nicht schneller gehen, sondern überlegen würde, auf was ich zulaufe", sagt Albertorio (Sunu 2017).

Ultraschall im Rahmen der Indoor-Positionierung
Ultraschall lässt sich auch in der Indoor-Lokalisierung einsetzen. Mobiltelefone, Roboter oder auch andere Geräte können in geschlossenen Räumen lokalisiert und verfolgt werden. Das Verfahren ist präziser als die Ortung über WLAN oder Bluetooth. Das Mobiltelefon gibt dabei akustische Signale im Ultraschallbereich von 20 kHz von sich. Speziell entwickelte Detektoren im Gebäude nehmen diese Signale auf und berechnen die genaue Position des Mobiltelefons.

Beispiel

Telocate ASSIST Gebäude-Navigationslösung: Die Gebäude-Navigationslösung Telocate ASSIST bietet eine Inhouse-Lokalisierung von Smartphones mit einer hohen Genauigkeit (Telocate 2015). Die Telocate ASSIST-Lösung (Acoustic Self-Calibrating System for Indoor Smartphone Tracking) besteht aus zwei Bestandteilen, stationär in den Gebäuden oder Räumen installierte akustische Empfänger auf der einen und eine App für Mobiltelefone auf der anderen Seite.

Wie funktioniert nun die Telocate-System-Lokalisierung? Das Smartphone sendet über seinen integrierten Lautsprecher ein akustisches Signal im Bereich von 20 kHz aus. Das Signal wird vom Menschen nicht gehört. Nach dem Aussenden wird es von den verteilten akustischen Empfängern erkannt und anschließend verarbeitet. Ein Server wertet die Daten aus und berechnet aus den gemessenen Empfangszeitpunkten die Position des Smartphones. Diese Angaben werden gemeinsam mit weiteren Informationen zur Umgebung über die Internet- und Mobilfunkverbindung auf das Smartphone übermittelt und anschließend auf dem Bildschirm angezeigt.

Mithilfe dieser Lösung lässt sich die aktuelle Aufenthaltsposition eines Smartphones im Gebäude auf bis zu zwanzig Zentimeter genau anzeigen. Damit bietet Telocate ASSIST vielfältige neue Möglichkeiten und Anwendungsfelder in der Gebäudenavigation.

Kommerzielle Anwendungen dieser Lösung liegen überall dort, wo eine Navigation innerhalb von Gebäuden präzise und einfach erfolgen soll und sich Menschen zurechtfinden wollen:

- Orientierung in öffentlichen Gebäuden: Insbesondere blinden und sehbehinderten Menschen wird die Möglichkeit zur selbstständig Orientierung und Navigation gegeben.
- Führung von Besuchern durch Museen und Ausstellungen: Ortsabhängig können Erläuterungen und Hinweise zu Exponaten gegeben werden.

6.13 Visible Light Communication (VLC)

- Hinweis auf aktuelle Angebote und direktes Hinleiten von Kunden in Supermärkten: Weiterhin lassen sich automatisch Rabattpunkte gutschreiben, wenn der Kunde bestimmte Punkte innerhalb des Geschäftes ansteuert und passiert. Das erhöht die Kundenbindung und bietet die Möglichkeit zusätzlichen Umsatz zu generieren.
- Auf Messen können Besucher Messeständen einfacher auffinden und darüber hinaus spezifische Ausstellerinhalte auf dem Mobiltelefon angezeigt bekommen.

Indoor-Navigation von Telocate (Video mit Springer Nature ExploreBook App ansehen)

6.12.4 Vor- und Nachteile

Für den Einsatz im Handel und in der Gastronomie mit ihren spezifischen Anforderungen an regal- beziehungsweise platzgenaue Ortung, robuste Funktion, einfache Einrichtung und Anpassung an veränderte Umgebungen weist die bisher im Wesentlichen in Paging-Systemen in Krankenhäusern sowie als Einparksensoren in Automobilen eingesetzte Ultraschalltechnologie nach Einschätzung das höchste Potenzial auf.

Beim vorgestellten System können Mobiltelefone ebenso genutzt werden wie kostengünstige Pucks, wodurch sich auf einfache Weise Lokalisierungs- und Tracking-Anwendungen in Läden, Supermärkten, Shopping-Malls oder Restaurants realisieren lassen.

6.13 Visible Light Communication (VLC)

Visible Light Communication (VLC) ist eine Datenübertragungstechnik, bei der Licht die Rolle des Daten- oder Informations-Übertragungsmediums einnimmt. Die Frequenz des genutzten Lichtes, das zur Übertragung eingesetzt wird, befindet sich dabei im für den Menschen nicht sichtbaren Bereich.

Das Licht geht von einer LED-Leuchte oder einer Leuchtstofflampe aus und wird von einem Fotodetektor empfangen und umgewandelt. Dieser kann zum Beispiel die Kamera eines Smartphones sein.

6.13.1 Datenübertragung mithilfe von Licht

Datenübertragung mithilfe von Licht (VLC) ist eine Technik, die auch bekannt ist unter der Bezeichnung Light Fidelity (LiFi, in dt. Wiedergabe über Licht) (LiFi-Konsortium 2016).

Im Kern geht es dabei um Lichtmodulationen, die von entsprechenden Empfangsgeräten empfangen und verarbeitet werden. Die Lichtmodulation wird bei der optischen Übertragung ebenso eingesetzt wie auch bei der Infrarottechnik, zum Beispiel bei lokalen Infrarot-Netzwerken (Infrarot-LAN). Dabei handelt es sich um nicht sichtbares moduliertes Licht von lichtemittierenden Dioden, auch Leuchtdioden (LED) oder Infrarot-LED (IR-LED) genannt. Das Visual-Light-Communication-Verfahren arbeitet allerdings anders, nämlich mit dem sichtbarem Licht von LED-Leuchten.

6.13.2 Technische Grundlagen

Visible Light Communication ist eine Datenübertragungstechnologie, bei der die Informationen mithilfe des Übertragungsmediums Licht übertragen werden. Die Frequenzen des zur Übertragung genutzten Lichtes liegen dabei im sichtbaren Bereich zwischen 400 THz (Terahertz) (750 nm; 1 THz = 1000 GHz) und 800 THz (375 nm).

Nutzung von LED-Licht
Das Licht wird von Leuchtstofflampen oder LEDs erzeugt. Auf der Empfängerseite wandelt ein Lichtsensor oder Photodetektor das Licht wieder in Stromimpulse um. Die Lichtleuchte flackert dabei. Das ist für den Menschen nicht wahrnehmbar, übermittelt aber so einen Code, der zur Positionsbestimmung genutzt werden kann.

Bestandteile einer VLC-Lösung
Konzeptionell besteht die Visible Light Communication aus folgenden Bestandteilen:

- Stationärer VLC-Transmitter, Sendeeinrichtung oder Leuchtdiode
- Stationärer oder mobiler VLC-Receiver, Empfangseinrichtung oder Fotodiode

VLC-Transmitter als Sendeeinheit
Bei der VLC-Technik wird die Bit-Übertragungsschicht genutzt. Auf dieser lassen sich verschiedene Protokolle übertragen. Für die Übertragung werden die Daten im VLC-Transmitter in das entsprechende Protokoll umgesetzt und in Lichtsignale moduliert.

6.13 Visible Light Communication (VLC)

Dafür können die Signale in Pulsphasenmodulation (PPM), Non Return to Zero (NRZ) in Kombination mit der On-Off-Umtastung (OOK) oder einem anderen Verfahren umgetastet werden.

Fotodiode als Empfangseinheit
Empfangsseitig werden die modulierten Lichtsignale in einer Fotodiode oder Fototransistor in Spannungssignale umgesetzt und verstärkt. Da Lichtimpulse von weißem LED unterschiedliche Abklingzeiten für die Fluoreszenz und Phosphoreszenz haben, filtert man die längere Phosphoreszenz des blauen Phosphors aus.

Prinzip der Informationsübertragung
Das Prinzip der Übertragung bei Visible Light Communication ist relativ einfach: Mithilfe eines Modulators wird eine LED-Birne sehr schnell ein- und ausgeschaltet. Diese Lichtimpulse werden von einer Fotodiode im Empfängergerät, Laptop, Tablet oder Smartphone, empfangen und als Nullen und Einsen in elektrische Impulse umgewandelt. Das passiert so schnell, dass der Mensch kein Lichtflackern wahrnimmt. Eine bidirektionale Datenübertragung erfolgt über einen Infrarot-Rückkanal.

Informationsübertragung bedingt Sichtverbindung
Entscheidend für das Funktionieren des Systems ist eine Sichtverbindung (Lline of Sight oder LOS) zwischen VLC-Transmitter und VLS-Receiver, nur dann können die Daten übertragen werden. Die Datenraten können bis zu 1 Gbit/s erreichen. Mit anderen Verfahren wie dem Wellenlängenduplex sind auch Datenraten von bis zu 3 Gbit/s möglich. Dabei werden drei Leuchtdioden in den Grundfarben Rot, Grün und Blau unabhängig voneinander moduliert. Anschließend erfolgt die Übertragung über den Visual-Light-Communication-Kanal und die empfangsseitige Zerlegung und Demodulation in die Einzelfarben durch einen optischen Filter.

Die VLC-Technik wird in der IEEE-Arbeitsgruppe 802.15.7 behandelt und standardisiert.

6.13.3 Historische Entwicklung

Die Idee, sichtbares Licht zur Informationsübertragung einzusetzen, stammt ursprünglich von einer Universität in Tokio, der japanischen Keio-Universität.

2003 – Entwicklung in Japan
2003 wurden die ersten VLC-Geräte in den Nakagawa Laboratorien der Keio-Universität entwickelt. Danach gelang es auch einem Siemens-Forscherteam und einem des Berliner Fraunhofer Heinrich-Hertz-Instituts, über weiße LED Daten mit bis zu 500 MBit/s über fünf Meter zu übertragen. Inzwischen hat sich diese Technologie verbreitet.

In Japan sind es Firmen wie NEC, Matsushita, Shimizu, in Korea Samsung, die sich intensiv mit der Entwicklung kommerziell einsetzbarer Systeme auseinandersetzen. In China wurde das Konzept und die Technik von Forschern der Fudan-Universität in Shanghai weiterentwickelt und soll übliche WiFi zu geringeren Kosten ersetzen. Auf der Grundlage dieser Technologie gelang es, vier Computer mit nur einer LED-Birne mit einer Kapazität von nur einem Watt Internetzugang zu gewähren und Daten zu senden und zu empfangen. Die drahtlose Übertragung erfolgt über einen in die LED-Birne eingebetteten Mikrochip, der eine Übertragungsrate mit einer Geschwindigkeit von 150 MBit/s ermöglicht.

2011 – Li-Fi-Konsortium
In Deutschland sind es Forscher vom Berliner Fraunhofer Heinrich-Hertz Institut, im sonstigen europäischen Raum mehrere Universitäten, vor allem in Edinburgh (Prof. Harald Haas) und Oxford (Prof. Dominic O'Brien), die sich mit VLC beschäftigen.

2011 prägte der deutsche Forscher Harald Haas auf seinem Vortrag auf der kalifornischen Technologie-, Entertainment- und Design-Konferenz den Begriff. Angelehnt an den Begriff WiFi nutzte er den Begriff Li-Fi für die neueste VLC-Generation. Im gleichen Jahr formte sich das „Li-Fi-Konsortium", unter anderem mit dem Fraunhofer-Institut für Photonische Mikrosysteme, das den Standard mit dem gleichen Namen vermarkten und auch marktreif machen will.

Im Rahmen dieser Technologie sind Standards im IEEE 802.15.7 WPAN (Wireless Personal Area Network) festgelegt.

2015 – Marktreife durch Philips Lighting
2015 hat Philips Lighting Visual Light Communication zur Marktreife entwickelt und auf dieser Grundlage ein Indoor Positioning System (IPS) entwickelt, das neben Richtungsangaben auch Benachrichtigungen und Analysen umfasst. Philips nutzt dafür eine Kombination aus Visible-Light-Communication-Technologie, Bluetooth und anderen Sensoren der Smartphones.

6.13.4 Einsatz- und Anwendungsbereiche

Visible Light Communication ist als Übertragungstechnologie überall dort einsetzbar, wo WLANs an ihre Grenzen kommen beziehungsweise nur beschränkt eingesetzt werden können, wie zum Beispiel in Flugzeugen, Krankenhäusern, in großen Kongresssälen für die Simultanübersetzung in verschiedene Sprachen, in der Fertigung, der Verkehrsleittechnik und im heimischen Bereich zur Übertragung von großen Mengen multimedialer Inhalte, Musik und Fernsehsignalen.

Die besonderen Lichteigenschaften machen Visible Light Communication universell einsetzbar, da Licht in der benutzten Wellenlänge als ungefährlich einzustufen ist. Zudem können die Lichtwellen durch jede optische Abschirmung leicht in der räumlichen Ausbreitung begrenzt werden. Ein weiterer Vorteil ist auch die lizenzfreie Verwendung der entsprechenden Frequenzen.

VLC in Supermärkten und Geschäften
Als mögliches Einsatzgebiet kommen Supermärkte und Lebensmittelfilialen infrage. Mit einer entsprechenden App auf dem Smartphone kann der Kunde sich bequem zu den

Waren und Produkten auf seiner Einkaufsliste leiten lassen oder standortbezogene Angebote auf dem Smartphone empfangen. Vorteilhaft ist, dass keine gesonderte Hardware installiert werden muss, da die Lampen ja für die Beleuchtung sowieso im Supermarkt angebracht sind.

Die Technologie ist bereits in verschiedenen Supermärkten in Frankreich und Deutschland im Einsatz. Als erster Supermarkt in Deutschland setzt ein EDEKA-Markt in Düsseldorf das System von Philips Lighting (Entwicklung, Fertigung und Umsetzung innovativer (LED-) Beleuchtungslösungen) ein. Die App kommt von der Firma Favendo. Das Unternehmen bietet Location-Based Services und auf Funk basierte Indoor-Navigation an und integrierte aktuell die Lichtsignale der Philips Visible Light Communication in sein App-Framework. Damit wird eine Positionsgenauigkeit von circa 30 Zentimetern erzielt.

Eine detaillierte Beschreibung dieses Cases findet sich in Abschn. 9.3.1.

VLC-Einsatz zu Hause
Im Heimbereich sind VLC-Lösungen eine wertvolle Ergänzung zum eingesetzten WLAN. Dort, wo es durch die Mehrfachbelegung in den drahtlosen Netzen zu Überlastungen und Kollisionen kommt, bietet sich sichtbares Licht als für die Datenübertragung bisher ungenutztes Medium als Alternative an, das gleichzeitig auch noch lizenzfrei genutzt werden kann. Als weiterer Vorteil gilt die Abhörsicherheit, denn nur der im Lichtstrahl oder Lichtkegel angesiedelte Empfänger kann Daten empfangen. Damit ist das Abhören des Lichtstrahls fast nicht möglich.

VLC in Fabriken und in Krankenhäusern
In Fabriken oder auch in Krankenhäusern und hier speziell in Operationssälen ist WLAN auf der Basis von Funk nur eingeschränkt oder teilweise gar nicht nutzbar. Daher ist es sinnvoll, hier Visible Light Communication einzusetzen. Eine weitere Anwendung besteht im Verkehr: LED-Ampeln oder Bahnsignale könnten Informationen an Autos oder Züge senden.

VLC-Einsatz in Städten
Mithilfe von Li-Fi oder Visible Light Communication kann jede Straßenbeleuchtung und jede Straßenlaterne zu einem Dreh- und Angelpunkt zur Verteilung von Datenpaketen werden. Besonders praktisch kann das für die Innenstädte sein, die von vielen Touristen besucht werden. Jeder Nutzer könnte dann über die Beleuchtung auf Informationen zu seinem aktuellen Standort oder Ähnliches zugreifen. Auch für Besitzer von Geschäften könnte Li-Fi in den Straßenbeleuchtungen umfangreiche Möglichkeiten bieten, neue Kunden zu gewinnen, indem Produkte beworben oder spezielle Angebote an die vorbeigehenden Kunden verteilt werden.

Li-Fi kann auch benutzt werden, um Straßenschilder mit Personenkraftwagen kommunizieren zu lassen. Die Scheinwerfer der Fahrzeuge als Lichtquelle scheinen auf einen Sensor, welcher an den Straßenschildern oder am Heck des vorherfahrenden Autos angebracht ist, und überträgt so die Daten (Lifi-Technik 2017). Kollisionen lassen sich vermeiden, Staus können früher erkannt werden und die Position von Geisterfahrern lässt sich sehr leicht ermitteln – viele Vorteile, die den Straßenverkehr wesentlich sicherer machen.

VLC-Einsatz bei öffentlichen Veranstaltungen
Eine weitere sinnvolle Anwendung für Li-Fi sind öffentliche Veranstaltungen wie Fußballspiele oder Festivals oder sogar beliebte und belebte Plätze in großen Städten. Einige zentrale Lichtquellen oder Flutlichtmasten genügen aus, um mehrere tausend Endgeräte mit Informationen zu versorgen oder sogar den Besuchern Internet-Zugang zu bieten. Im Gegensatz zu der Umsetzung mit WLAN ist es wesentlich günstiger, stabiler und einfacher. Da nur eine Lichtquelle benötigt wird, ist die Nutzung von Li-Fi wirtschaftlich weitaus günstiger, als ein großes Gelände mit Access-Points für das WLAN auszustatten. Daneben ist Licht und Li-Fi aufgrund des weitaus höheren Frequenzspektrums bedeutend stabiler als WLAN beziehungsweise Radiofrequenzen generell.

Viele weitere Anwendungsszenarien sind denkbar: Informationen zu Ausstellungsstücken in Museen oder Exponaten auf Messen können über die darüberliegende Deckenlampe per VLC auf das Mobiltelefon übertragen werden. Daneben bietet VLC in den Bereichen, die ständig beleuchtet sind, wie zum Beispiel Großraumbüros oder Hallen, eine günstige Alternative zum WLAN.

6.13.5 Vor- und Nachteile

Vorteile von Visible Light Communication (Fraunhofer Gesellschaft 2017)

- Übertragungsgeschwindigkeiten bis zu 3 Gbit/s
- Keine Strahlenbelastung
- Keine Interferenzen mit Funksystemen
- Datenübertragung mit handelsüblichen High-Power LED-Lampen
- Kombination von Beleuchtung und Datenkommunikation
- Kostengünstige Umrüstung möglich
- Paralleler Betrieb mehrerer VLC-Systeme möglich
- Einfacher Datenschutz durch lichtundurchlässige Oberflächen
- Übertragungsstandard IEEE 802.15.7

Nachteile von Visible Light Communication
Direkter „Sichtkontakt" zwischen der sendenden LED und dem Empfängergerät sind die Voraussetzung für das Funktionieren des Systems.

6.14 Weitere smarte Technologien

Neben den dargestellten intelligenten Technologien existieren weitere, zusätzliche Ansätze, um Positionen zu bestimmen und Objekte zu lokalisieren. Einige werden hier exemplarisch aufgeführt. Ihre Reife für die kommerzielle Nutzung und Bedeutung hat sich allerdings noch nicht durchsetzen können.

6.14.1 Indoor-Lokalisierung mit dem natürlichen Magnetfeld

Die Indoor-Lokalisierung und -Navigation wird von vielen Technologien unterstützt. Diese liefern in vielen Bereichen ungenaue Ergebnisse und bieten damit nur unzureichende Navigation und Bestimmung der Position.

Nutzung des Erdmagnetfeldes zur Positionsbestimmung
In Finnland fanden Forscher der Universität von Oulu einen Ansatz, der auf einer stabileren Orientierung basiert: Sie nutzen das Erdmagnetfeld, welches sich durch alle Gebiete der Erdoberfläche zieht und zwar recht beständig. Stahlträger in Gebäuden oder auch andere Metallobjekte führen darüber hinaus jeweils zu sich über längere Zeit nicht verändernden Abweichungen. Das heißt, dass recht genaue Karten eingesetzt werden können und auf ihnen eine Positionsbestimmung durchzuführen ist.

IPS-System von IndoorAtlas ermöglicht kommerziellen Einsatz
„Das IPS-System von IndoorAtlas ist eine vollkommene Neuheit, die auf einem Phänomen beruht, das noch niemals zuvor im Bereich der Indoor-Navigation und des Mobile Computing eingesetzt worden ist", schreiben die IndoorAtlas-Forscher Janne Haverinen und Kollegen in ihrem Whitepaper (Indooratlas 2017). Der konzeptionelle Ausgangspunkt ihres Indoor Positioning Systems (IPS) sei auch vom Tierreich inspiriert, wo sich bestimmte Arten am Erdmagnetfeld orientieren würden. „Mit unserer Technologie erreichen wir eine Genauigkeit von 0,1 bis zwei Meter", so das Versprechen.

Messung über den Kompass im Mobiltelefon
Zur Messung der vorhandenen Magnetströme wird der Kompass im Mobiltelefon genutzt. Standorte innerhalb von Gebäuden können mit einer Präzision von circa 10 cm geortet werden. Die gemessenen und gewonnenen Daten werden in einem Gebäudeplan abgetragen, der dann die Position im Gebäude anzeigt. Als Ausgründung aus der Universität bietet das Unternehmen IndoorAtlas mittlerweile APIs an. Mit deren Hilfe können Entwickler, die Mobiltelefon-Anwendungen programmieren, auf die jeweiligen Daten zugreifen. Die notwendigen Lagepläne oder Baupläne können von externen Quellen wie zum Beispiel von Baugesellschaften oder von Betreibern von Einkaufszentren besorgt und in das System integriert werden.

Mit diesem System wird es den Benutzern in Zukunft erleichtert, in einem Einkaufszentrum das gewünschte Café oder auch das gesuchte Geschäft zu finden. In einem Bürogebäude einen bestimmten Raum zu lokalisieren und in einem Supermarkt das gesuchte Regal zu finden, wird ohne Probleme möglich sein (Abb. 6.48).

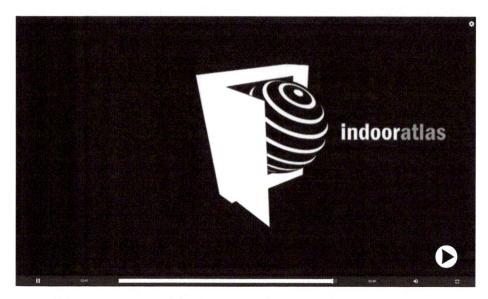
Indoor-Navigation von IndoorAtlas (Video mit Springer Nature ExploreBook App ansehen)

Abb. 6.48 Indoor-Navigationssystem. (Indooratlas 2017)

Vorteil der Positionsbestimmung über den Kompass
Der Vorteil der Positionsbestimmung über den Kompass im Mobiltelefon ist, dass die benötigte Technik in den meisten Mobiltelefonen bereits enthalten ist. Der Nutzer braucht zusätzlich noch die Karte des Gebäudes. Hinzu kommt die Datensicherheit, da alle Berechnungen auf dem eigenen Gerät erfolgen. Nachteilig wirkt sich ein hoher Akku-Verbrauch aus, da ständig auf die Sensoren-Ereignisse reagiert werden muss. Ebenso ist

die Genauigkeit des Kompasses, aufgrund der Anfälligkeit für externe Einflüsse, teilweise gestört.

Verbesserung der Genauigkeit durch den Einsatz weiterer Sensoren im Mobiltelefon
Eine Möglichkeit, die Genauigkeit zu verbessern, ist die Kombination verschiedener Sensoren – Kompass, Gyroskop, Beschleunigungssensoren –, die sogenannte Sensor-Fusion, um durch ihre unterschiedlichen Stärken und Genauigkeiten die der jeweils anderen Sensoren auszugleichen. Die Zuhilfenahme des Gyroskops dient hierbei der Kompensation von störenden Magnetfeldern. Sensoren eignen sich zwar noch nicht als eigenständige Navigationslösung, versprechen jedoch genügend Leistung, um unterstützend in einer Navigations-App genutzt zu werden.

6.14.2 Indoor-Positionierung mit künstlichen Magnetfeldern

Intensiv wird auch an der Entwicklung von Systemen zur automatischen Bestimmung der Positionierung in geschlossenen Gebäuden geforscht. Der Grund liegt darin, dass viele der heute alternativ eingesetzten Systeme aufgrund von Signalabschattungen oder größerem Signalrauschen an Grenzen der Positionsbestimmung in Innenräumen stoßen.

Magnetic Indoor Local Positioning System
Das Indoor-Positionierungssystems Magnetic Indoor Local Positioning System (MILPS) nutzt Gleichmagnetfelder, die von Spulen erzeugt werden, durch die Strom fließt. Werden die Magnetfeldkomponenten der Spulen gemessen und ausgewertet, dann lässt sich die unbekannte Position eines Mobiltelefons bestimmen.

Bei vielen Systemen, die mit optischen Wellen, Funk oder Ultraschall arbeiten, wird die Positionsmessung und -schätzung durch verschiedene Effekte negativ beeinflusst, wie Dämpfung, Fading, Multipath oder Signalverzögerung. Demgegenüber durchdringen magnetische Felder Baumaterialien ohne Signalausbreitungsfehler und das auch bei einer direkt fehlenden Sichtverbindung zwischen Sender und Empfänger. Darüber hinaus macht der Einsatz von Magnetfeldern die Systemnutzung einfacher, da weder spezielle Kommunikationsprotokolle noch komplizierte Medienzugriffverfahren benötigt werden (Blankenbach und Norrdine 2013).

6.14.3 Datenübertragung und Steuerung über Infrarot

Die Infrarot-Schnittstelle ist eine serielle Schnittstelle, die eine relativ hohe Übertragungsstärke erzielt, ohne dass dabei ein Kabel verwendet wird.

Einsatz bei verschiedenen Geräten
Die Infrarot-Schnittstelle wird heute unter anderem bei Mobiltelefonen, Tablets, Notebooks und den Infrarot-Fernbedienungen für Fernseher, Stereo- und Musikanlagen

genutzt. Die Infrarot-Strahlung wird auch in der Industrie bei Trocknungsprozessen eingesetzt, da sie eine kontaktlose Wärmeübertragung ermöglicht. Aber auch Heizungen oder Wärmestrahler, Nachtsichtgeräte und Wärmebildkameras nutzen Infrarot.

Drahtloser Point-to-Point-Datentransfer
Eine Infrarot-Schnittstelle macht einen drahtlosen Punkt-zu-Punkt-Datentransfer auf Basis von Infrarotlicht möglich, der für den Menschen nicht sichtbar ist. Der Datentransfer funktioniert in der Regel über kurze Reichweiten. Die Datenübertragung ist relativ schnell, der Energiebedarf niedrig und die Abhörsicherheit relativ hoch. Aufgrund niedriger Bit-Fehlerraten zeichnet sich die Infrarot-Datenübertragung durch eine hohe Zuverlässigkeit aus.

Im Jahre 1993 bildeten circa 50 Unternehmen, unter anderem Microsoft, IBM und HP, ein Forum, welches die Infrarot-Transreceiver-Standardisierung und Spezifikation von Protokollen vorantrieb. Es wurde bekannt unter dem Namen Infrared Data Association (IrDA).

Einschränkungen der Indoor-Navigation mit Infrarot
Eine Indoor-Navigation auf der Basis von Infrarot-Technologie funktioniert zwar grundsätzlich, allerdings nur mit gewissen Einschränkungen. Grundsätzlich bietet sich Infrarot als Technologie an, da es sowohl in der Anschaffung als auch im Betrieb aufgrund des minimalen Stromverbrauchs günstig umzusetzen ist. Hinzu kommt außerdem, dass bereits einige Smartphones Infrarot-Kommunikation unterstützen.

Die Datenübertragung mittels Infrarot ist jedoch nicht sehr zuverlässig, da sie sehr anfällig gegen Störungen ist, zum Beispiel durch Sonnenlicht oder andere Geräte. Daher müsste ein Infrarot-System einzig zu dem Zweck der Navigation eingebaut und genutzt werden.

Gutes Preis-Leistungs-Verhältnis
Auch wenn das Preis-Leistungs-Verhältnis einer Positionsbestimmung mittels Infrarot angemessen scheint, so überwiegen doch die negativen Punkte und hierbei insbesondere die Anfälligkeit für Störungen. Ein weiteres Defizit von Infrarot-Systemen ist, dass die zuverlässige Sendereichweite nur wenige Meter beträgt. Hinzu kommt, dass wie beim GPS zwischen Sender und Empfänger keine Störung der direkten Sichtlinie vorhanden sein darf. Einzig eine abgeschwächte beziehungsweise unterstützende Form der Indoor-Navigation könnte mithilfe von Infrarot realisiert werden.

6.14.4 Identifizierung über elektromagnetische Wellen

Forscher der Carnegie-Mellon-Universität der Future Interface Group arbeiten zurzeit an einer anderen Lösung, Objekte zu erkennen und zu steuern. Je mehr steuerbare Geräte es an einem Ort gibt, desto umständlicher wird deren direkte Steuerung.

Identifizierung über Instant Connection
Die Lösung ist ganz einfach: Man tippt mit einem Steuergerät, dem Mobiltelefon, einfach das Gerät an, das gesteuert werden soll. Anhand dessen elektromagnetischen

6.14 Weitere smarte Technologien

Feldes wird das Steuergerät identifiziert, derzeit mit 98,8 Prozent Genauigkeit bei 17 Geräten im Test.

Unter der Bezeichnung „Instant Connection" haben die Forscher eine Technologie entwickelt, die es ermöglicht, Geräte und Objekte anhand ihrer elektromagnetischen Strahlung zu erkennen, sich mit ihnen zu verbinden und sie zu steuern (Abb. 6.49). Beispiele werden eindrucksvoll in einem Video gezeigt.

Instant Connection (Video mit Springer Nature ExploreBook App ansehen)

Abb. 6.49 Anwendungsbeispiele mit Instant Connection – Deus EM Machina. (Harrison 2017)

Hier einige hervorzuhebende Beispiele:

- Ein Mobiltelefon, welches mit einem Thermostat in Berührung kommt, bringt anschließend direkt die Thermostat-Konfigurations-App auf den Bildschirm, die auf dem Mobiltelefon installiert ist.
- Beim Lesen eines PDFs auf dem Mobiltelefon kann anschließend der Drucker berührt werden und bringt einen Drucken-Button auf den Bildschirm. Wird dieser angeklickt, wird das Dokument direkt vom Drucker ausgedruckt.

6.15 Zusammenfassender Vergleich der smarten Technologien

Eine Vielzahl smarter Technologien steht mittlerweile zur Verfügung beziehungsweise ist in der Entwicklung und kurz vor dem kommerziellen Einsatz. Sie dienen dazu, Objekte wie Bekleidungsartikel, Lebensmittel oder auch ganz andere Objekte intelligent und smart zu machen und mit dem Internet und letztlich mit dem Kunden, Käufer oder Konsumenten zu verbinden. Sie ermöglichen neue und andere Touchpoints in der Customer Journey und verändern das Einkaufs- und Produkterlebnis.

Die Kenntnis der Vor- und Nachteile der einzelnen smarten Technologien, ihre Einsatzvoraussetzungen und Funktionsweisen erlaubt es dem jeweiligen Marketingtreibenden, dem Markenhersteller oder auch dem Service-Unternehmen, diese gezielt für ihre Zwecke und Zielsetzungen einzusetzen.

Eine zusammenfassende Gegenüberstellung und Unterscheidung der smarten Technologien anhand weniger Kriterien gibt einen ersten Eindruck (siehe Abb. 6.50a und 6.50b).

Fazit

Die Vernetzung von Geräten und Dingen über das Internet der Dinge wurde lange ignoriert, mittlerweile zieht sie in unseren täglichen Alltag ein und wird immer mehr zur Normalität. Die Kaffeemaschine, der Kühlschrank und die Waschmaschine werden über das Internet verbunden und die Menschen lernen die Vorteile zu schätzen. Die Geräte erinnern nicht nur selbstständig an das Wartungsintervall oder bestellen neuen Fruchtsaft, wenn er zur Neige geht. Mithilfe von Sprachassistenten wie Alexa kann sich der Konsument für alle möglichen Gelegenheiten passende Rezepte vorschlagen und eine Einkaufsliste zusammenstellen lassen und dann gleich auch noch die Produkte und Zutaten über das Internet bestellen.

Dank intelligenter Lautsprecher wie Amazon Echo oder Google Home lassen sich Haushaltsgeräte wie Lampen, Musikanlagen, Fernseher oder Heizungen per Sprachbefehl steuern, wenn sie mit dem WLAN verbunden sind. Verkehrsnachrichten werden abgefragt, Kurznachrichten angehört, es wird Musik gespielt oder Telefonverbindungen aufgebaut.

Wenn der Kunde dann einmal dem Online-Kauf den Rücken kehrt und im stationären Handel einkauft, kommt er mit der ortsbezogenen Werbung in Kontakt. Der aktuelle Aufenthaltsort wird über das Smartphone ermittelt und anschließend erhält er besondere Angebote. Klassischerweise wird dazu das Global Positioning System

6.15 Zusammenfassender Vergleich der smarten Technologien

TECHNOLOGIE	ANDERE BEZEICHNUNGEN	KURZBESCHREIBUNG	REICHWEITE
BARCODE	Strichcode Balkencode Streifencode	Optoelektronisch maschinenlesbarer 1D-Strichcode	bis 0,20m
QR-CODE	Matrix-Code Quick-Response-Code	Maschinenlesbarer 2D-Code	bis 0,20m
RFID	Radio-Frequency Identification Radiofrequenz-Identifikation Radiofrequenz-Übertragung	Identifikation mithilfe von elektromagnetischen Wellen	bis 10m
NFC	Near Field Communication Nahfeldkommunikation	Kontaktloser Datenaustausch per elektromagnetischer Induktion	bis 0,05m
GPS & GSM	Global Positioning System Globales Positionsbestimmungssystem Global System for Mobile Communications	Positionsbestimmung über das globale Navigationssatellitensystem	Weltweit
WLAN	Wireless Local Area Network WLAN oder WiFi drahtloses lokales Netzwerk	Funkgestützte Datenübertragung über ein drahtloses lokales Netzwerk	bis 150m
BLE BEACONS	Bluetooth Low Energy Bluetooth LE Bluetooth Smart	Funkgestützte Datenübertragung über kurze Distanzen	bis 75m
AR VR	Augmented Reality; erweiterte Realität; Virtual Reality; interaktive virtuelle Umgebung	Computergestützte Erweiterung der wahrgenommenen Realität	nicht relevant
HCI	Human Computer Interaction	Sprachgesteuerte Assistenten	bis 5m
CHATBOTS & MESSENGER	Chatterbots Textbasierte Dialogsysteme	Regelbasierte elektronische Echtzeitkommunikation	kurz
VLC	Visible Light Communication	Datenübertragung mithilfe von Licht	bis 75m
US	Ultraschallbasierte Lokalisierung Ultraschallbasierte Lokalisierungssysteme	Indoor-Positionierung mithilfe von Ultraschall	10-20m

Abb. 6.50a Smarte Technologien und Einsatzmöglichkeiten

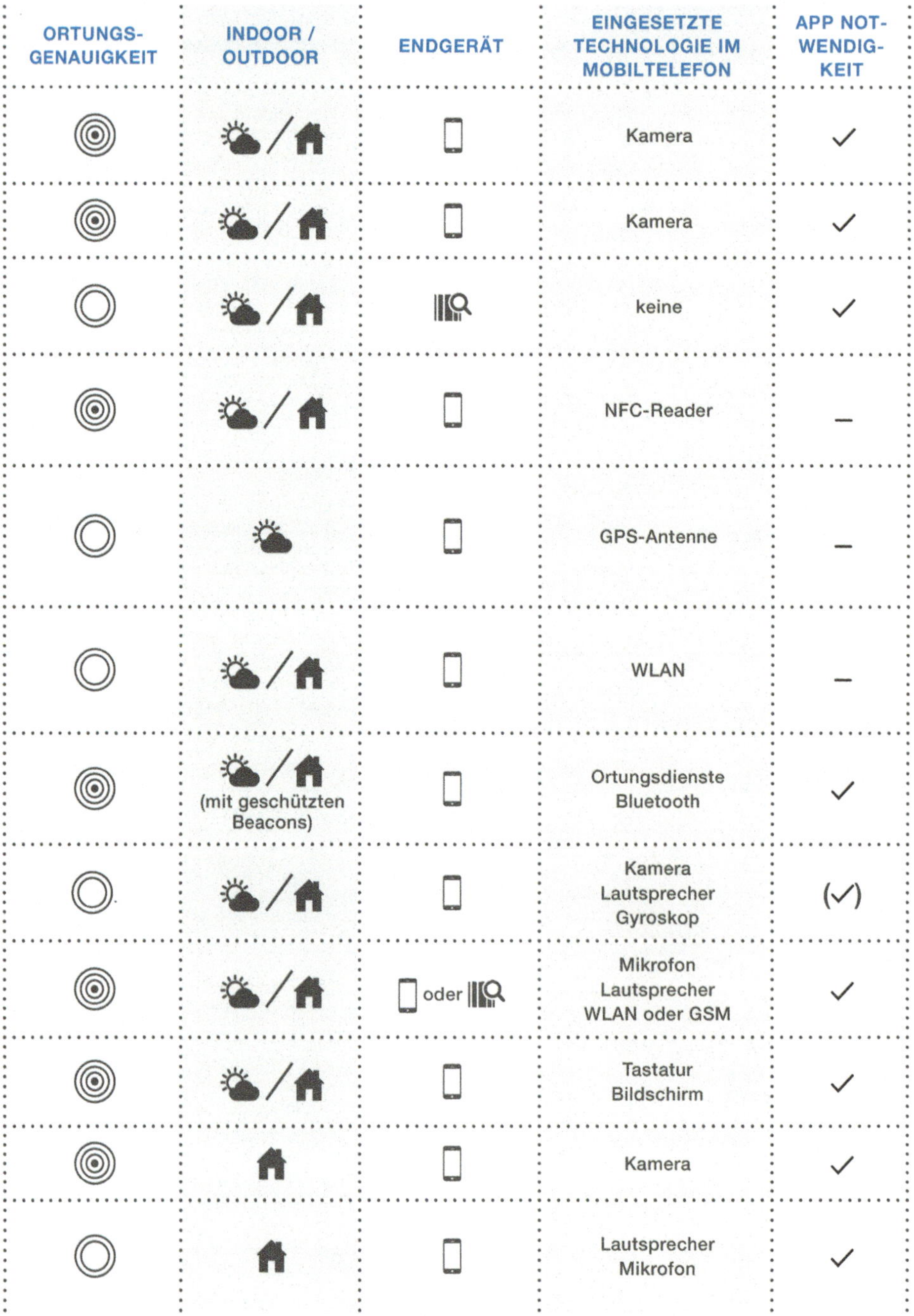

ORTUNGS-GENAUIGKEIT	INDOOR / OUTDOOR	ENDGERÄT	EINGESETZTE TECHNOLOGIE IM MOBILTELEFON	APP NOT-WENDIG-KEIT
◉	☀/🏠	📱	Kamera	✓
◉	☀/🏠	📱	Kamera	✓
○	☀/🏠	▮▮🔍	keine	✓
◉	☀/🏠	📱	NFC-Reader	–
○	☀	📱	GPS-Antenne	–
○	☀/🏠	📱	WLAN	–
◉	☀/🏠 (mit geschützten Beacons)	📱	Ortungsdienste Bluetooth	✓
○	☀/🏠	📱	Kamera Lautsprecher Gyroskop	(✓)
◉	☀/🏠	📱 oder ▮▮🔍	Mikrofon Lautsprecher WLAN oder GSM	✓
◉	☀/🏠	📱	Tastatur Bildschirm	✓
◉	🏠	📱	Kamera	✓
○	🏠	📱	Lautsprecher Mikrofon	✓

Abb. 6.50b Smarte Technologien und Einsatzmöglichkeiten

6.15 Zusammenfassender Vergleich der smarten Technologien

(GPS) des Mobiltelefons genutzt. Aber räumlich auf wenige Meter begrenzte Angebote können auch mittels Beacons ausgespielt werden. So kann der Händler den potenziellen Kunden am richtigen Ort zur richtigen Zeit erreichen.

Beim Eintreten in den Supermarkt bekommt der Kunde, der sich beispielsweise durch seine Kundenkarte identifiziert hat, einen auf ihn abgestimmten Gutschein auf das Smartphone. Er kann seine zu Hause erstellte Einkaufsliste auf seinem Smartphone ansehen und das Display weist ihm den effizientesten Weg durch den Supermarkt.

Ein digitales Glücksrad für Gewinnspiele in der Nähe der Sonderplatzierung, Erklärvideos mit weiteren Auswahlmöglichkeiten durch Berührung einzelner Produkte, Augmented-Reality-Displays, die Packungsinhalte darstellen oder andere digitale Inhalte plastisch und anschaulich machen: Der Supermarkt wird immer interaktiver. Nimmt der Kunde eine Packung Nudeln aus dem Regal, registriert ein Sensor die Verpackung und schlägt ein passendes Rezept vor. Ein Knopfdruck und es wird samt Zutatenliste an einem kleinen Drucker ausgedruckt oder auf das Handy geschickt. Das würde auch mit einem interaktiven Einkaufswagen funktionieren.

Auch die Regale werden intelligenter. Entnimmt der Kunde Artikel, zum Beispiel drei Packungen Organgensaft, zeigt ein RFID-System dem Händler, dass dort nun drei Packungen fehlen. Bevor es also zu einer Regallücke kommt, wissen Warenwirtschaftssystem und Mitarbeiter schon Bescheid und schaffen Abhilfe. Ein Bildschirm am Regal zeigt dem Kunden Informationen zu dem Organgensaft, bietet ihm noch einen Rabatt oder die Lieferung nach Hause an. Auch wenn der Kunde sich nicht identifiziert, reagiert ein Nahbewegungsmelder auf Bewegungen in Regalnähe und der Händler kann versuchen, ihn mit Angeboten zum Verweilen und natürlich zum Kauf anzuregen. Auch das kontaktlose Bezahlen mit NFC-Technologie wird immer öfter angeboten und die Konsumenten verlieren zunehmend ihre Scheu.

Vieles von dem wird möglich durch den Einsatz von smarten Technologien, die Objekte unseres täglichen Alltags intelligente und smart machen und sich über das Internet der Dinge mit dem Menschen, Käufer, Konsumenten verbinden können. Darüber erhält der Käufer zum Beispiel wertvolle Informationen zum Produkt wie Inhaltsstoffe, Hinweise zur Handhabung, Rezepte, Herkunftsort und vieles mehr. Auch die Beziehung zur Marke und zum Hersteller des Produktes wird verbessert, indem der Kunde Hintergründe zum Unternehmen, zur Philosophie oder zu den Mitarbeitern des Herstellers bekommt.

Die smarten Technologien stellen einen Link zwischen Produkten und Menschen her, sie vernetzen sie und ermöglichen gleichzeitig, dass der Käufer während seiner Customer Journey und der Konsument auf seiner Consumer Journey an den unterschiedlichsten Touchpoints die Services bekommt, die er erwartet, kontext-, orts- und zeitabhängig. Die Experience wird zur Differenzierung bei Produkt und Marke. Und die Consumer Journey mit festen Touchpoints, die an der Kasse endet, wird es nicht mehr geben – dank smarter Technologien.

Literatur

Amazon. 2017. Amazon Skills. https://www.amazon.de/b?node=10068460031. Zugegriffen: 02. Okt. 2017.

Alexa Amazon. 2017. Verknüpfen eines Alexa-Benutzers mit einem Benutzer in ihrem System. https://developer.amazon.com/public/solutions/alexa/alexa-skills-kit/docs/linking-an-alexa-user-with-a-user-in-your-system. Zugegriffen: 23. Juli 2017.

Artur, R. 2016. Sephora launches chatbot on messaging app Kik. https://www.clickz.com/tencent-opens-wechat-moments-to-all-advertisers/24692/. Zugegriffen: 23. Jan. 2018.

Bassu, G. 2017. Sprachsuche schlägt ein. https://www.wuv.de/digital/sprachsuche_schlaegt_ein. Zugegriffen: 23. Juli 2017.

Bendel, O. 2010. Die Renaissance des Papiers. Codes als Elemente hybrider Publikationsformen. LIBREAS. Library Ideas, 17 2010. http://libreas.eu/ausgabe17/texte/05bendel.htm. Zugegriffen: 22. Nov. 2017.

Blankenbach, J., und A. Norrdine 2013 Indoor-Positionierung mit künstlichen Magnetfeldern – Von der Innenraumpositionierung zu standortbezogenen Diensten in Gebäuden. https://www.google.de/search?q=Magnetic+Indoor+Local+Positioning+System&gws_rd=cr&dcr=0&ei=z8oeWtf0OJH2kwWCp56ABg#. Zugegriffen: 28. Nov. 2017.

Boden, R. 2017. Thailand to get standardised QR code payments in move towards cashless society. https://www.nfcworld.com/2017/05/09/352214/thailand-to-get-standardised-qr-code-payments-in-move-towards-cashless-society/. Zugegriffen: 23. Jan. 2018.

Bring!. 2017. Mehr Spaß beim Einkaufen. https://www.getbring.com/#!/app. Zugegriffen: 23. Juli 2017.

Bryant, M. 2016. Kik beats Facebook to launching a bot store. https://thenextweb.com/apps/2016/04/05/kik-bots/. Zugegriffen: 1. Nov. 2017.

Cebit. 2017. Augmented & Virtual Reality. Lehrmeister Datenbrille. https://www.cebit.de/de/news-trends/news/lehrmeister-datenbrille-2368. Zugegriffen: 16. Dez. 2017.

Chang, H. 2013. *Everyday NFC – Near Field Communication Explained.* Seattle: Coach.

Chatbottle. 2017. Chatbottle. https://chatbottle.co. Zugegriffen: 1. Nov. 2017.

Cifuentes, J. 2016. Introducing the Bots Landscape: 170+ companies, $4 billion in funding, thousands of bots. https://venturebeat.com/2016/08/11/introducing-the-bots-landscape-170-companies-4-billion-in-funding-thousands-of-bots/. Zugegriffen: 28. Nov. 2017.

CNET. 2017. Mini Google Home speaker could be on its way. https://www.cnet.com/news/google-said-to-be-working-on-mini-google-home-smart-speaker/. Zugegriffen: 07. Jan. 2018.

Dax, M. 2007. Was sagt der Code? http://www.spex.de/digitale-evolution-tomas-roope/http://www.spex.de/digitale-evolution-tomas-roope/. Zugegriffen: 23. Jan. 2018.

Demodern. 2017. IKEA Virtual Showroom. http://demodern.de/projekte/ikea-vr-showroom. Zugegriffen: 16.Dez. 2017.

Dernbach, C. 2016. Audrey, IBM Shoebox, ViaVoice, Dragon, Siri, Google Now, Cortana: Die Geschichte der automatischen Spracherkennung. http://www.mr-gadget.de/tech-history/2016-12-20/audrey-ibm-shoebox-viavoice-dragon-siri-die-geschichte-der-automatischen-spracherkennung. Zugegriffen: 23. Juli. 2017.

diva-e Digital Value Enterprise GmbH. 2017. *Siri, Google Now, Cortana, Alexa – wer ist die Schlauste im Lande? Eine komparative Analyse der verschiedenen Lösungen.* Berlin: Eine diva-e Studie in Kooperation mit der HTW Aalen, diva-e Whitepaper.

DNV-ONLINE. 2017. Wie Washington Post und Wall Street Journal mit Augmented Reality experimentieren. http://www.dnv-news.de/medien/detail.php?rubric=Medien&nr=119324. Zugegriffen: 23. Jan. 2018.

Eisenbrand, R. 2017. Marketing mit Amazon Alexa: Das sind die ersten Reichweitenzahlen. https://omr.com/de/amazon-alexa-skill-marketing/. Zugegriffen: 1. Nov. 2017.
Fraunhofer Gesellschaft. 2017. Datenübertragung mit Licht – Visible Light Communication. https://www.fraunhofer.de/de/forschung/forschungsfelder/kommunikation-wissen/kommunikationssysteme-breitbandkommunikation/visible-light-communication.html. Zugegriffen: 12. Dez. 2017.
GlobalPlatform 2017. GlobalPlatform. www.globalplatform.org. Zugegriffen: 22. Nov. 2017.
Golem. 2016. Lautsprecher-Assistent Cortana soll Hardwarekonkurrenz für Amazon Echo werden. https://www.golem.de/news/lautsprecher-assistent-cortana-soll-hardware-konkurrenz-fuer-amazon-echo-werden-1612-125071.html. Zugegriffen: 21. Dez. 2017.
Google. 2017a. Indoor-Karten für Innenräume. https://www.google.com/maps/about/partners/indoormaps/. Zugegriffen: 31. Okt. 2017.
Google. 2017b. Verfügbarkeit von Indoor-Karten. https://support.google.com/maps/answer/1685827?hl=de. Zugegriffen: 31. Okt. . 2017.
Gründerszene. 2017. Lehrmeister Datenbrille. https://www.gruenderszene.de/allgemein/viscopic-datenbrille-scale11-2016-6943. Zugegriffen: 23. Jan. 2018.
Harrison, C. 2017. Deus EM Machina: On-Touch Contextual Functionality for Smart IoT Appliances. http://chrisharrison.net/index.php/Research/EMPhone. Zugegriffen: 04. Okt. 2017.
iAdvize. 2016. Conversational Commerce: Wie die Kommunikation zwischen Kunden und Unternehmen den Vertriebserfolg beeinflusst. https://www.iadvize.com/de/ressourcen/. Zugegriffen: 28. Nov. 2017.
Indooratlas. 2017: Making indoor worlds discoverable. http://www.indooratlas.com. Zugegriffen: 28. Nov. 2017.
Interactions Consumer Experience Marketing Inc. 2016. Retail Perceptions – Retail Industry Insights for today`s retailers and cpgs. http://www.retailperceptions.com/pdf/Retail_Perceptions_Report_2014_11.pdf. Zugegriffen: 13. Jan. 2018.
Kennicott, P. 2017. A new concert hall in Hamburg transforms the city. https://www.washingtonpost.com/graphics/augmented-reality/what-perfect-sound-looks-like/?utm_term=.100df659b604. Zugegriffen: 26. Nov. 2017.
Kestenbaum, R. 2017. Where Retail is going. https://www.forbes.com/sites/richardkestenbaum/2017/10/03/where-retail-is-going-now/#7e39ec367d60. Zugegriffen: 1. Nov. 2017.
Klein, G. 2009. *Visual tracking for augmented reality: Edge-based tracking techniques for AR applications*. Saarbrücken: VDM Verlag.
Labelfox. 2014. Die Bestandteile des Barcodes am Beispiel der GTIN-13. http://www.labelfox.com/1121/bestandteile-des-barcodes-am-beispiel-gtin-13.html. Zugegriffen: 11. Dez. 2017.
Lenk, B. 2005. *Barcode: Das Profibuch zur optischen Identifikation*. Kirchheim unter Teck: Monika Lenk Fachbuchverlag.
Lenk, B. 2014. *Handbuch der automatischen Identifikation. Band 2: 2D-Codes, Matrixcodes, Stapelcodes, Composite Codes, Dotcodes*. 2. Verbesserte Aufl. Kirchheim unter Teck: Monika Lenk Fachbuchverlag.
Lexus. 2017. Lexus RX 360 Launch. http://rewind.co/portfolio/lexus/. Zugegriffen: 28. Aug. 2017.
LiFi-Konsortium. 2016. Welcome to the Li-Fi Consortium. http://www.lificonsortium.org/index.html. Zugegriffen: 11. Mai 2017.
Lifi-Technik. 2017. Anwendungsmöglichkeiten. http://lifi-technik.de/anwendungsmoeglichkeiten/. Zugegriffen: 12. Mai 2017.
Lischka, K. 2007. 30 Jahre Barcode. Diese Ziffern ordnen die Welt München 2007. http://www.spiegel.de/netzwelt/tech/30-jahre-barcode-diese-13-ziffern-ordnen-die-welt-a-492082.html. Zugegriffen: 23. Nov. 2017.

Loras, S. 2015. Tecent opens WeChat moments to all advertisers. https://www.clickz.com/tencent-opens-wechat-moments-to-all-advertisers/24692/. Zugegriffen: 23. Jan. 2018.

Mammut. 2017. Das Abenteuer #PROJECT360 beginnt hier. http://project360.mammut.ch/#home. Zugegriffen: 29. Aug. 2017.

Mandau, M. 2008. QR-Codes: Per Scan ins Web. Chip 4:32–33

Matthews, K. 2017. How to build a brand new Alexa skill. https://venturebeat.com/2017/04/06/how-to-build-a-brand-new-alexa-skill/. Zugegriffen: 23. Juli 2017.

Meeker, M. 2017: Internet Trends 2017, Code Conference. http://www.kpcb.com/internet-trends. Zugegriffen: 26. Nov. 2017.

Mehler-Bicher, A., L. Steiger, und M. Reiß. 2014. *Augmented Reality, Theorie und Praxis*. 2. Aufl. München: De Gruyter.

Messina, C. 2016. will be the year of Conversional Commerce. https://medium.com/chris-messina/2016-will-be-the-year-of-conversational-commerce-1586e85e3991. Zugegriffen: 21. Nov. 2017.

Microtech. 2017. Barcodes – so unterscheiden sich die Barcodes, Bad Kreuznach 2017. https://www.microtech.de/erp-wiki/barcode/. Zugegriffen: 22. Nov. 2017.

Milgram. et al. 1994. Augmented Reality: A Class of Displays on the Reality-Virtuality Continuum. In Proceedings of the SPIE, 2351. Aufl., Hrsg. H. Das, Boston MA/USA: Telemanipulators ans Telepresence Technologies.

Museum Industriekultur in Nürnberg. Audioguides. http://museen.nuernberg.de/museum-industriekultur/angebote/audioguides/. Zugegriffen: 22. Mai 2017.

Near Field Communication.org. 2017. Near Field Communication. http://nearfieldcommunication.org. Zugegriffen: 22. Nov. 2017.

NFC Forum. 2017. NFC Forum. http://nfc-forum.org/about-us/the-nfc-forum/. Zugegriffen: 09. Mai 2017.

NFC Times. 2017. NFC Times. http://www.nfctimes.com. Zugegriffen: 22. Nov. 2017.

NFC World. 2017. NFC World. https://www.nfcworld.com/. Zugegriffen: 22. Nov. 2017.

Opus Research. 2012. Conversational Commerce Paper: IVRs take on new tasks. https://ww2.frost.com/files/8114/2366/0804/IVRs_Take_On_New_Tasks.pdf. Zugegriffen: 23. Jan. 2018.

Postinett, A. 2016. Satya Nadella ruft das Ende der Apps auf. http://www.wiwo.de/unternehmen/it/microsoft-setzt-auf-bots-satya-nadella-ruft-das-ende-der-apps-aus/13384796.html. Zugegriffen: 23. Jan. 2018.

Preuss, P. 2009. NFC Forum. http://nfc-forum.org/wp-content/uploads/2013/12/Forum-and-Use-Cases.pdf. Zugegriffen: 23. Jan. 2018.

PYMNTS. 2017. PYMNTS. https://www.pymnts.com. Zugegriffen: 22. Nov. 2017.

Redant. 2017. How brands use WeChat for impact and engagement. https://asia.redant.com/insights/wechat/how-brands-use-wechat-for-impact-and-engagement/. Zugegriffen: 02. Okt. 2017.

RFID Basis. 2017. Transponder. www.rfid-basis.de/transponder.html. Zugegriffen: 22. Nov. 2017.

Roomle. 2017. Roomle. https://www.roomle.com/de/home. Zugegriffen: 26. Nov. 2017.

Rosenbaum, O., und R. Jesse 2000. *Barcode: Theorie Lexikon Software*. München: Huss-Medien.

Roth, P. 2017. Nutzerzahlen: Facebook, Instagram und WhatsApp, Highlights, Umsätze, uvm., Stand November 2017. https://allfacebook.de/toll/state-of-facebook. Zugegriffen: 14. Nov. 2017.

Rupp, R. 2008. BeeTaggs – Wecken Sie die Neugier – Informieren Sie zielgerichtet. Erfolg 1/2:10.

Schlicht, M. 2016. The complete beginner`s guide to chatbots. https://chatbotsmagazine.com/the-complete-beginner-s-guide-to-chatbots-8280b7b906ca. Zugegriffen: 4. Juni 2017.

Scholz, Heike Hrsg. 2017. *Social goes Mobile – Kunden gezielt erreichen. Mobile Marketing in sozialen Netzwerken*. 2. Aufl. Wiesbaden: Springer Verlag.

Schröter, P., und L. Liu 2017. Chinesische Touristen: Familie Li verreist mit Alipay und WeChat nach Deutschland. http://locationinsider.de/chinesische-touristen-familie-li-verreist-mit-alipay-und-wechat-nach-deutschland/. Zugegriffen: 7. Nov. 2017.

Secure Technology Alliance. 2017. Secure Technology Alliance. https://www.securetechalliance. org/. Zugegriffen: 06. Mai 2017.

SKOPOS. 2014. Nutzung und Akzeptanz von QR-Codes, Hürth 2014. https://download.skopos.de/ Eigenstudien/SKOPOS-QR-Codes-2014.pdf. Zugegriffen: 22. Nov. 2017.

Starbucks. 2017. Starbucks debuts voice ordering. https://news.starbucks.com/press-releases/starbucks-debuts-voice-ordering. Zugegriffen: 23. Juli 2017.

Sunu. 2017. Sunu band uses sonar and vibrations to find your way with ease. http://www.sunu.io/index.html. Zugegriffen: 15. Dez. 2017.

telocate. 2015. telocate. https://de.telocate.de/. Zugegriffen: 26. Nov. 2017.

teltarif.de. 2017. Geschichte und Technik des Global Positioning System (GPS). https://www.teltarif.de/navigation/gps-technik.html, Zugegriffen: 30. Okt. 2017.

Vitzthum, T. 2007. WELT KOMPAKT führt den 2D-Code ein. https://www.welt.de/wirtschaft/webwelt/article1344905/WELT-KOMPAKT-fuehrt-den-2D-Code-ein.html. Zugegriffen: 23. Jan. 2018.

Voss, V. 2011. Mobile Tagging: QR-Codes und ihre Anwendungsmöglichkeiten. B.I.T. 14(4):348.

W&V. 2017. Mehr als 3 Milliarden nutzen Social Media. http://www.leaddigital.de/aktuell/social_media/mehr_als_3_milliarden_nutzen_social_media?utm_source=newsletter-redaktion&utm_campaign=mai-ling&utm_medium=teaserbutton. Zugegriffen: 21. Okt. 2017.

Wave, Denso 2017. Types of QR Code. http://www.qrcode.com/en/codes/. Zugegriffen: 22. Nov. 2017.

Westermann, N. 2013. *QR-CODES im Mobile Marketing optimal einsetzen. Alles was Sie wissen müssen, um QR-Codes in der Praxis erfolgreich einzusetzen*. Berlin: epubli.

Wolfram. et al. 2008. *The RFID roadmap: The next steps for Europe*. Berlin: Springer Verlag.

Zeiss. 2017. https://www.zeiss.de/corporate/zeiss-corporate-newsroom/news/pressemitteilungen.html?id=zeiss-symposium. Zugegriffen: 10. Nov. 2017.

Customer Journey Touchpoints und Content-Arten

7

Inhaltsverzeichnis

7.1	Customer Touchpoints	328
	7.1.1 Was sind Customer Touchpoints?	328
	7.1.2 Customer Touchpoints und Moments of Truth	329
	7.1.3 Klassifizierung von Customer Touchpoints	332
	7.1.4 Customer-Touchpoint-Matrix	338
	7.1.5 Customer Touchpoint Management	339
7.2	Aktuelle Consumer Touchpoints	340
	7.2.1 Touchpoints Out-of-Home (OoH)	341
	7.2.2 Touchpoints in der Gastronomie	343
	7.2.3 Touchpoints im Tourismus	343
	7.2.4 Touchpoints im Personenverkehr	344
	7.2.5 Touchpoints auf Veranstaltungen	345
	7.2.6 Touchpoints bei Großveranstaltungen	345
	7.2.7 Touchpoints am Point of Sale (POS)	347
	7.2.8 Touchpoints auf Produkten und Verpackungen	351
	7.2.9 Touchpoints in Print-Medien und Büchern	354
	7.2.10 Touchpoints in der Spieleindustrie	356
7.3	Content-Arten und Content Marketing	357
	7.3.1 Content-Klassifizierung und -Einteilung	357
	7.3.2 Übersicht Content-Arten	358
	7.3.3 Content-Nutzen	358
	7.3.4 Content-Zielgruppen	359
	7.3.5 Content-Formate	361
	7.3.6 Content zur Befriedigung der Konsumentenbedürfnisse	372

Elektronisches Zusatzmaterial Die Online-Version für das Kapitel (https://doi.org/10.1007/978-3-658-18759-0_7) enthält Zusatzmaterial, das berechtigten Benutzern zur Verfügung steht. Oder laden Sie sich zum Streamen der Videos die „Springer Multimedia App" aus dem iOS- oder Android-App-Store und scannen Sie die Abbildung, die den „Playbutton" enthält.

7.3.7 Content-Herkunft.. 373
7.3.8 Content-Kontextrelevanz...................................... 374
Literatur.. 379

> **Zusammenfassung**
>
> Customer Touchpoints finden wir überall, wo der Kunde mit einer Marke, Dienstleistungen, Produkten eines Unternehmens oder dem Unternehmen selbst in Berührung treten. Customer Touchpoints sind alle Kontaktpunkte, die Eindrücke und Erlebnisse bei den Kunden hinterlassen. Diese Eindrücke können vom Produkt selbst oder der Dienstleistung, den Mitarbeitern des Unternehmens oder allen weiteren Kommunikationsmodellen ausgelöst werden, und zwar sowohl online als auch offline (Groissberger 2017).
>
> Es gibt Touchpoints, die von den Unternehmen und Marken steuerbar sind. Dazu gehört bezahlte Werbung. Zusätzlich existieren Touchpoints, die nicht oder nur indirekt steuerbar sind. Dazu gehören zum Beispiel persönliche Meinungen, die als „Word of Mouth" über soziale Medien geteilt werden.
>
> Mit smarten Technologien und den Personal Mobile Devices, allen voran dem Smartphone, kommen weitere Touchpoints dazu, die nicht nur unidirektional Einfluss auf eine Kaufentscheidung oder Verwendung haben, sondern darüber hinaus eine direkte Interaktion ermöglichen. Interaktionen in diesem Sinne können Content-Abfragen sein oder der Start einer digitalen Anwendung zum Produkt (Beispiel: Fitness-App zum Sportschuh) oder Statusabfragen eines Gerätes.
>
> Bei all den nun digitalisierbaren und neu hinzukommenden Touchpoints müssen Marken sehr genau darauf achten, ganzheitliche Markenerlebnisse zu liefern, und sich nicht der Gefahr aussetzen, die verschiedenen Touchpoints als fragmentierte Experiences zu bespielen. Marken können nur erfolgreich sein, wenn sie authentisch kommunizieren und ihren Fokus konsequent auf die Konsumentensicht verlagern.

7.1 Customer Touchpoints

7.1.1 Was sind Customer Touchpoints?

Laura Patterson beschreibt Customer Touchpoints wie folgt (Patterson 2017):

> ... a touch point is any customer interaction or encounter that can influence the customer's perception of your product, service, or brand. A touch point can be intentional (an email you send out) or unintentional (an online review of your product or company). (…) touch points begin long before the customer actually makes a purchase and long after they have made their first transaction. The goal of every company interested in leveraging customer experience as a competitive advantage is to create a positive and consistent experience at each touch point.

Im Deutschen wird der Customer oder Consumer Touchpoint meist mit Kontaktpunkt übersetzt und bezeichnet. Dies ist zwar eine korrekte Übersetzung, allerdings drückt der Begriff den zugrundeliegenden Sinn nicht richtig aus.

Customer Touchpoint bezeichnet den Berührungspunkt
Anne M. Schüller schlägt vor, stattdessen den Begriff „Berührungspunkt" zu verwenden. Er erklärt sehr viel besser, wie die Beziehungen zum Kunden auszugestalten sind. „Wer nämlich in einer stark überreizten Welt punkten und Menschen erreichen will, der muss sie ‚berühren' und Emotionen zum Schwingen bringen. Berührungspunkte erzählen von Nähe, von Vertrautheit, von wissendem Verstehen. Viel Leichtes, Zartes, Subtiles, ja fast schon Intimes schwingt dabei mit. Ein wenig auch Liebe. Und das ist gut. Denn nur wer seine Kunden liebt, den werden auch die Kunden lieben. Und nur wer eine Beziehung pflegt und zudem dafür sorgt, dass sie knackig bleibt, kann auf Dauer durch und durch treue Kunden gewinnen" (Schüller 2016a, S. 153–154).

Touchpoints stellen eine Vielzahl von Interaktionen bereit
Chris Ridson und Patrick Quattlebaum weisen darauf hin, dass Touchpoints dem Kunden folgende Interaktionstypen zur Verfügung stellen sollten (Risdon und Quattlebaum 2012):

- Verbindend und verfügbar für den Kunden sein
- Relevant für den Kunden sein: Die durch die Interaktion ausgeführte Funktion entspricht den Anforderungen des Kunden.
- Geeignet für den Kunden sein: Sowohl der Kontext der Interaktion als auch der kulturelle Hintergrund der Interaktion zielen auf die Bedürfnisse des Kunden ab.
- Bedeutungsvoll für den Kunden sein: Die Interaktion wird vom Kunden als wichtig oder zielgerichtet wahrgenommen.
- Gewinnbringend für den Kunden sein: Die Interaktion bringt eine Form der Bindung mit dem Kunden, zum Beispiel durch Freude oder Unterhaltung.

Aber nicht nur der Inhalt entscheidet über den Erfolg am Customer und Consumer Touchpoint, auch der richtige Zeitpunkt ist entscheidend.

7.1.2 Customer Touchpoints und Moments of Truth

Han Carlzon bezeichnet Consumer Touchpoints auch als „moments of truth" (Carlzon 1989, S. 3).

Customer Touchpoints als Moments of Truth
Bilden sich Menschen aufgrund einer Begegnung mit einem Touchpoint eine Meinung (positiv oder negativ) über das Produkt, die Marke, das Unternehmen oder die angebotene Dienstleistung oder ändern sie sogar ihre Meinung und Einstellung, so handelt es sich

dabei um einen Moment of Truth. Diese Situationen sind keine Kontaktpunkte, gleichwohl finden sie über Touchpoints statt, wie zum Beispiel an einem Regal im Laden oder auf einer Webseite.

Positives Erlebnis beim Moment of Truth
Über das Untersuchen und Bewerten der Moments of Truth erhält ein Unternehmen Informationen darüber, wo und wie bestehende Touchpoints verbessert oder wo neue Touchpoints einzurichten sind. Die Momente entscheiden letztlich über die Zufriedenheit und die Treue des Kunden. Außerdem sind sie Anknüpfungspunkte zur Generierung neuer, zur Bindung von bestehenden und zur Zurückgewinnung von verlorenen Kunden. Insgesamt entscheiden sie über Wachstum, Wettbewerbsfähigkeit und den Fortbestand eines Unternehmens.

Wie ist aber der Moment of Truth zu gestalten? Kunden, die mit einem Produkt oder Unternehmen und hier insbesondere mit einem Touchpoint in Kontakt treten, müssen jeden Moment of Truth als nützlich, unkompliziert und erfreulich erleben, eventuell sogar mit einer angenehmen Überraschung in Erinnerung behalten.

Mobile Moments als kurze Nutzungssituationen
Im Marketing werden die kurzen Nutzungssituationen als Mobile Moments oder auch geräteunabhängig als Micro Moments bezeichnet. Geprägt wurde dieser Begriff vor allem in einem Whitepaper von Google: *Micro-Moments: Your Guide to Winning the Shift to Mobile* (Google 2015). Es beschreibt die neue Mediennutzung und gibt Unternehmen ein Modell an die Hand, wie sie ihr Marketing daraufhin optimieren können.

Laut Google müssen Unternehmen im entscheidenden Moment anwesend und präsent sein („be there"), einen Mehrwert liefern („be useful") und Informationen und Werbung schnell und einfach anbieten („be quick").

Abschn. 3.1.1 und 3.1.2 beschäftigen sich ausführlich mit Moments of Truth und Mobile Moments.

Forresters Mobile Mind Shift
Das Marktforschungsinstitut Forrester Research nennt das den „mobile mind shift" (Forrester 2016). Konsumenten erwarten heutzutage, dass Informationen in jedem Kontext und im Augenblick des Bedarfs auf jedem Endgerät zur Verfügung stehen. Um den Mobile Mind Shift von Benutzern zu messen, bietet Forrester einen eigenen Index an: In Abhängigkeit vom genutzten Endgerät, den Nutzungssituationen und der Anzahl unterschiedlicher Nutzungsorte berechnet das Unternehmen, wie weit fortgeschritten der Mobile Mind Shift bei den jeweiligen Nutzern ist.

Spezifischer Kontext im Rahmen der Mobile Moments
Unabhängig von Nutzungsfrequenz und -intensität unterscheiden sich Mobile Moments vor allem durch ihren spezifischen Kontext. Während die Online-Nutzung vorrangig am Schreibtisch stattfindet, kann das Mobiltelefon in jeder Lebenssituation zum Einsatz

7.1 Customer Touchpoints

kommen. Daniel Rieber beschreibt in seinem Buch *Mobile Marketing* (Rieber 2017), wie der Kontext anhand der in Abb. 7.1 gezeigten vier Parameter bewertet werden kann:

- Motivation: Welche Zielsetzung verfolgt der Nutzer? Sucht er ein Produkt, ist er in einem Geschäft, möchte er etwas über eine Marke erfahren?
- Dringlichkeit: Wie viel Zeit hat er?
- Aufenthaltsort: Wo befindet er sich gerade?
- Mood oder Gemütszustand: In welcher emotionalen Verfassung ist der Nutzer gerade?

Feststellung des Aufenthaltsortes über das Mobiltelefon
Es lässt sich heute ziemlich genau analysieren, wo Mobiltelefone und ihre Benutzer sich aufhalten, wo sie arbeiten und wo und womit sie ihre Freizeit verbringen. Benötigt werden dafür die Ad-IDs des Endgerätes, Informationen über den Ort und verschiedene Offline-Quellen. Mit diesen Informationen gelingt es Marketingfachleuten zum Beispiel, Rückschlüsse auf den Beruf des Besitzers des Mobiltelefons oder auf die genutzte Autokategorie zu ziehen.

Im besten Fall erreicht Mobiles Marketing die Endgeräte seiner Nutzer in solchen Situationen, in denen die Zielgruppen für das Marketing besonders aufnahmefähig und empfänglich sind, also in den Mobile Moments. Die stationären Händler können ihre Zielgruppen über ein sogenanntes „Hyperlocal Targeting" eingrenzen, etwa wenn sich Kunden laut der GPS-Daten in der Nähe des Geschäfts aufhalten. Es fehlen dann noch passende und individuelle Geschichten und Nachrichten, je nach Wetter und Aufenthaltsort und Stimmung.

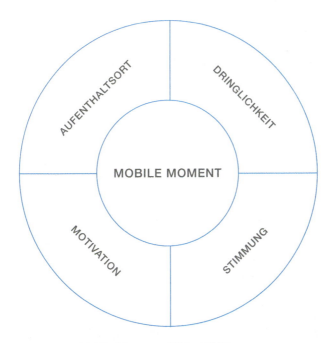

Abb. 7.1 Klassifizierung von Mobile Moments. (Rieber 2017)

Dem Kanal angepasste Inhalte führen zum Erfolg
Zu guter Letzt müssen die Inhalte auch noch zu den Eigenschaften des Smartphones passen: 25 Sekunden lange Videosequenzen sind zu lang. Kampagnen passen in der Regel auch nicht auf die limitierte Bildschirmgröße eines Vier- oder Fünf-Zoll-Bildschirms. Daher ist bei der Umwandlung eines Spots in Mobiltelefon- und Tablet-Formate geschickt vorzugehen. Nur so erhalten die Kunden das beste Erlebnis auf dem Mobiltelefon: mit einer auf den Punkt gebrachten Botschaft und das ganz im Sinne der Marke.

Am besten man entwickelt für jeden Kanal separaten Content, denn Kanäle unterscheiden sich nicht nur in den Formaten, sondern vor allem im Nutzungskontext. Dieser muss bei der Entwicklung im Vordergrund stehen. Die Adaption eines TV-Spots für mobile Devices ist technisch realisierbar, aber nicht sehr erfolgsversprechend.

Aufzeichnung (fast) aller Touchpoints über Kanäle hinweg
Mittels Software-Development-Kits (SDK) können Nutzerverhalten und Journey jetzt auch in Apps verfolgt werden. *Adjust* zum Beispiel erfasst, wie ein Nutzer auf eine App aufmerksam wurde: über ein Werbebanner auf einer Website, in einem Social-Netzwerk oder einen TV-Spot? Und hat sich der App-Benutzer nur umgesehen oder auch gekauft?

Analog zu Online-Cookies, die Seitenbetreiber im Browser setzen, kann dieses SDK das Nutzerverhalten auch in Apps tracken. Der Einsatz des Tracking-Programms ist für den Nutzer nicht erkenntlich. Diese Tatsache und die Möglichkeit, die Daten mit einem persönlichen Kunden-Account zu verknüpfen, sollten im Hinblick auf Datenschutzbestimmungen (vgl. Abschn. 10.4.2) genau geprüft werden. Verlockend ist diese Möglichkeit auf jeden Fall.

7.1.3 Klassifizierung von Customer Touchpoints

Wie können Customer Touchpoints klassifiziert und unterteilt werden, welche Touchpoints gibt es, wo findet man sie? In der Literatur werden Touchpoints anhand mehrerer verschiedener Faktoren unterteilt.

7.1.3.1 Customer Touchpoints entlang der Kundenbeziehung
Traditionell werden Customer Touchpoints chronologisch entlang des Kaufentscheidungsprozesses und des Verlaufs der Geschäftsbeziehung unterschieden, also vom ersten Kontakt bis zur Nachkauf-Phase.

Touchpoints vor dem Kauf, während des Kaufs und nach dem Kauf
Schüller teilt die Touchpoints dieser Systematik in folgende fünf Gruppen ein (Schüller 2016a, S. 179):

- *Influencing Touchpoints*: Touchpoints im Rahmen der Informationssuche vor dem Kauf eines Produktes, also solche, die die Entscheidung des Konsumenten beeinflussen
- *Pre-Purchase Touchpoints*: Touchpoints vor dem Einkauf und während der Phase der aktuellen Entscheidungsvorbereitung
- *Purchase Touchpoints*: Touchpoints kurz vor dem Zeitpunkt des Produktkaufs, Touchpoints in der Entscheidungsphase
- *After-Purchase Touchpoints*: Touchpoints während der Nutzung und dem Gebrauch des Produktes. Diese beeinflussen den Wiederkauf des Produktes.
- *Influencing Touchpoints*: Touchpoints, bei denen Erfahrungen über das Produkt geteilt und ausgetauscht werden. Sie sorgen dafür, das neue Kunden gewonnen werden und das Produkt kaufen.

Vier Segmente des Kauflebenszyklus bestimmen die Touchpoints
Im Bereich des Handels wird häufig ein Modell zugrunde gelegt, welches die vier Segmente des Kauflebenszyklus und das Beziehungsmanagement zum Kunden unterscheiden (Rehme 2017):

- *Pre-Store*: Aktivierung des Kunden durch relevante und kontextabhängige Ansprache vor dem Einkauf, zum Beispiel über Handzettel, TV-Werbung, E-Mail-Marketing
- *To-Store*: Maßnahmen zur Senkung der Zutrittshürden und zusätzliche Aktivierung, wie zum Beispiel Web-Shop, Location-Based Services
- *In-Store*: Das gesamte Einkaufserlebnis in der Wahrnehmung des Kunden wird über neue Technologien im Einzelhandelsgeschäft, über die Warenpräsentation und über das vor Ort befindliche Personal verbessert. Hinzu kommen neue Abhol- und Lieferservices, die der Handel verstärkt anbietet: Click & Collect, Lieferservice, Box-Shopping.
- *Post-Store*: Individuelle Ansprache des Kunden über klassische After-Sales-Elemente wie z. B. Loyalty-Programme, Kundenkarten, Coupons, Einladungen. Hierüber soll der Kunden auch ein zweites und wiederholtes Mal für das Format begeistert und in das Geschäft gelockt werden. Bei all diesen Maßnahmen kommt es darauf an, den Kunden und die wichtigsten Kundendaten zu kennen und ihn direkt und persönlich anzusprechen.

Gleichwohl wird dabei das neue Nutzenversprechen des Handels – ein Freizeitangebot zu sein, Erlebniskauf zu ermöglichen – allerdings noch nicht in den Mittelpunkt der Betrachtungen gestellt.

7.1.3.2 Customer Touchpoints aus Unternehmens-Sicht
Aus der Sicht der Unternehmen auf die Touchpoints ergeben sich fünf Touchpoint-Kategorien, die Anne Schüller (Schüller 2016a, S. 180) folgendermaßen unterscheidet. Diese werden unter dem Begriff EPOMS zusammenführt.

Customer Touchpoints – EPOMS

- *Earned Tochpoints* werden durch gute Arbeit verdient: Bewertungen, Empfehlungen, Berichte.
- *Paid Tochpoints* werden gekauft, wie zum Beispiel Anzeigen, AdWords, Bannerwerbung, TV- und Radio-Spots, Plakate.
- *Owned Touchpoints* gehören einem Unternehmen und befinden sich in seinem Besitz, wie zum Beispiel eine Webseite, ein Kundenmagazin, ein Online-Shop, Firmenwagen, ein Gebäude oder Ladengeschäft.
- *Managed Touchpoints* betreibt ein Unternehmen an Drittplätzen, die es nicht besitzt. Dazu gehören Facebook, Apps in externen App-Stores, Call-Center, Messestände und vieles mehr.
- *Shared Touchpoints* entstehen, indem ein Kunde Inhalte wie Produkte, Videos, Inhalte, Fachartikel oder Forenbeiträge mit anderen Kunden, Freunden oder Bekannten teilt.

Während einige der Touchpoints von den Unternehmen direkt kontrolliert werden können, haben sie bei anderen keine direkte Kontrolle über die Touchpoints. Daher sollte der Content auf den kontrollierten Touchpoints immer herausragend und ausgezeichnet sein.

Touchpoints sortiert nach dem Grad der Interaktion mit dem Kunden
Eine andere Sichtweise auf die Touchpoints unterteilt nach dem Grad der Interaktion mit dem Kunden in:

- *Direkte Touchpoints*, an denen der Mitarbeiter des Unternehmens unmittelbar mit dem Kunden interagiert, wie zum Beispiel über eine Hotline, Call-Center oder am Messestand. Eine direkte Reaktion des Kunden kann dort sofort eingefangen und entsprechend darauf reagiert werden.
- *Indirekte Touchpoints, bei denen* ein Bindeglied dazwischengeschaltet ist: eine Webseite, E-Mail, Rechnung oder eine Paketlieferung. Ein direktes Feedback des Kunden findet hier nicht statt.

Lokationsorientierte Unterscheidung der Touchpoints
Je nach Lokation können Touchpoints auch unterteilt werden in:

- *Human Touchpoints*, das heißt Kontakt mit Mitarbeitern, z. B. im Supermarkt an der Fleisch- oder Fischtheke oder im Hotel am Counter.
- *Process Touchpoints*, in denen der Kunde in Prozesse eingebunden ist, wie das Ein- und Aus-Checken im Hotel.
- *Product Touchpoints*, beispielsweise die Zimmerausstattung im Hotel.
- *Document Touchpoints* auf Informationsmaterial zum Produkt oder zum Service.
- *Location Touchpoints* wie Parkplätze oder auch andere Orte, an denen der Konsument mit Werbung oder Informationen zum Produkt in Berührung kommt.

7.1.3.3 Consumer Touchpoints – zweidimensional
Andere Systematisierungen gehen von den folgenden Begriffspaaren aus (Stöckle 2015, S. 159–173):

Zweidimensionale Betrachtung der Touchpoints

- *Produktorientiert* versus *serviceorientiert*
- *Physisch* (zum Beispiel ein Ladenlokal) versus *digital* (zum Beispiel im Internet)
- *Kommunikationsorientiert* (Informationsvergabe) versus *erlebnisorientiert* (Ausprobieren)
- *Persönlich* (Face-to-Face Beratung) versus *unpersönlich* (zum Beispiel Versenden einer Rechnung)
- *Essenziell* (dringend notwendige) versus *zusätzlich* („Nice to Have")
- *Exklusiv* (nach Überwinden einer Barriere oder Hürde erreichbar) versus *allgemein zugänglich* (für jedermann erreichbar)
- *Generisch* versus *einzigartig*
- *Paid* (bezahlt, wie zum Beispiel Google AdWords) versus *owned* (von Unternehmen selbst aufgebaut und betrieben)
- *Immer verfügbar* versus *temporär*

Klassifizierungen von Touchpoints erleichtern Übersicht und Fokussierung
Die hier aufgeführten Klassifizierungen der Touchpoints sind nicht erschöpfend und umfassend. Sie dienen auch mehr der Einsicht in die Vielfalt und die Verschiedenartigkeit der Touchpoints. Daher ist die genaue und gezielte Auswahl der Marken-individuellen Touchpoints besonders wichtig, auf die sich die Unternehmen konzentrieren möchten. Dabei hilft eine Vorbewertung der Touchpoints nach Relevanz aus Kundensicht und des Response-Potenzials und der Qualität dessen, was aus Kundensicht an den einzelnen Touchpoints erwartet wird (Lovepoints versus Painpoints).

Zunahme der Customer Touchpoints
Mithilfe der neuen smarten und digitalen Technologien ist es möglich, Touchpoints überall dort zu erzeugen, wo sich Kunden aufhalten und ihre Zeit verbringen.

Leicht lassen sich mehr als über hundert Customer Touchpoints aufzählen, die Zahl der möglichen Touchpoints ist heutzutage fast unüberschaubar geworden. Die große Herausforderung ist es, all diese Touchpoints so intelligent zu verknüpfen, dass Transaktionen für kaufwillige Kunden immer wieder begehrenswert sind und positive Mundpropaganda nach sich ziehen.

Touchpoints im Einzelhandels-Szenario
Eine Studie von TNS Infratest zum Marken- und Kaufbeitrag der verschiedensten Touchpoints anhand eines Einzelhandelsszenarios zeigt über vierzig verschiedene Touchpoints auf, herkömmliche analoge wie auch digitale. Bei rund einem Viertel davon lassen sich

verschiedene Typen von smarten Technologien absatzfördernd zu überschaubaren Kosten einsetzen (Abb. 7.2).

Smarte Technologien erhöhen die Anzahl der Customer Touchpoints
Auch wenn sich bisherige Anwendungen und Use Cases stark auf die oben genannten Einsatzorte konzentrieren, können smarte Technologien ihre „Verstärkerrolle" in der gesamten Customer Journey ausspielen, von der ersten Wahrnehmung eines Produkts über die Evaluation, den Kauf, den Wiederholungskauf und die Weiterempfehlung. Die Customer Journey bietet mit ihren vielfältigen Touchpoints eine Vielzahl von Gelegenheiten, die spontane Kommunikation über smarte Technologien erneut aufzunehmen.

Neue Technologien haben die Art, wie Marken und Unternehmen mit den Konsumenten in Verbindung treten, umfassend verändert und werden sie weiter verändern.

Evolution der Customer Touchpoints im Zeitablauf
Jessica Groopmann zeigt in einem Beitrag aus dem Jahr 2014, wie das Internet der Dinge und die Digitalisierung eine Vermehrung der Customer Touchpoints mit sich bringen (Groopmann 2014). Abb. 7.3 zeigt die Entwicklung der Customer Touchpoints.

Neue Möglichkeiten durch das Internet der Dinge
Heute haben wir durch das Internet der Dinge die Möglichkeit, fast alles zu digitalisieren. Auf diese Weise werden traditionelle Offline-Objekte nun als vernetzte „Dinge" oder „Objekte" mit einer digitalen Dimension erweitert. Parallel entwickeln sich neue Kanäle für das Marketing, aber auch Plattformen oder Tracking-Mechanismen.

Digitalisierung von Objekten ermöglicht Datensammlung und -auswertung
Indem traditionelle Offline-Objekte digitalisiert werden, erhalten diese einen Datenstrom, eine Art Stimme. Um den richtigen Content am Touchpoint bereitstellen und um dem Kunden relevanten Content anbieten zu können, müssen mithilfe neuer Technologien und Kooperationen Datenströme analysiert oder integriert werden: Soziale Daten,

Abb. 7.2 Technologietauglichkeit von Touchpoints. (Kantar/TNS Infratest 2016)

7.1 Customer Touchpoints

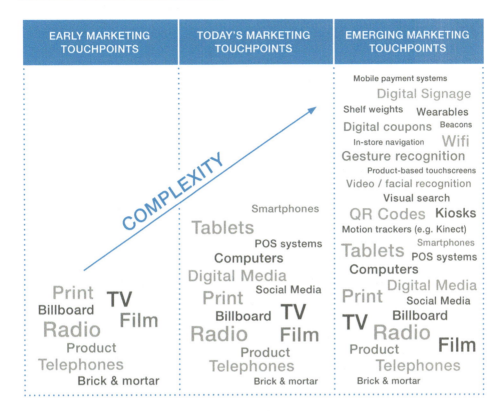

Abb. 7.3 Entwicklung der Customer Touchpoints (Groopmann)

Loyalitätsdaten, Transaktionsdaten, CRM-Daten, demografische Daten, Wetterdaten, Produktdaten und eine Long-Tail-Liste anderer Datenquellen werden typischerweise mit den Datenströmen eines beliebigen Kontaktpunktes kombiniert, um letztlich die richtige Botschaft an den Kunden zu senden.

Der richtige Content zur richtigen Zeit am richtigen Ort und für die richtige Person
Das Ergebnis dieser sich entwickelnden Technologien und Fähigkeiten ist die Annäherung des Marketings an den sprichwörtlichen „Heiligen Gral": der richtige Inhalt an die richtige Person zum richtigen Zeitpunkt am richtigen Platz gesendet.

Marketer können nun das Verhalten der Kunden viel genauer und länger als je zuvor beobachten, messen und verstehen. Sie können diese Intelligenz nutzen, um sich empirisch zu informieren, durch Algorithmen zu automatisieren und mit einzelnen Konsumenten auf der Grundlage ihrer einzigartigen Geschichten und Vorlieben interagieren. Die Technologien ermöglichen nun Beziehungen auf einer viel tieferen und personalisierten Ebene. Davon profitieren im besten Fall beide: Marke und Konsument.

7.1.4 Customer-Touchpoint-Matrix

Die Firma Hello Future hat eine sogenannte „Brand Touchpoint Matrix" entwickelt, die als Planungstool hilft, die verschiedenen Touchpoints einzuordnen und verständlich zu machen (Persson 2017).

„Brand Touchpoint-Matrix" hilft Touchpoints zu planen
Sie basiert auf dem Verständnis, dass jede Interaktion zwischen der Marke und dem Konsumenten eine spezifische Funktion hat und bestimmte Inhalte liefert (Abb. 7.4):

- Die horizontale Achse zeigt Touchpoints, die nicht viel Interaktion vom Kunden abverlangen, bis hin zu solchen, die langfristige Bindungen ermöglichen.
- Die vertikale Achse bildet die Kundenreichweite ab, von einer sehr persönlichen Experience bis zu einer, die viele Menschen gleichzeitig erreicht.

Zum Beispiel erreicht ein 30 Sekunden langer Fernsehspot eine sehr große Anzahl von Konsumenten, während er keinen direkten Wert beim Konsumenten erzeugt. Demgegenüber spricht eine lokale Community eine überschaubare Anzahl von Kunden an, ist aber eine aktive Gemeinschaft.

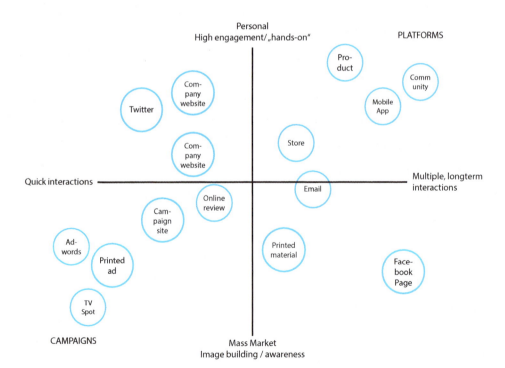

Abb. 7.4 Brand-Touchpoint-Matrix (Hello Future)

Nutzung der Brand-Touchpoint-Matrix

Jedes Unternehmen oder jede Marke sollte sich aus dieser Matrix diejenigen Touchpoints innerhalb der Customer Journey heraussuchen, die den größten Wert für ihre Marken-Kundenbeziehung liefern. Darüber hinaus zeigt das Modell, dass es nicht ein „Entweder-Oder" der Touchpoints gibt, sondern es auf die richtige Mischung ankommt.

Eine solche Brand-Touchpoint-Matrix lässt sich auch in die drei Etappen „vor", „während" und „nach einer Transaktion" einteilen. Diese Betrachtung ermöglicht das Durchspielen verschiedener Situationen, auch in mehreren Branchen:

- Handel: Vor dem Eintreten in das Geschäft, während des Aufenthalts im Geschäft und nach Verlassen des Geschäftes
- Verbrauch des Produktes: Kaufen eines Joghurts, Essen eines Joghurts und Entsorgen des Joghurtbechers
- Gebrauch des Produktes: Kauf einer Computer-Software, Installation und Nutzung
- E-Commerce: vor, während und nach einer Online-Bestellung
- Verbands- oder Community-Marketing: Gewinnung, Aktivierung und Betreuung von Mitgliedern
- Industrie: Konzeption einer Produktionsanlage, Aufstellung, Inbetriebnahme und Nutzung

Ähnlich lässt sich das Ganze auch für einen Notartermin, die Reinigung eines Bürogebäudes, den Erhalt einer Stromabrechnung, die Probefahrt mit dem gewünschten Auto oder eine wichtige Geschäftsverhandlung durchspielen.

Im Folgenden wird eine andere Systematisierung der Customer Touchpoints gewählt. Sie soll eine Orientierung geben, wo sich heute und auch in Zukunft Customer Touchpoints befinden werden.

7.1.5 Customer Touchpoint Management

Das Customer Touchpoint Management befasst sich mit dem Identifizieren, Auswählen und Gestalten von Customer Touchpoints. Schüller definiert Touchpoint Management folgendermaßen (Schüller 2012).

> Unter Kundenkontaktpunkt-Management (Customer Touchpoint Management) verstehen wir die Koordination aller unternehmerischen Maßnahmen dergestalt, dass dem Kunden an jedem Interaktionspunkt eine herausragende, verlässliche und vertrauenswürdige Erfahrung geboten wird, ohne dabei die Prozesseffizienz aus den Augen zu verlieren.

Ziel des Customer Touchpoint Management

Ziel des Customer Touchpoint Management ist es, Impressionen und Kundenerlebnisse zu erkennen, zu steuern und zu optimieren. Damit soll die Kundenbeziehung verbessert werden, um Käufer zu einem Wiederkauf zu bewegen und sie so zu Wiederkäufern zu machen. Außerdem können Kunden selbst zu Influencern und Botschaftern der Marken werden. Dies wird im Folgenden näher beschrieben:

Vorgehensmodell für das Customer Touchpoint Management
Als Vorgehen für das Customer Touchpoint Management findet in der Literatur ein Vier-Phasen-Modell Anwendung: das sogenannte „Deming"-Rad (Plan-Do-Check-Act), das mit der Zeit eine fortlaufende kontinuierliche Verbesserung verspricht.

Über die ganzheitliche Gestaltung, Abstimmung und das Zusammenwirken einzelner Touchpoints werden dem Kunden in seinen unterschiedlichen Phasen der Kaufentscheidung passende Erlebnisse und Eindrücke vermittelt. Je mehr Touchpoints auf ihn einwirken, desto größer wird die Komplexität, die es zu managen gilt.

Im Touchpoint-Management gibt es nicht den einen Weg zum Ziel. Denn jeder Kunde ist anders, nutzt andere Touchpoints in seiner Kundenreise, aber auch das Vorgehen der Anbieter ist von Branche zu Branche verschieden.

Das Kaufverhalten verändert sich ständig. Wir haben aktuell eine Situation, die sich zu der aus dem letzten Jahrtausend fundamental unterscheidet. Ende der neunziger Jahre, als das Internet in die Haushalte Einzug hielt, begannen die Menschen mit dem Senden und Empfangen von elektronischen Nachrichten, benutzten Suchmaschinen, um Informationen zu finden, und vernetzten sich in sozialen Netzwerken. In den folgenden zwanzig Jahren gewannen das Internet, Mobiltelefone und Social Media immer mehr an Bedeutung und veränderten die Art, wie Menschen und Marken miteinander interagieren.

Diese Entwicklung brachte auch eine Veränderung des Kaufverhaltens mit sich und machte die traditionellen Marketingmethoden weniger effektiv. Das Internet gibt dem Kunden und Konsumenten mehr Macht. Kunden finden heute aus freien Stücken Informationen, die sie suchen, wann und wo es ihnen am besten passt. Sie sind informierter und besser vernetzt als je zuvor. Egal, ob sie sich am Anfang, in der Mitte oder am Ende der Customer Journey befinden: früher war es ein Verkäufermarkt, heute ist daraus ein Käufermarkt geworden. Das Marketing hat darauf mit zwei neuen Marketingmethoden reagiert: Content-Marketing und Inbound-Marketing.

7.2 Aktuelle Consumer Touchpoints

Ursprünglich war die Anzahl der Touchpoints überschaubar, es gab die klassische Werbung wie Anzeigen, TV- und Radio-Spots, Plakate und die Interaktion per Telefon sowie die persönliche oder schriftliche Ansprache. Das hat sich mittlerweile verändert. Die zunehmende Initiative der Kunden ist eng mit dem Aufkommen neuer Technologien und mobiler Endgeräte verbunden, die immer und an nahezu jedem Ort online sind, und neuen Marketingkanälen. Es findet ein Rollentausch statt, getrieben vom Konsumenten, mithilfe von Mobiltelefonen, Online-Communitys, Social Media und Apps.

Der Kunde wird eigenverantwortlich und initiativ
Verbraucher greifen selbst aktiv in die Werbe- und Marketingprozesse der Unternehmen ein. Ein Beispiel hierfür ist Google AdWords, wo der Kunde mit seinem Suchbegriff entscheidet, welche Anzeigen er sehen wird. Mobiltelefone und Communitys steigern weiter die Macht der Kunden durch die Möglichkeiten, Preisvergleiche vor Ort zu erstellen, Bewertungsportale anzusehen oder gemeinsam einzukaufen. Diese neuen Kanäle haben jedoch auch den großen Vorteil, dass sie mithilfe von Webanalyse-Tools überwacht und gesteuert werden können und somit die Bedeutung dieser Systeme weiter steigt.

Die folgenden Kapitel befassen sich mit ausgewählten Touchpoints und stellen diese exemplarisch, aber nicht umfassend vor.

7.2.1 Touchpoints Out-of-Home (OoH)

Unter Out-of-Home versteht man alle Werbemedien im öffentlichen Raum, wie zum Beispiel Großflächenplakate, Poster oder Ganzsäulen. Dazu zählen aber auch alle Arten der Verkehrsmittelwerbung oder auch sogenannte Ambient Medien. Als Ambient Medien werden Werbeformate bezeichnet, die im direkten Umfeld der Zielgruppe eingesetzt werden, wie in Restaurants, Bars, Kinos, Sporteinrichtungen oder auch als gebrandete Fahrzeuge im Stadtverkehr.

Lange Historie des Out-of-Home-Marketings
Out-of-Home-Marketing, oder Außenwerbung, besitzt eine lange Historie. Schon vor über fünftausend Jahren gab es „Werbung" auf Obelisken, Hieroglyphen als Wegweiser für Reisende. Vor etwa 2500 Jahren gravierten ägyptische Händler ihre Werbebotschaften in Stein und stellten diese an den Straßen auf. Viel später wurde daraus die Plakatwerbung. 1855 plakatierte der dadurch bekannt gewordene Ernst Litfaß Nachrichten an einen Säulenkörper, die *Litfaßsäule* war geboren.

Plakatträger für Out-of-Home-Marketing
Heute zeigen sich verschiedenste Formen von Plakatträgern für Out-of-Home-Marketing:

- **Großflächenplakate** an Häuserwänden oder auf entsprechenden Plakatwänden
- **Mega-Lights** oder **City-Light-Poster** in Bahnhöfen, Flughäfen, an Bushaltestellen oder Einkaufszentren – hinterleuchtet und zum Teil digital und interaktiv
- **Große Bildschirme** oder **Videowände** sieht man insbesondere an hochfrequentierten Stellen, überwiegend innerhalb von Gebäuden wie Einkaufszentren
- **Mobile Außenwerbung** nutzt meistens Fahrzeuge oder Fahrzeuganhänger oder auch öffentliche Verkehrsmittel wie Busse und Bahnen
- Der Einzelhandel plakatiert die **Schaufenster**, bis hin zu Touchscreens im Schaufenster

Der Marktanteil von Out-of-Home-Marketing beläuft sich mittlerweile auf 6 % (FAW 2017). Vor 15 Jahren lag er noch bei 2,5 %. Treiber dieses Wachstums sind vor allem digitale Werbemedien, die eine Markeninszenierung auf sehr hochwertigen Trägern mit Bewegtbild, ortsbezogenen aktuellen Daten und immer häufiger auch eine direkte Interaktion mit dem Betrachter bieten.

Smarte Technologien ermöglichen neue Out-of-Home Touchpoints
Smarte Technologien wie Beacons, NFC oder auch Bilderkennung ermöglichen zunehmend die Interaktion mit dem zukünftigen Kunden und Konsumenten. Die Sammlung von Nutzerdaten und -profilen, wie Frequenz und Wiederkehrer, spielt auch bereits eine wichtige Rolle bei der Out-of-Home Werbung (vgl. die Praxisbeispiele in Abschn. 10.2).

Durch die Interaktion von Plakatwerbung mit Smartphones entsteht ein Link zum nächsten Medium – in diesem Fall sogar ein sehr persönliche des Betrachters, der damit die Kampagne aus dem öffentlichen Raum in sein privates Umfeld mitnimmt.

> **Beispiel**
>
> **Das hustende Billboard:** Durch zusätzliche Sensoren kann die geschaltete Kampagne in den aktuellen Nutzungskontext gestellt werden und das Real-Time-Umfeld mit einbeziehen, um Aufmerksamkeit und Relevanz zu erhöhen. Ein Beispiel:
> Im Dezember 2016 stattete die schwedische Apothekenkette *Apotek Hjärtat* digitale Billboards in der Stockholmer Innenstadt mit Rauchdetektoren aus, was dazu führte, dass der Mann auf dem Plakat zu husten begann, sobald ein Passant mit einer Zigarette an dem Billboard vorbeilief. (Abb. 7.5)

Abb. 7.5 Das hustende Billboard. (Adweek 2017)

7.2 Aktuelle Consumer Touchpoints 343

Billboard mit Rauchdetektor (Video mit Springer Nature ExploreBook App ansehen)

Für den Einsatz von smarten Technologien eignen sich insbesondere Werbebotschaften auf Ambient Medien, also Werbemitteln, die im direkten Lebensumfeld der Zielgruppe eingesetzt und von dieser aktiv genutzt werden, wie Bierdeckel (vgl. die Praxisbeispiele in Abschn. 9.8), Zapfpistolen an Tankstellen, Kassenbons und Einkaufswagen im Handel, Schreibutensilien und Postkarten.

7.2.2 Touchpoints in der Gastronomie

Die Gastronomie bietet zahlreiche Möglichkeiten, smarte Technologien einzusetzen. Durch die Ansprache der potenziellen Kunden in ihrer Freizeit können hohe Kontaktzahlen und ein intensives Brand Engagement generiert werden. Egal, ob man allein in einem Restaurant sitzt und Zeit für unterhaltende Inhalte hat, sich also intensiv mit einer Marke auseinandersetzen kann, oder mit Freunden über den Inhalt der Bierdeckel diskutiert. Bierdeckel und Tisch- bzw. Thekenaufsteller generieren eine überdurchschnittlich hohe Wahrnehmung und Nutzung (Zeller 2009, S. 231).

Besonders gelungene Bierdeckel werden auch als Sammelobjekt mit nach Hause genommen oder dienen als Hilfsmittel beim Knüpfen neuer Kontakte.

7.2.3 Touchpoints im Tourismus

Tourismusunternehmen nutzen smarte Technologien, um Prozesse zu vereinfachen und für aktives Upselling zusätzlicher Dienstleistungen und mehr Service für den Gast (vgl.

Abschn. 9.9.6). Abzuwägen ist in diesem Umfeld ebenso wie im Gastronomiebereich, dass Technologie nur standardisierte und manchmal auch lästige Aufgeben übernehmen sollte, nicht jedoch das persönliche Gespräch eines Gastes mit dem Barkeeper oder dem Front Desk Manager am Hotel-Empfang stören oder gar ersetzen sollte. Ein Roboter kann diese persönlichen Begegnungen, die zu einer gelungenen Experience gehören, nicht wirklich zufriedenstellend erfüllen.

Touchpoints in Hotels
In der Hotelbranche bilden smarte Informationen ein zukunftsorientiertes Anwendungsszenario: von der Information rund um lokale Tipps in der Umgebung des Hotels bis hin zu hoteleigenen Kommunikationsoptionen. Umfassender ist die Lösung, mithilfe von Beacons den Check-In/Out-Prozess zu optimieren. Der Kunde erreicht das Hotel und erhält via App seine Zimmernummer inklusive des Zugangscodes oder er nutzt sein Smartphone als Schlüssel und öffnet die Zimmertür, zum Beispiel mittels NFC. Dieser „Schlüssel" ermöglicht auch Zutritt zu Wellness- und Sporteinrichtungen und bietet dem Hotelier eine transparente Übersicht der genutzten Leistungen.

Auch beim Check-Out können smarte Technologien zu erheblichen Zeiteinsparungen beitragen. Der Kunde wickelt über sein Mobiltelefon die Zahlung ab, ohne in der morgendlichen Check-Out-Schlange zu stehen, indem er einfach über die App des Hotels beziehungsweise der genutzten Buchungsplattform zahlt.

7.2.4 Touchpoints im Personenverkehr

Touchpoints in Bahnhöfen, auf Flughäfen oder Haltestellen
Oftmals nutzen die Reisenden Wartezeiten an Bahnhöfen, Bushaltestellen oder Flughäfen für mobile Services. Die Anwendungsszenarien reichen von unterhaltenden Inhalten über Indoor-Navigation (Wo befinde ich mich? Und wie komme ich von Punkt A nach Punkt B?) bis hin zu Informationen und Buchungsmöglichkeiten alternativer Verbindungen bei Verspätungen und Ausfällen.

Auch Informationen zur Gepäckausgabe gehören zu den smarten Services: Nach Ankunft des Gepäckstückes bekommt der Passagier eine Nachricht auf sein Mobiltelefon, wann sein Gepäck an welchem Band ankommen wird. Der Passagier kann die Wartezeit anderweitig nutzen, da er ja gezielt informiert wird.

Touchpoints im öffentlichen Transport
Stark von Personen frequentierte Orte finden sich auch in Bus und Bahn. Hier haben Kunden oft die unterschiedlichsten Fragen, die mithilfe smarter Technologien wie NFC, QR-Code, Beacons oder WLAN einfach gestellt und beantwortet werden können: Fahrplaninformationen, Verspätungen, Wagenreihungen, aber auch das Herunterladen von Filmen, Musik, Zeitschriften, Zeitungen oder Spielen verkürzt die gefühlte Wartezeit: ein echter Mehrwert für den Kunden.

Touchpoints in der U-Bahn
Im Bereich der U-Bahn zeigt die MTR (Mass Transit Railway) in Hongkong einige interessante Beispiele: City-Light-Poster sind mehrheitlich mit QR-Code und/oder einem NFC-Chip ausgestattet. Der Fahrgast kann darüber vielfältige Informationen zu dem angezeigten Produkt oder den Service abrufen, wie weitergehende Produktinformationen, Informationen über Musik- und Theater-Veranstaltungen und deren Buchung, Informationen über Kinofilme und deren Buchung und er kann die Produkte sogar direkt kaufen.

Auch in den Nahverkehrszügen gibt es unterschiedliche Touchpoints an Scheiben, Sitzen und Halteschlaufen (vgl. Abschn. 9.2.2).

7.2.5 Touchpoints auf Veranstaltungen

In der Messe- und Kongressbranche sind smarte Technologien bereits häufig in verschiedenen Varianten anzutreffen und haben sich vielfach schon als Standard etabliert.

Touchpoints im Rahmen der Wegeleitung
Oftmals liegen die Anwendungsfälle im Bereich des Indoor- und Outdoor-Positioning. Der Besucher wird dabei individuell und auf seine Bedürfnisse ausgerichtet zu den gewünschten Ausstellungsorten und -hallen oder direkt zu den Ausstellern gelotst bzw. ihm wird der Weg in den richtigen Konferenzraum gezeigt. Die Auswahl erfolgt häufig schon vorab bei der Planung des Besuchs online über die Webseite des Veranstalters. Die Navigation erfolgt dann anhand des persönlichen Planes.

Touchpoints im Vortragsraum
Weiterhin besteht die Möglichkeit, den Besucher vor Ort zu einzelnen Veranstaltungen zu informieren. Betritt der Besucher zum Beispiel einen Vortragsraum, kann er direkte Informationen zum Vortrag über ein Beacon auf sein Smartphone erhalten, unter anderem über den Referenten, zum Download des Vortrages oder eine Einladung zu Votings. Interessant ist auch der Gewinn an Kunden-Insights. Durch die Nutzung von smarten Technologien wie WLAN können Laufwege, Besuchsdauern und Interessen für die spätere Beurteilung wichtige Informationen liefern.

7.2.6 Touchpoints bei Großveranstaltungen

Bei Großveranstaltungen wie Sport-Events (Indoor & Outdoor) stehen neben Navigation vor allem Besucher-Flow-Management und Payment weit oben auf der Prioritätenliste. Aber auch Engagement-Optionen wie digitale Merchandising-Angebote, Ticketing, Essensbestellung am Platz und Anzeige von Wartezeiten bei Catering und Waschräumen sowie bei der Abreise verbessern die Fan-Experience.

Hürde in dieser Branche ist oftmals die unzureichende Internetverbindung für das aufkommende Datenvolumen der Menschenmassen. Deshalb ist zu beobachten, dass in Stadien und Open-Air-Flächen zunehmend die Installation eines flächendeckenden WLAN-Netzes stattfindet.

> **Beispiel**
>
> **Levi's® Football-Stadium in Santa Clara:** Das Levi's® Football-Stadium in Santa Clara (Abb. 7.6) ist mit einem großflächig verteilten und leistungsstarken WLAN-System ausgestattet. Bei jedem Spiel der *49ers* melden sich mehr als 38 Prozent der Zuschauer (das sind 27.316 individuelle WiFi-Nutzer) während des Football-Spiels im WiFi des Stadions an. Neben Social Shares und Online-Abfragen werden neuartige und auf das Stadion angepasste Apps genutzt. Der Fan bekommt, wenn er im Radius von Beacons ist, unter anderem in Echtzeit eine Zeitlupenoption vom Spielgeschehen.
>
> Die Santa Clara Stadium Authority, die San Francisco 49ers und ihre Partner, bauten das Levi's® Stadium mit folgenden drei Zielen aus: Technologie, Nachhaltigkeit und Fan-Experience.
>
> - **Das WLAN:** Die folgenden Daten beeindrucken: 400 Meilen Kabel, von denen 70 für WiFi vorgesehen sind, 1200 Zugangspunkte, von denen 600 den unteren Bereich (45.000 Sitze) versorgen, dabei versorgt jeder Zugangspunkt circa 100 Sitze: Dieses Stadion war das erste mit einer Internetkapazität von 40 GB/s.

Abb. 7.6 Levi`s Stadium in Santa Clara. (Foto: Esra Shaw/Getty Images)

7.2 Aktuelle Consumer Touchpoints

- **Die App:** Die speziell entwickelte App enthält die folgenden Funktionen: Ticketing und Parken, Speisen- und Getränke-Service und hochwertige Videowiedergaben sowie eine Verbindung zum 49er Fan-Loyalitätsprogramm *Faithful 49*.

Die Hälfte aller Dauerkarteninhaber hat ihren Ticket-Account innerhalb der App verlinkt und während eines 49ers-Chargers-Spiels wurden in einem Zeitraum von 10 bis 12 Minuten mehr als 1000 Essen-und-Getränke-Lieferungen getätigt, nachdem die Bestellungen aufgegeben wurden. Viele Fans nutzen Express-Pick-up-Stationen an den Konzessionsständen, um bestellte und bereits bezahlte Getränke abzuholen.

Mithilfe von anderen smarten Technologien wie NFC-Tags an den Besuchersitzen, Aufgängen und Ruhezonen können weitere Erlösmöglichkeiten im Bereich des Caterings oder auch des Sponsorings aufgetan werden, um die Spieltage als exklusives Tagesangebot auf dem Smartphone zu vermarkten.

Aber auch deutsche Fußballclubs arbeiten daran, die Fan-Experience zu verbessern – auch im Stadion (siehe Gastbeitrag in Abschn. 9.7.1).

7.2.7 Touchpoints am Point of Sale (POS)

Neben öffentlichen Gebäuden, Flughäfen und Museen finden sich digitale Touchpoints zunehmend in Geschäften und Einkaufszentren, also am Point of Sale.

NFC-Touchpoints (Video mit Springer Nature ExploreBook App ansehen)

Der Point of Sale steht dabei für den Ort, an dem der Verkauf eines Produktes oder einer Dienstleistung vollzogen wird. Aus Sicht der Konsumenten kann dies das Kleidungsgeschäft um die Ecke, die Kasse im Supermarkt aber auch das Einkaufzentrum sein.

Smarte Technologien können zu einem völlig neuen Einkaufserlebnis führen und störende Hindernisse beseitigen. Im *Rebecca Minkoff Connected Store* in New York City kann man diese neue Shopper-Experience testen: Die Kundin kann sich die Artikel live ansehen, an einem interaktiven Spiegel ihre Größe und andere dort vorgeschlagene Artikel in eine Kabine zur Anprobe bestellen. Während die Kundin weiter im Laden stöbern kann, werden die gewünschten Artikel in einer Umkleidekabine für sie vorbereitet. Ist alles fertig, erhält die Kundin eine Textnachricht. Zu sehen ist die Lösung, die in Zusammenarbeit mit ebay entstand, als Video.

Interaktiver Spiegel im Rebecca Minkoff Connected Store (Video mit Springer Nature Explore-Book App ansehen)

Beeinflussung der Kaufentscheidung durch Touchpoints am POS

Werbung am Point of Sale (POS) zielt insbesondere darauf ab, den Verkauf von Produkten zu fördern, die Markenbindung zu stärken und die Kundenloyalität zu steigern. Marketing am Point of Sale gewinnt an Bedeutung, da es die Möglichkeit bietet, potenzielle Kunden direkt anzusprechen und sie noch am Ort der Entscheidung vom Kauf eines bestimmten Produktes zu überzeugen.

Der POS bietet vielfältige Möglichkeiten, um einen Kunden von Produkt und Marke zu überzeugen: Markenwelten können inszeniert werden, Produkte können live begutachtet und getestet werden und geschultes Personal berät bei Fragen. Gerade in der Phase einer Markteinführung kann Werbung am POS den Kunden bei seiner Kaufentscheidung positiv beeinflussen.

7.2 Aktuelle Consumer Touchpoints

In einem Supermarkt oder im Geschäft eines Lebensmittelhändlers ergeben sich ebenfalls unzählige Möglichkeiten für Touchpoints, die mit smarten Technologien realisiert werden können:

- Geht eine Kundin am Geschäft vorbei, erhält sie über Beacons oder GPS eine Einladung vom Händler, das Geschäft zu betreten oder wird über einen Coupon, den sie auf ihrem Mobiltelefon empfängt, ins Geschäft gelockt.
- Über ein virtuelles Schaufenster, das die Kundin über QR-Codes im Schaufenster oder auch Beacons außerhalb der Öffnungszeiten auf Produkte hinweist, kann sie Informationen über Sonderaktionen und Events bekommen oder sogar ein Produkt bestellen.
- Im Geschäft nimmt die Kundin sich einen Einkaufswagen und verbindet sich mit dem angebotenen WLAN, um den freien Internetzugriff zu nutzen. Der Einkaufswagen ist durch einen RFID-Chip gekennzeichnet. Geht sie durch die Regale, bekommt die Kundin immer dort, wo sie sich gerade befindet und wenige Sekunden aufhält, Angebote über die Produkte der Regale auf ihr Smartphone.
- An ausgewählten Regalplakaten kann sie detaillierte Produktinformationen zu den dort angepriesenen Produkten bekommen. Sie „tappt" mit ihrem Smartphone auf die gekennzeichnete Stelle auf dem Plakat und erhält Videos zu den Produkten, Rezepthinweise oder einfach nur Zusatzinformationen, wie Zusatzstoffe etc.
- Die Kundin bleibt vor einem Regal stehen und nimmt ein Produkt heraus. Auch dieses kann sie auf der Verpackung „tappen". Sie erhält Ge- oder Verbrauchshinweise und viele Informationen, die so nicht auf der Verpackung stehen.
- Die Kundin ruft die Einkaufsliste auf ihrem Mobiltelefon auf. Diese hat sie vorher zu Hause mit Amazon Alexa zur Vorbereitung auf den Einkauf aufgestellt. Mit dem einfachen Befehl „Alexa, setze Milch auf meine Einkaufsliste" hat sie die komplette Einkaufsliste mit den Produkten des Supermarktes erstellt.
- Nun möchte sie die Produkte effizient suchen und in ihren Einkaufswagen legen. Sie ruft die Navigations-App des Supermarktes auf, die Visual Light Communication nutzt. Sie kopiert die Artikel der Einkaufsliste in die App, diese optimiert dann den Einkaufsweg durch die Regale und zeigt ihr den Weg zu den einzelnen Produkten.
- An der Fleischtheke kauft sie zwei Steaks und erhält ein Rezept für ein Gericht über den auf der Theke angebotenen NFC-Button.
- Im Drogeriebereich stößt sie auf einen interaktiven Spiegel, der ihr Schminktipps und -hinweise anbietet. Sie stellt sich davor, es wird ein Bild ihres Gesichts fotografiert und dann auf dem „Spiegel" angezeigt. Über eine Auswahl lässt sich ein Anlass wählen, z. B. der Besuch einer Veranstaltung in der Oper. Das Foto ihres Gesichts erscheint einer Oper-Umgebung, dank Augmented Reality. Über verschiedene Einstellungen kann sie den Schminkvorschlag, der sich auf ihrem Gesicht zeigt, ändern. Nach einigen Schritten ist sie zufrieden. Jetzt kann sie noch die dazu benötigten Artikel auf ihr Smartphone herunterladen und in die Einkaufsliste integrieren bzw. aus dem Regal nehmen. Der Schminktipp wird auf das Handy geladen und mitgenommen.

- Langsam geht der Einkauf zu Ende, die Kundin kommt an die Kasse. Bezahlt wird per NFC auf dem Smartphone, ohne dass die Geldbörse aus der Tasche genommen wird. Die Rabattpunkte werden in der App für den nächsten Einkauf gutgeschrieben.

So oder ähnlich könnte ein Einkauf im Supermarkt heute schon ablaufen. Weitere Touchpoints sind möglich, wurden aber in dem Beispiel nicht angesprochen.

> **Beispiel**
>
> **ECE – Serviceleistungen im Einkaufszentrum:** Welche Serviceleistungen erwarten Kundinnen und Kunden in einem Shopping-Center und mit welchen Angeboten können sie begeistert werden?
>
> Das wollte die ECE Projektmanagement GmbH genauer wissen. In einer Studie untersuchte sie detailliert einzelne Customer Journey Touchpoints, um herauszufinden, was die täglichen Millionen von Besuchern von einem Shopping-Center erwarten. Auf der Grundlage einer repräsentativen Befragung von mehr als 1000 Shopping-Center-Kunden, sowohl von ECE als auch von Wettbewerbern, sowie ausführlichen Experteninterviews mit Investoren, Mietern sowie Fachvertretern aus Wissenschaft und Hotellerie entstanden interessante Ergebnisse (ECE Market Research 2016).
>
> Digitale Touchpoints und Mobile Services sind gefragt, wenn sie den Komfort erhöhen und fördern:
>
> - Höchste Bedeutung messen die Einkäufer grundsätzlich drei Services zu, die mit jeweils über 80 Prozent herausstechen: Arrival-Services, das heißt Services rund um die Anreise zum und der Ankunft am Shopping-Center, Information-Services vor und beim Aufenthalt im Shopping-Center und Relax-Services.
> - Über 60 Prozent der Besucher informieren sich vor dem Einkauf schon zu Hause über das Shopping-Center und seine Angebote. Ein Indikator dafür ist auch die Intensität der Nutzung der digitalen Services der ECE mit über 150 Millionen Aufrufen der Shopping-Center-Homepages im Jahr 2015 oder 300.000 Downloads der „Love to Shop"-App.
> - Live-Video-Chat mit Service-Mitarbeitern: Selbst diese Möglichkeit wird von immer mehr Shopping-Center-Besuchern genutzt. Derzeit werden 200 Anfragen pro Tag gezählt.
> - Anreise: Über die Hälfte der Besucher kommt mit dem eigenen Auto in das Shopping-Center (300 Millionen Einfahrten pro Jahr in die Parkhäuser mit Zählanlagen) und wollen möglichst schnell und komfortabel die Parkhauseinfahrt, einen freien Parkplatz und den Weg ins Center finden. Services wie Parkleitsysteme, besonders breite XXL-Parkplätze und Express-Parken mithilfe einer RFID-Karte für kontaktloses Ein- und Ausfahren bilden hierfür wichtige Grundvoraussetzungen.
> - Digitale 3D-Navigation im Einkaufszentrum: Die digitale Wegeleitung am Terminal oder auf dem Smartphone ist schon längst beim Kunden angekommen.

- Aktuelle Nahverkehrs-Informationen haben eine hohe Relevanz: 67 Prozent der Besucher erwarten ÖPNV-Fahrpläne – auch hier ein Bedarf, der am besten über digitale Lösungen gedeckt werden kann.
- Indoor-Navigation über Beacons. Auch Location-Based Services werden von den Kunden angenommen. In den Shopping-Centern Future Labs Alstertal und Limbecker Platz wurden über 1000 Beacons in den Mall- und Parkhausbereichen installiert. Neben der Shop-Navigation wird die iBeacon-Installation auch für den Car-Finder genutzt.
- Free WiFi: Am Touchpoint „Relax" gehört das kostenlose WLAN zu den drei beliebtesten Services. ECE zählt jährlich 10 Millionen Nutzer in den WiFi-Netzen seiner Shopping Malls. 68 Prozent der Kunden wünschen sich den Service.

7.2.8 Touchpoints auf Produkten und Verpackungen

Smarte Technologien können auch direkt in Produkte integriert, auf Verpackungen angebracht oder in Verpackungen integriert werden. Smarte Technologien wie QR-Code, NFC oder Augmented Reality findet man bereits auf Haushaltsgeräten, Bekleidung, Einrichtungsgegenständen oder auch Lebensmitteln.

Vielfältige Anwendungen für Touchpoints auf Produkten
Welche Anwendungen sind damit möglich und was hat der Kunden für einen Nutzen? Verpackungen bieten ein vielfältiges Einsatzgebiet im Rahmen von Kundeninformationen über Produkte, Marketing, Fälschungsschutz und Warenlogistik.

Produktauthentifizierung über Touchpoints an Produkten
Hersteller und Händler haben immer gegen Fälschungen zu kämpfen. In einem innovativen Versuch, diese einzudämmen, hat der spanische Winzer Barbadillo NFC-Etiketten in limitierte Editionen seines Versos 1891 Sherry aufgenommen. Durch das Tappen mit dem Smartphone konnten die Verbraucher selbst überprüfen, ob die Flasche tatsächlich authentisch war. Ein weiteres Beispiel für Brand Protection findet sich in Abschn. 9.5.5.

Immer mehr Markenartikler und Luxusgut-Produzenten schützen ihre Produkte mit RFID-Tags, die fest mit dem Produkt verbunden sind (eingenäht, eingeklebt oder auch eingewebt) und somit die Echtheit des Produktes belegen sollen. Aber auch Hersteller von Körperpflegeprodukten und medizinischen Produkten schützen so Händler und Verbraucher vor Fälschungen, die im Falle einer Handtasche ärgerlich, aber nicht schwerwiegend sind, im Falle von gefälschten Infusionslösungen durchaus lebensbedrohlich sein können. Spezielle Tags dokumentieren auch, ob und wann eine Verpackung geöffnet wurde. Dies schützt vor Nachfüllungen von Originalverpackungen, wie es im Pharmabereich bereits geschieht.

Wettbewerbe und Rabattaktionen über Touchpoints an Produkten
Barbadillos NFC-Einsatz hörte nicht bei der Produktauthentifizierung auf. Das Unternehmen versah mehr als 100.000 Flaschen seiner Weine mit NFC-Etiketten. Die Etiketten boten eine Vorteilskommunikation für den Kunden. Andere Unternehmen haben NFC-Tags in ähnlicher Weise verwendet. Die schwedische Bekleidungslinie Four Levent hat zum Beispiel einmal einen NFC-Tag in die Manschetten der Hemden eingelegt, Kunden erhielten beim „Tappen" einen Rabatt auf den Verkaufspreis.

VIP-Zugang über Touchpoints an Produkten
Mit smarten Technologien erhalten Verpackungen zusätzliche Funktionen. So kann ein Turnschuh zum Media-Hub werden (vgl. Abschn. 9.5.6) oder eine Backmischung den Ofen steuern (vgl. Abschn. 9.6.2). Ein Produkt kann aber auch ein Ticket zu exklusiven VIP-Bereichen sein, die nur den Kunden der gastgebenden Marke vorbehalten sind.

Produktinformationen über Touchpoints an Produkten
Touchpoints auf Lebensmitteln und Haushaltsgeräten bieten Informationen zu Herkunft, Verarbeitung, Inhaltstoffen und Nutzung. Sie sind aber auch gleichzeitig ein direkter Kanal zum Nachbestellen von Verbrauchsmaterialien und für den Kundenservice (vgl. Abschn. 9.6.1 und 9.6.3).

Gesundheits- und Verträglichkeitsinformationen über Touchpoints an Produkten
Eine intelligente Verpackung unterstützt Patienten auch in der Anwendung von Medikamenten und Hilfsmitteln. Sie dokumentieren die regelmäßige Einnahme und unterhalten Kinder, während diese beispielsweise inhalieren.

Lebensmittel und Medikamente können als digitale Touchpoints individuell Auskunft zu möglichen Unverträglichkeiten und Allergien geben, wenn der Nutzer die Packung mit seinen in einer App hinterlegten Gesundheitsdaten verknüpft. Durch Scannen eines QR-Codes oder aber Tappen eines NFC-Tags wird diese Verknüpfung unkompliziert hergestellt.

> **Beispiel**
>
> **Phygitales Packaging – what you see is what you get:** Es sind noch viele weitere Anwendungsfälle denkbar, wie mithilfe von smarten Technologien Produkterlebnisse erzeugt werden kann und die Markenbindung erhöht wird. Das beschreibt hier Andreas Schabert, Geschäftsführer der Brandpack GmbH sehr eindrucksvoll.
>
> Neue Kauferfahrungen, direkten Kundenkontakt und nachhaltige Produkterlebnisse schaffen: Near Field Communication (NFC) und Augmented Reality (AR) öffnen gemeinsam einen Weg in die Zukunft des Packaging (Abb. 7.7).
>
> - **Phygital – die digitale Welt wächst mit der physischen Welt zusammen:** „Phygital" beschreibt die Zusammenführung von physischer und digitaler Welt. Apple geht mit seiner vorinstallierten Augmented Reality App „ARKit" bereits den ersten

7.2 Aktuelle Consumer Touchpoints

Schritt in die Zukunft. Anwendungen, mit denen Speisekarten im Restaurant visualisiert und schmackhaft zubereitete Gerichte in einer 360-Grad-Ansicht über Devices abgerufen werden können, gibt es bereits. Und auch wir präsentierten auf der „Cosmetic 360"-Messe im Oktober 2017 in Paris einen Case zum Thema phygitale Kauferlebnisse.

- **Phygital Packaging:** Dank Augmented Reality und NFC können Produkte in Zukunft am Regal präsentiert werden, ohne die Umverpackung zu öffnen. Nach dem Motto „Show the Hero" profitieren die Kunden vor allem im Segment der hochwertigen Kosmetik- und Parfüm-Produkte von dieser Entwicklung, da schützender, cellophanierter Karton das eigentliche Produkt für den Konsumenten bis jetzt unsichtbar macht. Unser Smart-Packaging-Ansatz: Das Produkt zeigen und einen größeren Kaufanreiz und Transparenz schaffen.
- **Vorteile der neuen Technologie für Kunden und Unternehmen:** Informationen über das Produkt, weitere passende Artikel und Rabattaktionen stehen schnell und übersichtlich zur Verfügung. Gleichzeitig sammelt das Unternehmen über die Kundeninteraktion mit den NFC-Tags marketingrelevante Informationen und bietet dem Kunden ein neues Markenerlebnis. Zu Hause bleibt die Produktanwendung dank NFC-Tags direkt auf der Primärverpackung jederzeit abrufbar – ein deutlicher Vorteil auch bei medizinischen oder technischen Produkten. Re-Ordering und Zugang zu exklusivem Content sind ebenfalls nur einen Tapp entfernt. Kundenbindung und

Abb. 7.7 Zukunft des Packaging: „Show the Hero" mit Interaction Design. (Foto: Brandpack)

interaktiver individueller Kontakt sind somit garantiert, denn nur über Kauf und Tappen des Produkts kann der zusätzliche Inhalt abgerufen werden. Marken erhalten so erstmals die Möglichkeit, die Kunden auch während der Verwendung zu begleiten und so Präferenzen und Trends schneller zu erkennen.

- **„Tappen" wird eine alltägliche Geste:** Wir von Brandpack glauben an und bauen auf die phygitale Welt durch NFC und seine vielfältigen Möglichkeiten, dem Kunden ein spannendes und individuelles Kauferlebnis zu gestalten, und so Umsatz, Kundenbindung und Image des jeweiligen Unternehmens zu steigern. Ganz besonders spannend sehen wir die Entwicklung des „Tappens", das zu einer alltäglichen Geste werden kann – ähnlich des Swipes eines Touch-Displays. Unsere Kinder und Enkel werden vermutlich ihre Smartphones an alles tappen, was ihnen vor die Nase kommt – wir sind gespannt.

7.2.9 Touchpoints in Print-Medien und Büchern

Ein anderer Bereich, wo verstärkt smarte Technologien eingesetzt werden, sind Anzeigen und Werbung in Printmedien. Die Verknüpfung von Printmedien mit digitalen Plattformen war schon lange ein Traum der Werber. Man könnte das Trägermedium Print mit all seinen Vorteilen – Glaubwürdigkeit, eine immer noch nennenswerte, wenn auch sinkende Reichweite, Platz für große Fotos und erklärenden Text – nutzen, um Aufmerksamkeit zu erzeugen und das Produkt zu erklären bzw. die Story zu erzählen, um sie online zu verlängern, mit Bewegtbild abzurunden und direkte Response-Möglichkeiten anzubieten.

Bislang hatte man URLs und QR-Codes in die Kampagnen eingebaut und mäßige Erfolge erzielt. Grund: Der Leser empfindet es als zu umständlich, den QR-Code noch mehr als eine URL zum Eintippen. So richtig smart war das auch nicht. Deswegen startete der Automobilhersteller *Lexus* einen neuen Versuch mit einer Technologie, die 2012 bei Weitem noch nicht so bekannt und verbreitet war wie heute: NFC.

Lexus gestaltete eine Anzeige, die ganzseitig das Cockpit eines Fahrzeugs zeigte – mit der Aufforderung sicherzustellen, dass NFC im Smartphone aktiviert war und das Smartphone dann direkt auf die Anzeige zu legen. Es sah dann so aus, als sei das Smartphone das Display des Informationssystems. Sobald das Handy auf der Anzeige lag, öffnete sich eine Landingpage, die wiederum die Anmutung des neuen In-Car Navigations- und Informationssystem hatte, jetzt aber über das Smartphone-Display interaktiv bedienbar war. Erschienen ist diese weltweit erste NFC-Anzeige 2012 in der amerikanischen Ausgabe der *WIRED*.

Seitdem gibt es noch weitere Anzeigen mit NFC-Tags als Link zu digitalen Inhalten. Besonders clever hat das *BMW* im Jahr 2014 genutzt: In *Spiegel Wissen* stellte der Automobilhersteller das neue Elektromodell BMW i3 vor und integrierte einen NFC-Tag für einen unkomplizierten Link zu einer App. Und da man diese App mehrmals nutzen sollte, ließ sich der Tag ganz einfach aus dem Magazin lösen und diente im aktuellen Fahrzeug des Lesers als Reminder. So wurden wertvolle Mehrfachkontakte mit nur einer Anzeige generiert. Und: Die Conversion mit NFC war deutlich höher als vergleichbare Anzeigen mit einem QR-Code.

Print als Teil einer (digitalen) Multi-Channel-Strategie
Printanzeigen konnten bislang kaum in eine digitale Strategie integriert werden, diente diese klassische Maßnahme doch eher dem Aufbau von Aufmerksamkeit und dem Transport von Kampagneninhalten und Emotionen über große Fotos. Smarte Technologien, allen voran NFC und Augmented Reality, machen aus Magazinen, Flyern und Direct Mailings digitale Touchpoints in einer Multi-Channel-Strategie.

Und auch wenn der QR-Code auf den ersten Blick günstiger erscheint, so hat NFC doch entscheidende Vorteile:

1. Mit NFC erhält jede einzelne Ausgabe und jeder versandte Brief eine eigene individuelle ID, was viele Möglichkeiten zur Analyse und direkten Kommunikation mit einzelnen Lesern ermöglicht, z. B. eine sequenzielle Kampagne, die bei jedem Tap mit demselben Smartphone eine neue Episode der Geschichte erzählt oder ein neues Feature des Fahrzeugs vorstellt.
2. NFC-Tags generieren, wenn sie ablösbar sind, Mehrfachkontakte in genau dem Kontext, der zur Marke passt, zum Beispiel Styling-Tipps am Badezimmerspiegel, die Rezepte-Sammlung am Kühlschrank, das Reise-Tagebuch am Koffer und so weiter.
3. NFC ist einfacher und schneller in der Handhabung als ein QR-Code oder eine Augmented-Reality-Anwendung.

Barrierefreie Direct Mailings
Versicherungen haben NFC ebenfalls für sich entdeckt und integrieren für sehbehinderte Versicherte einen Tag in ihren Briefen. In Brailleschrift wird dem Leser angezeigt, an welche Stelle des Briefes er sein Smartphone legen soll. NFC öffnet den persönlichen Brief in einer Plattform der Versicherung und aktiviert eine Audioversion des Briefes, sodass dem Versicherten der Brief vorgelesen wird.

Touchpoints auf Visitenkarten
Auch wenn Kontakte heute digital gespeichert werden, so hat die Visitenkarte noch immer einen hohen Stellenwert als Statussymbol und Reminder – optisch und haptisch. Zu Beginn eines Meetings helfen Visitenkarten, die Namen der Teilnehmer lesen und damit häufig erst richtig verstehen zu können, ebenso wie die Position in einem Unternehmen vorzustellen. Auch nach einem informellen Gespräch gehört der Austausch von Visitenkarten einfach dazu. Dieses Werbemittel zu digitalisieren ist dementsprechend eine Notwendigkeit, die sich einfach umsetzen lässt.

Die österreichische Firma *Cardolution* stellte bereits 2012 die ersten Visitenkarten mit integriertem NFC-Tag vor. Die elektronische Visitenkarte wird im standardisierten vCard-Format auf dem NFC-Chip gespeichert. Der Tag ist in eine regulär bedruckte Visitenkarte integriert und von außen nicht erkennbar.

Die Online-Druckerei *moo.com* bietet eine andere Lösung an: Auch hier werden NFC-Tags direkt in die Visitenkarten integriert und stören weder Design noch Haptik. Aber statt einer vCard werden hier die Kontaktdaten auf einer Plattform gespeichert, die über einen Link im NFC-Chip erreichbar ist. Der Vorteil: Der Content kann jederzeit vom Ausgebenden aktualisiert werden.

Touchpoints in Büchern
Das bereits 2012 veröffentlichte Buch „Catch the Sun" von Han Nabben ist wohl das erste NFC-Buch und erzählt mithilfe von verschiedenen Tags im Buch eine multimediale Geschichte der Ballonfahrt. Die Tags verlinken zu Audio- und Video-Content oder bieten die Möglichkeit, Inhalte mit seinem Netzwerk zu teilen.

Weiter verbreitet ist die Verlinkung zu E-Books von einem gedruckten Exemplar aus. Hier dient der NFC-Tag (mit seiner eineindeutigen Identifikationsnummer) als Lizenzcode und Schlüssel zur digitalen Ausgabe, die online oder in einer App erhältlich ist. Der NFC-Tag erspart hier das Abtippen eines gedruckten Lizenzcodes und verlinkt unkompliziert auch bei mehrfacher Nutzung direkt zum E-Book.

Gegen ein unautorisiertes Auslesen des Lizenz-Keys kann die gegenüberliegende Seite des NFC-Tags mit einer Metallfolie versehen werden. Das verhindert das Auslesen des verschlossenen und in Folie eingeschweißten Buchs im Verkauf. Der Tag lässt sich dann erst auslesen, wenn die Buchseite aufgeklappt wird.

7.2.10 Touchpoints in der Spieleindustrie

Das Internet der Dinge erweitert auch die Dimensionen von Gesellschafts- und Brettspielen. Digitalisierung in Form von Spielfiguren oder Karten, die mit Multimedia-Content, smarten Algorithmen und automatisierten Auswertungssystemen verknüpft sind, ermöglichen völlig neue Spielkonzepte.

Der größte Spielkartenproduzent, *Cartamundi* aus Belgien, integriert ebenfalls NFC-Tags in seine Spielkarten. Diese sind dabei so dünn, dass die vernetzen Spielkarten haptisch nicht von herkömmlichen zu unterscheiden sind. Sie kommen in unterschiedlichen Spielkonzepten zum Einsatz, aber auch bei offiziellen Pokerturnieren mit einem Reader im Spieltisch, der die ausgespielten Karten erfasst.

Nintendo bietet mit den Amiibo™-Spielfiguren (vgl. Abschn. 9.9.4) und -Karten neue Funktionen für die Spiele auf den unterschiedlichen Konsolen. Je nach Game erhalten die Spieler neue Modi, Waffen und Fähigkeiten für ihren Spielcharakter, um ihn so zu stärken und neue Levels freizuschalten. Vergleichbare Konzepte bieten auch die Videospiele Skylanders™ und Disney Infinity™ oder auch Lego® Dimensions™. Disney arbeitet mit Charakteren aus bekannten Verfilmungen. Für die Interaktion mit dem Spiel ist neben der Figur auch ein „Infinity Board" als Reader notwendig.

7.3 Content-Arten und Content Marketing

Marketing funktioniert vor allem über relevante Inhalte und hochwertigen Content. Mit informierenden, beratenden und unterhaltenden Inhalten werden Zielgruppen angesprochen – hier kommt das Stichwort „Storytelling" zum Einsatz. Anders als bei klassischen Werbebotschaften, die meist mit Emotionen um Aufmerksamkeit werben, dann das Produkt in den Mittelpunkt stellen und anschließend Fakten vermitteln, werden beim Storytelling die Produkteigenschaften und das Unternehmen in einer spannenden Geschichte präsentiert. Wichtig dabei ist, authentisch und wahrheitsgemäß zu kommunizieren.

Ist die Story gut, werden Produkte und Marken lebendig und vermitteln damit auch ein Gefühl, das im Kaufentscheidungsprozess eine ähnliche Rolle einnimmt wie in der Partnersuche: Man sucht nach Gemeinsamkeiten wie Zuneigung, Sicherheit, Vertrauen, den gleichen Sinn für Humor oder Qualitätsbewusstsein und vieles mehr. Unternehmen, die Storytelling beherrschen, können so auch über sich erzählen, wer sie sind, wofür sie stehen, woher die Rohstoffe bezogen werden und was sie anstreben. Content Marketing als strategischer Ansatz zielt daher auf Vertrauensbildung und Image.

Was ist Content Marketing?
Beim Content Marketing geht es um das Recherchieren, Erstellen und Promoten von hochwertigen Inhalten, die ein Problem einer Zielgruppe lösen oder sie einfach nur unterhalten. Es geht darum, den Content zu erstellen, den die Zielgruppe hilfreich, nützlich oder interessant findet.

7.3.1 Content-Klassifizierung und -Einteilung

Hinter dem englischen Begriff Content verbirgt sich nichts weiter als „Inhalt" oder „inhaltsreiche Kommunikation" (Schüller 2016b, Position 3405).

Deutung des Begriffs „Content"
Miriam Löffler geht allerdings in ihrer Deutung des Begriffs Content noch weiter und verweist darauf, dass Content sowohl in der englischen wie auch in der französischen, italienischen und spanischen Sprache so viel bedeutet wie „zufrieden, froh und glücklich". Also geht es einerseits um Nützliches und Wissenswertes wie auch um emotionalisierende Elemente, wie Erlebnis und Spaß (Löffler 2014).

Verschiedene Content-Arten stehen zur Verfügung
Um die verschiedenen Content-Arten zu überblicken ist es wichtig, die Inhalte zu attribuieren und zu klassifizieren. Das hilft, Ordnung in die eigenen Content-Bestandteile zu bekommen, den Content gezielt einzusetzen und die Verteilung von Inhalten besser planen und steuern zu können. Content-Arten sind verschiedene Formen von Inhalten, die nach bestimmten Eigenschaften klassifiziert werden können.

7.3.2 Übersicht Content-Arten

Für die Entwicklung einer Content-Strategie ist es von Bedeutung, sich verschiedene Eigenschaften von Inhalten bewusst zu machen. Es gilt dabei, die unterschiedlichen Bedürfnisse der Zielgruppen des Contents je nach Phase der Customer Journey zu befriedigen und möglichst viele Customer Touchpoints zu bedienen.

Vielfältigkeit der Content-Arten
Das führt zu verschiedensten Inhalten, die dem Kunden im Internet oder auch über andere Medien heute angeboten werden. Eine Übersicht über die Vielfältigkeit des Contents zeigt die folgende Tabelle:

Reportagen	Fallstudien	Infografiken
Manuals (Gebrauchsanleitungen)	Erfahrungsberichte/ Kundenreferenzen	Podcasts
Glossare (Begriffserläuterungen)	Persönliche Aufzeichnungen	Bilder
FAQs (Frequently Asked Questions)	Testberichte	Webinare
Whitepaper	Ratgeber	Hörbücher
Grafisch gestaltete E-Books	Videos	Event-Kalender
Tutorials	Social-Media-Postings	Blogbeiträge
Erklärfilme	Gewinnspiele	Checklisten
Umfragen	Kalkulatoren	Kolumnen
Studienergebnisse	Konfiguratoren	Newsletter
Trend-Reports	Online-Spiele, Quizze	Präsentationen

7.3.3 Content-Nutzen

Der Nutzen und Zweck von Content ist je nach Perspektive des Kunden beziehungsweise des Urhebers, in der Regel das werbende Unternehmen, zu differenzieren.

Nutzen für den Konsumenten
Als Nutzen lässt sich definieren, was der Inhalt aus Sicht des Konsumenten bewirken soll. Dieser lässt sich grundsätzlich durch folgenden Attribute beschreiben:

- Emotional:
  - Unterhalten
  - Beziehung aufbauen
- Rational:
  - Wissen vermitteln/helfen
  - Informieren über Produkte

Nutzen für das Unternehmen

- Konsumenten-Insights
- Beziehung zum Konsumenten aufbauen
- Abverkauf von Produkten und Dienstleistungen

Mehrere Attribute pro Content

Auch wenn mehrere dieser Attribute auf einen Content zutreffen, also ein helfender Service gleichzeitig unterhält, weil er spielerisch umgesetzt wurde, so ist es doch notwendig, einen Hauptnutzen zu definieren, um den Erfolg der Maßnahme bewerten zu können und auch um die passenden Keywords in Suchmaschinen zu klassifizieren.

Entscheidungen werden stets auf Basis rationaler oder emotionaler Gründe getroffen. Unterhaltender Content oder auch solcher, der das Nutzen-Attribut „Beziehung aufbauen" erfüllt, lösen Emotionen wie Sympathie, Antipathie, Freude etc. beim Nutzer aus. Solche Inhalte erhöhen das Engagement mit einer Marke und dienen damit zur Steigerung der Aufmerksamkeit und Produktevaluierung, können aber auch als bindende Elemente im Verlauf einer Customer Journey genutzt werden.

7.3.4 Content-Zielgruppen

Die Gesellschaft wandelt sich ständig und in Zeiten verschiedenster Lebensentwürfe und unterschiedlichster Norm- und Wertvorstellungen ist es komplexer als früher, eine Zielgruppe einzugrenzen. Die Multi-Optionalität des Konsumenten macht es nicht einfacher.

Content auf die Zielgruppe ausrichten
Der Content muss aus der Perspektive des Konsumenten erstellt werden, nicht aus Markenperspektive. Dies stellt einen Paradigmenwechsel in Unternehmen dar und ist damit eine der größten Hürden bei der aktuell notwendigen digitalen Transformation.

Im besten Fall kann Content über möglichst zahlreiche Touchpoints positive Erfahrungen vermitteln und damit die Marke im Relevant-Set der Zielgruppe verankern. Dies führt auch nach dem Kauf eines Produktes zum Aufbau einer langfristigen Markenbindung.

Persona-Analysen helfen den richtigen Content auszuwählen
Kunden-Fokussierung im Marketing bedarf einer neuen Zielgruppendefinition. Das Modell der Personas verspricht eine gute Basis, um die Perspektive des potenziellen Konsumenten einzunehmen und den für ihn passenden Content zu produzieren.

Personas repräsentieren Ziele und Bedürfnisse von Zielgruppen
Personas veranschaulichen typische Vertreter ihrer Zielgruppe mit deren Werten und Bedürfnissen. Die Lebenswelt wird möglichst detailliert beschrieben, um allen am Kreationsprozess Beteiligten die Möglichkeit zu geben, sich mit der Persona zu identifizieren.

Abb. 7.8 Beispiel-Persona. (Usability.de 2017)

Die Beschreibung einer solchen Persona beinhaltet neben demografischen Daten, einer Beschreibung seiner beruflichen und familiären Situation sowie Interessen auch Erwartungen in Bezug auf das jeweilige Produkt. Ein exemplarisches Foto gibt der Persona ein Gesicht und in einem Zitat wird ihre Einstellung zusammengefasst.

Bestimmung der Personas über festgelegte Kriterien
Folgende Kriterien werden bei der Bestimmung einer Persona unter anderem beschrieben:

- Medien und Konsum: Wo sind diese Nutzer anzutreffen, auf welchen Kanälen kaufen sie welche Produkte oder Services?
- Technische Ausstattung: Welche Geräte werden hauptsächlich genutzt?
- Hobbies und Freizeit: Wie verbringen diese Konsumenten ihre Freizeit?
- Erwartungen: Welche Ziele verfolgen diese Konsumenten? Und wie kann das Produkt sie dabei unterstützen?

Ein Beispiel für ein Einzel-Persona zeigt die Abb. 7.8.

Personalisiertes Angebot, Lieferung gern sofort
Mit der Digitalisierung kommt zur bekannten Anforderung „der richtigen Content im richtigen Kontext" auch noch der „richtige Kanal bzw. das richtige Gerät" hinzu, das zu dem einen Kunden passende Produkt muss auf allen Kanälen passgenau angeboten werden. Und die Erwartung an die Zustellung wird immer kurzfristiger. Immer mehr Produkte werden mittlerweile innerhalb einer Stunde zugestellt (Real-Time Delivery). Dieses Bedürfnis wird auch durch vereinfachte Re-Order-Funktionalitäten unterstützt.

7.3.5 Content-Formate

Der „richtige" Content kann in ganz unterschiedlichen Formaten eingesetzt werden. Je nach Zielgruppe, Kanal bzw. Endgerät, Touchpoint und Strategie. Abb. 7.9 zeigt, wie sich Medienformate nach Kopp einteilen lassen.

7.3.5.1 Content-Medienformat „Text"
Die Textform ist mittlerweile für die meisten Nutzer und Leser zu einer Selbstverständlichkeit geworden. Bei der Websuche nach bestimmten Informationen liefert das Ergebnis meistens Treffer in Form von Texten. Diese lassen sich dann am Bildschirm ansehen und lesen, eventuell ausdrucken und offline konsumieren. Trotz der wachsenden Bedeutung und Beliebtheit anderer Medienformate wie Audio und Video bleibt das Textformat eines der wichtigsten Content-Formate im Content Marketing, denn Texte lassen sich relativ schnell erstellten und sind darüber hinaus auch noch kostengünstig.

TEXT	AUDIO / VISUELL	EYE TO EYE
· Blogbeiträge	· Infografiken	· Messestand
· Leitfäden	· Bilder & Fotos	· Workshops (Offline)
· Whitepaper	· Webinare	· Produktpräsentationen
· E-Books	· Podcasts	(Offline)
· Print-Magazine	· Online-	· Vorträge
· Microsites	Produktpräsentationen	· Eigene Konferenzen &
· E-Mail-Newsletter	· Videos	Events
· Print-Newsletter	· Spiele	· Inhouse-Events
· Advertorials	· Software &	
· Gastbeiträge	Anwendungen	
· User-Generated Content	· Virtuelle Konferenzen	

Abb. 7.9 Einteilung Medienformate. (Kopp 2016)

Textbasierter Content umfasst unter anderem folgende Formate:

- Klassische Artikel wie *Blog-Beiträge*: Blog-Artikel lassen sich vielseitig einsetzen, entweder um zu informieren, zu unterhalten oder eine Diskussion anzuregen. Mit Blog-Artikeln können Serien gestaltet werden und genauso können sie als Aggregator verschiedener Inhalte dienen, indem sie Infografiken, Studien und Videos einbinden oder E-Books bewerben.
- *Checklisten und Rankings* sind bei Usern als übersichtliche, schnelle zu erfassende Form der Information beliebt.
- *Whitepaper* sind Dokumente, die Anwenderbeschreibungen, Fallstudien, Ergebnisse aus der Forschung oder andere fachliche Abhandlungen zu einem bestimmten Thema beinhalten. Sie werden häufig in PDF-Form angeboten und als Download zur Verfügung gestellt.
- *E-Books* sind aufwändiger zu produzieren als Blog-Beiträge, dienen aber ebenso der Lead-Generierung. In der Regel geht einem E-Book-Download ein Formular mit Kontaktdatenabfrage voraus. Die beim Leser generierte Aufmerksamkeit ist hoch. Besonders beliebt sind Anleitungen, Studienergebnisse, Case Studies und Methodik-Handbücher.
- *Newsletter* gehören auch noch zur Kategorie Text, doch wandeln sich diese im Bestreben nach höheren Response- und Engagement-Raten immer mehr zu multimedialen Periodika.
- Ein *E-Paper* ist ein Printmagazin in der Online-Version. Es kommt in der Regel im PDF-Format vor.

7.3.5.2 Content-Medienformat „Audio"
Um sich ausführlicher mit einem Thema auseinander zu setzen, bietet sich neben Text auch Audio-Content an. Er ist vielseitig verwendbar, relativ einfach zu produzieren und

7.3 Content-Arten und Content Marketing

kann sowohl in eine Website integriert als auch als MP3-Datei zum Streaming oder Download angeboten werden.

Gesprochene Texte sind sehr beliebt, denn sie lassen sich unkompliziert in unterschiedlichsten Nutzungssituationen konsumieren. Podcasts werden gehört, während man am Schreibtisch arbeitet, im Flugzeug oder Auto sitzt oder beim Joggen.

Podcasts sind vergleichbar mit Radiobeiträgen ohne festen Sendetermin und stellen eine Art von Audio-Blog dar. Das Wesen eines „Serial", also einer Reihe, ist charakterisierend für Podcasts. Diese können unterhalten, aber auch informieren. Während der Begriff Podcast sich von Apples beliebten MP3-Player *iPod* ableitet, der dem Audioformat MP3 erst zum breiten Erfolg verholfen hat, kategorisiert man Podcasts mittlerweile, indem man die Kategoriebezeichnung mit dem Zusatz „cast" versieht, also zum Beispiel Howcast, Sportcast, Cookcast oder Educast.

Renaissance von Podcasts
Vor circa zehn Jahren waren Podcasts schon einmal sehr gefragt, doch die Begeisterung ebbte relativ schnell ab. Heutzutage erleben wir eine Renaissance dieses Content-Formats. Printmedien wie *Monocle* oder die *New York Times* bieten unterschiedliche Podcasts an, meist als Streaming, und Unternehmen wie McKinsey und General Electric setzen zunehmend Podcasts ein, um klar definierte Zielgruppen gezielt zu informieren.

Beispiel

- **Logitech „Tech Snack"**: Logitech hat zur diesjährigen IFA in Berlin eine vierteilige englischsprachige Podcast-Reihe mit dem Titel „Tech Snack" (Techsnack 2017) veröffentlicht. Musikexperten wie Nils Bokelberg oder Simon Krätschmer von Rocket Beans führten jeweils durch eine Episode und beschäftigten sich in den von verschiedenen Logitech-Marken präsentierten Folgen mit aktuellen Techniktrends.
- **Microsoft #worklifeflow:** Bei Microsoft kommen Podcasts in der Kommunikation häufiger zum Einsatz. In der sechsteiligen Reihe #worklifeflow (Microsoft 2017) stellte das Softwareunternehmen Anfang 2017 seine neue Deutschlandzentrale in München-Schwabing und das Konzept des vernetzten Arbeitens vor.

Interviews als Audio-Content
Auch Interviews können in sämtlichen Formaten ausgespielt werden, als Text, Video, Podcast oder auch in einem E-Book. Für manchen Interessierten ist beispielsweise die Originalstimme eines Experten besonders reizvoll, weil sie authentisch und damit noch glaubwürdiger ist.

7.3.5.3 Content-Medienformat „Image"
Neben Videos werden vor allem Fotos und Grafiken in den sozialen Medien überdurchschnittlich häufig geteilt, gelikt und kommentiert. Die Bereitschaft, Bildinhalte zu teilen, ist im Vergleich zu textbasiertem Content deutlich höher. Hier eine Auswahl an bildbasiertem Content:

- In *Infografiken* lassen sich auch größere Datenmengen und komplexere Sachverhalte visuell ordnen und werden damit leichter verständlich.
- *Produktfotos* lassen das Design für das Produkt sprechen oder zeigen technische Details.
- *Animierte Grafiken* erhöhen Awareness und Engagement.
- *Diagramme* fassen datenbasierte Informationen grafisch zusammen.
- *Skizzen* geben Einblick in einen Kreationsprozess und wecken Neugier.
- *Screenshots* eignen sich zur schnellen Weitergabe von Online-Inhalte und zur Dokumentation.

Ein gutes Beispiel für den Content Image zeigt das Online-Magazin des Fahrradherstellers Bulls. Aber auch die Modehersteller versuchen auf ihren Webseiten, die Besucher mit stimmungsvollen Lifestyle-Bildern und hochwertig produzierten Lookbooks in Kauflaune zu versetzen. Modeanbieter wie Carhartt, Bench oder Urban Streetwear inspirieren den möglichen Käufer mit sehr aufwendig erstellten und gestylten Lookbooks, die zum Beispiel bei Carhartt und Bench noch zusätzlich mit Musik aus dem eigenen Markenkanal unterlegt sind. Die abgebildeten Artikel können direkt im interaktiven Lookbook gekauft werden. Die künstliche Trennung zwischen Inspiration und Vertrieb wird damit aufgehoben.

Zudem hat Instagram mit dem „Shop now"-Button einen weiteren direkten Absatzkanal eröffnet. Auch in Social-Media-Plattformen können Produkte so direkt über das Foto beziehungsweise über die Plattform gekauft werden.

7.3.5.4 Content-Medienformat „Video"

Das wohl wichtigste Content-Format in sozialen Netzwerken, Blogs und auf Websites ist das Bewegtbild, allen voran Live-Streaming und Video-on-Demand. Diese Formate bieten Marken auch völlig neue Möglichkeiten zu werben. Besonders vielversprechend sind Produktplatzierungen direkt in einem Live-Stream mit direkter Interaktions-Option: ein Klick und das Produkt ist im Warenkorb.

Die Qualität des Contents spielt hier eine besondere Rolle. Story und Bildqualität müssen neben dem Angebot überzeugen. Der Anspruch der Nutzer ist hier sehr hoch.

Video-Content mit unterschiedlichen Wirkungen

Es gibt viele verschiedene Arten von Videos, erzeugt durch verschiedene Produktionsweisen mit jeweils unterschiedlicher Wirkung:

- Ein *Image-Video* stellt Unternehmen, Marke und Ziel in einem authentischen Umfeld vor.
- In *Produktvideos* können Funktionen aktiv in eine Geschichte eingebettet werden und so einen unterhaltsamen oder informativen Zugang zu Produkt und Marke aufbauen.
- *Erklärvideos* werden oft in Comic-Optik erstellt, gezeichnet, gelegt oder mit Trickanimationen versehen und erläutern Zusammenhänge. Es lassen sich innerhalb kürzester Zeit komplexe Sachverhalte erläutern und interessant darstellen.

7.3 Content-Arten und Content Marketing

- *Anleitungen, Tutorials* und *Service-Videos* helfen Kunden nach dem Kauf eines Produktes bei der Handhabung. Die Darsteller in einem solchen Video können aus Authentizitätsgründen Mitarbeiter oder auch Kunden sein.
- *Interviews* bieten Experten die Möglichkeit, ihr Wissen mit Kollegen, Kunden und definierten Zielgruppen zu teilen.
- *Reportagen* erzeugen Transparenz und eröffnen neue Kommunikationswege zum Kunden und zu Geschäftspartnern. Unternehmen können mithilfe von Reportagen zum Beispiel Eindrücke aus den Produktionsländern vorstellen und auf ihr soziales oder umweltschützendes Engagement aufmerksam machen.
- Auch *Personalabteilungen* nutzen Videos für das Recruiting neuer Mitarbeiter.

Ob nun Image-, Behind-the-Scenes- oder Fun-Video: Die Möglichkeiten sind zahlreich – ebenso wie die Kanäle dafür. Ein Beispiel für den erfolgreichen Einsatz von Video ist die Firma Schwarzkopf. Schwarzkopf versteht es, der weiblichen Zielgruppe mit nützlichen Tipps und Video-Tutorials einen Mehrwert zu bieten und so an das Unternehmen zu binden (Abb. 7.10).

Studie zu Markenkommunikation mit Bewegtbild
In Zeiten von gesteigerter Nutzung von Social-Media-Kanälen und mobile Medien wird Video immer mehr zum Schlüssel zur Aufmerksamkeit der Menschen. In einer Studie der Content-Marketing- und PR-Agentur FischerAppelt ist für 97 Prozent der befragten Personen Video-Content ein fester Bestandteil des Konsums im Internet (FischerAppelt 2016).

Abb. 7.10 Pflege-Tutorial. (Schwarzkopf 2017)

Nachfolgend einige Ergebnisse der Studie:

- Als Gründe für den Videokonsum nennen 75 Prozent der Befragten den Unterhaltungsfaktor, 65 Prozent die Erklärfunktion von Bewegtbild.
- Als Zielgruppe für Marken-Video-Content akzeptieren männliche Zielgruppen diese Content-Form mehr. Frauen fühlen sich seltener angesprochen. Nur knapp über 20 Prozent der befragten Frauen bekannten sich zum häufigen Konsum von Video-Content.
- Als Videoformate sind besonders Serien (42 Prozent) und Tutorials (44 Prozent) gefragt.

Die Studie kommt zu folgenden Empfehlungen beim Einsatz von Videos im Content Marketing:

- Videos müssen einen klaren Mehrwert bieten und den Nutzer emotional bewegen. Nur wenn diese Voraussetzungen gegeben sind, funktionieren Videos aus Markensicht.
- Neben relevanten Inhalten ist die Auseinandersetzung mit der eigentlichen Zielgruppe notwendig.
- Über den klassischen Werbe-Spot hinaus müssen sich Videos in anderen Formen online präsentieren.

> **Beispiel**
>
> **Margot vs. Lily: Serie von Nike:** Der Sportartikel-Hersteller Nike produzierte die Webvideo-Serie *Margot vs. Lily*, die selbstironisch und witzig die Eigenheiten sportbegeisterter Frauen thematisiert. Die Produkte, die die Charaktere in der Serie trugen, konnten per Link direkt gekauft werden.

Web-Serie Margot vs Lily von Nike (Video mit Springer Nature ExploreBook App ansehen)

7.3.5.5 Content-Medienformat „Application"

Services, die auf Mehrfachkontakten beziehungsweise einer regelmäßigen Nutzung basieren und hierfür einen persönlichen Account bieten, nutzen häufig eine App. Dieses Format bietet die Möglichkeit, Nutzern neben aktuellen vor allem personalisierte Inhalte in der App auszuspielen.

7.3.5.6 Content-Medienformat „Augmented Reality"

Ein großer, wenn nicht der größte Trend derzeit im Marketing ist Immersion. Ziel ist es, ein möglichst emotionales Markenerlebnis zu kreieren. In der sogenannten „Mixed Reality" werden der Wirklichkeit zusätzliche Dimensionen hinzugefügt.

Immersives Marketing
Bei Augmented Reality (AR) werden der Darstellung der Wirklichkeit digitale Objekte hinzugefügt. Bei Virtual Reality (VR) wird der Nutzer in einer virtuellen Umgebung illusorischen Stimuli ausgesetzt, sodass er diese als real empfindet. In einer immersiven virtuellen Umgebung („immersive virtual environment") kann der Nutzer direkt mit dieser interagieren.

Interaktion durch Augmented-Reality-Content
Ein herausragender Vorteil bei dieser Content-Art liegt darin, dass die Inhalte nicht wie bei anderen Content-Arten überwiegend passiv konsumiert werden. Bei Augmented Reality werden die Inhalte bewusster wahrgenommen, erlebt und durchlebt, hervorgerufen durch die Interaktion und Animation dieser Content-Form. Darüber hinaus wird der Nutzer beziehungsweise der Konsument des Contents aktiv eingebunden und kann den Content selbst mitgestalten. Trotz der Nutzung des Displays bei der Ausgabe des Contents wird durch die Möglichkeit, 3D-Darstellungen anzusehen oder durch Berühren des Bildschirms zu drehen und zu navigieren, eine haptische Wahrnehmung der Gegenstände erzielt.

Multi-sensuale Ansprache
Augmented Reality wirkt gleichzeitig auf mehrere Sinne, was sich positiv auf die Zielsetzung auswirkt, die mit dem Content erreicht werden soll. In der Multisensorik-Forschung wird schon seit einiger Zeit der Nutzen der multi-sensualen Ansprache hervorgehoben. Der anerkannte Neuromarketing-Forscher Hans-Georg Häusel beispielsweise beschreibt, dass sich die verschiedenen Wahrnehmungskanäle gegenseitig beeinflussen und dass Botschaften, die zeitgleich über verschiedene Wahrnehmungskanäle eingespielt werden, vom Gehirn um ein Mehrfaches verstärkt werden (Häusel 2014).

> **Beispiel**
>
> **L'Oréal Paris Style Konfiguration mit AR:** L'Oréal Paris stellt den Kundinnen eine eigene interessante App zur Verfügung. Mit der App mit der Bezeichnung „Makeup Genius" können zahlreiche Beauty-Produkte wie Lippenstifte, Eyeliner und

Lidschatten von L'Oréal Paris einzeln oder in Kombination auf dem eigenen Gesicht getestet werden, wie in einem virtuellen Spiegel.

Mithilfe der Facetracking-Technologie passen sich die ausgewählten Produkte auch der Mimik und Bewegung an. Die ausprobierten Looks lassen sich fotografieren oder filmen und anschließend mit Freunden oder der Familie teilen und austauschen. Zusätzlich bietet die App verschiedene Schmink-Tutorials und Detailbeschreibungen der einzelnen Produkte und Links zu einem Online-Händler.

Augmented Reality in Print-Medien
Augmented Reality kommt auch zum Einsatz, um Printmedien wie beispielsweise Bücher, Broschüren, Geschäftsberichte oder auch Verpackungsmaterial mit interaktivem und multimedialem Content zu erweitern.

> **Beispiel**
>
> **Augmented Reality im Ikea-Katalog:** Ikea bietet dem Kunden mithilfe seiner Augmented-Reality-App die Möglichkeit, einzelne Möbelstücke aus dem Katalog virtuell ins eigene Wohnzimmer zu projizieren und virtuell dort aufzustellen. Wie funktioniert das? Kunden rufen die App auf, halten die Kamera ihres Tablets oder Smartphones über die entsprechenden Katalogseiten, die App erfasst ein abgebildetes Augmented-Reality-Icon und schon erscheint auf dem Bildschirm das 3D-Abbild des betreffenden Möbelstücks. Da dieses lagegerecht und maßstabsgetreu die reale Umgebung, zum Beispiel das eigene Wohnzimmer, überlagert, erhält der Kunde den Eindruck, wie dieses Möbelstück in der häuslichen Umgebung und in Kombination mit der übrigen Einrichtung wirken würde (Abb. 7.11).

Abb. 7.11 Ikea-Einrichtungsberater mit Augmented Reality. (Ikea 2013)

Augmented-Reality-Content im Bereich Tourismus und Navigation

Aufgrund der Tatsache, dass Mobiltelefon-Benutzer ihr Handy ständig bei sich tragen, bietet sich auch im Tourismus und der Navigation großes Potenzial für Augmented Reality. Unterwegs helfen Augmented-Navigation-Anwendungen bei der Suche nach Geschäften, Busstationen, Geldautomaten und vielem mehr. Aber auch die Orientierung innerhalb von unübersichtlichen Gebäuden wie Flughäfen oder Messehallen wird mit den Anwendungen einfacher. Beispiele für derartige Apps sind Wikitude World Browser, Layar und Junaio. Digitale Reiseführer funktionieren nach dem gleichen Prinzip. Touristen können sich auf der Karte auf dem Mobiltelefon bestimmte interessante Punkte anzeigen und sich mittels Routenbeschreibung dorthin lotsen lassen. Werden historische Gebäude, Denkmäler, Plätze oder sonstige Sehenswürdigkeiten durch das Mobiltelefon angesehen, liefert die Augmented-Reality-Anwendung verschiedene Informationen und Auskünfte dazu.

7.3.5.7 Content-Medienformat „Virtual Reality"

Virtual Reality (VR) simuliert eine der realen Wirklichkeit nachempfundene Welt, in die der Nutzer mithilfe einer speziellen Virtual-Reality-Brille eintauchen (Immersion) und in der er sich vermeintlich frei bewegen kann (Interaktion). Bei Virtual Reality handelt es sich explizit um eine künstlich generierte dreidimensionale Wirklichkeit, die durch die Vermittlung von Sinneseindrücken das Gefühl der eigenen tatsächlichen Präsenz suggeriert. Im Gegensatz zur Augmented Reality kommt Virtual Reality ohne reale Darstellungen und Gegenstände aus.

Werkzeug für emotionales Storytelling

Dem Konsumenten wird über Virtual Reality das Gefühl vermittelt, dass er komplett in eine andere Welt eintaucht, sich dort bewegt und auch verschiedene Aktionen ausführt. Er verabschiedet sich aus der realen Welt und nimmt diese auch nicht mehr wahr. Wie kein anderes Medium berührt Virtual Reality die Gefühlswelt des Nutzers, und erfüllt so eines der Hauptziele jedes Marketers, nämlich den Käufer emotional zu fesseln und für die Marke zu gewinnen.

Vielfältige Einsatzmöglichkeiten

Im Bereich Gaming und Entertainment ist Virtual Reality ein fester Bestandteil, getrieben von der Spiele-Industrie. Aber auch andere Branchen nutzen diese Content-Art immer häufiger:

- Immobilien können vom Büro des Maklers oder sogar von zu Hause aus besichtigt werden.
- Einrichtungsberater können Wohnungen zunächst virtuell einrichten.
- Industrie-Anlagen, Schiffe und Flugzeuge können mithilfe von Virtual Reality von Technikern vor Ort gewartet und repariert werden, angeleitet von einem verantwortlichen Ingenieur, der am anderen Ende der Welt sitzt.

- In einer sehr realistischen Umgebung steigert sich die Effizienz von Trainings erheblich. Piloten etwa lernen die genaue Abfolge von Interaktionen in einem realistischen Cockpit besser als an einem Computer-Monitor, der die Position von Schaltern und Instrumenten über oder hinter einem Piloten nicht simulieren kann. Immersive Trainings bereiten auch Techniker auf ihren Einsatz vor. Eine undichte Leitung auf einer Ölbohrplattform muss in Sekundenschnelle abgedichtet werden, die Abfolge der richtigen Handgriffe wird virtuell trainiert.
- Psychologen setzen Virtual Reality erfolgreich bei der Therapie von Angstzuständen ein, zum Beispiel Höhenangst oder auch Klaustrophobie.
- Mediziner erlangen mit Virtual Reality ein besseres Verständnis von der Anatomie des menschlichen Körpers und nutzen diese Technologie in Kombination mit realen MRT-Bildern eines Patienten für eine Optimierung der Operationsstrategie.

Beispiel

Virtual-Reality-Motorrad Testfahrt von BMW: BMW bietet eine virtuelle Motorrad-Fahrt über *Eye Ride* an. Dabei sitzt der Nutzer auf einem realen Motorrad und erfährt das Virtual-Reality-Erlebnis völlig haptisch. Das Herzstück von Eye Ride ist Oculus Rift, das Virtual-Reality-Headset. Mit einem riesigen Sichtbereich und Head-Tracking-Technologie sorgt es für ein großartiges, immersives Erlebnis. Für Eye Ride wurde das Headset weiterentwickelt, sodass es nicht nur 3D-Bilder, sondern auch Echtbild-Videomaterial darstellen kann. Mit insgesamt acht GoPro-Kameras, verbaut in einem selbstentwickelten Gehäuse und montiert auf einer *BMW R nineT*, wurde das Feeling des Motorradfahrens und die pure Motorrad-Fahrfreude eingefangen. Nutzer konnten dieses Erlebnis des Eye Ride auf Messen und BMW-Events ausprobieren und mit erleben (Serviceplan 2017).

Intuition, Intensität und Interaktivität machen Augmented- wie auch Virtual-Reality-Content reizvoll. Durch die immersive Wirkung wähnt sich der Nutzer selbst als Teil der Illusion. Er hat das Bedürfnis, mit dieser 360-Grad-Welt zu interagieren. Dies lässt sich in praktisch allen Branchen für emotionale Markenführung und faktische Wissensvermittlung nutzen.

7.3.5.8 Content-Medienformat „interaktiver Content"

Interaktiver Content ist Content, mit dem sich die Konsumenten und Benutzer aktiv beschäftigen und auseinandersetzen können. Das Ziel ist es, den Konsumenten zu helfen oder ihn zu unterhalten – und im Idealfall sogar beides gleichzeitig.

Nach einer Umfrage des Content Marketing Institutes ist interaktiver Content immer stärker auf dem Vormarsch (Murton Beets 2016). Die Gründe dafür liegen zu 75 Prozent in Aufklärung des Publikums und zu 59 Prozent im Engagement des Publikums, dicht gefolgt von Lead-Generierung und Erhöhung der Markenbekanntheit.

In der Umfrage wurde auch nach der Art des verwendeten interaktiven Contents gefragt. Es ergab sich folgende Reihenfolge: Bewertungen 54 Prozent, Rechner 52 Prozent, Wettbewerbe 50 Prozent und Quizfragen 48 Prozent.

Es wurde auch gefragt, an welchem Punkt der Customer Journey welche Art von interaktivem Content am besten eingesetzt wird. Wettbewerbe und Spiele waren die am höchsten bewerteten Typen für die Phase „Bewusstsein schaffen und Entdeckung" (Awareness/Discovery); White Papers, E-Books und Infografiken wurden am besten für die Stufe „Bewusstsein" (Consideration) bewertet; und Konfiguratoren erzielten in der späten Phase (Decision) Höchstwerte.

Interaktiver Content kann in unterschiedlichen Formaten angeboten werden:

- Konfiguratoren
- Rechner und Kalkulatoren
- Quizze
- Umfragen
- Interaktive Videos und Layover
- Slideshows
- Interaktive E-Books und Whitepaper
- Webinare und Live-Chats
- Interaktive Infografiken, Karten und Datenvisualisierungen
- Interaktives Storytelling
- Spiele

Ein gutes Beispiel für eine interaktive Infografik zum Thema „Putting Wearables to Work" bietet Salesforce unter folgendem Link: http://view.ceros.com/salesforce/salesforce-wearables/p/1

7.3.5.9 Content-Medienformat „Live Content"

Mit Live Content können Marken in Echtzeit mit ihrer Zielgruppe in Kontakt treten, Transparenz und Authentizität vermitteln sowie die Reichweite des Events, wie zum Beispiel Fashion-Shows, erhöhen. Insights zum Unternehmen und Behind-the-Scenes motivieren Zuschauer, sich intensiver mit der Marke auseinanderzusetzen oder direkt ein Produkt zu kaufen.

Dies sind sicher Highlights, die häufigste Form von Live Content sind jedoch aktuelle Informationen, wie zum Beispiel Wetterdaten oder Börsenkurse. Diese Art von Informationen werden als „Third Party Data" in der Kommunikation genutzt, um die Relevanz des eigenen Services zu erhöhen.

Aus Perspektive des Kunden-Supports wird die Beratung durch eine Live-Kommunikation direkter und persönlicher, es gibt keine zeitlichen Verzögerungen und bestimmte Sachverhalte können leichter verbal erklärt werden. Visuelle Elemente schaffen zusätzliche Hilfe und Berater können den Kunden bequemer durch eine Anleitung führen.

> **Beispiel**
>
> **Visual Storytelling – „Live@McDonald's":** Unter dem Titel „Live@McDonald's" wagte sich die Fast-Food-Kette an eine ambitionierte Live-Aktion in Deutschland. Die Restaurant-Marke streamte zwölf Stunden am Stück über Facebook, YouTube und Twitter. Auch die eigene Website und Snapchat wurden mit kleinen Sequenzen versorgt. Das Social-Media-Event bot in dem Zwölf-Stunden-Streaming-Marathon einen ungewohnten Blick hinter die Kulissen (W&V 2016). Dieses Visual-Storytelling bot einer sehr jungen Zielgruppen einen authentischen und transparenten Einblick in die Küche einer Filiale ebenso wie einen digitalen Zutaten-Check. Durch das Event führten zwei Moderatoren und animierten Zuschauer dazu, aktiv mitzuwirken, zum Beispiel in Form von Fragen oder Kommentaren. Zusätzlich wurden Lifestyle-Blogger in die Aktion eingebunden.
>
> Mit dieser Content-Marketing-Aktion erreichte McDonald's insgesamt sechs Millionen Zuschauer und positionierte sich als innovatives, transparentes Unternehmen. Erreicht werden konnten zudem Zielgruppen, die klassische Medien wie TV kaum noch nutzen. Live-Content provoziert Live-Kommentare. Die Community ist sehr aktiv bei bekannten Marken, die Social-Media-Resonanz bedarf ein genaues Monitoring, ob die gewünschte Wirkung – im besten Fall ein „Love Storm" – nicht ins Gegenteil kippt und einen „Shitstorm" hervorruft.

7.3.6 Content zur Befriedigung der Konsumentenbedürfnisse

Mirko Lange unterscheidet in seinem Content-Radar den Content auf der Grundlage der Klassifizierung der Kundenbedürfnisse, die befriedigt werden sollen.

Emotionaler versus funktionaler und vordergründiger versus tiefgründiger Content
Er differenziert zum einen in emotionalen beziehungsweise funktionalen Content und zum anderen in vordergründigen beziehungsweise tiefgründigen Content (Abb. 7.12). Der Content wirkt in jedem dieser Bereiche anders. „Emotional/funktional" zielt auf den Nutzen für den Konsumenten des Content ab. „Lernt" er etwas aus dem Content? Nimmt er aus dem Content etwas Sinnvolles mit? Kann er später etwas daraus anwenden? Oder wird nur Emotion erzeugt, unterhalten und kein funktionaler Wert geliefert?

Das Paar „vordergründig/tiefgründig" widmet sich der Frage der Zeit, die zum Konsum des Content aufgewendet werden muss, abhängig davon, wie interessiert der Kunde zum Beispiel ist. Bei oberflächlichem Interesse sollte der Content kurz und knapp sein. Ist er im Gegenteil sehr interessiert und will auch Zeit in die Betrachtung investieren, dann muss der Content schon länger und tiefgründiger sein.

So entstehen aus der Nutzer- und Betrachter-Perspektive vier Nutzenbereiche, für die unterschiedliche Anforderungen und Regeln gelten:

7.3 Content-Arten und Content Marketing

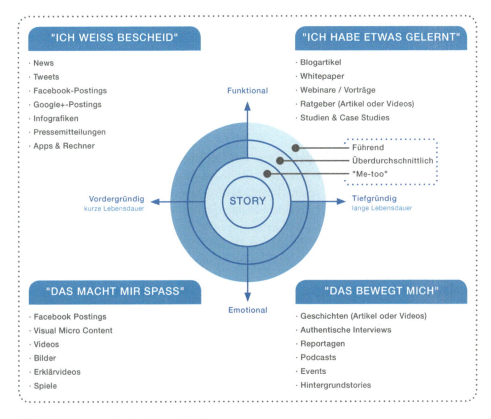

Abb. 7.12 Content-Radar. (Lange 2015)

- *News/Information* („Ich weiß Bescheid"): Aktualität, Trends und der Nachrichtenwert stehen hier im Mittelpunkt, es zählen Schnelligkeit und Exklusivität.
- *Wissen/Enabling* („Ich habe etwas gelernt"): Hierbei geht es im Wesentlichen um Content, der Orientierungs- und Entscheidungshilfe bietet. Daher ist die Informationstiefe wichtig. Damit wird Kompetenzführerschaft angestrebt.
- *Beziehung/Sinn* („Ich habe es verstanden"): Sinnvermittlung, Motivationen und Motive zu transportieren steht hier im Mittelpunkt.
- *Unterhaltung/Spaß* („Macht mir Spaß"): Entertainment und Unterhaltung bilden den Schwerpunkt dieses Nutzenbereiches.

7.3.7 Content-Herkunft

Eine andere Methode, den Content zu klassifizieren, geht von der Quelle beziehungsweise dem Bezug des Contents aus und unterscheidet fünf Ansätze.

Fünf unterschiedliche Herkünfte des Contents

- Eigener neuer Content
- Nutzung bestehenden eigenen Contents
- User-Generated Content
- Nutzung von verfügbaren Daten und Quellen, wie zum Beispiel lokale Wetterdaten
- Ein Mix aus verschiedenen Quellen

User-Generated Content als Spezialform von Content
Zu den Inhalten, die von den Unternehmen selbst produziert und verbreitet werden, gesellt sich User-Generated Content, Inhalte also, die durch Nutzer erstellt worden sind. Man findet ihn in Blogs, auf öffentlichen Meinungsportalen sowie in Foren und sozialen Netzwerken. Dabei teilen Nutzer ihre Erfahrungen oder aber auch Anwendungsvarianten und völlig neue Kreationen mit der Öffentlichkeit. Das Format reicht von einem einfachen Kommentar über einem Foto, Video oder eine Rezension bis hin einem kompletten Designentwurf.

Chance und Risiko liegen in der unkontrollierbaren Viralisierung, die solcher Content erzielen kann. Zwischen einem umsatzförderlichen „Lovestorm" und einem zerstörerischen „Shitstorm" ist alles möglich.

Auf User-Generated Content reagieren
Den Unternehmen stellen sich in diesem Kontext vier Kernaufgaben:

- Produzierten User-Content im Blick halten
- Auf User-Content reagieren
- User-Content initiieren und moderieren
- Existierenden passenden Content weiter verbreiten

Dabei geht es im Kern darum, sich mit passenden Inhalten, mit Gespür und mit Menschlichkeit in laufende Konversationen einzuschalten und einzubringen, Positives wirkungsvoll und ermutigend zu unterstützen und sich um Feedback und Fragen oder sogar um problematische Inhalte zu kümmern. Hierbei wird eine Reaktion innerhalb von ein bis zwei Stunden erwartet. Und zu beachten ist, dass alles, was dort kommuniziert wird, im Web öffentlich sichtbar ist.

7.3.8 Content-Kontextrelevanz

Mit der zunehmenden Zahl von Touchpoints zwischen dem Konsumenten und der Marke wächst die Notwendigkeit, diese ganzheitlich zu verbinden. Um die Tochpoints entlang der Consumer Journey auch noch zielführend zu entwickeln, ist der Kontext zu betrachten, in dem sich der Konsument gerade befindet.

Kontext gibt der Botschaft eine Bedeutung

Denn wie Menschen eine App, ein OnlineBanner, einen Werbe-Spot oder ein anderes Content-Angebot bewerten, hängt nicht nur davon ab, wie diese gestaltet sind, sondern in erster Linie davon, ob sie zum Kontext passen. Es ist der Kontext, der einer Botschaft die Bedeutung gibt und damit letztlich über ihren Wirkungserfolg entscheidet.

Menschen nehmen Gegenstände, Botschaften oder Zeichen in ihrer Umwelt nicht isoliert, sondern in einem umfassenden Zusammenhang wahr, dem Kontext. Der Rahmen oder Ausschnitt, der unsere augenblickliche Wahrnehmung begrenzt, ist wichtig für den Content, der dem Kunden im Rahmen des Content-Marketing angeboten wird.

Erfolgreiches Marketing durch Management von Kontext

Der Schlüssel für ein erfolgreiches Marketing liegt im Management von Kontexten. Marken werden in Abhängigkeit vom Kontext erlebt, daher sind die Botschaften, Inhalte und Formate kontextbasiert zu gestalten. Neben dem Marken- und dem Lebensweltkontext ist der Situationskontext herauszustellen. Dieser beschreibt die konkrete Handlungseinheit, in der dem Konsumenten die Marke begegnet, zum Beispiel TV-Spots im Rahmen eines Spielfilms oder Spielen eines Games beim Warten auf den Bus.

Zeitpunkt, Aufenthaltsort und Bedingungen als Bezugsrahmen

Dabei ist nicht zwingend genau der zeitliche Moment gemeint, wie es bei der allgemein bekannten Leitlinie für das programmatische Marketing der Fall ist: „Zur richtigen Zeit am richtigen Ort für die richtige Person mit der richtigen Botschaft". Trotzdem spielt dieser Leitsatz beim Finden des richtigen Hebels für die Gestaltung des geforderten oder gewünschten Moments eine wichtige Rolle. Zeitpunkt, Aufenthaltsort und die äußeren Bedingungen sowie der persönliche Bezugsrahmen der Zielgruppe sind genau die Aspekte, die es zu betrachten gilt. Aufgabe ist es, darauf aufbauend die richtige Botschaft zu gestalten.

Kontext beschreibt die Faktoren, die ein gewisses Ereignis oder eine Situation beeinflussen. Der Nutzungskontext bezieht sich auf die Gegebenheiten in einem gewissen Umfeld oder einer Situation bei der Benutzung eines Service (Software, App, Informationsangebot, Website etc.) mit einem digitalen Endgerät (Mobiltelefon, Tablet, Laptop/PC). Ein mobiler Nutzungskontext ist immer dann gegeben, wenn ein mobiles Endgerät benutzt wird.

Parameter des Nutzungskontextes – Nutzungsmodus, Situation, Umfeld

Die Definition des Nutzungskontexts lässt sich vereinfachen auf die wichtigsten Details und wird beschrieben durch folgende Aspekte (Nagel und Fischer 2013):

- Anwender
- Verwendetes Endgerät
- Umfeld
- Situation
- Nutzungsmodus

Diese Parameter beeinflussen sich gegenseitig und definieren letztlich den individuellen Nutzungskontext, welcher die Rahmenbedingungen vorgibt. Mitentscheidend ist auch die Nutzungsintention (Absicht, Aufgabe oder Ziel) des Anwenders.

Das Umfeld als Nutzungskontext
Im jeweiligen Umfeld ist der Nutzer an bestimmte Gegebenheiten gebunden, die sich darüber hinaus gegenseitig beeinflussen können. Das Umfeld ist relevant für die Einteilung der Tagesabläufe bei den Nutzerprototypen:

- Das *private* Umfeld und allgemein alle privaten Situationen sind für Fremde oder Außenstehende grundsätzlich nicht zugänglich.
- Ein *halb-öffentliches Umfeld* ist tendenziell nur für eine eingeschränkte Gruppe von Personen zugänglich. Es handelt sich dabei meist um einen vorübergehenden Aufenthalt an einem Ort.
- Der *öffentliche Raum* ist für jedermann zugänglich, jeder kann an der Situation partizipieren.
- Der Mensch ist *unterwegs*, verlässt einen Ort und befindet sich auf dem Weg zu einem anderen. Der aktuelle Ort ändert sich so lange, bis das Ziel erreicht ist.

Die Situation als Nutzungskontext
Der Anwender befindet sich abhängig von Umfeld, Ort und Benutzungsintention bewusst oder unbewusst in einer bestimmten Situation. Grundsätzlich kann zwischen einer mobilen und einer stationären Situation differenziert werden:

- Unterwegs und *mobil* werden vorwiegend handliche, mobile und bewegliche Geräte eingesetzt. Die Dauer der mobilen Gerätenutzung ist typischerweise kurz und unterbrochen. Eine mobile Situation, zum Beispiel zu Fuß gehen oder Fahrradfahren, ist das Zeitfenster zwischen Start und Ziel eines Ortswechsels.
- Die Gerätenutzung beziehungsweise die Situation ist an einen festen Ort gebunden (*stationär*). Der Begriff ist abgeleitet vom Substantiv Station und meint einen festen Standort.

Der Nutzungsmodus als Nutzungskontext
Abhängig von Kontext, Gerät und Benutzungsintention befindet sich der Anwender, entweder bewusst oder auch unbewusst, in einem bestimmten Nutzungsmodus. Es gibt zwei Modi, in denen sich eine Person grundsätzlich befinden und in der sie entsprechende Endgeräte nutzen kann. Modi und Situationen können sich überschneiden und sind nicht immer eindeutig zu bestimmen:

- Im *Lean-Back-Modus* ist der Anwender vorwiegend entspannt und passiv. Die Interaktion mit dem Gerät ist sporadisch, temporär und nicht dauerhaft. Er konsumiert Informationen und lässt sich berieseln.

7.3 Content-Arten und Content Marketing

- Im *Lean-Forward-Modus* ist der Anwender vorwiegend konzentriert und aktiv tätig. Er interagiert weitgehend ohne Unterbrechung und dauerhaft mit einem Gerät. Er nimmt ständig und direkt Einfluss auf die Darstellung und Ausgabe der Informationen.

Shopper-Mindsets

Eine sehr anschauliche Darstellung in diesem Zusammenhang hat TNS Infratest in seiner jährlich erhobenen Studie *Connected Life* 2016 (TNS Infratest 2016) veröffentlicht (Abb. 7.13).

Proximity-Technologien können eingesetzt werden, um den aktuellen Nutzungsmodus eines Kunden zu erfassen und Touchpoints besser auszusteuern.

TNS unterscheidet in der Studie zwischen folgenden Mindsets (mentale Einstellungen):

1. *Exploration*: In diesem Mindset informiert sich der Kunde entspannt über Produkte, die zu seinen aktuellen Bedürfnissen passen könnten. In diesem Mindset ist er offen für ausführliche Produktpräsentationen und Brand Engagements.
2. *Pressured*: Kunden mit diesem Mindset-Status haben ein unmittelbares Bedürfnis, das sie unkompliziert lösen möchten. Sie sind dankbar für Hilfestellungen zum schnellen Auffinden des gewünschten Produktes. Zusätzlich kann man kommunikativ versuchen, sie von einem höherwertigen Produkt zu überzeugen.
3. *Routine*: Hier können die Kunden in ihrer Wahl der gewöhnlich gekauften Artikel bestärkt werden, indem die Vorteile noch einmal kommuniziert und ergänzende Produkte angeboten werden.

Abb. 7.13 Shopper-Mindsets. (TNS Infratest 2016)

Proximity-Technologien können helfen, den Mindset-Status der Kunden auszumachen und die Kommunikation entsprechend anzupassen. Die Conversion-Rates, vom Erwägen eines Produktkaufs bis zum abgeschlossenen Kauf, können optimiert werden, wenn die Kommunikation das jeweils zutreffende Mindset näherungsweise oder absolut trifft.

Ein längerer Aufenthalt in einem bestimmten Ladenbereich kann beispielsweise als „Exploration" (erkundende Zuwendung) des genau hier präsentierten Warenangebotes interpretiert werden. Sensoren, wie Beacons oder WLAN, können diese Daten liefern. Jetzt ist ausreichend Zeit und die richtige mentale Einstellung beim Kunden vorhanden, um ihn für Marke und Produkt zu begeistern.

Content-Ampel

Weitere Klassifizierungen finden sich in der Darstellung der Content-Ampeln von Kerstin Hoffmann, eine der ersten Expertinnen, die sich in Deutschland mit dem Thema Content und Inbound Marketing beschäftigt hat. Die Content-Ampeln beschreiben Content in den Klassen Relevanz, Timing, Emotion, Beziehung, Story, Nutzen und Interaktion (Abb. 7.14).

> **Fazit**
>
> Bei all den nun digitalisierbaren und neu hinzu kommenden Touchpoints müssen Marken sehr genau darauf achten, ganzheitliche Markenerlebnisse zu liefern, und sich nicht der Gefahr aussetzen, die Zunahme an Touchpoints als fragmentierte Experiences zu bespielen. Marken können nur erfolgreich sein, wenn sie authentisch kommunizieren und ihren Fokus konsequent auf die Konsumentensicht verlagern.
>
> Wohlgemerkt sei hier: Konsument, nicht Käufer, denn mit neuen Technologien und sowohl personalisiertem als auch interaktivem Content lassen sich Konsumenten nun auch während der Nutzung begleiten und zu loyalen Markenbotschafter machen. Damit kann man sie nicht nur zu höherem Absatz anregen, sondern sie als Influencer für Neukunden-Akquise in deren Social-Media-Kanälen einsetzen.

DIE CONTENT-AMPEL

	RELEVANZ	TIMING	EMOTION	BEZIEHUNG	STORY	NUTZEN	INTERAKTION
🔴	selbstreferenziell	egal	beliebig	keine	unklar	fraglich	keine
🟡	„nice to have"	geeignet	ansprechend	momentan	verständlich	wahrscheinlich	naheliegend
🟢	dringend benötigt	entscheidend	bewegend	dauerhaft	fesselnd	konkret	motivierend

Dr. Kerstin Hoffmann, PR-Doktor.de

Abb. 7.14 Content-Ampel (Hoffmann 2017)

Literatur

Adweek. 2017. The world's rudest, most passive-aggressive billboard coughs at nearby smokers. http://www.adweek.com/creativity/worlds-rudest-most-overbearing-billboard-coughs-nearby-smokers-175579/. Zugegriffen: 14. Dez. 2017.

Carlzon, J. 1989. *Moments of truth. New strategies for today's customer-driven economy*. New York: HarperBusiness.

ECE Market Research. 2016. *At your service. Die Bedeutung von Services in Shopping-Centern, Nr. 2/2016*. Hamburg: HOFFMANN UND CAMPE X.

FAW. 2017. Erfolgsjahr 2016: Out of Home setzt klare 6 Prozent-Marke. https://www.faw-ev.de/erfolgsjahr-2016-out-of-home-setzt-klare-6-prozent-marke/. Zugegriffen: 14. Dez. 2017.

FischerAppelt. 2016. Bewegtbild ist die treibende Kraft im Internet. Brands können das besser nutzen. https://www.fischerappelt.de/blog/fischerappelt-bewegtbildstudie-zu-video-content-marketing/. Zugegriffen: 11. Nov. 2017.

Forrester. 2016. The mobile mind shift maturity framework. Assessment: The mobile ebusiness playbook. https://www.forrester.com/report/Mobile+Mind+Shift+Maturity+Framework/-/E-RES115850. Zugegriffen: 26. Nov. 2017.

Google. 2015. Micro-moments: Your guide to winning the shift to mobile, micro-moments your guide to winning the shift to mobile. https://www.thinkwithgoogle.com/marketing-resources/micro-moments/micromoments-guide-pdf-download/. Zugegriffen: 28. Nov. 2017.

Groissberger, T. 2017. Was sind Customer Touchpoints. http://www.groissberger.at/customer-touchpoints/. Zugegriffen: 15. Aug. 2017.

Groopmann, J. 2014. How the internet of things is creating a proliferation of consumer touchpoints. https://blogs.oracle.com/marketingcloud/internet-things-creating-proliferation-consumer-touchpoints. Zugegriffen: 15. Aug. 2017.

Häusel, H.-G. 2014. *Neuromarketing: Erkenntnisse der Hirnforschung für Markenführung, Werbung und Verkauf*. Freiburg: Haufe-Lexware.

Hoffmann, K. 2017. Die Content-Ampel: Der schnelle und gründliche Qualitätscheck für Ihre Inhalte. https://www.kerstin-hoffmann.de/pr-doktor/content-ampel-qualitaetscheck-infografik/. Zugegriffen: 22. Nov. 2017.

Ikea. 2013. Place IKEA furniture in your home with augmented reality. https://www.youtube.com/watch?v=vDNzTasuYEw. Zugegriffen: 11. Nov. 2017.

Kopp, O. 2016. Content-Marketing-Definition, Strategie, Ziele & Prozess. http://www.sem-deutschland.de/content-marketing/#Content-Attribution_als_Grundlage_fuer_die_Content-Strategie. Zugegriffen: 22. Nov. 2017.

Lange, M. 2015. Das FISH-Modell und der Content Radar – zwei geniale Tools fürs Content Marketing. http://www.talkabout.de/das-fish-modell-und-der-content-radar-zwei-geniale-tools-fuer-content-marketing/. Zugegriffen: 6. Aug. 2017.

Löffler, M. 2014. *Think Content! Content-Strategie, Content-Marketing, Texte fürs Web*. Bonn: Galileo Computing.

Microsoft. 2017. Vernetztes Arbeiten: #worklifeflow bei Microsoft Deutschland. https://soundcloud.com/microsoftdeutschland/sets/vernetztes-arbeiten. Zugegriffen: 11. Nov. 2017.

Murton Beets, L. 2016. Use of interactive content on the rise. http://contentmarketinginstitute.com/2016/07/interactive-content-research/. Zugegriffen: 11. Nov. 2017.

Nagel, W., und V. Fischer. 2013. *Multiscreen Experience Design: Prinzipien, Muster und Faktoren für die Strategieentwicklung und Konzeption digitaler Services für verschiedene Endgeräte*. Schwäbisch Gemünd: digiparden.

Patterson, L. 2017. Using touch point effectiveness analysis to improve the customer experience. http://www.refresher.com/alrpmtouchpoint.html. Zugegriffen: 6. Juni 2017

Persson, J. 2017. Brand touchpoint matrix – The planning of brand experiences. http://brandtouchpointmatrix.com/. Zugegriffen: 16. Aug. 2017.

Rehme, F. 2017. Touchpoint Management aus Sicht des Lebensmitteleinzelhandels. In *Touchpoint Management. Entlang der Customer Journey erfolgreich agieren*, Hrsg. Bernhard Keller und Cirk Sören Ott. Freiburg, München, Stuttgart: Haufe Lexware.

Rieber, D. 2017. *Mobile marketing*. Wiesbaden: Springer.

Risdon, C., und P. Quattlebaum. 2012. Mapping experiences and orchestrating touchpoints. https://www.slideshare.net/AdaptivePath/mapping-experiences-and-orchestrating-touchpoints-chris-risdon-patrick-quattlebaum-ux-week-2012. Zugegriffen: 15. Aug. 2017.

Schüller, A. 2012. *Touchpoints: Auf Tuchfühlung mit dem Kunden von heute*. Offenbach: Gabal.

Schüller, A. 2016a. *Touch. Point. Sieg.: Kommunikation in Zeiten der digitalen Transformation*, 153–154, 179–180. Offenbach: Gabal, Kindle-Version Kindle-Positionen 3455–3459.

Schüller, A. 2016b, Position 3405. *Touch. Point. Sieg.: Kommunikation in Zeiten der digitalen Transformation*. Offenbach: Gabal, Kindle-Version Kindle-Positionen 3405.

Schwarzkopf. 2017. Tutorials & Beratung. https://www.schwarzkopfforyou.de/tutorials-beratung. Zugegriffen: 11. Nov. 2017.

Serviceplan. 2017. BMW Motorrad EYE RIDE. http://www.serviceplan.com/de/kampagne-details/bmw-motorrad-de-eye-ride.html#go_video. Zugegriffen: 11. Nov. 2017.

Stöckle, F. 2015. Connecting the Dots – Die komplexen Beziehungen zwischen Customer Journeys, Touchpoints und Business Ecosystem verstehen. In *Brand Experience – an jedem Touchpoint auf den Punkt begeistern*, Hrsg. A. Baetzgen, 159–173. Stuttgart: Schäffer Poeschel.

Techsnack. 2017. TECH SNACK IFA 2017/w Sabrina Mockenhaupt – presented by Jaybird. https://techsnack.podigee.io/. Zugegriffen: 11. Nov. 2017.

TNS Infratest. 2016. Connected Life 2016, Germany Report. TNS Infratest.

Usability.de. 2017. Behalten Sie die Bedürfnisse ihrer Nutzer im Blick. https://www.usability.de/leistungen/methoden/personas.html. Zugegriffen: 28. Nov. 2017.

W&V. 2016. McDonald's entdeckt Live-Streaming für sich. https://www.wuv.de/digital/mcdonald_s_entdeckt_live_streaming_fuer_sich. Zugegriffen: 11. Nov. 2017.

Zeller, M. 2009. *Die Relevanz der Gastronomie als Instrument der Markenkommunikation*, 231. Wiesbaden: Springer Gabler.

IoT-Plattformen 8

Inhaltsverzeichnis

8.1	Umfangreiche Funktionalitäten der IoT-Plattformen	382
8.2	Marktüberblick	382
8.3	adsquare – Mobile Data Exchange	383
8.4	Tamoco Proximity Network and Analytics Platform	385
8.5	wingu Proximity-Plattform	386
8.6	Proximity DMP® von Beaconinside	388
8.7	BlueBite Experiences Platform	391
8.8	Proximi.io-Plattform	394
8.9	iAdvize Conversational-Commerce-Platform	395
8.10	Smart Product Service Platform von GoodsTag	397
Literatur		400

Zusammenfassung

Die technische Basis und Grundlage für jede Umsetzung einer digitalen Customer und Consumer Experience, vom einzelnen Touchpoint bis zur Orchestrierung aller Marketingaktivitäten bildet eine IoT-Plattform oder Internet-of-Things-Plattform. Sie steuert die Auslieferung des richtigen Contents zur richtigen Zeit an den richtigen Empfänger und bereitet im Idealfall die gewonnenen Daten einer Kampagne für das Controlling in einem übersichtlichen Dashboard auf.

IoT- oder auch Proximity Plattformen übernehmen eine Vielzahl von relevanten Funktionalitäten, die eine Digital Connection ermöglichen. Nicht alle der Plattformen im Markt umfassen alle Funktionen. Manche konzentrieren sich lediglich auf die

Auslieferung und erhalten über Schnittstellen zu anderen Systemen die notwendigen Parameter zum Empfänger oder sie bereiten den Content für die unterschiedlichen Touchpoints vor.

Das nachfolgende Kapitel bietet einen Marktüberblick und stellt einige Plattformen im Detail vor.

8.1 Umfangreiche Funktionalitäten der IoT-Plattformen

Die hier zu beschreibenden IoT-Plattformen umfassen im Idealfall eine Vielzahl an Funktionen, wie etwa:

- Data und Analytics:
  - Import und Export von Informationen aus Customer-Relationship- (CRM), Content-Management- (CMS), Business-Intelligence- (BI) und Business-Analytics-Systemen über offene API-Schnittstellen
  - Exportieren von Rohdaten für eine Verarbeitung und Analyse in externen Programmen (CRM, Business Intelligence, usw.)
  - Reports für Kennzahlen im Digital-Marketing oder auch die Anbindung an alle gängigen Media-Plattformen, wie DoubleClick, Adnexus und Google Adwords
- Segmentierung
  Erstellen von Zielgruppen (Custom Audiences) als operative Grundlage für das Digital-Marketing auf Basis verschiedenster Datenpunkte, inklusive granularstem Online-Verhalten und Look-a-Like Audiences wie etwa statistischen Zwillingen oder auch die Nutzung von Profilen externer Werbeplattformen
- Programmatic Marketing
  Automatisierte Ansprache von Nutzern in Echtzeit durch Kundendaten aus dem Customer Relationship Management, kombiniert mit Behavioral Targeting, aktuellem Kontext und Social Audiences
- Multi-Channel-Kampagnen
  Eine Orchestrierung der Nutzeransprache über verschiedenste Kanäle, wie
  - Display-Werbung und Google Adwords, Mobile Advertising, Video Advertising
  - App Marketing, etwa über Push-Notification oder In-App Messaging
  - Social Media Operations in Custom Audiences für Facebook, Twitter o. Ä.
  - Dynamischer Website Content
  - Kontextuelle Interaktionen/Links für die unterschiedlichen Touchpoints und Sensoren in einer individualisierten Consumer Journey

8.2 Marktüberblick

Für die Realisierung von Digital Connection steht mittlerweile eine Vielzahl von IoT-Plattformen zur Verfügung. Der Markt an IoT-Plattformen und Lösungsanbietern wächst zudem stetig.

Markt mit einer Vielzahl von Anbietern von IoT-Plattformen

Unacast führt in seinem Report „Proximity Marketing in Retail Q1 2017" (Unacast 2017) 388 Lösungsanbieter für Proximity Solutions und IoT-Plattformen auf, von denen 166 eine Plattform anbieten und betreiben. 133 weitere Unternehmen bieten sowohl eine Plattform als auch entsprechende Hardware und smarte Technologien an. Dazu gehören zum Beispiel Footmarks, Thinaire, Selinko oder auch Evrythng und NowSquare.

Andere Dienstleister konzentrieren sich nur auf die Hardware für Proximity Marketing. Diese sind im wesentlichen NFC-Tags, Beacons, Wi-Fi-Access Points, RFID und andere Sensoren. Für den Einsatz der Hardware werden Tools und SDKs angeboten.

Nordamerika dominiert den Markt

Nordamerika dominiert den Markt mit rund 35 Prozent der Anbieter, gefolgt von Großbritannien mit rund 11 Prozent. Aus Europa insgesamt kommen allerdings 43 Prozent aller Unternehmen.

Im Folgenden werden einige Plattformen im Detail vorgestellt.

IoT-Plattformen bestehen in der Regel aus einer Content-Management-Plattform, Tools für die Kampagnenanalyse, einer mobilen App für die Nutzer und einem mobilen Software Developer Kit (SDK). Sie steuern mobile Kampagnen, binden Werbung aus Werbenetzwerken ein, ermöglichen Indoor-Navigation, Digital Signage, Online Retargeting und mobiles Bezahlen (siehe Abschn. 4.2 zur Architektur und Funktionalität der IoT-Plattformen).

Einige ausgewählte IoT-Plattformen, adsquare, Tamoco, wingu, Proximity DMB, Bluebite Experiences, Proximi.io, iAdvize und Smart Product Service Platform, werden im Folgenden kurz skizziert und in ihren Bestandteilen beschrieben:

- Infrastruktur- und Hardware-Management
- Content Management
- Analytics und Monitoring
- Integration in andere Systeme/Schnittstellen
- Referenzen und gegebenenfalls Hinweise beziehungsweise Verweise auf Case Studie

Die Auswahl der IoT-Plattformen erfolgte unter dem Gesichtspunkt der unterstützten smarten Technologien.

8.3 adsquare – Mobile Data Exchange

Infrastruktur- und Hardware-Management

adsquare – Mobile Data Exchange (siehe Abb. 8.1) bietet über einen Marktplatz Zugriff auf Zielgruppen- und Kontextdaten für mobile Werbekampagnen. Dies ermöglicht es Werbetreibenden, die richtigen Nutzer im für die Werbebotschaft relevanten Kontext anzusprechen. Da die Daten über programmatische Plattformen in Echtzeit genutzt werden

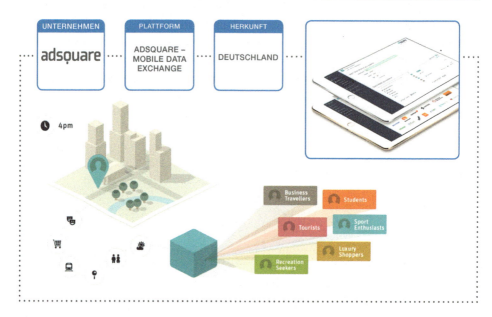

Abb. 8.1 adsquare Mobile Data Exchange. (Fotos: adsquare)

können, ist ein Targeting auf den aktuellen lokalen Kontext und die Mobile Moments von Konsumenten möglich.

So können beispielsweise Studierende bei gutem Wetter im Park oder Geschäftsreisende am Flughafen angesprochen werden. Über reine Lokationsdaten hinaus bietet der Marktplatz Zugriff auf eine Vielzahl von Datendimensionen, inklusive demografischen Informationen, Daten zur App-Nutzung und Haushaltsdaten.

Content Management
Mit der Audience Management Platform stellt adsquare Werbetreibenden ein Self-Service Tool zur Verfügung, welches es ihnen ermöglicht, Daten einzukaufen und komplexe Zielgruppensegmente zu modellieren. Die erstellten Segmente können dann für die eingesetzten Programmatic-Plattformen aktiviert und in Echtzeit nutzbar gemacht werden.

Analytics und Monitoring
Für das Monitoring der aktiven Audience-Segmente bietet die Audience-Management-Plattform eine Vielzahl an Analysemöglichkeiten. Dies ermöglicht es, A/B-Tests (split tests) durchzuführen und Zielgruppen während der Kampagnenlaufzeit zu optimieren. Über den Einsatz für das Targeting hinaus können die Daten der Plattform auch für die Generierung von Insights eingesetzt werden. So bietet adsquare beispielsweise sogenannte „Footfall Reports", die einen Anstieg von Geschäftsbesuchen nach Schaltung einer Werbekampagne darstellen.

Integration in andere Systeme/Schnittstellen
Der Mobile Data Exchange ist in allen relevanten Programmatic-Plattformen integriert. Hierzu zählen sowohl Demand-Side-Plattformen, wie The Trade Desk, Appnexus und AdForm, als auch Supply-Side-Plattformen, wie MoPub, Smaato oder AOL. Über spezielle Pre-Bid-Integrationen werden die Daten in Echtzeit nutzbar gemacht.

Referenzen
adsquare ist in zwölf Ländern inklusive Deutschland, Frankreich, Großbritannien und den USA vertreten und wird von allen großen Agenturgruppen eingesetzt. Werbekunden wie McDonalds, Subway, Converse, Germanwings und Europcar nutzen die Daten, um ihre Zielgruppen zu erreichen und ein ganzheitliches Bild der Konsumenten zu gewinnen.

Eine ausführliche Case-Study zu Subway findet sich in Abschn. 9.2.3.

8.4 Tamoco Proximity Network and Analytics Platform

Infrastruktur- und Hardware-Management
Das Tamoco-Proximity-Netzwerk unterstützt unterschiedlichste Sensortypen, darunter Bluetooth Beacons, WiFi, NFC-Tags und QR-Codes. Tamoco nutzt rund 1.1 Milliarden Sensoren weltweit und über 40 Millionen vernetzte mobile Devices.

Content Management
Tamoco bietet seinen Kunden personalisierte mobile Kampagnen, deren ausgelieferter Content kontext-basiert gestaltet ist. Diese gezielte Ansprache (den richtigen Kunden im richtigen Moment am richtigen Ort ansprechen) bringt hohe Engagement-Raten mit sich, ermöglicht effiziente Kampagnen und erzielt einen Mehrwert für den Nutzer. Neben Location-Based-Kampagnen, die sensor-basiert Nachrichten an Zielgruppen versenden, wertet Tamoco zahlreiche physische Objekte mit NFC-Tags und QR-Codes aus, um diese mit digitalen Plattformen zu verbinden.

Analytics und Analysen
Marken können auf der Tamoco-Plattform selbst Kampagnen anlegen und verwalten (siehe Abb. 8.2), erhalten aber ebenso sehr detaillierte Analyse-Daten in Echtzeit. Diese erlauben anschließend die Optimierung von Content und die Auslieferung im Live-Betrieb. Die Statistiken umfassen alle Interaktionen, inklusive Ort, Zeit, Demografie, Sensor und Inhalt beziehungsweise Content.

Integration in andere Systeme/Schnittstellen
Tamoco ist eine netzwerkbasierte Proximity-Lösung. Mit anderen Proximity Solution Providern (PSP) verbunden erhält man so eine enorme Reichweite und erreicht Nutzer in

Abb. 8.2 Tamoco Global Proximity Network and Analytics Platform. (Fotos: Tamoco)

Milliarden von Lokationen weltweit. Das Tamoco Proximity SDK ist in einer steigenden Anzahl von Partner-Apps integriert

Referenzen
Magnum, UBER, Carlsberg, BMW sind große Kunden. Ausführliche Case Studies zu Magnum Pop-up Stores, UBER und der ersten NFC-Anzeige in Deutschland von BMW finden sich im Abschn. 9.11.

8.5 wingu Proximity-Plattform

Infrastruktur- und Hardware-Management
Die wingu Proximity-Plattform kann mit unterschiedlichen Proximity-Technologien (Triggern) genutzt werden. Um Content und Funktionalitäten auf mobile Geräte zu verteilen, wird dem Nutzer die ganze Bandbreite der Proximity-Technologien zur Verfügung

gestellt: Seit September 2017 können iBeacons, Eddystone (physical web), QR-Codes und NFC-Tags eingebunden oder Geofence-Zonen erstellt werden. Weiter geplant sind RFID, WiFi, Smart Lighting und vieles mehr.

wingu pflegt Partnerschaften mit unterschiedlichen Hardware-Herstellern, wie zum Beispiel Blukii, Estimote und Kontakt.io. Um Beacons anderer Hersteller nutzen zu können, werden die Einstellungen für die Konfiguration der Hardware auf der wingu Proximity-Plattform generiert und dann auf die entsprechende Hardware übertragen.

Content Management

Die wingu-Plattform erlaubt es, Content und Funktionen – ausgelöst durch Trigger – auf mobile Geräte zu verteilen. Der Content und die Funktionen können entweder im wingu Content-Management-System (Abb. 8.3) hinzugefügt und gepflegt oder von Drittsystemen importiert werden.

Um komplexe, ortsgebundene Services abbilden zu können, bietet die wingu Plattform Upload-Funktionen für nahezu alle Medienformate, wie Texte, Bildergalerien, hochauflösende Illustrationen, Videos, Playlists und PDFs. Für Coupons können Barcodes nach EAN 13 generiert werden. Bestehende Software-Services, wie Survey Monkey, OpenTable, Spotify, Eventbrite und viele mehr, können integriert werden.

Zum Auslösen einer vordefinierten Funktion oder Reaktion auf einem Server wird auf der wingu-Plattform zusätzlich ein WebHook angeboten (Verknüpfung mit Digital Signage). Die Benutzeroberfläche ist intuitiv: Per „Drag and Drop" werden die einzelnen Content-Elemente angeordnet. Die Nutzer benötigen dafür keinerlei Programmierkenntnisse. Über

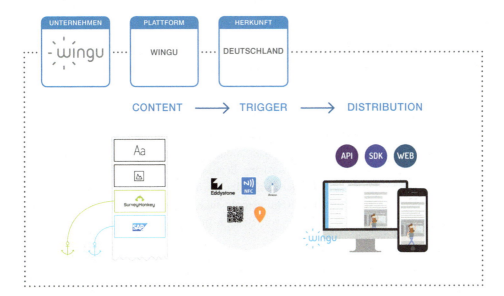

Abb. 8.3 Funktionsschema der Plattform Wingu. (Foto: wingu)

gängige Schnittstellen lassen sich externe Systeme, zum Beispiel SAP zur Content-Bereitstellung, anbinden. So kann bestehender Content in wingu importiert und anschließend automatisiert distribuiert werden.

Analytics und Monitoring
Die wingu-Statistik zählt die mobilen Geräte in Reichweite der Location-Trigger, die Verweildauer und wie oft der Location-Based Content geöffnet wurde. Ist ein eigenes Business-Intelligence-System vorhanden, können die Daten via API leicht exportiert werden.

Integration in andere Systeme und Schnittstellen
Das wingu-Backend ist auf einer Inbound- und Outbound-API-Infrastruktur gebaut. Das bedeutet, dass alle Funktionalitäten aus Drittsystemen integriert werden können. Location-Based Content-Funktionalität, wie Beacon-Scanning und andere, können über das wingu-SDK leicht in vorhandene Apps nativ auf iOS und Android gleichermaßen implementiert werden.

Referenzen
Die wingu-Plattform wurde im März 2016 online geschaltet und hat Abonnenten wie zum Beispiel BMW, Continental, XXXL, mehrere Volksbanken Raiffeisenbanken, Fendt und Aquila Capital. Umfangreichere Projekte wurden bisher beispielsweise mit Robinson Clubs (vgl. Abschn. 9.9.3), Vattenfall und Lego Deutschland umgesetzt.

8.6 Proximity DMP® von Beaconinside

Infrastruktur- und Hardware-Management
Die Proximity DMP® unterstützt iBeacon-, Eddystone- (Google zertifiziert), Geofence- und NFC-Infrastrukturen hardware- und herstellerunabhängig. Bei der Verwaltung der Beacons bietet die Proximity DMP® zahlreiche Funktionen, wie das Aufzeigen von Beacon-Metadaten, das Aufnehmen von Installations-Bildern, Benachrichtigungen zum Status der Beacons, Gerätediagnostik, vorbeugende Instandhaltung und Konfigurations-Support. Beaconinside bietet darüber hinaus nicht nur Support für Standardprotokolle. Auch speziell angefertigte Beacon-Advertising-Profile können über die Plattform abgebildet werden. Zur Skalierbarkeit der Plattform trägt sowohl der mögliche Support von Tausenden von Beacons und Geofence-Regionen als auch die Multi-App-Support-Funktion bei. Letztere ermöglicht die Nutzung von Beacon-Infrastrukturen durch mehrere Apps über ein und denselben Account.

Auch die Monetisierung von Beacon-Infrastrukturen ist über die Proximity DMP® möglich. Durch die Funktionalität des Beacon Network Sharing können Besitzer von Infrastrukturen App-Anbietern den Zugang erlauben und die Nutzung einfach verwalten und überblicken. Eine schnelle Integration und sofortiger Datenaustausch sind auch gewährleistet, denn Beaconinside bietet Server-zu-Server APIs und SDKs für jegliche Systeme (Android, iOS, Cordova, Xamarin).

Die Sicherheit der Daten und der Schutz vor Fremdzugriffen auf die Beacons steht bei Beaconinside an erster Stelle. Um Manipulation und unbefugte Zugriffe zu verhindern, werden Protokolle wie Secure iBeacon und Eddystone-EID unterstützt. Bei der Datengenerierung und Verarbeitung setzt Beaconinside auf strengen Datenschutz und -sicherheit durch strikte Einhaltung der EU-Richtlinien und der Vermeidung von Speicherung von personenbezogenen Informationen. Beaconinside ist unter anderem mit dem ePrivacy-Siegel der Europäischen Gemeinschaft und dem Code of Conduct Location & Privacy der Location Based Marketing Association (LBMA) ausgezeichnet.

Content Management

Die Proximity DMP® verfügt über ein eigenes Kampagnen-Tool, welches es den Nutzern ermöglicht, direkt Push-Benachrichtigungen für die verwalteten Beacons und Geofences zu erstellen und zu verschicken. Eine Rule-Engine ermöglicht es hierbei, auf Basis von generierten Daten die Zielgruppen für die Push-Benachrichtigungen nach präferierten Locations, bestimmten Zeiten und gegebenem Kontext zu definieren. Beaconinside unterstützt aber auch die Nutzung von Kampagnen- und Marketing-Tools von Drittanbietern durch Integration. So können Unternehmen ihre gewohnten Systeme benutzen und dabei für die Kampagnen auf ortsbasierte Informationen und Zielgruppen zurückgreifen.

Analytics und Analysen

Beaconinside ist spezialisiert auf das Bereitstellen und die Analyse ortsbasierter Daten. Die Proximity DMP® ist durch komplexe Logiken und Big-Data-Verarbeitungsprozesse in der Lage, unterschiedliche und breitgefächerte Datenanalysen durchzuführen (siehe Abb. 8.4). Dabei werden Daten aus der Nutzung von Beacons, Geofences und NFC analysiert.

Die Analysen geben Antworten auf folgende Fragen:

- Wie oft und wann haben Kunden einen Ort oder ein Geschäft aufgesucht oder waren oder sind im Einzugsgebiet des Geschäftes?
- In welchen Abteilungen des Geschäftes halten sich die Kunden am liebsten auf?
- Wie lang ist die Verweildauer am Ort/im Geschäft oder in einer spezifischen Abteilung?
- Ist der Kunde ein regelmäßiger Besucher? Was sind seine favorisierten Besuchszeiten?
- Reagiert der Kunde auf die Ansprache am POS über Push-Benachrichtigungen? (POS-Performance)
- Wie ist die Werbewirksamkeit von mobil geschalteter Werbung?
- Wie viele Conversions hat eine mobile Werbemaßnahme bewirkt?

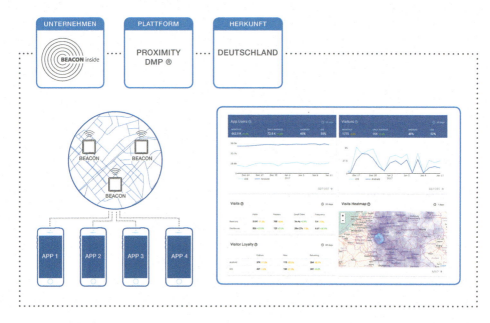

Abb. 8.4 Proximity DMP® von Beaconinside. (Fotos: Beaconinside)

Um effektiv mit diesen Kennzahlen und Daten zu arbeiten, bietet die Proximity DMP® detaillierte Dashboards, Heat-Maps und Live-Analysen. Ergebnisse können so in Echtzeit verfolgt werden.

Ziel der Plattform ist es, das Arbeiten mit ortsbasierten Technologien zu erleichtern und allen auf effektive Weise zugänglich zu machen.

Integration in andere Systeme/Schnittstellen
Der Proximity DMP® lässt sich über Programmierschnittstellen (APIs) in jegliche IT-Systeme integrieren, um zum Beispiel online generierte Daten mit Offline-Daten zu vervollständigen. Über die Webhook-Funktionen kann die Proximity DMP® durch Übermittlung bestimmter Ereignisse vor Ort in Echtzeit Funktionalitäten in den integrierten Systemen auslösen. So können zum Beispiel einem Kunden, der an einem Kundenbindungsprogramm teilnimmt, direkt beim Betreten einer Beacon-Zone Punkte gutgeschrieben werden. Hier arbeitet Beaconinside auch schon mit diversen Partnern zusammen (u. a. Webtrekk, Gigya, intelliAd).

Referenzen

- Esprit sammelt 360 Customer-Journey-Daten und steigert die Kundenbindung: Für das international agierende Textilunternehmen ist ein zentraler Punkt die Optimierung der Cross-Channel Customer Journey, z. B. durch die Zusammenführung von Warenkörben oder Kundenbindungsaktionen. Der Kunde kann so im Shop auf Artikel hingewiesen werden, die sich z. B. im Online-Warenkorb befinden, aber noch kein Kauf erfolgte. Darüber hinaus setzt Esprit die Proximity DMP zur Kundenaktivierung im Eingangsbereich ein. Vom Hinweis über das Eintreffen der neuen Sommerkollektion bis hin zu Rabattaktionen erhält der Kunde alle für ihn relevanten Informationen.

- e-bebek optimiert Online- und mobile Werbung durch Verwertung der Kundendaten im Laden vor Ort: Das türkische Handelsunternehmen erfasst über die Proximity DMP die Daten von bis zu 25 verschiedenen Beacon-Zonen, die entsprechend den Produktkategorien innerhalb der Handelsfläche eingerichtet wurden – von Verbrauchsartikeln für den täglichen Bedarf bis hin zu Großartikeln wie Kinderwagen oder -betten. Wann war welcher Kunde wie lange in welchem Kategoriebereich? e-bebek optimiert auf Basis dieser gewonnenen Einblicke das Marketingbudget in Ad Networks und spricht Kunden innerhalb der eigenen App gezielt mit Werbekampagnen an, die den erfassten Präferenzen entsprechen.
- McDonald's bietet seinen Kunden einen spannenden Aufenthalt durch Micro Moments: In ausgewählten McDonald's Restaurants kommt auf Basis der Proximity DMP eine Kombination aus POS-Technologien wie Geofence, Beacon, NFC und Physical Web zum Einsatz. Ziel ist es, Passanten mit Angeboten und Vorteilen zum Restaurantbesuch zu animieren und Gäste im Restaurant bestens zu informieren und zu unterhalten. Vom kostenlosen Stöbern im digitalen Lesezirkel mit tollen Premiuminhalten bis hin zum schnellen und unkomplizierten Zugriff auf Nährwertangaben und Allergikerinformationen. So wird kreativ Kundenaktivierung erzielt und Kundenbindung geschaffen.

8.7 BlueBite Experiences Platform

Infrastruktur- und Hardware-Management
BlueBite verbindet physische Objekte mit digitalem Content. Im Fokus dabei steht der Kontext. Die BlueBite Experiences Platform liefert den richtigen Inhalt zur richtigen Zeit an die richtigen Menschen. Die Herausforderung des Internets der Dinge ist das Zusammenspiel unterschiedlicher Technologien, um eine Vielzahl von physischen Objekten miteinander verbinden zu können.

BlueBite ermöglicht es, mit einem einzigen Dashboard all die eingebundenen Technologien zu managen (Abb. 8.5), sodass der User sich ganz auf die Experience konzentrieren kann. Das System umfasst: eine skalierbare Cloud-Infrastruktur, basierend auf einem stabilen API und einer einfachen Oberfläche, um Objekte und Inhalte zu einer smarten Experience verbinden zu können.

Folgende Technologien können mit BlueBite genutzt werden: RFID, NFC, Bluetooth (iBeacon und Eddystone), WLAN.

Abb. 8.5 BlueBite Dashboards. (Fotos: BlueBite)

Content Management

BlueBite erlaubt Anwendern, all ihre smarten Objekte, Experiences und Nutzerinformationen in einer Cloud-basierten Plattform zu steuern und Content anhand eines individuellen Regelwerkes – wer, was, wann, wo und in welcher Form – auszuliefern.

Dabei können Objektinhalte einfach mit Kampagnen, Echtzeit-Social-Media-Streams oder anderen Daten, wie lokalem Wetter, einem bestimmten Ort, der Point of Information und anderen Drittdaten, verbunden werden und damit kann ein kontext-relevanter Service für jeden User angeboten werden.

Der Content besteht aus einer Custom Smart Experience aus dem BlueBite-System, einer direkten Verlinkung zu einer bestehenden Landingpage oder beliebigen Rohdaten im JSON-Format.

Analytics und Monitoring

Um langfristig erfolgreiche Produkte und Services anbieten zu können, ist es unabdingbar, Daten während des gesamten Lebenszyklus der Produkte zu erzeugen und damit ein besseres Verständnis für das Produkt und dessen Nutzung zu entwickeln. Analog zu traditionellen Supply-Chain-Management-Systemen kann man aus den gewonnenen Daten auch in der Verwendungsphase, also post-sale, Informationen auswerten: wann, wie oft, wo, wie und von wem wurde ein Produkt nach dem Kauf genutzt.

BlueBite sammelt eine Auswahl an Daten zu jeder Interaktion mit dem Objekt. Damit erhalten die Marken Erkenntnisse in Echtzeit während der Nutzung und können so Services und Inhalte besser steuern. Davon profitieren Kunden wie auch die Marken.

Integration in andere Systeme/Schnittstellen
Smart Experiences funktioniert auf Basis einer Vielzahl von Datenquellen, viele davon von Drittanbietern. Nachfolgend eine Auswahl:

- Allgemeine Daten:
  - Erkennung von Smartphones, um ein definiertes Nutzerverhalten in Echtzeit analysieren zu können
  - IP-Abgleich
  - Ortsbestimmung (Yelp, Foursquare)
  - Wetter, Schneehöhen etc. (abhängig von der Region)
  - Öffentlicher Nahverkehr
- Social Media:
  - Instagram
  - Twitter
  - YouTube
  - Vimeo
  - General User Generated Content

Referenzen

- Spyder bietet seinen Kunden einen dynamischen Berg-Service mit Skijacken des US Ski-Teams. User erhalten über einen NFC-Tag, der unter dem Spyder-Logo platziert ist, aktuelle Wetter- und Pistenberichte, Wandertouren und Informationen über den Après-Ski-Event. Für eine ausführliche Beschreibung siehe Abschn. 9.5.2.
- DYNE integriert ebenfalls NFC in seine Herrenbekleidung und nutzt diese Technologie und BlueBite, um die Kunden über verwendete Materialien und Funktionen der Kleidung zu informieren und einen digitalen Kommunikationskanal zum Kunden aufzubauen. Darüber hinaus werden diese Funktionen auch genutzt, um dem Verkaufspersonal zusätzliche Argumente für das Verkaufsgespräch zu geben. Also: verbesserte Kommunikation und mehr Informationen, geliefert über die Produkte selbst, als Wettbewerbsvorteil.
- Für die Jahreskonferenz der Outdoor Advertising Association of America, Inc. (OAAA) realisierte BlueBite smarte Namens-Badges, die mit RFID und NFC ausgestattet waren und damit aktuelle Informationen, wie die Agenda, lokales Wetter, Social Media Feeds und Restaurants in der Nähe abrufbar machten. Über RFID-Antennen wurden die Teilnehmer persönlich begrüßt.

8.8 Proximi.io-Plattform

Infrastruktur- und Hardware-Management

Proximi.io ist eine technologieneutrale Plattform, die Indoor- und Outdoor-Positionierungstechnologien alleinstehend oder auch in Kombination mit anderen einsetzt, um die Position eines Handys akkurat bestimmen zu können.

Derzeit werden folgende Technologien unterstützt: iBeacon, Eddystone, WiFi, GPS und geomagnetische Sensoren von IndoorAtlas. Ein geomagnetischer Sensor misst die Stärke von Magnetfeldern. Zum Beispiel Google Maps oder Navigations-Apps für die Orientierung greifen bereits in der breiten Anwendung auf diesen Sensor im Handy zu. Darüber hinaus können auch neue Technologien, wie LiFi und Ultrasound, eingebunden werden.

Die Infrastruktur wird über ein Web-Portal gemanagt, welches es ermöglicht, alle Parameter jederzeit in einer laufenden Kampagne live anzupassen, ohne die Anwendung selbst zu ändern. Technologien können an- und ausgeschaltet, aufgezeichnete Positionsdaten verarbeitet und die Datentransferrate zur Cloud jederzeit angepasst werden.

Das Proximi.io-Verzeichnis enthält einen Offline-Cache, der eine positions- und ortsbezogene Ansprache ermöglicht – auch in Situationen ohne Online-Verbindung.

Content Management

Für die Umsetzung einer Customer Journey bietet Proximi.io eine flexible Logikmaschine namens Action Flow Editor (siehe Abb. 8.6). Dieses Tool erlaubt es dem Nutzer, individuelle Logikketten aufzusetzen, die ausgelöst werden, sobald ein Nutzer einen Geofence betritt oder verlässt.

Abb. 8.6 Heat Maps und Wenn-Dann-Abfolge-Flows bei Proximi.io. (Fotos: Proximi.io)

Diese Abfolgen („Flows") können beispielsweise auf Uhrzeit, Wetter oder jeden beliebigen anderen Aspekt ausgerichtet sein. Komplexe Wenn-Dann-Beziehungen und Journeys, auch mithilfe von zusätzlichen externen Datenquellen, können so realisiert werden, was eine passgenaue Ansprache des Nutzers ermöglicht.

Proximi.io selbst hat kein eigenes Content-Management-System, kann aber – mittels Schnittstellen/REST APIs – in jedes bestehende Advertising Tool integriert werden.

Analytics und Monitoring
Das System liefert detaillierte Informationen über die Nutzer-Bewegungen in der realen Welt. Die vorbereiteten Ansichten bieten Heat-Maps, Nutzerzählungen, Verweilzeiten und erkennt Wiederkehrer. All diese Daten können nach unterschiedlichen Parametern gefiltert werden. Die gewonnenen Daten und Profile werden als Pseudonyme angezeigt und wahren so Datenschutz und Privacy der einzelnen Nutzer.

Integration in andere Systeme/Schnittstellen
Integrationen sind ein wichtiger Bestandteil von Proximi.io. Die Plattform kann mit nahezu jedem anderen System verbunden werden – über den Action Flow Editor oder direkt über REST API. Über diese Schnittstellen kann man auch eine völlig unabhängige Lösung bauen. Für Anwendungen bietet Proximi.io native Android und iOS SDKs (Software Developer Kit), ein Cordova Plug-In und ein NativeScript Plug-In.

Referenzen
Seit dem Start im März 2016 wird Proximi.io von über 2800 Entwicklern in der ganzen Welt genutzt (Stand: Juli 2017). Realisiert wurden damit Projekte in Einkaufszentren, Krankenhäusern, Restaurants, in Museen und an Haltestellen im öffentlichen Nahverkehr.

Neben End-User-Anwendungen wird Proximi.io auch in zahlreichen Unternehmen eingesetzt. Partner und Kunden von Proximi.io finden sich unter anderem in Belgien (Prodata Systems), Ägypten (JWS Marketing & Proximity Solutions), Finnland (Museum of Finish Architecture, Alppila Building Maintenance), Großbritannien (Proxicon) und Lateinamerika (Grupo Chequealo).

8.9 iAdvize Conversational-Commerce-Platform

Infrastruktur- und Hardware-Management
Über die Conversational-Commerce-Platform iAdvize können Unternehmen online mit potenziellen Kunden in Kontakt treten: auf einer Webseite via Chat, Voice oder Video, im sozialen Netz und über Messenger (Abb. 8.7). Dank eines intelligenten Targetings können User mit dem größten Potenzial identifiziert und angesprochen werden. Die Beratung kann sowohl durch einen Kundenservice als auch durch unabhängige Experten erfolgen. Unterstützend kommen Chatbots zum Einsatz. Die Plattform unterstützt Vertrieb und Customer Care.

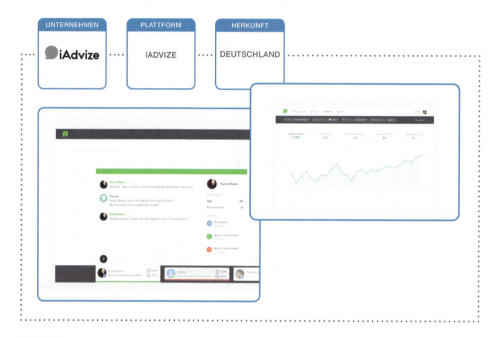

Abb. 8.7 iAdvize Dashboard. (Fotos: iAdvize)

Content Management

iAdvize ist eine Full-Stack-Plattform, das bedeutet, eine Engagement-Technologie, eine unabhängige Experten-Community, die flexibel und qualifiziert auf Fragen potenzieller Kunden eingeht, und ein Reporting-Tool, das eine kontinuierliche Verbesserung ermöglicht, sind integriert.

Anhand von Analysen des Nutzerverhaltens und Social Listening können User in Gruppen aufgeteilt werden. Die Besucher, die das größte Kaufpotenzial aufweisen und Hilfe benötigen, können gezielt angesprochen werden. Unternehmen können direkt auf die Bedürfnisse der potenziellen Kunden eingehen.

Die Targeting-Regeln werden entsprechend der Ziele jedes Unternehmens speziell angepasst. iAdvize unterscheidet die Regeln wie folgt:

- Predictive Targeting: Anhand des Navigationsverhaltens können kritische Situationen erkannt und den Webseiten-Besuchern geholfen werden, bevor sie die Webseite verlassen.
- Elastisches Targeting: Die Targeting-Regeln werden automatisch an die Anzahl der Berater und der Anzahl der Besucher angepasst. Die Regeln werden demnach mit dem Anstieg des Traffics elastisch zugespitzt.
- Kunden-Scoring: Hierbei werden dem Webseiten-Besucher je nach Reifegrad und Fortschritt Punkte in der Customer Journey zugeteilt.

Die Kommunikationskanäle mit den Kunden werden entsprechend des Kontexts und des potenziellen Wertes ausgewählt: Chat, Messaging, Call-Back, Video-Chat, Facebook, Twitter oder WhatsApp.

Je nach Art der Frage können die User mit dem richtigen Ansprechpartner in Verbindung gebracht werden:

- Inhouse-Agenten: Inhouse-Agenten sind direkt im Unternehmen angestellt. Sie haben Zugang zu den Kundendaten und können den Kunden fachmännisch beraten.
- Unabhängige Experten: On-Demand-Experten bieten als unabhängige Experten, die pro Kontakt oder Verkauf bezahlt werden, ihre Hilfe an. Das Unternehmen kann auf diese Weise authentische Gespräche im Pre-Sales anbieten und rund um die Uhr qualitativen Service anbieten.
- Chatbots: Einfache Chatbots, die für repetitive Aufgaben unterstützend zum Kundenservice eingesetzt werden, verbessern den Prozessablauf.

Referenzen
iAdvize nutzt Chatbots bei Energieversorgern, wie EDF (Frankreich) oder ENTEGA (Deutschland), und im Kundenservice zur Qualifizierung der Gespräche und zur Verbesserung der Customer Experience. Beim Handwerker-Portal ManoMano (Frankreich) steuert iAdvice Kundenanfragen im Pre-Sales, um je nach Anfrage an Callcenter-Agenten oder externe Experten zu verlinken.

8.10 Smart Product Service Platform von GoodsTag

Infrastruktur- und Hardware-Management
Anders als die bisher vorgestellten Plattformen stehen beim dem Berliner Unternehmen GoodsTag die Produkte im Fokus. Hierfür bietet GoodsTag RFID/NFC-Lösungen, um Produkte zu sichern, trackbar zu machen und Interaktionen mit Händlern und Endkunden zu ermöglichen. Basis ist eine AutoID-Plattform, die den gesamten Produkt-Lebenszyklus abdeckt.

Product ID & Mobile Service Management
Die Plattform ist modular aufgebaut, sodass jeder Nutzer sein Eco-System mit den für ihn passenden Funktionen einrichten kann (Abb. 8.8). Basisfunktion für alle Anwendungsmodule bildet die globale ID-Serialisierung und das Tag-Management, wodurch jedes einzelne Produkt jeder Verpackung eine individuelle ID erhält. Zum Einsatz kommen hierfür, je nach Anwendungsbedarf NFC-, RFID- oder digitale Drucktechnologien (wie zum Beispiel QR- oder Datamatrix Codes).

Abb. 8.8 Platform Manager von GoodsTag. (Foto: GoodsTag)

Die Module der Smart-Product-Services-Plattform im Überblick:

1. Consumer Web-App für kontextuelle Services, wie beispielsweise:
   - Weltweite Originalitätsprüfung
   - Interaktive Informationen zu Inhaltsstoffen, Herkunftsangaben, Anwendungshinweisen
   - Produkt-Registrierung für Garantie, Versicherung und Kundenservice
   - Produktbasierte Specials, Zugaben, Events
   - Nachbestellung, Nachfüllung, Reparatur-Service und Recycling
2. Die Business App bietet Händlern und Angestellten RFID-basierte Anwendungen, wie zum Beispiel:
   - Personalisiertes Dashboard
   - Inventar-Management
   - Track & Trace Management
   - Diebstahlsicherung durch Ein- und Auschecken einzelner Artikel
   - Produktbasierte Kundenkommunikation, zum Beispiel Alerts bei Rückrufen oder Nachrichten zu anstehenden Special Editions
   - Personalisierte KPI-Reports
3. Der Platform Manager ist die zentrale cloudbasierte Kontrollzentrale für das globale Serialisierungs- & Service-Management und die Nutzung der Produkt-IDs und Tags

(RFID/UHF, RFID/NFC, QR-Code oder andere). Hiermit können auch in weltweit verteilten Produktionsstandorten smarte Labels sicher produziert und so serialisierte Produkte oder Verpackungen mit digitalen Services verknüpft werden.

Die Rechteverwaltung gehört ebenso zu den Funktionen wie die individuelle Konfiguration der Echtzeit-Daten und Analysen. RFID-Hardware (z. B. mobile oder stationäre Scanner) und Locations werden über die Plattform ebenso gesteuert wie kontextuelle Customer Experiences – Pre- und Post-Sale.

4. Development und Design Services: GoodsTag unterstützt darüber hinaus bei der Entwicklung passender smarter Services, bei der Gestaltung smarter Labels und Verpackungen, der Integration von ERP-Systemen, Grundrissen und Lageplänen sowie anwendungsspezifischen Trainings.

Analytics und Analysen
GoodsTags Product-Journey-Analytics berücksichtigt alle Daten im Kontext – Produkt, Ort und Ereignis und das während der gesamten Product Journey – von der Produktion bis zum Konsumenten.

Integration in andere Systeme/Schnittstellen
GoodsTag besteht aus einem umfassenden Set ineinandergreifender SaaS-Module (Software-as-a-Service) mit standardisierten APIs, Java-Script-Bibliotheken und Entwickler-Tools für die Integration in andere Systeme.

Referenzen

- Henkel versieht alle Produkte seiner Haarpflegeserie Indola mit NFC-Tags. GoodsTag kommt zum Einsatz, um diese Produkte vor Plagiaten zu schützen, mögliche Graumärkte zu analysieren und einzudämmen, die Warenverfügbarkeit zu optimieren und einen Kommunikationskanal zu Friseuren und Konsumenten aufzubauen.
- Victorinox entwickelt auf der GoodsTag-Plattform Reisegepäck zu smarten Begleitern mit mobilen Services für Händler und Konsumenten – individuell, lokal und im jeweils passenden Kontext: von der Originalität des Produktes über Informationen am Aufenthaltsort bis hin zu zusätzlichen Produkten, wie Reise- und Gepäckversicherungen.

Ausführliche Beschreibungen dieser Cases sind in den Abschn. 9.4.2 bzw. 9.5.5 nachzulesen.

Fazit
Anders als in vielen klassischen Medien arbeiten die Anbieter der IoT-Plattformen immer stärker zusammen und erhöhen durch diese Kooperationen ihre Reichweite. Alle in diesem Kapitel vorgestellten Plattformen bieten Schnittstellen zu bestehenden anderen Systemen.

Besonders konsequent setzt Unacast dies in seinem Real World Graph™ um, in dem sie mit derzeit 66 Partnern zusammenarbeiten und so die aggregierten Daten aller Partner in seinen Kampagnen mit einbeziehen können. Jede Plattform erfasst durch ihre Kunden und deren Kampagnen andere Interaktionen des Konsumenten durch dessen Sensoren (NFC-Tags, Beacons, GeoFences etc.). Aggregiert man diese Daten, erhält man eine deutlich bessere Vorstellung der Konsumenten und ihrer Lebenswelt. Zusammen können die Partner des Real World Graph™ so beispielsweise zwei Millionen oder rund 40 Prozent aller kommerziellen Beacons weltweit ansprechen (Stand 04/2017, Goldman 2017).

Und das ist erst der Anfang. Je mehr Produkte vernetzt werden, desto länger und genauer kann man Konsumenten während der Verwendung begleiten. Bislang setzte man das verfügbare Marketingbudget größtenteils in die Erregung von Aufmerksamkeit, den Aufbau von Vertrauen über Werbeversprechen, ausgespielt an eine möglichst hohe Anzahl von Kontakten und in unterschiedlichen Vertriebskanälen. Damit ist beim Verbraucher von heute kaum mehr etwas zu gewinnen, denn er erwartet eine neue Nähe zu Marken bzw. Produzenten und einen direkten Kommunikationskanal – und dies nicht nur bis zur Kaufentscheidung. Die Post-Sale-Phase enthält ein vielfach höheres Potenzial als die Kaufanbahnung.

Ein engmaschiges Netz aus Touchpoints mit Marke und Händler ist der Schlüssel. IoT-Plattformen ermöglichen dies durch Orchestrierung aller Maßnahmen mittels Sensoren, die den jeweiligen Kontext des Konsumenten ermitteln bis hin zu bidirektionalen Kommunikationskanälen.

Die gewonnenen Insights haben künftig die größte Bedeutung bei der Produktentwicklung, der Warenverfügbarkeit und -zustellung und im Marketing. Entsprechend groß ist der Stellenwert der Plattformen.

Literatur

Goldman, J. 2017. The Startup That Just Might Threaten Google, 24. Apr. https://www.inc.com/jeremy-goldman/this-startup-wants-to-be-google-for-the-physical-world.html. Zugegriffen: 01. Nov. 2017.

Unacast. 2017. Proximity Marketing in Retail.Proximity.Directory Report. State of the Proximity Industry Q1 2017, S. 31 ff. Oslo. https://www.unacast.com/post/proximity-marketing-in-retail-how-does-it-work-in-practice. Zugegriffen: 01. Nov. 2017.

Praxisbeispiele entlang der Customer und Consumer Journey

9

Inhaltsverzeichnis

9.1	Übersicht und Beschreibungskriterien...	403
9.2	Out of Home	405
	9.2.1 WallDecaux City Light Poster..	405
	9.2.2 Strappy in der U-Bahn Tokio...	407
	9.2.3 Subway-Mobile-Kampagne...	408
	9.2.4 Mobiles Prämienprogramm MoovOn	409
	9.2.5 Magnum Pop-up-Stores...	411
	9.2.6 Virtual-Reality-Kaufhaus Myers...	413
	9.2.7 Chatbot-Kommunikation bei Électricité de France	414
9.3	In-Store	416
	9.3.1 EDEKA Paschmann mit lichtbasierter Indoor-Navigation	416
	9.3.2 RFID und Robotik bei Adler-Modemärkten	417
	9.3.3 Timberland Connected Store	419
	9.3.4 Dialogmarketing bei Ikea...	421
	9.3.5 True Religion Digital Sales Floor	423
	9.3.6 Smart Tray bei Chow Tai Fook	425
	9.3.7 HIT Sütterlin und Amazon Alexa	427
9.4	Konsumgüter-Produkte	429
	9.4.1 Connected Bottles	429
	9.4.2 Indola Haarpflegeserie..	430
	9.4.3 Rügenwalder Mühle...	432
9.5	Textilien	432
	9.5.1 Smarter Rucksack IT-BAG	433
	9.5.2 Spyder Ski-Jacken-Experience	437

Elektronisches Zusatzmaterial Die Online-Version für das Kapitel (https://doi.org/10.1007/978-3-658-18759-0_9) enthält Zusatzmaterial, das berechtigten Benutzern zur Verfügung steht. Oder laden Sie sich zum Streamen der Videos die „Springer Multimedia App" aus dem iOS- oder Android-App-Store und scannen Sie die Abbildung, die den „Playbutton" enthält.

9.5.3	Googles und Levi`s smarte Jeansjacke	438
9.5.4	Rimowa Electronic Tag und Carry-On von Bluesmart	440
9.5.5	Victorinox Travel Gear	441
9.5.6	Adidas Sportschuhe	442
9.6	Haushaltsgeräte	444
9.6.1	OTTO-Produkt-Assistent	444
9.6.2	Multifunktionsgerät von Cucina Barilla	446
9.6.3	Unibond Aero 360° Moisture Absorber E-Connect	447
9.6.4	BSH Home Connect mit Alexa	449
9.7	Sport	450
9.7.1	Fan-Experience im Hamburger Volkspark-Stadion	450
9.7.2	Mexico City Marathon	453
9.7.3	American Football Real-Time Analytics	453
9.7.4	Konzeptstudie Air Runner	455
9.7.5	Telstar 18: Fußball zur Weltmeisterschaft 2018	457
9.8	Industrie und Gastronomie	458
9.8.1	EVOS™ DCi der Linde Group	458
9.8.2	UBER Bierdeckel-Kampagne	459
9.8.3	Rastal Smart-Glass® und die digitale Theke der Telekom	461
9.8.4	Carlsberg Crowdit	462
9.8.5	Bottoms-Up-Becher mit Bezahlfunktion	463
9.9	Freizeit und Reisen	465
9.9.1	Beatie Wolfes NFC-Musikalbum	465
9.9.2	Veranstaltungen besuchen mit Wristbandiz	466
9.9.3	Reisen mit Princess Cruises	467
9.9.4	Nintendos interaktive Spielfiguren	469
9.9.5	Digitales Audiosystem Toniebox	470
9.9.6	Service-on-Demand beim Robinson Club	471
9.10	Kulturelle Einrichtungen	473
9.10.1	Digitale Erlebnisse in Museen und Galerien	473
9.10.2	Intelligente Suche in Bibliotheken	476
9.10.3	Virtual-Reality-Theater	477
9.11	Print-Medien	477
Literatur		479

Zusammenfassung

Bei den großen und wachsenden Herausforderungen der Digitalisierung in allen Bereichen sind kleine überschaubare Pilotprojekte oft ein erster wichtiger Einstieg, um sich an die neuen Dimensionen heranzutasten – sei es nun in Form einer neuen direkten Kundenansprache oder der Gewinnung von echten Insights in seine eigenen Kunden, unabhängig von Befragungen und Fokusgruppen.

Dieses Kapitel stellt aktuelle Praxisbeispiele und Anwendungen von Digital Connection, Proximity Marketing und dem Einsatz von smarten Technologien vor. Die über fünfzig Fallbeispiele beschreiben, wie smarte Technologien in den Bereichen Konsumgüter, Werbung und Medien, Handel, Textilien, Haushaltsgeräte, Sport und Events, Industrie und Gastronomie, Reisen und kulturellen Einrichtungen heute schon eingesetzt werden und welchen Nutzen sie für Produktentwicklung, Logistik, Handel und Kommunikation haben.

9.1 Übersicht und Beschreibungskriterien

Es ist zu beobachten, dass erfolgreiche Hersteller wie auch Händler aus diesen ersten Versuchen lernen, die gewonnenen Erfahrungen in das nächste Pilotprojekt einfließen lassen und so immer sicherer werden im Umgang mit den neuen Möglichkeiten und Herausforderungen der Digitalisierung. Diese iterative Vorgehensweise erscheint am erfolgversprechendsten, denn ein perfektes System kann nicht am Reißbrett entwickelt werden, ebenso wenig, wie die genaue Kopie eines Fallbeispiels meist nicht funktioniert. Es sind letztlich alle Bereiche eines Unternehmens auf die neuen Erwartungen des Kunden umzustellen.

In der Praxis finden sich bereits vielfältige Anwendungsbeispiele zu smarten Technologien und Digital Connection. Diese werden im Folgenden vorgestellt.

Berücksichtigt wurden dabei Konzeptstudien ebenso wie Pilotprojekte und Produkte im globalen Rollout. Die Auswahl erfolgte weniger über die Bekanntheit der Marken oder das Projektvolumen als vielmehr über den erfolgreichen Einsatz von smarten Technologien sowie die Nutzung der Funktionen und Stärken der unterschiedlichen Technologien zur Lösung konkreter Aufgabenstellungen.

Einheitliche Beschreibungsstruktur der Fallbeispiele

Zur besseren Einordnung und zum erleichterten Vergleich sind alle Cases in der nachfolgenden Struktur beschrieben:

- Zielsetzung der Lösung
- Kurze Beschreibung der Anwendung
- Eingesetzte smarte Technologie oder Technologien
- Geografie und Startzeitpunkt
- Nutzen und Ergebnisse

Übersicht über die berücksichtigten und vorgestellten smarten Technologien

Abb. 9.1 zeigt eine Übersicht der vorgestellten Technologien mit den in den Beschreibungen verwendeten Symbolen. Auch wenn es für nahezu jede Technologie für die Industrie notwendige Standardisierungsgremien gibt, so haben sich bislang nur in einzelnen Fällen einheitliche Icons durchsetzen können. Eine Einigung würde die Orientierung für Nutzer und Verbraucher deutlich erleichtern.

Erläuterungen der Abkürzungen

Die einzelnen Abkürzungen bedeuten, von oben nach unten gelesen:

- Barcode oder auch Strichcode
- QR-Code oder auch Quick Response Code
- RFID oder Radiofrequenz-Identifikation
- NFC oder Near Field Communication
- GPS oder Global Positioning System
- WLAN oder Wireless Network

- Bluetooth
- AR/VR oder Augmented Reality und Virtual Reality
- Human Computer Interaction oder sprachgesteuerte Assistenten
- Chatbots und Messenger
- Ultraschall
- Visible Light Communication oder Informationsübertragung mithilfe von Licht
- Drohne
- GSM oder Global System for Mobile Communications

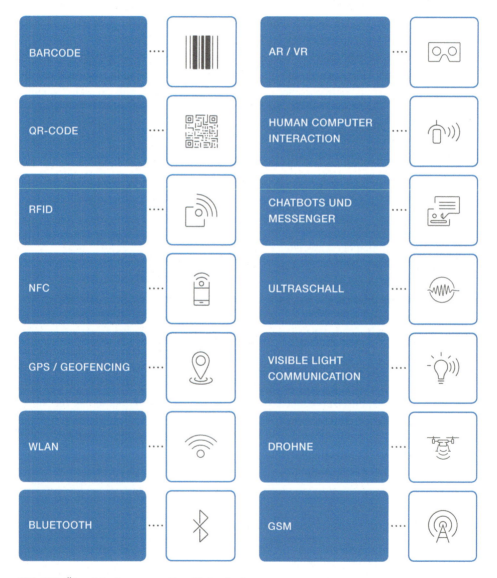

Abb. 9.1 Übersicht der vorgestellten Technologien

9.2 Out of Home

Out-of-Home-Medien (OoH), das heißt Außenwerbung, konnten ihren Marktanteil in Deutschland im Jahr 2016 um sechs Prozent steigern, wobei DooH (Digital out of Home) der deutliche Treiber ist. Dessen Anteil an OoH liegt bereits bei 16 Prozent (Nielsen 2017). E-Commerce-Kunden entdecken Außenwerbung für sich und gaben 2016 90 Prozent mehr in dieser Mediengattung aus als im Vorjahr. Auch Mobile konnte einen Zuwachs von 51 Prozent verbuchen.

Für den Zuwachs sorgen vor allem digitale Werbeflächen und die Verknüpfung mit mobilen Kampagnen. Aktuelle Technologien wie Beacons, NFC oder auch Bilderkennung ermöglichen eine Interaktion mit dem zukünftigen Kunden und sorgen für eine höhere Werbewirkung (WallDecaux 2015) und bieten einen direkten Interaktionskanal.

Mehr als 60 Prozent von Kunden beziehungsweise Fahrgästen würden die Interaktionsmöglichkeit beim Warten auf Bus und Bahn nutzen. Der Mehrwert sind Informationen über Produkte oder Dienstleistungen.

9.2.1 WallDecaux City Light Poster

Zielsetzung

Die Botschaft der Haftpflicht-Helden in der Kampagne ist ein klares Nein zu starren Versicherungsverträgen. Um das dem Betrachter zu vermitteln, sollte die digitale Kampagne eine Absage an klassische Versicherungswerbung sein. Mit kreativen Inhalten und einer Interaktion mit Passanten sollten die Media-Ziele Reichweitenaufbau und Steigerung des Bekanntheitsgrads sowie des Traffics auf der Website inklusive App-Downloads erreicht werden. Das unternehmerische Ziel war die Erhöhung der Vertragsabschlüsse per App (Abb. 9.2).

Anwendungsbeschreibung

WallDecaux rüstete über 1000 Werbeflächen für City Light Poster in 16 Städten mit Beacons, NFC und QR-Codes aus. Das sogenannte „EngagementNet" ist das größte interaktive Out-of-Home-Netz in Deutschland. Es erlaubt Werbungtreibenden, ihre meist analogen Kampagnen auf das Smartphone zu verlängern und somit mobile Call to Actions zu integrieren und das nahezu ausschließlich in Wartesituationen der User.

Im Januar 2017 liefen auf 75 digitalen Werbeflächen im Berliner U-Bahn-Netz die prägnanten Spots der Haftpflicht-Helden. Zusätzlich stattete WallDecaux die digitalen City Light Poster in der Friedrichstraße und am Checkpoint Charlie in Berlin mit Annäherungssensoren aus. Das Entscheidende bei der Kreation: Wenn ein Passant sich dem digitalen

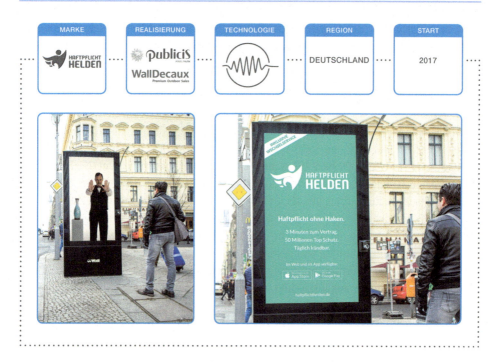

Abb. 9.2 Interaktiver Werbeträger im Straßenbild. (Foto: WallDecaux)

City Light Poster (DCLP) näherte, reagierte das Motiv darauf. Je nach Abstand spielte das DCLP einen der vier vorbereiteten Spots ab, bei dem das Testimonial scheinbar mit dem Passanten interagierte. Der Betrachter brachte letztlich eine abgebildete Vase zum Umfallen und der Versicherungsfall trat ein. Im letzten Schritt wird dann das Angebot der Haftpflicht-Helden eingeblendet. Damit ist für die Passanten klar: Mit Haftpflicht-Helden kommt man schneller zum Versicherungsschutz über die täglich kündbare Privathaftpflichtversicherung per Smartphone.

Die Technik hinter der Kampagne besteht aus einem Ultraschallsensor. Dieser misst die Entfernung zu Betrachtern vor dem Werbeträger. Ähnlich wie das Sonar der Fledermäuse erzeugt ein Ultraschallsender mehrere Ultraschall-Bursts im Bereich von 40 kHz. Im Weiteren werden die reflektierten Schallwellen mit einem Ultraschallempfänger empfangen, der anschließend dann mithilfe eines Prozessors die Zeit misst, bis das Echo eintrifft.

- Schneller Aufbau von Reichweite und Steigerung der Bekanntheit
- Kreative Interaktion mit urbaner Zielgruppe transportiert Kampagnen-Idee
- Ultraschall als Annäherungssensor

Nutzen und Ergebnisse

Die Kampagne der Haftpflicht-Helden auf insgesamt 77 DCLP war ein voller Erfolg. Nur eine Woche Laufzeit in Berlin führte zu einem Bekanntheitsschub um das 14-fache im Vergleich zu den Kontrollstädten ohne Kampagne. In dieser Zeit wurden rund 58 Prozent der

Berliner durch die Werbemotive aktiviert. Im gleichen Zuge hat auch die Aktivierung der Nutzer funktioniert: 65 Prozent der Befragten, die mit dem Plakat Kontakt hatten, wollten sich im Netz näher darüber informieren. Dies wird eindrucksvoll durch die Website-Visits der Haftpflicht-Helden belegt. Mehr als 100.000 neue Nutzer haben die Seite besucht.

Für WallDecaux war die Kampagne der Haftpflicht-Helden der erste Härtetest für ein neues, gezielt an Start-ups gerichtetes Angebot namens „Out of Home Fittery" zum Aufbau von Reichweite.

9.2.2 Strappy in der U-Bahn Tokio

Die japanische Firma Shunkosha führte 2012 eine neue Art der interaktiven Werbung in der U-Bahn von Tokio ein. Integriert in die Schlaufen (Abb. 9.3), an denen sich der Fahrgast hält, befindet sich *Strappy*, eine kleine Box zur Übertragung von Daten über NFC (Near Field Communication). Tappt ein Fahrgast diese Box mit seinem Smartphone, öffnet sich automatisch der Browser oder ein Video auf seinem Display (Jaffe 2012).

Mittels NFC kann Strappy das Mobiltelefon für gewünschte Werbezwecke verwenden. Zudem kann es für Fahrplanaktualisierungen, Kundenservice oder sogar als mobiler Fahrkartenautomat verwendet werden. Vor der flächendeckenden Einführung in Tokyo wurde dieses System schon 2007 in der U-Bahn in London und von der Deutschen Bahn in Städten wie zum Beispiel Berlin, Köln oder Frankfurt getestet.

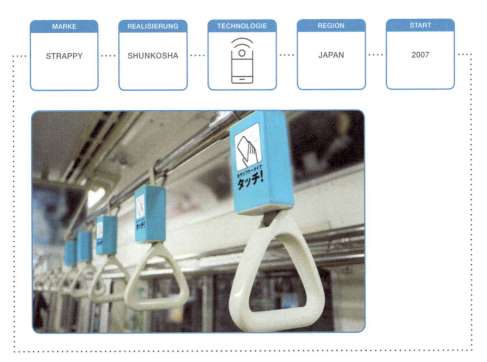

Abb. 9.3 Strappy – interaktive Werbung in der U-Bahn. (Foto: Shunkosha)

9.2.3 Subway-Mobile-Kampagne

Zielsetzung

Die Fastfood-Kette Subway betreibt mehr als 500 Restaurants in Frankreich. Um die Zielgruppe direkt auf dem Smartphone anzusprechen und somit die Besucherzahlen zu erhöhen, setzte das Unternehmen Mobile Advertising ein. Hierbei war es Subway besonders wichtig, die richtige Zielgruppe im entscheidenden Mobile Moment anzusprechen, durch ein interaktives Werbemittel zu begeistern und letztendlich zum Besuch zu motivieren. Darüberhinaus sollte die direkte Wirkung von Location-Based Advertising auf die Besucherfrequenz in Restaurants gemessen werden (Abb. 9.4).

Anwendungsbeschreibung

Subway beauftragte die Agenturen MediaCom, Lokall und S4M mit der Durchführung der Kampagne. Für die Kampagne wurde ein innovatives Full-Screen-Werbeformat entwickelt, welches sich auf den jeweiligen Aufenthaltsort bezieht und Nutzer direkt zu dem nächstgelegenen Restaurant navigiert. Darüber hinaus beinhaltete das Werbeformat das aktuelle Werbevideo der Fastfood-Kette.

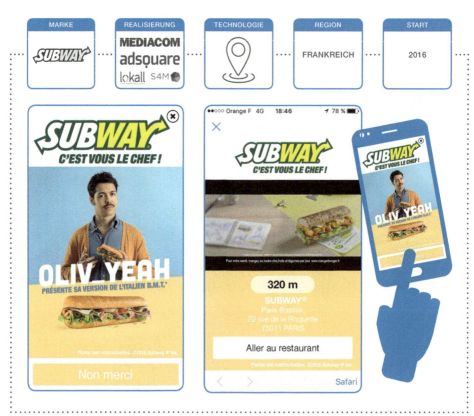

Abb. 9.4 Interaktive mobile Kampagne im direkten Umkreis eines Restaurants. (Fotos: adsquare)

Die Werbekampagne wurde an die Zielgruppe „Fast Food Consumers" ausgeliefert, welche über die Audience Management Platform von Adsquare modelliert wurde. Hierfür wurden Daten von acht Millionen Smartphones ausgewertet und Nutzer selektiert, die sich in den vergangenen 30 Tagen vor Kampagnenbeginn im Umkreis von 400 Metern um Fast-Food Restaurants aufhielten. Neben den Subway-Restaurants wurden hier auch die Restaurants der vier größten Wettbewerber berücksichtigt.

Die Werbekampagne wurde an Nutzer aus dem erstellten Segment ausgeliefert. Bei der Auslieferungslogik über Programmatic Advertising wurde der aktuelle Kontext der Nutzer berücksichtigt: So wurden ausschließlich Konsumenten angesprochen, die sich im Einzugsgebiet der Restaurants aufhielten. Darüber hinaus wurde das Targeting auf die Mittags- und Abendzeit begrenzt.

Nach Auslieferung der Kampagne wurde das örtliche Verhalten von acht Millionen Nutzern aus zwei Gruppen ausgewertet. Hierbei wurden Nutzer mit Werbekontakt und Nutzer aus einer Kontrollgruppe ohne Werbekontakt verglichen. Die Ergebnisse sahen folgendermaßen aus:

- Steigerung der Besuchsfrequenz
- Wirksamkeitsnachweis von Location-Based Advertising
- Effektive und gezielte mobile Werbekampagne

Nutzen und Ergebnisse
Die Kampagne war für Subway ein voller Erfolg und erhielt mehrere Auszeichnungen, unter anderem Mediapost's Creative Media Award. Während der Kampagne wurden insgesamt 4.748.457 Ad Impressions ausgeliefert und es konnte eine Click-Rate von 4,26 Prozent gemessen werden. Als besonders erfolgreich stellte sich das eingebundene Video heraus, welches sich 46 Prozent der Nutzer bis zum Ende ansahen.

Der von Adsquare erstellte Footfall-Report zeigte darüber hinaus, dass in der Zielgruppe die tatsächlichen Besucherzahlen um 46,72 Prozent erhöht werden konnten. Der Vergleich mit den Wettbewerbern zeigte, dass diese neuen Besucher vor allem von einer anderen namhaften Fastfood-Kette wechselten. Die Analyse belegt die Wirkung von mobiler Werbung und das Potenzial, durch sie die Besucherzahlen signifikant zu erhöhen (Adsquare 2017).

9.2.4 Mobiles Prämienprogramm MoovOn

Zielsetzung
MoovOn ist ein Mobilitäts-Prämienprogramm für Mobiltelefon-Nutzer, die in Deutschland unterwegs sind. Ziel ist es, das Kundenverhalten besser analysieren zu können und die Besuchsfrequenz bei den Partnerunternehmen zu erhöhen (Abb. 9.5).

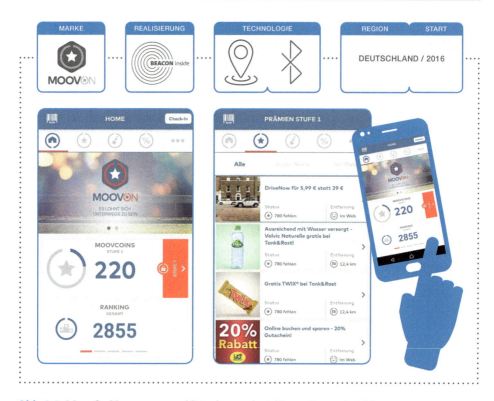

Abb. 9.5 MoovOn Nutzerstatus und Prämienangebot. (Fotos: Beaconinside)

Anwendungsbeschreibung

Der Nutzer sammelt MoovCoins unter anderem für zurückgelegte Kilometer oder den Besuch eines Partnerunternehmens. Um die entsprechende Verifizierung eines Partnerstandorts gewährleisten zu können, werden neben einer GPS-gestützten Lokalisierung (Geofencing) auch Beacons an den Standorten installiert. Die MoovOn-App erkennt das Signal der Bluetooth-Funksender, ordnet es einem konkreten Standort zu und schreibt dem Nutzer automatisch MoovCoins für den Besuch gut.

Ist an dem Standort zudem ein Angebot oder ein Service hinterlegt, so erhält der Nutzer eine Push-Benachrichtigung, die über das Angebot informiert, oder der Service wird beim Öffnen der App aktiviert. Auf diese standortbasierten MoovOn-Extras hat der Nutzer nur Zugriff für die Dauer des Aufenthalts in der jeweiligen Beacon-Zone.

Die Infrastrukturverwaltung sowie die korrekte Zuordnung von Standorten und Beacons erfolgt über die Proximity DMP von Beaconinside. Hierzu wurde das Beaconinside SDK in die MoovOn-App integriert. Ein SDK besteht aus einigen Zeilen Programmiercode, die die App zur Erkennung eines Beacons befähigt. Die vom Beacon gesendete und von der App erkannte Beacon-ID wird an die Proximity DMP übermittelt und einem Standort zugeordnet. Sind jetzt der Nutzer und der Standort bekannt und verifiziert, dann kann der Nutzer von den hinterlegten Prämienpunkten, Angeboten oder Mehrwert-Services profitieren.

Um mögliche Missbrauchsszenarien ausschließen zu können, setzt MoovOn bei den Beacons auf ein Sendeformat, das speziell für solche Anwendungsszenarien entwickelt wurde. Hierbei handelt sich um ein rollierendes ID-Verfahren. Die sonst statische ID der Beacons wird periodisch geändert. So werden Fremdzugriffe und Manipulationen der Beacon-Infrastruktur vermieden.

Darüber hinaus verwenden die eingesetzten Beacons noch ein zweites Sendeformat für einen weiteren Service, der eine Standort-relevante Bereitstellung von Web-Inhalten ermöglicht – das Physical Web. Dieser Service ist ohne zusätzliche App verfügbar, da das Sendeformat direkt vom Betriebssystem (Android) erkannt wird und darüber die Web-Inhalte bereitgestellt werden.

- Automatisierte Nutzer-/Services-Identifikation über Beacons
- Bonusprogramm mit automatisiertem Punktesammeln
- Detaillierte Kundenfrequenz-Daten
- Ausschluss von Missbrauchsszenarien

Nutzen und Ergebnisse
Das Programm läuft erfolgreich und integriert immer mehr Partner. Für den Nutzer bietet das System ein vereinfachtes Punktesammeln und erweitertes personalisiertes Service-Angebot vor Ort. MoovOn generiert zudem detaillierte Daten zum Kundenverhalten.

Vorteile für den Nutzer

- Automatisierte Nutzer-/Services-Identifikation über Beacons
- Einfaches Punktesammeln
- Erweitertes Service-Angebot vor Ort

Vorteile für MoovOn

- Steigerung der Kundenbindung und Kundenzufriedenheit
- Frequenzsteigerung an den Standorten der Partnerunternehmen
- Datengenerierung zur detaillierten Einsicht in das Kundenverhalten

9.2.5 Magnum Pop-up-Stores

Zielsetzung
Magnum lud mit der Kampagne Besucher in seine neu eröffneten Pop-up Stores in London und Paris ein. Damit sollte der Kommunikationskanal zum Kunden optimiert werden. Ziel war es zunächst, die neuen Produkte in den Geschäften möglichst vielen Kunden vorzustellen. Magnum generierte mit dieser Kampagne jedoch noch viel mehr Kunden-Insights.

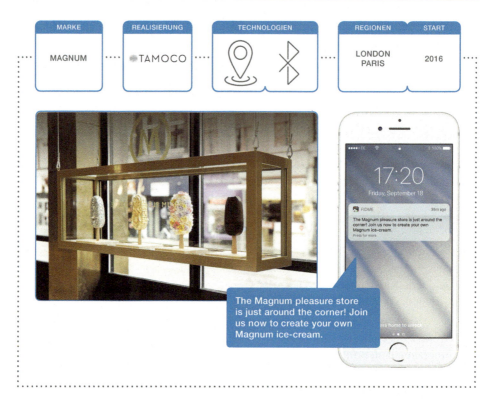

Abb. 9.6 Magnum Pop-up Store und Teaser-Notification. (Fotos: Tamoco)

Basierend auf den Location-Daten der Kunden konnte Magnum in Echtzeit die Performance der Push-Nachrichten analysieren und seine Inhalte kontext-optimiert (in Bezug auf Zeit und Ort) ausspielen (Abb. 9.6).

Anwendungsbeschreibung
Relevante Orte rund um die Pop-up Stores wurden als Geofence definiert. Betrat ein Passant diesen Bereich, erhielt er einen Push-Hinweis auf das Magnum-Geschäft. Im Laden waren dann Bluetooth Beacons installiert, um die Anzahl der Kunden zu messen. So erhielt Magnum eine unmittelbare Erfolgskontrolle der Push-Nachrichten im Umkreis des jeweiligen Ladengeschäftes.

Magnum setzte bei dieser Kampagne auf das Tamoco Network, das die passenden mobilen Profile und die nötige Infrastruktur lieferte. Die gewonnenen Insights aus dem Offline-User-Verhalten und die präzisen skalierbaren Proximity-Daten bieten die Basis für effizientere künftige Kampagnen.

- Frequenz-Erhöhung in Magnum Pop-up Stores
- Real-Time-Optimierung von Push-Nachrichten durch Kontextbezug
- Detaillierte Daten über User-Verhalten rund um einen POS

9.2 Out of Home

Nutzen und Ergebnisse

Während der Kampagne besuchten 54 Prozent derjenigen, die die Nachricht öffneten, den Store. Insgesamt gewann Magnum 1785 neue Kunden durch diese Maßnahme. Darüber hinaus lernte Magnum viel über das Kundenverhalten im Umkreis ihrer Pop-up Stores.

Durchschnittlich 3091 pro Tag und insgesamt über 85.000 Push-Nachrichten wurden während dieser Kampagne an Passanten verschickt, die den Geofence-Bereich betraten. 3279 öffneten die Nachricht und 1785 davon (54 Prozent) betraten anschließend den Laden. Dies wurde über Beacons im Laden validiert. Die Effizienz konnte deutlich gesteigert werden, wenn die Nachricht einen konkreten Ortsbezug enthielt.

9.2.6 Virtual-Reality-Kaufhaus Myers

Zielsetzung

Myer, Australiens größte Warenhauskette, launchte in Zusammenarbeit mit Ebay das erste virtuelle Kaufhaus in Australien. Kunden können sich mit einer App und einem Virtual-Reality-Headset oder einem Cardboard-Reader in einer virtuellen Warenhausumgebung bewegen und sich rund zwölftausend Produkte ansehen und in den virtuellen Warenkorb legen (Abb. 9.7). Mit jedem Besuch wird das Sortiment über Personalisierungs-Features immer individueller an den Geschmack des Kunden angepasst.

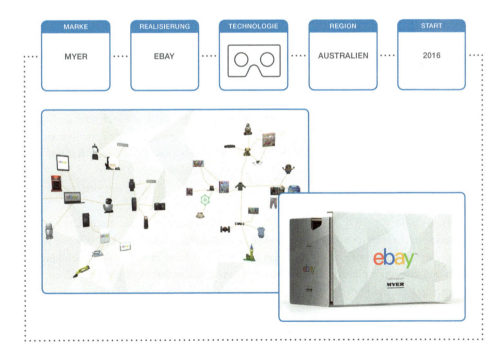

Abb. 9.7 Ansicht des virtuellen Myer-Kaufhauses und Shopticals. (Fotos: Ebay 2016)

Anwendungsbeschreibung
Neben einer Android- oder iOS-App benötigen Myer-Kunden auch ein Virtual Reality-Headset, wie zum Beispiel Samsung GearVR. Um möglichst viele Kunden für das neue Einkaufserlebnis zu gewinnen, bietet Myer kostenlose Cardboards mit dem Namen „Ebay Shopticals" an.

Betritt man das virtuelle Myer, hat man die Auswahl aus über 12.500 Produkten, die in Produktgruppen unterteilt sind und mit Highlights in 3D dargestellt werden. Navigieren kann der Kunde mit seinem Blickverlauf. Möchte er ein einzelnes Produkt näher betrachten und Details angezeigt bekommen, reicht es, wenn er dieses mit den Augen fixiert. Das Produkt wird ihm „entgegenfliegen". Die Technik dahinter hat Ebay neu entwickelt und „Sight Search" genannt (Zimmer 2016).

Über eine Ebay.com-API kann Myer alle Produkte, Preise und Verfügbarkeiten im virtuellen Kaufhaus in Echtzeit aktualisieren.

- Virtual-Reality-Anwendung im Handel
- Klassische Handelselemente mit verbessertem Browsing und mehr Personalisierung
- Virtual-Reality-Navigationstechnik „Sight Search"

Nutzen und Ergebnisse
Myer schafft mit der neuen Anwendung einen effizienten neuen Kanal und ein Einkaufserlebnis, das als lernendes System die Auswahl immer besser an den Geschmack den einzelnen Kunden anpasst.

9.2.7 Chatbot-Kommunikation bei Électricité de France

Zielsetzung
Die Service-Mitarbeiter des französischen Energiekonzerns EDF – Électricité de France konzentrieren sich auf ihr Kerngeschäft und die Kundenberatung. Hierfür sollen sie bei einfachen und wiederkehrenden Fragen, die dem Kunden keinen Mehrwert liefern, aber von dem Kundenberater benötigt werden, unterstützt werden (Abb. 9.8).

Anwendungsbeschreibung
Auf der Website von EDF wurde ein Chatbot eingerichtet, der eine erste Kategorisierung von Unterhaltungen vornimmt und so das Kontaktformular ersetzt. Auf diese Weise können die Kundenberater im Kontakt mit einem Kunden auf qualifizierte Daten zurückgreifen und müssen nicht erst Zeit aufwenden, um den Kunden richtig einzuordnen. Der Chatbot fragt zu Beginn der Kommunikation drei grundsätzliche Informationen vom Kunden ab: Name, Postleitzahl sowie Kundennummer. Diese Informationen sind für die Berater und Agenten notwendig, um den Kunden richtig und schnell beraten zu können.

9.2 Out of Home

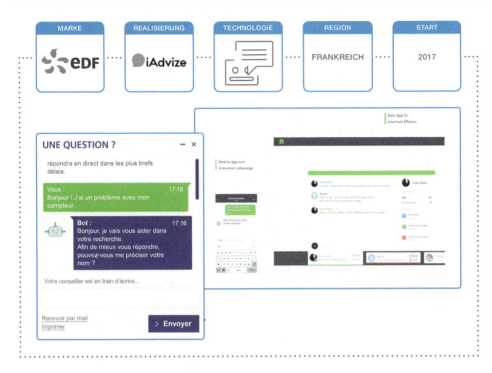

Abb. 9.8 EDF Chatbot-Kommunikation. (Fotos: EDF)

Alle Anfragen und Gespräche mit Kunden werden über eine Plattform zentralisiert. Das bedeutet, dass der Chatbot in allen Kanälen eingesetzt werden kann, die in der Lösung verfügbar sind, von Messenger über Twitter bis zur eigenen Chatlösung. Mit der Conversational-Commerce-Plattform, die EDF nutzt, profitiert der Chatbot von der gesamten Intelligenz, die in der Lösung bereits vorhanden ist. Durch das Routing kann der Webseitenbesucher entsprechend des Kontexts dem richtigen Berater zugewiesen werden.

- Implementierung von Chatbots, um Kundenbeschwerden entgegenzunehmen und Log-in-Probleme zu klären
- Chatbots qualifizieren die Anfragen und leiten sie anschließend an den richtigen Kundenmitarbeiter weiter.

Nutzen und Ergebnisse
Mit der Implementierung von Chatbots können durchschnittlich mehr als 3000 Konversationen pro Monat bearbeitet werden – mit deutlich geringerem Zeitaufwand. Während mit dem Kontaktformular nur in 19 Prozent der Fälle alle erforderlichen Informationen erhalten werden konnten, schafft es der Chatbot in mehr als 95 Prozent (iAdvize 2017).

9.3 In-Store

Kunden wünschen sich heute und in Zukunft ein personalisiertes Einkaufserlebnis. Daher findet im Handel ein Umbruch statt, er folgt dem digitalen Trend. So werden zum Beispiel aktuelle Angebote im Geschäft auf das Handy des Kunden geschickt. Oder die Verkaufsflächen werden mithilfe von Kundenstromanalysen optimiert.

Neue technische Möglichkeiten und smarte Technologien erlauben es zunehmend, im Indoor-Bereich Proximity- und Digital-Connection-Lösungen umzusetzen. Daher finden sich hier zahlreiche verschiedene Praxisbespiele.

9.3.1 EDEKA Paschmann mit lichtbasierter Indoor-Navigation

Zielsetzung
Ziel ist ein optimiertes Einkaufserlebnis für den Kunden durch verbesserte Orientierung sowie personalisierte Angebote und gleichzeitige Prozessoptimierung und Datengenerierung für den Händler.

Anwendungsbeschreibung
Als erster Supermarkt in Deutschland setzt EDEKA Paschmann das lichtbasierte Indoor-Positionierungssystem (IPS) von Philips ein.

Vorgestellt wurde das System erstmals auf der EuroShop im März 2017 in Düsseldorf. Für die funkbasierte Indoor-Navigation integrierte die Firma Favendo für EDEKA die kodierten Lichtsignale der Philips Visible Light Communication (VLC) in das Framework der Shopping-App und bezeugt damit den Trend zur Sensor-Fusion, also das Kombinieren verschiedener Location-Based-Service-Technologien. Das VLC-System ist auf eine permanente und ununterbrochene „Sichtverbindung" der Kamera des Mobiltelefons mit der Lichtquelle angewiesen (Abb. 9.9). Dieser Nachteil wurde aber durch die Kombination mit BLE/Beacon-Technologie eliminiert.

Das kodierte Licht des lichtbasierten Indoor-Positionierungssystems ist für die Handykamera wahrnehmbar, nicht aber für das menschliche Auge. Die Lichtsignale übertragen eine für jede Leuchte individuelle Kodierung, die Informationen zu ihrer Position enthält. Philips und Favendo erreichen so eine Positionierung mit einer Genauigkeit von unter 30 Zentimetern, die den Anforderungen des Lebensmittel-Einzelhandels entspricht, der sich durch viele Produkte auf engem Raum auszeichnet. Das Sortiment von EDEKA Paschmann beispielsweise umfasst 45.000 Artikel auf 2400 qm.

Favendo reichert das schon hochpräzise Indoor-Positionierungssystem durch seine Location-Based Services wie Indoor-Navigation, Produktsuche, Push- und In-App-Notifications und Analytics weiter an. Dadurch können sich Kunden mithilfe ihres Mobiltelefons und der App individuell durch das Geschäft führen und sich Informationen zum Produkt- und Warensortiment und zu aktuellen Verkaufsaktionen auf dem Mobiltelefon anzeigen lassen.

9.3 In-Store

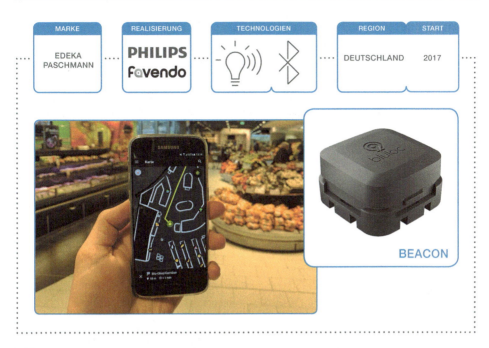

Abb. 9.9 Indoor-Navigation bei EDEKA Paschmann. (Fotos: Favendo)

- Verbesserte Navigation durch Kombination von Visible Light Communication (VLC) und BLE/Beacons mit einer Genauigkeit von unter 30 cm
- Kunden und Verkaufspersonal nutzen dieses System

Nutzen und Ergebnisse

Geschäftsführer Falk W. Paschmann ist fest davon überzeugt, dass „dieses System Informationen liefert, die tatsächlich in Handlungsanweisungen umzusetzen sind" (Philips 2017). Auch Kunden ohne Mobiltelefon profitieren davon, denn Mitarbeiter können sie mithilfe der App auf der Suche nach Waren schneller und zuverlässiger unterstützen. Auch das Füllen der Regale wird durch das Navigationssystem vereinfacht.

2015 setzte Philips bereits eine Variante dieser Lösung bei Carrefour in Lille ein mit einer iOS-App namens Promo C'ou (Philips 2015).

9.3.2 RFID und Robotik bei Adler-Modemärkten

Zielsetzung

Adler-Mode betreibt 183 Modemärkte in vier Ländern und hat seit 2010 immer mehr Prozesse digitalisiert und automatisiert. Ziel ist es, neben der verbesserten Artikelverfügbarkeit und erhöhten Beratungsqualität für den Kunden eine effektivere Warensicherheit und permanente Inventurmöglichkeit zu erzielen. Darüber hinaus soll durch digitalisierte und automatisierte Prozesse der Aufwand in Wareneingang und -verteilung reduziert werden.

Anwendungsbeschreibung

Ausgangspunkt der Multi-Channel- und Digitalisierungs-Strategie war die Umstellung auf RFID. Die Etiketten aller rund 27 Millionen Produkte, die Adler-Mode vorhält, sind mit Transpondern ausgestattet. Damit können sie jederzeit identifiziert und in den Lagern oder den Märkten lokalisiert werden. Durch die erhöhte Bestandsgenauigkeit kann die Warenverfügbarkeit und die Steuerung der Verkaufsfläche optimiert werden.

Auch bei der Verzahnung von Online- und Offline-Anwendungen ist dies hilfreich. Künftig sollen Kunden des Online-Shops ihre Waren in den Filialen abholen oder durch Marketing-Maßnahmen in die Filialen gelockt werden. Dabei wird auch die „Mein Adler"-App wichtige kommunikative Aufgaben übernehmen, wie zum Beispiel Kunden, die sich in der Nähe der Filiale aufhalten, mit Aktionen und Einladungen in den Modemarkt holen.

Aber auch andere technische Hilfen sind im Einsatz: Seit Dezember 2015 setzt Adler-Mode zum Beispiel die weltweit ersten autonom fahrenden Inventur-Roboter TORY von MetraLabs im Dauereinsatz ein. Diese fahren nachts durch die Modemärkte und nehmen den aktuellen Warenbestand anhand der RFID-Etiketten an den Textilien auf (Abb. 9.10).

Bei der Orientierung helfen elf Antennen und diverse Sensoren, wie zum Beispiel ein Laser-Scanner, eine 3D-Kamera und Rad-Encoder. Der Roboter bewegt sich autonom im Markt und scannt so lange, bis er alle Informationen aller Tags erfasst hat. Dies geschieht mit einer Geschwindigkeit von bis zu 400 Transpondern/Sekunde.

Abb. 9.10 Inventur-Roboter TORY im Einsatz. (Foto: Adler)

- Digitalisierung mit RFID und Robotik
- Wareneingangs- und Verteilprozesse mit RFID
- Automatisierte Inventur mithilfe von Robotern

Nutzen und Ergebnisse
Der Aufwand beim Wareneingang konnte um 75 Prozent reduziert werden, bei der Bestandsaufnahme um 80 Prozent. Die Roboter und interaktiven Spiegel in den Umkleiden helfen, das Personal von Nebentätigkeiten zu entlasten, sodass die Kundenberatung verbessert wird.

Der Einsatz von TORY erhöht, im Vergleich zur Aufnahme durch Mitarbeiter mit Handlesegeräten, die Stabilität der Inventurprozesse und steigert die Erfassung der Transponder deutlich auf 99,5 Prozent.

Lothar Schäfer, Vorstandschef der Adler Modemärkte AG, fasst den Nutzen von RFID in einem Interview mit der Internet World Business wie folgt zusammen (Vieser 2017):

> RFID bringt uns eine gigantische Transparenz, die wir bei der Warenwirtschaft nutzen. Dadurch werden unsere Prozesse besser und schneller. Mithilfe von RFID können wir ankommende Ware beispielsweise schneller in die Filialen bringen, wir schieben sie durchs Gate, sie ist damit im Warenwirtschaftssystem und wir können sie sofort aushängen. Wir sehen heute, wie viele Teile auf den Verkaufsflächen hängen, im Zentrallager oder in den Handlagern und können jederzeit bestimmen, was wir nachordern und wie viel.

9.3.3 Timberland Connected Store

Zielsetzung
Mit dem Connected Store möchte Timberland sein Produktangebot im Store vergrößern und das Einkaufsverhalten seiner Kunden besser kennenlernen.

Anwendungsbeschreibung
Timberland baute seinen Store am Herald Square in New York mithilfe von CloudTags zu einem digital verbundenen Laden um. Kunden können sich dort NFC-Tablets ausleihen und die NFC-Tags, die sich an fast allen Artikeln finden, tappen (Abb. 9.11). So können sie sich über Produkte und Marketing Aktionen informieren und sie zu ihrer persönlichen Auswahl hinzufügen.

Sollten sie noch unschlüssig oder ein Produkt im Laden nicht erhältlich sein, können sich die Kunden ihre Auswahl per E-Mail zusenden lassen und später kaufen – von zu Hause oder wieder im Laden. Dies funktioniert natürlich auch mit den Mobiltelefonen der Kunden, sofern dort NFC aktiviert ist.

Artikel, die exklusiv nur online erhältlich sind, werden an der „NFC Touch Wall" angezeigt. Hier können Kunden passende Artikel tappen und erhalten Informationen, oder fügen den Artikel zu ihrer Auswahl hinzu. So können die Kunden ihr Outfit auch mit Artikeln vervollständigen, die nur online erhältlich sind.

NFC-Tags im Connected Timberland-Store (Video mit Springer Nature ExploreBook App ansehen)

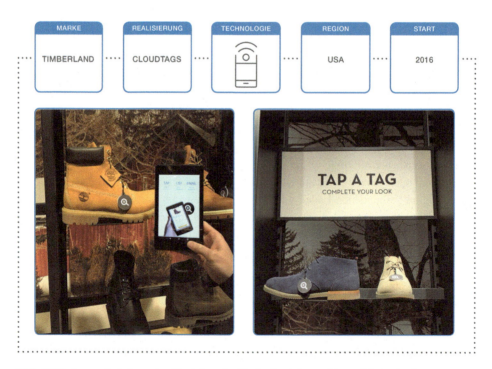

Abb. 9.11 Smarte Labels an den Produkten im Timberland-Store. (Fotos: Timberland)

- Größeres Produktangebot im Store
- Insights zum Einkaufsverhalten der Kunden – am Point of Sale, online und Post-Visit

Nutzen und Ergebnisse
Timberland erfährt, welche Produkte sich die Kunden ansehen, welche Informationen sie zu den Produkten abrufen und welche letztendlich gekauft werden. Und für all diese Informationen spielt es keine Rolle, ob der Kunde im Store oder online war, um sich zu informieren oder zu kaufen.

Kate Kibler, VP, Direct to Consumer bei Timberland, fasst den Nutzen wie folgt zusammen:

> CloudTags can help us better understand our customers' preferences in-store, online and post-visit. This invaluable insight can enrich the shopping experience by allowing customers to interact with our products in exciting, innovative ways. (CloudTags 2017)

CloudTags veröffentlicht auf seiner Website http://www.connectedstore.com/get-started folgende quantitativen Resultate seiner Lösung:

1. 15 Prozent höheres Einkaufsvolumen
2. 6 Prozent höhere Kundenidentifikation im Laden
3. 8 Mal höhere Öffnungsrate in E-Mails nach Besuch des Stores
4. 16 Mal höhere Click-Rate auf Display Ads

9.3.4 Dialogmarketing bei Ikea

Zielsetzung
„Wir arbeiten seit vielen Jahren mit Apps, Web-Planungstools, Augmented Reality und anderen innovativen Konzepten. Nur wenn die Kunden bereits bei uns im Einrichtungshaus sind, gibt es bis dato wenig technologisch Ausgeklügeltes", beschrieb Gudrun Hochwallner, Senior Digital Communication Specialist von Ikea Austria und ständig auf der Suche nach innovativen Lösungen, den Ansatz: „Beacons sind eine Möglichkeit der direkten Kommunikation mit unseren Besuchern. Wir haben so die Möglichkeit, dass wir ihnen an Ort und Stelle für sie relevante und interessante Zusatzinfos zukommen lassen. Denn was wir nicht wollen ist, dass ein Kunde womöglich erst auf dem Heimweg draufkommt, dass es da genau das perfekte Angebot für ihn gegeben hätte" (Ikea 2015).

Anwendungsbeschreibung
Das schwedische Möbelhaus nutzt seine Ikea-App, um Kunden bereits beim Betreten des Möbelhauses zu begrüßen und auf aktuelle Angebote hinzuweisen (Abb. 9.12).

Insgesamt 28 Beacons wurden zum Start in der Grazer Filiale in Österreich installiert. Passiert ein Kunde einen dieser Beacons, erhält er eine Push-Nachricht, wie zum Beispiel: „Zeit für eine Pause! Zum Beispiel mit einem Gratis-Kaffee für IKEA Family Mitglieder und einem Stück Himbeerkuchen!" oder „Hej! Zeig' beim Bezahlen deine IKEA Family Karte oder App und nutze die Vorteile!"

422 9 Praxisbeispiele entlang der Customer und Consumer Journey

iBeacons bei Ikea (Video mit Springer Nature ExploreBook App ansehen)

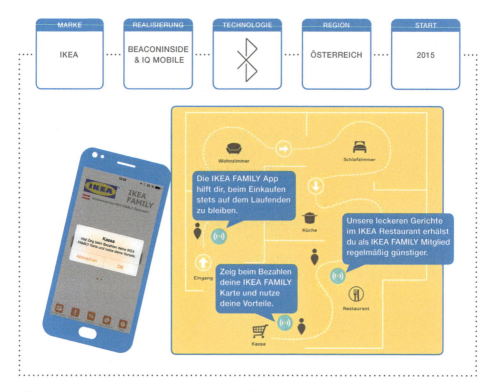

Abb. 9.12 Kundenkommunikation in-store mithilfe von Beacons bei Ikea. (Fotos: IKEA Austria, IQmobile 2015)

Um den Service bekannt zu machen und die Kundenakzeptanz zu erhöhen, ist es wichtig, Maßnahmen auf mehreren Ebenen zu kommunizieren. Ikea informiert bereits auf dem Parkplatz vor dem Möbelhaus mit Plakaten darüber, wie der Service funktioniert: Wer die App installiert und die Bluetooth-Funktion aktiviert, erhält personalisierte Angebote. Auch auf den Tischen im Restaurant und auf den Toiletten gibt es weitere Hinweise. Ergänzt werden diese Maßnahmen durch E-Mail-Newsletter-Kampagnen und Direct Mailings.

Künftig ist geplant die Kunden bereits an der Bushaltestelle oder auf dem Parkplatz mit Geofence ansprechen zu können.

- Automatisierte Nutzer-/Services-Identifikation über Beacons
- Digitaler Mehrwert am POS
- Detaillierte Kundenfrequenz-Daten
- Effektive Kundenkommunikation im richtigen Kontext

Nutzen und Ergebnisse
Mit der IKEA-Family-App konnte das schwedische Möbelhaus die Beacon-Technologie erfolgreich zum Einsatz bringen. Die App begrüßt den User am Eingang, bietet Vergünstigungen oder gar Gratisangebote im Restaurant und ermöglicht es, die Kundenkarte an der Kasse mit einem Klick aufzurufen.

80 Prozent jener Kunden, die die App installiert haben, akzeptierten das In-Store-Navigations-Feature aufgrund crossmedialer Kommunikationsmaßnahmen. Dazu kam ein Update der App und begleitende App-Management-Maßnahmen, um keine User zu verlieren. Zur Überraschung aller wird die Anwendung in erster Linie bei der Bezahlung und nicht für Rabatte genutzt.

9.3.5 True Religion Digital Sales Floor

Zielsetzung
Die vorhandenen Kundendaten sollen jederzeit zur Verfügung stehen, egal über welchen Kanal sie gesammelt wurden und wie der Kunde aktuell zur Marke kommt – online oder in-store. Das Verkaufspersonal im Laden soll diese Daten nutzen können, um das aktuelle Ein- und Verkaufserlebnis ebenso zu steigern wie die Umsätze (Abb. 9.13).

Anwendungsbeschreibung
True Religion hat eine sehr treue Kundschaft. Die Kunden suchen – manchmal mehrmals pro Woche – nach neuen Modellen, bestellen online oder besuchen die Läden in wöchentlichen oder zweiwöchentlichen Abständen. Die App hält sie auf dem Laufenden.

„Haben Sie eine Kundenkarte?": Wer kennt diese Frage an der Kasse nicht. Eine der Funktionen von Kundenbindungsprogrammen ist es, mehr über die eigenen Kunden zu erfahren. An der Kasse werden die Daten mit dem aktuellen Bon verknüpft und

Abb. 9.13 Eingang zum Digital Sales Floor von True Religion. (Foto: True Religion)

Post-Purchase für Marketing genutzt. Doch für das Einkaufserlebnis im Laden spielen sie meist keine Rolle. Sie stehen dem Verkaufspersonal schlicht nicht zur Verfügung. Erst an der Kasse kommt die Systematik zum Einsatz – also dann, wenn der Kunde sich schon längst entschieden hat (Scholz 2016).

Funktionen, die sich online bewährt haben, wie zum Beispiel das Angebot komplementärer Artikel oder auch ein Wunschzettel, können mit smarten Technologien in den stationären Laden übertragen werden. True Religion hat sich dieser Chance 2016 sehr konsequent angenommen und in Zusammenarbeit mit Salesforce alle verfügbaren Kundendaten – Store-Kunden, Online-Käufer, Newsletter-Abonnenten – in einer zentralen Datenbank (Demandware) zusammengeführt. Dies bedurfte nicht nur im Marketing einer Neuordnung aller Prozesse und Zielvereinbarungen. Auch im Vertrieb und vor allem beim Verkaufspersonal standen die Zeichen auf Neuanfang.

Alle 100 Stores und 60 Outlets in Amerika sind mit Geofence und Beacons ausgestattet. Betritt ein Kunde einen der Läden, erhält nicht etwa der Kunde eine Push-Nachricht, sondern das Verkaufspersonal eine Nachricht auf Smart Watch oder Tablet. Ein Tap auf das Display liefert alle Informationen zu diesem Kunden: Kaufhistorie, Größe, Stil- und Farbpräferenz und die hierauf basierenden Kaufempfehlungen, egal ob diese Informationen online oder im Laden gesammelt wurden.

Aber das Wichtigste: Der Verkäufer kann den Kunden mit seinem Namen begrüßen! Mit dieser persönlichen Begrüßung und den vorliegenden Informationen kann das Beratungsgespräch auf einer ganz anderen Ebene begonnen werden. Das ist entscheidend, denn bei True Religion sind die Verkäufer/innen am Umsatz beteiligt.

Hat der Kunde Fragen zu einer bestimmten Jeans, kann das Produkt auf einem der großen Displays mit über 100 cm Bildschirmdiagonale dargestellt werden. Die Smart Watches der Verkäufer sind in Echtzeit mit den Warenbeständen verbunden und sollte eine Jeans nicht vorrätig sein, kann der Verkäufer sie sofort für den Kunden bestellen und innerhalb von zwei Tagen kostenfrei liefern lassen.

Dies ist echtes Omni-Channel-Marketing. Kundendaten sind nicht mehr nur im Backend (mehr oder weniger) strukturiert abgelegt, um einer nachträglichen Auswertung zu dienen. Sie stehen dem aktiven Verkauf im Laden zur Verfügung, helfen Umsätze zu steigern und ermöglichen sowohl den Kunden als auch den Verkäufern ein herausragendes Einkaufs- bzw. Verkaufserlebnis. Die Übergänge von offline zu online und wieder zurück sind fließend und gut aufeinander abgestimmt.

Neben den Technologien muss auch das Verkaufspersonal unbedingt Teil dieser Strategie sein, sonst funktioniert es nicht.

John Hazen, Vice President for Omni-Channel Commerce and Digital Innovation bei True Religion:

> They can make an experience. People just don't want to shop. They want an experience. Experience is the difference between a great retailer and a struggling retailer (Asch 2016)

- Nutzung der vorhandenen Kundeninformationen für den aktuellen Besuch im Store
- Unterstützung des Verkaufspersonals durch persönliche Kundendaten und darauf basierende Kaufempfehlungen

Nutzen und Ergebnisse
True Religion wird die vorliegenden Daten im Marketing nutzen, auch um möglichst viele Online Kunden (65 Prozent davon mobil) in die Läden zu lotsen. Denn: Die Conversion bei TrueReligion ist in-store 15 bis 20 Mal höher als online (Salesforce 2016).

9.3.6 Smart Tray bei Chow Tai Fook

Zielsetzung
Die in Honkong ansässige Juwelierkette Chow Tai Fook mit über 2000 Filialen in Hongkong, China und Macao möchte das Kundenverhalten und die Vorlieben seiner Kunden im Laden besser verstehen. Mit diesen Erkenntnissen sollen Beratungsgespräche verbessert, mit der Technik auch die laufende Inventur vereinfacht werden (Abb. 9.14).

Anwendungsbeschreibung
Was sind die problematischen Prozesse bei einem Juwelier?

- Aufnahme und Inventarisierung der Schmuckstücke – eine undankbare Aufgabe, die das Verkaufspersonal vom Verkaufsgespräch abhält

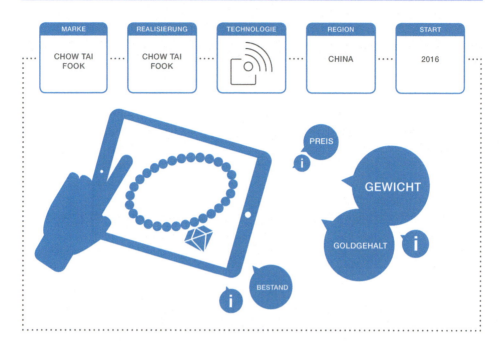

Abb. 9.14 Smart Tray beim Juwelier Chow Tai Fook

- Aufwändige Prozesse, um die Produktbewegungen im Geschäft und im Regal zu verfolgen
- Erfassung und Dokumentation von Kundendaten und Kundengewohnheiten während des Verkaufsgesprächs (Wolfram 2017)

Chow Tai Fook setzt RFID-Tablets für In-Store Analytics ein, um diese Aufgaben zu vereinfachen. Ein lokaler Technologieanbieter hat dem Juwelier ein sogenanntes „RFID-Tablet" (Smart Tray) entwickelt. Legt man eines der mit RFID-Etiketten versehenen Schmuckstücke auf das Tablet, erhalten Verkäufer und Kunde dazugehörige Informationen, wie Preis, Gewicht, Goldgehalt, Bestand etc. Aber auch Kundendaten können darüber erfasst bzw. ein kurzer Kundenfragebogen mit Informationen zu Alter, Kaufgrund etc. ausgefüllt werden.

Automatisiert werden folgende Informationen dabei aufgezeichnet:

- Welche Produkte werden dem Kunden von welchem Mitarbeiter gezeigt und an welchen Produkten hat der Kunde verstärktes Interesse?
- Wie oft nimmt der Kunde die Produkte in die Hand und betrachtet diese zu welchem Zeitpunkt an welchem Tag?
- Weitere, beobachtete Kundeneigenschaften werden nach dem Gespräch ins System eingepflegt, wie Alter, Geschlecht und Kaufanlass.

Die In-Store-Analytics-Ergebnisse werden in der firmeneigenen Cloud gesammelt und filialübergreifend ausgewertet. Neben einem Ranking der gefragtesten Artikel je Filiale, Region und Kundendemografie helfen auch Conversion Rates, wie zum Beispiel der Vergleich von gekauften Produkten versus angesehene Schmuckstücke, bei der Optimierung des Verkaufsgespräches.

- Besseres Verständnis der Kundenwünsche
- In-Store Analytics zur Beratungsoptimierung
- Zeitersparnisse bei der Inventur und Logistik

Nutzen und Ergebnisse
Die wesentlichen Vorteile des Einsatzes von RFID und In-Store Analytics sind der Input für Produktentwicklung, ein besseres Verständnis der Kundenwünsche, eine Reduzierung der Inventuraufwände und die Optimierung des Beratungsgespräches. Künftig sollen weitere Informationen aggregiert und aufbereitet werden, zum Beispiel Produktempfehlungen auf Basis der bislang favorisierten Schmuckstücke. Dies wäre ein wichtiges Feature für den stationären Handel, das sich online bereits bewährt hat.

Vor Einführung der Lösung hatten die Mitarbeiter dreimal täglich pro Filiale eine Inventur durchzuführen. Heute werden die mit RFID-versehenen Preislabels an den einzelnen Schmuckstücken mit einem Handscanner einfach in allen Prozessstufen der Logistik gelesen. Auch wenn die Schmuckstücke in der Auslage unter Glas liegen.

Nach einer längeren Pilotphase prognostizierte ein Management-Vertreter des Juweliers eine Zeitersparnis durch RFID von über 50 bis 60 Prozent. Das bedeutet, dass das Verkaufspersonal viel mehr von seiner Arbeitszeit für die Kundenberatung und Kundengespräche verwenden kann (Ho 2016).

9.3.7 HIT Sütterlin und Amazon Alexa

Zielsetzung
Kunden des Einzelhändlers HIT Sütterlin in Aachen bekommen über das Amazon System Alexa die Angebote der Woche und die Highlights aus der Filiale aus dem Wochenhandzettel vorgelesen. Basis hierfür ist das Werbesystem Prestige Enterprise, das es dem Händler ermöglicht, selbst aktuellen Content einzustellen (Abb. 9.15).

Anwendungsbeschreibung
HIT-Sütterlin-Kunden können ganz bequem von zu Hause über Amazon Alexa den Sütterlin-Skill aufrufen: „Alexa, starte HIT Sütterlin. Wie sind die Öffnungszeiten?" oder „Alexa, frage HIT Sütterlin nach den Angeboten". Gewünschte Artikel können dann bequem auf die Einkaufsliste gesetzt werden.

Die Online Software AG entwickelte nicht nur den Alexa-Skill, sondern auch eine App für den Händler. Neben allgemeinen Informationen können die Kunden über die App auch

428   9 Praxisbeispiele entlang der Customer und Consumer Journey

Abb. 9.15 Aktuelle Wochenangebote vorgelesen von Alexa. (Fotos: Online Software AG)

direktes Feedback geben, was sehr gut angenommen wird, weil die Hemmschwelle hier deutlich niedriger liegt. Die App dient auch als Basis für die Ansprache im Markt über Beacons. Neben Angeboten werden die Kunden über Push-Nachrichten zu Gewinnspielen oder Mitmach-Aktionen aufgerufen.

- Sprachbasierte Kundenkommunikation
- Ansprache und Bindung junger Kunden
- Direktes Kunden-Feedback über App

Nutzen und Ergebnisse
HIT Sütterlin nutzt die innovativen Technologien, um die Kundenbindung zu stärken und junge Zielgruppen anzusprechen. In den ersten Monaten nach der Einführung wurde dies bereits sehr gut angenommen und regelmäßig genutzt.

Eine gute Erweiterung des Amazon Skills wäre eine eigene HIT-Sütterlin-Einkaufsliste, die der Kunde zu Hause über Alexa oder in der App unterwegs füllt und im Markt aufrufen kann.

9.4 Konsumgüter-Produkte

Auf vielen Verbrauchs- und Konsumgütern finden sich heute bereits smarte Technologien, die diese Produkte vernetzen und intelligent machen. Das kann entweder im Produkt selbst oder auf der Verpackung sein. Smarte Verpackungen bilden eine perfekte digitale Brückenfunktion zwischen Hersteller, Händler, Konsument und Social-Media-Kanälen. Was heute vielfach noch zum Schutz und zur Kennzeichnung der Ware dient, wird in Zukunft durch digitale Technologien vermehrt neue Funktionen erhalten. Verpackungen werden individueller, persönlicher und kommunikativer.

9.4.1 Connected Bottles

Zielsetzung

Hersteller von hochwertigen Getränken nutzen smarte Technologien, um ihre Produkte vor Fälschungen und Missbrauch zu schützen und einen Kommunikationskanal zu ihren Kunden aufzubauen. Das Produkt fungiert als digitaler Touchpoint für vielfältige Anwendungen (Abb. 9.16).

Anwendungsbeschreibung

Remy Martin, Malibu, Johnnie Walker Blue Label oder auch Jameson' Limited Edition – exklusiv zum St. Patrick's Day in Irland herausgebracht – integrieren NFC-Tags in Verschlüsse und Etiketten, die den Kunden durch Tappen an Etikett oder Verschluss sowohl die Echtheit des Produktes bestätigen als auch Zugang zu digitalem Content liefert. Dieser variiert je nach Hersteller und Kampagne. Hier eine Liste von Beispielen:

Abb. 9.16 Getränkeflaschen als digitaler Touchpoint. (Fotos: Remy Martin)

- Gewinnspiele
- Thematische Playlists
- Upload von Fotos in Verwendungssituationen, zum Beispiel am tropischen Strand
- Mix-Rezepte
- Teilnehmende Bars in der Umgebung des Nutzers
- Kontext-relevante Informationen, wie Veranstaltungshinweise und Wetter

Primärverpackungen erhalten mit einer individuellen ID auch neue Funktionen – sie werden Medienplattform, können lokalisiert werden, registrieren Zeitpunkt und Ort der ersten Öffnung und werden ein direkter Kanal zwischen Marke und Kunde.

- Getränkeflaschen als Medienplattform
- Originalitätsprüfung
- Verschluss-Prüfung

Resultate und Nutzen
Marken erhalten neben direkten Kunden-Insights auch Informationen zu Zeitpunkt und Ort des Verkaufs und der Verwendung. Bei hochpreisigen Produkten übersteigt der Nutzen die zusätzlichen Implementierungskosten in jedem Fall.

9.4.2 Indola Haarpflegeserie

Zielsetzung
Für die Haarpflegeserie Indola bietet Henkel unabhängigen Friseuren neben professionellen Produkten auch Online-Tutorials für aktuelle Salon-Techniken und Inspirationen (Abb. 9.17).

Henkel nutzt in diesem Sinne NFC, um vier der größten Aufgaben zu lösen:

- Schutz vor Plagiaten
- Schutz vor rasant wachsendem Verlust innerhalb der Vertriebskette
- Optimierung der Warenverfügbarkeit
- Aufbau eines direkteren Kommunikationskanals zum Kunden

Darüber sollen auch Incentive-Programme für die teilnehmenden Friseure zu steuern sein.

Anwendungsbeschreibung
Insgesamt wurden im Henkel-Pilotprojekt 500.000 Produkte mit NFC-Tags versehen und geben damit jeder einzelnen Verpackung eine individuelle Identität. Sowohl Marketing und Campaign Manager als auch Supply Manager von Henkel nutzen die „Henkel

9.4 Konsumgüter-Produkte

Abb. 9.17 Henkel macht aus Primärverpackungen Media-Hubs mit individueller ID. (Foto: GoodsTag)

Smart Product Services Platform" von GoodsTag, um Bestände in Echtzeit zu tracken und Kampagnen individuell auszusteuern. Da der Content, der über die Tags ausgespielt wird, jederzeit dynamisch angepasst werden kann, ist eine permanente Optimierung möglich. Alle Beteiligten in der Logistik-, Vertriebs- und Verwendungskette erhalten den für sie relevanten Content durch Tappen des NFC-Tags mit einem Smartphone.

- Brand Protection
- Grey Market Analytics
- Track and Trace
- Customer Engagement

Nutzen und Ergebnisse
Händler, Friseure und Konsumenten in 35 Ländern erhalten mobile Services – individuell, lokal und im jeweils passenden Kontext. Henkel legt Wert darauf, dass die Daten zwar Produkt-individuell, jedoch anonym genutzt werden, um eine optimierte Experience bieten zu können. Zu den Services gehören unter anderem der Originalitäts-Nachweis, die Produktanwendungs-Schulung und Inspiration, Incentive-Programme, Pre- und Post-Sale-Services und eine Umgebungssuche.

9.4.3 Rügenwalder Mühle

Auch das Familienunternehmen Rügenwalder ist als Best-Practice-Beispiel zu nennen. Um sich möglichst kundennah und transparent zu präsentieren, werden seit 2012 QR-Codes auf Verpackungen und Anzeigen integriert, die auf eine mobile Landingpage führen. Dort informieren kurze Videos über die Herstellung der Produkte.

9.5 Textilien

Technik und Textil wachsen zusammen. Dieser Trend revolutioniert nicht nur die Textil- und Bekleidungsindustrie. Als neue Funktionsmaterialien ermöglichen intelligente Textilien auch in den Bereichen Automotive, Medizin, Protective Wear sowie Sport und Lifestyle neuartige Funktionslösungen. Immer mehr Produkte und Anwendungen intelligenter Textilien sind am Markt verfügbar, nicht nur im spezialisierten Sportbereich, sondern auch in Funktionskleidung und in Modeprodukten:

Intelligente Kleidungsstücke von Polar
Der Hersteller der GPS-Sportprodukte Polar bringt jetzt auch intelligente Kleidungsstücke auf den Markt. Ein Kompressions-Shirt für Athleten enthält einen Pulsmesser und eine Halterung für einen GPS-Sensor auf der Rückseite des Shirts, sodass die Sportler sowohl ihre Bewegung als auch die Herzaktivitäten in Echtzeit messen können. Die Integration in das eigene Team Pro System ermöglicht die Live-Übertragung der Daten an Trainer und andere Athleten, um den Fitnessstand permanent überwachen zu können (Polar o. J.).

Intelligente Yoga-Hose
In Australien brachte das Start-up Wearable X die Nadi X Pants für Yoga auf den Markt. Yoga kann schwierig sein, insbesondere wenn es darum geht, die Position richtig auszuführen, diese eine Zeit lang zu halten – und das ohne Yogatrainer. Hier hilft die Nadi X Pants (Wearable X o. J.).

Die Fitnesshose enthält eingebaute Sensoren, die an den Hüften, Knien und Sprunggelenken Impulse aussenden und den Träger zu Bewegungen oder zum Innehalten in der Position bewegen sollen. Über Bluetooth sind die Sensoren mit dem Smartphone verbunden und eine App gibt dort Informationen zu den nächsten Schritten.

Intelligente Baby-Socke
Die zweite Generation der Owlet Smart Sock ist eine Socke für Babys, die den Puls und die Sauerstoffaufnahme permanent misst. Hierbei werden die gleichen Technologien genutzt, die in Krankenhäusern zur Überwachung von Schlafphasen und Atmung eingesetzt werden. Über eine Bluetooth-Verbindung werden die Daten in Echtzeit an eine App gemeldet und ausgewertet (Owlet o. J.).

Das System kann auch mit einer angebotenen Überwachungsplattform verbunden werden, die Gesundheitsprobleme wie Unregelmäßigkeiten im Schlaf, Bronchitis,

Lungenentzündung, chronische Lungenkrankheiten oder auch Herzkrankheiten frühzeitig entdeckt.

Intelligente Kompressionsärmel
Das kanadische Familienunternehmen Komodo Technologies verkauft einen Kompressionsärmel mit integrierter Elektrokardiogramm-Technologie (EKG). Damit können Puls, Schlaf, Workout und mit anderen Sensoren auch Körpertemperatur, Luftqualität und UV-Strahlung gemessen werden (Komodotec o. J.).

Intelligente Trainingskleidung
Demgegenüber basiert Athos auf relativ teurer, sehr präziser Medizintechnik. In die Trainingskleidung sind feinmaschige Kleinstsensoren eingewebt, die erkennen und aufzeichnen, welche Muskeln beim Training beansprucht werden. Diese Ergebnisse werden dann über Bluetooth an ein Smartphone gesendet. Die Messung der Muskelbeanspruchung, Herzfrequenz und Atmungsintensität erlaubt eine angepasste und verletzungshemmende Durchführung des Trainings (Athos o. J) .

Intelligente Laufsocken
Zu guter Letzt seien noch die „verbundenen Socken" von Sensoria aufgeführt. Diese enthalten drei textile Sensoren, die den Druck auf dem Fuß während des Laufens messen. Damit werden Läufe detailliert gemessen und ausgewertet, z. B. hinsichtlich Geschwindigkeit, Distanz und Zeit (Sensoria o. J.).

9.5.1 Smarter Rucksack IT-BAG

Interview mit Herrn Prof. Dr. Breckenfelder, Professor an der Hochschule Niederrhein – University of Applied Sciences, Fachbereich Textil- und Bekleidungstechnik (Mönchengladbach, September 2017)

Herr Prof. Breckenfelder, Sie beschäftigen sich an der Universität im Fachbereich Textil- und Bekleidungstechnik mit textilintegrierten mobilen Lösungen, sogenannten Smart Textiles oder Smart Clothes. Was genau ist das? Unter Smart Clothes verstehen wir Kleidungsstücke, die mit elektronischen Sensoren und Funktionen ausgestattet sind. Die Besonderheit dieser Kleidung ist dabei, dass die Elektronik von außen nicht sichtbar ist, dass also Leiterbahnen und Ähnliches mit in die Textilien integriert werden. Dieser Trend setzt auf die Vernetzung des Individuums per Kommunikation über das Internet der Dinge und damit auch Smart Clothes.

Sensoren oder eingebettete Kleinstsysteme ermöglichen die drahtlose Verbindung und Übertragung von Daten. So können diese Sender in Kleidungsstücken beispielsweise die permanente Inventur von Lagerbeständen in einem Bekleidungsunternehmen übernehmen. Ein anderes Anwendungsbeispiel: Kunden werden über die Sensoren in ihren Smart

Clothes nach Eintritt in ein Geschäft erkannt und die Kundenhistorie wird aufgerufen. Auf diese Weise kann der Kunde basierend auf seinen individuellen Präferenzen beraten werden.

Herr Prof. Breckenfelder, was können wir hier in Zukunft erwarten? Eine Entwicklung, die erst kürzlich für Aufmerksamkeit sorgte, ist der intelligente Schal. Er soll seinen Träger wärmen und auch dessen Gefühlslage erkennen. Über das Handy gibt man dem Schal den Befehl, sich aufzuwärmen oder zu vibrieren. Auch eine Kühlfunktion und ein Music Player sollen in diesem smarten Schal integriert werden. Noch ist unbekannt, wann und in welcher Form er auf den Markt kommt, aber der smarte Schal ist nicht die erste Errungenschaft in Sachen Smart Clothes.

Smarte Sportswear nimmt stark zu. Die Sportbekleidung misst die Herz- und Atemfrequenz und zählt verbrauchte Kalorien. Ein kompaktes Tracking-Modul, das am Shirt befestigt wird, streamt die gemessenen Daten einfach aufs Smartphone. Die funktionale Sportbekleidung zeigt damit den optimalen Überblick über die Fitness – und das ohne extra Bänder und Uhren, die beim Training womöglich stören. Sie liefert auch mehr Daten als Sensoren in den Schuhen, die „nur" Standort und Laufstrecke aufzeichnen.

Eine chinesische Firma geht noch einen Schritt weiter und sorgt dafür, dass bereits Neugeborene in den Genuss von Smart Clothes kommen. Sie stellen einen Strampler mit einsetzbarem Sensor her, der Bewegung, Temperatur und EKG des Nachwuchses messen kann. Diese Daten werden an eine Art Babyphone gesendet, das gleichzeitig als Nachtlicht fungiert. Dieses kann via Touchscreen beliebig konfiguriert werden und sendet die gewünschten Benachrichtigungen an die Smartphones der Eltern, die somit Vitalparameter und Aktivität des Babys überwachen können.

Das Portfolio im Bereich Smart Clothes wächst und reicht von der beheizbaren Funktionsunterwäsche bis zur Ski-Jacke, die einen integrierten Smartphone-Akku hat. Getragen wird die Entwicklung vor allem von folgenden Zielen:

- eine bessere Gesundheitsvorsorge, gerade im Outdoor-Sport
- ein effektiveres Training, vor allem bei Running, Cycling und Fitness
- eine bessere Versorgung im Bereich Entertainment
- die Entwicklung neuer Lifestyle-Produkte auf Basis der gewonnenen Nutzerdaten. Auch ist eine individuelle Anpassung von Produkten an das reale Trainingsverhalten möglich.

Und welche Erfahrungen oder Entwicklungen haben Sie im Bereich Smart Textiles gemacht? Der Megatrend Digitalisierung verändert auch die Produkte im Textilbereich. Bekleidung ist ein ideales Umfeld für die Erfassung von Daten, Vernetzung und damit intelligente Funktionen. Reife und Miniaturisierung der Technologien nehmen dramatisch zu. Das sehen wir bei der Mikrosystemtechnik wie Aktorik, Sensorik aber auch Energy-Harvesting-Ansätzen. Die Zusammenarbeit der Fachdisziplinen spielt eine wichtige Rolle. Im interdisziplinären Projekt LOGWEAR erforschen wir beispielsweise, wie

9.5 Textilien

Wearable-Technologien herkömmliche Handscanner ersetzen und Warenströme effizienter lenkbar sind.

Haben Sie aktuelle Pilotprojekte oder Ähnliches, über die Sie schon berichten können? Ja, im Wintersemester 2016/2017 hat eine Studentengruppe an der Hochschule Niederrhein im Rahmen einer Projektarbeit des Fachbereiches Textil- und Bekleidungstechnik den „IT-Bag" – einen intelligenten Rucksack entwickelt (Abb. 9.18).

Worum ging es da genau? Es geht um die Einbettung von NFC-Transpondern in eine textile Anwendung und eine begleitende Konzeptionierung, also um die Integration von NFC-Transpondern in ein textiles Produkt – in diesem speziellen Fall ein Rucksack – und die Entwicklung entsprechender unterstützender Anwendungen.

Wofür steht der Name IT-BAG? Die Bezeichnung IT steht für Intelligentes Travelling, Integrierte Technologie oder Intelligentes Textil. Der smarte Rucksack soll der perfekte Reisebegleiter sein. Er gibt Antworten auf die Fragen „Was sollte ich mir alles am Reiseziel ansehen?", „Was macht diese Orte so einzigartig?", „Was kann dort unternommen werden?", „Welche Freundschaften mit anderen Reisenden oder Einwohnern können geschlossen werden?".

Abb. 9.18 Rucksack mit smarten Services – IT-Bag. (Fotos: Digital Connection)

Wie genau funktioniert das? Die Studenten haben insgesamt drei NFC-Transponder in den Rucksack eingenäht bzw. angebracht, die jeweils unterschiedliche Anwendungen starten.

Die in das Textil integrierten Tags bieten die Möglichkeit, neben statischen Informationen auch Weblinks und damit dynamische Inhalte zu hinterlegen. Die verlinkten Webseiten können stets aktualisiert werden und somit dem Kunden den Zugriff auf aktuelle Informationen liefern. Mithilfe von Datenanalysen können auch Inhalte personalisiert werden und sich dem Nutzungsverhalten der Besitzer anpassen.

Welche Funktionen haben die drei eingenähten bzw. angebrachten NFC-Tags? Das ist zunächst der SAFETY TAG – die digitale Form eines Adressanhängers, wie man ihn von Reisekoffern kennt. In der digitalen Form kann der Besitzer selbst entscheiden, welche Informationen er auf diesen Tag hinterlegt, wie z. B. Name, Heimatadresse oder auch Hoteladresse im Urlaub oder auf der Reise. Die eingetragenen Daten sind dann für alle anderen durch das Scannen des Tags einsehbar, können jedoch nur vom autorisierten Besitzer verändert werden. Durch das SAFETY TAG soll der IT-BAG im Falle eines Verlustes zu seinem Besitzer zurückfinden.

Mit dem EXPLORE Tag wird das aktuelle Thema Augmented Reality aufgegriffen. NFC wird genutzt, um das klassische Sightseeing spielerisch aufzuwerten. Anhand von Rätseln und Hinweisen in Form von historischen Daten, Koordinaten oder allgemeinen Fakten rund um das Objekt soll der Spieler sich auf Entdeckungsreise begeben und mal mehr oder mal weniger klassische Touristenattraktionen und Sehenswürdigkeiten entdecken. Die Objekte werden mithilfe der GPS-Ortung durch das verwendete Mobiltelefon auf den Standort des Spielers abgestimmt. Am Zielobjekt angekommen, kann nun eine Aufgabe oder ein Rätsel gelöst werden, indem der NFC-Tag gescannt und damit die Aufgabe als gelöst archiviert wird. Die Erfolge von Entdeckungstouren können dann mit Freunden oder Mitspielern in der Community geteilt werden.

Der LOGO TAG verlinkt auf einen Online-Shop mit fünf Bereichen:

- Ein Shop mit neuen Rucksack-Modellen und weiterem Zubehör
- Ein Bereich ESSEN mit Tipps für Restaurants, Bars, Cafés oder Streetfood-Märkten in der aktuellen Umgebung des Nutzers. Hier können auch Rabatt-Coupons etc. hinterlegt werden.
- Die Kategorie FREIZEIT beinhaltet jegliche Aktivitäten in der Umgebung, ob Sport, Museen oder Freizeitpark, ebenso wie aktuelle Events in der Nähe, wie Konzerte, Veranstaltungen oder Ähnliches.
- Hotels und Hostels findet man in der Kategorie ÜBERNACHTUNG.
- Spartipps zum Shoppen und einen Überblick über das lokale Angebot an Geschäften findet der Nutzer in der Kategorie EINKAUFEN.

Herr Prof. Breckenfelder, wo genau sind die NFC-Tags denn am Rucksack angebracht? Ein NFC-Tag, und zwar der SAFETY TAG, wird außen so wie ein Schlüsselanhänger am

Rucksack angebracht. Die anderen beiden sind nicht sichtbar, sondern in den Rucksack an bestimmten Stellen eingebracht bzw. eingenäht. Die besondere Herausforderung war hier, die Tags so anzubringen, dass sie bei der Benutzung des Rucksackes funktionieren und auch den Tragekomfort nicht einschränken.

Der eine Tag wurde in den Tragegurt und der andere hinter das Rucksacklogo auf der Vorderseite des Rucksackes integriert.

Was ist denn das Besondere am IT-BAG und an dem Projekt? Die Studenten haben gezeigt, wie ein Textil – in diesem Fall ein Rucksack – mit vorhandener NFC-Technik zu einem intelligenten und smarten Textil wird. Und sie lernen, dass Textilien mit smarten Technologien neue, zusätzliche Funktionen erhalten. Rucksäcke und andere Textilien, die vernetzt sind, bieten einen direkten Link zu Services, die jeweils im aktuellen Kontext geliefert werden. Die Nutzung wird damit deutlich intensiver.

Und wann werden wir einen IT-BAG oder ein ähnliches Produkt kaufen können? Das wird nicht mehr lange auf sich warten lassen. Viele Unternehmen und Produkthersteller bieten mittlerweile neue Services und „Intelligenz" in ihren Produkten, angefangen von der einfachen Nachbestellung bis hin zu elektronischen Gebrauchshinweisen oder Nutzungsmöglichkeiten. Und das wird auch immer mehr für die Textilien gelten.

9.5.2 Spyder Ski-Jacken-Experience

Zielsetzung
Spyder möchte den Kontext, in dem sich der Nutzer befindet, mit hilfreichen Services anreichern – erreichbar über die Spyder-Skijacke. Auf diese Weise soll die Markenbindung gestärkt werden und die klassische Offline-Experience von Sportkleidung durch das Mobiltelefon des Nutzers zu einer vernetzten Erfahrung erweitert werden (Abb. 9.19).

Anwendungsbeschreibung
Spyder stattete einen Teil seiner U.S.-Skiteam-Kollektion mit NFC-Tags aus, um seinen Kunden über diesen Tag eine direkte Echtzeit-Verbindung zu Social Media Content über Mitglieder des U.S.-Ski-Teams herzustellen.

Nutzer können sich, während sie auf der Piste sind, über die lokalen Wetter- und Schneebedingungen informieren, den besten Tourenweg suchen oder sich über anstehende Veranstaltungen für den Abend im Ort informieren. Diese Plattform kann künftig mit weiteres Services erweitert werden. Die Jacke wird damit das Herz einer neuen Spyder Ski Experience – mit nützlichem Content, der vor Ort hilft, und Social Media Content, der inspiriert (Wilson 2017).

- Sportkleidung als Media-Hub
- Consumer Experience – Location-Based und Real-Time
- Zusätzliches Markenerlebnis über das Produkt

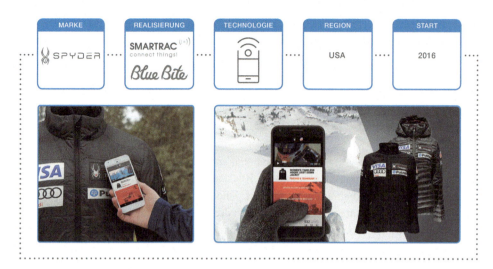

Abb. 9.19 Location-Based Services für Skifahrer und exklusiver Social Content vom US-Ski-Team. (Fotos: Spyder, BlueBite)

Nutzen und Resultate
Spyder bietet seinen Kunden, wie viele andere Marken auch, umfangreichen Online-Content. Durch den NFC-Tag wird nun ein bislang Offline-Touchpoint, das Produkt, zu einem digitalen und bietet relevante Mehrwerte im Nutzungskontext. Spyder erhält so die Möglichkeit, den Nutzer in seiner individuellen Consumer Journey zu begleiten.

9.5.3 Googles und Levi`s smarte Jeansjacke

Smarte Jeansjacke (Video mit Springer Nature ExploreBook App ansehen)

9.5 Textilien

Zielsetzung

Mit der Commuter Trucker Jacket haben Google und Levi's gemeinsam eine smarte Jeansjacke entwickelt, die es Fahrradfahrern ermöglicht, ihr Smartphone während der Fahrt zu bedienen, ohne es aus der Tasche zu holen (Abb. 9.20).

Anwendungsbeschreibung

Levi's webt dünne leitende Metallfäden als Garn in den Jeansstoff der Manschette. Google liefert die weitere Technik zum gemeinsamen Project Jacquard. Der zum Waschen und Aufladen abnehmbare BLE-Sensor koppelt das Smartphone mit der Jacke. Die Bedienung erfolgt durch Antippen und Streichen des Sensors. Die Gesten für die unterschiedlichen Funktionen, wie „Anruf annehmen" oder „Anruf ablehnen", „Ton lautlos stellen" oder „Musik starten" können vom Nutzer individuell über die dazu gehörige App konfiguriert werden (Berger 2017).

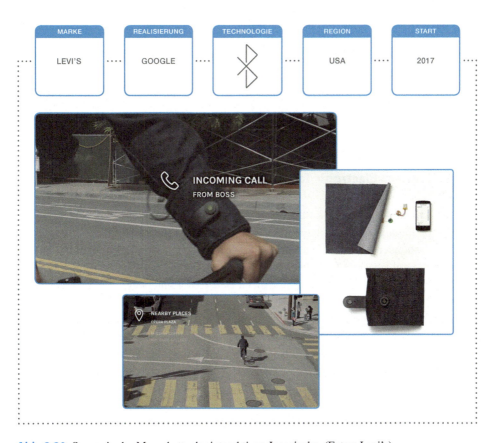

Abb. 9.20 Sensor in der Manschette der interaktiven Jeansjacke. (Fotos: Levi's)

Neben den Smartphone-Funktionen navigiert die Jacke – über das Headset – den Fahrer zum Ziel, gibt Informationen zum aktuellen Ort und macht ihn auf interessante Plätze aufmerksam.

- Erhöhung der Sicherheit im Straßenverkehr
- Unsichtbare Wearable-Technologie
- Produktion in bestehenden Levi's-Webereien

Nutzen und Resultate
Unsichtbare Technologie: Häufiger Kritikpunkt an den aktuellen Wearables – wie zum Beispiel Armbändern – ist, dass sie zu sehr nach Technologie aussehen. Ein Ziel des Projektes ist die Entwicklung eines Wearables, das fast unsichtbar in ein Kleidungsstück eingearbeitet ist.

Massenproduktionstauglichkeit: Neben Form und Funktion ist die wirkliche Innovation, dass die Materialien in den aktuellen Levi's-Fabriken produziert werden und die Produktion in den bestehenden Herstellungsprozess eingebettet ist. Der intelligente Stoff wird in einer der bestehenden Webereien hergestellt – die Möglichkeit einer Massenfertigung ist also gegeben.

Sicherheit: Die vernetzte Jacke ermöglicht die Nutzung des Smartphones, ohne das Gerät aus der Tasche zu nehmen. Das erhöht den Komfort und die Sicherheit im Straßenverkehr.

9.5.4 Rimowa Electronic Tag und Carry-On von Bluesmart

Das Kölner Unternehmen Rimowa launchte bereits 2016 einen Koffer, der sich per Smartphone-App für den nächsten Flug einchecken lässt. Der Koffer ist mit dem Rimowa Electronic Transponder System ausgestattet. Dazu gehört auch ein in den Koffer integriertes Datenmodul mit farbigem flexiblem E-Ink Display Mobius™ aus Kunststoff.

Fluggäste können damit ihr Gepäck von zu Hause oder unterwegs mit der Airline-App einchecken. Aus ihrer elektronischen Bordkarte heraus übermitteln sie die Daten von ihrem Smartphone via Bluetooth an den Koffer. Dieser ist mit einem Modul ausgestattet, das alle relevanten Informationen für den Flug speichert. Am Flughafen wird der Koffer einfach an der Drop-off-Station aufgegeben – ohne Ausdruck und Befestigung eines Papierstreifens.

Der Nutzer kann über die App den Standort des Koffers – via GPS – jederzeit feststellen. Sollte er geöffnet werden, erhält der Nutzer eine Push-Nachricht aus der App.

Die Statistiken zeigen: Jede Stunde gehen weltweit 3000 Gepäckstücke verloren. Das ergibt einen Berg von rund 26 Millionen Gepäckstücken pro Jahr – ein Albtraum nicht nur für Reisende, sondern auch für die Fluggesellschaften.

Da hilft vielleicht der Koffer, der kommunizieren kann. Das Electronic Transponder System soll zum internationalen Standard der digitalen Gepäckabfertigung werden. Daran arbeitet die Firma bag2go.aero aus Hamburg.

Neben Check-In und weltweiter Nachverfolgbarkeit sind auch bereits weitere Funktionen in intelligente Koffer integriert. Das Carry-on-Reisegepäck von Bluesmart zum Beispiel bietet Funktionalitäten wie eine Batterie, um das Smartphone und den Laptop aufzuladen über einen 10.000-mAh-Akku. Des Weiteren verfügt es über ein Location-Tracking über GPS und 3G-Technologie, um den Koffer überall in der Welt zu verfolgen, und eine automatische Sperre: Der Koffer kann so eingestellt werden, dass er sich selbst sperrt, wenn der Besitzer einige Schritte entfernt ist. Nicht zuletzt: Zieht man am Griff des Koffers, bekommt man auf der Smartphone-App das ungefähre Gewicht des Koffers angezeigt (Wolfram 2016a).

9.5.5 Victorinox Travel Gear

Zielsetzung

Victorinox produziert neben dem berühmten Schweizer Messer auch Reisegepäck. Seit Ende 2017 erhalten alle Produkte der Sparte Travel Gear bereits im Produktionsprozess eine digitale Identität. Jeder einzelne Artikel wird so via Smartphone weltweit als Original und in Echtzeit authentifizierbar (Abb. 9.21).

Diese Funktion ist neben Produktinformationen und Kunden-Services die wichtigste Maßnahme der Marke im Kampf gegen zunehmende Produktpiraterie.

Anwendungsbeschreibung

Sämtliche Koffer und Taschen der Serie Travel Gear werden ab 2017 mit NFC-Tags versehen. Die sogenannte „Victorinox Smart Product Services Platform" von GoodsTag hält individuelle Informationen für unterschiedliche Zielgruppen bereit. Es gibt passende Accounts und Dashboards für Manager aus den Bereichen Supply, Produkt und Marketing, Content und Marke und Kampagnen. Bestände können in Echtzeit verfolgt und Kampagnen individuell ausgesteuert und jederzeit optimiert werden. Alle Beteiligten in der Logistik-, Vertriebs- und Verwendungskette erhalten den für sie relevanten Content durch Tappen des NFC-Tags mit einem Smartphone oder anderem Reader.

Victorinox nutzt dieses vernetzte Produkt darüber hinaus auch für die Einbindung von Partnern, wie zum Beispiel einer Reise- und Gepäckversicherung von Zürich Versicherung.

- Brand Protection
- Up-Selling (E-Commerce)
- Track & Trace
- Customer Engagement
- Partner-Programm

Nutzen und Ergebnisse

Die gewonnenen Insights können nun sehr viel schneller als bisher in der Produktentwicklung genutzt werden.

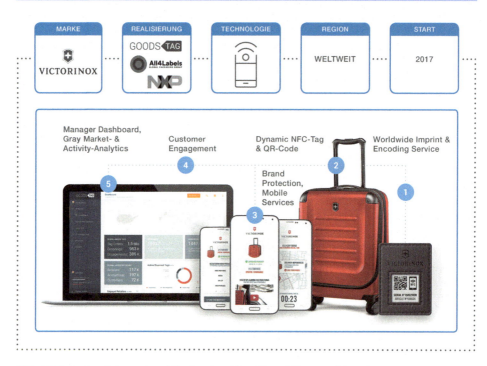

Abb. 9.21 Authentizität und mobile Services bietet Travel Gear von Victorinox. (Fotos: GoodsTag)

Händler und Konsumenten erhalten zudem mobile Services – individuell, lokal und im jeweils passenden Kontext: von der Originalität des Produktes über Informationen am Aufenthaltsort bis hin zu zusätzlichen Produkten, wie Reise- und Gepäckversicherungen.

9.5.6 Adidas Sportschuhe

Adidas integriert schon seit 2013 NFC-Tags in einzelne Modelle, um unterschiedliche Aufgabenstellungen zu lösen und vor allem deutlich mehr über seine Kunden zu erfahren und Trends früher zu erkennen. Diese Insights nutzt Adidas in der Produktentwicklung und im Marketing. Alle smarten Modelle erhalten neue, zusätzliche Funktionen (Abb. 9.22), zum Beispiel:

In-Store:

- Kaufberatung direkt am Schuh

Post-Sale:

- Nutzung der Fitness-App durch Verbindung von Schuh und Smartphone
- Produktempfehlung auf Basis der Nutzungs-Insights über die App

9.5 Textilien

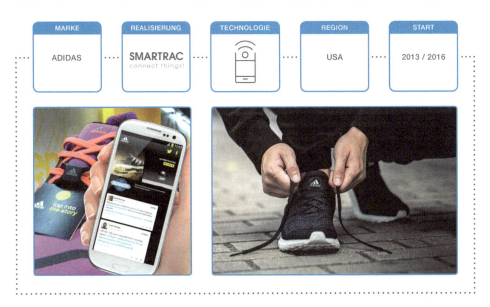

Abb. 9.22 Adidas „Lace Jewel" und „Ultra Boost Uncaged" mit integriertem NFC-Tag. (Foto: Adidas)

- Incentive-Programm für Kunden über die ID der eigenen Schuhe
- kostenloser Access zu Sportplätzen, VIP-Bereichen
- Access zu exklusivem digitalen Content

Im Sommer 2013 integrierte Adidas einen NFC-Tag an den Schnürsenkeln seines Laufschuhs „Lace Jewel". Dieser Tag hatte unterschiedliche Funktionen in der Consumer Journey:

1. Tappte ein Kunde den Tag am Schuh, der noch im Ladenregal stand, so erhielt er Content, der ihm die Kaufentscheidung erleichtern sollte, wie Produktinformationen, Testberichte und Kundenrezensionen.
2. An der Kasse wurde der Tag vom Personal über eine App aus dem Bestand ausgebucht und gleichzeitig wurde eine neue Funktion im Chip aktiviert.
3. Nahm der Kunde seine neuen Laufschuhe zu Hause aus dem Karton und tappte erneut mit seinem Mobiltelefon an den Tag, so startete die Adidas miCoach-App (Boden 2013).

Mit dem „Ultra Boost Uncaged" wiederum kreierte Adidas einen Media-Hub zu eigens produziertem, exklusivem Content, der nur über diesen Schuh erreichbar war. Der Tag ist in diesem Fall in der Schuhlasche eingenäht. Verknappung und Exklusivität waren hier die Ziele (Evans 2015).

9.6 Haushaltsgeräte

Im Bereich Haushaltsgeräte und Smart Home werden aktuell viele Piloten mit ganz unterschiedlichen Technologien realisiert. Dies ist zum einen gut, da alle Beteiligten Erfahrungen sammeln, zum anderen sind die bislang wenig kompatiblen Schnittstellen und Protokolle aber auch eines der großen Hemmnisse für Verbraucher. Die Industrie sollte sich bald auf interoperable Standards und offene Plattformen einigen, damit die Geräte unterschiedlicher Hersteller auch wirklich miteinander kommunizieren können und das Haus intelligent werden kann. Es gab und gibt immer wieder sinnvolle Kooperationen und Ansätze einiger bekannter Hersteller, wirklich durchgesetzt hat sich bislang keine. Und wer vor dem Wunsch steht, seinen Haushalt mit vernetzten Geräten komfortabler und sicherer zu machen und dabei auch noch Energie einsparen möchte, wird sich einer gewaltigen Aufgabe gegenüberstehen und dabei wahrscheinlich vorerst noch viele nicht-kompatible Apps und Geräte nutzen müssen. Trotzdem ist dieser Lernprozess notwendig, denn die Digitalisierung wird verstärkt in unsere Häuser kommen, ob wir es wollen oder nicht.

Mit jedem WLAN-Router und jeder Set-Top-Box ist man bereits digital vernetzt.

Anfang 2017 ist zudem das „Gesetz zur Energiewende in Kraft getreten. Darin ist unter anderem geregelt, dass nach und nach (bis 2032) alle Haushalte intelligente Stromzähler erhalten. Die sogenannten Smart Meter informieren die Verbraucher über ihren tatsächlichen Energiebedarf und ermöglichen es, Erzeugung und Verbrauch aufeinander abzustimmen (DENA 2016). Die darin integrierte zertifizierte Sicherheit wird bei den Verbrauchern dazu beitragen, das notwendige Vertrauen in die im Haushalt vernetzten Geräte und Services zu erzeugen.

Vernetzte Haushaltsgeräte bringen durchaus zusätzlichen Nutzen. Ob man seinen Toaster mit dem Smartphone bedienen muss, bleibt jedem selbst überlassen. Intuitive Steuerungen und selbstlernende Systeme, wie zum Beispiel Google Nest, Apple Home oder auch WiButler, die Geräte unterschiedlicher Hersteller verknüpfen, die Bedienung vereinfachen und dabei Energie sparen und die Anwendungen sicherer machen, stellen durchaus einen zeitgemäßen Mehrwert dar.

9.6.1 OTTO-Produkt-Assistent

Zielsetzung

Der Hamburger Händler OTTO entwickelt auf dem Weg zum voll digitalisierten Unternehmen innovative Service-Tools und Mechanismen – ein Beispiel: der OTTO-Produkt-Assistent, derzeit in der Testphase, könnte als digitaler Touchpoint ein wichtiger Bestandteil des Service-Angebots über den Kauf im Online-Shop hinaus werden. Die Idee ist, Käufern einen intuitiven und kompakten Informationspool zu bieten, der individuell auf das erworbene Produkt abgestimmt ist (Abb. 9.23).

9.6 Haushaltsgeräte

Abb. 9.23 Der OTTO-Produkt-Assistent bietet Service und direkte Kommunikation zum Händler. (Fotos: Otto)

Anwendungsbeschreibung

Der OTTO-Produkt-Assistent liefert mithilfe der NFC-Technologie diverse Informationen rund um das erworbene Produkt unmittelbar auf das Smartphone des Kunden. Angebracht an Kaffeevollautomaten, Waschmaschinen oder ähnlich erklärungsintensiven Produkte genügt ein kurzer Schwenk über den NFC-Tag, um eine kompakte Übersicht an nützlichen Informationen zu erhalten.

Das auf dem Smartphone-Display erscheinende Spektrum an Serviceleistungen reicht von der klassischen Bedienungsanleitung und Erklärfilmen, die beispielsweise das richtige Entkalken der Kaffeemaschine veranschaulichen, über direkte Kontaktmöglichkeiten zum OTTO-Service-Personal bis hin zu nützlichen Tipps und Tricks der Lifestyle-Blogs und Vorschläge passender Zusatzartikel. Der Kunde kann sich über den NFC-Tag auch direkt in sein OTTO-Konto einloggen, um passendes Zubehör und Verbrauchsmaterialien direkt zu bestellen.

Das intern entwickelte Service-Tool des Online-Händlers ist kostenlos und auch für Kunden hilfreich, die kein NFC-fähiges Gerät besitzen. Ein aufgedruckter Short-Link lässt sich manuell eintippen und bietet Zugriff auf den identischen Informationspool.

- Informationen und Tipps zum individuellen Produkt
- Einfache Kontaktaufnahme zum Kundenservice
- Direkter Log-In zum Kundenkonto und Bestellmöglichkeit von Zubehör und Verbrauchsmaterialien

Nutzen und Ergebnisse
Der OTTO-Produkt-Assistent vermittelt dem Kunden Sicherheit und ermöglicht einen direkten Kommunikationskanal zum Händler. Die Resonanz der Tester im Pilotprojektfiel positiv aus für das Instrument zur Steigerung der Kundenzufriedenheit und Bindung: Nach dem ersten Testlauf gaben 90 Prozent der Nutzer an, den praktischen NFC-Tag weiter verwenden zu wollen.

Nach einer ersten erfolgreichen Testphase des OTTO-Produkt-Assistenten im ersten Quartal 2016, wird Käufern bestimmter Sortimentsgruppen deutschlandweit seit Mai 2017 ein überarbeiteter Release Candidate des Produkt-Assistenten mitgeliefert. Nach der Auswertung der Ergebnisse Ende 2017 wird über einen Rollout des Service Tools entschieden.

9.6.2 Multifunktionsgerät von Cucina Barilla

Zielsetzung
Der italienische Lebensmittelhersteller Barilla möchte mit Cucina Barillla ein neues Produktsortiment anbieten, das mit einem automatisierten Gerät ganz einfach zuzubereiten ist. Das System soll auch in Regionen mit geringer oder keiner Netzabdeckung einsetzbar sein. Es soll also nicht vernetzt sein (Abb. 9.24).

Anwendungsbeschreibung
Cucina Barilla bietet ein umfangreiches Sortiment an Gerichten an, die mit einem eigens entwickelten Gerät ganz einfach zu Hause zubereitet werden können. Mit seinen Partnern

Abb. 9.24 Das Multifunktionsgerät von Cucina Barilla. (Fotos: Barilla)

ID-Solutions (einem Spin-off der Universität Parma) und Whirlpool entwickelte Barilla einen Multifunktions-Ofen mit RFID-Reader, der über einen passiven RFID/HF-Tag (High Frequency) auf Verpackungen alle notwendigen Einstellungen für die Zubereitung des entsprechenden Gerichtes erhält.

Der Ofen verfügt über eine Mikrowelle, konventionelle Ofentechnik, eine Wasserpumpe und einen Motor, um den trockenen Zutaten wie Pasta oder Reis Wasser zuzufügen, das Gericht umzurühren, zu backen oder zu grillen.

Jede Verpackung enthält alle notwendigen trockenen Zutaten und Gewürzmischungen für die Zubereitung des gewünschten Gerichtes. Das Sortiment umfasst Pizza, Risotto, Brot, Kuchen, Nudelgerichte und Focaccia.

Hält der Verwender den auf der Packung platzierten RFID-Tag an das Display des Ofens, liest der dahinter eingebaute Reader die ID des entsprechenden Gerichts aus. Damit werden alle notwendigen Funktionen und Zubereitungszeiten automatisch eingestellt.

Auf dem Display kann man die einzelnen Arbeitsschritte, die der integrierte Computer steuert, verfolgen: Wasser zugeben, rühren, garen bei unterschiedlichen Temperaturen und mit unterschiedlicher Technik (Mikrowelle, Ofen, Grill). Ist das Gericht fertig, erscheint auf dem Display die Anzeige „Buon appetito".

Über eine Delay-Funktion können die Nutzer darüber hinaus die Zeit einstellen, zu der das Gericht fertig sein soll. So kann man mit dem Duft von frischem Brot aufwachen oder sein Essen fertig zubereitet vorfinden, wenn man nach Hause kommt.

Den Ofen können italienische Verbraucher in Elektronikmärkten kaufen, die Gerichte gibt es nur im Online-Shop von Cucina Barilla.

- Automatisiertes Kochen
- Steuerung eines Elektronikgerätes über RFID
- Offline-Betrieb

Nutzen und Ergebnisse
Im Sommer 2015 lieferte Barilla die ersten Öfen an 400 Händler in Italien aus und bot 20 unterschiedliche Gerichte an. Seitdem ist das Sortiment auf über 100 Gerichte angestiegen (Svedberg 2015).

9.6.3 Unibond Aero 360° Moisture Absorber E-Connect

Zielsetzung
Das Produkt ist ein Luftentfeuchter mit integrierter Funktion für schnelles und einfaches Nachbestellen der Nachfülltabletten, ermöglicht durch NFC. Ziel ist es, dem Kunden ein besseres und vereinfachtes Einkaufserlebnis zu ermöglichen, (keine zeitraubende Suche im Internet oder im Geschäft nach den richtigen Nachfüll-Tabs) und die Steigerung der Kundenloyalität (Abb. 9.25).

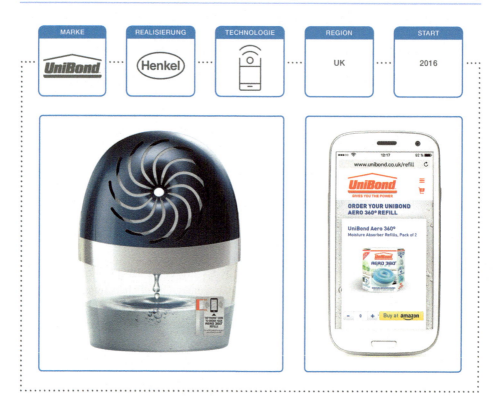

Abb. 9.25 Der Raumentfeuchter zeigt an, wenn er eine neue Tablette benötigt, und bietet einen Re-Order-Link. (Fotos: Henkel)

Anwendungsbeschreibung

Der Unibond Aero 360° Moisture Absorber E-Connect reguliert die Feuchtigkeit in Räumen bis 20 m². Durch die einzigartige Form des Luftentfeuchters kann die Luft komplett um die Luftentfeuchter-Tablette zirkulieren und somit eine hohe Feuchtigkeits-Absorption garantieren. Nach ungefähr drei Monaten ist die Tablette aufgebraucht und der Wasserstand hat die Anzeige des End-of-Life-Stickers erreicht. Nun kann der Kunde schnell und einfach über den NFC-Sticker mit seinem Smartphone die Nachfüll-Tabletten bestellen. Tappt er mit seinem Smartphone an den Sticker auf dem Luftentfeuchter, gelangt er zur Landingpage von Unibond. Hier erhält der Kunde weitere Informationen über die Nutzung des Feuchtigkeitsabsorbers und die Möglichkeit zum Kauf auf Amazon.

- Einfaches Nachbestellen der Tabs
- Kunden-Insights über Ort und Dauer der Verwendung
- Kommunikationskanal zum individuellen Kunden

9.6 Haushaltsgeräte

Nutzen und Ergebnisse

Der Unibond Aero 360° Moisture Absorber E-Connect wurde im Herbst 2016 in Großbritannien gelauncht. Eine Auswertung der Ergebnisse lag bei Manuskriptabgabe dieses Buches noch nicht vor. Die eingesetzte Infrastruktur bietet jedoch die Möglichkeit, Kunden durch die Interaktionen während der Verwendungsphase besser kennenzulernen und die anonymisierten Insights für die Entwicklung weiterer Services und Produkte zu nutzen.

9.6.4 BSH Home Connect mit Alexa

Zielsetzung

Home Connect möchte als markenübergreifende Plattform Haushalte intelligenter machen. Sie verstehen smart im Sinne von zeitsparend, effizient, energiesparend, bequem und begeisternd (Abb. 9.26).

Mit der Home Connect App lassen sich Haushaltsgeräte unterschiedlichster Marken steuern. Kunden erhalten alle relevanten Informationen zu ihren Geräten, können diese mittels App ein- und ausschalten, unterschiedliche Programme wählen, Timer anpassen und die Geräte in den Energiesparmodus versetzen.

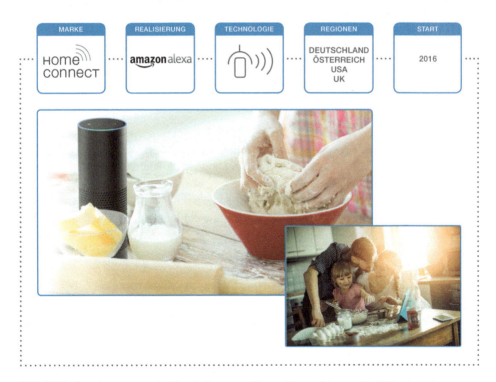

Abb. 9.26 Sprachsteuerung für Haushaltsgeräte. (Fotos: Home Connect GmbH)

Durch ein Netzwerk von Partnern können Kunden zusätzliche Services aus unterschiedlichsten Bereichen nutzen. Zu den Services gehören ein digitaler Kochlehrer, ein Bestell-Service für Lebensmittel und die Möglichkeit, die eigenen Geräte mittels Sprache zu steuern.

Anwendungsbeschreibung
Mit verschiedenen Skills für Amazon Alexa lassen sich bislang Geschirrspüler, Trockner, Waschmaschinen, Kaffeemaschine und Ofen steuern. Mit der Ansprache „Alexa, frage Home Connect Ofen, wann das Essen fertig ist" oder „Alexa, sage Home Connect Kaffeemaschine, dass sie einen Cappuccino zubereiten soll" kann man die vernetzten Geräte ansprechen und gleichzeitig etwas anderes tun.

Nutzen und Ergebnisse
Die Integration des Amazon Alexa Services ermöglicht, Hausgeräte mit Home-Connect-Funktion erstmalig auch sprachgesteuert zu bedienen. Künftig sollen weitere Funktionen wie automatisierte Gerätebenachrichtigungen und Contents für diesen Service angeboten werden. Fragen speziell zum individuellen Gerät des Kunden, zum Beispiel „Welchen Filter benötige ich?" und „Kann ich diesen gleich bestellen?" werden dann möglich sein.

Die Hauptnutzen für die Kunden sind die intuitive Bedienung ihrer Geräte mittels Spracheingabe und die Nutzung eines weiteren Skills auf ihrer Alexa: Neben Musikauswahl, Nachrichten abfragen, Bestellliste erstellen nun ganz einfach auch die Küchengeräte ansteuern – egal, ob beim Salatwaschen oder Teigkneten.

9.7 Sport

Smartphones, Pulsmessgeräte sowie Schritt- und Kalorienzähler, aber auch MP3-Player, Action-Kameras, herkömmliche Handys und Smartwatches kommen beim Sport immer häufiger zum Einsatz.

Aber auch bei der Kommunikation mit Fans und Anhängern, bei Sportgeräten oder bei Spielern kommen neue smarte Technologien vor, die die Interaktion zwischen Gerät und Nutzer/Spieler/Fan möglich machen.

9.7.1 Fan-Experience im Hamburger Volkspark-Stadion

Interview mit Oliver Poppelbaum, Direktor Vertrieb/Prokurist HSV Fußball AG (Hamburg, August 2017)

Herr Poppelbaum, Digitalisierung ist ein großes Thema beim HSV. Nicht nur im Spielbetrieb, sondern gerade auch in der Kommunikation mit den Fans. Was können wir hier erwarten? Der Fan ist nicht nur an Spieltagen Fan, aber der Besuch im Stadion und

9.7 Sport

das Live-Event ist stets ein Höhepunkt. Diese Höhepunkte in der Fan Journey möchten wir zu einem besonderen Erlebnis machen – ganz unabhängig von Gegner, Wetter und Spielergebnis.

Das Stadion ist eine perfekte Umgebung (Abb. 9.27). Hier treffen sich Gleichgesinnte, um das Verbindende zu zelebrieren. Es gibt viele feste Rituale entlang der Fan Journey, die man nicht digitalisieren kann oder sollte. Aber es gibt auch einige „Pain Points", die, wenn man sie beseitigen könnte, das Fan-Erlebnis verbessern. Vereinfacht man zum Beispiel die An- und Abreise oder verkürzt die Schlangen vor den Verkaufsständen und Toiletten, wären viele Fans noch glücklicher.

Außerdem haben wir durch die Digitalisierung die Möglichkeit, den unterschiedlichen Fan-Gruppen zielgruppenspezifische Informationen zukommen zu lassen, die das Stadionerlebnis, aber auch bereits den Weg dahin merklich verbessern. Dazu zählen Informationen zu Mannschaft und Gegner, Incentivierungen bei bestimmten Aktionen etc.

Auch werden wir die Kommunikation mit den Zielgruppen deutlich intelligenter und relevanter machen, indem wir den unterschiedlichen Zielgruppen nur die Informationen ausspielen, über E-Mail oder App, die für sie relevant sind. So sorgen wir dafür, dass sukzessive jede Botschaft des HSV vom Fan höher wertgeschätzt wird, da sie individuell für sie/ihn eine höhere Relevanz hat.

Wie kann man sich das konkret vorstellen? Der Fan findet im Stadion verschiedene Flächen und Räume mit ganz unterschiedlichen Angeboten. Kinder haben einen eigenen Bereich, in dem sie betreut werden. Die Plaza ist ein Gelände, auf der Live-Programme,

Abb. 9.27 Das Hamburger Volksparkstadion. (Foto: HSV)

wie Meet-and-Greet mit Spielern oder auch Live-Musik, Kommentatoren und Aktionen mit Sponsoren stattfinden. Die Hospitality-Bereiche werden besonders attraktiv. Wir bieten den Fans unterschiedliche gastronomische Angebote – von der obligatorischen Bratwurst bis hin zu einem Restaurant von Tim Mälzer.

Je mehr wir über die Fans wissen, desto besser können diese Angebote in die Fan Journey integriert werden und dabei helfen, negative Erfahrungen zu reduzieren oder zu eliminieren, um damit das Stadionerlebnis so attraktiv wie möglich zu gestalten. Und das ist der Hauptgrund: die Atmosphäre, die Emotionalität im Stadion ist es, warum die Menschen zum HSV gehen – und genau diese Erfahrung wollen wir mit smarten, digitalen Lösungen verbessern.

Aber es nicht nur der Stadionbesuch, der mit digitalen Lösungen noch besser werden soll. Wir haben uns die Aufgabe gestellt, die Beziehung zwischen Fan und Verein zu digitalisieren, sodass seine Beziehung zum HSV online wie auch real zu einem integrierten, nahtlosen Erlebnis wird.

Wie setzen Sie Proximity-Technologien dabei ein? Um die reale mit der digitalen Welt zu verbinden, helfen smarte Technologien. Ich kann mir gut in naher Zukunft eine individuelle Routenbeschreibung für VIP-Fans vorstellen, auf der die Fahrzeuge der Fans von intelligenten Ampeln erkannt und auf schnellstem Weg direkt zu ihren Parkplätzen geleitet werden.

Wir möchten Proximity Technologien aber auch nutzen, um dem Fan an seinem Sitzplatz die aktuellsten Infos zum Spiel zu liefern, einfach durch einen NFC-Tag an der Lehne seines Vordermanns. Oder um ihm eine Bestellung per App (mit integrierter Zahlungsfunktion) direkt an seinen Sitz liefern zu können. Das entzerrt die Logistik vor und während des Spiels spürbar und verkürzt so z. B. die Schlangen an den Verkaufsständen.

Über die App können wir den Fans in Echtzeit anzeigen, wie viel Zeit sie jetzt benötigen würden, um aus dem Stadion und vom Parkplatz zu kommen, und wie viel schneller dies in etwa einer halben Stunde gehen würde. Für diese Zeit laden wir den Fan auf die Plaza zu einem After-Match-Programm ein und senden ihm noch Rabatt-Ccodes oder Incentivierungen für die Verkaufsstände. Der Vorteil: Die VIPs kommen, wenn sie denn wollen, als Erste schnell aus dem Stadion und die Fans aus den Rängen genießen den Aufenthalt in „ihrem" Stadion noch länger.

Zu Hause gibt es viele Touchpoints über Trikots und Merchandising-Artikel, um mit dem Fan das ganze Jahr über verbunden zu bleiben. Über Virtual und Augmented Reality kann er das Stadionerlebnis nach Hause oder in den Urlaub holen, Trainingseinheiten verfolgen oder selbst absolvieren. Ein NFC-Tag unter dem Ärmel-Sponsoring bietet zum Beispiel die Möglichkeit, Angebote und Content des Sponsoring-Partner mit dem des HSV zu verknüpfen. Tappen die Fans unmittelbar vor dem Spiel den Tag am Ärmel, erhalten sie exklusive Infos zum Spiel vom Sponsor. Außerhalb des Stadions starten sie darüber eine Fitness-App, einen Grill-Guide oder eine Playlist.

Auswärtigen Gästen können wir mit Informationen zu An- und Abreise, zum Stadion und – in Kooperation mit Partnern – auch aktuelle Hamburg-Tipps bieten.

Wir lernen mit jedem Service, den der Fan nutzt, eine ganze Menge mehr über ihn. Alle Interaktionen generieren Daten, die wir im Marketing für eine noch bessere Experience und höhere Sicherheit nutzen.

Und welche Technologien werden Sie für die Umsetzung dieser digitalen Fan Journey einsetzen?

- RFID für die Erkennung von Fahrzeugen mit Parkberechtigung
- NFC an Touchpoints wie Sitzen, Gängen, Verkaufsständen, Merchandising-Artikeln
- iBeacons für die Kontext-sensitive Ansprache und Navigation der Fans im und um das Stadion
- WLAN im gesamten Stadion, um den Fans schnelle und sichere Interaktionsmöglichkeiten zu geben
- Geofence/GPS für die Optimierung der An- und Abreise

Und natürlich eine Daten-Management-Plattform, die alle Interaktionen steuert und über die wir die Fans immer besser kennenlernen.

Unser Ansporn: Für die Fans das Beste tun, damit die Fans die Mannschaft bestmöglich unterstützen und zum Erfolg führen können. Das erste wirklich smarte Stadion soll in Hamburg stehen!

9.7.2 Mexico City Marathon

Im August 2016 trugen alle 29.000 Läufer des Mexico City Marathons ein Shirt, das mit einen NFC-Tag versehen war. In Kombination mit einer App sind medizinische Daten im Notfall schneller verfügbar und Sponsoren erhalten einen neuen zusätzlichen Kanal zu den Sportlern.

Der Chip speicherte persönliche Daten wie Name, Alter, Blutgruppe, bestehende Krankheiten und Allergien sowie die Kontaktdaten eines Angehörigen.

9.7.3 American Football Real-Time Analytics

Die amerikanische National Football League (NFL) nutzt RFID-Transponder, um die Leistung und Geschwindigkeit ihrer Spieler zu analysieren und die Daten ins Training und in die Bewertung der Spieler einzubeziehen.

Die Daten, die erhoben und ausgewertet werden, geben sehr detaillierte Antworten auf die folgenden Fragen:

- Welcher Spieler ist mit welcher Geschwindigkeit in welchem Spielzug wie weit gelaufen?
- Wie ist die Pulsentwicklung des Spielers?
- Wie viele Kalorien hat der Spieler bereits verbraucht?
- Wie ist seine Höchstgeschwindigkeit?
- Welche Distanzen hat er zurückgelegt?

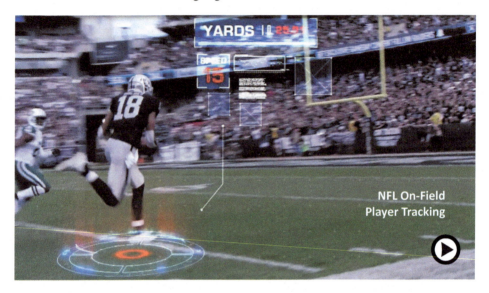

Official NFL On-Field Player Tracking von Zebra (Video mit Springer Nature ExploreBook App ansehen)

Alle diese Informationen in Echtzeit zu erfassen und verfügbar zu machen – das ist durch eine technische Lösung möglich, bei der die NFL-Spieler aktive RFID-Transponder tragen, die Daten an Antennen/Reader senden, die in den Stadien platziert sind.

Kaum eine Sportart ist so von Taktik und Strategie geprägt wie der American Football. Daher haben Spieler- und Spielstatistiken eine große Bedeutung für Trainer, Berater und andere. Diese neu eingeführte Technologielösung macht vielfältige Daten verfügbar, die zu besseren Entscheidungen der Trainer während des Spiels führen und Strategien anpassen lassen.

Die technische Umsetzung in Kürze: In den Schulterprotektoren der Spieler werden auf jeder Seite jeweils ein aktiver RFID-Transponder mit einer Akkulaufzeit von fast einem Jahr eingebracht. Auch die Schiedsrichter (bis zu sieben) erhalten die Transponder. Alle Transponder werden von im Stadion eingebauten Receivern erfasst. Die Genauigkeit der Positionsbestimmung liegt bei circa 10 cm. Die Daten werden von den Transpondern 25 Mal in der Sekunde gesendet, mit einer Reichweite bis zu 180 Metern.

Zur Gewinnung von biometrischen Daten, wie Puls, Dehydration etc., werden Brustgurte und andere Wearables eingesetzt, die über Bluetooth die Daten an die Transponder weitergeben.

Folgende Daten werden erfasst: die Position des Spielers, die Laufgeschwindigkeit, Höchstgeschwindigkeit, Kalorienverbrauch, zurückgelegte Distanzen – und das alles in Echtzeit. Die Daten werden gesammelt und dann verarbeitet. Daraus ergeben sich Spielerprofile.

Die Daten werden in Echtzeit zur Verfügung gestellt und von den Trainern und Schiedsrichtern genutzt. Die Trainer könnten benachrichtigt werden, wenn der Spieler zu lange auf dem Platz gestanden ist, er dehydriert ist oder der Puls im kritischen Bereich liegt. Allerdings erlaubt die NFL zurzeit noch nicht die Sammlung und Nutzung der biometrischen Daten während des Spiels. Aber auch später können die gesammelten Informationen von den Trainern benutzt werden, um Trainingspläne zusammenzustellen. Spielerberater können diese Daten nutzen, um ihre Spieler zu beurteilen.

Auch den Zuschauern in den Stadien stehen die Daten zum Ansehen zur Verfügung. Über das Internet lassen sich die Informationen auch von jedem Ort – ob zuhause, im Restaurant, bei Freuden – abrufen und verfolgen. Eine neue Möglichkeit für die Fans, das Spielgeschehen zu verfolgen und zu verstehen. Statistiken der nächsten Generation ermöglichen eine vollkommen neuartige Transparenz – Trainer, Berater und Zuschauer können auf unterschiedlichen Wegen von den Daten profitieren (Tilley 2016; Wolfram 2016b).

9.7.4 Konzeptstudie Air Runner

Zielsetzung
Für alle Freizeitsportler, die Abwechslung im Training suchen, hat Indeed Innovations eine Konzeptstudie entwickelt, die eine Drohne als persönlichen Begleiter einsetzt: den Air Runner (Abb. 9.28).

Anwendungsbeschreibung
Das System besteht aus (Ober-)Armband, dem Air Runner selbst und der App. Inspiriert von Luftdrohnen bietet der fliegende Begleiter Spaß und Abwechslung. Acht Motoren steuern stetig und kraftvoll den Air Runner, um plötzliche Stürze durch Windböen oder Motorenausfall zu verhindern. Die horizontalen und vertikalen Klingen des Air Runner absorbieren die Drohnen-typischen Geräusche und schützen die Flügel außerdem gegen Stöße.

Per App lassen sich Intensität, Distanz, Route und Unterhaltungsmodus des Laufs im Vorfeld bestimmen. Nach Eingabe der zentralen Parameter hebt die Drohne vom Armband ab und gibt die Richtung vor. Per GPS navigiert der Air Runner im vom Läufer

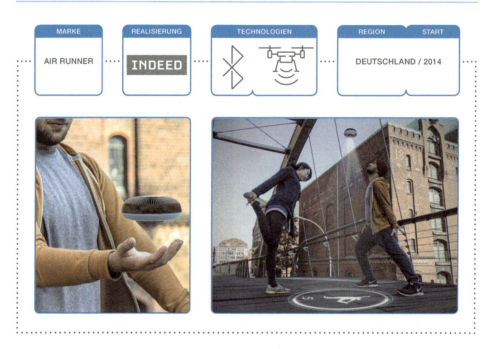

Abb. 9.28 Der Air Runner: eine Drohne als persönlicher Fitness-Coach. (Fotos: Indeed)

ausgewählten Radius und sorgt mit zufällig oder zum Unterhaltungsmodus passenden Routen für Abwechslung in der Laufroutine. Die integrierte Kamera registriert hierbei nicht nur die Bewegungen des Läufers, sondern verfügt auch über eine Aufnahme- und Streaming-Funktion. Mittels Gestensteuerung können der gesamte Lauf oder auch nur Momente festgehalten und direkt über die App auf ausgewählte Social-Media-Kanälen gepostet werden. Spiel- und Sport-Scores spornen zusätzlich an.

Das intelligente Gadget verstärkt jedes Jogging-Erlebnis mit amüsanten Spielsequenzen basierend auf den Tracking-Daten der sportlichen Aktivitäten. Zukünftig kombinierbar mit diversen Fitness-Tracker-Angeboten zeigt die App nicht nur die Fortschritte des Läufers, sondern kreiert auch „maßgeschneiderte" Lauferlebnisse. Lichtprojektionen auf der Straße schaffen eine außergewöhnliche virtuelle Abenteuerlandschaft, die für sportliche Abwechslung sorgen und die Motivation hochhalten. Daneben sorgen jene Lichtkonzepte auch bei Dunkelheit für gute Sichtbarkeit und Sicherheit.

- Drohne als persönlicher Begleiter
- Übungen und Spiele als Projektion auf der Straße
- Videoaufzeichnung oder Live-Streaming des Trainings

Mehr Informationen zur Studie und weitere Innovationen gibt es unter http://blog.indeed-innovation.com/air-runner-concept-study/.

9.7.5 Telstar 18: Fußball zur Weltmeisterschaft 2018

WM-Fußball mit integriertem NFC-Chip (Video mit Springer Nature ExploreBook App ansehen)

Abb. 9.29 Fußball zur WM 2018 mit integriertem NFC-Chip. (Foto: Adidas/Perform)

Der offizielle Spielball der Fußball-WM 2018 in Russland heißt Telstar 18 und ist im November 2017 vorgestellt worden. Der größtenteils schwarz-weiße Ball von Adidas verfügt über eine spezielle Oberflächenstruktur, die bestmögliche Spielbarkeit und Grip gewährleisten soll, sowie einen integrierten Chip, wie Hersteller Adidas mitteilte (Abb. 9.29).

Eine Besonderheit für Freizeit-Kicker: Dank eines integrierten NFC-Chips können Fans via Smartphone personalisierte Inhalte abrufen und mit einer Community auf der ganzen Welt interagieren. „Mit dem überarbeiteten Panel-Design und der Integration eines NFC-Chips setzt der Telstar 18 neue Maßstäbe in Sachen Produktinnovation und Design", sagte Roland Rommler, Category Director für Fußball-Produkte bei Adidas. (Adidas 2017)

9.8 Industrie und Gastronomie

In der Gastronomie und im Handel hat der Einsatz von smarten Technologien schon Einzug gehalten. Prominentestes Beispiel ist das Bezahlen mit der NFC-Funktion auf dem Mobiltelefon. Aber auch in Industrieprodukten oder in anderen Bereichen der Gastronomie finden sich zunehmend Beispiele für smarten Technologien.

9.8.1 EVOS™ DCi der Linde Group

Zielsetzung

Das EVOS™ DCi-Ventil der Linde Group ist in der Lage, Live-Daten über die Zylinderposition und Gasinformationen einschließlich Gasart, Gasvolumen, Gasdurchsatz und sogar Zylindertemperatur zu liefern. Mittels GSM-Datenübertragung und Speicherung in der Linde Cloud haben die Kunden sofortigen, Device-unabhängigen Zugriff auf aktuelle und historische Gasinformationen (Abb. 9.30).

Abb. 9.30 Das vernetzte Ventil EVOS™ DCi von Linde. (Fotos: Indeed)

9.8 Industrie und Gastronomie

Anwendungsbeschreibung
Echtzeit-Content-Messgeräte machen die vorhandene Gasmenge auf den ersten Blick sichtbar. Daneben erlauben Fernzugriff auf Inhalte und Standortinformationen dem Gaskunden die Optimierung seines Inventars und des Supply Chain Managements. Personalintensive und zeitaufwendige Bestandsabfragen gehören damit der Vergangenheit an. Unnötige Verspätungen oder Arbeitsausfälle durch fehlende Gase können so ebenfalls vermieden werden. Die sich im Hintergrund ständig weiterentwickelnde Analyse-Software verhindert Notfall-Lieferungen oder Überbestand.

EVOS™ DCi nutzt GSM-Technologie, um die Daten (wie z. B. Zylinderort und Inhalt) an die Linde Cloud in Echtzeit zu übertragen. Diese Informationen können jederzeit und von jedem Web-Browser oder Mobilgerät mit der EVOS™-App abgerufen werden.

Für ausgewählte Länder gibt es zusätzlich ein „Passport Package", das mit Track-and-Trace-Technologie für vollständige Compliance während des gesamten Lebenszyklus sorgt. Die detaillierte Historie jedes Zylinders (Standort, Abfülldaten, Transportdetails) wird automatisch erfasst, ist für einzelne Zylinder oder gesamte Chargen mobil abruf- und analysierbar. Die vollständige Rückverfolgbarkeit sorgt so für eine Echtzeit-Zertifizierung von kompatibilitätsrelevanten Details und vermeidet unnötige Comebacks.

Automatisierte Web- und mobile Alarme informieren den Kunden, wenn ein Zylinder dessen Aufmerksamkeit benötigt. Künftig sollen Kipp- und Beschleunigungssensoren die Sicherheit weiter verbessern.

- Vernetztes Gasflaschenventil zur Übertragung von Live-Daten
- Device-unabhängiger Zugriff auf aktuelle und historische Gasinformationen in Echtzeit
- Optimierung von Inventar und Supply-Chain

9.8.2 UBER Bierdeckel-Kampagne

Zielsetzung
Uber startete im Herbst 2014 eine Kampagne mit Bierdeckeln in über 100 Londoner Pubs zur Neu-Kundengewinnung (Abb. 9.31).

Anwendungsbeschreibung
Auf den Bierdeckeln befand sich ein Call-to-Action mit einer Vorteilskommunikation. Die Gäste wurden aufgefordert, den NFC-Tag zu tappen oder alternativ den QR-Code zu scannen.

Diese Aktion führte den User in den jeweiligen App Store, wo er die Uber-App downloaden konnte. Die Weiterleitung geschah dabei im Hintergrund über die Tamoco-Analytics-Plattform – für den User unbemerkt. Dort wurden die Daten gesammelt, in Echtzeit analysiert und der jeweils passende Inhalt ausgeliefert. User, die sich über den Bierdeckel die App herunterluden, erhielten einen Rabatt von 15 £ für die erste Fahrt mit Uber. Zusätzlich zu den Bierdeckeln installierte Uber in den teilnehmenden Pubs auch Beacons,

Abb. 9.31 Uber gewinnt erfolgreich Neukunden über Bierdeckel. (Fotos: Tamoco)

die wiederkehrende Gäste über die Uber-App erkannten und diese nach einem Zeitraum von etwa 40 Minuten nach Betreten des Pubs per Push-Message fragten, ob sie heute noch einen Wagen bräuchten.

- Neukunden-Gewinnung
- Insights über Kundengewohnheiten, wie Besuchshäufigkeit, Peaks und Verweildauer

Nutzen und Resultate
Die Conversion von Engagement zur Registrierung betrug 76 Prozent und 58 Prozent aller Engagements wurden zu neuen Fahrkunden.

- Die Rabattcodes wurden zu 25 Prozent während des Kampagnenzeitraumes eingelöst, ein Großteil erst Wochen später und auch noch nach Kampagnenende.
- Das Verhältnis NFC-Nutzung zu QR-Code betrug 4:1.
- Interessant waren die Ergebnisse hinsichtlich Uhrzeit und Wochentag. Die erfolgreichsten Wochentage waren Mittwoch und Donnerstag, jeweils mit einem Peak um 20 Uhr.

Dies widerlegte die Erwartung, welche die meisten Aktionen rund um die Sperrstunde freitags und samstags vorausgesagt hatte. Diese Informationen halfen Uber, mehr über ihre potenziellen Kunden zu erfahren und ihre Maßnahmen entsprechend anzupassen (Tamoco 2015).

9.8.3 Rastal Smart-Glass® und die digitale Theke der Telekom

Smart-Glass und digitale Theke (Video mit Springer Nature ExploreBook App ansehen)

Zielsetzung
Der Gläserproduzent Rastal (Rastal 2017), die Agentur Noa aus Aachen und die Deutsche Telekom haben gemeinsam eine IoT-Lösung für die Gastronomie entwickelt: Smarte Gläser und eine digitale Theke erfassen Daten, die in der Cloud der Dinge der Telekom zu werthaltigen Informationen werden (Abb. 9.32).

Anwendungsbeschreibung
Ein im Glasfuß integrierter NFC-Tag gibt jedem einzelnen Glas eine individuelle Identität. Wird dieses Glas nach dem Befüllen auf die sogenannte Smartbar gestellt, liest diese die Informationen automatisch aus und verknüpft die ID des Glases mit dem Zeitpunkt und dem exakten Ort der Bestellung. Gläserart und -größe verraten Getränkeart, wie Bier, Softdrink, Wein oder Schnaps, und die Füllmenge.

Über die in der Smartbar integrierte SIM-Karte werden die Daten in die Cloud geschickt. Aufbereitet und visualisiert über Dashboards bieten diese Daten den Gastronomen wertvolle Informationen über Absatz und Abwicklungsgeschwindigkeit im Service – in Echtzeit.

Angedacht ist darüber hinaus die Nutzung der intelligenten Infrastruktur für eine stärkere Einbindung der Gäste. Ein Beispiel: Direkte Bestellung und Bezahlung über eine App oder Kundenbindung über Gewinnspiele und Loyality-Programme (Telekom 2017).

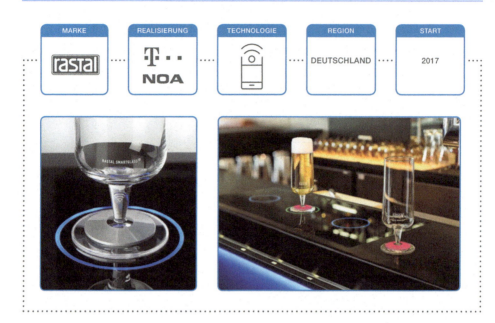

Abb. 9.32 Valide Daten zu Konsum und Abläufen liefert das Smart-Glass® (Fotos: Rastal)

- IoT-Lösung für die Gastronomie: ein smartes Glas und eine vernetze Theke
- Valide Daten zu Konsumverhalten und Abläufen in Echtzeit

Nutzen und Resultate
Mit der konsequenten Nutzung der gewonnenen Daten können Bestellungen und Personalplanung ebenso optimiert werden wie interne Prozesse.

9.8.4 Carlsberg Crowdit

Bereits 2012 launchte die Brauerei Carlsberg die App namens Crowdit mit der Idee, Nutzer über Events und Specials von teilnehmenden Bars und Pubs in ihrer Nähe zu informieren. Die Social Nightlife App wurde 2014 um eine Proximity-Variante erweitert: In Zusammenarbeit mit Tamoco stattete Carlsberg 250 Pubs in Dänemark mit Beacons und smarten Bierdeckeln aus. Letztere enthielten sowohl einen NFC-Tag als auch einen QR-Code, die beide direkt zur Registrierung führten (Abb. 9.33).

Alle registrierten Nutzer, die Bluetooth aktiviert hatten, erhielten abends Tipps zum Ausgehen in der Umgebung und beim Betreten von teilnehmenden Pubs via Beacon einen Voucher für ein Freigetränk oder andere Specials (Clark 2014).

9.8 Industrie und Gastronomie

Abb. 9.33 Carlsberg lädt via App zu Freibier ein. (Foto: NFC World)

9.8.5 Bottoms-Up-Becher mit Bezahlfunktion

Zielsetzung

Der Gläserproduzent Rastal hat auf Basis der neuartigen Zapftechnologie Bottoms-Up-Beer im Rahmen eines autarken Selbstbedienungssystems (Smart-Self-Service) einen Mehrwegbecher mit einer Zahlfunktion ausgestattet, um den Kauf- und Zapfvorgang von Bier auf Großveranstaltungen zu vereinfachen (Abb. 9.34).

Anwendungsbeschreibung
Die Zapfanlage kann sowohl über eine digitale Verzehrkarte als auch über einen NFC-Tag am Mehrwegbecher freigeschaltet werden. Tappt der Nutzer an den Reader, der sich an der Anlagenfront befindet, wird der Wert eines Bieres vom gespeicherten Guthaben abgezogen, der Zapfkopf kurz gereinigt und das Bier automatisch eingefüllt. Durch diese Fülltechnik und die präzise Füllmengen-Programmierung wird sehr schnell und bedienungsfrei ein qualitativ hochwertiges Bier gezapft und der Schankverlust wird deutlich reduziert.

- Neues Ausschank-System für Großveranstaltungen
- Entzerrung des Bedarfs
- Selbstbedienung mit Prepaid-Zahlungsfunktion
- Schnelles Zapfen mit hochwertiger Bierqualität und deutlich reduziertem Schankverlust

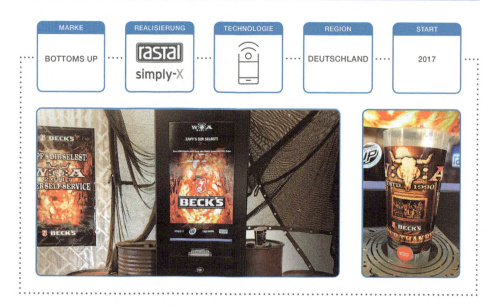

Abb. 9.34 Wacken 2017: Getränke selbst zapfen und mittels Becher direkt bezahlen. (Fotos: Rastal)

Nutzen und Resultate

Dieses Konzept wurde in der beschriebenen Form erstmals 2017 auf dem „Wacken Open Air" einem Feldtest unterzogen. Das System überzeugte und soll ab 2018 mit weiteren Funktionen dauerhaft eingesetzt werden. Neben Festivals prüfen auch andere Großveranstaltungen und Sportstadien den Einsatz des Systems.

Die Vorteile liegen auf der Hand:

- Bier selbst zapfen mit Prepaid-Bezahlung
- Statt Schlange zu stehen, zapfen Kunden ihr Bier selbst und zahlen mit einem Prepaid-Guthaben in Form einer digitalen Verzehrkarte oder dem NFC-Tag auf dem persönlichen Mehrwegbecher. Das unterstützt die positive User Experience.

Deutlich schnellere Zapfgeschwindigkeit erhöht den Umsatz in Stoßzeiten und verkürzt die Wartezeiten für die Besucher und Kunden.

Der Getränkebecher erhält auch neue Funktionen: Individualisierung und Bezahlfunktion sowie zusätzliche Marketing-Flächen an der Anlage und im Gefäß:

- Anlage: Während des Schankvorgangs können künftig zielgruppenspezifische Inhalte auf dem Display eingespielt werden.
- Magnetverschluss im Becher: Er ist Verschlussmechanismus und Werbemittel zugleich, da er während der Bechernutzung als Verschluss funktioniert und nach dem Event als Erinnerung am heimischen Kühlschrank fungiert.

9.9 Freizeit und Reisen

Was lange noch utopisch klang, pilotierte die Deutsche Bahn mit ihrem Touch-and-Travel-System anschaulich. Mit der entsprechenden App und einem NFC-fähigen Telefon verbindet man sich an dem Bahnhof, an dem die Reise beginnen sollte, über einen Kontaktpunkt. Die App funktionierte dann sofort als gültige Fahrkarte. Stieg man am Zielpunkt aus, loggte sich der Reisende wiederum über den Kontaktpunkt aus. Die Reise galt als beendet und der Ticketpreis wurde vom Bankkonto abgebucht. Gängiger und weiter verbreitet ist der NFC-Chip bei Fahrscheinautomaten in anderen öffentlichen Verkehrsmitteln wie Straßen- und U-Bahnen.

Aber mittlerweile finden sich noch ganz andee Anwendungsbeispiele von smarten Technologien in diesem Umfeld.

9.9.1 Beatie Wolfes NFC-Musikalbum

Zielsetzung

Die britische Singer-Songwriterin und Innovatorin Beatie Wolfe erfand das erste NFC-Musikalbum der Welt, das eine völlig neue Schnittmenge zwischen Technologie und Musik schafft. Das Album, Montagu Square, ist ein völlig neues Format, das designt wurde, um auch im digitalen Zeitalter das Geschichtenerzählen von Musik und etwas Haptisches zu bewahren (Abb. 9.35).

Anwendungsbeschreibung

Jeder Song auf diesem Album hat seine eigene aufwändig gestaltete Karte mit individuellem Design, Text und einem integrierten und unsichtbaren NFC-Tag (NTAG213). Tappt der User die Karte mit seinem Handy, wird der Song abgespielt und exklusiver digitaler Content angeboten.

Mit Kauf des NFC-Albums erwirbt man auch die Nutzungsrechte an den Songs, analog zu einer CD oder einem Download. Daher können die Songs für den Offline-Betrieb auch heruntergeladen werden.

Produziert wurde das Album-Deck von der Online-Druckerei moo.com, das die NFC-Karten sonst als Visitenkarten anbietet. Die NFC-Tags in den Karten sind mit einem Link beschrieben, der zu einer Proximity-Plattform führt. So können Kunden den Content ihrer Karten immer wieder neu definieren. Diese Funktion nutzt Beatie Wolfe auch als Kommunikationskanal zu ihren Fans.

- Neues Format für Musik
- Management von Nutzungsrechten
- Kommunikationskanal zwischen Künstler und Fan

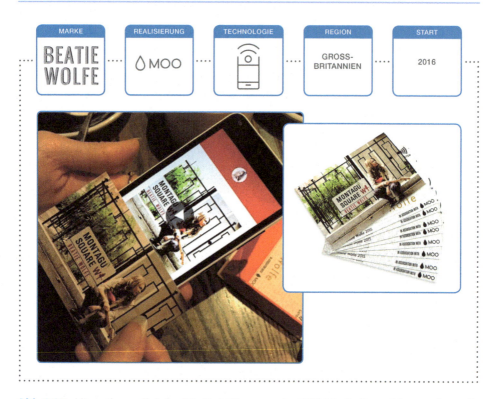

Abb. 9.35 Alternative zu digitalen Musikplattformen – das NFC-Musikalbum „Montagu Square". (Fotos: Beatie Wolfe)

Mehr Informationen zum Case und weitere Innovationen unter beatiewolfe.com und https://www.moo.com/de/products/nfc/business-cards-plus.html.

9.9.2 Veranstaltungen besuchen mit Wristbandiz

Zielsetzung

Mit der Kombination von eigens konzipierten NFC-Wearables und der Wristbanditz Event Cloud Software werden intensivere Markenerlebnisse für Konsumenten auf Events, Messen und Conventions kreiert. Das modular einsetzbare Angebot umfasst unter anderem Akkreditierung, Bestellung von Getränken und Speisen und Interaktionen vor Ort, wie Informationsanforderung und Kontaktaustausch. Die sehr hochwertigen Armbänder (meist aus Leder), mit denen Gästenamen und individuelle Berechtigungen ausgelesen werden können, werden nicht gleich entsorgt, sondern dienen im Nachgang der Veranstaltung als Reminder und unterstützen damit den Erfolg des Veranstalters (Abb. 9.36).

9.9 Freizeit und Reisen

Abb. 9.36 Event-Akkreditierung mittels edlen Wearables. (Fotos: Elena Azzalini, Wristbanditz)

Anwendungsbeschreibung

Die Wristbanditz Event Cloud wird zur Steuerung von Interaktionen eingesetzt und durch digitale Applikationen und NFC-Technologie unterstützt. Die Software kann einen kompletten Gästemanagementprozess sowohl vor als auch während der Veranstaltung abwickeln. Sie ist sehr flexibel konfigurierbar und passt sich den Anforderungen des Veranstalters an. NFC wird vor Ort am Event eingesetzt und dient vor allem zur Unterhaltung und Übermittlung von Informationen sowie zur Steuerung und späteren Analyse durch den Veranstalter.

Auf diese Weise können für bislang anonyme Gäste aufschlussreiche Profile erstellt werden.

- Cloudbasierte Gästemanagement-Plattform
- Hochwertige NFC-Armbänder zur Identifikation der Gäste

9.9.3 Reisen mit Princess Cruises

Zielsetzung

Mit dem Ocean Medaillon™ bietet Princess Cruises seinen Passagieren einen persönlichen Concierge. Das sogenannte Ocean Medaillon™ wird als Armband, Kette, Schlüsselanhänger oder in der Hosentasche getragen und macht die Abläufe auf dem Schiff deutlich einfacher und schneller. Princess Cruises lernt die Gewohnheiten und Interessen der Passagiere besser kennen und kann diese Daten sofort oder später für passgenaue Angebote nutzen. Darüber hinaus erhöht die Technologie die Sicherheit an Bord (Abb. 9.37).

Anwendungsbeschreibung
Bereits zu Hause erhält der künftige Passagier sein persönliches Ocean Medaillon™, mit dem er ohne großen Aufwand einchecken und an Bord gehen kann.

Auf dem Schiff öffnen sich damit durch einfaches Tappen die Kabinentür, an Bars und in Shops kann kontaktlos bezahlt werden und Screens überall auf dem Schiff zeigen persönliche Informationen, wie individueller Tagesplan mit Ausflügen, Tischreservierungen und Spa-Anwendungen. Diese Informationen können auch auf dem TV-Monitor in der Kabine oder über eine App auf dem eigenen Smartphone oder Tablet abgerufen werden.

Das Ocean Medaillon™ enthält neben NFC auch Bluetooth, das mit den zahlreichen Sendern und Empfängern kommuniziert und so dem Passagier als Navigation an Bord dient, aber auch den aktuellen Aufenthalt an Crew und Freunde/Familie übermittelt. Dadurch soll der Service noch weiter verbessert werden, indem der Kabinensteward zum Beispiel keine Kabinen betritt, wenn er sieht, dass sich Passagiere darin aufhalten, und das

Abb. 9.37 Der Schlüssel zum Schiff: Das Ocean Medaillon™. (Fotos: Princess Cruises)

Service-Personal bestellte Getränke schneller liefern kann. Das Ocean Medaillon™ ist der Schlüssel zu einer Vielzahl weiterer Funktionen, eine Auswahl:

- DineOcean™ organisiert Tischreservierungen, Speisen- und Getränkebestellungen.
- PlayOcean™ macht das ganze Schiff zu einem interaktiven Spiel, in dem man einen digitalen Reisebegleiter konfiguriert und an unterschiedlichsten Screens gegen anderen Passagiere antritt.
- ShopOcean™ bietet ein kontaktloses Einkaufserlebnis – unabhängig vom Aufenthaltsort an Bord.
- OceanConcierge™ bietet Informationen zu Ausflugszielen und die direkte Buchung von Ausflügen
- OceanNavigate™ ist eine Indoor-Navigation, die auch die Standorte aller Freunde und Familienmitglieder anzeigt und Nachrichten untereinander übermittelt.
- OceanMemories™ organisiert alle Fotos, Videos und andere Erinnerungen zentral und bietet darüber hinaus gleich die Möglichkeit, Abzüge zu bestellen oder Fotos mit Freunden zu teilen.

Damit wird den Passagieren ein umfassender Service angeboten:

- Simpler Schlüssel zu allen relevanten Services an Bord – ein persönlicher Concierge
- Selbstlernendes System, das Passagierpräferenzen sofort nutzt
- Erhöhte Sicherheit

Nutzen und Ergebnisse
Die neue Technologie wird ab November 2017 erstmals auf zwei Kreuzfahrtschiffen eingesetzt, weitere Schiffe sollen ab 2018 ausgestattet werden (Princess 2017).

9.9.4 Nintendos interaktive Spielfiguren

Nintendo bietet mit den Amiibo™-Spielfiguren und -Karten neue Funktionen für die Spiele auf den unterschiedlichen Konsolen. Je nach Spiel erhalten die Spieler neue Modi, Waffen und Fähigkeiten für ihren Spielcharakter, um ihn so zu stärken und neue Levels freizuschalten (Abb. 9.38).

Vergleichbare Konzepte bieten auch die Videospiele Skylanders™ und Disney Infinity™ oder auch Lego® Dimensions™. Disney arbeitet mit Charakteren aus bekannten Verfilmungen. Für die Interaktion mit dem Spiel ist neben der Figur auch ein Infinity Board als Reader notwendig.

Die Vorteile für alle Beteiligten:

- Neue Spielerlebnisse durch zusätzliche Funktionen und Charaktere
- Für Spieler eine erhöhte Identifikation mit der Figur
- Zusätzlicher Absatz durch Hardware zur Spiel-Software

Abb. 9.38 Amiibo™-Figuren in unterschiedlichsten Formen. (Foto: Nintendo)

9.9.5 Digitales Audiosystem Toniebox

Zielsetzung

Mit dem Tonie-Audio-System können Kinder ab drei Jahren mit einem weichen und bunten Würfel und dazu passenden Figuren digitalen Audio-Content abspielen und über eine App eigene Inhalte aufnehmen (Abb. 9.39).

Anwendungsbeschreibung

Die Toniebox ist speziell für Kinder entwickelt: ein zwölf Zentimeter großer Würfel, ohne Ecken und Kanten, kinderleicht zu bedienen, angenehm weich anzufassen, stoßfest und

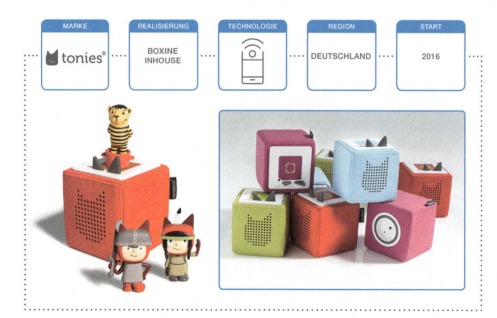

Abb. 9.39 Die Toniebox und einige Tonies. (Fotos: Tonie)

aus strapazierfähigem Stoff genäht. Die Box ist mit einem digitalen Kern ausgestattet, besitzt einen Kopfhöreranschluss, einen Akku für Mobilität und ein großes und ein kleineres Ohr, an denen Kinder durch Drücken die Lautstärke einstellen können. Durch einen Klaps links oder rechts kann man zwischen den Kapiteln springen.

Fünf bis acht Zentimeter große Hörfiguren wie Rabe Socke, die Maus, das Sams oder Janosch, können auf die Box gestellt werden und schon startet das Hör-Abenteuer. Per WLAN werden beim erstmaligen Aufstellen des Tonies die passenden Inhalte aus der Cloud einmalig heruntergeladen und in der Toniebox gespeichert – drahtlos und digital. Durch einen NFC-Chip in jedem Tonie weiß die Toniebox immer, welcher Inhalt abgespielt werden soll, wenn die Figur auf der Toniebox steht. Wird der Tonie heruntergenommen, stoppt die Wiedergabe automatisch, um beim nächsten Aufstellen genau dort wieder zu starten.

Zu den Hörfiguren mit bekannten Inhalten gesellen sich die Kreativ-Tonies, die 90 Minuten Platz für eigene Geschichten, Lieder oder Grußbotschaften bieten. Mit der kostenlosen Smartphone-App kann man Inhalte auf der ganzen Welt aufnehmen und über den Kreativ-Tonie abspielen.

In einer persönlichen Tonie-Cloud kann die Toniebox individuell konfiguriert werden (maximale Lautstärke einstellen, Seiten für das Vor- und Zurücknavigieren festlegen etc.), eigene digitale Audiodateien hochladen, Inhalte auf die Kreativ-Tonies übertragen, Zugriffsrechte auf Box und Kreativ-Tonies gewähren und vieles mehr.

Mit der dazugehörigen Smartphone-App können Kinder, Freunde und Verwandte eigene Geschichten und Sprachnachrichten aufnehmen. Die Inhalte werden dann in die Tonie-Cloud übertragen und dem gewünschten Kreativ-Tonie zugewiesen.

9.9.6 Service-on-Demand beim Robinson Club

Zielsetzung
Die Robinson Club GmbH möchte die bestehende App mit standortbasierten Services aufwerten und wiederkehrende Kommunikationsprozesse, zum Beispiel an der Rezeption, vereinfachen. Aus den Bewegungsprofilen der Club-Gäste sollen hoch und wenig frequentierte Bereiche identifiziert und gegebenenfalls belebt werden. Ferner soll der Abverkauf von Dienstleistungen erhöht werden (Abb. 9.40).

Anwendungsbeschreibung
Die Robinson-Club-App fungiert als digitaler Führer durch das Ressort. Es werden Tagestipps und Empfehlungen ausgesprochen sowie Abend-Veranstaltungen, Ausflüge und Konzert-Termine beworben.

Der Check-In wurde automatisiert: Die Club-Gäste können ihre Daten vorab ausfüllen – auch noch in der Lobby, während sie warten, und abschicken. Das Dokument liegt dann in Echtzeit an der Rezeption fix und fertig bereit und kann von den Mitarbeitern leicht weiterverarbeitet werden.

Abb. 9.40 Robinson Club setzt auf Beacons für mehr Service und Prozessoptimierung. (Foto: wingu)

In unterschiedlichen Bereichen des Clubs sind Beacons installiert, um dem Gast nicht nur über Push-Nachrichten auf Neues im jeweiligen Bereich aufmerksam zu machen, sondern vielmehr die Informationen in der App auf den Bereich anzupassen.

An der Tennisbar werden freie Massage-Termine bekannt gegeben und können direkt im Buchungssystem reserviert werden. Am Wellfit-Buffet rufen Gäste mit Unverträglichkeiten und Allergien zusätzliche Informationen zu Lebensmitteln und Zutaten ab. Sie finden diese Informationen ganz einfach in der oberen – jetzt aktuellen – Navigationsebene.

- Aufwertung der App durch standortbezogene Services
- Vereinfachung von standardisierten Prozessen
- Auslastungsoptimierung der Clubbereiche

Nutzen und Ergebnisse
Zum Zeitpunkt der Veröffentlichung dieses Buches standen noch keine quantitativen Resultate von Nutzung und Conversion zur Verfügung. In den durchgeführten Testläufen im Live-Betrieb begrüßten Club-Mitarbeiter die automatisierte Unterstützung bei bislang zeitaufwändigen Standardprozessen wie Check-In und Check-Out, Terminvereinbarungen und Abrechnungen. Diese konnten deutlich schneller durchgeführt werden und verbesserten damit die Club-Experience der Gäste.

Gäste freuten sich über Tipps und Informationen im passenden Moment und empfanden es als besonderen Service, nur die dann relevanten Informationen einfach finden zu können. Sie beschrieben es mehrfach als „näher dran sein".

9.10 Kulturelle Einrichtungen

Smarte Technologien ermöglichen neben dem bequemen Bezahldienst noch viele weitere Einsatzgebiete. Beispielsweise lässt sich Near Field Communication effektiv innerhalb touristischer und kultureller Einrichtungen nutzen. Gerade solche Einrichtungen lassen sich mit geeigneten digitalen Medien noch reichhaltiger ausgestalten. Der Mehrwert liegt dabei auf der Hand: individualisierte und tiefergehende Versorgung mit Informationen und Wissen und dies auf eine sehr benutzerfreundliche Art und Weise.

Im Tourismus sind viele verschiedene Anwendungsgebiete denkbar. Besucht man beispielsweise eine Kunstausstellung und möchte nicht an der organisierten Führung teilnehmen, aber trotzdem Informationen bekommen, lassen sich über geeignet NFC-Tags Informationen zu den Gemälden einfach abrufen und ansehen. Hält der Museumsbesucher sein Mobiltelefon an einen derartigen Aufkleber, lassen sich dank seiner Hilfe umfangreiche Zusatzinformationen zum Kunstwerk und zum Künstler selbst abrufen. Mit dieser Verfahrensweise wäre nicht nur eine zusätzliche Möglichkeit zur Informationsvermittlung gegeben. Auch die Navigation durch die verschiedenen Räumlichkeiten lässt sich dadurch effektiver gestalten.

Dies ist nur ein Beispiel von vielen. Bei der Positionsbestimmung innerhalb eines Gebäudes oder einer Stadt per NFC ließen sich auch weitere alternative Orte anzeigen wie zum Beispiel andere Sehenswürdigkeiten oder Restaurants.

9.10.1 Digitale Erlebnisse in Museen und Galerien

Immer mehr Museen und Galerien bieten interaktive Apps und immersive Führungen an, um Besucher mit allen Sinnen in ihre Sammlungen zu ziehen und ihnen mehr als nur einen Guide an die Seite zu stellen.

▶ **Immersion** (fachsprachlich „Eintauchen") beschreibt den durch eine Umgebung der Virtuellen Realität (VR) hervorgerufenen Effekt, der das Bewusstsein des Nutzers, illusorischen Stimuli ausgesetzt zu sein, so weit in den Hintergrund treten lässt, dass die virtuelle Umgebung als real empfunden wird. Ist der Grad an Immersion besonders hoch, wird auch von ‚Präsenz' gesprochen.

▶ Im Unterschied zur passiven, filmischen Immersion erlaubt die virtuelle Realität eine Interaktion mit der virtuellen Umgebung und dadurch kann eine wesentlich höhere Intensität der Immersion erreicht werden. Man spricht von einer immersiven virtuellen Umgebung („immersive virtual environment"), wenn es dem Benutzer ermöglicht wird, direkt mit dieser zu interagieren (Wikipedia o. J.).

Ein Spaziergang durch ein Herrenhaus im 19. Jahrhundert, einem Dinosaurier direkt in die Augen sehen, eine Skulptur in Einzelteile zerlegen und neu zusammensetzen oder auch den Pinselstrich der Mona Lisa aus einer sonst niemals möglichen Nähe betrachten? Heute ist im digitalen Museum alles möglich – vor Ort oder auch zu Hause auf dem Sofa.

Dabei kommen unterschiedlichste Technologien zum Einsatz, von QR-Codes, NFC-Tags und Augmented Reality an den Beschilderungen der Exponate über Beacons für eine personalisierte Navigation bis hin zu Augmented-Reality-Anwendungen für virtuelle Rundgänge.

Das Google Cultural Institut hat die weltweit größte Online-Kunstsammlung geschaffen und bietet jedem Nutzer virtuelle Rundgänge durch die berühmtesten Kunstsammlungen und Museen der Welt – einfach auf dem Rechner oder Tablet abrufbar. Die Qualität der Bilder ist dabei besonders herausragend. Details werden in einer so hohen Auflösung und Tiefe sichtbar, wie man sie mit bloßem Auge nicht erkennt, selbst wenn man unmittelbar vor dem Gemälde steht. Hierzu werden die Gemälde oder auch Fresken mit der sogenannten „Art Camera" Stück für Stück im Gigapixel-Bereich aufgenommen.

Gerrit Faust, Pressesprecher des Deutschen Museums München, beschreibt die Erfahrung mit Google Art & Culture so:

> Das Deutsche Museum war 2014 das erste technische Museum in Deutschland, das mit Google zusammengearbeitet hat. Für einen virtuellen Rundgang wurde unsere Flugwerft in Schleißheim vermessen. Ausstellungen, zum Beispiel zum Thema ‚Wearable Computing', die längst nicht mehr in unserem Hause zu sehen sind, existieren bei Google Arts & Culture weiter und sind quasi auf der Welt, zu jeder Tages- und Nachtzeit und quasi für die Ewigkeit verfügbar.

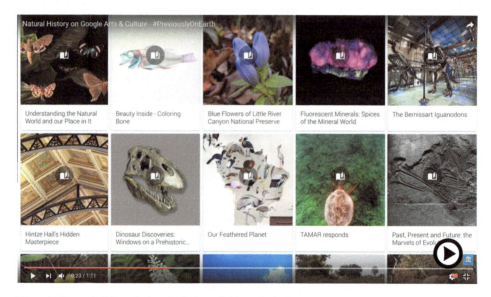

Natural History bei Google Arts & Culture (Video mit Springer Nature ExploreBook App ansehen)

9.10 Kulturelle Einrichtungen

Abb. 9.41 Ein Giraffatitan wird lebendig im Berliner Museum für Naturkunde. (Foto: Google Arts & Culture)

> Die Reichweite ist beeindruckend: Als wir auf der Google Arts & Culture-Startseite verlinkt waren, hatten wir an einem Tag Hunderttausende Besucher in der digitalen Ausstellung. In unser Museum kommen pro Tag maximal 10.000 Besucher. (Google 2017)

Die von der Europäischen Union geförderte Online-Sammlung Europeana Collections bietet Zugang zu mehr als 50 Millionen digitalisierten Büchern, Musik und Kunstwerken aus Europa. Spezielle Themensammlungen umfassen Kunst, Mode, Musik, Fotografie und den Ersten Weltkrieg. Eingebunden werden auch Galerien, Blogs und Ausstellungen. Das Ziel dieser Sammlung ist es, das kulturelle Erbe Europas für alle zugänglich zu machen, ob für die Arbeit, zum Lernen oder einfach zum Vergnügen.

Aber nicht nur Kunstwerke werden mit smarten Technologien lebendig, auch die Tiere im Museum erzählen ihre Geschichte ganz lebendig, egal, ob sie besonders schön, gefährdet oder bereits ausgestorben sind (Abb. 9.41). Google Arts & Cultural ermöglicht hier neue Begegnungen zu Lande, in der Luft und im Wasser. Neben dem Londoner Natural History Museum gehören auch das American Museum of Nature und das Museum für Naturkunde in Berlin sowie 61 weitere Nuturkundemuseen weltweit zum Google-Projekt.

Die Ausstellungsexponate zu digitalisieren ist ein erster wichtiger Schritt. Das Städel Museum in Frankfurt hat bereits 2015 seine gesamte Sammlung digitalisiert. Als Besucher kann man Alben mit seinen Lieblingsbildern zusammenstellen und erhält dann auf dieser Auswahl basierend weitere Kunstwerke angezeigt, zum Beispiel desselben Künstlers, derselben Epoche oder in ähnlichen Stimmungen.

Das NRW-Forum Düsseldorf geht einen Schritt weiter und hat 2017 als eines der ersten Ausstellungshäuser weltweit einen Erweiterungsbau eröffnet, in dem rein virtuelle Ausstellungen präsentiert werden. Dieser Bau ist auch eine Antwort auf die häufige Frage, ob sich die Museen durch die Digitalisierung selbst abschaffen. Alle Ausstellungsmacher sehen in der digitalen Präsentation eher eine Erweiterung ihres Angebotes und keinen Ersatz.

Dr. Tobia Bezzola, Direktor des Museums Folkwang, Essen, beschreibt dies so:

> Ein Museum ist heute ein Medium – mit einem analogen und einem virtuellen Auftritt. Letzterer ist unserer Erfahrung nach ein Anreiz, auch unser analoges Museum zu besuchen. Obwohl man sich jederzeit online die Mona Lisa ansehen kann, stehen Besucher ja trotzdem Schlange vor dem Louvre (Google 2017).

Ein Museum wird immer ein Ort sein, an dem man sich ganz konzentriert mit einem bestimmten Thema auseinandersetzt und sich mit anderen darüber austauschen kann. Die neuen Technologien verstärken dieses Erlebnis und bieten Hintergrundinformationen ebenso wie nützliche Hilfe bei der Vorbereitung des Besuchs. Dazu gehört die Planung einer individuellen Tour durch die Ausstellung zu genau den Exponaten, die den Besucher interessieren, ebenso wie eine inhaltliche Führung mithilfe des eigenen Smartphones und gegebenenfalls Virtual-Reality-Brillen/Cardboards. Das Europäische Hansemuseum in Lübeck bietet genau das. Das personalisierte Ticket startet hier den Rundgang nach Maß.

Der renommierte Kulturmanager Dr. Martin Roth hat in seiner Zeit als Direktor des Londoner Victoria & Albert Museums die Zukunft der Häuser wie folgt beschrieben:

> Für mich ist ein Museum ein Ort der Debatte, der Bildung, der Reflexion darüber, was eine Gesellschaft ausmacht. Mein Ideal wäre ein Museum ohne Hierarchie. (…) Wir haben so viel in unseren Archiven, können aber nur so wenig zeigen. Das muss sich ändern, da müssen wir offener werden. Der Besucher wird sich irgendwann seine Ausstellung vorher selbst zusammenstellen. Es wird auf einen Mix aus digitalen Elementen und dem physischen Museum hinauslaufen (Bärnthaler 2014).

Die Zusatznutzen durch Digitalisierung für Ausstellungshäuser im Überblick:

- Ansprache neuer Besuchergruppen
- Immersives Eintauchen in die jeweilige Thematik
- Digitaler Teaser für analogen Besuch
- Erweiterung der Ausstellungsfläche
- Ausstellungsverfügbarkeit – weltweit, jederzeit und auch bereits vergangene
- Navigation von vorab persönlich zusammengestellten Touren

9.10.2 Intelligente Suche in Bibliotheken

Bibliotheken nutzen schon seit langem RFID-Tags zur Inventarisierung, Ausleihe und Diebstahlsicherung. Die Universitäts- und Landesbibliothek Münster, die ULB Münster, nutzt darüber hinaus QR-Codes auch an verschiedenen Stellen innerhalb der Bibliothek, an Regalen, auf Hinweisschildern, auf Kopierern, in Informationsbroschüren, und an anderen Stellen. Für die Audio-Tour der ULB gibt es an jeder Station einen QR-Code. Im Katalog der ULB kann man über QR-Codes Informationen zu Veröffentlichungen abrufen und sich diese aufs Smartphone laden und die Titel am Regal heraussuchen. Funktionen, wie „Verlauf", „History" und „Log" im Ausleseprogramm ermöglichen das Anlegen und Verwalten von Medienlisten, ganz ohne Stift und Zettel.

9.10.3 Virtual-Reality-Theater

Auf und hinter der Bühne steht der Einsatz von smarten Technologien noch ganz am Anfang. Manche Produktion bietet einen 360-Grad-Blick, was dem Betrachter neue Perspektiven bringt, aber selten mit der Produktion als solche verknüpft ist.

Die britische Film- und Fernsehfirma Breaking Fourth versuchte 2016 in der 20-minütigen Show „Ctrl", Virtual Reality mit Werten und Techniken aus dem Theater eine neue Form zu geben (Manthorpe 2016). So recht überzeugend war dieser Pilot noch nicht, was aber wohl eher am Stück als an der Technik gelegen haben soll. Aber immerhin war es eine erste Erfahrung in diesem Bereich.

9.11 Print-Medien

Bereits 2012 erschien in der amerikanischen Ausgabe des Wired Magazins eine interaktive Anzeige von Lexus, die einen NFC-Tag enthielt, um das Smartphone des Lesers durch Auflegen in das Cockpit eines Wagens zu integrieren. Das Display wurde zum Monitor des Informationssystems.

Marken und Agenturen stehen immer wieder vor der Aufgabe, analoge Medien wie Print mit digitalen Plattformen zu verknüpfen, um dort mittels Bewegtbild die Story fortzusetzen oder einen unkomplizierten Link zu Registrierung, Gewinnspielen, weiterführenden Informationen oder anderen Content zu bieten.

Früher waren diese Response-Elemente klassische Postkarten, dann kamen URLs, QR-Codes und schließlich NFC-Tags und Augmented Reality hinzu.

Alle Technologien bieten einen Link zu einer mobilen Website oder öffnen den App- oder Play-Store, um eine App herunterzuladen. Grafisch lassen sich bis auf den QR-Code alle gut ins Anzeigendesign integrieren.

NFC bietet darüber hinaus aber noch weitere Funktionen:

- Da jeder NFC-Tag eine eindeutige Identifikationsnummer enthält, erhält damit jede Anzeige bzw. jedes Exemplar der Printausgabe eine eigene ID. Diese kann als „Losnummer" ebenso genutzt werden wie für umfangreiche Insights, wie zum Beispiel Zeitpunkt und Ort des Lesens der Anzeige oder die Anzahl der Leser pro Anzeige (trackbar durch die Device-ID der unterschiedlichen Smartphones, mit denen der Tag aktiviert wurde).
- Versieht man die Tags mit einer zusätzlichen Folie, kann man sie ganz leicht wie einen Sticker ablösen und an eine zur Kampagne passenden Stelle kleben. Dort generiert der Tag wertvolle Mehrfachkontakte, auch nachdem das Trägermedium Print bereits

entsorgt wurde. Beispiele sind Styling-Tipps am Badzimmerspiegel (Montagmorgens andere als Freitagabends), Re-Order-Buttons für Waschpulver, Hundefutter, Tonerkartuschen und andere Verbrauchsmaterialien.

BMW hat diese Funktion zur Einführung der elektrischen BMWi-Modellreihe genutzt und den Download der dazu gehörigen App angeboten, die neben Informationen zu den Fahrzeugen auch ein sehr smartes Fahrtenbuch enthielt, dass dem Nutzer anhand seiner individuellen Fahrten aufzeigt, ob Elektromobilität eine gute Alternative für ihn wäre (Abb. 9.42).

Die Umsetzung: Der Beihefter im *Spiegel Wissen* kommunizierte die Kampagne und erklärte die Handhabung. Der Leser sollte den NFC-Tag ablösen und in sein jetziges Auto kleben. Dort erinnerte ihn dieser jedes Mal beim Ein- und Aussteigen an das Starten (einfaches Tappen) der App. Auf diese Weise vergaß der Nutzer nicht, das Fahrtbuch mit Daten zu füllen, und erhielt innerhalb einiger Tage ein verlässliches Profil.

Häufige Fragen wie „Wie weit kann ich mit einer Batterieladung fahren?" oder „Liegen meine täglichen Ziele in Reichweite der Batterieladung?" wurden beantwortet und der Nutzer in einen Entscheidungstrichter geführt, der am Ende die Kontaktmöglichkeit zu einem Händler in der Nähe oder ein Anforderungsformular für Broschüren und eine Testfahrt bot.

Abb. 9.42 Ablösbarer NFC-Tag sorgt für Mehrfachkontakte in Print. (Fotos: Smart Media Alliance)

Ergebnisse: Die Kampagne generierte deutlich mehr Response als vergleichbare Kampagnen, die nur mit einem QR-Code als Response-Element ausgestattet waren. 80 Prozent der Leser nutzten den NFC-Tag zum Download der App, 20 Prozent den QR-Code, wobei die Hälfte derjenigen, die einen QR-Code gescannt haben, ein NFC-fähiges Smartphone dazu nutzten. Es ist davon auszugehen, dass diese Nutzer schlicht nicht wussten, dass ihr Smartphone NFC lesen kann (Tamoco 2014).

> **Fazit**
>
> Die Vielfalt der beschriebenen Praxisbeispiele zeigt die Dynamik und Kreativität, mit der die Funktionalitäten der unterschiedlichen Technologien genutzt werden, um ein ganzheitliches Bild der Konsumenten zu erhalten und ein neues Verständnis für deren Erwartungen zu entwickeln.
>
> Marken müssen digitale Touchpoints schaffen, denn das Informations- und Kaufverhalten der Konsumenten ist deutlich komplexer geworden, als dass es mit traditionellen Marketinginstrumenten noch abbildbar wäre. Diese digitalen Touchpoints entlang der Consumer Journey ermöglichen es Kunden und Marken, sich auf Augenhöhe zu begegnen und auf direktem Weg miteinander zu interagieren. Sie tragen auch dazu bei, dass Marken ihre Konsumenten deutlich länger begleiten können und so die Chance erhalten, eine bessere Bindung aufzubauen. Die Beispiele zeigen, dass nicht nur Verpackungen und Produkte zusätzliche Funktionen erhalten, auch der Handel übernimmt in diesem Zusammenspiel neue Aufgaben.
>
> Es zeigt sich aber auch, dass die Digitalisierung in alle Lebensbereiche der Konsumenten und Wertschöpfungsketten der Produzenten dringt, dort immer selbstverständlicher ihren Platz einnimmt und alte Strukturen verdrängt. Das muss nicht immer negativ sein, sondern trägt im besten Fall zu erhöhter Sicherheit, schonenderem Ressourceneinsatz und besseren Kundenbeziehungen bei.
>
> Aber nicht alles, was technisch möglich ist, ist auch sinnstiftend und wertschöpfend. Ein großer Gewinn für alle Beteiligten wäre auch, wenn unter Berücksichtigung aller gewonnenen Insights für jeden Beteiligten ein individueller Raum geschaffen werden könnte ohne Touchpoints, Hintergrundmusik und Added Values, die nur in diesem einen Moment erhältlich wären. Tankt man hier Kraft, machen anschließend all die Helferlein im Alltag wieder Spaß und man hat etwas mit seinen Freunden zu teilen.

Literatur

Adidas. 2017. Offizieller Spielball der FIFA WM 2018™: adidas präsentiert den Telstar 18. http://news.adidas.com/DE/Latest-News/offizieller-spielball-der-fifa-wm-2018---adidas-pr-sentiert-den-telstar-18/s/6c2cb904-708a-4893-9e9d-64ece480eb31. Zugegriffen: 12. Nov. 2017.

Adsquare. 2017. Subway, S4M and adsquare leverage Real-Time Location-Based Targeting for Award-Winning Campaign. http://www.adsquare.com/subway-adsquare-and-s4m-leverage-real-time-location-based-targeting-for-award-winning-campaign/. Zugegriffen: 22. Aug. 2017.

Asch, A. 2016. True Religion's App Brings Science Fiction Tech to Retail Reality. https://www.apparelnews.net/news/2016/mar/10/true-religions-app-brings-science-fiction-tech-ret/. Zugegriffen: 28. Jan. 2018.
Athos. o. J. Athos Training System. http://www.liveathos.com. Zugegriffen: 22. Jan. 2018.
Bärnthaler, T. 2014. Es gibt nichts Langweiligeres als tote Puppen mit hübschen Kleidern. Süddeutsche Zeitung Magazin 03/2014.
Berger, D. 2017. Smarte Jacke von Google und Levi's im Handel. https://www.heise.de/newsticker/meldung/Smarte-Jacke-von-Google-und-Levi-s-im-Handel-3842754.html. Zugegriffen: 07. Nov. 2017.
Boden, R. 2013. Adidas adds NFC to running shoes. https://www.nfcworld.com/2013/06/19/324726/adidas-adds-nfc-to-running-shoes/. Zugegriffen: 08. Nov. 2017.
Clark, S. 2014. Carlsberg rolls NFC beers mats and beacons to 250 Danish Bubs and Bars. https://www.nfcworld.com/2014/10/06/331916/carlsberg-rolls-nfc-beer-mats-beacons-250-danish-pubs-bars/. Zugegriffen: 17. Sept. 2017
CloudTags. 2017. What Clients say. http://www.connectedstore.com. Zugegriffen: 06. Nov. 2017.
DENA. 2016. Mit Smart Meter Richtung Zukunft. https://www.dena.de/themen-projekte/energiesysteme/digitalisierung/smart-meter/. Zugegriffen: 08. Nov. 2017.
Ebay. 2016. Virtual Reality Department Store. https://vr.ebay.com.au. Zugegriffen: 29. Aug. 2017.
Evans, J. 2015. The Footwear Fix: Adidas x Hypebeast Ultra Boost Uncaged. http://www.esquire.com/style/mens-accessories/a40407/adidas-hypbeast-ultra-boost-uncaged/. Zugegriffen: 08. Nov. 2017.
Google. 2017. *Aufbruch Kultur – Wie Digitalisierung neue Welten eröffnet.* „Anzeigensonderveröffentlichung in der Süddeutsche Zeitung" Oktober 2017.
Ho, N. 2016. RFID enables customer insights and time saving for Chow Tai Fook. http://cw.com.hk/feature/rfid-enables-customer-insights-and-time-saving-chow-tai-fook?page=0,0. Zugegriffen: 27. Sept. 2017.
iAdvize. 2017. Chatbots im Kundenservice zur Qualifizierung der Gespräche? EDF macht es vor! https://www.iadvize.com/blog/de/chatbots-im-kundenservice-edf/. Zugegriffen: 07. Sept. 2017.
IKEA. 2015. IKEA testet innovative drahtlose Kundenkommunikation. http://presse.professional.at/bildmaterial#!/galerie/818/IKEA_family_app. Zugegriffen: 06. Nov. 2017.
IQmobile. 2015. Infografik IKEA Beacons. https://www.iq-mobile.at/fileadmin/IQ_mobile_ab_28.4.2015/Grafiken/IQ_mobile_Infografik_IKEA_beacon.pdf. Zugegriffen: 06. Nov. 2017.
Jaffe, E. 2012. Meet 'Strappy,' the Almost-There Future of Urban Transport Technology. https://www.citylab.com/transportation/2012/06/meet-strappy-maybe-future-urban-transport-technology/2263/#. Zugegriffen: 21. Aug. 2017.
Komodotec. o. J. Komodo Technologies. http://www.komodotec.com. Zugegriffen: 15. Nov. 2018.
Manthorpe, R. 2016. Wenn Virtual Reality sich von klassischen Theater inspirieren lässt. https://www.wired.de/collection/life/wenn-virtual-reality-sich-von-traditionellem-theater-inspirieren-laesst. Zugegriffen: 11. Nov. 2017.
Nielsen. 2017. Werbemarkt 2016 wächst weiter und verzeichnet ein Plus von 4,9 Prozent. http://www.nielsen.com/de/de/press-room/2017/advertising-market-2016-continues-to-grow-and-records-a-plus-of-4-point-9-percent.html. Zugegriffen: 21. Aug. 2017.
Owlet. o. J. Know your baby is ok. http://www.owletcare.com. Zugegriffen: 22. Jan. 2018.
Philips. 2015. Where are the discounts? Carrefour's LED supermarket lighting from Philips will guide you. http://www.philips.com/a-w/about/news/archive/standard/news/press/2015/20150521-Where-are-the-discounts-Carrefours-LED-supermarket-lighting-from-Philips-will-guide-you.html#.VgAF-t-qpBc. Zugegriffen: 12. Mai. 2017.

Philips. 2017. Neues, kundenfreundliches Einkaufserlebnis bei Edeka Paschmann durch Philips LED-Beleuchtung. http://www.lighting.philips.de/firma/newsroom/presseinformationen/2017/20170305-philips-led-beleuchtung-bei-edeka-paschmann#. Zugegriffen: 28. Jan. 2018.

Polar. o. J. GPS Athlete Tracking Solutions. https://www.polar.com/us-en/b2b_products/team_sports/team_pro. Zugegriffen: 22. Jan. 2018.

Princess. 2017. Ocean Medaillon™ – Introducing the next wave of vacation travel. https://www.princess.com/ships-and-experience/ocean-medallion/. Zugegriffen: 20. Sept. 2017.

Rastal. 2017. Zukunftsvision oder Realität? https://www.rastal.com/196.0.de.html. Zugegriffen: 12. Mai. 2017.

Salesforce. 2016. True Religion Digital Sales Floor. https://www.demandware.com/video-true-religion. Zugegriffen: 27. Sept. 2017.

Scholz. 2016. Omni Channel: Smartphones, Beacons, Smart Watches bei True Religion. https://zukunftdeseinkaufens.de/omni-channel-smartphones-beacons-und-smart-watches-bei-true-religion/. Zugegriffen: 27. Sept. 2017.

Sensoria. o. J. A smarter way to run. http://www.sensoriafitness.com/smartsocks. Zugegriffen: 22. Jan. 2018.

Svedberg, C. 2015. Barilla Uses RFID to Automate Home-Cooking. http://www.rfidjournal.com/articles/view?13795/. Zugegriffen: 03. Aug. 2017.

Tamoco. 2014. *Tamoco – Overview of NFC and QR print advertisement for BMW*. London: Tamoco.

Tamoco. 2015. *Tamoco Case Study: Uber September 2014-November 2014*. London: Tamoco.

Telekom. 2017. Telekom präsentiert smarte Theke. https://www.telekom.com/de/medien/medieninformationen/detail/cebit-telekom-praesentiert-smarte-theke-488454. Zugegriffen: 12. Mai. 2017.

Tilley, A. 2016. How RFID Chips Are Changing The NFL. https://www.forbes.com/sites/aarontilley/2016/02/06/how-rfid-chips-are-changing-the-nfl/#5e061efa7f70. Zugegriffen: 08. Nov. 2017.

Vieser, S. 2017. Adler: "Unsere Prozesse werden besser und schneller". https://www.internetworld.de/e-commerce/multichannel/adler-prozesse-besser-schneller-1212291.html. Zugegriffen: 18. Sept. 2017.

WallDecaux. 2015. Der Digitaleffekt. http://www.wall.de/de/outdoor_advertising/markt_und_mediaforschung/studien_flexi/digitaleffekt. Zugegriffen: 21. Aug. 2017.

Wearable X. o. J. Built in technology that guides you in Yoga. https://www.wearablex.com/products/nadi-x-pant?variant=37335539664. Zugegriffen: 22. Jan. 2018.

Wikipedia. o. J. Immersion (virtuelle Realität). https://de.wikipedia.org/wiki/Immersion_(virtuelle_Realität). Zugegriffen: 12. Nov. 2017.

Wilson, C. 2017. Behind Spyder's awesome product driven consumer experience. https://www.smart-cosmos.com/blog/behind-spyders-awesome-product-driven-consumer-experience/. Zugegriffen: 20. Sept. 2017.

Wolfram, G. 2016a. Der Einstieg in die Rückverfolgbarkeit. Never lost-and-found again. https://zukunftdeseinkaufens.de/der-einstieg-in-die-rueckverfolgbarkeit-never-lost-found-again/. Zugegriffen: 07. Nov. 2017.

Wolfram, G. 2016b. Der Kunde als Quarterback: Retail und der Real-Time-Shopper! https://zukunftdeseinkaufens.de/der-kunde-als-quaterback-retail-und-der-realtime-shopper/. Zugegriffen: 10. Juli 2017.

Wolfram, G. 2017. Instore-Analytics beim Juwelier zeigt Kundeninsights und bringt Zeitersparnisse. https://zukunftdeseinkaufens.de/instore-analytics-beim-juwelier/. Zugegriffen: 28. Sept. 2017.

Zimmer, D. 2016. eBay Australien und Myer launchen VR-Kaufhaus. http://www.internetworld.de/e-commerce/virtual-reality/ebay-australien-myer-launchen-vr-kaufhaus-1104759.html. Zugegriffen: 23. Aug. 2017.

10 Handlungsempfehlungen und Ausblick

Inhaltsverzeichnis

10.1 Digital-Connection-Strategie 484
10.2 Entwicklungsbausteine einer Digital Connection 486
10.3 Erfolgskriterien für Digital-Connection-Initiativen 487
10.4 Herausforderungen für eine Digital-Connection-Initiative 488
    10.4.1 Mindset – Kunden und Daten im Blick 488
    10.4.2 Smarte Technologien und Datenschutz 488
    10.4.3 Smarte Technologien und Vertrauen 491
10.5 Fazit und Ausblick 495
Literatur 497

Zusammenfassung

„Total Customer Experience Management" wird der herausragende Schwerpunkt der Marketingabteilungen in den kommenden Jahren sein. Total Customer Experience Management stellt sich als ein Katalysator für gestiegene Kundenanforderungen dar: Die zunehmende Digitalisierung, Vielfalt an Informationsplattformen und damit verbundene Transparenz erfordern ein umfassendes, konsistentes, aber hochgradig flexibles Erwartungs-Management über sämtliche Interaktionspunkte mit dem Kunden hinweg – und zwar in Echtzeit.

Für die vor uns liegenden Jahre ist eine schrittweise Neuorientierung im Marketing und im Vertrieb zu erwarten: Wurde früher Marketing-Excellence im Wesentlichen durch aufmerksamkeitsstarke Kampagnen und Kreativität geprägt, gefolgt von einer KPI-Fokussierung mit Balanced-Score-Cards und anderen Instrumenten, kristallisiert sich zunehmend das Management aller verbundenen Prozesse und Kundeninteraktionen als „neues" Herzstück im Marketing heraus – kurzum: Kreativität und Gross-Rating-Point-Maximierung in der Kundenansprache weichen einem systematischen Management der Kunden-Insights. Dies beeinflusst alle Unternehmensbereiche und verändert gleichermaßen interne Strukturen.

10.1 Digital-Connection-Strategie

Um im individuellen Ökosystem eines Unternehmens und einer Branche für die künftigen Herausforderungen gewappnet zu sein und einen Rahmen für die strategische Fokussierung der Aktivitäten setzen zu können, lohnt es sich, konsistente Szenarien zu entwickeln. Hierfür gilt es, die Ökosystem-spezifischen Faktoren zu identifizieren, sowohl Governance-Strukturen, Marken, Kommunikations- und Erlebniswelten sowie neue Technologien als auch soziale Phänomene und Wertgefüge. Daraus lassen sich Projektionen, Services und Geschäftsmodelle entwickeln.

Anders als klassische Kampagnenstrategien erfordern die wachsende Anzahl an digitalen Kanälen und die veränderten Kundenerwartungen neue Instrumente, Prozesse und Kennzahlen, um die gestiegene Komplexität zu bewältigen.

Veränderungen sind notwendig
Marketingmaßnahmen müssen anders gesteuert werden, da neue Medien, wie Influencer, Blogger, mobile und virtuelle Devices in den Media-Mix drängen. Das gute alte Tunnelmodell, mit dem wir bislang Kampagnen geplant haben – Aufmerksamkeit generieren, Produkt erklären und damit eine Entscheidung auslösen – gilt theoretisch heute immer noch. Doch sind die Bestandteile der einzelnen Phasen durch neue Kanäle und Geräte deutlich komplexer und die bisherige Chronologie aufgehoben.

Ein Fernseh-Spot kann immer noch Aufmerksamkeit erzeugen, nur führt er den Käufer häufig nicht in ein Geschäft, sondern ins Internet, um sich dort – oft nicht auf Marken-eigenen Websites – über das Produkt zu informieren. Die dabei entstehenden Spuren nutzen auch Wettbewerber, um denselben Käufer mit den eigenen Produkten anzusprechen.

Gerade aufgrund der gestiegenen Komplexität sollte eine Kampagne zunächst **ein klares Ziel** verfolgen und nicht die Vielzahl an Kanälen und Touchpoints dazu nutzen wollen, alle Ziele zu erreichen. Also wollen Sie: Aufmerksamkeit für ein neues Produkt generieren? Absatz gezielt steigern? Käufer besser kennenlernen und Insights generieren? Oder Konsumenten während der Nutzung begleiten und möglichst viele Insights gewinnen?

Personas statt Zielgruppen-Cluster und Milieus
Zur Konzeption einer Marketing-Strategie gehört die Definition eines Zielgruppenmodells. Damit sollen die Lebensrealitäten möglichst genau beschrieben werden, damit Botschaften von den potenziellen Käufern als relevant empfunden werden. Um eine enge und langfristige Beziehung zum Kunden aufzubauen, eignen sich *Personas* (auch: Buyer Personas) sicher besser als Zielgruppen-Cluster und Milieus, weil sie die Käuferperspektive mit mehr individuellen Merkmalen berücksichtigen, Planer in die Lage der potenziellen Nutzer versetzen können und ersteren mit dieser Perspektive die Aussteuerung passender Services während der gesamten Customer und Consumer Journey ermöglichen.

Detaillierte Kontexte ermitteln
In den vorhergehenden Kapiteln dieses Buches wurde immer wieder betont, wie wichtig der jeweilige Kontext für eine Interaktion ist. Personas helfen dabei, sich mit der jeweiligen

Perspektive auch die unterschiedlichen Micro Moments (vgl. Abschn. 3.1.2) vorzustellen, in denen die Markenbotschaften wirken sollen. Doch auch dies sind nur theoretische Modelle, um möglichst nah an die Kundenperspektive zu kommen.

Digitale Touchpoints und Sensoren machen es möglich, Insights über das reelle Verhalten der (potenziellen) Kunden zu gewinnen und daraus Rückschlüsse auf individuelle Journeys (vgl. Abschn. 3.5) zu ziehen, die zu einer Kaufentscheidung führen.

Service-Design

▶ Service-Design bezeichnet den Prozess der Gestaltung von **Dienstleistungen**. Es ist ein Teilgebiet des Designs und wird von Designern normalerweise in enger Zusammenarbeit mit Unternehmen oder Organisationen ausgeführt, um methodisch kunden- und marktgerechte Dienstleistungen zu entwickeln (Wikipedia 2016).

Service-Design umfasst nicht nur die Entwicklung von Services und Experiences an sich, es versucht vielmehr das komplexe System von Strategie, Prozess, Technologie, Kreation und Realisierung zu organisieren, unter Berücksichtigung von rechtlichen und kulturellen Rahmenbedingungen.

Das Ergebnis dieser Methode ist eine völlig neue Beziehung zwischen Produkt, Nutzer und Infrastruktur.

Customer Journey in die Nutzungsphase verlängern
Smarte Technologien verlängern den Prozess so, dass die Kunden weit in die Verwendungsphase hinein begleitet werden. Jetzt können Marken weiter mit den Konsumenten interagieren, sei es mit zusätzlichen Markenbotschaften in Form von Verwendungshinweisen oder einem direkten Austausch zwischen Kunde und Marke oder Empfehlungsmarketing und Upselling von weiteren Produkten. Dieser Kanal stand bislang nicht zur Verfügung – und falls doch, dann nicht so zielgerichtet aussteuerbar.

Daten für alle
Alle gewonnenen Daten, egal aus welchem Kanal sie stammen, müssen zentral in einem gemeinsamen Pool gesammelt und für alle Kanäle nutzbar machen werden. Dies setzt eine Neuorganisation der unterschiedlichen Abteilungen eines Unternehmens, inklusive Entscheidungsprozessen, Kennzahlen und Zielvereinbarungen, voraus. Daten aus dem stationären Handel und einem Loyality-Programm müssen im Rahmen der Digitalisierung für Online-Marketing und Social Marketing ebenso verfügbar sein wie andersherum.

Nur so ist gewährleistet, dass Insights aus der gesamten Consumer Journey auch effektiv zur Bindung der bestehenden und zur Gewinnung neuer Kunden genutzt werden können. Unternehmen, die dies bereits konsequent umgesetzt haben, profitieren darüber hinaus von weiteren Prozessoptimierungen, Reduzierung von Aufwand an unterschiedlichsten Stellen und signifikant höheren Erlösen. Als Beispiele hierfür bieten sich die Fallbeispiele von Adler Modemärkte (vgl. Abschn. 9.3.2) und True Religion (vgl. Abschn. 9.3.5) an.

Selbstoptimierende Kampagnen

Die konsequente Erfassung von Daten aus unterschiedlichen Quellen ermöglicht iterative Strategien, die sich den immer neu hinzukommenden Einsichten anpassen. Internet-der-Dinge-Plattformen bieten die Möglichkeit, unterschiedlichste Touchpoints und Datenquellen in die Auswertungen mit einzubeziehen und aufzubereiten. Verbindet man diese mit einem Business Intelligence Tool, das die Kennzahlen aller Prozesse eines Herstellungs- und Vertriebsprozesses abbildet, so vervollständigt sich das Puzzle vom multi-optionalen Konsumenten Stück für Stück.

Selbstlernende Software (Machine Learning), wie sie bereits von Suchmaschinen und anderen großen Software-Firmen eingesetzt wird, hat dieses Prinzip perfektioniert und in Echtzeit ermöglicht.

10.2 Entwicklungsbausteine einer Digital Connection

Abb. 10.1 zeigt zusammenfassend die sechs Bausteine, die bei der Entwicklung einer Digital Connection zu berücksichtigen sind. Damit lässt sich die gestiegene Komplexität bei der Entwicklung einer Marketing-Strategie gut bewältigen.

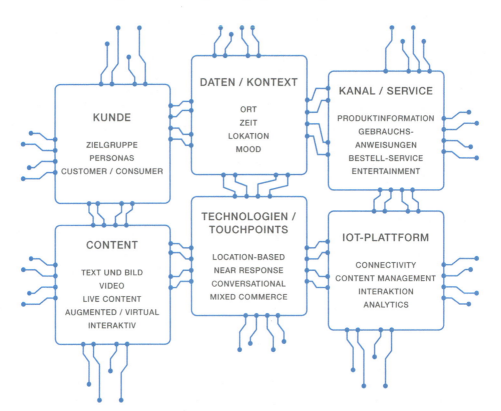

Abb. 10.1 Bausteine einer Digital Connection

Ausführlich werden die einzelnen Bausteine in den Kapiteln 3 (Kunde), 6 (Technologien), 7 (Touchpoints), 7.2 (Content) und 8 (IoT-Plattformen) behandelt.

10.3 Erfolgskriterien für Digital-Connection-Initiativen

Intelligente Produkte und smarte Services bilden nicht nur Chancen für kleine und innovative Unternehmen und Startups. Alle Unternehmen, ob groß oder klein, sind heute mehr denn je gefordert.

Das vorliegende Buch enthält zahlreiche Hinweise für die Gestaltung und Inszenierung von innovativen Produkten, neuen Services und Marketing-Kampagnen auf der Basis von datenorientierten Geschäftsmodellen, die die Customer und Consumer Experience verbessern. Um den digitalen Wandel aktiv zu gestalten, sind aber eine Reihe von Kriterien zu beachten, die den Erfolg der Unternehmen im digitalen Zeitalter bestimmen.

Erfolgskriterien für den digitalen Wandel

- **Agilität**: Ein wichtiges Erfolgskriterium für Digital-Connection-Initiativen ist der Einsatz agiler Methoden und Vorgehensweisen. Unternehmen sollten zunächst eine Idee und Vision für das Internet der Dinge entwickeln, diese dann in kleineren Projekten testen und mit den Ergebnissen iterativ weiter ausbauen.
- **Architektur:** Das zweite Erfolgskriterium besteht in der Konzeption und Gestaltung der Digital-Connection-Architektur. Sie unterscheidet sich je nach Einsatz der smarten Technologien.
- **Interaction-Design:** Hierbei geht es um das Erkennen der Bedürfnisse und Problemstellungen der potenziellen Kunden, das Analysieren der Handlungsmuster und die Entwicklung von Lösungsansätzen. In allen drei Phasen helfen smarte Technologien und Plattformen, Daten zu erheben und Services gezielt auszuliefern.
- **Know-how:** Leider fehlen in vielen Unternehmen Mitarbeiter mit spezifischen Fähigkeiten und Know-how. Der Mangel an Fachkräften findet sich im Bereich der Entwicklung von Anwendungen für das Internet der Dinge und vor allem im Bereich der Datenanalyse und -auswertung in Form von sogenannten Data Scientists.
- **Organisation:** Die Organisationsstrukturen in den Unternehmen müssen geändert werden und sich an die Entwicklung von Smart Services und das Internet der Dinge anpassen. Denn die Unternehmen ändern sich vom reinen Markenartikelhersteller hin zu Service-Providern im Internet der Dinge. Aktuelle Geschäftsmodelle gehen vom Verkauf eines Einzelproduktes zum Festpreis aus. Dies ändert sich hin zum Verkauf einer Dienstleistung, die nach Nutzungsdauer, -art oder -intensität individuell abgerechnet wird. In dem Zusammenhang benötigen die Unternehmen neue Service-Prozesse, die die Kundenerwartungen treffen und auf diese abgestimmt sind. In vielen Fällen müssen die Unternehmen ihre eigenen Strukturen und Regeln so verändern, dass sie zu den neuen Geschäftsmodellen passen. Service-Design spielt hier eine wichtige Rolle.

10.4 Herausforderungen für eine Digital-Connection-Initiative

10.4.1 Mindset – Kunden und Daten im Blick

Vielen Unternehmen ist die Dringlichkeit und Notwendigkeit der agilen Transformation bewusst, jedoch sind sie mit der richtigen Umsetzung überfordert.

Richtiges Mindset ist erforderlich
Schlüssel zum Erfolg ist das richtige Mindset. Bei den neuen Möglichkeiten im Rahmen der Digital Connection denken viele noch: „Alles klar, in fünf Jahren können wir es dann umsetzen und einsetzen". Das Gegenteil ist der Fall. Die smarten Technologien sind verfügbar und können im Rahmen einer Digital Connection physische Produkte mit digitalen Inhalten verbinden und diese so zu einem Service gestalten.

Den Kunden in den Fokus stellen
Die meisten Unternehmen werden heute verstärkt mit der Notwendigkeit konfrontiert, den Kundennutzen konsequent in dem Mittelpunkt ihres Handelns zu stellen. Das bedeutet, dass lange, zeitraubende und hierarchische Entscheidungen bei der Erstellung einer Kampagne nicht mehr angebracht sind. Weiterhin muss die landläufige Ansicht, der Kunde könne das doch nicht entscheiden, über Bord geworfen werden.

Denn es gibt nur einen Nutzen, den Kundennuten. Der Kunde ist der Entscheider, er entscheidet über die Ablehnung oder Nutzung einer Customer Experience.

Schnelligkeit siegt und führt zum Erfolg
Schnelligkeit ist ein weiterer Aspekt im Zusammenhang mit den Möglichkeiten, die die Digital Connection und das Internet der Dinge bieten. Es gibt einige Erkenntnisse im Umgang mit der Schnelligkeit:

Am richtigen Punkt anfangen und zwar mit der Aufforderung: „Wir müssen ein Problem unserer Kunden lösen". Denn die richtigen Probleme rechtzeitig zu identifizieren kann verhindern,, dass mit viel Aufwand ein Dutzend Produkte entwickelt und dann vom Kunden nicht angenommen werden.

Experimentieren und die Akzeptanz des Kunden testen. Es ist also ein Versuchsaufbau notwendig, der es ermöglicht, die Kundenannahme zu testen, die Initiative zu verfeinern und sich sukzessive an die Lösung für den Kunden herantasten.

10.4.2 Smarte Technologien und Datenschutz

Seit dem 25. Mai 2018 gilt in allen Mitgliedsstaaten der europäischen Union die neue **EU Datenschutz-Grundverordnung**. Sie stärkt die Rechte der Bürger in Europa und gilt für alle Unternehmen, die personenbezogene oder personenbeziehbare Daten europäischer Bürger verarbeiten.

10.4 Herausforderungen für eine Digital-Connection-Initiative

Mit der *GDPR (General Data Protection Regulation, Regulation (EU) 2016/679)* gilt grundsätzlich, dass

- der Kunde der Verarbeitung seiner Daten zugestimmt haben muss,
- der Kunde die Möglichkeit erhält, jederzeit die über ihn verfügbaren Informationen einsehen zu dürfen,
- der Kunde das Recht hat, seine Daten richtigzustellen oder löschen zu lassen, bis hin zur kompletten dauerhaften Löschung seines gesamten Profils,
- der Kunde das Recht hat, der Nutzung seiner persönlichen Daten zum Zweck der Erstellung eines individuellen Profils zu widersprechen,
- der Kunde das Recht erhält, seine persönlichen Daten einem anderen Service-Anbieter zu übertragen,
- der Kunde der Weitergabe seiner personenbezogenen Daten zustimmen und dabei sowohl über den Zweck als auch über den Dritten, an den die Daten weitergegeben werden, informiert werden muss.

Gemäß § 25 und 32 der GDPR muss der Service-Anbieter beim Verarbeiten und Speichern technische und organisatorische Maßnahmen nach dem Stand der Technik ergreifen, um die personenbezogenen Daten vor dem unberechtigten Zugriff Dritter zu schützen. Unter technischen Maßnahmen versteht der Gesetzgeber bspw. auch das Pseudonymisieren, das Verschlüsseln der personenbezogenen Daten und das Beschränken auf die für den jeweiligen Service notwendigen Daten. Alle Maßnahmen sind von vornherein („Privacy by Design") und zwingend anzuwenden („Privacy by Default").

Alle Details zur Europäischen Datenschutz-Grundverordnung finden sich auf der folgenden Website: http://www.eugdpr.org.

Für IoT-Solutions ergeben sich daraus einige wichtige Rahmenbedingungen, die unbedingt zu berücksichtigen sind. Neben den rechtlichen Bedingungen gibt es auch subjektive „gefühlte" Regeln, die in der Kommunikation unbedingt beachtet werden sollten, um Reaktanzen seitens des Nutzers zu vermeiden. Ist ein Service hilfreich und der Nutzer versteht, welche Daten hierfür notwendigerweise erhoben werden, wird er einwilligen.

Wir empfehlen daher

- Kunden möglichst transparent und umfänglich über den Zweck der Nutzung ihrer Kundendaten zu informieren,
- bestehende Service-Verträge mit den Kunden um den Zweck und die Partner zu ergänzen,
- personenbezogene Daten grundsätzlich ab dem Zeitpunkt des Entstehens zu verschlüsseln,
- bei IoT-Solutions, die vernetzte Geräte wie iBeacons, NFC-Tags o. Ä. verwenden, diejenigen Lösungen zu nutzen, die über entsprechende Verschlüsselungsmöglichkeiten verfügen,
- den Kunden vertrauensbildend frühzeitig und umfänglich über den Umgang und die Nutzung seiner personenbezogenen Daten zu informieren.

Auszug aus dem Leitfaden Proximity Solutions des Bundesverband Digitale Wirtschaft e.V (BVDW 2016):

Personenbezogene Standortdaten
Standortdaten unterfallen dann dem Datenschutz und damit im Rahmen von Online-Diensten auch den Regelungen des Telemediengesetzes und subsidiär dem Bundesdatenschutzgesetz, wenn sie direkt in Verbindung mit personenbezogenen Daten stehen oder mit einer ID, die auf einen Nutzer zurückzuführen ist, verbunden werden. In diesem Fall wird in der Regel das Einholen eines Opt-Ins für deren Erhebung und Verarbeitung erforderlich (vgl. §12 Abs. 1 und §§ 13, 15 Telemediengesetz).

Für Proximity Solutions wird meist eine App zur Standortermittlung und Kommunikation genutzt, z. B. für Ansprache via Beacon am POS oder beim Betreten eines Geofence. Eine Anreicherung der Standortdaten mit personenbezogenen Daten ist in diesem Kontext über anmeldepflichtige Apps oder sonstige Benutzerkonten auf dem Smartphone in Verbindung mit den Werbe-Identifiern IDFA und Device-ID technisch möglich. Auch können Proximity-Solution-Angebote so ausgestaltet sein, dass personenbezogene Daten im Sinne von Nutzungsdaten gemäß §15 Abs 1 TMG erforderlich sind, um den Dienst überhaupt zu ermöglichen.

Berechtigungen und Transparenz
Bei der Installation von Apps werden je nach Betriebssystem und Version einzelne Berechtigungen wie beispielsweise der Zugriff auf Standort/Nutzerkonten/Steuerung von Handy-Funktionen beim Nutzer angefragt oder der Nutzer kann nach erfolgtem Download diese Berechtigungen verwalten. Es empfiehlt sich, bereits in der Beschreibung der App die Hintergründe und damit verbundenen Mehrwerte der angefragten Berechtigungen zu erklären, um datenschutzrechtliche Bedenken des Nutzers zu nehmen und der in §13 Abs. 1 TMG formulierten Informations- und Transparenzpflicht zum Umgang mit personenbezogenen Daten nachzukommen. Diese Informationen sind dem Nutzer vor Beginn des Nutzungsvorgangs mitzuteilen und müssen zudem auch jederzeit abrufbar sein. Die Möglichkeit, eine einmal erteilte Einwilligung zu widerrufen, ist dem Nutzer an dieser Stelle ebenfalls mitzuteilen und zu ermöglichen.

Die erhobenen Nutzungsdaten sind auch für die Erstellung von pseudonymisierten Nutzungsprofilen z. B. für Werbung oder Marktforschung verwendbar, sofern der Nutzer darüber informiert wird und eine Widerspruchsmöglichkeit eingeräumt wird (vgl. §15 Abs. 3 TMG). So lassen sich auch werbefinanzierte Dienste im Umfeld von Proximity Solutions datenschutzkonform realisieren.

10.4 Herausforderungen für eine Digital-Connection-Initiative

Als weiterführende Literatur empfiehlt sich der BVDW-Praxisleitfaden „EU Datengrundschutzverordnung 2018", der in der Medienbibliothek des BVDW abrufbar ist: https://www.bvdw-datenschutz.de/eu-datenschutzgrundverordnung-2018. Hier werden auch typische Anwendungsfälle skizziert.

10.4.3 Smarte Technologien und Vertrauen

Gastbeitrag: Winfried Hagenhoff, Geschäftsführer Kantar TNS

Gut 10 Jahre nach Einführung des ersten iPhones sind fast drei Viertel der Verbraucher über mindestens einen der digitalen Kanäle quasi immer online (Kantar TNS 2017), zwei Drittel der Deutschen nutzen das Internet täglich. Anzahl und Technologie der digitalen Kommunikationskanäle haben sich in den letzten zehn Jahren multipliziert – im bzw. durch das Netz ebenso wie im unmittelbaren Nahbereich der User.

Aber: je multipler der Verbraucher erreicht werden kann, desto mehr müssen Marken ihre Zielgruppen eben über diese verschiedenen Kanäle erreichen – mit genau auf die Zielgruppe und das verwendete Medium zugeschnittenem, konsistentem Content und richtig dosiertem „Share of Voice" in den jeweils für eine Zielgruppe relevantesten Kanälen.

Verbraucher nutzen die Kanäle, die für sie am relevantesten sind, d. h. echte (z. B. schnelle, präzise Information) oder gefühlte (z. B. ein Kanal ist besonders „angesagt") Vorteile bringen. Um die Kanäle bzw. Angebote zu nutzen, geben sie dabei neben den für eine Transaktion unverzichtbaren Informationen meist auch Mengen von Daten preis, über deren Datenfluss sie kaum etwas wissen oder über deren Existenz sie sich in keiner Weise bewusst sind. Standortdaten, Verhaltensdaten, die Verknüpfung der so entstehenden Datenspuren zu einem Profil werden zur Aussteuerung zielgenauer Kommunikation sowohl in Echtzeit als auch über einen längeren Zeitraum genutzt, wiederholte Nutzung führt zu immer präziseren Zielpersonenprofilen. Während Daten- und Verbraucherschützer besonders in Deutschland nahezu konstant vor den damit verbundenen Gefahren warnen, bezahlen die Verbraucher die vermeintlich kostenlosen Dienste – mit ihren Daten.

Dazu gehört eine bemerkenswerte Portion Vertrauen: Vertrauen in die Anbieter der digitalen Dienste. Vertrauen, dass die Daten nur für die Zwecke genutzt werden, die mit dieser digitalen Transaktion – egal ob paid oder gratis – verbunden sind.

Setzen also die Verbraucher inzwischen – einigermaßen unbesorgt –voraus, dass ihre Daten nur „zweckgebunden" genutzt und weiterverarbeitet werden? Ist die Privatheit der persönlich(st)en Daten eine zwar immer wieder von der Mehrheit der User deklamatorisch erhobene Forderung, die jedoch im eigenen Umgang mit digitalen Angeboten relativ bedenkenlos, schnell und für geringsten wahrgenommenen Nutzen fallen gelassen wird? Sind wir nicht nur durch die relativ leichte Verknüpfbarkeit der Daten unterschiedlichster Quellen, sondern auch schon mental in der Post-Privacy-Ära angekommen? Und fehlt es den Verbrauchern schlicht an den schlechten Erfahrungen, werden also die breite

Verfügbarkeit und Verknüpfung von Daten nicht als so bedrohlich erlebt, wie es nach Ansicht von Datenschutzexperten sein sollte?

Die Antwort ist für mich ein Ja. Im Post-Privacy-Zeitalter finden sich sehr viele Personen, trotz einer emotionalen Ablehnung des Tracking (Kantar TNS 2017), offenbar mit der Allgegenwart „technischer Verfolgbarkeit" ab, ja begrüßen sie etwa mit der Nutzung personalisierter Trackingsysteme – etwa Fitnesstracker etc. Dabei lässt sich die Vermutung, dass es sich bei den Unbekümmerten primär um jüngere Verbraucher unterhalb von 40 Jahren handelt, eben nicht mehr klar nachweisen. Immer mehr sind auch die über 40-Jährigen nicht wirklich an ihren Datenspuren und deren Nutzung interessiert – sei es aus Resignation, aus Unbekümmertheit oder fehlendem Wissen. Jedenfalls geben viele scheinbar bereitwillig Daten für keine oder kleinste empfundene Vorteile preis. Es bleibt ihnen bei der Nutzung der modernen Kommunikationskanäle und damit auch gesellschaftlicher Teilhabe letztlich nichts anderes übrig, als schlicht den Anbietern und ihren Systemen zu vertrauen.

Damit wächst auch den Anbietern der Systeme und den diese Systeme nutzenden Marken ein enormes Maß an Verantwortung zu. Sie müssen sich fragen, wie sich im Umfeld rascher Marktveränderung und disruptiver Umbrüche Vertrauen herstellen und erhalten lässt. Im digital dominierten Umfeld brauchen Marken für ihren Erfolg Vertrauen – Vertrauen ihrer Kunden in die unverwechselbare Marke auf Basis eigener Erfahrung oder, vor allem bei Neukunden, auf Basis von Empfehlungen. Vertrauen hat dabei verschiedene Dimensionen: das Vertrauen in den Umgang mit (a) Kundendaten, (b) Zahlungsprozessen, (c) der eingesetzten Technologie und schließlich (d) „WYSIWYG – what you see is what you get".

Aber vertrauen die Kunden den eingesetzten Technologien, insbesondere auch den unsichtbaren? Sicher nicht generell. In Deutschland – und dieser Wert ist um gut ein Drittel höher als der globale Durchschnitt – lehnen es noch immer fast 60 Prozent aller Befragten emotional ab, dass vernetzte Devices ihre Aktivitäten tracken können, sogar wenn es ihr Leben vereinfacht (Kantar TNS 2017). Was sich im Übrigen in deren Verhalten sehr oft nicht widerspiegelt – mangels Bewusstsein, mangels technischer Kenntnisse oder im einfachsten Fall eben aus Gewohnheit und kurzfristiger Entscheidung fürs Bequeme. Wie lässt sich dieser Widerspruch für Marken auflösen? Vertrauen muss gewonnen und gesichert werden durch perfekte Prozesse, strikte Einhaltung der gesetzlichen und der mit dem Kunden vereinbarten Regeln (z. B. klares Opt-In nach umfassender Information). Prozesse müssen hundertprozentig funktionieren, schon kleine Pannen v. a. im Umgang mit Kundendaten oder im Zahlungsablauf können eine Kundenbeziehung ruinieren und im schlimmsten Fall die Marke nach einem „Shitstorm" im Netz dauerhaft schwer beschädigen. So stimmen zwar schon gut 40 Prozent der Aussage zu, kein Problem damit zu haben, dass Unternehmen ihren Kundenservice nur online anbieten, umgekehrt lehnen aber noch immer ein knappes Drittel diese Aussage ab. Denn der Kunde gibt im digitalen Geschäft einen enormen Vertrauensvorschuss, oft bis hin zur Bezahlung vor Lieferung und gegenüber Produktbeschreibungen, die oft nicht jedem klar genug sind.

10.4 Herausforderungen für eine Digital-Connection-Initiative

Zum Aufbau von Vertrauen müssen die eingesetzten Technologien nicht nur an sich schon einfach sein, die Benutzerschnittstellen müssen auch möglichst simpel und klar gegliedert anwendbar sein – intuitiv, mit wenig Text und klaren visuellen, Orientierung gebenden Botschaften. Sonst wenden sich Kunden schnell ab und nehmen das nächste bequemer erscheinende und klarere Angebot. Noch jedenfalls ist die Abbruchrate beim Online-Shopping enorm hoch, etwa bei Reisebuchungen, Versicherungen und den meisten Versandhandelsplattformen. Je höher der Wert der einzelnen Transaktion, desto wahrscheinlicher ist der Abbruch durch den Benutzer und der Rückzug aufs elektronische „Window Shopping". Daraus folgt, dass Anbieter ihre Kunden und deren Erwartungen genau verstehen und wissen müssen, welche Kanäle und Technologien von ihren Zielgruppen akzeptiert werden, seien es Chatbots im Kundenservice oder NFC Payment Methods an der Ladenkasse.

Für viele Menschen sind die Anbieter digitaler Dienste in punkto Kundendatenanalyse und -speicherung bereits deutlich zu weit gegangen. Mehr als die Hälfte der Verbraucher gibt sich besorgt über Umfang und Querverbindungsmöglichkeiten der über sie bei einem einzigen Anbieter gespeicherten Daten (Kantar TNS 2017). Marken müssen also immer wieder überprüfen, welche Daten sie wirklich brauchen und welchen Nutzen sie daraus für den Kunden generieren können. Kunden müssen erkennen können, dass es sich auch in diesem Teil einer Kundenbeziehung um ein faires Geben und Nehmen handelt. Transparenz ist notwendig, der Kundenmehrwert muss hinreichend sein. Denn nur darauf zu setzen, dass in der Post-Privacy-Ära gegebenenfalls mangels hinreichend zufriedenstellender Alternativen aus Convenience-Gedanken, aus einem Impuls heraus, diese Bedenken von vielen schnell über Bord geworfen werden, wird nicht dauerhaft ausreichen und schafft hohe Verwundbarkeit bei den Anbietern. Damit ergeben sich sechs grundlegende und eigentlich selbstverständliche Anforderungen an die Systeme und an das Verhalten der Anbieter

Das Einhalten der in Abb. 10.2 dargestellten Regeln vorausgesetzt, kann dann auch der Content des Angebotes überzeugen. Das zu erreichen, ist in Deutschland schwerer als anderswo: während global nur etwa ein Drittel der Befragten Informationen aus sozialen Medien für unzuverlässig halten, sind es in Deutschland fast 50 Prozent! Ebenso geht etwa die Hälfte der Deutschen davon aus, dass die sozialen Netzwerke die Informationen filtern und nur zeigen, was sie für diesen Nutzer für angemessen halten – die Filterblase ist Realität.

Neben dem Vertrauen in die Zuverlässigkeit der Information bleibt die Frage nach der Relevanz des Contents. Auch hier sind die deutschen Verbraucher deutlich skeptischer als etwa die in Nord- oder Westeuropa. Nur gut die Hälfte sieht in den Botschaften der Marken eine Relevanz für sich[h.] Die Anbieter im deutschen Markt müssen sich also mehr Mühe geben, relevanten Content zu transportieren. Gezielte, authentische, selektive Kundenansprache zu dem Zeitpunkt, wenn der Kunde dafür auch offen ist, kennzeichnet erfolgreiches Marketing und damit eröffnet sich den Marken bzw. Anbietern die gesamte Palette smarter Technologien.

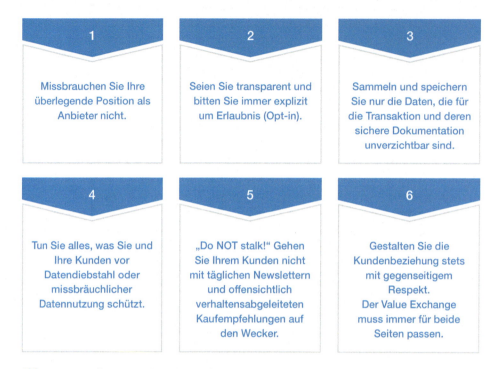

Abb. 10.2 Handlungsanforderungen an System und Provider

Wie wird sich die hier dargestellte Situation bei Anwendung der sechs Regeln oben künftig vermutlich weiterentwickeln? Halten wir dazu folgende Thesen fest:

- Wir leben faktisch bereits in der Post-Privacy-Ära. Privatheit kann bei Nutzung moderner Kommunikationstechniken nur noch schwer gewährleistet werden, sie bleibt aber eine laut geäußerte Forderung großer Bevölkerungsteile und der Politik.
- Ein noch wachsender Anteil der Bevölkerung nimmt die mangelnde Privatheit in Kauf, weil sie nicht wissen, wie sie das vermeiden können.
- Mit wenig(er) Missbrauch wird die inzwischen fast schon altersunabhängige Offenheit für Online-Ansprache oder Nutzung von NFC-Technologien weiter zunehmen, allerdings noch geraume Zeit hinter den Akzeptanzniveaus zurückbleiben, wie wir sie in Skandinavien, den Niederlanden oder insbesondere in China beobachten können.
- Die Gesetzgebung (z. B. die DSGVO mit der Strafandrohung von bis zu 4 Prozent eines Konzernjahresumsatzes!) hält dagegen und Verbraucherschützer und Aktivisten werden hier nicht lockerlassen.
- Auf eine Lockerung der Bestimmungen zum Datenschutz kann man als Anbieter nicht spekulieren. Um nachteilige und sich im Internet u. U. lawinenartig ausbreitende negative Kommunikation über die eigene Marke(n) zu vermeiden, bleiben somit nur

- Transparenz (Regeln 1, 2),
- Selbstbeschränkung (3, 5),
- Systemabsicherung (4),
- Wertschätzung durch relevante Kommunikation „auf Augenhöhe" (1, 5, 6).

Dafür allerdings stehen Ihnen alle technischen Kommunikationswege offen, wenn die Zustimmung des Verbrauchers belegbar und gültig vorliegt.

10.5 Fazit und Ausblick

Smarte Technologien revolutionieren die Customer und die Consumer Journey
Diese Entwicklungen betreffen nicht nur die Zukunft des Handels und der Kommunikation, es handelt sich um einen grundlegenden Paradigmenwechsel in der Beziehung zwischen Marken und Konsumenten. Zu Beginn unserer Arbeit als Digital-Connection-Experten vor etwa fünf Jahren, zunächst noch voneinander unabhängig, seit 2017 gemeinsam, war die Aufgabenstellung stets nur die Realisierung eines einzelnen Touchpoints mit einer digitalen Experience. Es galt, physischen Objekten, wie Printanzeigen, Direct Mailings oder auch Merchandisingartikel – mittels NFC/QR-Code und einem Link auf eine mobile Landingpage oder eine App – einen Mehrwert in Form einer digitalen Brand Experience zu geben.

Diese Experience wurde von Agenturen und Marken zunächst als kleines innovatives Add-On in einer Kampagne platziert. Mit dem Aufkommen von IoT-Plattformen, deren Anbieter klug genug waren, sich nicht auf eine Technologie zu beschränken, sondern gleich der Vision einer umfassenden digitalen Journey mit zahlreichen Touchpoints und verschiedensten Proximities zu folgen, und sich auch über Schnittstellen mit bestehenden Systemen zu verbinden, wurde auch die Phantasie der Kreativen und Produktmanager mutiger.

Smarte Technologien sind in vielfältigen Ausprägungen für jeden Einsatzzweck vorhanden
Technologien wurden standardisiert und waren in für Konsumgüter und Handel passenden Formaten verfügbar. RFID Tags haben sich in der Industrie und Logistik schon länger für verschiedenste Aufgaben bewährt. Nun, in kleineren Formen und mit NFC, werden neue Kontaktpunkte ermöglicht, die der Kunde selbst aktivieren kann. Beacons und Geofence begannen, Nutzer in definierten Räumen zu erkennen, und machten so den Weg für eine Vorteilskommunikation und das Ausliefern relevanter Informationen im passenden Kontext möglich. Die zu berücksichtigenden Parameter in diesem Kontext verfeinern sich stetig weiter.

Marketingverantwortliche in den Unternehmen erkannten schnell, dass es keinen Sinn hat, nur in der Kommunikation digitale Touchpoints zu schaffen. Vielmehr betrifft Digitalisierung ja die gesamte Kette, von der Produktion über Logistik und Handel bis hin zu den Verpackungen. Jetzt zog die digitale Transformation in das Bewusstsein der Boards ein. Zahlreiche gut konzipierte smarte Kampagnen verschwanden wieder in den Schubladen der Kreativen, weil sich deren Kunden Zeit erbaten für den Umbau im Unternehmen.

Der Connected Customer steht im Mittelpunkt
Getrieben wurde diese Entwicklung durch den Kunden. Dieser ist immer und überall online und mehrheitlich mit einem Smartphone ausgestattet – 2017 besitzen rund 81 Prozent der Smartphone-Nutzer in Deutschland ein Smartphone (Statista 2017) und nutzen dieses sehr persönliche Device bis zu 221-mal am Tag (Tecmark 2014). Seit Erhebung dieses Wertes im Jahr 2014 dürfte er noch weiter gestiegen sein.

Der Kunde hat sich emanzipiert, er verlässt sich nicht mehr allein auf die Versprechen der Werbung, er hinterfragt ethisches Verhalten des Produzenten – Stichwort: Fair Trade und Corporate Governance – ebenso wie die Herkunft der Rohstoffe – Ökologie und Inhaltsstoffe. Und er erwartet einen direkten Kommunikationskanal mit Marken und Handel. Er möchte auch keine Produkte um der Artikel selbst mehr kaufen, sondern eine Lösung für eine Problemstellung oder ein Bedürfnis erhalten. Im Gegenzug profitieren Marken von wertvollen Insights für die Produktentwicklung und die Reduktion von teuren Streuverlusten.

Es entsteht im besten Fall eine langfristige enge Bindung zwischen Marken und Kunden mit einer Tiefe, die es so noch nie gab. Loyale Kunden, die die vielfältigen Kanäle auch munter dazu nutzen, ihre positiven Erfahrungen mit anderen zu teilen und so nicht nur Influencer werden, sondern auch eine ernstzunehmende Größe im Media-Mix, machen die zusätzlichen Investitionen in Technologie wieder wett.

Digital Connection – Produkte und Services werden intelligent
Digital Connection wird das ausschlaggebende Kriterium, denn mit dem Angebot von Services erhalten Marken auch die für die weitere Entwicklung notwendigen Daten des Konsumenten. Ohne einen überzeugenden Service werden Konsumenten ihre Daten nicht mehr zur Verfügung stellen.

Alle Beteiligten bereiten sich so in kürzester Zeit auf das Internet of Everything (IoE) vor, das mit großen Schritten Einzug in unser aller Leben hält. Dabei werden die Gegenstände, die mit dem IoT (Internet of Things) durch Logiken und Netzwerkfunktionalitäten in die Lage versetzt werden, mit anderen smarten Gegenständen Informationen auszutauschen, nun mit Prozessen, Daten und Menschen verknüpft. Das Internet of Everything führt zu einer zunehmenden Automatisierung und hat damit immer mehr Einfluss auf die Gesellschaft.

Auch die in diesem Buch beschriebene Digital Connection entwickelt sich stetig weiter. Neben einer optimierten Purchase Journey spielt künftig auch das Verhältnis zum Kunden eine immer größer werdende Rolle. Kunden erwarten weit mehr als nur ein funktionierendes Produkt. Sie erwarten für sie relevante, individuelle Services, einen Dialogkanal zur Marke und ein Markenerlebnis, das auf allen Kanälen und über jeden Touchpoint absolut identisch ist.

Es ist an der Zeit, sich dieser Entwicklung zu stellen und mit eigenen Lösungen den Konsumenten zu überzeugen. Digital Connection liefert hierzu einen wertvollen und zukunftsweisenden Beitrag.

Literatur

BVDW. 2016. Leitfaden Proximity Solutions, 9. Sept. http://www.bvdw.org/medien/leitfaden-proximity-solutions?media=8087. Zugegriffen: 24. Sept. 2017.

Kantar TNS. 2017. *Connected Life 2018*. München: Kantar TNS Marktforschung. https://www.tns-infratest.com/wissensforum/studien/connected-life/index.asp. Zugegriffen: 22. Nov. 2017.

Statista. 2017. Anteil der Smartphone-Nutzer in Deutschland in den Jahren 2013 bis 2017. https://de.statista.com/statistik/daten/studie/585883/umfrage/anteil-der-smartphone-nutzer-in-deutschland/. Zugegriffen: 03. Dez. 2017.

Tecmark. 2014. Tecmark survey finds average user picks up their smartphone 221 times a day. http://www.tecmark.co.uk/smartphone-usage-data-uk-2014/. Zugegriffen: 03. Dez. 2017.

Wikipedia. 2016. Service Design. https://de.wikipedia.org/wiki/Service_Design. Zugegriffen: 02. Dez. 2017.

Stichwortverzeichnis

3 C des Internet der Dinge, 34

A
Adidas Speedfactory, 39

B
Barcode, 120
    Erfinder, 163
    Lesen, 162
Blockchain, 34
Bluetooth-Versionen, 234
Brand Experience, 11

C
Connected Customer, 3, 5
Content, 9
    Application, 367
    Audio, 362
    Augmented Reality, 367
    Content zur Befriedigung der Kundenbedürfnisse, 372
    Content-Ampel, 378
    Content-Arten, 358
    Content-Formate, 360
    Content-Herkunft, 373
    Content-Radar, 372
    Content-Zielgruppen, 359
    Image, 363
    Interaktiver Content, 370
    Kontextrelevanz, 374
    Live Content, 371
    Nutzungsmodus als Nutzungskontext, 376
    Parameter des Nutzungskontextes, 375
    Persona, 360
    Shopper Mindsets, 377
    Situation als Nutzungskontext, 376
    Text, 361
    Umfeld als Nutzungskontext, 376
    Video, 364
    Virtual Reality, 369
Content Marketing, 78
Customer Experience, XVII, 14, 126
Customer Journey, 14
    Ausgewogene Journey, 98
    Brand Funnel, 95
    Consumer Journey, IX, XVI, XVIII, 96, 99, 107
    Consumer Touchpoint Journey, 101
    Customer Experience, V, XVII, 97, 99
    Customer Journey, XI–XII, XVII, 92, 95, 99
    Impulsive Journey, 98
    Multi-optionaler Kunde, 96
    ORCA-Modell, 98
    Phasen der Customer Journey, 96
    User Experience, 101
    Wohlüberlegte Journey, 98
Customer Touchpoint
    auf Produkten und Verpackungen, 351
    auf Veranstaltungen, 345
    aus Unternehmens-Sicht, 333
    Bahnhof, 344
    beim Kauf, 332
    Berührungspunkt, 329
    Brand Touchpoint-Matrix, 338
    Einzelhandels-Szenario, 335
    entlang der Kundenbeziehung, 332
    EPOMS, 334
    Evolution der Customer Touchpoints, 336
    Flughäfen, 344
    Grad der Interaktion mit dem Kunden, 334
    Haltestellen, 344

Interaktionstypen, 329
Lokationsorientierte Unterscheidung der Touchpoints, 334
Management, 339
Moments of Truth, 329
Out-of-Home (OoH), 341
Phygitales Packaging, 352
Point of Sale (POS), 347
Segmente des Kauflebenszyklus, 333
Touchpoints in der Gastronomie, 343
Touchpoints in der Spieleindustrie, 356
Touchpoints in Print-Medien und Büchern, 354
Tourismus, 343
zweidimensionale Betrachtung der Touchpoints, 335
Cyber Physical Systems, 24

D
datenbasiertes Marketing, 79
Digital Connection Architektur
   Analytics und Algorithmen, 115
   Augmented Reality, 122
   Bestandteile einer IoT-Plattform, 113
   Device-Management, 113
   Funktionen einer IoT-Plattform, 112
   Informationsmanagement und -speicherung, 115
   Location-based Technologien, 119
   Messaging und Schnittstellen, 114
   Mobiltelefon, 117
   Personal Mobile Devices, 116
   RFID, 121
   Sicherheit, 110
Digital Connection, 91
   4E im Marketing, 103
   4P im Marketing, 102
   6C, 105
   Bausteine, 486
   Erfolgskriterien, 487
   First Moment of Truth, 92
   Herausforderungen, 488
   Micro Moments, 93
   Mobile Moments, 92–94
   Point of Experience, 105
   SAVE im B2B-Marketing, 102
   Second Moment of Truth, 92
   Third Moment of Truth, 92
   Ultimate Moment of Truth, 93
   Zero Moment of Truth, 93
Digital Signage, 78
Digital-Connection-Architektur
   Barcode und QR-Code, 120
   Content und Services, 124
   Conversational-Technologien, 121
   Mixed-Commerce-Technologien, 122
   Near-Response-Technologien, 120
   NFC, 121
   Proximity-Based-Technologien, 120
   smarte Technologien, 119
   Tablet, 118
   Vier Schichten, 110
   Wearables, 118
Digital-Connection-Strategie, 484
Digitale Agenda, 24
digitale Identität von Objekten, 9
digitale Revolution, 22
digitale Transformation, 25
digitaler Assistent, 82
digitales City Light Poster, 406
Digitalisierung, 6, 13
   Ambient Assisted Living, 45
   Arbeiten, 50
   der Last Mile, 43
   Einkaufen, 50
   Energieversorgung, 45
   Erfassung von Patientendaten, 47
   Finanzen, 50
   Freizeitbereich, 49
   Gebäude, 44
   Gesundheitswesen, 47
   Handel, 54
   Industrie, 38
   innovative Technologien im Handel, 50
   Krankenhaus-Warenwirtschaftssystem, 47
   Lager, 42
   Lernen, 50
   Logistik, 42
   Marketing, 75
   Offline-Handel, 55
   Online-Handel, 53
   Phasen, 25
   Private Beziehungen, 50
   Produktion, 38
   Self-Tracking, 48
   Smart Mobility, 46
   Transport, 43
   Verkehr, 45

E

Entitled Consumer, 84
Entwicklung
    analoges Mobilfunknetz, 131
    digitales Mobilfunknetz, 131
    Mobilfunk, 131
Erlebnisökonomie, 11

F

Freizeit, 465
Future Stores, 56
    Amazon Go, 57
    Coop Future Store, 57
    Experience Store exp37, 80
    Gallerie Commerciali Italia, 56
    Lidl Schweiz Future Store, 58
    Metro Group Future Store, 59
    Real Markthalle Krefeld, 58

G

Gastronomie, 458
gläserner Kunde, 7

H

Handel in der Zukunft, 60
    Amazon Dash Button, 73
    automatisierte Bestellung, 72
    Bedarfseinkauf, 61
    Erlebniseinkauf, 61
    Erlebnislieferant, 62
    Erlebnismomente, 63
    Erlebniswelten, 67
    Hygge-Gefühl, 62
    Möbel mit digitalem Herz, 68
    moderne Technologien, 61
    personalisierte Produkte, 67
    PlusCard der Stadtwerke Münster, 71
    Roboter, 67
    Sharing, 70
    Shopping als Experience, 66
    Showrooming, 68
    smarte Produkte, 72
    Social Shopping, 62–63
    Traceability, 75
    virtuelle Einkaufswelt, 67
Haushaltsgerät, 402, 444, 449
Hype Cycle, 33

I

individuelle Produktgestaltung, 39
Industrie, 402, 458
Industrie 4.0, 38
Instore Lokalisation, 79
Instore-Marketing, 78
intelligentes Regal, 81
interaktiver Spiegel, 81, 83
Interaktives Schaufenster, 81
Internet der Dinge, 2, 14, 26–27, 31
    Kennzeichen, 35
    Nutzenbereiche, 37
Internet of Things Siehe Internet der Dinge, 26
IoT-Plattform, 111, 381
    adsquare, 383
    Anbieter, 383
    BlueBite Experiences Platform, 391
    iAdvize Conversational-Commerce-Platform, 395
    Proximi.io-Plattform, 394
    Proximity DMP von Beaconinside, 388
    Smart Product Service Platform von GoodsTag, 397
    Tamoco Proximity Network, 385
    wingu Proximity-Plattform, 386

K

Konsumgüter-Produkte, 429
kulturelle Einrichtung, 473
Kundengeneration
    Baby Boomer, 84
    Generation X, 84
    Generation Z, 85
    Millennials, 85
künstliche Intelligenz, 34

M

Marketing 4.0, 77
Micro Moments, 485
Mobile Moments, 11
Mobile Only, 6
Multi-optionaler Kunde, 3

O

Offline-Handel, 55
Online-Handel, 53
ORCA-Modell, 98
Out-of-Home, 18, 405

P
Personal Mobile Devices, 116
  1G, 133
  2G, 133
  3G, 133
  4G, 133
  5G, 133
  Antenne, 148
  Apple iOS, 143
  Aufbau, 132
  Barometer oder Luftdrucksensor, 153
  Beschleunigungssensor, 152
  Betriebssysteme, 142
  Bildsensoren, 151
  Blackberry OS, 144
  Connectivity-Schnittstellen, 146
  Datenaustausch über NFC, 149
  Datenbrillen, 140
  elektromagnetischer Sensor, 153
  Fitnessarmband, 140
  Funktionsweise, 132
  Funkzellen, 134
  Global Positioning System (GPS), 148
  Google Android, 143
  Gyroskop, 152
  Kamera, 150
  Kompass oder Magnetometer, 149
  Kondensatormikrofon, 150
  Local Web Apps, 146
  MEMS, 147
  Mikrofon, 149
  Mobilfunk-Infrastruktur, 134
  Mobiltelefon, 131
  Näherungssensor, 153
  Native Apps, 145
  Pads, 134
  Positionsbestimmung über Bluetooth, 149
  Positionsbestimmung über WLAN, 149
  Smart Clothes, 140
  Smartwatches, 139
  Sprachsteuerung, 150
  Tablets, 134
  Temperatur- und Feuchtigkeitssensor, 153
  Thermometer, 153
  Touchscreen, 151
  über Web-Browser aufzurufende Web Apps, 146
  Wearables, 137
  Windows Mobile, 144
Personas, 484
Phasen der Digitalisierung, 25
Positionsbestimmung
  Bluetooth, 149
  mit Fingerprinting, 228
  über Trilateration, 227
  über WLAN, 149
Praxisbeispiele
  Adidas Sportschuhe, 442
  American Football Real-Time Analytics, 453
  Beatie Wolfe's NFC-Musikalbum, 465
  Bottoms-Up Becher mit Bezahlfunktion, 463
  BSH Home Connect mit Alexa, 449
  Carlsberg Crowdit, 462
  Chatbot-Kommunikation bei Électricité de France, 414
  Connected Bottles, 429
  Dialogmarketing bei Ikea, 421
  digitale Erlebnisse in Museen und Galerien, 473
  digitales Audiosystem Toniebox, 470
  EDEKA Paschmann mit lichtbasierter Indoor-Navigation, 416
  Einführung der elektrischen BMWi-Modellreihe, 478
  EVOS™ DCi der LINDE Group, 458
  Fan-Experience im Hamburger Volkspark-Stadion, 450
  Googles und Levi`s smarte Jeansjacke, 438
  Haftpflicht-Helden, 405–407
  HIT Sütterlin und Amazon Alexa, 427
  In-Store, 416
  Indola Haarpflegeserie, 430
  intelligente Baby-Socke, 432
  intelligente Kleidungsstücke von Polar, 432
  intelligente Kompressionsärmel, 433
  intelligente Laufsocken, 433
  intelligente Suche in Bibliotheken, 476
  intelligente Trainingskleidung, 433
  intelligente Yoga-Hose, 432
  interaktive Anzeige von Lexus, 477
  Konzeptstudie Air Runner, 455
  Magnum Pop-up-Stores, 411
  Mexico City Marathon, 453
  Mobiles Prämienprogramm MoovOn, 409
  Multifunktionsgerät von Cucina Barilla, 446
  Nintendo interaktive Spielfiguren, 469

OTTO Produkt-Assistent, 444
Rastal Smart-Glass® und die digitale Theke der Telekom, 461
Reisen mit Princess Cruises, 467
RFID und Robotik bei Adler Modemärkten, 417
Rimowa Electronic Tag und Carry-on von Bluesmart, 440
Rügenwalder Mühle, 432
Service on Demand beim Robinson Club, 471
Smart Tray bei Chow Tai Fook, 425
Smarter Rucksack IT-BAG, 433
Spyder Ski-Jacken Experience, 437
Strappy in der U-Bahn Tokio, 407
Subway Mobile Kampagne, 408
Telstar 18, 457
Timberland Connected Store, 419
True Religion Digital Sales Floor, 423
UBER Bierdeckel-Kampagne, 459
Unibond Aero 360° Moisture Absorber E-Connect, 447–449
Veranstaltungen besuchen mit Wristbandiz, 466
Victorinox Travel Gear, 441
Virtual Reality Kaufhaus Myers, 413
Virtual Reality-Theater, 477
WallDecaux City Light Poster, 405
Predictive Maintenance, 39
Print Medien, 18, 477

Q
QR-Code, 121, 170
  Erfindung, 172
  Größen, 171
  Inhalt, 179
  Lesen, 178

R
Reisen, 465
RFID-Anwendung Tieridentifikation, 202

S
Service-Design, 485
Shoe Mirror, 82
Smart Clothes, IX, 433–434
Smart Textiles, IX
Smarte Objekte, 35
smarte Technologien, 15, 157

3D-Codes, 176
Ad-hoc-Modus, 225
aktive RFID-Transponder, 193
Amazon Alexa, 261, 263, 269, 272–273, 275–276, 278
Angebote über Geofencing, 221
Anwendungen von passiven RFID-Transpondern, 201
Aufbau des Barcodes, 166
Augmented Reality, 242
Auto-ID Center, 187
Barcode, 161
Barcode-Leser, 168
Beacons im Handel, 239
Beförderung über Geofencing, 220
Beidou, 218
Beratungsqualität mit Hilfe von Augmented Reality, 251
Bestandteile des RFID-Transponders, 185
Bezahlen mit Bluetooth, 240
Bixby von Samsung, 270
Bluetooth am Flughafen, 238
Bluetooth am Point of Interest (POI), 238
Bluetooth bei Veranstaltungen, 238
Bluetooth beim Einkaufen, 238, 240
Bluetooth in der Haustechnik, 237
Bluetooth in der U-Bahn, 239
Bluetooth in Headsets, 237
Bluetooth in Konzerten, 238
Bluetooth in Spielgeräten, 237
Bluetooth Low Energy Beacons (BLE), 231
Bluetooth-Datenformat, 236
Bluetooth-Versionen, 234
Chatbot, 278
Chatbot-Arten, 282
Conversational Commerce, 260
Cortana von Microsoft, 263, 267, 277
Datenübertragung und Steuerung über Infrarot, 315
EAN 128, 167
Eddystone von Google, 233
Electronic Article Surveillance, EAS, 186
Electronic Product Code (EPC), 187, 198
Entwicklung der Beacons, 233
Entwicklung von RFID, 186
EPC-Nummer, 200
Erfinder des Barcodes, 163
Erfindung des QR-Codes, 172
Europäische Artikelnummer (EAN), 164

Facebook, 178, 221, 279–281, 283–284, 287, 289–290, 297–298, 300–301
Funktionsweise des QR-Codes, 173
Funktionsweise von Beacons, 234
Funktionsweise von RFID, 185
Funktionsweise von WLAN, 224
Galileo, 218
Gastronomie nutzt Geofencing, 220
Geofencing, 216
Geschichte von WLAN, 222
Global Positioning System (GPS), 216
Global Trade Item Number (GTIN), 164
Glonass, 218
Google Home von Google, 268
Google Now, 260–261, 263, 276–277
GS1 Databar, 167
High Frequency, 190
HomePod von Apple, 266–267
iBeacon von Apple, 233
IEEE 802.11, 222–223, 234
Indoor Analytics, 230
Indoor Location-Based Services, 230
Indoor-Lokalisierung mit Magnetfeld, 313
Indoor-Positionierung mit künstlichem Magnetfeld, 315
Infrastruktur-Modus, 225
Inhalte der QR-Codes, 179
Interleaved 2 of 5, 168
ISM-Band, 190, 234
ISO, 165–166, 168, 176, 190, 195, 198, 207–210, 216
Kik, 294
Klassifizierung von RFID-Transpondern, 194
Komponenten eines NFC-Systems, 206
Lesen eines Barcodes, 162
Lesen von QR-Codes, 178
Light Fidelity, 308
Living Mirror, 245
Living Print, 246
Living Product, 246
Low Frequency, 189
Messenger-Dienste, 278
Mixed Reality, 244
Mobile Payment, 212
Musterbasierte versus selbstlernende Chatbots, 282
Near Field Communication (NFC), 205
NFC am POS, 212

NFC im Handel, 213
NFC im Ticketing, 212
NFC in Werbematerialien, 212
NFC-Datenstruktur, 208
NFC-Forum, 210
NFC-Standardisierung, 209
NFC-Transponder, 206
Online Regalerweiterung, 249
Passive RFID-Transponder, 193
Positionsbestimmung über Fingerprinting, 228
Positionsbestimmung über Trilateration, 227
Private Tagging, 181
Promotion über Geofencing, 220
Public Tagging, 180
QR-Code, 170
Radio Frequency Identification (RFID), 184
RFID bei der Rückverfolgung, 203
RFID bei Zugangskontrollen, 203
RFID im Handel, 203
RFID in Büchereien, 202
RFID in der Gepäckverfolgung, 202
RFID in Produktion und Fertigung, 201
RFID-Frequenzen, 189
RFID-Reader, 195
RFID-Transponder, 191
RFID-Transponder-Bauformen, 192
Satellitengestütze Positionsbestimmung, 216
Savant-Server, 197
Showroom für E-Commerce mit Augmented Reality, 250
Siri, 260–261, 263, 266, 277
Siri von Apple, 263, 266
Skype, 295
Smarte Technologien in der Customer Journey, 161
Sport und Geofencing, 221
sSprachgesteuerte Assistenten, 262
Standardisierung der RFID-Technologie, 198
Subscription versus Service Bots, 282
Tappen, 205
Technik bei sprachbasierten Assistenten, 264
Tourismus über Geofencing, 220
Transponder-Antenne, 193
Typen von QR-Codes, 174
Überblick, 403
Ultra High Frequency, 190

Ultraschallbasiertes Lokalisierungssystem, 303
Universal Product Code (UPC), 164
Veranstaltungsinfos über Geofencing, 220
Vergleich smarte Technologien, 318
Verkehr über Geofencing, 220
Vier NFC-Transpondertypen, 207
Virtual Reality, 242
Virtual Reality Produktkonfigurator, 254
Virtual Reality-Anwendungen, 253
Visible Light Communication (VLC), 307
VLC in Fabriken und in Krankenhäusern, 311
VLC in Supermärkten und Geschäften, 310
VLC-Einsatz bei öffentlichen Veranstaltungen, 312
VLC-Einsatz in Städten, 311
VLC-Einsatz zuhause, 311
WeChat, 279–280, 289–292
WhatsApp, 280
WLAN, 222
YouTube, 280–281, 290
Zugangskontrolle mit NFC, 212
Smartphones, 117
Sport, 48, 65, 402, 434, 436, 450, 456
Storytelling, 79

T
Tablets, 118
Textilien, IX, 18, 67, 402, 418, 432–433, 437
Touchpoint, XVI, 15

U
Ultraschall, 404, 406
ultraschallbasiertes Lokalisierungssystem, 161
Ultraschallsensor, 406

V
vernetzter Kunde, 4

W
Wearables, 118

Z
Zukunft des Einkaufens, 51

 springer-gabler.c

Kluge Bücher

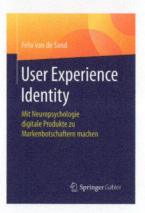

Jetzt bestellen: springer-gabler.de

Noch mehr kluge Bücher

Jetzt bestellen: springer-gabler.de

Ihr Bonus als Käufer dieses Buches

Als Käufer dieses Buches können Sie kostenlos das eBook zum Buch nutzen. Sie können es dauerhaft in Ihrem persönlichen, digitalen Bücherregal auf **springer.com** speichern oder auf Ihren PC/Tablet/eReader downloaden.

Gehen Sie bitte wie folgt vor:
1. Gehen Sie zu **springer.com/shop** und suchen Sie das vorliegende Buch (am schnellsten über die Eingabe der eISBN).
2. Legen Sie es in den Warenkorb und klicken Sie dann auf: **zum Einkaufswagen/zur Kasse.**
3. Geben Sie den untenstehenden Coupon ein. In der Bestellübersicht wird damit das eBook mit 0 Euro ausgewiesen, ist also kostenlos für Sie.
4. Gehen Sie weiter **zur Kasse** und schließen den Vorgang ab.
5. Sie können das eBook nun downloaden und auf einem Gerät Ihrer Wahl lesen. Das eBook bleibt dauerhaft in Ihrem digitalen Bücherregal gespeichert.

EBOOK INSIDE

eISBN 978-3-658-18759-0
Ihr persönlicher Coupon cw63yXHBpF3n8Ng

Sollte der Coupon fehlen oder nicht funktionieren, senden Sie uns bitte eine E-Mail mit dem Betreff: **eBook inside** an **customerservice@springer.com**.

Printed by Printforce, the Netherlands